NomosLehrbuch

Prof. em. Dr. Dr. h.c. Wolfgang Kilian
Leibniz Universität Hannover

Prof. Dr. Domenik Henning Wendt, LL.M.
Frankfurt University of Applied Sciences

Europäisches Wirtschaftsrecht

9. Auflage

Nomos

Die Deutsche Nationalbibliothek verzeichnet diese Publikation in der Deutschen Nationalbibliografie; detaillierte bibliografische Daten sind im Internet über http://dnb.d-nb.de abrufbar.

ISBN 978-3-7560-0578-9 (Print)

ISBN 978-3-7489-3932-0 (ePDF)

Die Auflagen 1.–4. sind im Verlag C. H. Beck, München, erschienen.

9. Auflage 2023

Europa auf dem Stier, Holzschnitt von Gerhard Marcks[1]

1 Abgedruckt mit freundlicher Genehmigung der Gerhard Marcks Stiftung, Bremen.

Vorwort zur 9. Auflage

Seit der 8. Auflage haben insbesondere drei Großereignisse die Entwicklung des Europäischen Wirtschaftsrechts bestimmt:

- die Energiekrise als Folge des russischen Angriffskrieges in der Ukraine,
- die dadurch ausgelösten Marktstörungen und die Inflation der Preise sowie
- die Corona-Pandemie und ihre Folgen.

Diese Großereignisse haben die planwirtschaftlichen Elemente der Marktordnung verstärkt und zu erheblichen staatlichen Eingriffen in die Marktordnung durch Verstaatlichungen, Beihilfen und Subventionen in zahlreichen Wirtschaftsbereichen geführt.

In Deutschland kam es zur Verstaatlichung russischer Energieversorger. Im europäischen Energiesektor wurden Hilfen an Unternehmen gewährt, soweit sie ihre Kostensteigerungen nicht weitergeben konnten, aber auch Krisengewinne abgeschöpft, die bei Erzeugern erneuerbarer Energien entstanden waren. Verbraucher erhielten Beihilfen zur Bewältigung von Preissteigerungen in der Energieversorgung.

Weltweit wurden Lieferketten für zahlreiche landwirtschaftliche und gewerbliche Waren unterbrochen oder gestört. In der Union wurden deshalb in erheblichem Umfang Zölle des Gemeinsamen Zolltarifs ausgesetzt, um Einfuhren aus Drittländern zu erleichtern.

Die Europäischen Zentralbank hat den massiven Inflationsschub lange unterschätzt, aber inzwischen ihre Geldpolitik geändert und Maßnahmen zur Sicherung der Preisstabilität getroffen.

Die Corona-Pandemie hat nicht nur zu Aufenthalts- und Reisebeschränkungen geführt, sondern auch zu staatlichen Eingriffen und Beteiligungen im Gesundheitswesen, um eine schnellere Versorgung der Bevölkerung mit Impfstoffen und Schutzmasken sicherzustellen.

Parallel zu den Wirtschaftskrisen nimmt die digitale Transformation aller Wirtschaftsbereiche Fahrt auf. Der angestrebte digitale europäische Binnenmarkt wird vor allem durch neue Rahmenbedingungen im Kartell-, Wettbewerbs- und Verbraucherschutzrecht sichtbar. Daneben werden in der EU zunehmend regulatorische Weichen für eine nachhaltigere und gemeinwohlorientierte Wirtschaft gestellt.

Die unterschiedliche finanzielle Leistungsfähigkeit der EU-Mitgliedstaaten könnte zu Wettbewerbsverzerrungen im Binnenmarkt führen und insgesamt die staatliche Förderung nachhaltiger Märkte verringern, obwohl diese Förderung wegen des Klimawandels eigentlich gesteigert werden müsste. Versorgungssicherheit und Klimapolitik lassen sich derzeit schwer in Einklang bringen.

Die vorliegende 9. Auflage befindet sich auf dem Stand vom 1.7.2023.

Wolfgang Kilian *Domenik H. Wendt*

Inhaltsübersicht

Inhalt

Abkürzungsverzeichnis

a. A.	anderer Ansicht
a.a.O.	am angegebenen Ort
AbkSozP	Abkommen über die Sozialpolitik (Protokoll Nr. 14 zum Unionsvertrag)
ABl.	Amtsblatt der Europäischen Union (Ausgabe: L Rechtsvorschriften, Ausgabe C: Mitteilungen)
Abs.	Absatz
ADHGB	Allgemeines Deutsches Handelsgesetzbuch v. 1861
AEUV	Konsolidierte Fassung des Vertrags über die Arbeitsweise der Europäischen Union vom 26.10.2012 (ABl. C 326 vom 26.10.2012, S. 47-390)
a. F.	alte Fassung
AFG	Arbeitsförderungsgesetz v. 25.6.1969 (BGBl. I, S. 582)
AktG	Aktiengesetz v. 6.9.1965 (BGBl. I, S. 1089)
Art.	Artikel
Artt. (Plural)	Artikel
AWV	Außenwirtschaftsverordnung i. d. Bek. v. 22.11.1993 (BGBl. I, S. 1934, 2493)
BALM	Bundesanstalt für landwirtschaftliche Marktordnung
BAWe	Bundesaufsichtsamt für Wertpapierwesen
BB	Der Betriebs-Berater
Bd.	Band
BDSG	Bundesdatenschutzgesetz (Neufassung vom 30.06.2017 BGBl. I S. 2097)
BetrAVG	Gesetz z. Verbesserung d. betrieblichen Altersversorgung v. 19.12.1974 (BGBl. I, S. 3610)
BetrVG	Betriebsverfassungsgesetz i. d. Bek. v. 23.12.1988 (BGBl. I, S. 902)
BGB	Bürgerliches Gesetzbuch v. 18.8.1896 (RGBl. S. 195)
BGBl. I	Bundesgesetzblatt. Teil I (1951 ff.)
BGHZ	Entscheidungen des Bundesgerichtshofs in Zivilsachen
BierStG	Biersteuergesetz i. d. Bek. v. 15.4.1986
BörsG	Börsengesetz v. 16.7.2007 (BGBl. I, S. 1330, 1351)
BörsZulG	Börsenzulassungsgesetz v. 16.12.1986 (BGBl. I, S. 2478)
BörsZulV	Börsenzulassungs-Verordnung i. d. F. v. 9.9.1998 (BGBl. I, S. 2832)
BT-Drs.	Bundestags-Drucksache
CELEX	Communitatis Europeae Lex
CEN	Comité Européen de Normalisation
CENELEC	Comité Européen de Normalisation Electrotechnique
CISG	Convention on Contracts for the International Sale of Goods
COMPRO	Committees for the Simplification of Trade Procedures in Europe
CR	Computer und Recht

CRi	Computer Law Review International
DB	Der Betrieb
DIN	Deutsches Institut für Normung e. V.
DKE	Deutsche Elektrotechnische Kommission in DIN und VDE
DuD	Datenschutz und Datensicherung
DSGVO	Datenschutzgrundverordnung
DVBl.	Deutsches Verwaltungsblatt
DVO	Durchführungsverordnung
EA	European Association
ECLI	European Case Law Identifier
EECC	European Electronic Communications Code
EAG	Europäische Atom-Gemeinschaft
EAN	Europäisches Artikelnummerierungssystem
EDI	Electronic Data Interchange (Elektronischer Datenaustausch)
EFTA	European Free Trade Association
EG	Europäische Gemeinschaften
EGBGB	Einführungsgesetz zum Bürgerlichen Gesetzbuch v. 18.8.1896 (BGBl. S. 604)
EGMR	Europäischer Gerichtshof für Menschenrechte
EGKS	Europäische Gemeinschaft für Kohle und Stahl
EGKSV	Vertrag über die Gründung der Europäischen Gemeinschaft für Kohle und Stahl v. 18.4.1951 (BGBl. 1952 II, S. 447)
EGV	Vertrag zur Gründung der Europäischen Gemeinschaft (Bezeichnung des EWG-Vertrages nach Inkrafttreten der Änderungen des Maastricht-Vertrages)
EIB	Europäische Investitionsbank
EMRK	Europäische Menschenrechtskonvention (Konvention zum Schutz der Menschenrechte und Grundfreiheiten v. 4.11.1950 BGBl. 1952 II, S. 685)
EN	Europäische Norm
endg.	endgültig
ENISA	European Union Agency for Network and Information Security
EOTC	European Organization for Testing and Certification
EPA	Europäisches Patentamt
EPÜ	Europäisches Patentübereinkommen. Ges. v. 21.6.1976 (BGBl. II, S. 649)
ESA	European Supervisory Authority
EStG	Einkommensteuergesetz i. d. F. v. 8.10.2009 (BGBl. I, 3366, 3862)
ESZB	Europäisches System der Zentralbanken
ETSI	European Telecommunication Standards Institute
EU	Europäische Union
EuG	Europäisches Gericht (Gericht erster Instanz)
EuGH	Gerichtshof der Europäischen Union
EuGRZ	Europäische Grundrechte-Zeitschrift

EuGVÜ	Europäisches Gerichtsstands- und Vollstreckungsübereinkommen v. 27.9.1968 (BGBl. 1972 II, S. 774)
EuR	Europarecht
EUV	Vertrag über die Europäische Union
EuWG	Europawahlgesetz v. 16.6.1978 i. d. F. v. 8.3.1994 (BGBl. I, S. 423, ber. S. 555)
EuZW	Europäische Zeitschrift für Wirtschaftsrecht
EVÜ	Europäisches Schuldvertragsübereinkommen
EWG	Europäische Wirtschaftsgemeinschaft
EWGV	Vertrag zur Gründung der Europäischen Wirtschaftsgemeinschaft v. 25.3.1957 (BGBl. II, S. 753, 766) – Bezeichnung vor Inkrafttreten des Maastricht-Vertrages
EWI	Europäisches Währungsinstitut
EWIV	Europäische Wirtschaftliche Interessenvereinigung
EWR	Europäischer Wirtschaftsraum
EWS	Europäisches Wirtschafts- und Steuerrecht
EZB	Europäische Zentralbank
FAG	Fernmeldeanlagengesetz i. d. F. v. 3.7.1989 (BGBl. I, S. 1455)
FusKVO	Fusionskontrollverordnung v. 20.1.2004 (ABl. L 24 v. 29.1.2004, S. 1)
GASP	Gemeinsame Außen-, Sicherheits-, Innen- und Justizpolitik
GATS	General Agreement on Trade in Services
GATT	General Agreement on Tariffs and Trade
GenG	Gesetz betreffend die Erwerbs- und Wirtschaftsgenossenschaften i. d. F. v. 16.10.2006 (BGBl. I, S. 2230)
GEREK	Gremium Europäischer Regulierungsstellen für Elektronische Kommunikation
GG	Grundgesetz für die Bundesrepublik Deutschland v. 23.5.1949 (BGBl. I, S. 1)
GmbHG	Gesetz betreffend die Gesellschaften m. beschränkter Haftung v. 20.5.1898 (RGBl. S. 846)
GM-DVO	Gemeinschaftsmarke-Durchführungsverordnung
GM-GebVO	Gemeinschaftsmarken-Gebührenverordnung
GMVO	Gemeinschaftsmarkenverordnung
GPÜ	Gemeinschaftspatentübereinkommen v. 15.12.1975
GrCH	Charta der Grundrechte der Europäischen Union
GRUR	Gewerblicher Rechtsschutz und Urheberrecht
GRUR Int.	Gewerblicher Rechtsschutz und Urheberrecht, Internationaler Teil
GWB	Gesetz gegen Wettbewerbsbeschränkungen i. d. Bek. v. 20.2.1990 (BGBl. I, S. 235)
HGB	Handelsgesetzbuch v. 10.5.1897 (RGBl. S. 219)
Hrsg.	Herausgeber
idF	in der Fassung

IPIC	Treaty on Intellectual Property in Respect of Integrated Circuits of May 26, 1989
IPRax	Praxis des Internationalen Privat- und Verfahrensrechts
iSd	im Sinne des
ISDN	Integrated Services Digital Network
ISO	International Organization for Standardization
i. V. m.	in Verbindung mit
IWF	Internationaler Währungsfonds
JA	Juristische Arbeitsblätter
JuS	Juristische Schulung
JZ	Juristenzeitung
KartellVO	Kartellverordnung
KJ	Kritische Justiz
KMU	Kleine und mittlere Unternehmen
KN	Kombinierte Nomenklatur
KOM	Kommission
KWG	Gesetz ü. d. Kreditwesen i. d. Bek. v. 9.9.1998 (BGBl. I, 2776)
L	Law
lit.	littera (Buchstabe)
MarkenG	Markengesetz v. 25.10.1994 (BGBl. I, S. 3082)
ME	European Provident Mutual Society
MMA	Madrider Abkommen ü. d. internationale Registrierung von Marken in der Stockholmer Fassung vom 14.7.1967
NAFTA	North Atlantic Free Trade Association
NJW	Neue Juristische Wochenzeitschrift
Nr.	Nummer
NZA	Neue Zeitschrift für Arbeits- und Sozialrecht
OMAS	Orderly Marketing Arrangements
OMT	Outright Monetary Transactions
ONP	Open Network Provision
ProdHaftG	Produkthaftungsgesetz v. 15.12.1989 (BGBl. I, S. 2198)
Prot	Protokolle zu den EU- und AEU-Verträgen, konsolidierte Fassung ABl. C 83 v. 30.3.2010, S. 201
PTNeuOG	Postneuordnungsgesetz v. 14.9.1994
PTRegG	Gesetz über die Regulierung der Telekommunikation und des Postwesens
PublRiL	Publizitäts-Richtlinie i. d. Bek. v. 14.3.1968 (ABlEG L 65, S. 8)
PVÜ	Pariser Verbandsübereinkunft v. 20.3.1883 zum Schutze des gewerblichen Eigentums i. d. Stockholmer Fassung v. 14.7.1967 (BGBl. 1970 II, S. 293)

RabelsZ	Zeitschrift für ausländisches und internationales Privatrecht
RBÜ	Revidierte Berner Übereinkunft zum Schutze von Werken der Literatur und der Kunst
RdA	Recht der Arbeit
RDV	Recht der Datenverarbeitung
RIW	Recht der internationalen Wirtschaft
Rn.	Randnummer
Rspr.	Rechtsprechung
S.	Seite, Satz
SCE	European Cooperative Society
SE	Societas Europaea
SIEC	significant impediment of effective competition
SGB I	Sozialgesetzbuch Erstes Buch (I) v. 20.7.1988 (BGBl. 1988 I, S. 1046)
Slg.	Sammlung
TRIMS	Trade-Related Investment Measures
TRIPS	Trade Related Aspects of Intellectual Property Rights
TTIP	Transatlantic Trade and Investment Partnership (Transatlantisches Freihandelsabkommen)
UmweltHG	Umwelthaftungsgesetz v. 20.12.1990 (BGBl. I, S. 2634)
UN	United Nations
UN/EDIFACT	United Nations/Electronic Data Interchange for Administration, Commerce and Trade
UrhG	Urheberrechtsgesetz v. 9.9.1965 (BGBl. I, S. 1273)
usw.	und so weiter
UWG	Gesetz gegen den unlauteren Wettbewerb i. d. F. v. 3.3.2010 (BGBl. I, S. 254)
u. a.	und andere
VERAS	Voluntary Export Restraint Agreements
VerbKrG	Verbraucherkreditgesetz v. 17.12.1990 (BGBl. I, S. 2840)
VersR	Versicherungsrecht
vgl.	vergleiche
VO	Verordnung
WIPO	World Intellectual Property Organization
WM	Wertpapier-Mitteilungen
WpHG	Wertpapierhandelsgesetz
WRP	Wettbewerb in Recht und Praxis
WTO	World Trade Organization
WuW	Wirtschaft und Wettbewerb
z. B.	zum Beispiel
ZEuP	Zeitschrift des Europäischen Privatrechts
ZfA	Zeitschrift für Arbeitsrecht

ZGR	Zeitschrift für Unternehmens- und Gesellschaftsrecht
ZHR	Zeitschrift für das gesamte Handelsrecht und Wirtschaftsrecht, begr. v. Goldschmidt
ZPO	Zivilprozessordnung v. 30.1.1877 i. d. Bek. v. 12.9.1950 (BGBl. S. 455)
ZUM	Zeitschrift für Urheber- und Medienrecht
ZZP	Zeitschrift für Zivilprozess, begr. v. Busch

§ 1 Der Weg zur Europäischen Union (EU)

1

1954 Pläne zur Gründung einer Europäischen Verteidigungsgemeinschaft *(EVG)* scheitern am Veto der französischen Nationalversammlung

1957 Unterzeichnung der sogenannten *Römischen Verträge* zur Gründung der Europäischen Wirtschaftsgemeinschaft *(EWG)* und der Europäischen Atomgemeinschaft *(EAG)*, auch *EURATOM* genannt. Unterzeichnerstaaten beider Verträge: Belgien, Bundesrepublik Deutschland, Frankreich, Italien, Luxemburg und Niederlande

1957 Abkommen über gemeinsame Organe für die Europäischen Gemeinschaften; Gründung der *Versammlung* (seit dem Unionsvertrag von 1993: *Europäisches Parlament*) und des *Europäischen Gerichtshofs*

1958 EWG- und EAG-Verträge treten in Kraft (1.1.1958)

1965 Vertrag über die Einsetzung eines gemeinsamen Rates und einer gemeinsamen *Kommission* für die ursprünglich unabhängigen Gemeinschaften EGKS, EAG und EWG *(Fusionsvertrag)*.

1968 Vollendung der Zollunion; Wegfall der Ein- und Ausfuhrzölle zwischen den Mitgliedstaaten; Gemeinsamer Zolltarif gegenüber Drittstaaten

1973 Großbritannien, Irland und Dänemark treten den drei Gemeinschaften bei *(Norderweiterung)*

1979 *Erste Direktwahl* zur Versammlung (heute: Europäisches Parlament)

1981 Beitritt Griechenlands *(Südosterweiterung)*

1986 Beitritt Portugals und Spaniens *(Süderweiterung)*

1986 Änderungen und Ergänzungen der Verträge durch die *Einheitliche Europäische Akte* (EEA)

1992 Abkommen über den Europäischen Wirtschaftsraum *(EWR-Abkommen)*; Assoziierung der EFTA-Staaten Finnland, Island, Lichtenstein, Norwegen, Österreich und Schweden

1993 Inkrafttreten des Unionsvertrages (1.11.1993)

1994 Beitritt der EFTA-Staaten Finnland, Österreich und Schweden zur Europäischen Union *(EFTA-Erweiterung)*; Beschränkung des EWR-Vertrages auf Island, Lichtenstein und Norwegen

1997 *Vertrag von Amsterdam* (Inkrafttreten: 1.5.1999); Erweiterung der Zusammenarbeit der Mitgliedstaaten; Stärkung des Europäischen Parlaments; Integration des Abkommens zur Sozialpolitik in den EG-Vertrag; Streichung sowie neue Nummerierung von Vorschriften des EU- und EG-Vertrages; Ersetzung des ECU durch den *EURO* (1.1.1999)

2000 Unterzeichnung des *Vertrages von Nizza*; Vereinbarung institutioneller Reformen; Weichenstellung für die Aufnahme weiterer Staaten; Änderungen in der Zusammensetzung der Kommission und der Stimmengewichtung im Rat

2002 Einführung des EURO im Bargeldbereich am 1.1.2002 in 12 EG-Mitgliedstaaten (nicht in Dänemark, Großbritannien und Schweden); Ablauf der Geltungsdauer des Vertrages über die Europäische Gemeinschaft für Kohle und Stahl (EGKS) am 23.7.2002 und Erstreckung der Geltung des EG-Vertrages auf die Sektoren Kohle und Stahl. Die Europäische Gemeinschaft umfasst nur noch die EG und die EAG

2003 Inkrafttreten des Vertrages von Nizza (1.2.2003) Unterzeichnung der Beitrittsverträge mit zehn mittel- und osteuropäischen Staaten (16.4.2003); Entwurf eines Vertrages über eine Verfassung für Europa (9.7.2003)

2004 *Erweiterung* der Europäischen Union um die *zehn Staaten* Estland, Lettland, Litauen, Malta, Polen, Slowakei, Slowenien, Tschechische Republik, Ungarn und Zypern (1.5.2004); Unterzeichnung des Vertrages über eine Verfassung für Europa (29.10.2004)

2005	Ablehnung des Vertrages über eine Verfassung für Europa durch Frankreich (29.5.2005) und die Niederlande (1.6.2005)
2007	Beitritt Bulgariens und Rumäniens (1.1.2007); Proklamation der *Charta der Grundrechte* der Europäischen Union (12.12.2007); Vertrag von Lissabon („Reformvertrag") wird unterzeichnet (13.12.2007)
2008	Irland lehnt durch Volksabstimmung den Vertrag von Lissabon ab (12.6.2008)
2009	Irland stimmt in einer zweiten Volksabstimmung dem Vertrag von Lissabon zu (2.10.2009); Inkrafttreten des *Vertrages von Lissabon* (1.12.2009); Bestandteile: Vertrag über die Europäische Union (*EUV*); Vertrag über die Arbeitsweise der Europäischen Union (*AEUV*); 37 Protokolle; Erklärungen zur Schlussakte der Regierungskonferenz; Charta der Grundrechte der Europäischen Union
2011	Einführung des EURO in Estland
2012	Europäische Union erhält *Friedensnobelpreis*
2013	Beitritt Kroatiens als 28. Mitgliedstaat (1.7.2013)
2014	Einführung des EURO in Lettland
2015	Einführung des EURO in Litauen
2016	51,9 % der britischen Bürger (Wahlbeteiligung: 72 %) stimmen für den Austritt des Vereinigten Königreichs („Brexit") aus der Europäischen Union (26.6.2016)
2017	Übergabe der Erklärung des Vereinigten Königreichs Großbritannien und Nordirland über den Austritt des Vereinigten Königreichs aus der Europäischen Union an den Ratspräsidenten (29.3.2017)
2019	Die nach Art. 50 EUV auf zwei Jahre begrenzte Austrittsfrist verstreicht ohne Verhandlungsergebnis (29.3.2019). Das von der Europäischen Union beschlossene Austrittsabkommen scheitert mehrfach im Englischen Unterhaus. Der Europäische Rat gewährt dem Vereinigten Königreich Großbritannien eine Fristverlängerung
2020	*Austritt des Vereinigten Königreichs* Großbritannien und Nordirland aus der Europäischen Union und aus der Europäischen Atomgemeinschaft (31.1.2020)
2021	Das Handels- und Kooperationsabkommen zwischen der Europäischen Union und dem Vereinigten Königreich tritt nach Zustimmung des Britischen Parlaments und der Regierungen der EU-Staaten in Kraft (1.1.2021)
2023	Einführung des EURO in Kroatien (1.1.2023)
2023	Unterzeichnung des *Windsor-Frameworks* betreffend Nordirland (24.3.2023)

§ 2 Ziel und Methodik der Darstellung

I. Ziel

Ziel der Darstellung ist es, die wichtigsten Probleme des europäischen Wirtschaftsrechts so darzustellen, dass sowohl die *Struktur* und der *Inhalt des Unionsrechts* als auch die *Bezüge zum deutschen Wirtschaftsprivatrecht* hervortreten. Als wichtig werden hier solche Fragestellungen eingestuft, die zum *strukturellen Verständnis* des Unionsrechts beitragen oder die *Auswirkungen auf das deutsche Wirtschaftsprivatrecht* haben. 1

Die meisten „europarechtlichen" Lehrbücher beschränken sich auf die öffentlich-rechtlichen Aspekte des EUV und des AEUV und vernachlässigen die Auswirkungen auf das deutsche Recht. Der inhaltliche Zusammenhang zwischen der rechtlichen Präzisierung der Marktfreiheiten und dem mitgliedstaatlichen Wirtschaftsprivatrecht bleibt oft ausgeblendet. In den privatrechtlichen Lehrbüchern erscheinen die europarechtlichen Bezüge oft noch als Störfaktor für die Privatrechtsdogmatik und nicht als integraler Bestandteil eines binnenmarktbezogenen Privatrechts.

Nachdem der Binnenmarkt eine fortgeschrittene Organisationsstufe erreicht hat, rücken seine privatrechtlichen Grundlagen jedoch immer stärker ins Blickfeld. Dies lässt sich nicht nur an der Diskussion über mögliche Gegenstände und Ziele eines Europäischen Zivilgesetzbuchs, sondern auch an den inhaltlichen Problemen ablesen, die der Europäische Gerichtshof zu entscheiden hat. Ein Binnenmarkt für Güter und Dienstleistungen, der den Namen *Markt* verdient, ist auf vertragliche Beziehungen als Grundlage der Transaktionen angewiesen. Deshalb bildet die Privatrechtsordnung die gemeinsame Basis des Binnenmarktes. Die Bedeutung der Privatrechtsordnung für das System des Binnenmarktes ist keineswegs neu, sondern wurde von Anfang gesehen.[1]

Dieses Buch legt den Schwerpunkt deshalb auf das *private Wirtschaftsrecht* unter Zugrundelegung der deutschen Systematik. Deshalb werden institutionelle Fragen des Unionsrechts nur in so weit einbezogen, wie sie zum Verständnis des Wirtschaftsprivatrechts erforderlich sind.

1 *Böhm*, Brief vom 30.10.1969, in: Ordo Bd. 29/1978, S. 11 ff.; *Hallstein*, in: Festschrift für Müller-Armack, 1961, S. 267 (275); *Hallstein*, Angleichung des Privat- und Prozessrechts in der Europäischen Wirtschaftsgemeinschaft, in: RabelsZ 1964, 211–231.

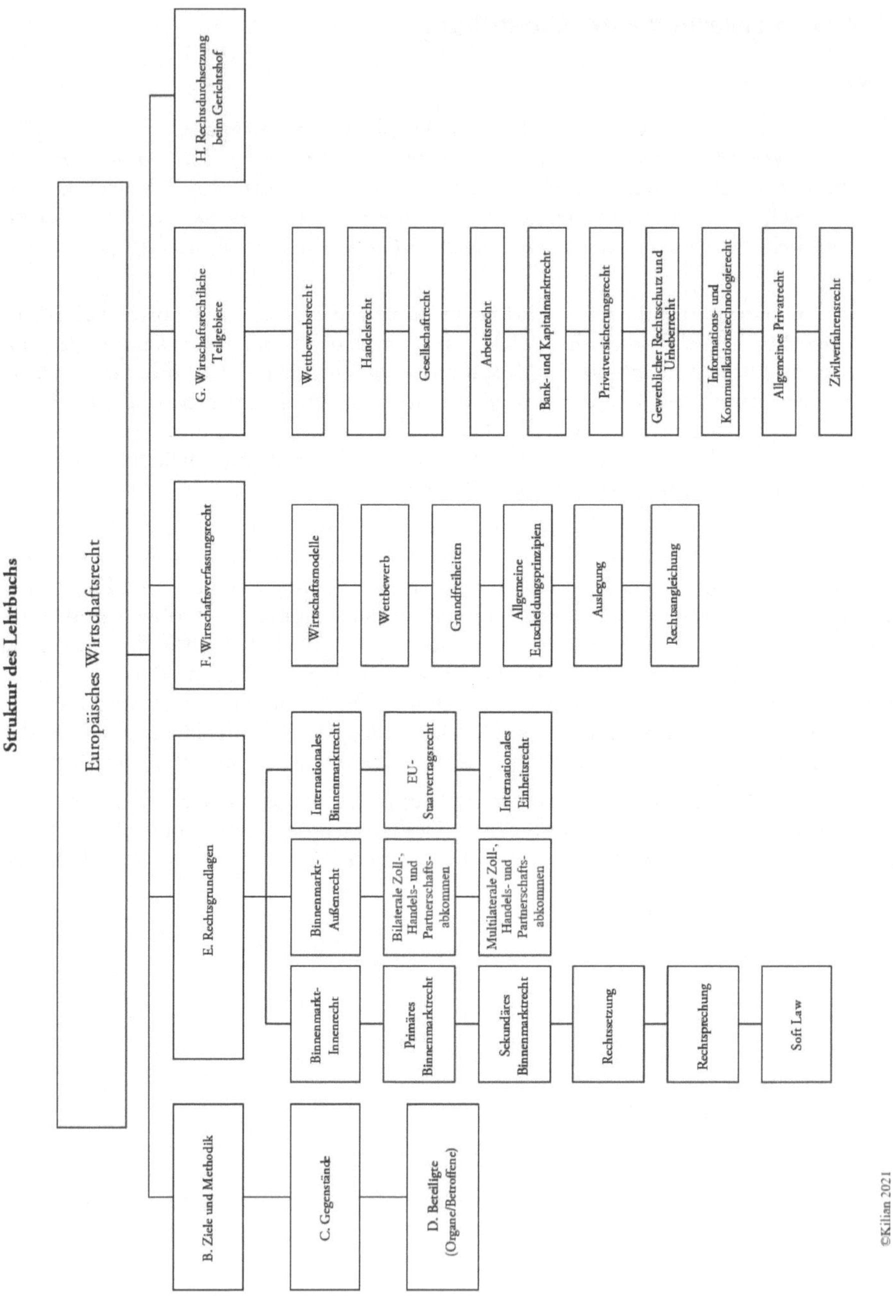
Struktur des Lehrbuchs
Europäisches Wirtschaftsrecht
B. Ziele und Methodik
C. Gegenstände
D. Beteiligte (Organe/Betroffene)
E. Rechtsgrundlagen
Binnenmarkt-Innenrecht
Primäres Binnenmarktrecht
Sekundäres Binnenmarktrecht
Rechtssetzung
Rechtsprechung
Soft Law
Binnenmarkt-Außenrecht
Bilaterale Zoll-, Handels- und Partnerschafts-abkommen
Multilaterale Zoll-, Handels- und Partnerschafts-abkommen
Internationales Binnenmarktrecht
EU-Staatvertragsrecht
Internationales Einheitsrecht
F. Wirtschaftsverfassungsrecht
Wirtschaftsmodelle
Wettbewerb
Grundfreiheiten
Allgemeine Entscheidungsprinzipien
Auslegung
Rechtsangleichung
G. Wirtschaftsrechtliche Teilgebiete
Wettbewerbsrecht
Handelsrecht
Gesellschaftrecht
Arbeitsrecht
Bank- und Kapitalmarktrecht
Privatversicherungsrecht
Gewerblicher Rechtsschutz und Urheberrecht
Informations- und Kommunikationstechnologierecht
Allgemeines Privatrecht
Zivilverfahrensrecht
H. Rechtsdurchsetzung beim Gerichtshof
©Kilian 2021

II. Methodik

Die Darstellung des *Europäischen Wirtschaftsrechts* erfolgt aus *doppelter Perspektive:* Sowohl aus der Sicht des *primären und sekundären Unionsrechts* als auch aus der *Sicht des nationalen Rechts.* Anders als im Staats- und Völkerrecht, wo die inhaltliche Trennung zwischen der europäischen und der nationalen Rechtsordnung eher nachvollziehbar ist, leuchtet die Trennung im Wirtschaftsrecht nicht ein. Das materielle europäische Wirtschaftsrecht wirkt sich nämlich direkt oder indirekt im nationalen Wirtschaftsrecht aus. Deshalb müssen dort und immer dann, wenn *„europarechtliche Bezüge"* herzustellen sind, die Inhalte beider Bereiche stärker verzahnt werden. Dies entspricht auch der inzwischen *sehr differenzierten Rechtsprechung des Gerichtshofs* zum Anwendungsbereich des Unionsrechts und der Vereinbarkeit von nationalem Recht. 2

Alle Prüfungsordnungen der Bundesländer für die Erste Juristische Staatsprüfung verlangen inzwischen Kenntnisse über die europarechtlichen Bezüge. Auch in wirtschaftsrechtlichen Studiengängen (LL.B. und LL.M.) werden europarechtliche Inhalte gelehrt. Dies geschieht überwiegend durch Verweis auf die Grundfreiheiten (Marktfreiheiten) des AEUV und eine oft gleichzeitig vorgenommene Zuordnung der Marktfreiheiten zum Öffentlichen Recht. Dadurch werden die tatsächlichen Inhalte (vor allem Fragen des Handels-, Gesellschafts-, Arbeits-, Wettbewerbs- und Verbraucherschutzrechts) zu *Annexen* von Darstellungen der Vertragsverpflichtungen der EU-Mitgliedstaaten reduziert. Dies entspricht aber nicht mehr der *tatsächlichen* Bedeutung der Marktfreiheiten und der Wettbewerbsregeln für das private Wirtschaftsrecht. Das Europarecht muss die Folgen für das Privatrecht und das Privatrecht die Folgen des Europarechts stärker berücksichtigen. 3

Unter europarechtlichen *„Bezügen"* des nationalen Rechts werden deshalb die *strukturellen und inhaltlichen Verknüpfungen zwischen dem europäischen und dem nationalen Wirtschaft*srecht verstanden und behandelt. Es geht um Informationen und Bewertungen über: 4

- das europäische Wirtschaftsrecht,
- das in nationales Wirtschaftsrecht inkorporierte europäische Wirtschaftsrecht,
- die Relation zwischen europäischem und nationalem Wirtschaftsrecht.

Deshalb *umfasst* dieses Lehrbuch:

- die theoretischen Strukturen des europäischen und nationalen Wirtschaftsrechts,
- den Inhalt der praktisch bedeutsamen wirtschaftsrechtlichen Gebiete,
- die Rechtsprechung des Gerichtshofs.

Auszuklammern sind dagegen: 5

- die Vorstufen zur europäischen Rechtssetzung (Politiken; Weißbücher; Grünbücher; Richtlinienentwürfe),
- wirtschaftsrechtliche Spezialbereiche (etwa: Arzneimittelrecht; Besonderheiten von Marktorganisationen; Produktsicherheitsrecht; Inhalte technischer Normen).

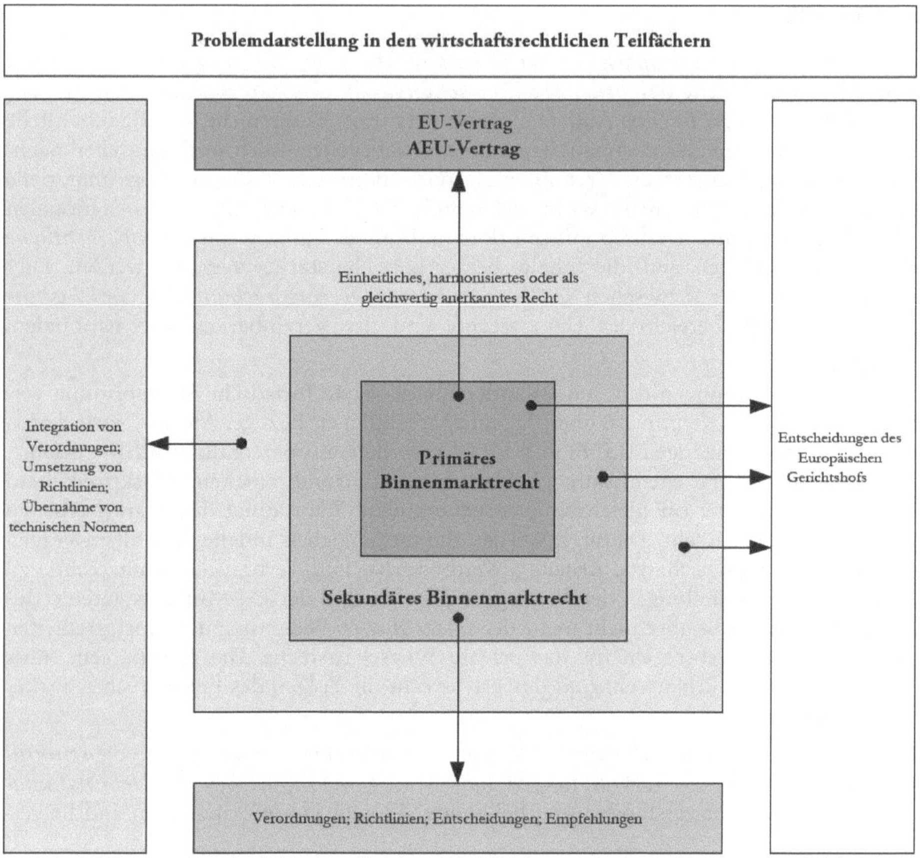

6 Das vorliegende Lehrbuch ist so aufgebaut, dass zunächst die *allgemeinen und die institutionellen Grundlagen* des europäischen Wirtschaftsrechts in den Grundzügen dargestellt werden. Daran schließen sich die *wirtschaftsrechtlichen Teilfächer* in der *Systematik des deutschen Rechts* an. Diese Vorgehensweise empfiehlt sich deshalb, weil die Systematik des Unionsrechts in keinem Mitgliedstaat der innerstaatlichen Gesetzessystematik entspricht und kein mitgliedstaatlicher Anpassungszwang an die Systematik des Unionsrechts besteht. Die Divergenzen beruhen auf unterschiedlichen Regelungszuständigkeiten auf mitgliedstaatlicher Ebene und Unionsebene, auf unterschiedlichen mitgliedstaatlichen Rechtstraditionen und vor allem auf der Wahlfreiheit der Mitgliedstaaten, in welcher Form sie EU-Rechtsakte in ihrem Rechtssystem umsetzen.

Innerhalb der wirtschaftsrechtlichen Teilfächer in der Systematik des nationalen Rechts werden in diesem Lehrbuch *jeweils an gleicher Stelle der Gliederungssystematik* die nationalen Bezüge zum primären und sekundären Unionsrecht aufgezeigt.

Die zitierten Leitentscheidungen des Gerichtshofs und der deutschen Gerichte sind aus Datenbanken kostenlos im Volltext abrufbar. Grafische Darstellungen und Beispiele im Text sowie Wiederholungsfragen sollen die Eigenarbeit erleichtern.

III. Arbeitsmaterialien

1. Amtliche Dokumente

Die Texte aller Verträge zur Gründung und Änderung der Europäischen Union sowie alle Gesetzgebungsakte (Verordnungen; Richtlinien; Delegierte Rechtsakte; Durchführungsrechtsakte; Empfehlungen; Beschlüsse; Leitlinien) werden im Amtsblatt der Europäischen Union veröffentlicht. Seit dem Jahr 2013 ist das elektronische Amtsblatt allgemein und kostenlos in allen 24 Amtssprachen zugänglich und entfaltet Rechtswirkungen[2]. Seit dem 1.1.2015 erhalten alle in der Reihe L (Rechtsakte) des Amtsblatts veröffentlichten Dokumente zusätzlich eine recherchierbare Nummer. 7

a) Die Verträge

Im Jahre 2010 sind „konsolidierte Fassungen" der Grundlagenverträge zur Europäischen Union im EU-Amtsblatt veröffentlicht worden, wodurch sich beispielsweise die ursprüngliche Nummerierung der Protokolle zum Vertrag von Lissabon verändert hat[3]. Außerdem waren bereits aufgrund des Vertrages von Amsterdam Artikel des früheren Vertrages zur Gründung der Europäischen Gemeinschaft (EG) umnumeriert worden, was vor allem bei Bezugnahmen in älteren Entscheidungen des Europäischen Gerichtshofs zu beachten ist. Übereinstimmungstabellen (Synopsen) enthält der Anhang des Vertrages von Lissabon. 8

Es ist in Deutschland üblich geworden, den jetzigen Vertrag über die Europäische Union mit „EUV" und den Vertrag über die Arbeitsweise der Europäischen Union mit „AEUV" abzukürzen.

Es gelten folgende Grundsätze:

Bezugnahme auf Artikel in der Fassung		
bis 1.5.1999	vom 1.5.1999 bis 30.11.2009	seit 1.12.2009
Der Zahl des Artikels folgt die Angabe des Vertrages über die Europäische Union EG-Vertrag EGKS-Vertrag EAG-Vertrag	Der jeweilige Vertrag wird mit zwei Buchstaben bezeichnet EU EG KS (bis 23.7.2002) EA	EUV AEUV EA

b) Das Amtsblatt

Das Amtsblatt (amtliche Sammlung) der EU wird vom Amt für Veröffentlichungen der Europäischen Union (EUR-OP)[4] in Luxemburg herausgegeben. Der Quellenhinweis setzt sich zusammen aus *ABl.* als Abkürzung für das Amtsblatt der EU, dem Kennbuchstaben für die Reihe des Amtsblattes, der Amtsblattnummer, dem Datum der Veröffentlichung und der Seitenzahl. Unterschieden werden drei Reihen des Amtsblattes: 9

2 Verordnung (EU) Nr. 216/2013 vom 7.3.2013, ABl. L 69 vom 13.3.2013, S. 1 (Art. 1 Abs. 2).

3 Konsolidierte Fassungen des Vertrages über die Europäische Union und des Vertrages über die Arbeitsweise der Europäischen Union, ABl. C 83 vom 30.3.2010, S. 1.

4 https://op.europa.eu.

Reihe L	(Législation) enthält: alle veröffentlichungsbedürftigen und nicht-veröffentlichungsbedürftigen Rechtsakte
Reihe C	(Communications et informations) enthält ua: die vorbereitenden Rechtsakte und die Bekanntmachungen der Kommission, Stellungnahmen des Wirtschafts- und Sozialausschusses und des Parlaments zu den Entwürfen der Kommission, Protokolle der Sitzungen des Parlaments sowie dessen Entscheidungen
Reihe S	(Supplément) enthält die öffentlichen Ausschreibungen für Aufträge auf EG-Ebene

z. B. ABl. L 178 vom 17.7.2000, S. 1

(Amtsblatt der EU Ausgabe 178 der Reihe L vom 17.7.2000, Seite 1)

Die elektronische Fassung des EU-Amtsblatts besitzt ab dem 1.7.2013 Echtheit und entfaltet Rechtswirkungen.

c) Fundstellennachweis des geltenden Unionsrechts

10 Der Fundstellennachweis des geltenden Unionsrechts ist eine weitere vom Amt für Veröffentlichungen der Europäischen Union herausgegebene Dokumentationsquelle. Dort sind alle aktuell geltenden Rechtsvorschriften der Europäischen Union mit Hinweis auf nachfolgende Änderungen abgedruckt. Die gedruckte Version wird jeweils mit Stand zum 1. Januar und 1. Juli eines jeden Jahres veröffentlicht. In Band I werden alle Rechtsvorschriften in ein systematisches Verzeichnis eingeordnet. Dieses ist in 20 Kapitel unterteilt (z. B.: 02. Zollunion und freier Warenverkehr, 08. Wettbewerbspolitik, usw.). Dabei werden Vorschriften häufig auch mehreren Bereichen zugeordnet. Der zweite Band enthält eine alphabetische und chronologische Struktur aller geltenden Rechtsvorschriften. Der Fundstellennachweis ist auch online über EUR-Lex erreichbar.

d) Konsolidierte Fassungen

11 Das Unionsrecht besteht aus einer Vielzahl von sog. Basisrechtsakten, von denen der Großteil im Laufe der Jahre durch ändernde Rechtsakte abgeändert wurden. Auf dem Gipfel von Edinburgh Ende 1992 wurde beschlossen, Schritte einzuleiten, um diesen Fundus an Rechtsvorschriften lesbarer und verständlicher zu gestalten. Eine Maßnahme des Generalsekretariats der Kommission ist dabei die *Konsolidierung des Unionsrechts*. Bei der Konsolidierung werden ein Basisrechtsakt und die jeweiligen Änderungen und Berichtigungen zu einem einzigen Dokument zusammengefasst. Das Konsolidierungsprojekt wird fortlaufend weitergeführt. Folglich ist die Sammlung der konsolidierten Rechtstexte noch nicht vollständig, und es kann nicht gewährleistet werden, dass ein Text auf dem neuesten Stand ist.

Die Dokumentennummer der konsolidierten Fassung ergibt sich aus der Nummer des Basisrechtsaktes:

z. B. VO (EWG) Nr. 19/65 vom 2.3.1965

Dokumentennummer der Basisverordnung: 365R0019 = Konsolidierte Fassung:

1965R0019 (Jahr/Celex-Dokumentationsbereich/laufende Nummer des Rechtsakts)

In EUR-Lex kann mit der Dokumentennummer nach konsolidierten Rechtsakten separat gesucht werden. Im Fundstellennachweis des geltenden Unionsrechts wird in den

Datenbanken bei den entsprechenden Rechtsakten mit einem Link auf die konsolidierte Fassung verwiesen.

Seit einigen Jahren werden konsolidierte Rechtsakte mit einer eigenen Nummerierung im Amtsblatt veröffentlicht. So sind beispielsweise konsolidierte Fassungen der Verträge von Lissabon im Amtsblatt C 83 vom 30.3.2010, S. 1 veröffentlicht worden.

e) Gerichtsentscheidungen

Für Entscheidungen des Europäischen Gerichtshofs besteht eine eigene gedruckte amtliche Sammlung. Außerdem sind alle Entscheidungen elektronisch gespeichert. 12

Die alte Zitierweise von Entscheidungen war:

Datum der Entscheidung, Namen der Parteien, wie sie in der Kopfzeile der Seiten der Sammlung der Rechtsprechung erscheinen, Aktenzeichen der Rechtssache, Sammlung der Rechtsprechung (meist abgekürzt mit „Slg", aber auch „Rspr." oder „E") mit Jahrgang, Seite und (seit dem 15.11.1989) vorangestellter „I" für die Rechtssachen vor dem Gerichtshof und vorangestellter „II" für die Rechtssachen vor dem Gericht.

▶ **Beispiel:**

EuGH vom 23.10.2007, Rs. C-112/05, Kommission / Deutschland, Slg. 2007, I-8995. ◀

Neue Zitierweise[5]:

Seit 2014 werden Entscheidungen des Europäischen Gerichtshofs nach dem System ECLI (European Case Law Identifier) erfasst und zitiert. Ebenso wurden für die früheren Entscheidungen ECLI-Kennungen vergeben. Das ECLI-System befindet sich auch in den einzelnen Mitgliedstaaten im Aufbau und umfasst einen Ländercode, einen Gerichtscode, das Jahr der Entscheidung und eine einmalige Kennung der Entscheidung. Jede ECLI-Kennung ist durch einen Doppelpunkt getrennt.

▶ **Beispiel:**

Urteil Schempp, C-403/03, ECLI: EU:C:2005:446, Rn. 22 ◀

bedeutet: Name der Rechtssache, Aktenzeichen des Gerichtshofs, „EU" steht für Unionsgericht (bei einer Entscheidung eines nationalen Gerichts stünde hier der Ländercode), „C" für Entscheidung des Gerichtshofs (für das Gericht stünde hier „T", für das Gericht des Öffentlichen Dienstes „F"), Jahr der Entscheidung, Nummer des ECLI-Dokumentes, Randnummer.

2. Online-Informationen

Seit Juni 2002 stellen das Europäische Parlament,[6] der Rat[7] und die Kommission,[8] den Vorgaben der VO (EG) 1049/2001[9] entsprechend, elektronische Register aller Dokumente einschließlich einer kurzen Inhaltsbeschreibung kostenlos zur Verfügung. Das Amt für Veröffentlichungen[10] der Europäischen Union in Luxemburg (2, rue Mercier, L-2985 Luxemburg, info@publications.europa.eu) ist neben der Veröffentlichung des 13

5 http://curia.europa.eu/jcms/jcms/P_125997.
6 http://www.europarl.europa.eu.
7 http://www.consilium.europa.eu.
8 http://ec.europa.eu.
9 ABl. L 145 vom 31.5.2001, S. 43.
10 http://publications.europa.eu.

Amtsblattes dafür zuständig, das gesamte Recht und die Rechtsprechung der Union den Bürgern in allen Amtssprachen zugänglich zu machen. Es stellt eine Reihe von Datenbanken der Europäischen Union zur Verfügung, die über das Online-Portal EUR-Lex erreicht werden können.

a) EUR-Lex

14 Über das EUR-Lex-Portal[11] können kostenlos und ohne Anmeldung die juristisch relevanten Datenbanken der Organe in den 24 Amtssprachen der EU zentral über das WWW recherchiert werden. In ihrer Gesamtheit ist dies wohl die weltgrößte kostenlose, mehrsprachige juristische Dokumentenquelle im Internet, in der seit diesem Jahr über 1 000 000 Dokumente erfasst werden.[12]

Inhalte sind

- **das Amtsblatt:** Reihe L und C ab 1952 in HTML-Format; ab 1.1.1998 sind die Dokumente auch im PDF-Format erhältlich.
- **die Verträge:** Das vollständige Primärrecht der Union steht hier im Volltext zur Verfügung. Es können sogar die eingescannten und mit Unterschriften versehenen Vertragstexte heruntergeladen werden. Die konsolidierten Fassungen der Verträge befinden sich im Amtsblatt C 326 vom 26.10.2012 S. 1.
- **Internationale Abkommen:** Abrufbar sind alle Verträge, die die Europäische Union in Ausübung ihrer Zuständigkeiten im Bereich der Außenbeziehungen geschlossen hat.
- **Gesetzgebung:** Volltext-Verzeichnis des geltenden Unionsrechts gegliedert nach Abkommen, Richtlinien, Verordnungen sowie Entscheidungen. In der Regel sind konsolidierte Rechtsakte verfügbar. Zu jedem Rechtsakt werden oft weitere Informationen angeboten, etwa nachfolgende Änderungen zu dem Rechtsakt ergangene Rechtsprechung oder zitierte Rechtsakte.
- **Vorschläge für Rechtsakte:** Verzeichnis der Kommissionsvorschläge sowie die Stellungnahmen anderer Organe. Neueste Vorschläge, die noch nicht im Verzeichnis enthalten sind, werden täglich vormittags eingestellt. Über einen Link kann auf die Datenbank für Legislativverfahren des Europäischen Parlaments (OEIL)[13] sowie auf die Datenbank der Kommission über interinstitutionelle Verfahren (PreLex)[14] zugegriffen werden.
- **Rechtsprechung:** Dieser Bereich beinhaltet die Entscheidungen des Gerichtshofs der Europäischen Union (EuGH), des Gerichts erster Instanz (EuG), des Gerichts für den Öffentlichen Dienst, die Gutachten des Gerichtshofs sowie die Schlussanträge der Generalanwälte. Des Weiteren werden Links zu anderen Spruchkörpern, wie zB der Generaldirektion Wettbewerb oder dem EFTA-Gerichtshof angeboten. Die Urteile, Gutachten, Schlussanträge und Beschlüsse des Europäischen Gerichtshofs sind auch auf dessen Webseite[15] nach Aktenzeichen, Datum, Parteien, Sachgebiet und Suchbegriffen im Volltext in allen Amtssprachen kostenlos recherchierbar.

---

11 http://eur-lex.europa.eu.
12 Stand vom 28.3.2023, Quelle: http://eur-lex.europa.eu/content/welcome/about.html.
13 http://www.europarl.europa.eu/oeil/home/home.do.
14 http://eur-lex.europa.eu/collection/legislative-procedures.html?locale=de.
15 http://curia.europa.eu.

- **Elektronische Suche von EuGH-Entscheidungen mit CELEX und ECLI:**
  Wie setzt sich die CELEX-Nummer zusammen? (Erklärung ist nur in Englisch verbindlich)
  The Celex number is the unique identifier of each document in EUR-Lex, regardless of language.

  A Celex number is composed as follows: SyyyyT(T)nnn(n)
  S -- 1 character for the sector (see list below)
  yyyy -------- 4 digits for the year (usually the year of adoption)
  T(T) ------------------ 1 or 2 characters for the document type (see list below)
  nnn(n) ---------------------- 4 digits (usually) for the document number.

  For example, document 32008R1338 is:
  - a sector 3 document (secondary legislation): 3 2008R1338
  - from 2008: 3 2008 R1338
  - a regulation: 32008 R 1338
  - published in the OJ under number 1338: 32008R 1338

  The European Case Law Identifier is a 5-part identifier for a legal document, designed to make European case law databases more usable.
  Form of the ECLI
  The identifier consists of 5 components, in the following order and each separated by a colon:
  1. Abbreviation „ECLI"
  2. Country code (2 characters)
  3. Court code (1–7 characters)
  4. Year of the decision (4 digits)
  5. Unique identifying number (max. 25 characters, dots allowed)
- **Parlamentarische Anfragen, Dokumente von öffentlichem Interesse:** Schließlich können Anfragen des Europäischen Parlaments sowie weitere Dokumente von öffentlichem Interesse (zB Grün- und Weißbücher der Kommission) elektronisch gefunden und durchsucht werden.

b) juris

15 Die von der juris GmbH betriebene Datenbank[16] enthält sämtliche Gesetze und Rechtsprechung der Europäischen Union in deutscher Sprache. Die inhaltliche Abdeckung der Datenbank ist daher mit der deutschsprachigen Version von EUR-Lex vergleichbar. Zusätzlich sind Abstracts zu den Aufsätzen der meisten rechtswissenschaftlichen Zeitschriften verfügbar. Im Gegensatz zu EUR-Lex fehlen in der Regel Angaben zu den nationalen Umsetzungen der europäischen Rechtsakte. Die Benutzung von Juris ist kostenpflichtig. Die rechtswissenschaftlichen Bibliotheken verfügen über einen Juris-Zugang, der eine freie Nutzung ermöglicht.

16 http://www.juris.de.

c) Beck-Online

16 Die Datenbank Beck-Online[17] ist modular aufgebaut und spiegelt die gesamte Produktpalette des Beck-Verlags (Rechtsprechung, Gesetzestexte; Zeitschriften; Fachbücher; Kommentare) wider. In erheblichem Umfang sind Publikationen in Papierform auch digitalisiert erreichbar.

Das EU-Recht ist insbesondere in den Fachmodulen „Europarecht PLUS“ und „Europarecht PREMIUM“ enthalten. Europäische Gesetze und Rechtsprechung sind darin im gleichen inhaltlichen Umfang wie in EUR-Lex und anderen großen kostenpflichtigen Datenbankanbietern zu finden. Zusätzlich enthält Beck-Online eine umfassende Sammlung weiterer Dokumenttypen zum Europarecht. Zugänglich sind mehrere Kommentare zum Primär- und Sekundärrecht, Dokumentsammlungen zum Europarecht sowie die Zeitschriften EuZW und EuR im Volltext. Der Zugang zu Beck-Online ist kostenpflichtig. Rechtswissenschaftliche Bibliotheken stellen ihren Nutzern den Zugang zu Beck-Online in unterschiedlichem Umfang kostenlos zur Verfügung.

d) LexisNexis

17 Die kostenpflichtige Onlinedatenbank von LexisNexis[18] deckt sich inhaltlich mit dem Angebot auf EUR-Lex, europäische Gesetze und Rechtsprechung sind daher im Volltext und laufend aktualisiert abrufbar. Sehr vereinzelt verfügt die Datenbank über elektronische Fachbücher zum Europarecht aus dem Programm kooperierender Verlage. Weiterhin steht in Form von Abstracts die Auswertung von Zeitschriften in der Recherche zur Verfügung.

e) Weitere Datenbanken

18

Name der Datenbank	Inhalt	Aktualisierung	Zugang
Informationszugänge der Europäischen Union	Übersicht zu den aktuellen Informationszugängen aller Institutionen der Europäischen Union	fortlaufend	https://european-union.europa.eu/principles-countries-history/principles-and-values/access-information_de
Inter-Active Terminology for Europe	Europäisches Wörterbuch der Fachausdrücke, ua auch Recht	fortlaufend	https://iate.europa.eu/
Zusammenfassungen der EU-Gesetzgebung	Informationsdatenbank zu den Tätigkeitsbereichen der EU; Zusammenfassungen der Gesetzgebung	wöchentlich	https://eur-lex.europa.eu/browse/summaries.html
RAPID	Presseerklärungen der EU-Organe	täglich	https://europa.eu/rapid/search.html
EU-Website	Offizielle EU-Dokumente	täglich	https://europa.eu/european-union/index
Verkündungsplattform des Bundesgesetzblattes	Amtliche Fassung des Bundesgesetzblattes (seit 1.1.2023 gilt nur noch die elektronische Fassung)	täglich	https://recht.bund.de

17 http://beck-online.beck.de.
18 http://www.lexisnexis.de.

§ 3 Gegenstände des Europäischen Wirtschaftsrechts

I. Definition des Gegenstandsbereichs

Europäisches Wirtschaftsrecht ist das auf das *Funktionieren des europäischen Binnenmarktes bezogene Unternehmens-, Individual-, Organisations- und Verfahrensrecht.* 1

Inhaltlich umfasst das *Europäische Wirtschaftsrecht* alle *Vorschriften, die zur Effizienzsteigerung des Binnenmarktes* beitragen *oder sich auf wirtschaftliche Sachverhalte beziehen, die mitgliedstaatliche Grenzen überschreiten.* Diese Sachverhalte können im Zivilrecht, aber auch in Teilbereichen des Öffentlichen Rechts (beispielsweise im Zoll-, Steuer- und Subventionsrecht) liegen. Die letztgenannten Bereiche werden traditionell in Lehrbüchern zum Öffentlichen (Wirtschafts-) Recht ausführlicher behandelt.

Formal umfasst das *Europäische Wirtschaftsrecht* das durch *Rechtsetzung* und *Rechtsprechung* entstandene *externe* und interne Binnenmarktrecht der *Europäischen Union* zur *Harmonisierung* und *Koordinierung* des *nationalen* sowie zur *Schaffung originär europäischen Rechts.*

Außerhalb des Unionsrechts enthält der *Vertrag über die Europäische Atomgemeinschaft (EAG)* europäisches Wirtschaftsrecht in diesem Spezialbereich.

Das aufgrund von Verordnungen und Richtlinien „europäisierte" nationale Wirtschaftsrecht ist sowohl Teil des europäischen als auch des nationalen Wirtschaftsrechts. Das Europäische Wirtschaftsrecht schließt also nicht nur das *originäre Unionsrecht,*[1] sondern auch das *umgesetzte Unionsrecht* ein. Das bisherige *Gemeinschaftsrecht* ist durch den Vertrag von Lissabon *Unionsrecht* geworden, weil die Union an die Stelle der Europäischen Gemeinschaft getreten ist (Art. 1 Unterabs. 1 S. 3 EUV).

Die Regelungszuständigkeit der Europäischen Union als juristische Person des Öffentlichen Rechts (Art. 47 EUV) richtet sich nach den Kompetenzzuweisungen im Vertrag über die Europäische Union (EUV) und im Vertrag über die Arbeitsweise der Europäischen Union (AEUV). Alle nicht nach dem Prinzip der begrenzten Einzelermächtigung (Artt. 5 EUV; 2 AEUV) der Union ausschließlich übertragenen Zuständigkeiten verbleiben grundsätzlich bei den Mitgliedstaaten (Art. 2 Abs. 1 EUV). Ausnahmen bilden die geteilten Zuständigkeiten (Art. 4 AEUV) sowie die Kompetenzergänzungsklausel im Falle von einstimmigen Beschlüssen im Rat (Artt. 352; 353 AEUV). Das Subsidiaritätsprinzip (Artt. 5 EUV; 352 Abs. 2 AEUV; Protokoll Nr. 2 zum Lissabon-Vertrag) gilt jedoch für alle Zuständigkeitsregelungen.

Die wirtschaftsrechtlich relevanten Kompetenzen finden sich fast ausschließlich im AEU-Vertrag. Sehr begrenzt ist materielles Wirtschaftsrecht auch im EU-Vertrag, in der Charta der Grundrechte der Europäischen Union (etwa Artt. 16; 17; 27; 28; 31; 38) sowie in einigen Protokollen enthalten, die dem Vertrag von Lissabon beigegeben sind (Protokolle Nr. 2, 4, 5, 9–14, 25–27, 37).

1 So aber *Fikentscher,* Wirtschaftsrecht I, S. 395; a. A. *Großfeldt,* JuS 1993, 710 (715); *Hommelhoff,* in: Festschrift: Helmrich, S. 329 (337 ff.).

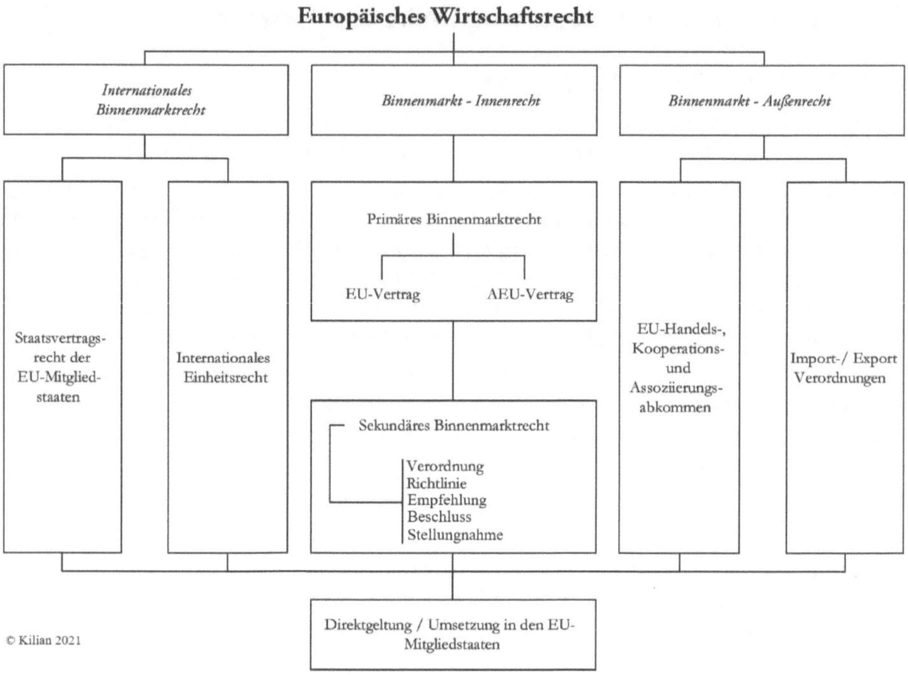

1. Binnenmarkt

2 Ein wichtiges Ziel der Union ist es, einen *Binnenmarkt* zu errichten (Art. 3 Abs. 3 S. 1 EUV). Die entsprechenden Rechtsetzungsakte beziehen sich darauf, den Binnenmarkt zu verwirklichen und dessen Funktionieren zu gewährleisten (Artt. 26 Abs. 1; 114 bis 118 AEUV). Die Bezeichnung „Binnenmarkt" ersetzt seit dem Vertrag von Lissabon die synonyme ältere Bezeichnung „Gemeinsamer Markt".

3 *Abgrenzung des Binnenmarktes.* Der Binnenmarkt lässt sich geografisch und sachlich abgrenzen.

In *geografischer Hinsicht* besteht der Binnenmarkt aus den Staatsgebieten der Mitgliedstaaten. Für namentlich genannte außereuropäische Territorien der Mitgliedstaaten gelten Sonderregelungen (Artt. 198 bis 204; 349 AEUV).

In *sachlicher Hinsicht* umfasst der Binnenmarkt den freien Verkehr von Waren, Personen, Dienstleistungen und Kapital (Art. 26 AEUV). Die Regelungen sollen auf dem Grundsatz einer offenen Marktwirtschaft mit freiem Wettbewerb beruhen (Art. 119 Abs. 1 AEUV). Die Art der Regelungen hängt von der Kompetenzverteilung zwischen der Union und den Mitgliedstaaten ab.

Bei der Verwirklichung der wirtschaftspolitischen Ziele im Binnenmarkt müssen die grundlegenden Werte beachtet werden, wie sie in der Charta der Grundrechte der Europäischen Union, der Europäischen Menschenrechtskonvention und in den Artikeln 2 und 6 des EU-Vertrages niedergelegt sind.

2. Binnenmarktbezogenes Unternehmens-, Individual- und Organisationsrecht

Das Europäische Wirtschaftsrecht umfasst das binnenmarktbezogene *Unternehmens-, Individual-, Organisations- und Verfahrensrecht.* 4

Zum *Unternehmensrecht* gehören die rechtlichen Rahmenbedingungen für die Unternehmenstätigkeit (etwa: gesellschaftsrechtliche Organisationsformen; Beseitigung von Hindernissen für selbstständige und unselbstständige Arbeit oder für Niederlassungen). Das *Individualrecht* umfasst die rechtliche Zuordnung wirtschaftlicher Positionen zu Einzelpersonen (etwa: Frauen; Arbeitnehmer; Handelsvertreter; Erfinder; Urheber) sowie Regelungen zum Ausgleich von Marktdefiziten oder sozialer Unterlegenheit (Verbraucher). Das *Organisationsrecht* betrifft sonstige allgemeine Rahmenbedingungen für wirtschaftliche Sachverhalte mit Binnenmarktbezug (etwa: Wettbewerbsrecht; Kapitalmarktrecht). Das *Verfahrensrecht* regelt das Mahn-, Anerkennungs- und Vollstreckungsverfahren in Zivil- und Handelssachen.

3. Europäisches Wirtschaftsrecht

Die Einführung der bisher noch nicht selbstverständlichen Bezeichnung *Europäisches Wirtschaftsrecht* bedarf einer näheren Begründung. Schon der Ausdruck *Wirtschaftsrecht* führt oft zu Kontroversen über die ihn konstituierenden Elemente.[2] Noch stärker dürfte dies für die Bezeichnung *Europäisches Wirtschaftsrecht* zutreffen, die Hedemann[3] lange vor der Gründung der Europäischen Wirtschaftsgemeinschaft eingeführt hat. Hedemann wollte damit auf das „eigentliche, sachliche, materielle Wirtschaftsrecht" in Europa hinweisen, das „seine elementare Kraft" innerhalb des im Vordergrund stehenden Organisationsrechts entfaltet.[4] Als Gegenstände des europäischen Wirtschaftsrechts nennt er beispielhaft und sehr weitsichtig: Kartelle; Europäische Gesellschaften; Energieversorgungsnetze; Post; Eisenbahn; Zolltarife; Patente; Warenzeichen; Handelsverträge; Allgemeine Geschäftsbedingungen; Arbeits-, Mitbestimmungs- und Persönlichkeitsrecht. 5

Ein geschlossenes *Konzept* für ein *europäisches Wirtschaftsrecht* besteht bisher nicht. Allerdings gibt es unzählige wirtschaftsrechtlich relevante Vorschriften im AEU-Vertrag sowie in Tausenden von Verordnungen und in weit über tausend Richtlinien. Sie stellen aber keine *Rechtsordnung* im Sinne eines transparenten, möglichst widerspruchsfreien Systems von Rechtssätzen dar. Die Gründe liegen in folgenden Gesichtspunkten: 6

- *Fehlen einer Binnenmarkt-Rechtstheorie:* Das Unionsrecht erscheint mehr als Instrument zur Verwirklichung bestimmter ökonomischer und politischer Ziele im Rahmen der Kompetenzverteilung.
- *Fehlen einer Rechtsangleichungstheorie:* Ohne Rechtsangleichungsprinzipien bleiben die Inhalte und Verfahren der Rechtsangleichung eher zufällig.
- *Zielkonflikte zwischen Wettbewerbs- und Industriepolitik:* Funktionsfähiger Wettbewerb und Marktlenkung stehen im Widerspruch.

2 *Hopt,* BB 1972, 1017 (1018); *Kübler,* Wirtschaftsrecht, S. 364 (365); *Mertens,* AG 1976, 62 (66); *L. Raiser,* ZHR 143 (1979), 338; *Rinck,* Wirtschaftsrecht, 1; *Schluep,* in: Festschrift Hug, S. 25 f.; *Steindorff,* Einführung, 4 und 7; *Wiethölter,* in: Festschrift Böhm, S. 41 (56).

3 *Hedemann,* Europäisches Wirtschaftsrecht, Berlin 1943; *ders.,* BB 1953, 2.

4 *Hedemann,* BB 1953, 2 (3); vgl. ferner *Everling,* Die Entwicklung des europäischen Wirtschaftsrechts, S. 243 ff.

- *Geringer Abstraktionsgrad der Regelungen:* Produkt- und tätigkeitsbezogene Vorschriften überwiegen und fördern die Entwicklung von Sonderwirtschaftsrecht.
- *Regelungsbreite trotz Rechtsangleichung* Politische Kompromisse erzwingen oft europäische Scheinregelungen mit Rückverweisung an die Mitgliedstaaten (Renationalisierungsklauseln).
- *Unklare Hierarchie der Rechtsetzungsinstrumente:* Es bestehen fließende Übergänge zwischen Verordnung und Richtlinie und außerdem instrumentelle Defizite. So werden beispielsweise die Ergebnisse des WTO/GATT-Übereinkommens in Form von Verordnungen und Richtlinien in EG-Recht implementiert.
- *Unklare Gesetzes- und Auslegungskompetenzen:* Die „ultra vires" – Doktrin des Bundesverfassungsgerichts und weiterer Verfassungsgerichte kann als Indiz gelten.
- *Vollzugsdefizite:* Die Umsetzung von Richtlinien in nationales Recht wird notifiziert, aber nicht immer systematisch inhaltlich kontrolliert.

Das Europäische Wirtschaftsrecht befindet sich außerdem strukturell in einer Gemengelage zwischen ökonomischen Liberalismus und koordinierender Marktintegration. Einerseits ist der grenzüberschreitende Waren- und Dienstleistungsverkehr inzwischen grundsätzlich den Prinzipien der Eigentums-, Vertrags- und Wettbewerbsfreiheit unterstellt, die staatlichen Wirtschaftsmonopole sind zurückgedrängt. Andererseits wird der Umfang der rechtlichen Harmonisierung durch den jeweiligen Stand der politischen Integration relativiert. Die rechtlichen Harmonisierungsmaßnahmen spiegeln so das Verhältnis von Recht und Politik wider. Sie reichen bei EU-Richtlinien von verordnungsähnlichen Vollharmonisierungen ohne Gestaltungsspielraum über Teilharmonisierungen durch Einräumung vielfältiger Optionen bis zur Scheinharmonisierung durch Anerkennung der jeweils bestehenden nationalen Regelung (Herkunftslandprinzip).

7 Das Unionsrecht lässt sich andererseits nicht mehr als „eine vom nationalen Recht der Mitgliedstaaten unabhängige Rechtsmasse" kennzeichnen.[5] Die Entwicklung ist über diesen historischen Zustand hinweg gegangen. Ebensowenig beschränkt sich das Unionsrecht reaktiv auf „Hemmnisbeseitigung" oder auf „Harmonisierung". Es entwickelt sich vielmehr zu einem „marktkonstituierenden, zielgerichteten Rahmenrecht".[6]

Als solches besitzt es „Systemqualität".[7] Darauf deuten sowohl entsprechende Formulierungen im AEU-Vertrag selbst (Artt. 3 Abs. 1 lit. b; 127; 170; 311 AEUV) als auch Auslegungen des Europäischen Gerichtshofs,[8] viele Erwägungsgründe in EU-Richtlinien sowie Streichungen, Änderungen und Ergänzungen im Rahmen der Verträge von Amsterdam, Nizza und Lissabon hin.

8 Innerhalb des Unionsrechts ist die herausragende Bedeutung des Wirtschaftsrechts unbestritten, auch wenn dessen Konturen noch unscharf sind. In der Union bildet das Wirtschaftsrecht, das wesentlicher Gegenstand des Vertrages über die Europäische

---

5 *Fikentscher,* Wirtschaftsrecht I, S. 439.

6 *Reich,* EuZ 1991, 203. – Der „Monti-Bericht" vom 10.5.2010 an den Präsidenten der EU-Kommission schlägt im Rahmen einer „proaktiven" Strategie vor, stärker die Steuer-, Industrie- und Beihilfepolitik, die Sozialdienstleistungen sowie den „digitalen Binnenmarkt" zu entwickeln.

7 *Schroeder,* Das Gemeinschaftsrechtssystem, Tübingen 2002.

8 EuGH, Humblet, C-6/60, ECLI:EU:C:1960:48, 1169 (1200); EuGH, Busseni, C-221/88, ECLI:EU:C:1990:84, I-497 ff.; EuGH, van Gend & Loos, C-26/62, ECLI:EU:C:1963:1, 1 ff.; EuGH, Costa/ENEL, C-6/64, ECLI:EU:C:1964:66, 1259.

Wirtschaftsgemeinschaft (EWG) war, eine von ursprünglich drei „Säulen" neben der Außen- und Sicherheitspolitik (zweite Säule) sowie der Innen- und Justizpolitik (dritte Säule). Der Vertrag von Lissabon fasst die zweite und dritte Säule zusammen, so dass jetzt eher ein „Zwei-Säulen-Modell" die rechtliche Struktur der Europäischen Union beschreibt.

Die Reorganisation der Europäischen Wirtschaftsgemeinschaft zur Europäischen Union durch die Verträge von Maastricht (Unionsvertrag) und Lissabon (Reformvertrag) ermöglichte eine schärfere Abgrenzung der wirtschaftsrechtlich relevanten Bereiche. Schon im Unionsvertrag erfolgten Änderungen und Erweiterungen innerhalb der ersten Säule: Neuregelungen betrafen vor allem die Zuständigkeiten für transeuropäische Netze (Verkehrs- und Informationsnetze), den Verbraucherschutz sowie die Wirtschafts- und Währungsunion.

Die Präambel des Unionsvertrages rückt die Integration in Europa als Mittel zur Friedens-, Freiheits- und Rechtssicherung in das Blickfeld. Nicht zuletzt auf dem Weg über die wirtschaftliche Integration der Volkswirtschaften möchten die beteiligten Nationalstaaten zu einer immer engeren Union der Völker Europas kommen. Die rechtliche Grundlage für die *wirtschaftliche* Integration bildet der AEU-Vertrag.

Die Neuregelungen haben die Unionskompetenzen erweitert und die Interdependenzen mit dem mitgliedstaatlichen Wirtschaftsrecht verdichtet. Dennoch ist dadurch keine *Wirtschaftsunion* mit einem geschlossenen Rechtssystem entstanden. Nach wie vor verfügen die Mitgliedstaaten über ausschließliche oder konkurrierende wirtschaftsrechtliche Zuständigkeiten mit Binnenmarktbezug. Das erschwert eine zusammenhängende Darstellung des Europäischen Wirtschaftsrechts, weil mitgliedstaatliche Regelungen einbezogen werden müssen. 9

Das Europäische Wirtschaftsrecht wird bisher überwiegend als Annex zum Institutionen- und Organisationsrecht der Europäischen Union aus der Sicht des Öffentlichen Rechts behandelt. Je mehr jedoch die Rechtsetzungs- und Harmonisierungstätigkeit der Union fortschreitet und die Auswirkungen der umfangreichen Rechtsprechungspraxis des Gerichtshofs zur Notwendigkeit führt, die zivilrechtlichen Inhalte und Folgen einer europäischen Wirtschaftspolitik der „offenen Marktwirtschaft mit freiem Wettbewerb" (Artt. 119 Abs. 1 und Abs. 2; 127 Abs. 1 S. 3 AEUV) in den Mittelpunkt zu rücken, um so mehr zeigt sich, wie stark *Kernbereiche des privaten Wirtschaftsrechts* betroffen sind. Der öffentlich-rechtliche Zugang verengt die Perspektive oft auf Kompetenz- und Organisationsfragen. Dadurch werden Markt- und Sachgebietsstrukturen vernachlässigt und der Wandel in den privatrechtlichen Teilfächern erheblich unterschätzt.

▶ **Beispiel:**

Im *Francovich-Fall* des Europäischen Gerichtshofs[9] ging es um den direkten Schadensersatzanspruch eines Bürgers gegen den italienischen Staat wegen Nichtumsetzung einer arbeitnehmerschützenden Richtlinie. Eine Würdigung nur unter der öffentlich-rechtlichen Perspektive des Staatshaftungsanspruchs greift zu kurz. Im Kern handelte es sich nämlich zugleich um die Angleichung von Wettbewerbsbedingungen in der Europäischen Union, denn die Pflicht zur Schaffung einer Garantieeinrichtung für den Fall des Konkurses des Arbeitgebers erhöht die Produktionskosten und führt zur Verteuerung der Produkte. Wer

9 EuGH, Francovich und Bonifaci/Italienische Republik, C-6/90, ECLI:EU:C:1991:428, I-5403.

die Garantieeinrichtung vermeidet, hat weniger Kosten und damit Wettbewerbsvorteile. Die Kompensation für geleistete Arbeit soll jedoch nach dem Unionsrecht Vorrang haben. Also sind die arbeits- und wettbewerbsrechtlichen Fragen untrennbar mit dem Problem der Staatshaftung als Mittel der Durchsetzung der wirtschaftlichen Regelungsidee verknüpft. ◀

10 Im Unterschied zu öffentlich-rechtlichen Darstellungen zum „Europarecht" legt die Bezeichnung „Europäisches Wirtschaftsrecht" den Schwerpunkt nicht auf das Organisations- und Interventionsrecht, sondern auf den marktwirtschaftlichen Austausch von Gütern, Leistungen und Informationen *mit den Mitteln des Privatrechts*. Es geht um die Rahmenbedingungen für Märkte, auf denen Güter, Leistungen und Informationen durch Akteure (Staaten, Unternehmen, Arbeitnehmer, Handelsvertreter, Verbraucher, Erfinder, Urheber, Bürger) angeboten oder nachgefragt werden. Es geht um Grundkategorien wie Kapital, Arbeit, Materie, Energie und Informationen. Die Rahmenbedingungen betreffen die markt- und planwirtschaftliche Organisation (Marktzugangs-, Wettbewerbs-, Kontroll- und Rechtsschutzregeln). Sie sind von den Mitgliedstaaten vom Ziel her bindend.

11 Das Privatrecht dient der Konstituierung der Marktwirtschaft. Ohne funktionierenden Markt, der einen funktionsfähigen Wettbewerb voraussetzt, erstarrt das Vertragsrecht zu einem Formalrecht. Bei Marktdefiziten und Machtungleichgewichten muss eine Gegensteuerung mit den Mitteln des Rechts erfolgen, um die Funktionsbedingungen des Vertragsrechts zu sichern. Dadurch kommen auch „interventionistische" Aspekte ins Spiel (Verbraucherschutzrecht; Arbeitsrecht; Datenschutzrecht; Schutz des geistigen Eigentums). Sie sind Ausdruck der Tatsache, dass die gerechte Zuordnung von Verfügungsrechten über eigentumswerte Positionen zu den Funktionsbedingungen des Marktes gehören. In anderen Bereichen des Wirtschaftsrechts (etwa im Niederlassungs-, Kapitalmarkt- und Landwirtschaftsrecht) geht es zusätzlich um öffentlich-rechtliche Fragen der Marktorganisation. Sie müssen auch im Rahmen eines primär privatrechtlich verstandenen Europäischen Wirtschaftsrechts einbezogen werden.

Große Teile des europäischen Wirtschaftsrechts könnte man unter einem sehr weit verstandenen Terminus „Europäisches Schuldvertragsrecht"[10] fassen. Das würde aber die Zuordnung aller Wettbewerbsfragen zum Schuldrecht voraussetzen und zur Ausklammerung von Fragen der Unternehmensorganisation, der Publizität, der technischen Handelshemmnisse, des Aufsichtsrechts sowie aller Querschnittsmaterien (Telekommunikationsrecht; Datenschutzrecht) einschließen. Die Marktfreiheiten des primären Unionsrechts, insbesondere die Warenverkehrs-, die Dienstleistungs- und die Niederlassungsfreiheit, entfalten ihre Wirkungen aber nicht nur im Hinblick auf Schuldverträge, sondern auch im Hinblick auf die Rahmenbedingungen für den Binnenmarkt. Unter der Bezeichnung *„Europäisches Wirtschaftsrecht"* wird das Schuldvertragsrecht als Bestandteil des Binnenmarktrechts einbezogen.

Für das Europäische Wirtschaftsrecht lassen sich ein *Gegenstandsbereich*, eine *Methodik* der Rechtsgestaltung sowie Ansätze zu einer *Theorie des Binnenmarktes* nachweisen.

12 Der *Gegenstandsbereich* des Europäischen Wirtschaftsrechts ist der Binnenmarkt, genauer: das Recht des Binnenmarktes, soweit Zivil- und Handelssachen betroffen

10 *Grundmann*, Europäisches Schuldvertragsrecht, S. 11 ff.

sind.[11] Nicht alles Binnenmarktrecht ist aber Wirtschaftsrecht.[12] Bei der Vogelschutzrichtlinie[13] handelt es sich beispielsweise um Binnenmarktrecht, aber nicht um Wirtschaftsrecht, sondern um Natur- und Umweltschutzrecht. Regelungen des Wirtschaftsrechts beziehen sich alle auf Güter und Leistungen, die angeboten und nachgefragt werden. Tätigkeiten öffentlicher Institutionen in Ausübung von Hoheitsrechten gehören ebenso wenig zum privaten Wirtschaftsrecht wie Verfahrensvorschriften zur Koordination der verschiedenen Politiken, obwohl letztere Einfluss auf die Durchsetzung plan- oder marktwirtschaftlicher Prinzipien haben.[14]

13 Zum Gegenstandsbereich des Europäischen Wirtschaftsrechts ist auch das *mitgliedstaatliche* Wirtschaftsrecht zu rechnen, soweit es einen Binnenmarktbezug aufweist. Es wäre falsch, das Europäische Wirtschaftsrecht auf das Recht mit Ursprung in der Europäischen Union zu verkürzen. Die wirtschaftsrechtlichen Kompetenzen, beispielsweise beim Schutz des geistigen Eigentums, sind zwischen der Union und den Mitgliedstaaten aufgeteilt. Die Wirtschaft der Mitgliedstaaten ist in das Binnenmarktsystem eingebettet.[15] Es muss deshalb Kennzeichen des Europäischen Wirtschaftsrechts sein, dass es nur unter Beachtung der *Wechselbezüglichkeit* von supranationaler und mitgliedstaatlicher Regelungszuständigkeit analysiert werden kann. Die Einfügung des Subsidiaritätsprinzips in den EU-Vertrag (Art. 5 EUV) stellt klar, dass die Handlungsrechte der Mitgliedstaaten nicht als „permanente Bedrohung für die Einheitlichkeit der Marktbedingungen"[16] aufgefasst werden können, sondern einen Systembestandteil bilden.

Das Gesamtsystem ist auch handlungsfähig. Das zeigt der vorausschauende Kauf von 800 Mio. Dosen Impfstoff zur Bekämpfung der Corona-19-Pandemie durch die EU-Kommission bei drei potenziellen Herstellern im eigenen Namen und im Namen der 27 Mitgliedstaaten.[17]

Die *Methodik* zur Regelung des Gegenstandsbereiches des Europäischen Wirtschaftsrechts ist überlappend zivilrechtlich und öffentlich-rechtlich, unabhängig davon, wie man die Teilbereiche im Einzelnen abgrenzt.

14 Als *europäisches Wirtschaftsprivatrecht* sind überwiegend die in Form von *Richtlinien* ergangenen Vorschriften zu untersuchen, die unter Beachtung der Zielvorgaben im AEUV und EUV Rechtsvorschriften der Mitgliedstaaten zu harmonisieren versuchen. Beispiele bilden die gesellschaftsrechtlichen Richtlinien oder die Datenschutzgrundverordnung. Sie schaffen Rahmenbedingungen für den grenzüberschreitenden Waren- und Dienstleistungsverkehr, ohne das Zustandekommen und die Abwicklung der Transaktionen und Entscheidungen direkt zu beeinflussen. Gleiches gilt für das selbst geschaffene Recht der Wirtschaft (Organisationsrecht; Berufsrecht). Es wird überwiegend anerkannt (Berufsrecht) oder unter Einschaltung Europäischer Institutio-

11 „Zivil- und Handelssachen" der zentrale Begriff der EuGVVO (VO (EG) Nr. 1393/2007 vom 13.11.2007, ABl. L 324 vom 10.12.2007, S. 79).
12 So aber *Götz*, JZ 1994, 265 (266).
13 Richtlinie über die Erhaltung der wildlebenden Vogelarten 79/409/EWG vom 2.4.1979, ABl. L 103 vom 25.4.1979, S. 1.
14 *Mestmäcker*, RabelsZ 54, 409 (418).
15 *Basedow*, Von der deutschen, zur europäischen Wirtschaftsverfassung, S. 5.
16 So *Joerges*, Markt ohne Staat, S. 262.
17 Advance Purchase Agreement (APA) for the Production, Purchase and Supply of COVID-19-Vaccine in the European Union, Ref. ARES(2020)4440071–26/08/2020/Sante/2020/C3/049 (https://www.welt.de/bin/AstraZeneca_bn-225269013.pdf), besucht am 04.4.2023.

nen (Normungsgremien) für verbindlich erklärt (Recht der technischen Normung). Allgemeine Geschäftsbedingungen werden unter dem Gesichtspunkt des Verbraucherschutzes reglementiert. Die Geltung des Prinzips der Vertragsfreiheit bleibt stillschweigend vorausgesetzt, Marktungleichheiten wird aber entgegengewirkt.

15 Als *europäisches Wirtschaftsverwaltungsrecht* sind dagegen die EU-Regelungen zu bezeichnen, die weit überwiegend in Form von Verordnungen organisierend, regulierend und kontrollierend in Marktstrukturen und Marktverhältnisse eingreifen. Dazu zählt das gesamte Agrarmarktrecht, aber auch das Kartellverwaltungsrecht, das Währungsrecht oder das Beihilfenrecht.

16 Eine tragfähige *Rechtstheorie* über den Binnenmarkt und damit über die Hierarchie unterschiedlicher Ziele, Institutionen und Beteiligte gibt es noch nicht. Manchmal wird die Europäische Union mit der Institution „Staat“ verglichen oder gleichgesetzt. Die dafür entwickelten Kategorien können aber nicht passen.[18] Die Europäische Union ist kein Staat im klassischen Sinne. Sie hat zwar mit Inkrafttreten des Vertrages von Lissabon eine eigene Rechtspersönlichkeit erhalten. Das Staatsgebiet der Europäischen Union ist aber mit der Summe der Territorien der Mitgliedstaaten der Europäischen Union identisch. Die Unionsbürgerschaft (Art. 20 AEUV) kennzeichnet nicht das Staatsvolk der Europäischen Union, sondern umfasst die Summe der Staatsangehörigen der Mitgliedstaaten der Europäischen Union. Andererseits darf der Mangel an konstituierenden Elementen eines Staates nicht von der Notwendigkeit abhalten, für das supranationale Zweckgebilde „Europäische Union“ eine angemessene Rechtstheorie zu entwickeln.

17 Die *Theorie des Europäischen Wirtschaftsrechts* muss die wirtschaftlichen und politischen Verhältnisse der Europäischen Union funktional mit ihren Marktfreiheits- und regulativen Ideen erfassen. Die Rechtsentwicklung vollzieht sich in wirtschaftsrechtlichen Teilbereichen.

Eine Gesamtkodifikation des Europäischen Wirtschaftsrechts ist aus folgenden Gründen nicht zu erwarten:[19]

- Das System der begrenzten Einzelermächtigung der Union steht entgegen.
- Die Entwicklung einiger Bereiche (etwa des Agrarmarktes) hängt stark von nationalen Interessen und politischen Kompromissen ab.
- Die Rechtsangleichung von vier Rechtskreisen (romanischer, deutscher, skandinavischer und englischer) ist schwierig, auch wenn alle (bis auf den größten Teil des englischen) überwiegend auf dem gemeinen römischen Recht oder auf naturrechtlichem Denken beruhen.

Realistischer sind Harmonisierungen in Teilbereichen des Wirtschaftsrechts, wie sie sich etwa durch Schaffung eines italienischen und spanischen Kartellrechts unter dem Einfluss des europäischen Kartellrechts gezeigt haben.

18 Das Europäische Wirtschaftsrecht wird auch weiter die *Zukunft der Europäischen Union als politische Institution* maßgebend beeinflussen. Schon immer waren wirtschaftliche Gesichtspunkte für die politische Ordnung bestimmend. In Deutschland lässt sich das für das 19. Jahrhundert leicht an Hand der Gewerbefreiheit, der Gründung des Zollvereins oder der Verabschiedung aller handelsrechtlichen Gesetze

18 *Grimm*, JZ 1995, 581.
19 *Blaurock*, JZ 1994, 270 (271); *Götz*, JZ 1994, 265 (266).

(ADHGB; GmbHG; AktG) noch vor dem Bürgerlichen Gesetzbuch nachweisen. Nach dem Zweiten Weltkrieg erhob als Erster Umberto Campagnolo[20] die Forderung, für die politische Einigung Europas mit einem wirtschaftlichen Abkommen zwischen den europäischen Staaten anzufangen, aus dem dann eine wirtschaftliche Föderation als Grundlage einer allgemeinen Föderation hervorgehen könnte.

Da sehr viele Rechtsgebiete binnenmarktrelevante Sachverhalte betreffen, ist der Gegenstandsbereich eines prinzipiell *privatrechtlich verstandenen Europäischen Wirtschaftsrechts* weit zu fassen. Die bis zu einem gewissen Grad subjektive Auswahl der Teilgebiete richtet sich nach der Einschätzung ihrer theoretischen und praktischen Relevanz.

Insgesamt kennzeichnen folgende *Strukturelemente* das Europäische Wirtschaftsrecht 19
als binnenmarktbezogenes Unternehmens-, Individual-, Organisations- und Verfahrensrecht:

Ziel

- Beitrag zur Effizienzsteigerung im Binnenmarkt
- Ausgleich von Binnenmarktdefiziten
- Verwirklichung von wirtschaftlichen Handlungsfreiheiten im Binnenmarkt.

Gegenstand

- Regelung von wirtschaftlichen Sachverhalten, die mitgliedstaatliche Grenzen überschreiten
- Zivil- und Handelssachen.

Inhalt

- Binnenmarktkonstituierendes zielgerichtetes Rahmenrecht
- Primär wettbewerbsorientierte, partiell interventionistische Regelungen.

Methode

- Setzung originären und abgeleiteten europäischen Rechts
- Verwendung primär privatrechtlicher Instrumente
- Direkte und indirekte Rechtsangleichung.

II. Bereiche

1. Europäisches Binnenmarktrecht

Unter *Europäischem Binnenmarktrecht* ist das Binnenmarkt-Innenrecht der Europä- 20
ischen Union zu verstehen. Es umfasst das primäre und sekundäre Unionsrecht in der Auslegung durch den Gerichtshof, soweit es die Funktionsfähigkeit des Binnenmarktes als *gemeinsamen Markt der Mitgliedstaaten* betrifft. Nicht zum europäischen Binnenmarktrecht zählen deshalb die Vorschriften über die gemeinsame Innen-, Außen- und Sicherheitspolitik. Hier fehlt der direkte Wirtschaftsbezug.

Das Europäische Binnenmarktrecht umfasst sowohl die *vorsorgliche Setzung* von Zielen, Rahmenbedingungen oder technischen Standards für den Binnenmarkt als auch die *nachträgliche Angleichung* des Rechts der Mitgliedstaaten der Europäischen Union. Das angeglichene Recht ist von der Entstehung her europäisches Recht, das in

20 Der Europäische Bundesstaat, Bern 1945 (Original: Repubblica Federale Europea, Milano 1945), S. 35.

den Mitgliedstaaten entweder *unmittelbar* (Verordnung) oder *mittelbar* (kraft mitgliedstaatlicher Umsetzung) als Binnenmarktrecht gilt.

▶ **Beispiele:**

1. Die Unternehmen A und B sind mit ihren Produkten sehr marktstark in jeweils einem Mitgliedstaat und auf dem Binnenmarkt. Sie wollen eng zusammenarbeiten, um ihre wirtschaftliche Position weiter auszubauen. Die Artt. 101 und 102 AEUV sowie die Fusionskontrollverordnung bilden die Rahmenvorschriften für eine Kooperations- und Zusammenschlusskontrolle durch die EU-Kommission.
2. In den Mitgliedstaaten bestehen unterschiedliche technische Standards für Telekommunikationsgeräte. Damit Geräte, die im Mitgliedstaat X hergestellt werden, auch in den übrigen Mitgliedstaaten vermarktet werden können, entwickeln Standardisierungsorganisationen der Union EU-Standards als Form der Harmonisierung der Nutzungsvoraussetzungen. Die EU-Standards werden als nationale Standards übernommen. ◀

2. Europäisches Außenwirtschaftsrecht

21 Das *Europäische Außenwirtschaftsrecht* umfasst das Binnenmarkt-Außenrecht der Europäischen Union. Es betrifft die gesamte Handelspolitik,[21] soweit es sich um die *Funktionsfähigkeit des Binnenmarktes im Verhältnis zu Nichtmitgliedstaaten* handelt, und genießt deshalb Vorrang vor dem nationalen Außenwirtschaftsrecht der Mitgliedstaaten.

▶ **Beispiele:**

1. Die Union verhandelt mit Südafrika über Agrarimporte und über eine künftige Kooperation. Die Vereinbarungen sind für die Mitgliedstaaten verbindlich und schließen eigene Vereinbarungen durch Mitgliedstaaten aus.
2. Die Union legt für bestimmte Produkte aus Japan Zollsätze fest. Die Mitgliedstaaten haben keine Möglichkeit, eigene Zollsätze festzulegen oder die Zollsätze zu verändern. ◀

3. Internationales Binnenmarktrecht

22 Das *Internationale Binnenmarktrecht* betrifft völkerrechtliche Verträge von Mitgliedstaaten der Europäischen Union in wirtschaftlich relevanten Bereichen. Es handelt sich dabei um *Staatsverträge von Mitgliedstaaten, die untereinander, mit Drittstaaten oder mit internationalen Organisationen* abgeschlossen werden. Die Artt. 3 Abs. 1 lit. e, 207, 212, 216, 218 AEUV grenzen die Vertragsschlusskompetenzen zwischen den Mitgliedstaaten und der Union nicht immer klar ab.

▶ **Beispiele:**

1. Die Bundesrepublik Deutschland schließt mit den Vereinigten Staaten von Amerika ein Abkommen, in dem sich beide Staaten freien Zugang zu den jeweiligen Telekommunikationsmärkten gewähren. Nach EU-Richtlinien müssen aber Anbieter aus der Europäischen Union bevorzugt werden. Die Vereinigten Staaten sehen darin eine Diskriminierung.
2. Mehrere Mitgliedstaaten der Europäischen Union schließen untereinander einen Vertrag über den Schutz des geistigen Eigentums im Multimediabereich. Dies könnte die

21 Vgl. *Vedder*, in: Grabitz/Hilf, Das Recht der Europäischen Union, Bd. II, 2008, Art. 133 EG.

Dienstleistungsfreiheit im Binnenmarkt und damit Regelungskompetenzen der Europäischen Union berühren.

3. Ein Investor aus einem Drittstaat klagt vor einem Schiedsgericht gegen einen EU-Mitgliedstaat, in dem er eine Direktinvestition getätigt hat, auf Schadenersatz. Je nach der zugrundeliegenden Regelungskompetenz kann der Mitgliedstaat oder die Europäische Union zuständig sein. ◀

Investor-Staat-Schiedsklauseln kommen in EU-internen bilateralen Investitionsschutzverträgen nicht mehr zur Anwendung.[22] Deshalb sind alle bilateralen Investitionsschutzverträge zwischen EU-Mitgliedstaaten beendet worden.[23] Rahmenbedingungen für die Regelung der finanziellen Verantwortung bei Investor-Staat-Streitigkeiten vor Schiedsgerichten, bei denen die Europäische Union Vertragspartner ist, regelt die VO (EU) Nr. 912/2014[24].

III. Wirtschaftsrecht und Wirtschaftspolitik

Der EU-Vertrag enthält zahlreiche Vorschriften, die sich auf die Wirtschaftspolitik beziehen. Die wichtigsten „Politiken" (engl. „policies", also Zielvorgaben) sind in Art. 3 EUV (oberste Ziele) und in den Artt. 3 bis 6 AEUV festgelegt. Der gesamte Dritte Teil des AEUV, der die Artt. 26 bis 197 AEUV umfasst, ist mit „Die internen Politiken und Maßnahmen der Union" umschrieben. Innerhalb des AEUV werden etwa die Wirtschafts- und Währungspolitik (Artt. 119 bis 133 AEUV), die Handelspolitik (Artt. 206, 207 AEUV), die Sozialpolitik (Artt. 151 bis 161 AEUV) oder die Industriepolitik (Art. 173 AEUV) besonders hervorgehoben. 23

Die genannten Wirtschaftspolitiken sind als Rechtsnormen formuliert. Ihnen kommt damit verbindlicher Charakter zu. Verbindlich festgelegt sind dadurch aber im Wesentlichen nur *Funktion, Ziele und Verfahren*, weniger *Inhalte*. Die Inhalte hängen vom Präzisionsgrad der Formulierung des jeweiligen Politikfeldes ab. Das Verhältnis von Wirtschaftsrecht und Wirtschaftspolitik ist also ambivalent.

Zur Ausformulierung der EU-Wirtschaftspolitik tragen eine Reihe von Aktivitäten bei, etwa:

- Beschlüsse und Empfehlungen des Rates[25]
- Empfehlungen von Gutachter- und Beratergremien
- Weißbücher (nach der Farbe der Publikation benannt)
- Grünbücher
- Empfehlungen und Mitteilungen der Kommission
- Forschungsprogramme
- Sekundäres Unionsrecht.

Die inflationäre Verwendung des Ausdrucks „Politik" im AEUV und in den Veröffentlichungen der Europäischen Union verschleiert aus juristischer Sicht den prinzipiellen rechtlichen Geltungsanspruch der Vorschriften des AEUV. Auch wenn der AEUV oft keine konkreten Einzelermächtigungen oder Einzelregelung enthält, sondern allgemei- 24

22 EuGH, Achmea, C-284/16, ECLI:EU:C:2018:158.
23 Übereinkommen von 2020, ABl. L 169 vom 29.5.2020, S. 1.
24 ABl. L 257 vom 28.8.2014, S. 121.
25 Empfehlung (EU) 2015/1184 vom 14.7.2015 über die Grundzüge der Wirtschaftspolitik der Mitgliedstaaten und der Europäischen Union, ABl. L 192 vom 18.7.2015, S. 27.

ne Zielnormen, strukturieren diese doch den Handlungsspielraum der Union und beschränken zugleich den Handlungsspielraum der Mitgliedstaaten. Allein die Entfaltung und Ausdifferenzierungen der Marktfreiheiten des AEUV durch die Rechtsprechung des Europäischen Gerichtshofs konkretisieren die Wirtschaftspolitik mit den Mitteln des Rechts. Ebenso tragen die Verordnungen, Richtlinien und Beschlüsse des Rates und des Europäischen Parlaments zur Konkretisierung der Wirtschaftspolitik bei.

In harmonisierten Bereichen verlieren die Mitgliedstaaten ihre *Verhandlungskompetenz* mit Drittstaaten.[26] Besteht eine „ausformulierte Politik" der Union, führt das zu einem *Verbot mitgliedstaatlicher Regelungen.*[27]

25 Die rechtstheoretischen Anforderungen an die Systematik und Stringenz des EU-Wirtschaftsrechts dürfen nicht zu hoch geschraubt werden, weil sonst seine Funktion als dynamisches Element im Integrationsprozess leidet. *Europäisches Wirtschaftsrecht ist die Umsetzung der europäischen Wirtsch*aftspolitik mit den Mitteln des Rechts.

▶ **Beispiel:**

Entwicklungsland E möchte Agrarprodukte zu Vorzugsbedingungen in den Binnenmarkt exportieren. Die Kommission verlangt von E, zunächst Menschenrechtsverletzungen abzustellen, bevor ein Kooperationsvertrag geschlossen wird. ◀

26 Die Grundsätze der gemeinsamen Handelspolitik in der Union umfassen auch Zoll- und Handelsabkommen (Artt. 206, 207 Abs. 1 AEUV). Die Frage, *ob* mit einem bestimmten Staat ein Zoll- oder Handelsabkommen geschlossen werden soll, ist keine rechtliche, sondern eine politische Frage. Sie muss mit qualifizierter Mehrheit im Rat entschieden werden (Art. 207 Abs. 4 AEUV). Die Union verfolgt mit ihrer Handelspolitik *wirtschaftspolitische* und *außenpolitische* Ziele zugleich. Bei Kooperationsabkommen mit Entwicklungsländern wird der freie Zugang zum Binnenmarkt nach einem *Allgemeinen Präferenzsystem* gewährt.[28] Die Handelsvorteile sind regelmäßig an Auflagen gekoppelt, etwa:

- Einhaltung der internationalen Konvention über den Schutz tropischer Hölzer
- Einhaltung der Konvention über das Mindestalter von Arbeitnehmern
- Einhaltung der Konvention über die Koalitionsfreiheit von Arbeitnehmern
- Einhaltung der Menschenrechte
- Förderung der marktwirtschaftlichen Entwicklung.

Werden diese Auflagen akzeptiert, wird der Kooperationsvertrag geschlossen und damit die rechtliche Basis für die Handelsbeziehungen zwischen dem Entwicklungsland und der Europäischen Union geschaffen.

Insgesamt ergibt sich aus diesen Zusammenhängen zwischen Wirtschaftspolitik und Wirtschaftsrecht eine starke *Funktionalität* und *Zweckorientierung* des Europäischen Wirtschaftsrechts.

26 EuGH, Gutachten, 1/94, ECLI:EU:C:1994:384, I-5389.

27 EuGH, Ministère public/Asjes ua., C-209–213/84, ECLI:EU:C:1986:188, 1457; EuGH, Driancourt/Cognet, C-355/85, ECLI:EU:C:1986:410, 3238.

28 Das bisherige System der nicht gegenseitigen Handelspräferenzen wurde mit dem Partnerschaftsabkommen von Cotonou im Jahre 2000 zugunsten einer Liberalisierung beendet.

IV. Hierarchie der Rechtsquellen

Rechtsetzung und *Rechtsprechung* zum *Europäischen Wirtschaftsrecht* erfolgen sowohl auf *europäischer* als auch auf *nationaler Ebene*. Das Verhältnis der beiden Ebenen, die weiter zu differenzieren sind, lässt sich nicht allgemein mit Über- und Unterordnung kennzeichnen. Vielmehr hängen Art und Umfang der Rechtsetzungsaktivitäten und der legislativen Verzahnung von den Kompetenzzuweisungen für den wirtschaftlichen Gegenstandsbereich sowie vom Verfahrensrecht ab. 27

1. Gegenstandsbereiche

Die Union kann *ausschließlich, vorrangig* oder *subsidiär* zuständig sein. Beispielsweise bestimmt die Union die Rechtsentwicklung im *Zollwesen* ausschließlich, im *Agrarbereich* vorrangig und im *Kulturbereich* subsidiär. Entsprechend muss das nationale Recht bei ausschließlicher Zuständigkeit der Union das europäische Recht vollständig *übernehmen* und bei vorrangiger Zuständigkeit durch Anpassung des nationalen Rechts *umsetzen*. Nur bei subsidiärer Zuständigkeit der Union kann ein Mitgliedstaat wirtschaftliche Sachverhalte mit Binnenmarktbezug *unabhängig* gestalten. 28

2. Ebenen und Instrumente der Hierarchisierung

Soweit die Union zuständig ist, erfolgt die Rechtsetzung durch Verordnungen, Richtlinien, Entscheidungen, Empfehlungen und Stellungnahmen (Art. 288 AEUV). Darüber hinaus sehen der EU-Vertrag und der AEUV in Bereichen außerhalb der Wirtschaft, nämlich in der Sicherheits-, Außen-, Innen- und Justizpolitik, als weitere rechtlich relevante Handlungsformen Leitlinien, Beschlüsse, Standpunkte, Aktionen und Maßnahmen vor (Artt. 25, 26, 28, 29 EUV; Artt. 82, 83, 85 AEUV). Diese Handlungsformen wurden auch für die Europäische Zentralbank eingeführt. 29

Wie im nationalen Rechtssystem wird auch im Unionsrecht die Widerspruchsfreiheit des Systems angestrebt. Dafür gelten folgende Prinzipien:

- Vorrang der höheren Rechtsetzungsebene vor der jeweils nachgeordneten Ebene. Primäres Unionsrecht geht sekundärem und tertiärem[29] Unionsrecht vor.
- Vorrang des jeweils stärkeren Regelungsinstruments. Eine Verordnung geht der Richtlinie vor, eine Richtlinie der Entscheidung, eine Entscheidung der Empfehlung.
- Vorrang der jüngeren vor der älteren gleichrangigen Regelung.

Anders als im deutschen Recht ist das Änderungsverfahren für Richtlinien nicht konsistent: Richtlinien können nicht nur durch spätere Richtlinien, sondern auch durch Verordnungen, durch Entscheidungen des Rates oder durch den AEUV selbst geändert werden. Die Formulierung einheitlicher Bedingungen für die Durchführung der verbindlichen Rechtsakte („Basisrechtsakte") kann der europäische Gesetzgeber der Kommission oder in bestimmten Sonderfällen dem Rat übertragen. Die dafür geltenden Regeln enthält die Verordnung Nr. 182/2011[30].

---

29 Unter „tertiärem" Unionsrecht versteht man delegierte Rechtsakte, wenn ein Basisrechtsakt (Verordnung; Richtlinie) vorliegt.
30 ABl. L 55 vom 28.2.2011, S. 13.

3. Hierarchisierungskonflikte

30 Nicht selten treten *Konflikte zwischen Unionsrecht* und *nationalem Recht* auf. Es handelt sich dabei um folgende Problemzonen:

- Vorliegen der Rechtsetzungskompetenz
- Interpretation der Rechtsetzungsakte
- Reichweite der Rechtsetzungsakte
- Richtigkeit der Umsetzung einer Richtlinie
- Vereinbarkeit von nationalem Recht mit Unionsrecht.

Die wohl herrschende Meinung billigte schon der früheren Europäischen Gemeinschaft *Völkerrechtssubjektivität* zu.[31] Zahlreiche Vorschriften des alten EG-Vertrages gingen davon aus, dass die Gemeinschaft am völkerrechtlichen Verkehr teilnimmt. Fast alle Staaten hatten schon bei der Europäischen Gemeinschaft diplomatische Vertreter akkreditiert, die Gemeinschaft selbst war Mitglied in vielen internationalen Organisationen. Der Europäische Gerichtshof folgerte aus dem durch den Vertrag von Lissabon aufgehobenen Art. 281 EG, „dass die Gemeinschaft in den Außenbeziehungen die Fähigkeit (besitzt), vertragliche Bindungen mit dritten Staaten einzugehen".[32]

Durch den Vertrag von Lissabon gingen alle Rechte der Europäischen Gemeinschaft auf die Europäische Union über. Der Union wird nun ausdrücklich Rechtspersönlichkeit zuerkannt (Art. 47 EUV).

Die internationale Handlungsfähigkeit der Union ist durch die Übertragung mitgliedsstaatlicher Souveränitätsrechte entstanden. Die auf dieser Grundlage entwickelte neue Rechtsordnung geht dem nationalen Recht vor.[33] Inhalt, Umfang und Grenzen des Vorrangs hat der Europäische Gerichtshof im Laufe der Zeit präzisiert. Der *Vorrang* umfasst nicht nur *Unterlassungspflichten,* sondern auch *Handlungspflichten* der Mitgliedstaaten und gilt

- gegenüber mitgliedstaatlichem Recht jeder Rangstufe, also auch gegenüber Verfassungsrecht,[34]
- für das primäre Unionsrecht, für Verordnungen und Richtlinien, und zwar unmittelbar für das primäre Unionsrecht, für Verordnungen (Art. 288 Abs. 2 AEUV) und für nicht rechtzeitig umgesetzte oder aus sich heraus anwendbare („self executing") Richtlinien,[35]
- während der gesamten Dauer der Gültigkeit des Unionsrechts,[36]
- gegenüber Gerichten und Verwaltungsstellen,[37]
- gegenüber zeitlich dem Unionsrecht nachfolgenden nationalen Recht.[38]

---

31 *Oppermann,* Europarecht, 4. Aufl., § 38 Rn. 7; *Schroeder,* Das Gemeinschaftsrechtssystem, S. 148 ff.; *Simma/Vedder,* in: Grabitz/Hilf, Das Recht der Europäischen Union, Bd. III, 2008, Art. 281 Rn. 12.

32 EuGH, Kommission/Rat (AETR), C22/70, ECLI:EU:C:1971:32, 264.

33 EuGH, Costa/ENEL, C-6/64, ECLI:EU:C:1964:66, 1259.

34 EuGH, Internat. Handelsgesellschaft mbH/Einfuhr- und Vorratsstelle für Getreide und Futtermittel, C-11/70, ECLI:EU:C:1970:114, 1126 (1135).

35 EuGH, Grad/Finanzamt Traunstein, C-9/70, ECLI:EU:C:1970:78, 826.

36 EuGH, Staatliche Finanzverwaltung/S. p. A. Simmenthal, C-106/77, ECLI:EU:C:1978:49, 630.

37 EuGH, Staatliche Finanzverwaltung/S. p. A. Simmenthal, C-106/77, ECLI:EU:C:1978:49, 630.

38 EuGH, Staatliche Finanzverwaltung/S. p. A. Simmenthal, C-106/77, ECLI:EU:C:1978:49, 630.

Gesetzgebungsakte der Mitgliedstaaten dürfen die unionsrechtlichen Normen nicht ihrer *„praktischen Wirksamkeit"* (effet utile) berauben.[39] Eine Ableitung der *vorrangigen Geltung des Unionsrechts* auf der Grundlage *der nationalen Rechtsordnungen* unternimmt der Europäische Gerichtshof nicht. Das wissenschaftliche Schrifttum und die Gerichte in den Mitgliedstaaten unterstützen jedoch weit überwiegend die Vorrangthese.[40] Nationales Recht, das gegen Unionsrecht verstößt, ist *„ohne Weiteres unanwendbar"*[41] und bedarf nicht der vorherigen Aufhebung durch den nationalen Gesetzgeber.[42]

▶ **Beispiel:**

Ein deutsches Gesetz verbot die Einfuhr von Bier mit einem Schwefeldioxydgehalt von mehr als 20 mg pro Liter. Da eine Ausnahmeregelung nach Art. 30 EG (jetzt Art. 36 AEUV) nicht anerkannt wurde, verstieß das deutsche Einfuhrverbot gegen Art. 28 EG (jetzt Art. 34 AEUV) und war unbeachtlich.[43] ◀

Der Vorrang des Unionsrechts vor nationalem Recht wird zwar nicht im EU- oder AEUV selbst festgelegt, jedoch in der Erklärung Nr. 17, die Bestandteil der Schlussakte von Lissabon ist. Dennoch hat sich das Bundesverfassungsgericht im Urteil zum Lissabon-Vertrag[44] erneut die Prüfungskompetenz für die Frage der Vereinbarkeit von Unionsrecht mit deutschem Recht vorbehalten.

4. Urteile des Bundesverfassungsgerichts

Die ursprünglichen Vorbehalte des Bundesverfassungsgerichts gegenüber der Recht- 31
sprechung des Europäischen Gerichtshofs und der Reichweite seiner Entscheidungen beruhten auf dem *Fehlen eines Grundrechtskatalogs im alten EG-Vertrag.* Durch die erweiternde Rechtsprechung des Europäischen Gerichtshofs zu Grundrechten, durch den vorgesehenen Beitritt der Union zur Europäischen Konvention zum Schutz der Menschenrechte und Grundfreiheiten (Art. 6 Abs. 2 S. 1 EUV) und nach dem Inkrafttreten der Charta der Grundrechte der Europäischen Union als rechtlich gleichrangig mit den Unionsverträgen ist der Grundrechtsbereich mehr oder weniger identisch – zum Teil mit neuen Grundrechten sogar weitergehend – abgedeckt.

a) *Maastricht-Urteil.* Im Maastricht-Urteil des Bundesverfassungsgerichts[45] ging es um die Frage, ob die im Unionsvertrag (Vertrag von Maastricht) getroffenen Regelungen mit dem Grundgesetz vereinbar sind. Das Bundesverfassungsgericht versuchte, die eigene Zuständigkeit von der des Europäischen Gerichtshofs abzugrenzen.

Es will den Wesensgehalt der Grundrechte *„auch* gegenüber der Hoheitsgewalt der Gemeinschaft" sichern und die Frage der Anwendbarkeit von abgeleitetem Unionsrecht in Deutschland in einem *„Kooperationsverhältnis"* klären.[46] Außerdem unterscheidet das Bundesverfassungsgericht zwischen einer eventuellen *„Vertragsänderung"* des AEUV durch den Unionsvertrag und der Wahrnehmung von *„begrenzt eingeräumten*

39 EuGH, Costa/ENEL, C-6/64, ECLI:EU:C:1964:66, 1259.
40 BVerfG, NJW 2010, 833 (Vorratsdatenspeicherung), Rn. 181 f.
41 EuGH, Staatliche Finanzverwaltung/S. p. A. Simmenthal, C-106/77, ECLI:EU:C:1978:49, 630.
42 EuGH, Office national des pensions/Jonkman et. al., C-231/06, ECLI:EU:C:2007:373, I-5172 = NJW 2007, 3625.
43 EuGH, Kommission/Deutschland, C-178/84, ECLI:EU:C:1987:126, 1262.
44 BVerfGE 123, 267 ff., NJW 2009, 2267, Rn. 191, 241, 339, 343.
45 BVerfGE 89, 155.
46 BVerfGE 89, 155 (174 f.).

Hoheitsbefugnissen" im AEUV durch die Europäische Gemeinschaft. Die Auslegung des AEUV dürfe „*nicht einer Vertrag*serweiterung gleichkommen". Eine vertragsändernde Auslegung sei „*im deutschen Hoheitsbereich nicht verbindlich*".[47]

Diese Formulierungen stellen den *Versuch* dar, die *Kompetenz-Kompetenz für das Bundesverfassungsgericht* zu sichern. Dies führt zu erheblicher Rechtsunsicherheit und bedroht die Einheit des Unionsrechts. Der Europäische Gerichtshof und nicht das Bundesverfassungsgericht hat darüber zu entscheiden, ob kompetenzwidriges Unionsrecht vorliegt.[48] Gegensätzliche Entscheidungen beider Gerichte könnten das Vertrauen in das Funktionieren der europäischen Institutionen untergraben.

b) *Lissabon-Urteil.* Der AEUV enthält nicht nur konkrete, sondern mit Artt. 352, 353 AEUV (früher Art. 308 EG) auch generalklauselartige Kompetenznormen. Das hat zu sehr kritischen Interpretationen des BVerfG im Streit um die Verfassungsmäßigkeit des Reformvertrages von Lissabon geführt.[49]

Das Lissabon-Urteil des BVerfG setzt sich der 2. Senat ausführlich mit den Änderungen des bisherigen EU- und EG-Vertrages auseinander und entwickelt in erstaunlich weitem Umfang verfassungsrechtliche Vorgaben für die künftige Einbindung der Bundesrepublik Deutschland in den Prozess der europäischen Integration. Das Gericht formalisiert nicht nur die „Integrationsverantwortung" der deutschen Staatsorgane, sondern errichtet unter Berufung auf die im Grundgesetz nicht erwähnte, aber aus dem Demokratieprinzip abgeleitete Staatssouveränität erhebliche Schranken für einen weiteren Integrationsprozess. Selbst für einen verfassungsändernden Gesetzgeber sollen die Elemente der Staatssouveränität – wozu das Gericht unter anderem das Gewaltmonopol, die Finanzhoheit und die Kulturhoheit zählt – nicht zur Disposition stehen. Der Wille des Deutschen Volkes nach „einem vereinten Europa" (Präambel des Grundgesetzes) wird in der Entscheidung zwar erwähnt, aber nicht mit etwaigen Grenzen für die „souveräne Staatlichkeit" in Verbindung gebracht. Der aus dem früheren Art. 308 EG abgeleitete neue Art. 352 AEUV wird vom BVerfG wegen der Übertragung von Kompetenz-Kompetenzen als verfassungsrechtlich bedenklich eingestuft.

c) Recht auf Vergessen I und II. In beiden Entscheidungen präzisiert das BVerfG sowohl das Verhältnis von europäischem Verfassungsrecht zum Grundgesetz als auch die jeweiligen Anwendungsvoraussetzungen und Entscheidungszuständigkeiten.[50]

Der deutsche Gesetzgeber hat die Beteiligung des Parlaments an wichtigen Entscheidungen auf europäischer Ebene durch Verabschiedung eines „Integrationsverantwortungsgesetzes"[51] sowie durch Änderungen der Gesetze über die Zusammenarbeit in Angelegenheiten der Europäischen Union zwischen Bund und Ländern[52] und zwischen Bundesregierung und Bundestag[53] gestärkt.

Um Konflikte zwischen Bundestag und Bundesregierung zu vermeiden, die aus Handlungsakten der Bundesregierung auf EU-Ebene entstehen können, sieht das Gesetz über die Zusammenarbeit von Bundesregierung und Deutschem Bundestag in Angelegenhei-

47 BVerfGE 89, 155 (172, 177).
48 *Hesse*, JZ 1995, 265 (271 m. Nachw.); *MacCormick*, JZ 1995, 797 (800); *Hirsch*, NJW 1996, 2457.
49 BVerfG NJW 2009, 2267.
50 BVerfG NJW 2020, 300 (Recht auf Vergessen I); NJW 2020, 314 (Recht auf Vergessen II).
51 Vom 22.9.2009 BGBl. I, S. 3022.
52 Vom 22.9.2009 BGBl. I, S. 3031.
53 Vom 22.9.2009 BGBl. I, S. 3026.

ten der Europäischen Union (EUZBBG)[54] detaillierte Informations- und Konsultationsverfahren vor.

32 Die Bewahrung der Rechtseinheit gilt als tragendes Strukturelement der europäischen Integration und ist notwendig für die Funktionsfähigkeit der Europäischen Union.[55] Die Rechtseinheit kann gewahrt und weiterentwickelt werden, wenn das Bundesverfassungsgericht sich nicht über den verfassungsändernden Gesetzgeber stellt. Das sieht das BVerfG grundsätzlich ebenso und sagt im Honeywell-Beschluss: „Einheit und Kohärenz des Unionsrechts ist zu wahren"; eine Kontrolle der Überschreitung der Zuständigkeit europäischer Organe (ultra vires-Kontrolle) darf nur europarechtsfreundlich ausgeübt werden.[56]

Im Urteil über die Vorratsdatenspeicherung[57] erkannte das BVerfG erstmals eine eventuell bestehende Pflicht zur Vorlage an den Europäischen Gerichtshof im Wege des Vorabentscheidungsverfahrens an. Der erste Vorlagebeschluss erfolgte dann im Jahre 2014 und betraf den nach Meinung des BVerfG europarechtswidrigen unbegrenzten Ankauf von Staatsanleihen (OMT) durch die Europäische Zentralbank.[58] Der Gerichtshof hat den Ankauf unter bestimmten Voraussetzungen für zulässig erklärt.[59]

PSPP-Urteil. Der Konflikt darüber, ob das BVerfG oder der EuGH das letzte Wort bei der Auslegung des Unionsrechts hat, ist im Zusammenhang mit dem Staatsanleihekaufprogramm (Public Sector Purchase Programme-PSPP) der EZB voll entbrannt. Das BVerfG stellte aufgrund mehrerer Verfassungsbeschwerden fest, dass der PSPP-Beschluss des EZB-Rates nicht kompetenzgemäß sei und deshalb eine „ultra vires"-Maßnahme darstelle. Die dann auf Vorlage des BVerfG ergangene EuGH-Entscheidung[60] hielt das BVerfG für „schlechterdings nicht mehr nachvollziehbar" und mochte einer „objektiv willkürlichen Auslegung der Verträge" nicht folgen[61]. Der konkrete Konflikt wurde informell durch nachträgliche Zusatzinformationen der EZB entschärft, die indirekt in den Deutschen Bundestag gelangten und dort nicht beanstandet wurden, so dass die Deutsche Bundesbank dem PSPP-Ratsbeschluss zustimmen durfte.

Die Hauptfrage, wer die „Kompetenz-Kompetenz" für die Feststellung des Umfangs einer Gesetzgebungskompetenz hat, bleibt jedoch offen. Auch Verfassungsgerichte anderer EU-Mitgliedstaaten (Dänemark; Polen; Tschechien; Ungarn) berufen sich inzwischen auf die ultra-vires-Doktrin.

V. Wiederholungsfragen 33

1. Welche Bereiche umfasst das Europäische Wirtschaftsrecht?
2. Welche „Politiken" der Union sind Ihnen bekannt?
3. Welche Rechtsquellen sind im Europäischen Wirtschaftsrecht zu beachten? In welchem hierarchischen Verhältnis stehen diese zueinander?

---

54 Vom 4.7.2013, BGBl. I S. 2170.
55 *Schwarze*, Kooperationsverhältnis, S. 223 (231); *Schröder*, Das Gemeinschaftsrechtssystem, 2002.
56 BVerfG NJW 2010, 3422.
57 BVerfG NJW 2010, 833 (Rn. 185).
58 Beschluss vom 14.1.2014 Az. 2 BvR 2728/13 ua, NJW 2014, 907.
59 EuGH, Gauweiler ua, C-62/14, ECLI:EU:C:2015:400.
60 EuGH, Weiss ua, C-493/17, ECLI:EU:C:2018:1000.
61 BVerfG vom 5.5.2020, Az. 2 BvR 859/15, Rn. 117 und 118, NJW 2020, 1647. Sehr kritisch dazu: Skouris, Der Vorrang des Europäischen Unionsrechts vor dem nationalen Recht, in: Europarecht 2021, S. 1; vorzügliche rechtstheoretische Argumente: Nettesheim, F.A.Z. vom 14.7.2021, S. N 4.

4. In welchem Verhältnis steht das nationale Recht zum Europarecht?
5. Welches Gericht hat die höchste Kompetenz bei der Auslegung von EU-Recht?
6. Was versteht man unter einer „ultra vires“ – Maßnahme?

§ 4 Beteiligte

I. Rechtsetzungs- und Rechtsanwendungsorgane

Durch das Abkommen über gemeinsame Organe für die Europäischen Gemeinschaften aus dem Jahre 1957, ferner durch den Fusionsvertrag aus dem Jahre 1965 und durch die Einheitliche Europäische Akte von 1986 wurden die Organe der rechtlich selbstständigen ehemaligen drei Gemeinschaften EG, EAG und EGKS schrittweise zusammengelegt. Nach Auslaufen des EGKS-Vertrages im Jahre 2002 besteht neben der Europäischen Union nur noch die Europäische Atomgemeinschaft. Der Vertrag von Lissabon erweitert die Zahl der Organe der Europäischen Union auf sieben und ändert die Bezeichnungen wie folgt: „Europäisches Parlament", „Europäischer Rat", „Rat", „Europäische Kommission", „Gerichtshof der Europäischen Union", „Europäische Zentralbank" sowie „Rechnungshof". 1

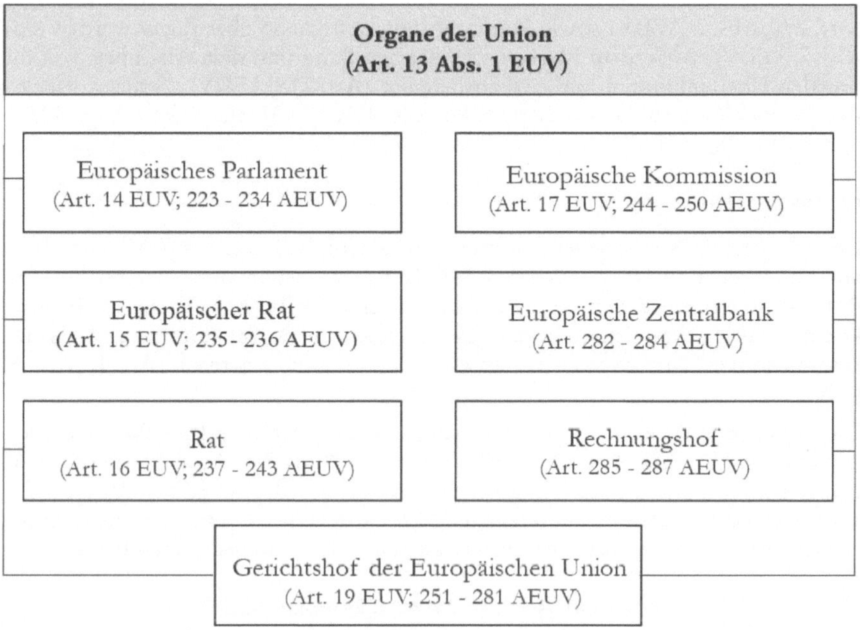

© Kilian 2021

1. Rat (Art. 16 EUV; Artt. 237–243 AEUV)

Der Rat wird gemeinsam mit dem Europäischen Parlament als Gesetzgeber tätig (Art. 16 Abs. 1 S. 1 EUV). 2

▶ **Hinweis:**

Der Rat ist ein Organ der Union und darf nicht mit folgenden anderen Institutionen verwechselt werden:

1. *Europäischer Rat:* Der Europäische Rat ist ein anderes Organ der Union, das sich aus den Staats- und Regierungschefs der Mitgliedstaaten sowie den Präsidenten des Europä-

ischen Rates und der Kommission zusammensetzt (Art. 15 Abs. 2 S. 1 EUV) und die Zielvorstellungen auf höchster Ebene entwickelt (Art. 15 Abs. 1 S. 1 EUV).

2. *Europarat:* Der Europarat ist ein Völkerrechtssubjekt mit Sitz in Straßburg, der mit der Europäischen Union unmittelbar nichts zu tun hat. Ihm gehören - infolge der Entscheidung des Ministerkomitees zur Beendigung der Mitgliedschaft der Russischen Föderation - seit dem 16.3.2022 insgesamt 46 Staaten als Mitglieder an. Seine Arbeit schlägt sich insbesondere in völkerrechtlichen Konventionen und Verträgen nieder. ◀

a) Aufgaben

3 Der Rat der Europäischen Union (Rat) hat die Aufgabe, die Politik festzulegen und sie nach Maßgabe der Verträge zu koordinieren (Art. 16 Abs. 1 S. 2 EUV). Im ordentlichen Gesetzgebungsverfahren wirkt der Rat bei der Annahme von Verordnungen, Richtlinien und Beschlüssen mit (Art. 289 Abs. 1 S. 1 AEUV). In Fällen der delegierten Rechtsetzung kann dem Rat ein Widerrufsrecht und ein Vetorecht eingeräumt (Art. 290 Abs. 2 AEUV) sowie Durchführungsbefugnisse übertragen werden (Art. 291 Abs. 2 AEUV). Außerdem ist er an der Aushandlung und dem Abschluss von internationalen Übereinkünften maßgeblich beteiligt (Art. 218 AEUV). Ferner trifft er wichtige Personalentscheidungen (Artt. 286 Abs. 2 S. 2; 305 Unterabs.1 S. 3; 301 Abs. 2 und 3 AEUV).

b) Zusammensetzung

4 Der Rat besteht aus je einem Vertreter jedes Mitgliedstaates auf Ministerebene, der das Stimmrecht für den jeweiligen Mitgliedstaat ausübt (Art. 16 Abs. 2 EUV). Der Rat tagt in verschiedenen Zusammensetzungen (Art. 16 Abs. VI EUV). In der Regel kommen die Fachminister, am häufigsten jedoch die Außenminister zu Ratssitzungen zusammen. Das Abstimmungsverfahren ist sehr komplex geregelt (Art. 16 Abs. 3 bis 5 EUV).

Die Arbeit des Rates wird durch einen Ausschuss der Ständigen Vertreter der Mitgliedstaaten (Art. 240 Abs. 1 AEUV) vorbereitet. Diese Ständigen Vertreter unterliegen den *Weisungen* der Mitgliedstaaten. Der Ausschuss der Ständigen Vertreter tagt in 23 verschiedenen Zusammensetzungen. Er wird von 10 ständigen Ausschüssen für verschiedene Tätigkeitsbereiche mit Beamten aus den Mitgliedstaaten beraten.

2. Europäische Kommission (Art. 17 EUV; Artt. 244–250 AEUV)

5 Die *Europäische Kommission* ist als Organ der „Motor" der Europäischen Union. Zudem gilt sie als „Hüterin der Verträge". Sie fördert als Koordinierungs- und Verwaltungsinstanz die allgemeinen Interessen der Union. Sie beschäftigt rund 33 000 Mitarbeiter.

a) Aufgaben

6 Die *wichtigsten Aufgaben* liegen nach Art. 16 EUV in:

- Anwendung des Unionsrechts
- Ausführung des Haushaltsplans
- Verwaltung der Programme
- Ausübung von Koordinierungs-, Exekutiv- und Verwaltungsfunktionen.

Die *Mitwirkung an Gesetzgebungsakten* umfasst im Einzelnen vor allem:

- Vorschlagsrecht für Verordnungen und Richtlinien (Art. 17 Abs. 2 S. 1 EUV)
- Erlass von delegierten Rechtsakten (Art. 290 AEUV)
- Erlass von Durchführungsverordnungen (Art. 291 Abs. 2 AEUV)
- Erlass von Entscheidungen in Wettbewerbssachen (Artt. 105 Abs. 2 S. 1 und 106 Abs. 3 AEUV)
- Überprüfung staatlicher Beihilfen (Art. 108 AEUV).

Weitere Aufgaben der Europäischen Kommission bestehen in der

- Aufstellung des Haushaltsplan-Entwurfs (Art. 314 Abs. 2 S. 1 AEUV) und Durchführung des Haushaltsplans (Art. 317 AEUV) sowie Überwachung der Haushaltslage in den Mitgliedstaaten (Art. 126 Abs. 2 AEUV).
- Kontrolle der Befolgung des primären und sekundären Unionsrechts sowie der Gerichtsentscheidungen (Art. 17 Abs. 2 EUV).
- Aushandlung (nicht Abschluss) von Abkommen mit Drittstaaten (Art. 207 Abs. 3 AEUV).
- Pflege der Beziehungen zu internationalen Organisationen (Art. 220 Abs. 2 AEUV).

b) Zusammensetzung

Die Europäische Kommission besteht aus einer Anzahl von Mitgliedern, die zwei Drit- 7
teln der Zahl der Mitgliedstaaten entspricht (Art. 17 Abs. 5 Unterabs. 1 EUV). Einzelheiten des Rotationsprinzips werden vom Rat festgelegt (Art. 17 Abs. 5 Unterabs. 2 EUV; Art. 244 AEUV). Die Mitglieder der Europäischen Kommission sind unabhängig (Art. 17 Abs. 3 Unterabs. 1 EUV), weisungsfrei (Art. 17 Abs. 3, Unterabs. 1 S. 2 EUV), auf fünf Jahre zu ernennen (Art. 17 Abs. 3 S. 1 EUV) und nur durch den Europäischen Gerichtshof wegen schwerer Verfehlungen vom Amt zu entheben (Art. 247 AEUV).

3. Europäisches Parlament (Art. 14 EUV; Artt. 223–234 AEUV)

Durch den Vertrag von Lissabon wurden die Rechte des Europäischen Parlaments 8
weiter ausgebaut und die Entscheidungsverfahren reformiert.

a) Aufgaben

Das Europäische Parlament wird gemeinsam mit dem Rat als Gesetzgeber tätig und 9
übt gemeinsam mit ihm die Haushaltsbefugnisse aus (Art. 14 Abs. 1 S. 1 EUV). Der Regelfall ist das „*ordentliche Gesetzgebungsverfahren*“. Es besteht in der gemeinsamen Annahme einer Verordnung, einer Richtlinie oder eines Beschlusses durch das Parlament und den Rat auf Vorschlag der Kommission (Art. 289 Abs. 1 S. 1 AEUV). Das frühere „*Verfahren der Zusammenarbeit*“ ist abgeschafft worden. Die früheren Verfahren der Anhörung und Zustimmung heißen jetzt „*besonderes Gesetzgebungsverfahren*“. Es findet nur noch in den ausdrücklich erwähnten Fällen Anwendung (Art. 289 Abs. 2 AEUV). In Fällen der delegierten Rechtsetzung kann dem Europäischen Parlament ein Widerrufsrecht und ein Vetorecht eingeräumt werden (Art. 290 Abs. 2 AEUV). Alle Rechtsakte, die in einem der beiden Gesetzgebungsverfahren angenommen worden sind, heißen „Gesetzgebungsakte“ (Art. 289 Abs. 3 AEUV). Auf die Bezeichnung „Gesetze“ konnte man sich nicht einigen.

Im Einzelnen hat das Europäische Parlament folgende Rechte:

- Anforderung von Gesetzgebungsakten von der Kommission (Art. 225 AEUV)
- Bildung von Untersuchungsausschüssen (Art. 226 AEUV)
- Stellung von Misstrauensanträgen gegen die Kommission (Art. 234 AEUV)
- Zustimmung oder Anhörung beim Abschluss internationaler Verträge (Art. 218 Abs. 6 AEUV)
- Zustimmung zum Haushalt (Artt. 314; 315 AEUV)
- Klagebefugnis vor dem Europäischen Gerichtshof (Artt. 363; 365 AEUV)
- Zustimmung zur Ernennung von Mitgliedern der Kommission (Art. 17 Abs. 7 EUV)
- Beteiligung an wichtigen Aspekten der Gemeinsamen Außen- und Sicherheitspolitik (Art. 36 Abs. 1 S. 1 EUV).

b) Zusammensetzung

10 Das Europäische Parlament setzt sich seit dem Brexit aus 705 Vertretern der Unionsbürger und Unionsbürgerinnen zusammen (zusätzlich der/die Präsidentin). Auf keinen Mitgliedstaat dürfen mehr als 96 Sitze entfallen (Art. 14 Abs. 2 S. 3 EUV), so dass keine direkte, sondern eine „degressive“ Proportionalität zwischen der Zahl der Sitze und der Einwohnerzahl eines Mitgliedstaates besteht. Die Abgeordneten sind nicht nach Staatsangehörigkeiten, sondern nach politischen Richtungen organisiert. Mit Wirksamwerden des Austritts des Vereinigten Königreichs wurden die Sitze neu verteilt.[1]

4. Gerichtshof der Europäischen Union (Art. 19 EUV; Artt. 251–281 AEUV; Protokoll Nr. 3 des Lissabon-Vertrages)

11 Der *Gerichtshof der Europäischen Union* umfasst den *Gerichtshof* (EuGH), das *Gericht* (EuG, früher: *Gericht erster Instanz*). Zudem können *Fachgerichte* (eingeführt durch den Vertrag von Lissabon) eingerichtet werden. Das bislang einzige Ende 2014 gegründete Fachgericht „Gericht für den öffentlichen Dienst der Europäischen Union“[2] hat seine Arbeit zum 1.9.2016 wieder eingestellt. Das im Jahre 2023 gegründete Europäische Patentgericht (EPG) ist kein Gericht nach EU-Recht, sondern nach internationalem Recht.

a) Aufgaben

12 Aufgabe des *EuGH* ist es, die Wahrung des Rechts bei der Auslegung und Anwendung der Unionsverträge zu sichern (Art. 19 Abs. 1 S. 2 EUV). Die Zuständigkeiten ergeben sich nicht nur aus dem EU-Vertrag und dem AEU-Vertrag, sondern auch aus internationalen Übereinkommen.

Im Einzelnen geht es vor allem um:

- Klagen von Mitgliedstaaten (Artt. 19 Abs. 3 lit. a EUV; 259 AEUV)
- Klagen von Organen (Art. 19 Abs. 3 lit. a EUV)
- Klagen von Rechtssubjekten (Art. 19 Abs. 3 lit. a EUV)

1 Art. 3 Abs. 1 des Beschlusses (EU) 2018/937 vom 28.6.2018 ABl. L 165 vom 2.7.2018, S. 1.
2 Beschluss des Rates vom 2.11.2004 zur Errichtung des Gerichts für den öffentlichen Dienst der Europäischen Union, ABl. EU L 333 vom 9.11.2004, S. 7.

- Untätigkeitsklagen (Art. 265 AEUV)
- Nichtigkeitsklagen (Artt. 263 Abs. 2 und 4; 264 AEUV
- Vorabentscheidungen über Vorlagen nationaler Gerichte (Art. 19 Abs. 3 lit. b EUV)
- Prüfung von Gesetzgebungsakten und Handlungen der Organe der Union (Artt. 262; 263 AEUV)
- Gutachten über die Vereinbarkeit einer geplanten internationalen Übereinkunft mit den Verträgen (Art. 218 Abs. 11 AEUV)
- Tätigwerden als Schiedsstelle (Artt. 272; 273 AEUV).

Inhaltlich umfasst die Tätigkeit verfassungs-, zivil- und verwaltungsrechtliche Streitigkeiten, insbesondere:

- Kompetenzverteilung zwischen der Union und den Mitgliedstaaten
- Auslegung der Unionsverträge und des sekundären Unionsrechts
- Kompetenzverteilung zwischen den Unionsorganen
- Kontrolle der Einhaltung der allgemeinen Rechtsgrundsätze und Grundrechte
- Kontrolle der Verpflichtungen der Unionsorgane und der Mitgliedstaaten
- Überprüfung internationaler Verpflichtungen anhand der Verträge.

Der *EuG* (Art. 256 AEUV) ist für Entscheidungen im ersten Rechtszug unter anderem bei Nichtigkeits-, Untätigkeits- und Schadenersatzklagen (Artt. 263; 265; 268 AEUV) zuständig. Außerdem entscheidet das Gericht über Rechtsmittel gegen Entscheidungen der Fachgerichte (Art. 256 Abs. 2 S. 1 AEUV). Einzelheiten regelt die Satzung des Gerichts. Die wichtigsten Aufgaben liegen in den Entscheidungen über:

- Nichtigkeits- und Untätigkeitsklagen natürlicher und juristischer Personen, soweit nicht der Gerichtshof zuständig ist (Prot. Nr. 25 des Lissabon-Vertrages, Art. 51 Abs. 1)
- Kontrolle von Unternehmenszusammenschlüssen
- Klagen über Gemeinschaftsmarken, Sortenschutzrechte, Muster und Modelle
- Amtshaftungsklagen
- Bedienstetenklagen.

Gegen die Entscheidungen des *EuG* können grundsätzlich Rechtsmittel beim *EuGH* eingelegt werden (Art. 256 Abs. 1 Unterabs. 1 AEUV).

Die *Fachgerichte* sind dem *EuG* beigeordnet und für Entscheidungen auf besonderen Sachgebieten zuständig (Art. 257 Abs. 1 S. 1 AEUV). Einzelheiten sind im Anhang I des Protokolls Nr. 25 zum Lissabon-Vertrag enthalten oder werden durch Verordnungen festgelegt.

b) Zusammensetzung; Organisation; Verfahren

Der *EuGH* besteht aus einem Richter je Mitgliedstaat (Art. 19 Abs. 2 EUV). Eine 13
entsprechende Festlegung gibt es für die *Fachgerichte* nicht, sondern die Einzelheiten werden insoweit durch Verordnungen geregelt (Art. 257 Abs. 1 AEUV). Der *EuG* setzt sich seit dem 1.9.2019 aus zwei Mitgliedern je Mitgliedstaat (Art. 48 Protokoll 3 der Satzung des Gerichtshofs der Europäischen Union). Der EuG hat die Aufgaben

des aufgelösten Gerichts für den öffentlichen Dienst mit übernommen.[3] Der *EuGH* wird von derzeit bis zu elf Generalanwälten unterstützt (vgl. Art. 19 Abs. 2 S. 2 EUV, Art. 252 AEUV). Die Satzung des *EuG* kann ebenfalls Generalanwälte vorsehen (Art. 254 Abs. 1 S. 2 AEUV). Die innere Organisation sowie das Verfahren vor dem Gerichtshof richten sich nach dessen Verfahrensordnung[4].

5. Rechnungshof (Artt. 285–287 AEUV)

14 Der Rechnungshof (27 Mitglieder, je eine Person aus jedem Mitgliedstaat) prüft die Einnahmen und Ausgaben der Europäischen Union (Artt. 285 Abs. 1; 287 Abs. 1 AEUV) und legt seinen jährlichen Bericht den anderen Organen der Europäischen Union vor (Art. 287 Abs. 4 S. 1 AEUV) vor. Bei Bedarf kann der Rechnungshof zusätzliche Sonderberichte erstatten und Stellungnahmen abgeben (Art. 287 Abs. 4 Unterabs. 1 und 3 AEUV). Im Zusammenwirken mit den Rechnungsprüfungsstellen der Mitgliedstaaten und einzelstaatlichen Dienststellen dürfen auch Prüfungen bei Behörden und Unternehmen, die Zahlungen aus dem Haushalt erhalten, in den Mitgliedstaaten durchgeführt werden (Art. 287 Abs. 3 S. 1 AEUV).

6. Europäische Zentralbank (Artt. 282–284 AEUV; Protokoll Nr. 4 des Lissabon-Vertrages)

15 Die *Europäische Zentralbank (EZB)* ist sowohl Organ der Europäischen Union (Art. 13 EUV) als auch Teil des Europäischen Systems der Zentralbanken (Artt. 127 Abs. 4; 282 Abs. 1 S. 1 und Abs. 2 AEUV). Als Organ ist sie unabhängig und unterliegt keinen Weisungen von anderen Organen und Stellen innerhalb oder außerhalb der Union (Art. 282 Abs. 3 S. 3 und 4 AEUV). Die EZB und die nationalen Zentralbanken bilden das Europäische System der Zentralbanken (ESZB). Die EZB und die nationalen Zentralbanken der 20 EURO-Mitgliedstaaten bilden das Eurosystem und betreiben die Währungspolitik der Union (Art. 282 Abs. 1 AEUV).

Die EZB hat das ausschließliche Recht, die Ausgabe von Euro-Banknoten zu genehmigen (Art. 128 Abs. 1 S. 1 AEUV). Gesteuert wird die EZB von einem Rat und einem Direktorium (Art. 283 Abs. 1 und 2 AEUV). In der Folge der globalen Finanzmarktkrise 2009 wurden der EZB durch Verordnungen weitere Regelungs- und Aufsichtsbefugnisse übertragen.[5]

7. Europäischer Rat (Art. 15 EUV; Artt. 235–236 AEUV)

16 Der *Europäische Rat* ist ebenfalls Organ der Europäischen Union (Art. 13 Abs. 1 EUV). Er setzt sich aus den Staats- und Regierungschefs der Mitgliedstaaten, dem Präsidenten des Europäischen Rates und dem Präsidenten der Europäischen Kommission zusammen. Das Organ wird nicht in der Gesetzgebung tätig, sondern gibt Impulse und legt politische Zielvorstellungen und Prioritäten für die Weiterentwicklung der Union fest (Art. 15 Abs. 1 S. 1 EUV).

---

3 Verordnung (EU) 2016/1192 vom 6.7.2016 ABl. L 200 S. 137.

4 ABl. L 105 vom 23.4.2015, S. 1, zuletzt geändert: ABl. vom 25.9.2018 L 240, S. 67 und 72 (elektronische Kommunikation).

5 VO (EU) Nr. 1093/2010 vom 24.11.2010 ABl. L 331 vom 15.12.2010, S. 12; VO (EU) Nr. 1024/2013 vom 15.10.2013 ABl. L 287 vom 29.10.2013, S. 63.

8. Hilfsorgane

17 Einige Institutionen unterstützen die Tätigkeit der Organe der Union als Hilfsorgane (Artt. 13 Abs. 4 EUV; 284 Abs. 3 AEUV):

- Ausschuss der Regionen (Art. 13 Abs. 4 EUV)
- Wirtschafts- und Sozialausschuss (Art. 13 Abs. 4 EUV)
- Europäisches System der Zentralbanken (Artt. 127–132 AEUV)
- Europäische Investitionsbank (Artt. 308; 309 AEUV; Prot. Nr. 1 zum Lissabon-Vertrag).

II. Adressaten

1. Mitgliedstaaten

18 Im *ursprünglichen Vertrag* über die Gründung der Europäischen Wirtschaftsgemeinschaft waren im Wesentlichen *nur die Mitgliedstaaten Adressaten* der Rechtsvorschriften: Sie haben die Gründung der Gemeinschaft beschlossen, die Aufgaben festgelegt, die Kompetenzen verteilt und sich gegenseitig zur Beachtung der Vorschriften verpflichtet und Organe zur Kontrolle geschaffen. Die Mitgliedstaaten

- achten und unterstützen sich gegenseitig bei der Erfüllung der Aufgaben, die sich aus den Verträgen ergeben (Art. 4 Abs. 3 EUV)
- erheben keine Ein- und Ausfuhrzölle oder Abgaben gleicher Wirkung untereinander (Art. 30 S. 1 AEUV)
- beseitigen Einfuhrbeschränkungen (Art. 34 AEUV) und Beschränkungen im Kapital- und Zahlungsverkehr (Art. 63 AEUV)
- formen ihre Handelsmonopole um (Art. 37 Abs. 1 AEUV)
- gewähren grundsätzlich keine Beihilfen (Art. 107 AEUV)
- können andere Mitgliedstaaten wegen Vertragsverletzung verklagen (Art. 259 AEUV) sowie Nichtigkeitsklagen (Art. 263 Abs. 2 AEUV) und Untätigkeitsklagen (Art. 265 AEUV) beim Gerichtshof erheben.
- müssen die Urteile des Gerichtshofs befolgen (Art. 260 AEUV).

19 Auf den ersten Blick enthält der AEU-Vertrag inhaltlich also vornehmlich internationales Öffentliches Recht. Von Anfang an waren aber auch die *Unternehmen* direkte Normadressaten (Artt. 101 ff. AEUV). Durch Vertragsergänzungen und vor allem aber durch die Entscheidungstätigkeit des EuGH kam es zu privatrechtlichen Konsequenzen der internationalen öffentlich-rechtlichen Pflichten. Marksteine in der Rechtsentwicklung bildeten die Entscheidungen des EuGH über die

- Pflichten der Mitgliedstaaten gegenüber Marktbeteiligten[6]
- Festlegung subjektiver Rechte der Marktbeteiligten[7]
- Konsequenzen des Diskriminierungsverbots[8]

---

6 EuGH, Strafverfahren gg. J.J. Zwartveld, C-2/88, ECLI:EU:C:1990:440, I-4406; EuGH, Donington/Aspden, C-208/80, ECLI:EU:C:1981:194, 2206; EuGH, Deutsche Grammophon/Metro SB, C-78/70, ECLI:EU:C:1971:59, 488.

7 EuGH, Luxemburg/Parlament, C-108/83, ECLI:EU:C:1984:156, 1945.

8 EuGH, Barber/Guardian Royal, C-262/88, ECLI:EU:C:1990:209, I-1944.

- Haftung der Mitgliedstaaten bei pflichtwidriger Vereitelung subjektiver Rechte durch Nichtumsetzung einer Richtlinie[9]
- Klagemöglichkeit von Privatrechtssubjekten vor mitgliedstaatlichen Gerichten aufgrund unmittelbar geltenden Binnenmarktrechts.[10]

20 Dem heute erreichten Stand der Rechtsentwicklung im Binnenmarkt entspricht es nicht mehr, einseitig das Verhältnis zwischen der Union und den Mitgliedstaaten in den Vordergrund zu rücken.[11] Ebenso wenig ist es noch angemessen, subjektiven Rechten lediglich die Funktion als *„Begleitrechte"* der mitgliedstaatlich zu gewährenden Freizügigkeit, Niederlassungsfreiheit oder Dienstleistungsfreiheit zuzuweisen.[12] Die Mitgliedstaaten bleiben zwar Hauptadressaten des AEU-Vertrages, ihr Handlungsspielraum wird jedoch durch subjektive Rechte von Privatrechtssubjekten sowie durch Binnenmarkt-Rahmenregelungen inhaltlich erheblich begrenzt. Eine horizontale („mittelbare") Direktwirkung der Grundfreiheiten (Marktfreiheiten) wird vom Europäischen Gerichtshof vor allem für die Freizügigkeit[13] und die Niederlassungsfreiheit[14] anerkannt.

2. Unternehmen

21 Die wichtigste Adressatengruppe des Unionsrechts außer den Mitgliedstaaten bilden die *Unternehmen.* Die Wettbewerbsregeln (Artt. 101 ff. AEUV) gelten für sie direkt.

Nach gefestigter Rechtsprechung des EuGH umfasst der Begriff des Unternehmens *jede eine wirtschaftliche Tätigkeit ausübende Einheit unabhängig von ihrer* Rechtsform und der Art ihrer Finanzierung.[15] Die *„ausübende Einheit"* kann eine Gesamtheit von Personen und Vermögenswerten materieller oder ideeller Art sein.[16]

22 Abgrenzungsprobleme bestehen hinsichtlich der *„wirtschaftlichen Tätigkeit"*. Sie wird bisher nicht positiv definiert, sondern negativ abgegrenzt. Es kommt *nicht* auf folgende Merkmale an:[17]

- Rechtsform
- Eigentumsverhältnisse
- Zuordnung zum privaten oder öffentlichen Recht
- Träger.

Staatliche Renten- und Krankenversicherungen und andere Systeme der sozialen Sicherung erfüllen keine wirtschaftlichen, sondern soziale Tätigkeiten, und sind deshalb keine „Unternehmen".[18] Es handelt sich um Solidargemeinschaften, die Beitragsein-

9 EuGH, Francovich und Bonifaci/Italien, C-6/90, ECLI:EU:C:1991:428, I-5403.
10 Erstmals EuGH, Plaumann/Kommission, C-25/62, ECLI:EU:C:1963:17, 217; EuGH, Union Syndicale/Rat, C-72/74, ECLI:EU:C:1975:43, 401.
11 *Zuleeg,* JZ 1994, 1 (5).
12 So aber *Oppermann,* Europarecht, 4. A., S. 502, Rn. 8.
13 EuGH, Angonese, C-281/98, ECLI:EU:C:2000:296, I-4161.
14 EuGH, Wouters, C-309/99, ECLI:EU:C:2002:98, I-1653.
15 EuGH, SAT/Eurocontrol, C-364/92, ECLI:EU:C:1994:7, I-55; EuGH, Hoefner & Elser/Macrotron GmbH, C-41/90, ECLI:EU:C:1991:161, I-2010; EuGH, Aéroports de Paris/Kommission, C-82/01, ECLI:EU:C:2002:617, I-9334 (I-9362, Rn. 75).
16 EuGH, Christel Schmidt/Spar- und Leihkasse, C-392/92, ECLI:EU:C:1994:134, I-1321, auch zu finden in: NZA 1994, 545.
17 *Schwintowski,* ZEuP 1994, 294.
18 EuGH, Paucet & Pistre/AGF & Cancava, C-159/91, ECLI:EU:C:1993:63, I-664; EuGH, Cisal di Battistello Venanzio & C. Sas/Istituto nazionale per l'assicurazione (INAIL), C-218/00, ECLI:EU:C:2002:36, I-717; EuGH,

nahmen von Pflichtmitgliedern umverteilen und keine Gewinne ausschütten. Die erwerbswirtschaftliche Betätigung fehlt.

Besondere Probleme bestehen hinsichtlich der wirtschaftlich tätigen *öffentlichen Unternehmen* (Art. 106 AEUV) und der *staatlichen Handelsmonopole* (Art. 37 AEUV). Auf sie finden zum Teil staatsbezogene, zum Teil unternehmensbezogene Vorschriften Anwendung. Die Europäische Union ist nicht in der Lage, die Entscheidung über den Umfang des öffentlichen Sektors in den Mitgliedstaaten zu beeinflussen. Weder die Wirtschaftsordnung noch die Eigentumsordnung der Mitgliedstaaten (Art. 345 AEUV) darf in ihrem Bestand angetastet werden. In zahlreichen Mitgliedstaaten (etwa: Frankreich, Italien, Griechenland) dienen öffentliche Unternehmen struktur- und konjunkturpolitischen Zwecken, was in Deutschland nach § 1 StabG[19] verboten ist.[20] In Deutschland unterliegen öffentliche Unternehmen ausnahmslos dem Wettbewerb. Darauf zielt auch Art. 106 AEUV ab, der die Berücksichtigung nationaler, protektionistischer Interessen beim grenzüberschreitenden Wirtschaftsverkehr im Binnenmarkt verhindern möchte. 23

Durch den Vertrag von Lissabon wurde eine neue europäische Gesetzgebungskompetenz für die Grundsätze und Bedingungen für das Funktionieren der Dienste im allgemeinen Interesse aufgenommen (Art. 14 S. 2 AEUV) und teilweise durch das Protokoll Nr. 32 präzisiert. Dadurch könnte der Aspekt der „wettbewerbsfähigen sozialen Marktwirtschaft" (Art. 2 Abs. 3 S. 2 AEUV) gestärkt, der Aspekt des „unverfälschten Wettbewerbs" (Protokoll Nr. 31 zum Vertrag von Lissabon über den Binnenmarkt und den Wettbewerb) geschwächt werden. 24

Die Europäische Union verfügt selbst über *öffentliche Unternehmen*. Darunter fallen beispielsweise die *Europäische Investitionsbank* (Artt. 308; 309 AEUV), das Satellitennavigationsprogramm *Galileo* oder sonstige *Unternehmen zur Durchführung von gemeinsamen Förderungsprogrammen* (Art. 187 AEUV). Alle diese Unternehmen üben aber hoheitliche Tätigkeiten aus. Daneben bestehen im EU-Forschungsbereich zahlreiche Gemeinschaftsunternehmen in Form öffentlich-privater Partnerschaften auf der Grundlage von Art. 187 AEUV.[21] 25

Im primären Unionsrecht werden alle erwerbswirtschaftlich tätigen Unternehmen unabhängig von ihrer privatrechtlichen oder öffentlich-rechtlichen Organisation den *Wettbewerbsregeln* (Artt. 101–106 AEUV) unterworfen. Soweit noch staatliche Handelsmonopole bestehen, müssen sie umgeformt werden (Art. 37 AEUV). Nach dem *Niederlassungsrecht* sind alle Erwerbsgesellschaften des Bürgerlichen Rechts, des Handelsrechts und des Öffentlichen Rechts gleichgestellt (Art. 54 AEUV). *Schutzbestimmungen* im Interesse der Gesellschafter sowie Dritter sind zu koordinieren und gleichwertig zu gestalten (Art. 50 Abs. 2 lit. g AEUV). *Dienstleistungen,* worunter alle gewerblichen, kaufmännischen, handwerklichen und freiberuflichen Tätigkeiten, insbe-

Kattner Stahlbau GmbH/Maschinenbau- und Metallberufsgenossenschaft, C-350/07, ECLI:EU:C:2009:127 = NJW 2009, 1325.

19 Gesetz zur Förderung der Stabilität und des Wachstums der Wirtschaft vom 8.6.1967 (BGBl. I S. 582); zuletzt geändert durch Artikel 267 der Verordnung vom 31.8.2015 (BGBl. I S. 1474).

20 *Mestmäcker*, RabelsZ 52/1988, 526 (529).

21 Im Rahmen des EU-Programms „Horizont Europa" wurden neun neue EU-Gemeinschaftsunternehmen (u.a. für sauberen Wasserstoff; digitale Schlüsseltechnologien; intelligente Netze und Dienste) gegründet, um die industrielle Wettbewerbsfähigkeit Europas zu stärken (VO (EU) 2021/2085 vom 19.11.2021 ABl. L 427 vom 30.11.2021, S. 17).

sondere auch die der Banken und Versicherungen fallen, werden für den Binnenmarkt geöffnet (Artt. 57, 58 AEUV).

26 Ein *günstiges Umfeld* für die Initiative und Weiterentwicklung der *Unternehmen*, vor allem der *kleinen* und *mittleren Unternehmen* („KMU"), soll durch industriepolitische Maßnahmen (Art. 173 Abs. 1, 2. Spiegelstrich AEUV), Forschungsförderung sowie Forschungskooperationsförderung (Artt. 173 Abs. 1, 4. Spiegelstrich; 180 lit. a AEUV) geschaffen werden.

27 Das *sekundäre Unionsrecht* enthält in fast allen Bereichen eine hohe Zahl unternehmensbezogener Vorschriften. Sie werden im Sachzusammenhang noch dargestellt. Wenig entwickelt sind bisher dagegen Regelungen über

- Unternehmensbesteuerung
- Beteiligungserwerb
- Konzernbildung
- Mitbestimmung der Arbeitnehmer.

28 Unternehmen können vor den europäischen Gerichten wegen Verletzung von Bestimmungen des AEUV, Verordnungen oder an sie gerichtete Entscheidungen klagen. Unternehmen haben Anspruch auf angemessene Berücksichtigung faktischer Gegebenheiten, auf korrekte Sachverhaltsfeststellung, auf Willkürfreiheit[22] und eventuell sogar auf Schadensersatz wegen legislatorischen Unrechts.[23] In Rechtsstreitigkeiten vor nationalen Gerichten können sich Unternehmen auf Artikel des AEU-Vertrages (Artt. 34, 35, 101 AEUV) berufen.[24] Offen ist noch, ob Unternehmen Vorschriften des sekundären Unionsrechts wegen Verstoßes gegen WTO-Abkommen, die im Gegensatz zum GATT 1947-Übereinkommen verbindliche völkerrechtliche Regelungen enthalten, angreifen können.[25] Das Gericht Erster Instanz lehnte es im Jahre 2005 ab, Unternehmen Schadensersatz wegen Verletzung von WTO/GATT-Vorschriften durch Unionsorgane zuzubilligen.[26] Unternehmen können bei der Kommission einen Antrag auf Untersuchung von Handelshemmnissen eines Drittlandes stellen, sofern ein Unternehmen der Union dadurch geschädigt wird.[27]

3. Individuen

29 Zahlreiche Verordnungen und Richtlinien schaffen einklagbare Rechte für Individuen. Die Pflichten der Mitgliedstaaten aus diesen Verordnungen und Richtlinien werden so zum Gegenstand subjektiver Rechte von Individuen.

In einer revolutionären Kette von Gerichtsentscheidungen erstreckte der Gerichtshof Bestimmungen des AEU-Vertrages im Wege der Rechtsfortbildung allmählich auch *direkt* auf Individuen (etwa jetzt Artt. 18, 28, 30, 34, 35, 37, 45, 49, 63 Abs. 1, 101, 108, 110, 157, 339 AEUV).[28] Verbraucher, Aktionäre, Arbeitnehmer, Frauen, Han-

22 EuGH, Noelle/Hauptzollamt Bremen-Freihafen, C-16/90, ECLI:EU:C:1991:402, I-5199.
23 EuGH, Sofrimport/Kommission, C-152/88, ECLI:EU:C:1990:259, I-2504.
24 EuGH, Delhaize Frères ua/Promalvin ua., C-47/90, ECLI:EU:C:1992:250, I-3704.
25 Vgl. EuGH, Fediol III/Kommission, C-70/87, ECLI:EU:C:1989:254, 1825.
26 EuG, FIAMM/Rat & Kommission, T-69/00, ECLI:EU:T:2005:449; EuG, CD Cartondruck/Rat & Kommission, T-320/00, ECLI:EU:T:2005:452; Europäisches Wirtschafts- und Steuerrecht Bd. 17 (2006), S. 47.
27 VO (EG) Nr. 125/2008 vom 12.2.2008 zur Festlegung der Verfahren der Gemeinschaft im Bereich der gemeinsamen Handelspolitik, ABl. L 40 vom 14.2.2008, S. 1.
28 Nachw. vgl. ABl. 1983 C 177, S. 14.

delsvertreter, Rentenempfänger, anspruchsberechtigte Hinterbliebene, Schutzrechtsinhaber, ausübende Künstler und sonstige Marktbeteiligte können sich zur Geltendmachung subjektiver Rechte heute *direkt* auf viele Vorschriften des AEU-Vertrages berufen.[29] Die Unionsrechtsordnung „ist eine Rechtsordnung, deren Rechtssubjekte nicht nur die Mitgliedstaaten, sondern auch die Einzelnen sind. Das von der Gesetzgebung der Mitgliedstaaten unabhängige Gemeinschaftsrecht soll daher den Einzelnen, ebenso wie es ihnen Pflichten auferlegt, auch Rechte verleihen“.[30]

Seit dem Maastricht-Vertrag sind weitere aus den Marktfreiheiten entwickelte *Individualrechte* hinzugekommen. Es handelt sich nicht nur um politische Rechte aus der Unionsbürgerschaft (Freizügigkeit; Wahlrecht; diplomatischer Schutz; Petitionsrecht: Artt. 21 bis 24 AEUV), sondern durch Verweisung in Art. 6 Abs. 3 EUV auf die Europäische Konvention zum Schutz der Menschenrechte und Grundfreiheiten (EMRK), der die Union beitritt (Art. 6 Abs. 2 EUV), auch um diese Rechte. So hat der Gerichtshof bereits nach dem Maastricht-Vertrag das in Art. 8 EMRK verankerte *„Recht auf Achtung des Privatlebens“* als „ein von der Gemeinschaftsordnung geschütztes Grundrecht“ bezeichnet.[31] Ebenso gehören das *Eigentumsrecht* und das *Recht auf freie Berufsausübung* zu den „allgemeinen Grundsätzen des Unionsrechts“. Diese Grundrechte müssen auch beim freien Verkehr von Waren, Personen, Dienstleistungen und Kapital beachtet werden. Die Ausübung der Rechte kann freilich „im Hinblick auf ihre gesellschaftliche Funktion“ beschränkt sein, solange der Wesensgehalt garantiert bleibt.[32] Eine Absicherung dieser positiven Entwicklung hat die *Charta der Grundrechte der Europäischen Union* gebracht, die rechtlich gleichrangiger Bestandteil des Vertrages von Lissabon geworden ist (Art. 6 Abs. 1 S. 1 EUV). 30

Art. 15 Abs. 3 AEUV verbürgt primärrechtlich jedem Individuum und Unternehmen das Freiheitsrecht auf *„Zugang zu Dokumenten“* der Organe, Einrichtungen und sonstigen Stellen der Union. Die wirtschaftsrechtliche Bedeutung dieses Zugangsrechts geht schon daraus hervor, dass die Regelung im AEU-Vertrag verankert wurde.

Nicht nur aus den EU- und AEU-Verträgen, sondern auch aus *EU-Rechtsakten* ist die Ableitung subjektiver Rechte von Individuen denkbar. Die Einräumung entsprechender Rechte muss aus der Verordnung erkennbar sein und gerichtlich festgestellt werden. 31

▶ **Beispiele:**

1. Nach Art. 18 Abs. 4 FusKVO besteht ein Anhörungsrecht natürlicher Personen.
   - Bei begründetem Verdacht auf Einfuhr markenverletzender Waren (Imitationen) in den Binnenmarkt kann der Markenrechtsinhaber die zollamtliche Freigabe untersagen lassen.[33]
   - Aus der VO (EWG) 75/442 lässt sich kein Individualrecht auf Umweltschutz ableiten. Eine Klage gegen den Bau einer Hausmülldeponie ist aus dieser Verordnung nicht gerechtfertigt.[34] ◀

29 Vgl. etwa die Berufung auf das Diskriminierungsverbot Art. 6 Abs. 1 (früher 7 Abs. 1) EG: BGHZ 125, 382 (393) – Rolling Stones; ferner: EuGH, Stanley Adams/Kommission, C-145/83, ECLI:EU:C:1985:448, 3556 (3587), (Art. 214 EG); EuGH, Delhaize Frères/Promalvin SA, C-47/90, ECLI:EU:C:1992:250, I-3704.

30 EuGH, Van Gend & Loos/Niederländische Finanzverwaltung, C-26/62, ECLI:EU:C:1963:1, 1.

31 EuGH, P – X/Kommission, C-404/92, ECLI:EU:C:1994:361, I-4780.

32 EuGH, Deutschland/Rat (Bananenmarktordnung), C-280/93, ECLI:EU:C:1994:367, I-5039 = EuZW 1994, 688 (692).

33 VO (EG) 3295/94, ABl. L 341 vom 30.12.1993, S. 8.

34 EuGH, Comitato di Coordinamento ua/Regione Lombardia ua., C-236/92, ECLI:EU:C:1994:60, I-497.

Der Gerichtshof hat darüber hinaus anerkannt, dass auch *völkerrechtliche Verträge* Rechte einzelner gegen Unionshandlungen begründen können. Voraussetzung ist jedoch, dass

- es sich um hinreichend bestimmte Vorschriften internationalen Rechts mit inhaltlich unbedingtem Charakter handeln muss, oder
- die Union bestimmte Verpflichtungen aus völkerrechtlichen Verträgen erfüllen wollte, oder
- die Unionshandlung ausdrücklich auf den völkerrechtlichen Vertrag verweist.

32 Der von der Gemeinschaft unterzeichnete GATT 1947-Vertrag erfüllt im Hinblick auf die EU-Marktorganisation für Bananen diese Voraussetzungen nach Ansicht des Gerichtshofs nicht. Ob diese Feststellung auch im Hinblick auf das GATT 1994-Übereinkommen beibehalten werden kann, erscheint sehr fraglich. Es enthält nämlich zwingende Vorschriften und sieht ein verbindliches Streitschlichtungsverfahren vor.

Eine Direktwirkung von *EU-Richtlinien* auf Privatpersonen erkennt der EuGH bisher noch nicht an. Nach ständiger Rechtsprechung kann eine Richtlinie *„nicht selbst Verpflichtungen für einen Bürger begründen"*. Dies gilt auch für verspätete oder gar nicht umgesetzte Richtlinien. Als Begründung dafür dient Art. 288 AEUV: „Die Richtlinie ist *für jeden Mitgliedstaat, an den sie gerichtet ist,* hinsichtlich des zu erreichenden Zieles verbindlich".

33 Auf Umwegen nähert sich der EuGH allerdings einer Direktwirkung: Alte und neue mitgliedstaatliche Vorschriften müssen nämlich „soweit wie möglich am Wortlaut und Zweck der Richtlinie" ausgerichtet werden, weil sonst die Richtlinie ihr Ziel verfehlt. Zwar sind Klagen von natürlichen und juristischen Personen gegen Richtlinien in Art. 230 Abs. 4 EG nicht vorgesehen, aber denkbar, wenn die Richtlinie den Mitgliedstaaten keinen Spielraum lässt.[35] Jedenfalls dann, wenn das Richtlinienziel auch durch Auslegung nationaler Vorschriften, deren Ergebnis der EuGH nach Art. 267 AEUV überwacht, nicht erreichbar ist, kommt unter vier Voraussetzungen ein *individueller Schadensersatzanspruch gegen den Mitgliedstaat* vor nationalen Gerichten als *Folge* der Richtlinie in Betracht:[36]

- Die Richtlinie verleiht Rechte an Personen.
- Der Inhalt der Rechte muss auf der Grundlage der Richtlinie unbedingt und hinreichend bestimmt sein.
- Es liegt ein offenkundiger und erheblicher Ermessensfehler des Mitgliedstaates vor.
- Es besteht ein Kausalzusammenhang zwischen den mitgliedstaatlichen Verpflichtungen und dem entstandenen Schaden.

35 *Everling,* Das Europäische Gesellschaftsrecht vor dem Gerichtshof der Europäischen Gemeinschaften, in: Festschrift Lutter, 2000, S. 33, Fn. 6.

36 EuGH, Ursula Becker, C-8/81, ECLI:EU:C:1982:7, 55; EuGH, Paola Faccini Dori/Recreb Srl, C-91/92, ECLI:EU:C:1994:292, I-3347 = JZ 1995, 149; EuGH, Dillenkofer ua./Deutschland, C-178/94, ECLI:EU:C:1996:375, I-4867; *Nowak,* Das Verhältnis zwischen zentralem und dezentralem Individualrechtsschutz im Europäischen Gemeinschaftsrecht, in: EuR 2000, 724–742; *Schroeder,* Das Gemeinschaftsrechtssystem, 2002, S. 458 ff.

Beispiele:

- Verliert ein Arbeitnehmer wegen Nichtumsetzung einer Richtlinie einen Ausgleichsanspruch, kann er den Mitgliedstaat auf Schadensersatz verklagen.[37]
- Ein Aktionär kann unmittelbar aufgrund der zweiten gesellschaftsrechtlichen Richtlinie klagen, wenn der Staat und nicht, wie es die Richtlinie vorsieht, die Hauptversammlung eine Kapitalerhöhung beschließt.[38]

Nicht hinreichend und rechtzeitig umgesetzte Richtlinien dürfen nicht als Verbotsgesetze (§ 134 BGB) oder Schutzgesetze (§ 823 Abs. 2 BGB) interpretiert werden, weil sie sonst auf diesem Weg direkte Anwendung fänden. Ob dies auch dann noch gilt, wenn der eigentliche Inhalt der Richtlinie gerade den Schutz subjektiver Rechte von Individuen betrifft, bleibt abzuwarten. 34

Der Individualrechtsschutz wird in der neueren Rechtsprechung des EuGH ständig verbessert. So liegt die individuelle Betroffenheit einer Person (Art. 263 Abs. 4 EG) bereits vor, „wenn diese Bestimmung ihre Rechtsposition unzweifelhaft und gegenwärtig beeinträchtigt oder ihr Pflichten auferlegt".[39] Außerdem lässt der EuGH in manchen Fällen Klagen von Individuen gegen Verordnungen zu, ohne auf den dezentralen Rechtsschutz zu verweisen.[40] Auch leitet der EuGH aus dem Grundsatz des effektiven Rechtsschutzes die den Einzelnen durch Unionsrecht verliehenen Rechte ab, dass bei Zweifeln an der Vereinbarkeit nationaler Bestimmungen mit dem Unionsrecht einstweilige Maßnahmen zur Aussetzung der Anwendung nationaler Bestimmungen die durch die Unionsrechtsordnung verliehenen Rechte nicht unterlaufen werden dürfen.[41]

a) Arbeitnehmer

Eine herausgehobene Gruppe von Individuen, die Adressaten unionsrechtlicher Vorschriften sind, bilden die *Arbeitnehmer in der Privatwirtschaft*. Für Beschäftigte in der öffentlichen Verwaltung gilt der AEU-Vertrag nicht. 35

Der AEU-Vertrag verleiht durch zahlreiche Spezialvorschriften den Arbeitnehmern zumindest indirekt Individualrechte (Artt. 45 bis 48; 151 bis 161 AEUV).

Unionsbürger haben als Arbeitnehmer folgende Rechte:

- Bewerbungsfreiheit (Art. 45 Abs. 3 lit. a AEUV)
- Bewegungsfreiheit (Art. 45 Abs. 3 lit. b AEUV)
- Aufenthalts- und Betätigungsfreiheit (Art. 45 Abs. 3 lit. c AEUV)
- Bleiberecht (Art. 45 Abs. 3 lit. d AEUV)
- Soziale Sicherheit (Art. 48 AEUV)
- Gleiches Arbeitsentgelt ohne Diskriminierung (Art. 157 AEUV).

Ein *Mindestarbeitsentgelt* wird in den Sozialvorschriften (Artt. 151 bis 161 AEUV) nicht garantiert. Ausdrücklich ausgenommen sind auch das Koalitionsrecht, das Streikrecht und das Aussperrungsrecht (Art. 153 Abs. 5 AEUV).

---

37 EuGH, Francovich und Bonifaci/Italien, C-6/90, ECLI:EU:C:1991:428, I-5403; EuGH, Brasserie du Pâcheur, C-46/93, ECLI:EU:C:1996:79, I-1131.

38 EuGH, Karella/Ypourgio, C-19/90, ECLI:EU:C:1991:229, I-2710.

39 EuGH, Jégo-Quéré/Kommission, C-263/02, ECLI:EU:C:2004:210, I-3443, Rn. 23 = NJW 2002, 2088.

40 Nachweise bei *Nowak*, EuR 2000, 724 (729 f.).

41 EuGH, Unibet/Justitiekansler, C-432/05, ECLI:EU:C:2007:163, I-2301 = NJW 2007, 3555.

36 Arbeitsmarktregelungen haben starken Einfluss auf die Wettbewerbsbedingungen der Unternehmen. Die Artt. 151 und 152 AEUV tragen dem Rechnung und wollen die Vielfalt der arbeitsvertraglichen Beziehungen in den Mitgliedstaaten berücksichtigen. Diese Zurückhaltung ist auch Ausdruck des *Subsidiaritätsprinzips* (Art. 5 EUV). Dennoch sind über 50 Richtlinien im Arbeits- und Sozialbereich in Kraft.

b) Verbraucher

37 Die wachsende Anerkennung von Interessen der Marktbeteiligten am Binnenmarkt zeigt sich am deutlichsten in der erheblichen Stärkung der *Rechtsstellung der Verbraucher.*

Die Einräumung besonderer Rechte an Verbraucher wird zum Teil nicht als ökonomisches Ziel angesehen.[42] Andererseits enthalten die Artt. 4 Abs. 2 lit. f., 114 Abs. 3 S. 1 und 169 AEUV den klaren Auftrag, den Verbraucherschutz zu verbessern und dabei von einem hohen Schutzniveau auszugehen. Konkrete Verbraucherinteressen sind im *primären Union*srecht in Artt. 101 Abs. 3 und 169 Abs. 1 AEUV sowie im Protokoll Nr. 26 zum Lissabon-Vertrag über Dienste von allgemeinem Interesse (Art. 1, letzter Spiegelstrich) erwähnt.

38 Trotz dieser eher abstrakten Rahmenbedingungen hat sich auf der Grundlage des *sekundären Unionsrechts* ein umfangreiches Verbraucherschutzrecht entwickelt.[43] Als regulative Idee dient dabei die Prämisse, dass der Verbraucher sich in einer wirtschaftlich schwächeren Marktposition befindet, die durch subjektive Rechte verbessert werden muss. Ökonomisch gesehen geht es dabei um:

- Marktzugang
- Wahlfreiheit zwischen Waren, Dienstleistungen und Informationen
- Beseitigung von Informationsasymmetrien
- Produktsicherheit[44]
- Transparenz im Waren- und Dienstleistungsverkehr.

39 Durch zahlreiche Richtlinien mit dem Ziel der *Angleichung von Rechtsvorschriften* sind den Verbrauchern subjektive Rechte eingeräumt worden, die in nationales Recht umgesetzt werden müssen. Die Rechte sollen dazu beitragen,

- die ökonomische Position des Verbrauchers zu stärken
- die Produktsicherheit zu erhöhen
- die Vermarktungsbedingungen transparent zu machen[45]
- die Lebensqualität zu verbessern.

Beispiele für die Einräumung subjektiver Rechte an Verbraucher in Form von Rechten auf Informationen (vor und während eines Vertragsschlusses), Auskunft, Widerruf, Rücktritt oder Schadenersatz enthalten zahlreiche Verbraucherschutzrichtlinien.[46]

---

42 *Buxbaum/Hopt*, Legal Harmonization and the Business Enterprise, S. 199; *Bleckmann*, Europarecht, S. 15 f.; *Zuleeg*, in: v. d. Groeben, Probleme einer europäischen Wirtschaftsordnung, Art. 2 Anm. 4–9.

43 *Reich*, Europäisches Verbraucherschutzrecht, S. 24 ff.

44 Etwa: Sicherheitsmerkmale auf Arzneimittelverpackungen (Delegierte Verordnung (EU) 2016/161 vom 2.10.2015 ABl. L 32 vom 9.2.2016, S. 1).

45 Für den öffentlichen Bereich: Richtlinie (EU) 2016/2102 vom 26.10.2016 über den barrierefreien Zugang zu Websites und mobilen Anwendungen öffentlicher Stellen, ABl. L 327 vom 2.12.2016, S. 1.

46 Vgl. unten Kapitel G IX.

III. Wiederholungsfragen 40

1. Welche Organe der Europäischen Union kennen Sie?
2. Welche Organe sind an der Gesetzgebung beteiligt?
3. Welches Organ hat das alleinige Initiativrecht?
4. Welche Organe der Europäischen Union sind am ordentlichen Gesetzgebungsverfahren beteiligt?
5. Welche Besonderheiten sind bei der delegierten Rechtsetzung zu beachten?
6. Worin unterscheiden sich der „Rat" der Europäischen Union und der „Europäische Rat"?
7. Wie ist der Gerichtshof der Europäischen Union aufgebaut und welche Zuständigkeiten bestehen?
8. Wer sind die Adressaten europäischer Gesetzgebungsakte?
9. Können Richtlinien gegenüber Privatpersonen eine Direktwirkung entfalten?

§ 5 Rechtsgrundlagen

I. Binnenmarkt-Innenrecht

1 Das Binnenmarkt-Innenrecht als *wirtschaftsbezogenes* primäres und sekundäres Unionsrecht umfasst alles Recht, das nicht der Innen-, Außen-, Sicherheits- und Justizpolitik dient, sondern die Funktionsfähigkeit des Binnenmarktes zwischen den Mitgliedstaaten betrifft. Es hat insgesamt Vorrang vor nationalem Recht.

1. Primäres Unionsrecht

2 *Primäres Unionsrecht* heißt das originäre, durch Übertragung von Hoheitsrechten der Mitgliedstaaten an die supranationale Organisation „Europäische Union" zustande gekommene und in dem Vertrag über die Europäische Union und in dem Vertrag über die Arbeitsweise der Europäischen Union nebst den integrierten Erklärungen, Protokollen und Annexen sowie in der Charta der Grundrechte der Europäischen Union enthaltene Recht.[1]

Wirtschaftsbezogene Bedeutung hat vor allem der Vertrag über die Arbeitsweise der Europäischen Union (AEUV), der insoweit mit dem früheren EG-Vertrag inhaltlich weitgehend übereinstimmt. Er enthält nicht nur Organisations- und Verfahrensrecht, sondern auch Kompetenzvorschriften und weit reichendes materielles Wirtschaftsrecht. Der Vertrag über die Europäische Union (EUV) hat dagegen seinen Schwerpunkt im unionsinternen Organisationsrecht, normiert darüber hinaus aber auch wirtschaftsrechtlich relevante Prinzipien, grundlegende Werte und strategische Ziele.

3 Im weiten Sinn gehört auch das *internationale Binnenmarktrecht* zum primären europäischen Wirtschaftsrecht. Es stellt zwar kein Unionsrecht dar, weil es unmittelbar auf der Souveränität der Mitgliedstaaten beruht, völkerrechtlich bindende Verträge abschließen zu können (Artt. 211; 212 Abs. 3 AEUV). Viele dieser völkerrechtlichen Verträge tragen jedoch zur Rechtsvereinheitlichung im Binnenmarkt auf der gleichen Stufe bei wie die im EUV und AEUV enthaltenen wirtschaftsrechtlich relevanten Bestimmungen.

▶ **Beispiel:**

UN-Kaufrecht (CISG) ◀

a) AEUV

4 Der AEUV) in der Fassung des Vertrags von Lissabon ist ein Dokument mit 358 Artikeln des primären Rechts.

Der AEUV gliedert sich in folgende sieben Teile:

- Erster Teil: Grundsätze (Artt. 1–17)
- Zweiter Teil: Nichtdiskriminierung und Unionsbürgerschaft (Artt. 18–25)
- Dritter Teil: Die internen Politiken und Maßnahmen der Union (Artt. 26–197)
- Vierter Teil: Die Assoziierung der überseeischen Länder und Hoheitsgebiete (Artt. 198–204)

1 Der Vertrag über die Europäische Atomgemeinschaft (EAG) gehört ebenso zum primären Unionsrecht; diese Spezialmaterie wird aber nachfolgend nicht weiter behandelt.

- Fünfter Teil: Das auswärtige Handeln der Union (Artt. 205–222)
- Sechster Teil: Institutionelle Bestimmungen und Finanzvorschriften (Artt. 223–334)
- Siebter Teil: Allgemeine und Schlussbestimmungen (Artt. 335–358).

Im ersten Teil des AEUV werden die Aufgaben und Ziele der Union sowie die allgemeinen Grundsätze festgelegt. Der dritte Teil über die Politiken und Maßnahmen der Union bildet das Kernstück des Wirtschaftsrechts. Dieser knapp die Hälfte aller Vorschriften dieses Vertrages umfassende Teil enthält nicht etwa nur politische Programme, sondern zum Teil sehr detaillierte Rechtsvorschriften für zahlreiche Sachgebiete.

Eine Rangabstufung zwischen dem EUV und dem AEUV gibt es nicht; beide Verträge 5
sind rechtlich gleichrangig (Art. 1 Abs. 2 Unterabs. 1 S. 2 EUV). Auch innerhalb der beiden Verträge existieren keine schwerer oder leichter abänderbare Normen.[2] Funktionale Abstufungen in *Zielvorschriften, Sachregelungen* und *Organisationsnormen* sind dagegen unbestreitbar vorhanden. Die grundlegenden Werte und Zielvorschriften (etwa Artt. 2, 3 EUV und Artt. 26, 28, 34, 39, 45, 49, 56, 63 AEUV) bilden zusammen mit der EU-Charta der Grundrechte zugleich die Bewertungsgrundlagen für inhaltliche Regelungen des sekundären Unionsrechts. Rechtstheoretisch haben Zielvorschriften deshalb eine höhere Bedeutung. Weder die grundlegenden Werte noch die Ziele lassen sich allerdings in eine allgemeine hierarchische Ordnung bringen. Wie bei den Grundrechtsnormen der deutschen Verfassung sind Abwägungen im Einzelfall erforderlich.

▶ **Beispiel:**

Ein „System offener und wettbewerbsorientierter Märkte" (Art. 173 Abs. 1. S. 2 AEUV) kann in Widerspruch geraten mit „Beihilfen zur Förderung der Entwicklung gewisser Wirtschaftszweige" (Art. 107 Abs. 3 lit. c AEUV), falls nicht der Markt, sondern die Zahlung von Subventionen über die Leistungsfähigkeit eines Unternehmens entscheidet. ◀

Der Gerichtshof betrachtet den AEUV (bzw. den frühen EG-Vertrag) nicht nur als 6
einen völkerrechtlichen Vertrag, sondern als „grundlegende Verfassungsurkunde" der Rechtsgemeinschaft.[3] Der AEUV bildet zusammen mit dem EUV „Grundlage, Rahmen und Grenze" der Rechtsetzungsgewalt der EU.[4] Das gesamte abgeleitete Recht ist „im Lichte der Bestimmungen des AEUV" auszulegen.[5] Nach Inkrafttreten der EU-Grundrechtecharta sind alle anderen Gesetzesvorschriften daran zu messen.

b) EUV

Der EUV hat als Quelle des primären Unionsrechts nicht nur politische, sondern eben- 7
falls wirtschaftsrechtliche Bedeutung. Als Ziele der Union werden nämlich ein ausgewogenes Wirtschaftswachstum, Preisstabilität, eine im hohen Maße wettbewerbsfähige soziale Marktwirtschaft, Vollbeschäftigung, sozialer Fortschritt, ein hohes Maß an Umweltschutz, Verbesserung der Umweltqualität und die Förderung des wissenschaftlichen und technischen Fortschritts genannt (Art. 3 Abs. 3 EUV).

2 *Heintzen*, EuR 1994, 35 (36).
3 EuGH, Gutachten 1/91, ECLI:EU:C:1991:490 = EuR 1992, 163 (172).
4 EuGH, Viola (Invaliditätsrente), C-26/78, ECLI:EU:C:1978:172, 1771.
5 EuGH, Verband Sozialer Wettbewerb e. V./Clinique Laboratories & Estée Lauder, C-315/92, ECLI:EU:C:1994:34, I-330 = NJW 1994, 1207.

8 Der *Reformvertrag von Lissabon* hat zu gravierenden *Änderungen im EU-Vertrag* geführt, die aber hauptsächlich den völkerrechtlichen Status und die innere Organisation der Union, die Abschaffung des Drei-Säulen-Modells und das Gesetzgebungsverfahren betreffen. Kompetenzänderungen oder neue Inhaltsnormen für das Wirtschaftsrecht enthält der EU-Vertrag dagegen nicht.[6]

c) Charta der Grundrechte der Europäischen Union

9 Immer häufiger bezieht sich der Europäische Gerichtshof auf die EU-Grundrechtecharta, um Verordnungen und Richtlinien auszulegen, beispielsweise auf Artt. 7 und 8 der Charta für Datenschutzfragen. Andererseits hat der Gerichtshof Vorbehalte gegenüber der geplanten Übereinkunft zum Beitritt der Union zur Europäischen Menschenrechtskonvention (EMRK) geäußert[7]. Das Zusammenspiel von EuGH, EGMR und BVerfG in Grundrechtsfragen erscheint weiterhin noch klärungsbedürftig.

2. Sekundäres Unionsrecht

10 Um die Aufgabe zu erfüllen, einen *Binnenmarkt* zu errichten (Art. 3 Abs. 3 S. 1 EUV) und eine *wettbewerbsfähige soziale Marktwirtschaft* (Art. 3 Abs. 3 S. 2 EUV) ohne Beschränkungen des Waren-, Dienstleistungs-, Personen- und Kapitalverkehrs zu schaffen (Art. 26 Abs. 2 AEUV), sieht Art. 288 AEUV einen enumerativen Katalog von Rechtsetzungsakten der Organe vor.[8] Es handelt sich bei diesem sekundären Unionsrecht um *Verordnungen, Richtlinien, Beschlüssen, Empfehlungen und Stellungnahmen.* Delegierte Verordnungen und Durchführungsverordnungen haben den Rang von Verordnungen. Dieses System der Rechtsetzungsakte ist hierarchisch abgestuft. Den höchsten Rang nimmt wegen ihrer unmittelbaren Wirkung grundsätzlich die Verordnung ein, den geringsten die Stellungnahme.

▶ **Beispiel:**

Eine inhaltlich detaillierte Richtlinie, die für die Umsetzung in nationales Recht praktisch keinen Spielraum lässt, hat zwar eine ähnliche Wirkung wie eine unmittelbar geltende Verordnung, besitzt aber rechtstheoretisch einen niedrigeren Rang. ◀

a) Rechtsetzungsverfahren

11 Das *Rechtsetzungsverfahren* der Union ist durch den Vertrag von Lissabon in verschiedener Hinsicht geändert worden. Das Europäische Parlament und der Rat haben mehr Rechte eingeräumt bekommen. Kein im Katalog der Rechtsetzungsakte (Art. 288 AEUV) enthaltene Maßnahme wird „Gesetz“ genannt; dennoch bezeichnet Art. 14 Abs. 1 S. 1 EUV das Europäische Parlament und den Rat zusammen als „Gesetzgeber“, der im Wege eines „ordentlichen Gesetzgebungsverfahrens“ (Artt. 289 Abs. 1; 294 AEUV) oder eines „besonderen Gesetzgebungsverfahrens“ (Art. 289 Abs. 2 AEUV) „Gesetzgebungsakte“ (Art. 289 Abs. 3 AEUV) beschließen. Das „ordentliche Gesetzgebungsverfahren“ ersetzt das frühere „Verfahren der Zusammenarbeit“ und bildet nunmehr die Regel. Das „besondere Gesetzgebungsverfahren“ fasst

6 Einzige Ausnahmen: Ausschließliche Zuständigkeit der Union für ausländische Direktinvestitionen und für die Handelsaspekte des geistigen Eigentums (Art. 207 Abs. 1 S. 1 AEUV).
7 EuGH, Gutachten, 2/13, ECLI:EU:C:2014:2454.
8 Andere Handlungsformen bestehen für die gemeinsame Außen- und Sicherheitspolitik (Art. 25 EUV).

die früheren Verfahren der „Anhörung“ und „Zustimmung“ zusammen und greift nur in bestimmten, in den Verträgen vorgesehenen Fälle ein (Art. 289 Abs. 2 AEUV).

Die *Abstimmungen im Rat* erfolgen in der Regel mit *qualifizierter Mehrheit* (Artt. 16 Abs. 3 EUV; 294 Abs. 8 und 13 AEUV). Das bisherige System der gewogenen Stimmen wurde im Jahre 2014 durch das System der „doppelten Mehrheit“ ersetzt, wonach für eine qualifizierte Mehrheit eine „doppelte Mehrheit“ aus 55 % der Mitgliedstaaten und 65 % der Bevölkerung der Europäischen Union erforderlich ist (Art. 16 Abs. 4 EUV). 12

Die *Europäische Kommission* ist an der Rechtsetzung beteiligt, weil in der Regel ein Gesetzgebungsakt der Union nur auf der Grundlage eines Vorschlags der Kommission erlassen werden darf. Der Europäischen Kommission kann zudem in Gesetzgebungsakten die Befugnis übertragen werden, Rechtsakte ohne Gesetzescharakter mit allgemeiner Geltung und zur Ergänzung oder Änderung bestimmter Vorschriften (sog. delegierte Rechtsakte) übertragen werden (Art. 290 Abs. 1 AEUV). Neben diesen delegierten Rechtsakten können der Europäischen Kommission – und ausnahmsweise auch dem Rat – Durchführungsbefugnisse übertragen werden, die als „Durchführungs“-Maßnahmen gekennzeichnet werden müssen (Art. 291 Abs. 2 und 4 AEUV). 13

Die *Gesetzgebungsakte* (Verordnungen; Richtlinien; Beschlüsse) werden sowohl im ordentlichen als auch im besonderen Gesetzgebungsverfahren durch die dafür zuständigen Organe erlassen (Art. 289 Abs. 1 und 2 AEUV). 14

aa) Verordnung. Die mit Abstand wichtigste Form der Rechtsetzung stellt die *Verordnung* (*„Regulation“*) dar. Eine Verordnung hat *allgemeine Geltung,* ist in allen ihren Teilen verbindlich und *gilt unmittelbar* in jedem Mitgliedstaat (Art. 288 Abs. 2 AEUV). Es bedarf grundsätzlich *keiner Umsetzung* in nationales Recht, obwohl oft aus Anpassungsgründen nationale Begleitgesetze erlassen werden. Eine Verordnung hat aber die Wirkung eines nationalen Gesetzes, ohne die Einschaltung des nationalen Gesetzgebers vorauszusetzen. Die größte Bedeutung haben Verordnungen im *Zoll- und Finanzmarktrecht sowie im Agrarbereich.* Im sonstigen EU-Wirtschaftsrecht Europäischen herrschen Richtlinien als Gesetzesinstrumente vor. 15

bb) Richtlinie. Eine *Richtlinie* (*„Directive“*) ist ein wichtiges Mittel der Rechtsetzung im Unionsrecht. Eine Richtlinie ist für jeden Mitgliedstaat, an den sie gerichtet ist, hinsichtlich des zu erreichenden Zieles verbindlich, die Wahl der Form und der Mittel zur Erreichung des Zieles bleibt den Mitgliedstaaten überlassen (Art. 288 Abs. 3 AEUV). Jeder Mitgliedstaat, dessen Rechtsordnung nicht schon der Richtlinie entspricht, muss die Richtlinie durch Änderung oder Neueinführung nationaler Rechtsvorschriften *umsetzen.* 16

Die *Umsetzung* erfolgt entweder durch ein Spezialgesetz, durch Änderungen vorhandener Gesetze oder durch Nichtstun, soweit das innerstaatliche Recht der Richtlinie bereits entspricht. Allerdings müssen die nationalen Vorschriften in ihrer *Anwendung* stets im Einklang mit der Auslegung der Richtlinie durch den Europäischen Gerichtshof stehen.[9] Der Europäische Gerichtshof präzisiert in Einzelentscheidungen den Inhalt und den Umfang der Umsetzungspflichten. 17

9 EuGH, Verband Sozialer Wettbewerb e. V./Clinique Laboratories & Estée Lauder, C-315/92, ECLI:EU:C:1994:34, I-330 = NJW 1994, 1207; EuGH, Promusicae/Telefónica, C-275/06, ECLI:EU:C:2008:54, I-309.

▶ **Beispiel:**

Der Gerichtshof hat eine Verletzung der Richtlinien 77/187/EWG und 75/129/EWG (Massenentlassung) darin gesehen, dass Großbritannien bei der Umsetzung nicht die obligatorische Bildung, Information und Konsultation von Arbeitnehmervertretungen vorgesehen hat, wenn Betriebe den Eigentümer wechseln.[10] ◀

Für die Umsetzung werden in den Richtlinien *Fristen* gesetzt. Nicht fristgerechte Umsetzungen können Schadensersatzansprüche Einzelner gegen den Staat auslösen.[11] Staatliche Organe können sich nicht auf die fehlende Umsetzung berufen, sondern müssen der Richtlinie zur *praktischen Wirksamkeit* verhelfen.[12]

18 Das formale *Umsetzungsverfahren* wird von der Europäischen Kommission „sowohl auf administrativer als auch auf politischer Ebene ständig überwacht und koordiniert".[13] Die Mitgliedstaaten haben erfolgte Umsetzungen anzuzeigen. Die Unterlassung der Anzeige stellt eine Vertragsverletzung dar.[14] Die Europäische Kommission veröffentlicht regelmäßig Übersichten über den Stand der Umsetzungsverfahren.[15] Deutschland liegt bei der Umsetzung von Binnenmarktvorschriften regelmäßig unter dem Durchschnitt.

Der typische Aufbau einer Richtlinie ist in der Regel dreigliedrig:

- Erwägungsgründe
- Definitionen der wichtigsten Fachausdrücke
- Text der Richtlinie
- Eventuell: Annexe.

Der Umfang der Erwägungsgründe und der Anhänge können den eigentlichen Text einer Richtlinie übersteigen.

19 Nicht selten treten bei der Umsetzung von Richtlinien erhebliche Zweifelsfragen auf. Dies hängt mit den Unterschieden in den vier Rechtskreisen der Europäischen Union (deutscher, französischer, englischer und skandinavischer Rechtskreis) zusammen, aber auch mit unterschiedlich verwendeten Fachtermini sowie mit Lücken oder Unklarheiten darüber, was als Ziel verbindlich oder was als Inhalt variierbar ist.

▶ **Beispiel:**

Nach der EU-Handelsvertreterrichtlinie ist der Handelsvertreter auf die Vermittlung oder den Abschluss von Warengeschäften beschränkt. Nach § 84 Abs. 1 HGB gibt es diese Beschränkung nicht, so dass auch Dienstleistungen zum Aufgabenkreis eines Handelsvertreters zählen können. Gehört die Definition „Handelsvertreter" in der EU-Richtlinie zum verbindlichen Ziel der Richtlinie? ◀

Schließlich entfalten Richtlinien eine *Sperrwirkung* gegenüber einer abweichenden *Änderung* des nationalen Rechts. Es tritt ein Effekt wie bei der konkurrierenden Gesetzgebung zwischen Bund und Ländern in Deutschland nach Erlass eines Bundesgesetzes ein.

---

10 EuGH, Kommission/Vereinigtes Königreich, C-382/92, ECLI:EU:C:1994:233, I-2461.
11 EuGH, Wagner Miret/Fondo de garantía salarial, C-334/92, ECLI:EU:C:1993:945, I-6926.
12 EuGH, Marleasing/Comercial Internacional de Alimentación, C-106/89, ECLI:EU:C:1990:395, I-4156.
13 Empfehlung der Kommission vom 12.7.2004 zur Umsetzung binnenmarktrelevanter Richtlinien in innerstaatliches Recht, ABl. L 98 vom 16.4.2005, S. 47.
14 EuGH, Kommission/Niederlande, C-61/93, ECLI:EU:C:1994:302, I-3609.
15 Diese Informationen sind in der Eur-Lex-Datenbank enthalten.

cc) **Beschluss.** *Beschlüsse* („*Decisions*") sind in allen Teilen für die *Adressaten verbindlich* (Art. 288 Abs. 4 AEUV). Beschlüsse besitzen also keine Allgemeinverbindlichkeit. Sie ergehen vor allem in *Wettbewerbssachen* und gelten für bestimmte Unternehmen. Beschlüsse kommen aber auch im Agrarmarktbereich vor und können an Drittstaaten gerichtet sein. Beschlüsse sind am ehesten mit Verwaltungsakten nach deutschem Recht vergleichbar. 20

dd) **Empfehlung; Stellungnahme.** *Empfehlungen* („*recommendations*") und *Stellungnahmen („position papers")* sind nicht verbindlich (Art. 288 Abs. 5 AEUV), haben aber oft präjudizielle Bedeutung. Nicht selten handelt es sich um Vorstufen zu Richtlinien oder Verordnungen. Empfehlungen als solche können bereits Quasi-Verbindlichkeit erlangen, wenn etwa in einer Richtlinie nationale Behörden zur Berücksichtigung der Empfehlung verpflichtet werden.[16] Nationale Gerichte müssen darüber hinaus Stellungnahmen bei der Auslegung nationaler Rechtsvorschriften berücksichtigen.[17] 21

Nicht erwähnt im AEU-Vertrag, aber als Kommunikationsform verbreitet, sind ferner *Mitteilungen* der Kommission in Form eines „Weißbuchs" *(„white paper")*, „Grünbuchs" *(„green paper")* oder sonstiger Verlautbarungen. In diesen offiziellen Dokumenten werden von Zeit zu Zeit Analysen und Bewertungen zusammengefasst, die für den Binnenmarkt insgesamt oder für Teilbereiche wichtig erscheinen.

Solche Mitteilungen haben eher *rechtspolitischen Charakter*, bilden aber oft die Grundlage für weitere Aktivitäten.

ee) **Durchführungsakte, delegierte Rechtsakte und technische Standards.** Gerade jüngere Entschließungen des europäischen Gesetzgebers ermächtigen nicht selten die EU-Kommission zu delegierten Rechtsakten. Sie kann in diesen Fällen nach Maßgabe der Artt. 290 bzw. 291 AEUV weitere Detailregelungen erlassen (sog. delegierte Rechtsakte oder Durchführungsvorschriften). 22

Im Finanzmarktrecht werden delegierte Rechtsakte und Durchführungsakte regelmäßig von den neuen europäischen Finanzaufsichtsbehörden (European Supervisory Authorities; „ESAs") vorbereitet, namentlich der European Banking Authority (EBA) in London, der European Insurance and Occupational Pensions Authority (EIOPA) in Frankfurt am Main und der European Securities and Markets Authority (ESMA) in Paris. Die ESAs entwickeln in diesem Fall technische Standards, die in einem weiteren Schritt von der Europäischen Kommission zu Rechtsakten nach Artt. 290, 291 AEUV umgesetzt werden.[18]

ff) **Leitlinien und Empfehlungen.** Die ESAs können auch Empfehlungen aussprechen und Leitlinien erlassen. Hierdurch soll die Harmonisierung aufsichtsrechtlicher Rahmenbedingungen sichergestellt werden. Trotz im Grunde unverbindlichen Charakters[19] erwachsen Leitlinien nach bisherigen Erfahrungen zu verbindlichen Vorgaben der Aufsicht[20] und Empfehlungen dürften von Gerichten zu berücksichtigen sein.[21] 23

16 So nach Art. 14 Abs. 2 Unterabs. 2 und Art. 15 Abs. 3 der Rahmenrichtlinie 2002/21/EG; englischer Text: „shall take into the utmost account".

17 EuGH, Grimaldi/Fonds des maladies professionnelles, C-322/88, ECLI:EU:C:1989:646, 4416.

18 Vgl. hierzu*Bergold/Wendt*, EuR 2019, 86 ff.

19 *Bürkle*, VersR 2014, 529 (531), mwN; vgl. auch *Veil*, Kapitalmarktgesetzgebung im Zeitalter der ESMA, in: *Hopt/Tzouganatos* (Hrsg.) Das Europäische Wirtschaftsrecht vor neuen Herausforderungen, 2014, S. 79, 106 ff.

20 Siehe etwa EIOPA – BoS – 12/069 vom 14.6.2012 und das BaFin-RS 3/2013 (VA) vom 20.9.2013; vgl. hierzu auch *Bürkle*, VersR 2014, 529 (534 ff.).

21 Vgl. *EuGH*, Grimaldi/Fonds des maladies professionnelles, C-322/88, ECLI:EU:C:1989:646, I-4416.

b) Rechtsprechung

24 Die Rechtsprechung des *Gerichtshofs der Europäischen Union* bildet eine wichtige *Rechtsquelle* des *primären* und *sekundären Unionsrechts.* Dazu haben nicht nur die Vorschriften über die unabhängige Organisation und umfassende Zuständigkeiten des Gerichtshofs beigetragen, sondern auch die Entscheidungspraxis selbst.

25 Schon der Auftrag, die Wahrung des Rechts bei der Auslegung und Anwendung der Verträge zu sichern (Art. 19 Abs. 1 S. 1), begründet das *Rechtsauslegungsmonopol* des Gerichtshofs. Es umfasst die *Auslegung, Lückenschließung, Entwicklung europäischer Fachtermini, Rechtsfortbildung* und *Begutachtung.*

26 Aufgrund von *Entscheidungsketten des Gerichtshofs* wurden im Laufe der Zeit durchgesetzt:

- Der *Vorrang* der Bestimmungen des AEU-Vertrags sowie der darauf beruhenden Rechtsakte vor dem nationalen Recht (grundsätzlich einschließlich des nationalen Verfassungsrechts),
- die *verbindliche Wirkung der Auslegung* des Inhalts und der Reichweite dieser Bestimmungen,
- die *praktische Anwendung* des EU-Rechts in seiner Auslegung durch den Gerichtshof,
- die *Geltung von Unionsgrundrechten* und sonstigen *subjektiven Rechten* schon vor der Existenz einer Charta der Grundrechte,
- die Herstellung eines immer dichteren Netzes harmonisierten europäischen Wirtschaftsrechts.

27 Ein Nachteil in der Rechtsprechung des Gerichtshofs der Europäischen Union bestand bisher in der *mangelnden Spezialisierung der Richter.* Der Gerichtshof nimmt zugleich Funktionen im Verfassungs-, Verwaltungs-, Sozial-, Arbeits-, Zivil-, Finanz-, Schieds- und internationalem Recht wahr.[22] Obwohl inzwischen das Zivilrecht in der Zahl der Fälle überwiegt, sind nur eine kleine Minderheit der Richter Zivilrechtler. Dies führt zu Begründungsdefiziten bei den Entscheidungen. Schon durch den Vertrag von Nizza (Art. 225 a EG) war die Einrichtung spezieller Kammern für bestimmte Kategorien von Klagen in bestimmten Sachgebieten eröffnet worden. Diese Entwicklung sollen Fachgerichte (Artt. 19 Abs. 1 S. 1 EUV; 257 Abs. 1 S. 1 AEUV) fortsetzen.

28 Der Gerichtshof der Europäischen Union vermeidet strikt rechtsvergleichende Aussagen oder Auseinandersetzungen mit wissenschaftlichen Meinungen. Auch abweichende Ansichten beteiligter Richter werden nicht bekannt gegeben. Zitiert wird stets nur die eigene Rechtsprechung. Das erhöht zwar den *Autoritätsanspruch* des Gerichtshofs der Europäischen Union und vielleicht sogar die *Rechtssicherheit.* Dafür mangelt es aber oft an Entscheidungsprinzipien, Begründungstiefe und Bezugnahmen auf *nationale Regelungsziele.* Zum Teil heftige Kritik ist die Folge.[23]

29 Die *Vereinbarkeit* des *nationalen Rechts* mit dem *europäischen Recht* muss letztlich stets zur Überzeugung des Gerichts nachgewiesen werden. Insofern kommt dem Gerichtshof der Europäischen Union eine ähnliche Funktion wie den mittelalterlichen deutschen Gerichten zu. Diese mussten nach der Reichskammergerichtsordnung von 1495 die Weitergeltung des Gewohnheitsrechts (etwa: Sachsenspiegel; Urkundeninhal-

22 Vgl. *Lenz,* NJW 1994, 2063.
23 *Schack,* ZZP 1995, 47 (52): „Brechstangenmethode", „haarsträubende Begründungen".

te) gegenüber dem rezipierten römischen Recht *(usus modernus pandectarum)* im Einzelfall anerkennen.

Ein Indiz für die herausragende Bedeutung der Rechtsprechung des Gerichtshofs der Europäischen Union als Rechtsquelle ist, dass bei Änderungen von Verordnungen und Richtlinien sowie bei der Veröffentlichung „*kodifizierter Fassungen*“ stets die Rechtsprechungsergebnisse eingearbeitet werden.

c) Soft Law

Im System des Unionsrechts besteht Spielraum für sogenanntes „soft law“. Darunter 30
versteht man *faktisches Recht* außerhalb normativ festgelegter Handlungsformen.

▶ **Beispiele:**

- Auslegungsgrundsätze der Kommission zur Identifizierung kooperativer Gemeinschaftsunternehmen
- informelle Gespräche der Kommission im Vorfeld einer Zusammenschlusskontrolle
- Formularmäßige Informationsgewinnung für die Beantragung von Subventionen
- Allgemeine Mitteilungen der Kommission, etwa zu den Folgen der Cassis de Dijon-Entscheidung[24]
- verwaltungsmäßige Selbstbindung der Kommission durch schriftliche Erklärungen
- Mitteilung über die Anwendung der Wettbewerbsregeln auf Zugangsvereinbarungen im Telekommunikationsbereich.[25]
- Anwendung von Handelsbräuchen und UNCITRAL-Modellvorschriften ◀

Wegen institutioneller Ungewissheiten hat das „soft law“ oft die Funktion, einen Konsens im Vorfeld der Verrechtlichung herbeizuführen oder zu sichern. Ein solches Vorgehen entspricht der Praxis anderer internationaler Organisationen und ist auch im deutschen Wirtschaftsrecht (etwa bei Konsultationen im Rahmen von Kartellverwaltungsverfahren) oder Subventionsverhandlungen nicht unbekannt.

II. Binnenmarkt-Außenrecht (Europäisches Außenwirtschaftsrecht)

Das *Europäische Außenwirtschaftsrecht* (Binnenmarkt-Außenrecht) umfasst Rechtsak- 31
te des primären und sekundären Unionsrechts im Hinblick auf binnenmarktrelevante Sachverhalte im Verhältnis zu Drittstaaten, also etwa Export- und Importregelungen. Soweit der Waren-, Dienstleistungs-, Kapital- oder Personenverkehr vom oder zum Binnenmarkt betroffen ist, können die Mitgliedstaaten nur noch zum Teil eigene Regelungen vorsehen.

▶ **Beispiele:**

- Die von der Griechischen Republik gegen die ehemalige Jugoslawische Republik Makedonien getroffenen Maßnahmen (Sperrung des Hafens von Thessaloniki für Güter aus und nach Makedonien) stehen im Widerspruch zu den Unionsvorschriften über den freien Warenverkehr und die gemeinsame Handelspolitik.[26]

24 ABl. C 256 vom 9.10.1989, S. 2.
25 ABl. C 265 vom 28.8.1998, S. 2.
26 EuGH, Kommission/Griechenland, C 120/94, ECLI:EU:C:1994:275, I 3040.

– Im Streit um die Einfuhrkontingente für Bananen nach Deutschland musste erst geklärt werden, ob die Bundesrepublik Deutschland überhaupt vor dem Europäischen Gerichtshof klagebefugt ist, um die wirtschaftlichen und sozialen Interessen seiner Bürger geltend zu machen. Immerhin hat dies der Gerichtshof grundsätzlich bejaht.[27] ◀

32 Das *Außenhandelsrecht* spiegelt die Entwicklung in den Außenhandelsbeziehungen der EU wider. Seit den achtziger Jahren ergaben sich zunächst starke Verschiebungen zugunsten der Entwicklungsländer. Ihr Anteil am Außenhandel der Union betrug im Jahre 2000 42 % der EU-Importe (etwa 432 Mrd.).[28] Ursachen dafür waren die Handelspräferenzen für die AKP (Afrika, Karibik, Pazifik)-Staaten und die überseeischen Gebiete von Mitgliedstaaten, ermäßigte Zollsätze für bestimmte andere Staaten sowie der Abbau von Mengenrestriktionen. In den folgenden Jahren gab es Umschichtungen im Warenhandel in Richtung Südkorea, Taiwan, Japan, Türkei, Singapur, Hongkong, Russland, China und den U.S.A. Im Jahre 2020 überstieg der Warenhandel der EU mit China erstmals den Warenhandel mit den U.S.A. In 2021 wurden zwischen China und der EU Waren im Wert von 696 Mrd. Euro gehandelt, was 16 % des gesamten EU-Warenverkehrs entsprach. Der Anteil der U.S.A. lag bei 15 %.[29]

Das Binnenmarkt-Außenrecht hat durch das *WTO-Abkommen* neue Rahmenbedingungen erhalten. Dies betrifft nicht nur den Import und Export von Waren und Dienstleistungen, sondern auch das Verfahren zur Bekämpfung wettbewerbswidriger Geschäftspraktiken (Dumping; Subventionen) zu. Die WTO-Übereinkommen zur Herabsetzung von Zöllen (GATT 1994) und über die Liberalisierung des Dienstleistungsverkehrs (GATS) treten in Konkurrenz zum bisherigen EU-Außenwirtschaftsrecht. Das europäische Binnenmarktsystem wird also stärker in das Weltmarktsystem eingebettet.

1. Primäres Recht

33 Das primäre *Binnenmarkt-Außenrecht* (auch *Europäisches Außenwirtschaftsrecht oder Außenwirtschaftsverfassungsrecht* genannt) wird im AEUV-Vertrag im Hinblick auf fortbestehende Bindungen aller Mitgliedstaaten an die UN, an WTO/GATT und an den IWF vor allem in den Artt. 28 bis 32, 206, 207, 212, 216 bis 220 AEUV geregelt. Hauptziel der Handelspolitik der Union ist zunächst die Bildung einer Zollunion zwischen den Mitgliedstaaten, die den *Wegfall der Binnenzölle* sowie *einheitliche Zollsätze gegenüber Drittländern* umfasst (Artt. 206, 207 AEUV). Dieses Hauptziel wurde durch den *Gemeinsamen Zolltarif* (Zollkodex) verwirklicht.[30]

34 Neben der Zollunion sind im primären Unionsrecht wirtschaftsrechtlich relevante *EU-Außenkompetenzen* durch die Möglichkeit zum Abschluss von Zoll- und Handelsabkommen in folgenden Bereichen verankert (Art. 207 Abs. 1 AEUV):

- Waren und Dienstleistungen
- Handelsaspekte des geistigen Eigentums
- ausländische Direktinvestitionen

27 EuGH, Deutschland/Rat, C-280/93, ECLI:EU:C:1994:367, I-5039 = EuZW 1994, 688.

28 Vgl. EU Trade Issues, Harnessing Globalisation, http://europa.eu.int/comm/trade/issues/global/development/memo_oxfam.htm.

29 https://www.destatis.de/Europa/DE/Thema/Aussenhandel/EU-Handelspartner.html (besucht am 1.7.2023).

30 VO (EU) 952/2013 vom 9.10.2013 ABl. L 269 vom 10.10.2013, S. 1; konsolidierte Version vom 1.1.2020 (Dokument 02013R0952–20200101).

- Vereinheitlichung der Liberalisierungsmaßnahmen
- Ausfuhrpolitik
- handelspolitische Schutzmaßnahmen (Dumping; Subventionen).

Darüber hinaus kann die Union mit einem oder mehreren Drittländern oder internationalen Organisationen eine Übereinkunft schließen, wenn dies im AEU-Vertrag besonders vorgesehen oder im Rahmen der Ziele der Union erforderlich ist, wie etwa:

- Entwicklungszusammenarbeit (Art. 208 AEUV)
- Wirtschaftssanktionen (Art. 215 AEUV)
- Assoziierung mit Drittländern und internationalen Organisationen (Art. 217 AEUV)
- gemeinschaftliche Forschung und technologische Entwicklung (Art. 186 AEUV)
- internationale Zusammenarbeit im Umweltschutz (Art. 191 Abs. 4 S. 2 AEUV)
- internationale Zusammenarbeit über Währungsfragen, Devisenregelungen und Wechselkurse (Art. 219 AEUV).

35 Soweit besondere EU-Außenkompetenzen bestehen, gehen sie der allgemeinen Kompetenzregel des Art. 107 AEUV vor. Deshalb fallen *internationale Verkehrsabkommen* nicht unter die *gemeinsame Handelspolitik,* sondern unter die gemeinsame Verkehrspolitik.[31]

36 Abzulehnen ist wegen des zu beachtenden Prinzips der begrenzten Einzelermächtigung der Versuch, zwischen der Innen- und Außenkompetenz der Union einen generellen Gleichlauf herzustellen.[32] Diese ursprünglich auch vom Europäischen Gerichtshof vertretene Theorie stillschweigend anzunehmender Außenkompetenzen („implied power“) wurde im GATT/WTO-Gutachten des Gerichtshofs erheblich eingeschränkt; aus einer *binnenmarktinternen* folgt nicht ohne Weiteres eine *binnenmarktexterne* Zuständigkeit der Union.[33]

37 Allerdings ist anerkannt, dass sich die Zuständigkeit der Union zur Eingehung völkerrechtlicher Verpflichtungen nicht nur aus einer ausdrücklichen Verleihung durch den EU-Vertrag ergeben, sondern auch stillschweigend aus Vertragsbestimmungen für die Außenbeziehungen fließen kann, sofern die Beteiligung der Union notwendig ist, um eines der Ziele der Union zu erreichen (*„implizite Außenkompetenz“*).[34] Im AETR-Urteil des Gerichtshofs[35] wurde die implizite Außenkompetenz auf Rechtsakte des sekundären Unionsrechts erstreckt, die zur Verwirklichung einer vom Vertrag vorgesehenen Politik erlassen worden sind und beeinträchtigt würden, wenn die Mitgliedstaaten einzeln oder gemeinsam völkerrechtlich handelten. Eine Beeinträchtigung liegt auch dann vor, wenn die völkerrechtlichen Verpflichtungen der Mitgliedstaaten im Einklang mit den Unionsvorschriften stehen.[36]

31 EuGH, Gutachten, 2/92, ECLI:EU:C:1995:83, ABl. C 159 vom 24.6.1995, S. 1.
32 So aber *Bleckmann,* EuR 1977, 109 ff.
33 EuGH, Gutachten, 1/94, ECLI:EU:C:1994:384, I-5389.
34 EuGH, Gutachten, 1/76, ECLI:EU:C:1977:63 , 755 Rn. 3 und 4; EuGH, Kommission/Deutschland, C-476/98, ECLI:EU:C:2002:631, I-9865; ähnlich: EuGH, Kommission/Dänemark, C-467/98, ECLI:EU:C:2002:625, I-9528; EuGH, Gutachten: Lugano-Nachfolgeabkommen, 1/03, ECLI:EU:C:2006:81, I-1150.
35 EuGH, Kommission/Rat, C-22/70, ECLI:EU:C:1971:32 , 274-275 Rn. 16–18 und 22.
36 Gutachten, 2/91, ECLI:EU:C:1993:106, I-1080-1081 Rn. 25 und 26.

▶ **Beispiel:**

Die Bundesrepublik hat durch den Abschluss eines bilateralen Luftverkehrsabkommens mit den U.S.A. im Jahre 1996 („open skies – Abkommen") gegen die durch EU-Verordnungen erworbene ausschließliche Außenkompetenz der Union verstoßen, Beschränkungen der Preisgestaltungsfreiheit oder die Zuweisung von Zeitnischen („slots") vereinbaren zu können. Außerdem führt das bilaterale Luftverkehrsabkommen zum Ausschluss anderer Luftverkehrsunternehmen der Union, was einen diskriminierenden Verstoß gegen die Niederlassungsfreiheit (Art. 43 EG) darstellt.[37] ◀

38 Das Außenwirtschaftsrecht der Union geht einem nationalen Gesetz vor, das Modifikationen zu den völkerrechtlich verbindlichen EU-Rechtsakten enthält.

▶ **Beispiel:**

Ein nationales Gesetz, das zusätzlich zu dem Einfuhrzoll der Union eine Verbrauchssteuer (Abgabe auf die Einfuhr frischer Bananen aus Drittstaaten) vorsieht, ist unwirksam.[38] ◀

2. Sekundäres Recht

39 Das sekundäre Außenwirtschaftsrecht umfasst alle Verordnungen, Zoll-, Handels-, Investitions-, Kooperations-, Partnerschafts- und Assoziierungsabkommen, die auf der Grundlage der Einzelermächtigungen im EU-Vertrag die gemeinsame Handelspolitik verwirklichen helfen. Richtlinien kommen im sekundären Außenwirtschaftsrecht nicht vor.

40 Die Verträge und Abkommen der Union mit Drittstaaten und internationalen Organisationen werden von der Kommission vorbereitet und ausgehandelt und vom Rat nach Zustimmung des Europäischen Parlaments (Art. 218 Abs. 2 und 6 lit. a AEUV) oder dessen Anhörung (Art. 218 Abs. 6 lit. b AEUV) und Unterrichtung (Art. 218 Abs. 10 AEUV) geschlossen. Diese Abkommen sind für die Organe der Union und für die Mitgliedstaaten verbindlich (Art. 216 Abs. 2 AEUV). Nach der Rechtsprechung des Gerichtshofs handelt es sich um sekundäres Unionsrecht, das Vorrang hat vor dem übrigen (autonomen) Sekundärrecht.[39] Einzelne Vorschriften können unmittelbar anwendbar sein mit der Wirkung, dass sich Individuen vor Gericht darauf berufen können.[40]

Bis zum Inkrafttreten des Lissabon-Vertrages 2009 haben die EU-Mitgliedstaaten eigene Handelsabkommen mit Drittstaaten abgeschlossen. Diese bleiben gültig, werden aber schrittweise durch Unionsabkommen ersetzt[41], denn seither liegt die Abschlusskompetenz für Handelsabkommen bei der Europäischen Union (Art. 3 Abs. 1 lit. e AEUV).

41 Der Abschluss von *Zoll- und Handelsabkommen* fällt nach Art. 207 AEUV als Teil der *gemeinsamen Handelspolitik* in die Zuständigkeit der Union. Neben Art. 217 AEUV handelt es sich um die *wichtigste Kompetenznorm* für eine *autonome Rechtsetzung der Union.* Diese Abkommen umfassen alle Gebiete des Außenhandels (etwa Waren; Verkehr; Entwicklung; Finanzen) und alle wichtigen Staaten in allen Erdteilen. Auf Waren

37 EuGH, Kommission/Deutschland, C-476/98, ECLI:EU:C:2002:631, I-9865.
38 EuGH, Simba ua/Ministero delle Finanze, C-228/90 bis C-234/90, C-339/90 und C-353/90, ECLI:EU:C:1992:251, I-3743.
39 EuGH, Hauptzollamt Mainz/Kupferberg & Cie., C-104/81, ECLI:EU:C:1982:362, 3644.
40 *Vedder,* in: Grabitz/Hilf, Art. 133 Rn. 149 mit Nachweisen.
41 VO (EU) Nr. 1219/2012 vom 12.12.2012, ABl. L 351 vom 20.12.2012, S. 40.

und Leistungen *aus Drittstaaten* werden nach einer Klassifikation *(Zollkodex)*[42] bestimmte Zollsätze[43] erhoben.

Reine Zollabkommen als besondere Vereinbarungen über Zolltarife verlieren allerdings durch das WTO-Abkommen und durch immer mehr Gegenseitigkeitsabkommen an Bedeutung. Zollvorschriften sind heute in umfassendere *Partnerschafts-, Handels- und Assoziierungsabkommen* eingebettet[44]. Auch werden andere Gegenstände und Inhalte wichtiger: Industrie- und entwicklungspolitische Kooperationen; Abkommen über Herkunftsangaben; Quotierungen; elektronische Transaktionen; Investitionen; Herkunftsbezeichnungen; Streitbeilegungsverfahren.

Zwischen den EU-Mitgliedstaaten sind die Zölle abgeschafft und Handelsabkommen überflüssig. Im *Binnenmarkt* besteht eine *Zollunion* (Artt. 3 Abs. 1 lit. a; 28 AEUV). Sie ist durch einen freien Waren-, Personen-, Dienstleistungs- und Kapitalverkehr gekennzeichnet (Artt. 28 Abs. 2; 30 AEUV).

Besonders umstritten war das geplante, aber gescheiterte Freihandelsabkommen zwi- 42
schen der Europäischen Union und ihrem wichtigsten Handelspartner U.S.A *(Transatlantic Trade and Investment Partnership – TTIP)*. Ähnlich wie das Freihandelsabkommen mit Kanada (*CETA*[45]) sollten Rahmenbedingungen etwa für die Vergabe öffentlicher Aufträge, für Gesundheitsstandards, für die Liberalisierung des Finanzsektors oder für Industriestandards gesetzt werden. Viele EU-Bürger und Nichtregierungsorganisationen befürchteten aber die möglichen Absenkungen von Gesundheits-, Umwelt- und Datenschutzstandards. Ein neues EU-Ratsmandat beschränkt deshalb die Verhandlungen der Kommission über ein neues Abkommen mit den U.S.A. auf Industriezölle und Konformitätsbewertungen[46].

Auf Ablehnung stoßen oft auch Klagerechte von Investoren gegen Staaten vor Schiedsgerichten (Investor-State Dispute Settlements – ISDS). Keine Bedenken bestehen gegenüber sektoralen Vereinbarungen, etwa über die Anerkennung technischer Standards für die Automobilproduktion.

a) Bilaterale Zoll-, Handels- und Partnerschaftsabkommen

Assoziierungs- und Partnerschaftsabkommen mit Drittstaaten und internationalen Or- 43
ganisationen kann die Union im Rahmen ihrer Zuständigkeiten abschließen (Art. 217 AEUV).

Bereits durch den AEU-Vertrag sind zahlreiche frühere Kolonialgebiete Frankreichs, Großbritanniens[47] und der Niederlande einbezogen (Artt. 198–204; 349 AEUV). Die überseeischen Länder und Gebiete sind allerdings weder Teil des Binnenmarktes noch Drittstaaten, so dass der AEUV nicht unmittelbar gilt, sondern aufgrund von speziel-

42 VO (EU) Nr. 952/2013 vom 9.10.2013 ABl. L 269 vom 10.10.2013, S. 1.

43 Die jeweils aktuellen Zollsätze enthält die Zolltarifdatenbank TARIC.

44 Vgl. das AKP-EU Partnerschaftsabkommen (Cotonou-Abkommen) zwischen Staaten in Afrika, in der Karibik und im Pazifik, das am 1.4.2003 in Kraft getreten ist und bis zum Inkrafttreten eines neuen Abkommens gilt (Beschluss 3/2019 des AKP-EU-Botschafterausschusses ABl. L 1 vom 3.1.2020, S. 3).

45 ABl. L 11 vom 14.1.2017, S. 23 (über 1000 Seiten Text).

46 https://ec.europa.eu/commission/presscorner/detail/en/IP_19_2148 vom 15.4.2019.

47 Gibraltar und die Überseegebiete des Vereinigten Königreichs sind von den Brexit-Abkommen nicht betroffen, vgl. die Schlussregelungen im Brexit II-Abkommen.

len Anwendungsregeln[48]. Andere Assoziierungsabkommen richten sich nach dem in Art. 218 AEUV festgelegten Verfahren.[49]

44 **aa) Australien.** Im Jahr 2022 trat ein weitgefächertes Rahmenabkommen[50] zwischen der Union, ihren Mitgliedstaaten und Australien in Kraft.

45 **bb) China.** Bei dem grundsätzlich ausgehandelten Abkommen zwischen der Europäischen Union und China geht es um ein reines Investitionsabkommen (*International Investment Agreement – IIA),* nicht um einen Freihandelsvertrag (*Free Trade Agreement – FTA*)[51]. Das Investitionsabkommen versucht Prinzipien für Investitionen transparent festzuschreiben (Gleichbehandlung; kein obligatorischer Technologietransfer; Entschädigungen; staatliche Schiedsgerichte). Ein zusätzliches Abkommen betrifft den Schutz geografischer Angaben[52].

46 **cc) Japan.** Ein umfangreiches Wirtschaftspartnerschaftsabkommen zwischen der EU und Japan wurde 2018 abgeschlossen[53]. Es handelt sich um ein Freihandels- und Partnerschaftsabkommen. Über ein Investitionsabkommen wird noch verhandelt.

47 **dd) Kanada.** Zwischen der EU und Kanada wurde 2016 ein umfangreiches Freihandelsabkommen (Comprehensive Economic and Trade Agreement- CETA) vereinbart[54]. Es garantiert unter anderem freien Marktzugang, Zollpräferenzen, Dienstleistungserleichterungen, gegenseitige Anerkennung von Berufsqualifikationen sowie Regelung zum Verbraucher-, Arbeitnehmer- und Umweltschutz.

48 **ee) Türkei.** Mit der Türkei besteht seit 1964 ein Assoziierungsvertrag[55], der Zoll- und Wirtschaftspräferenzen, die Freizügigkeit für türkische Arbeitnehmer sowie einen grundsätzlich freien Warenverkehr vorsieht.[56] Im Jahre 2004 beschloss der Europäische Rat mit der Türkei Beitrittsverhandlungen mit offenem Ausgang aufzunehmen.

49 **ff) Vereinigtes Königreich Großbritannien und Nordirland.** Der wohl wichtigste Kooperationsvertrag aus jüngster Zeit sind die Handels- und Kooperationsabkommen zwischen der Union und dem Vereinigten Königreich Großbritannien und Nordirland im Zusammenhang mit dem Ausscheiden des Vereinigten Königreichs aus der Union („Brexit").

In dem Brexit-Austrittsabkommen („Brexit I")[57] werden die künftigen Beziehungen zwischen der EU und dem Vereinigten Königreich nach dem Austritt (Art. 50 EUV) festgelegt. Begleitet wird das Austrittsabkommen von einer „politischen Erklärung"[58], die den „Rahmen für die künftigen Beziehungen" (Art. 50 Abs. 2 Satz 2 EUV) als eine „ambitionierte, breite, vertiefte und flexible Partnerschaft" beschreibt. In einem

48 Vgl. Übersee-Assoziationsbeschluss 2013/755/EU vom 25.11.2013, ABl. L 344 vom 19.12.2013, S. 1.
49 Assoziierungsabkommen mit der Ukraine vom 23.6.2014, ABl. L 278 vom 20.9. 20.9.2014, S. 1 (4).
50 Rahmenabkommen ABl. L 237 vom 19.9.2017, S. 7; Inkrafttreten am 21.10.2022 ABL. L 272 vom 20.10.2022, S. 1.
51 EU-China Comprehensive Agreement on Investment. The Agreement in Principle, 30 December 2020 (https://ec.europa.eu/commission/presscorner/detail/en/ip_20_2541).
52 ABl. L 408I vom 4.12.2020, S. 3.
53 Beschluss 2018/1907 vom 20.12.2018 ABl. L 330, S. 1; Text des Wirtschaftsabkommens ABl. L 330, S. 3.
54 ABl. L 11 vom 14.1.2017, S. 23.
55 ABl. 217 vom 29.12.1964, S. 3687; Neufassung durch VO (EU) Nr. 952/2013 vom 9.10.2013 ABl. L 269, S. 1.
56 *Haci Can*, Das Assoziationsverhältnis zwischen der Europäischen Gemeinschaft und der Türkei, Frankfurt / Wien 2002.
57 Abkommen über den Austritt des Vereinigten Königreichs Großbritannien und Nordirland aus der Europäischen Union und aus der Europäischen Atomgemeinschaft, ABl. L 29 vom 31.1.2020, S. 7.
58 Politische Erklärung zur Festlegung des Rahmens für die künftigen Beziehungen zwischen der Europäischen Union und dem Vereinigten Königreich, ABl. C 384 I vom 12.11.2019, S. 178.

Protokoll zum Austrittsabkommen wird festgehalten, dass Nordirland im Zollgebiet Großbritanniens verbleibt, aber im Hinblick auf das „Karfreitagsabkommen" eine faktische Zollgrenze zwischen der Insel Irland und Großbritannien entsteht, soweit der Warenverkehr mit der EU betroffen ist.

In einem Zusatzabkommen („Windsor Framework")[59] vom Februar 2023 wurde der Warenverkehr zwischen Großbritannien und Nordirland sowie der Republik Irland abweichend vom Nordirland-Protokoll von 2021 geregelt. Waren, die aus Großbritannien geliefert werden und ausschließlich für Nordirland bestimmt sind, gelangen dorthin ohne Einzelprüfung über eine „grünen Kanal". Waren, die aus Großbritannien auch in die Republik Irland gelangen sollen, unterliegen einer modifizierten EU-Kontrolle. Ermöglicht wird dies durch ein Online-Überwachungssystem des Warenverkehrs, auf das die EU Zugriff hat, sowie durch Zertifizierung von Händlern („trusted traders"). Über die Anwendung des „Windsor Framework" wacht der EuGH.

Das bis zuletzt stark umstrittene Handels- und Kooperationsabkommen[60] („Post-Brexit-Abkommen"; „Brexit II") regelt auf 2560 Seiten (einschließlich der Annexe und Vorbehalte) zoll- und handelsrechtliche Details für den Personen-, Waren-, Güter- und Dienstleistungsverkehr; für Telekommunikations- und Finanzdienstleistungen; den Datenschutz; die Immaterialgüterrechte; die Arbeits- und sozialrechtlichen Standards; die Visaerteilung oder für Streitbeilegungsverfahren. Für die Auslegung der Brexit-Abkommen ist nicht der Europäische Gerichtshof, sondern sind Schiedsgerichte zuständig.

Parallel zum Austritt hat das Vereinigte Königreich auch die Verpflichtung zur Beibehaltung, Übernahme oder Beachtung des EU-Rechts abgeschafft.[61] Die Anwendung bisherigen oder künftigen EU-Rechts kann freilich aufgrund eines nationalen britischen Rechtsaktes erfolgen. Wie sich die über Jahrzehnte gewachsene Gemengelage zwischen EU-Recht und Common Law auswirken wird, ist derzeit unklar.

Die Europäische Union hat ihrerseits durch zahlreiche Rechtsakte Rechtsanpassungen vorgenommen.[62]

b) Multilaterale Zoll-, Handels- und Partnerschaftsabkommen

aa) EWR-Abkommen. Zwischen der Europäischen Wirtschaftsgemeinschaft (EWG), 50
der (früheren) Europäischen Gemeinschaft für Kohle und Stahl (EGKS), den ehemals zwölf Mitgliedstaaten dieser Gemeinschaften sowie den ehemals sechs Mitgliedstaaten der Europäischen Freihandelsassoziation (EFTA) wurde im Jahre 1992 ein *Abkommen über den Europäischen Wirtschaftsraum (EWR)* geschlossen.[63] Aufgrund der Ablehnung des Abkommens durch die Schweiz (im Wege einer Volksabstimmung) sowie

59 Abkommen über den Warenverkehr zwischen Großbritannien und Nordirland sowie der Republik Irland ohne Einzelprüfung, ABl. L 102 vom 17.4.2023, S. 61-83.

60 Abkommen über Handel und Zusammenarbeit zwischen der Europäischen Union und der Europäischen Atomgemeinschaft einerseits und dem Vereinigten Königreich Großbritannien und Nordirland andererseits, ABl. L 149 vom 30.4.2021, S. 2–2560 (berichtigte Fassung).

61 European Union (Withdrawal) Act 2018, UK Public General Acts 2018 Chapter 16 (https://www.legislation.gov.uk/ukpga/2018/16/contents/enacted).

62 Etwa: VO 2023/657 vom 15.3.2023 ABl. L 83 vom 22.3.2023, S. 1 (Zuständigkeit der EU-Kommission für Durchführungsakte); VO (EU) 2019/216 vom 30.1.2019 ABl. L 38 vom 8.2.2019, S. 1 (künftige Aufteilung der Zollkontingente); VO (EU) 2019/26 vom 8.1.2019 ABl. L 8 vom 10.1.2019, S. 1 (Typengenehmigungen für Kfz); VO (EU) 2021/1756 vom 6.10.2021 ABl. L 357 vom 8.10.2021, S. 1 (Reserve von 5,4 Mrd. Euro zur Abfederung wirtschaftlicher, sozialer oder ökologischer Nachteile).

63 BGBl. II 1993, S. 266; VO (EG) Nr. 2894/94 vom 28.11.1994, ABl. L 305 vom 30.11.1994, S. 6; BGBl. II 1993, S. 1666 und 1294.

durch den inzwischen erfolgten Beitritt Finnlands, Österreichs und Schwedens zur Europäischen Union beschränkt sich das *am 1.1.1994 in Kraft getretene* EWR-Abkommen heute auf *Island, Liechtenstein und Norwegen.*

Rechtlich handelt es sich bei dem EWR-Abkommen um ein *Assoziierungsabkommen* (Art. 217 AEUV) mit der Besonderheit, dass neben der Union auch die Mitgliedstaaten Vertragspartner sind. Dies war wegen der unterschiedlichen Kompetenzverteilung erforderlich.

51 Inhaltlich schafft das EWR-Abkommen einen *einheitlichen europäischen Wirtschaftsraum mit binnenmarktähnlichen Verhältnissen.* Etwa zwei Drittel aller EU-Vorschriften (rund 1400 Rechtsakte des sekundären Unionsrechts) werden von den EFTA-Staaten übernommen. Ausnahmen betreffen vor allem die Zollhoheit, die Handelspolitik, die Agrarpolitik und die indirekten Steuern.

Soweit die Vorschriften des EWR-Abkommens mit dem AEU-Vertrag inhaltlich übereinstimmen, muss die Auslegung im Einklang mit der Rechtsprechung des Europäischen Gerichtshofs stehen (Art. 6 EWR-Abkommen). Die Streitparteien können den Europäischen Gerichtshof freiwillig um eine Entscheidung ersuchen (Art. 111 Abs. 2 EWR-Abkommen). Gegen die Errichtung eines besonderen *EWR-Gerichtshofs* hatte der Europäische Gerichtshof Bedenken wegen Gefährdung seiner eigenen Funktion geltend gemacht.[64]

Nach dem EWR-Vertrag kann die Europäische Union oder ein EFTA-Staat den *Gemeinsamen EWR-Ausschuss* anrufen (Art. 111 EWR-Abkommen). Dieser Ausschuss besteht aus Vertretern aller Vertragsparteien (Art. 93 Abs. 1 EWR-Abkommen). Kann kein Einvernehmen (Art. 93 Abs. 2 EWR-Abkommen) erzielt werden, ist die Anrufung eines Schiedsgerichts möglich (Art. 107 EWR-Abkommen). Im Übrigen kann jeder EFTA-Staat durch nationales Recht seinen Gerichten Vorlagen an den Europäischen Gerichtshof ermöglichen (Art. 107 EWR-Abkommen).

Durch das EWR-Abkommen wird der größte Teil des sekundären Unionsrechts nach Island, Liechtenstein und Norwegen unmittelbar übernommen und dessen Geltung über die Europäische Union hinaus erstreckt. Inhaltlich betroffen sind etwa die Bereiche Arbeitnehmerfreizügigkeit, Anerkennung beruflicher Qualifikationen, Finanzdienstleistungen oder Pflanzenschutz. Für die zwischen der EFTA und der Europäischen Union divergierenden Rechtsvorschriften (etwa im Handels-, Zoll- und Steuerrecht) ist dagegen eine Harmonisierung schwierig.

52 **bb) Lomé IV/Cotonou-Abkommen.** Das frühere Lomé IV-Kooperationsabkommen[65] mit Staaten aus Asien, der Karibik und dem Pazifik (AKP-Staaten) gewährte den AKP-Staaten zollfreie Einfuhren in den europäischen Binnenmarkt, während die Union für ihre Waren Meistbegünstigungsbedingungen erhielt.[66] Wegen des weit höheren Industrialisierungsgrades in der Union führte das dazu, dass zu 94 % tropische landwirtschaftliche Produkte, insbesondere Holzprodukte[67], in die Union importiert und umgekehrt Industriegüter aus der Union in die AKP-Staaten zu Meistbegünstigungsbedingungen exportiert wurden, was entwicklungspolitisch fragwürdig war. Das nach-

64 EuGH, Gutachten, 1/91, ECLI:EU:C:1991:490, I-6099 = EuGRZ 1992, 67 ff.

65 ABl. L 229 vom 17.8.1991, S. 1; ABl. L 317 vom 15.12.2000, S. 1.

66 Dazu: *Vedder*, in: Grabitz/Hilf, Art. 133 Rn. 176 f.; Beschluss 2005/599/EG vom 21.6.2005, ABl. L 209 vom 11.8.2005, S. 26.

67 *Grabitz/v. Bogdandy/Nettesheim*, Europäisches Außenwirtschaftsrecht, S. 106.

folgende Cotonou-Abkommen räumte den AKP-Staaten mehr Verantwortung ein. Es war aber mit den WTO-Regeln wegen seiner nicht gegenseitigen Handelspräferenzen unvereinbar und wurde im Dezember 2007 durch ein „Europäisches Partnerschaftsabkommen“ (European Partnership Agreement – EPA) mit den in sieben regionalen Gruppen aufgeteilten AKP-Staaten ersetzt. Es gilt seit 2010 in der 2. Änderung[68] und hat eine Laufzeit bis zum Inkrafttreten des bereits ausgehandelten Folgeabkommens, mindestens aber bis zum 30.11.2021[69]. Die Aufteilung in regionale Staatengruppen ermöglichte eine Liberalisierung des Handels zwischen den jeweils beteiligten Staaten, ohne dass die eingeräumten Handelspräferenzen nach den WTO-Regeln auf nicht beteiligte Staaten ausgedehnt werden müssen. Weitere Partnerschaftsabkommen betreffen Staaten des Mittelmeerraums (Ägypten; Algerien; Jordanien)[70] oder Armenien[71].

cc) WTO-Abkommen. Seit dem 1.1.1995 ist das Abkommen über die *Welthandelsorganisation* (World Trade Organization-WTO) in Kraft (WTO-Abkommen).[72] Durch das WTO-Abkommen wurde die Welthandelsorganisation als internationale Organisation mit eigener Rechtspersönlichkeit gegründet. Die WTO *ersetzt* weitgehend und *erweitert* das bisherige, seit dem Jahre 1947 geltende Regelungssystem („Kodex“) des Allgemeinen Zoll- und Handelsübereinkommens (General Agreement on Tariffs and Trade – *GATT 1947*). Mitglieder der WTO sind alle Staaten, die das WTO-Abkommen unterzeichnen. Dies waren ursprünglich 104 Staaten, darunter alle EG-Mitgliedstaaten, sowie die Europäischen Gemeinschaften EGKS und EWG. Am 8.5.2023 hatte die WTO 164 Mitglieder.[73] 53

Das WTO-Abkommen besteht aus einem umfangreichen Konvolut an Rechtstexten, in denen die Ergebnisse der sogenannten „Uruguay-Runde“ des GATT (benannt nach den 1986 in Uruguay begonnenen Verhandlungen) zusammengefasst sind. Das Abkommen wurde im April 1994 in Marrakesch/Marokko verabschiedet. Es handelt sich um die *wichtigste völkerrechtliche Grundlage des internationalen Wirtschaftsrechts.* 54

Das WTO-Abkommen setzt sich aus folgenden Teilen zusammen: 55

- Übereinkommen zur Errichtung der Welthandelsorganisation (World Trade Organisation-WTO).
- Schlussakte über die Ergebnisse der multilateralen Handelsverhandlungen der Uruguay-Runde.

---

68 ABl. L 287 vom 4.11.2010, S. 3.

69 Beschluss Nr. 2/2020 des AKP-EU-Botschafterausschusses vom 4.12.2020, ACP/21/004/20.

70 ABl. 2017 L 316, S. 1, 3, 7, 9, 13.

71 Beschluss 2018/104 ABl. 2018 L 23, S. 1, 4.

72 BGBl. II 1994, S. 1441; BT-Drs. 12/7986; BT-Drs. 12/7655 und 12/7655 (neu); ABl. L 336 vom 23.12.1994, S. 1. – Zu den verfassungsrechtlichen Dimensionen: *v. Bogdandy,* KJ 2001, 255 ff., 425 ff.; *Hilpold,* Die EU im GATT/WTO-System, 2009; *Müller-Graff,* Die Europäische Gemeinschaft in der Welthandelsorganisation, Baden-Baden 2000; *Hilf/Oeter*, WTO-Recht, 3. A. 2023.

73 Vgl. http://www.wto.org (besucht am 8.5.2023).

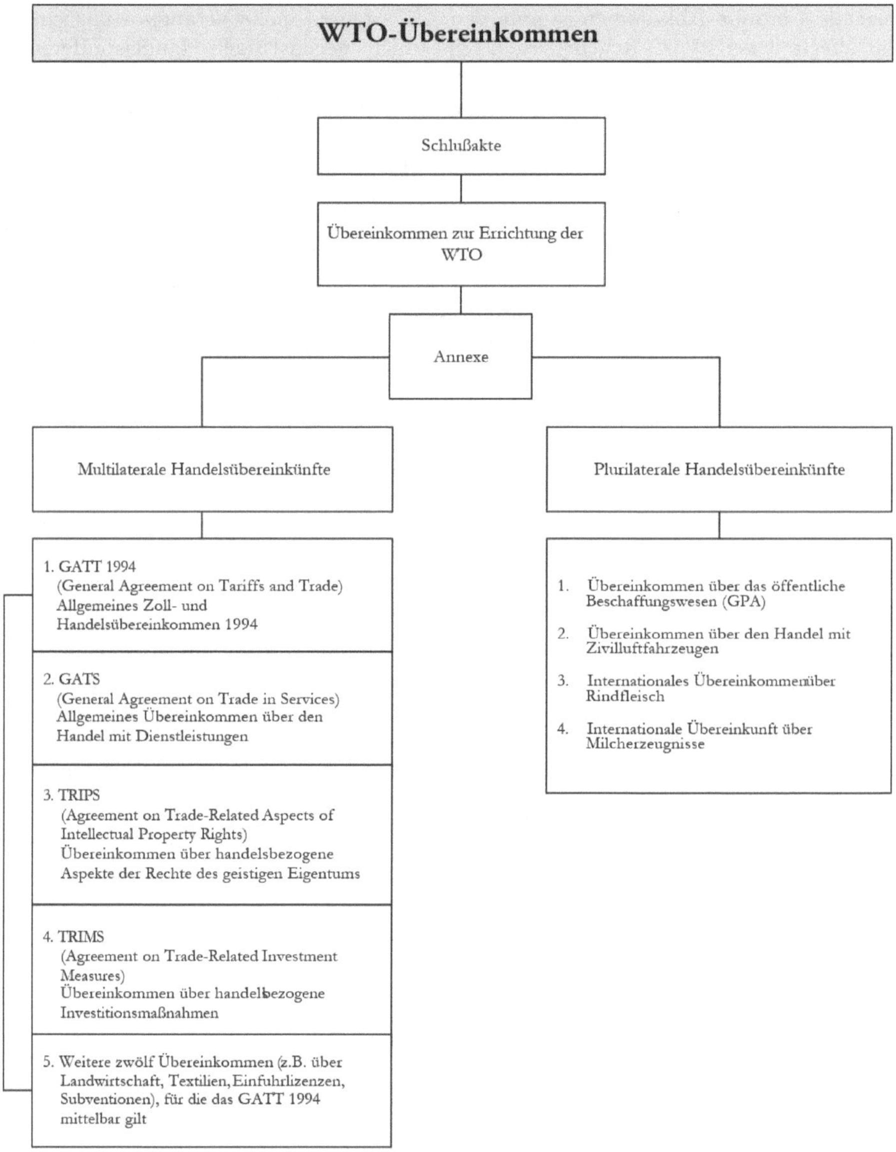

56 Als *Anlagen* zum Übereinkommen zur Errichtung der WTO sind verschiedene *multilaterale* und *plurilaterale Handelsabkommen* Bestandteil des Übereinkommens geworden. Die multilateralen Abkommen sind für alle WTO-Mitglieder verbindlich, die plurilateralen nur für die jeweils unterzeichnenden Staaten. Die Prinzipien der *multilateralen* Abkommen lassen sich wie folgt zusammenfassen:

1. *Prinzip der Meistbegünstigung:* Vorrechte an einen WTO-Mitgliedsstaat müssen grundsätzlich im gleichen Umfang allen WTO-Mitgliedern gewährt werden. Aus-

nahmen auf bilateraler oder multilateraler Ebene sind zulässig, wenn Reziprozität besteht.

2. *Prinzip der Inländerbehandlung:* Ausländische Anbieter dürfen im Marktzugang nicht schlechter gestellt werden als inländische Anbieter.
3. *Prinzip der Reziprozität:* Die Leistungen der Vertragspartner müssen sich wirtschaftlich entsprechen.
4. *Prinzip des Abbaus von Handelshemmnissen:* Durchsetzung eines freien Marktes in Stufen.
5. *Prinzip der Begünstigung der Entwicklungsländer:* Stärkung der Wettbewerbsfähigkeit der wirtschaftlich schwachen Staaten.
6. *Prinzip der Transparenz:* Die innerstaatlichen Bedingungen für die Ausübung kommerzieller Tätigkeit, für das öffentliche Beschaffungswesen oder für staatliche Handelsunternehmen sind offen zu legen.

(1) **Übereinkommen zur Errichtung der WTO.** Der WTO als völkerrechtliche Institution gehören alle Staaten und internationalen Organisationen als Mitglieder an, welche die multilateralen Handelsabkommen ratifiziert haben. Zu den Unterzeichnern gehören alle EU-Mitgliedstaaten sowie die Europäische Union.[74] In den Gremien hat jeder Staat eine Stimme, und zwar unabhängig von seiner Größe oder Bedeutung im Welthandel. Wichtige Entscheidungen müssen einstimmig getroffen werden, andere mit Zweidrittel- oder Dreiviertelmehrheit. Als Organe sind die Ministerkonferenz, der Allgemeine Rat (mit speziellen bereichsspezifischen Räten) und ein Schiedsgericht vorgesehen. Die Vereinbarung über Regeln und Verfahren zur Beilegung von Streitigkeiten enthält Einzelheiten über die Einleitung und den Ablauf des Schiedsverfahrens. 57

Zwischen der WTO und dem früheren GATT (GATT 1947) bestehen folgende institutionelle und inhaltliche Unterschiede:

WTO	*GATT 1947*
■ Internationale Organisation mit Rechtsfähigkeit	■ Vertragsgeflecht ohne rechtsfähige Organisation
■ institutionelle Verfestigung	■ keine institutionelle Verfestigung
■ bindende Vereinbarungen mit Kontrollmechanismus	■ bindende Vereinbarungen ohne Kontrollmechanismus
■ Gegenstand sind Zoll- und Handelsfragen; Dienstleistungen und geistiges Eigentum	■ Gegenstand sind Zoll- und Handelsfragen, aber nur auf einigen Gebieten des Warenaustausches
■ Multilateral geltende einheitliche Vertragstexte	■ Vereinbarungen mit Einzelvorbehalten der Staaten
■ Verbindliches Streitbeilegungsverfahren	■ Konsensprinzip

74 Nach Art. 207 Abs. 1 AEUV fallen das WTO-Abkommen und sämtliche im Rahmen der WTO geschlossenen Abkommen (zB GATS; TRIPS; GATT 94) in die ausschließliche Zuständigkeit der Union (vgl. auch BVerfG, NJW 2009, 2267 (Lissabon Urteil), Rn. 372.

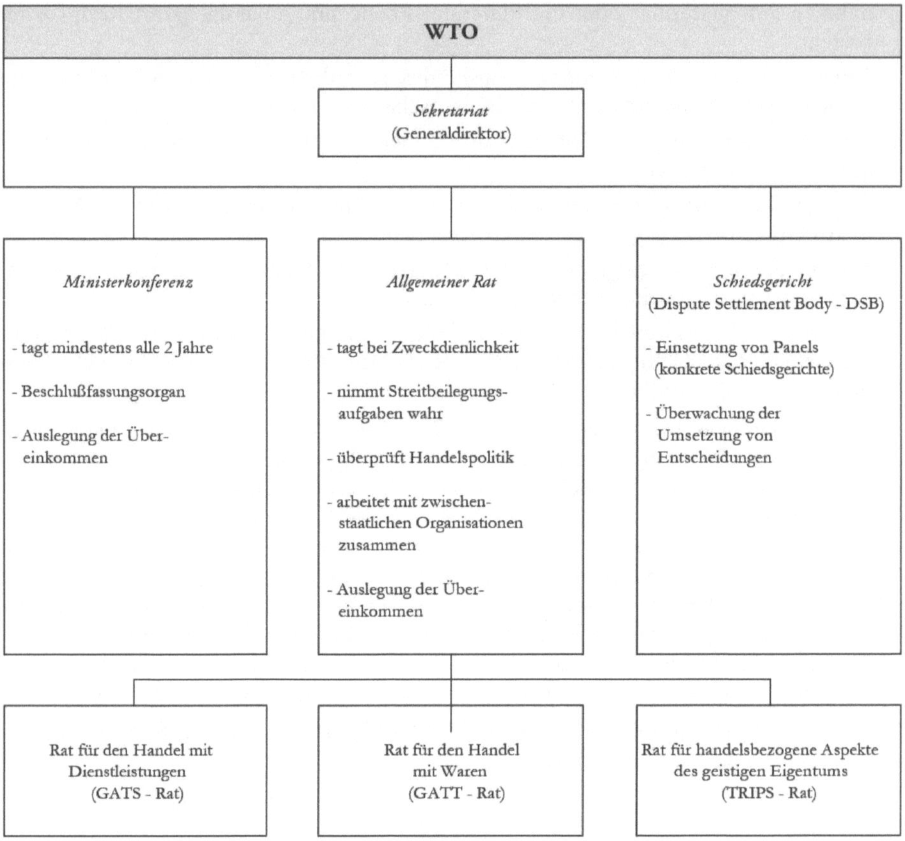

© Kilian 2017

58 (2) **GATT 1994.** Das Allgemeine Zoll- und Handelsübereinkommen von 1994 (GATT 1994) ist *rechtlich nicht identisch* mit dem alten GATT 1947. Vielmehr sind die alten Vorschriften in das WTO-Abkommen inkorporiert und durch weitere Vereinbarungen ergänzt worden. Soweit zwischen dem GATT 1994 und den sonstigen multilateralen Handelsabkommen Widersprüche auftreten, geht der Text der Letzteren vor (Allgemeine Auslegungsregel zu Anhang 1 A des GATT 1994).

59 Die wirtschaftliche Bedeutung des GATT liegt in dem Ziel, eine Zollunion und Freihandelszone zwischen den Unterzeichnerstaaten zu schaffen und dadurch den Welthandel auszuweiten. Als Mittel dazu dienen eine Klassifikation und Numerierung von Waren, für die bestimmte Zollsätze gelten. Die allgemein oder regional erhobenen Zölle werden vom WTO-Sekretariat anhand der vorgelegten Einfuhrstatistiken kontrolliert. Bei Streitigkeiten entscheidet das WTO-Schiedsgericht. Die Beteiligten müssen die Entscheidung durch angemessene Maßnahmen sicherstellen.

60 GATT 1994 umfasst den GATT-Kodex 1947, sechs Vereinbarungen über Interpretationen sowie zwölf Übereinkommen über noch nicht in die GATT-Regelungen integrierte Handelssektoren, wie Landwirtschaft, Textilien, Einfuhrlizenzen oder technische Handelshemmnisse.

Beispiel:

Der Handel mit Textilien fällt nicht unter GATT 1994, sondern nur unter das WTO-Übereinkommen über Textil und Bekleidung. Durch Warendefinitionen und Codierungszahlen lassen sich so Einfuhrmengen und Zollsätze festlegen, etwa:

„Nr. 620 463: Lange Hosen (einschließlich Kniebundhosen und ähnliche Hosen), Latzhosen und kurze Hosen für Frauen und Mädchen aus Gewirken oder Gestricken, aus Baumwolle". ◀

Die Probleme des GATT 1994 liegen in folgenden Punkten:

1. *Ausnahmen vom Freihandel:* Die WTO-Mitglieder können zum Schutz wichtiger Rechtsgüter (etwa öffentliche Sicherheit und Ordnung; Umwelt; Gesundheit; Kultur) Ausnahmen vom freien Waren- und Dienstleistungsverkehr anordnen.
2. *Verzollung „gedumpter" Waren:* Waren, deren Importpreise unter dem Herstellungspreis im Importland oder unter dem Marktpreis im Exportland liegen (Dumping), dürfen verzollt werden.
3. *Freiwillige Exportbeschränkungen:* „Freiwillige" Exportbeschränkungen zwischen WTO-Mitgliedern sind zulässig (zB Zahl der Autoexporte aus Japan in die U.S.A.). Ökonomisch gesehen werden dadurch Marktzutrittsschranken errichtet und der Freihandel behindert.
4. *Regionale Freihandelszonen:* Regionale Freihandelszonen (EU; NAFTA in Amerika) widersprechen der Idee der Liberalisierung des Welthandels. Die Bedingungen des Welt-Freihandels müssen dann zwischen den Freihandelszonen vereinbart werden.
5. *Nichtbehandlung von Wettbewerbsfragen:* Das internationale Kartellrecht bleibt ausgeklammert (Kooperationsabkommen zwischen der Europäischen Union und den U.S.A.).[75] Vorschläge für ein multilaterales WTO-Kartellrechtsabkommen[76] bieten erste Ansätze.

(3) **GATS.** Das allgemeine Übereinkommen über den Handel mit Dienstleistungen (General Agreement on Trade in Services – GATS) regelt den *grenzüberschreitenden Handel mit der* Erbringung privater Dienstleistungen. Dienstleistungen öffentlicher Stellen zu nichtkommerziellen Zwecken außerhalb des Wettbewerbs fallen nicht unter das Übereinkommen. 61

Der zentrale Ausdruck „Dienstleistung" ist in GATS nicht generell definiert. Das GATS-Abkommen beschränkt sich auf die Liberalisierung bestimmter Dienstleistungstypen. In mehreren Anlagen werden als besondere Typen *Finanz-, Luftverkehrs-, Seeverkehrs-* und *Telekommunikationsdienstleistungen* mit dem Ziel der Liberalisierung genauer geregelt. Verhandlungen über die Einbeziehung des *elektronischen Handels* sind noch nicht abgeschlossen.[77] 62

Vom freien Handel *ausgenommen* sind Finanzdienstleistungen im öffentlichen Bereich, etwa die Tätigkeit von Zentralbanken, Währungsbehörden oder Tätigkeiten in der gesetzlichen Sozialversicherung. 63

---

75 Beschluss des Rates der Kommission vom 10. 5.1995, (95/145/EG, EGKS), ABl. L 95 vom 27.4.1995, S. 45.

76 *Petersmann*, Journal of World Trade Law 27 (1993), Nr. 4, 35–86.

77 WTO-Ministerkonferenz 2003 in Cancun. In Cancun ist der Streit über eine Weltinformationsordnung aufgrund einer Koalition der G 21- und G 60-Staaten („Adopter"- und „Late-Comer"-Staaten) eskaliert; er konnte auch nicht auf den UNO-Weltinformationsgipfel in Tunis 2005, an dem 180 Staaten teilnahmen, behoben werden; dazu: *Leier*, MMR 2002, 781.

64 Eine besondere Situation besteht für Telekommunikationsdienstleistungen. In der Anlage zur Telekommunikation wird diesem Bereich eine Doppelrolle als eigenständiger Wirtschaftssektor sowie als Kommunikationsmedium zuerkannt. Angesichts der weitverbreiteten öffentlichen Telekommunikationsmonopole zielt hier GATS hauptsächlich darauf, privaten Dienstleistungsanbietern den *Zugang zu den öffentlichen Kommunikationsnetzen* zu eröffnen.

65 Für alle Dienstleistungen, die von GATS umfasst sind, gelten grundsätzlich die genannten sechs Prinzipien (Meistbegünstigung; Transparenz; Inländerbehandlung; Reziprozität; Abbau von Handelshemmnissen; Begünstigung der Entwicklungsländer).

Von diesen Prinzipien sind in GATS *allgemeine und besondere Ausnahmen* zugelassen.

Die *allgemeinen Ausnahmen* (Art. XIV GATS) betreffen alle Gründe, die auch nach Art. 36 AEUV die Warenverkehrsfreiheit beschränken können (etwa: Schutz von Leben, Gesundheit, öffentlicher Ordnung, Tieren, Pflanzen). Zusätzlich ist im GATS der *Schutz der Persönlichkeit bei der Verarbeitung und Weitergabe personenbezogener Daten* als Beschränkungsmöglichkeit für die Dienstleistungsfreiheit zugelassen.

Die *besond*eren Ausnahmen von dem Prinzip der Meistbegünstigung (Art. II GATS) mussten vor Inkrafttreten des WTO-Abkommens von den WTO-Mitgliedern ausdrücklich erklärt werden. Davon haben die Europäischen Gemeinschaften in erheblichem Umfang Gebrauch gemacht.

66 In einer *„Liste der spezifischen Verpflichtungen“*[78] sind die innerhalb der Europäischen Union *im Verhältnis zu Drittstaaten* geltenden Beschränkungen der Dienstleistungsfreiheit zusammengefasst. Die Liste gliedert sich nach EU-Mitgliedstaaten, Sektoren, Marktzugangsbeschränkungen und Beschränkungen der Inländerbehandlung, und zwar jeweils im Hinblick auf die grenzüberschreitende Erbringung der Dienstleistung, der Nutzung im Ausland oder der Niederlassungsmöglichkeit.

▶ **Beispiel:**

Die Rechtsberatung als freiberufliche Dienstleistung ist innerhalb der Europäischen Union nur in Frankreich und Portugal vom Nicht-EU-Ausland aus für die Errichtung von Urkunden zulässig. In Deutschland erfordert die Betätigung eines Nicht-EU-Ausländers die Aufnahme in eine Rechtsanwaltskammer, in Griechenland den Nachweis der griechischen Staatsangehörigkeit. ◀

67 In einer weiteren Liste sind die *Ausnahmen von dem Prinzip der Meistbegünstigung im Dienstleistungsbereich innerhalb der Europäischen Union* zusammengestellt. Trotz der allgemeinen Dienstleistungsfreiheit in der Europäischen Union (Artt. 56 ff. AEUV) gibt es ausnahmsweise EU-Mitgliedstaaten, die andere EU-Mitgliedstaaten oder Drittstaaten aus besonderen Gründen besser als andere Staaten behandeln.

▶ **Beispiel:**

Um den Staaten in Mittel-, Ost- und Südosteuropa sowie den GUS-Staaten beim Übergang in die Marktwirtschaft zu helfen, räumte Italien den dort tätigen Finanzdienstleistungsunternehmen mit Sitz in Italien für 10 Jahre eine günstigere Steuerbehandlung ein. ◀

68 (4) **TRIPS.** Das Übereinkommen über handelsbezogene Aspekte der Rechte des geistigen Eigentums (Trade Related Aspects of Intellectual Property Rights/TRIPS) greift

78 BT-Drs. 12/7655 (neu), S. 247–291.

Entwicklungen auf, die den allgemeinen Schutz des geistigen Eigentums über alte und neue Werksformen betreffen. Zum geistigen Eigentum zählen:

- Werke der Literatur und Kunst
- Technische Erfindungen
- Muster und Modelle
- Marken und geografische Herkunftsangaben
- Betriebs- und Geschäftsgeheimnisse
- Computerprogramme
- Topographien integrierter Schaltkreise.

Das TRIPS-Übereinkommen, das von allen EU-Mitgliedstaaten sowie der Union selbst unterzeichnet worden ist, soll dem Schutz und der Durchsetzung von Rechten des geistigen Eigentums dienen, um die *technische Innovation* sowie die *Weitergabe* und *Verbreitung von Technologie* zum Vorteil der *Erzeuger* und *Nutzer* technischen Wissens zu fördern. Zu diesem Zweck enthält TRIPS Regelungen über folgende Punkte: 69

- Herstellung eines angemessenen Schutzniveaus
- Internationalisierung des Schutzes durch Aufhebung des Territorialprinzips der Schutzrechtsgeltung
- Einführung des Prinzips der Inländerbehandlung
- Einführung des Prinzips der Meistbegünstigung
- Wirksame Schutzrechtsdurchsetzung.

Die Internationalisierung erfolgt im TRIPS-Übereinkommen durch Interpretation der Verpflichtungen aus den großen internationalen Abkommen zum Schutz des geistigen Eigentums, nämlich: 70

- der Revidierten Berner Übereinkunft zum Schutz von Werken der Literatur und Kunst (RBÜ 1971)
- der Pariser Verbandsübereinkunft zum Schutz des gewerblichen Eigentums (PVÜ 1967)
- dem Internationalen Abkommen über den Schutz der ausübenden Künstler, der Hersteller von Tonträgern und der Sendeunternehmen (Rom-Abkommen 1961)
- den Vertrag über das geistige Eigentum an integrierten Schaltkreisen (IPIC-Vertrag 1989; noch nicht in Kraft).

Als besondere Neuerungen des TRIPS-Übereinkommens sind die *Einführung des Prinzips der Meistbegünstigung*, die *eindeutige Ausgestaltung der Rechte der Schutzrechtsinhaber* als absolute Rechte sowie das *Verfahren der Schutzrechtsdurchsetzung* anzusehen. Die Meistbegünstigungsklausel gilt „sofort und bedingungslos“ (Art. 4 S. 1 TRIPS) und änderte die Rechtslage in Deutschland. Im Übrigen führt das TRIPS-Übereinkommen zur Rechtsvereinheitlichung auch mit Staaten, die den genannten internationalen Abkommen nicht beigetreten sind. 71

(5) **TRIMS.** Das Übereinkommen über handelsrelevante Investitionsmaßnahmen (Agreement on Trade-Related Investment Measures /TRIMS) will vor allem das Verbot *mengenmäßiger Beschränkungen* im internationalen Handel durchsetzen. Die WTO-Mitglieder dürfen den Umfang von Ein- und Ausfuhren eines Produktionsunternehmens nicht durch zwingende Auflagen steuern. 72

73 (6) **Verhältnis des WTO-Abkommens zum Europäischen Wirtschaftsrecht.** Die rechtlichen *Auswirkungen* des WTO-Abkommens auf das Binnenmarktrecht sind formal durch die Ratsentscheidung[79] geregelt worden. Inhaltlich bleiben jedoch Probleme hinsichtlich

- des Rangs der WTO-Regelungen im Verhältnis zum Unionsrecht
- der *Bindung der Mitgliedstaaten* als ursprüngliche Vertragspartner des WTO-Abkommens
- der Individualrechte Betroffener aus dem WTO-Abkommen.

Nach dem Gutachten 1/94 des Europäischen Gerichtshofs[80] konnte sich die Europäische Gemeinschaft im Hinblick auf GATT 1994 und TRIMS auf Art. 133 EG stützen, die EG-Mitgliedstaaten für GATS und TRIPS auf Art. 300 Abs. 3 EG. Mit Inkrafttreten des Vertrages von Lissabon sind diese gemischten Zuständigkeiten beseitigt und zur ausschließlichen Zuständigkeit der Europäischen Union geworden (Art. 207 Abs. 1 AEUV).

74 Zum früheren GATT 1947 nahm der Europäische Gerichtshof in ständiger Rechtsprechung an, die Regelungen seien „integrierter Bestandteil des Gemeinschaftsrechts".[81] Der Sinn, Aufbau und Wortlaut des GATT 1947 sollte „angemessen" berücksichtigt werden.[82] Diese „weiche" Formulierung sollte einen Ermessensspielraum bewahren. Ob und wie eine *bevorzugte Förderung* der Industrie der Union gegenüber Drittstaaten durch politische Maßnahmen der Europäischen Union (Art. 173 Abs. 1 und 3 AEUV) mit dem *Meistbegünstigungsprinzip* der verschiedenen WTO-Übereinkommen in Einklang gebracht werden kann, ist noch offen. Die Senkung der Zölle reicht allein wohl nicht.

75 Ebenso ist fraglich, ob sich die *planwirtschaftlichen Agrarmarktordnungen* der Union mit TRIMS vereinbaren lassen, soweit Produktionsunternehmen auf Importquoten angewiesen sind.

▶ **Beispiel:**

Ein Hersteller von Bananenmüsli könnte unter Berufung auf das TRIMS-Übereinkommen die Mengenbeschränkung in seiner Importlizenz für Bananen als rechtswidrig angreifen. ◀

Die nationalen Gerichte müssen bei einem solchen Antrag auf Überprüfung der Importlizenz die Völkerrechtswidrigkeit der Mengenbeschränkung untersuchen und bejahendenfalls dem Europäischen Gerichtshof vorlegen. Der lehnte bisher nach ständiger Rechtsprechung[83] Ansprüche einzelner direkt aus dem GATT Kodex 1947 ab. Die völkerrechtliche Verbindlichkeit von TRIMS könnte jedoch auf der Grundlage von Art. 2 Abs. 1 der VO (EU) 2015/1843[84] zu einer Änderung der Rechtsprechung führen.

---

79 Vgl. KOM (94) 414 endg., die acht Verordnungen, eine Richtlinie und zwei Entscheidungen umfasst; VO (EU) 654/2014 vom 15.5.2014 über die Ausübung der Rechte der Union in Bezug auf die Anwendung und Durchsetzung internationaler Handelsregeln, ABl. L 189 vom 27.6.2014, S. 50.

80 EuGH, Gutachten, 1/94, ECLI:EU:C:1994:384, I-5389.

81 EuGH, Int. Fruit Company ua/Produkschap voor Groenten en Fruit, C-21 bis 24/72, ECLI:EU:C:1972:115, 1220.

82 EuGH, Deutschland/Rat, C-280/93, ECLI:EU:C:1994:367, I-5039. Auch für das GATT 1994 lehnt der Gerichtshof eine unmittelbare Wirkung ab: EuGH, OGT Fruchthandelsgesellschaft mbH/Hauptzollamt Hamburg-St. Annen, C-307/99, ECLI:EU:C:2001:228, I-3161.

83 EuGH , FEDIOL III/Kommission, C-70/87, ECLI:EU:C:1989:254, 1825.

84 Vom 6.10.2015 ABl. L 272 vom 16.10.2015, S. 1 (konsolidierte Fassung der VO (EG) 356/95).

Allerdings ist dabei das multilaterale WTO-Übereinkommen über Einfuhrlizenzverfahren[85] zu berücksichtigen.

Nachdem die WTO-Panels völkerrechtlich verbindliche Wirkung haben, müsste die unmittelbare Wirksamkeit von WTO-Recht auch in der Union anerkannt werden (Art. 216 Abs. 2 AEUV). Die tatsächlich erfolgte *Anpassung der EU-Bananenmarktordnung* aufgrund des WTO-Panel-Beschlusses zur Bananenmarktordnung könnte man darauf zurückführen. Die Kommission hält sich einen weiten Reaktionsspielraum offen. 76

Bisher hält der Gerichtshof aber trotz beachtlicher Gegenargumente[86] an seiner grundsätzlichen Ablehnung der unmittelbaren Wirksamkeit des WTO-Rechts fest. Insbesondere lehnt er es ab, in den WTO-Regelungen subjektives Recht verankert zu sehen.[87]

So begründet Art. 50 des TRIPS-Übereinkommens, insbesondere Abs. 6, „für den Einzelnen keine Rechte, auf die er sich nach dem Gemeinschaftsrecht unmittelbar vor den Gemeinschaftsgerichten und den Gerichten der Mitgliedstaaten berufen könnte". Andererseits „haben" die Gerichte bei der Anwendung der nationalen Rechtsvorschriften „soweit wie möglich den Wortlaut und den Zweck" des TRIPS-Übereinkommen zu berücksichtigen.[88]

c) Import- und Exportverordnungen

Grundsätzlich sind Binnenmarktimporte und Binnenmarktexporte frei. Schutzmaßnahmen sind jedoch möglich.[89] Die Mitgliedstaaten dürfen Exporte durch staatliche Maßnahmen in gewissen Grenzen fördern (etwa durch Exportkreditversicherungen). Bei Marktstörungen sowie bei Verhinderung oder Verlagerung von Handelsströmen kann die Union allerdings Schutzmaßnahmen ergreifen, nationale oder unionsweite Kontingente festsetzen oder Verbote aussprechen. Als Beispiele für handelspolitische Schutzmaßnahmen nennt Art. 207 Abs. 1 S. 1 AEUV Regelungen im Fall von Dumping und Subventionen. 77

Unter *Dumping* werden Maßnahmen durch Drittstaaten verstanden, wodurch Waren „unter ihrem Normalwert auf den Markt eines anderen Landes gebracht werden".[90] Das bisher stark umstrittene Verfahren der Marktpreisermittlung ist im WTO-Übereinkommen detailliert geregelt. Gegen diese „gedumpten" Güter verhängt die Union durch Verordnung im Einzelfall *Strafzölle* (Antidumpingzölle).[91] Die Strafzölle erschweren den Import der gedumpten Güter. Ebenso können bei anderen schädigenden Drittlandssubventionen *Ausgleichszölle* durch Verordnung eingeführt werden. Bei Zusammentreffen von Antidumping- und Antisubventionsmaßnahmen greift die VO (EU) 2015/477[92]. Straf- oder Ausgleichszölle dürfen nicht so hoch sein, dass sie die 78

85 BT-Drs. 12/7986, S. 370–385.
86 *Siebold,* Die Welthandelsorganisation und die Europäische Gemeinschaft, 2003.
87 EuGH, Van Parys, C-377/02, ECLI:EU:C:2005:121, I-1499.
88 EuGH, Schieving-Nijstad ua/Robert Groeneveld, C-89/99, ECLI:EU:C:2001:438, I-5874 = EuZW 2001, 657.
89 VO (EU) 2015/478 und 479 vom 11.3.2015 ABl. L 83 vom 27.3.2015 S. 16 und 34 über eine gemeinsame Einfuhrregelung/ Ausfuhrregelung.
90 Art. 2.1 WTO-Übereinkommen zu Art. VI des GATT 1994, BT-Drs. 12/7986, S. 236.
91 VO (EU) 2016/1036 über den Schutz gegen gedumpte Einfuhren, ABl. L 176 vom 30.6.2016, S. 21; VO (EU) 2016/1037 über den Schutz gegen subventionierte Einfuhren, ABl. 2016 L 176 vom 30.6.2016, S. 55; ÄnderungsVO (EU) 2018/825 ABl. 2018 L 143 vom 7.6.2018, S. 1.
92 Vom 11.3.2015 ABl. L 83 vom 27.3.2015, S. 11.

Einfuhr faktisch verhindern.[93] Das WTO-Übereinkommen hat zu strengeren Kontrollmaßnahmen im Antidumpingbereich geführt.[94]

Von Antidumpingmaßnahmen der Europäischen Union sind vor allem Billigeinfuhren aus China betroffen[95]. Viele Produkte werden dort in staatlichen oder halbstaatlichen Unternehmen produziert. Die Europäische Union stuft deshalb China als Nicht-Marktwirtschaft ein oder zieht die Preise in Mexiko oder der Türkei als Vergleichsgrundlage heran.[96] China verlangt allerdings seit seinem Beitritt zur WTO im Jahre 2001 die Anerkennung als Marktwirtschaft.[97] Wahrscheinlich werden die Europäische Union, die U.S.A. und andere WTO-Mitglieder differenziertere Methoden zur Ermittlung des fairen Importpreises anwenden müssen.

79 Hinsichtlich der Zuständigkeit ist die *Verhängung von Wirt*schaftssanktionen gegenüber Drittstaaten zwischen der Europäischen Union und den Mitgliedstaaten umstritten.[98] Wirtschaftssanktionen werden sowohl als Bestandteil der allgemeinen Handelspolitik (Art. 207 AEUV) als auch der Notstandskompetenz der Mitgliedstaaten (Art. 347 AEUV) angesehen. Gegen den Binnenmarkt verzerrende drittstaatliche Subventionen geht die Union mit verschiedenen Maßnahmen vor.[99]

80 Rechtswidrige EU-Verordnungen, die nationale Stellen durchführen, sind allein der Union zuzurechnen. Die Union haftet auf *Schadensersatz* gemäß Artt. 268, 340 AEUV. Eine Haftung des durchführenden Staates, etwa der Bundesrepublik Deutschland, nach Amtshaftungsgrundsätzen oder wegen enteignungsgleichen Eingriffs, kommt nicht in Betracht.[100]

81 Tausende von Verordnungen regeln sonstige Einzelfragen des Außenwirtschaftsrechts: Festlegungen von Quoten, Preisen, Lizenzen, Zöllen, Zollkontrollen, Informationsverfahren und vieles mehr.

▶ **Beispiele:**

- Verbot der Einfuhr markenverletzender (illegal nachgeahmter) Waren in den Binnenmarkt.[101]
- Informationssystem zur Gewährleistung der Produktsicherheit bei Importen aus Drittstaaten.[102]
- Festsetzung von Richtmengen für die Einfuhr von Bananen in die Union.[103]
- Exportkontrollen für Waren mit doppelter Zweckverwendung. Viele Produkte können für friedliche und für kriegerische Zwecke genutzt werden („dual use"). Die Verordnung

93 EuGH, Hauptzollamt Hamburg-Jonas/Werner Faust oHG, C-24/90, ECLI:EU:C:1991:387, I-4928 und Hauptzollamt Hamburg-Jonas/Wuensche AG, C-25/90, ECLI:EU:C:1991:388, I-4950.

94 VO (EG) Nr. 3283/94 und 3284/94, ABl. L 349 vom 31.12.1994, S. 1.

95 So Betonstahl (2016); Wolframcarbid und Gusseisen (2017); E-Bikes und Bügelbretter (2019); flachgewalzte Aluerzeugnisse (2021); Eisen und Stahl (2022).

96 EuG, Jinan Meide Casting Co. Ltd./Rat, T-424/13, ECLI:EU:T:2016:378 (Antidumpingzoll für Rohre aus Gusseisen); DVO (EU) 2021/582 Abl. L 124 vom 12.4.2021, S. 40 (Antidumpingzoll auf flachgewalzte Aluerzeugnisse).

97 Request for Consultation, 12 December 2016 (WTO/WT/DS516).

98 EuGH, Hoesch/Bergrohr, C-142/88, ECLI:EU:C:1989:393, 3444.

99 VO (EU) 2022/2560 vom 14.12.2022 ABl. L 330 vom 23.12.2022, S. 1.

100 BGHZ 125, 27 – Irak-Embargo.

101 VO (EU) Nr. 608/2013 vom 12.6.2013 ABl. L 181 vom 29.6.2013, S. 15.

102 VO (EG) Nr. 765/2008, ABl. L 218 vom 13.8.2008, S. 30.

103 VO (EG) 825/2003, ABl. L 118 vom 14.5.2003, S. 7; vgl. jetzt das EU- US-Abkommen, Beschluss des Rates vom 10.5.2010, ABl. L 141 vom 9.6.2010, S. 1.

2021/821[104] sieht die Notwendigkeit von Ausfuhrgenehmigungen für bestimmte Güter in bestimmte Länder vor. ◀

III. Internationales Binnenmarktrecht

Völkerrechtliche Verträge mit Binnenmarktbezug können sowohl von den Mitgliedstaaten als auch von der Union abgeschlossen werden. Gegenwärtig ist offen, ob und von welcher Institution die UN-Konvention über den Abschluss elektronischer Verträge zwischen Unternehmen[105] unterzeichnet wird. Die EU-Kommission lehnt die Unterzeichnung wegen angeblich möglicher Widersprüche zum Unionsrecht ab. Während nach Art. 207 AEUV die Union für *Zoll- und Handelsabkommen* und nach Art. 217 AEUV für Assoziierungsabkommen zuständig ist, behalten die Mitgliedstaaten in nicht ausdrücklich der Union übertragenen Bereichen ihre Kompetenz, völkerrechtlich verbindliche Verträge mit anderen Staaten oder internationalen Organisationen einzugehen. 82

Die bisher wenig präzise Abgrenzung der Vertragsabschlusskompetenzen führte schon öfter zum Streit zwischen der Union und den Mitgliedstaaten und zu trilateralen Abkommen.[106] Besonders aufschlussreich war die Klärung der Frage, wer die Zuständigkeit zur Unterzeichnung der Verträge zum Abschluss der sogenannten „Uruguay-Runde" des GATT und des Vertrags zur Gründung der Welthandelsorganisation (WTO) besitzt. 83

Der Europäische Gerichtshof hat in seinem nach Art. 300 Abs. 6 EG erstellten Gutachten eine zwischen der Union und den Mitgliedstaaten *geteilte Zuständigkeit* angenommen und daraus eine *Pflicht zur Zusammenarbeit abgeleitet.*[107] Nach dem Gutachten fielen multilaterale Handelsübereinkünfte zum größten Teil in die ausschließliche Zuständigkeit der Union (gemeinsame Handelspolitik, Art. 133 EGV). Die Abschlusskompetenzen für die selbstständigen Teilverträge in den Bereichen Investitionen (Trade related investment measures-TRIMS), gewerbliche Schutzrechte (Trade related aspects of intellectual property rights-TRIPS) sowie Dienstleistungen (General Agreement on Trade in Services-GATS) sollten dagegen zwischen der Union und den Mitgliedstaaten geteilt sein. Diese Streitfragen wurden im Lissabon-Vertrag zugunsten der ausschließlichen Abschlusskompetenz für die Union entschieden (Art. 207 Abs. 1 AEUV).

Die *„Pflicht zur Zusammenarbeit"* zwischen der Union und den Mitgliedstaaten, die auch den Abschluss internationaler Verträge betrifft und in Art. 4 Abs. 3 EU-Vertrag verankert ist, hat ihre Parallele in der *„Pflicht zum bundestreuen Verhalten"* zwischen Bund und Ländern in Deutschland. Alt- und Neuverträge der EU-Mitgliedstaaten müssen den Zweck der Europäischen Union berücksichtigen (Art. 351 AEUV). 84

1. EU-Staatsvertragsrecht

Die Bedeutung *völkerrechtlicher Verträge der Mitgliedstaaten* der Europäischen Union mit Relevanz für den Binnenmarkt nimmt stetig ab. Als wirtschaftlich relevant sind etwa noch anzusehen: 85

---

104 VO (EU) Nr. 2021/821 vom 20.5.2021 ABl. L 206 vom 11.6.2021, S. 1.

105 General Assembly Resolution 60/21, of 23 November 2005 (UN document A/RES/60/21, 9 December 2005, in Kraft seit 1.3.2013; verfügbar auf www.uncitral.org, abgerufen am 12.7.2023).

106 Vgl. Seeverkehrsabkommen der EG mit ihren Mitgliedstaaten einerseits und der Regierung der Volksrepublik China andererseits vom 28.1.2008, ABl. L 46 vom 21.2.2008, S. 23.

107 Gutachten, 1/94, ECLI:EU:C:1994:384, I-5389.

- Übereinkommen über das europäische Patent für den Gemeinsamen Markt[108]
- Übereinkommen über bestimmte internationale Aspekte des Konkurses[109]
- Doppelbesteuerungsabkommen[110].

86 Nach Auffassung des Bundesverfassungsgerichts im Lissabon-Urteil[111] hat der Reformvertrag von Lissabon bei den Mitgliedstaaten zu einem *„Verlust der eigenen Kompetenz zum Abschluss internationaler Handelsabkommen"* geführt. In der Tat sind eine ausschließliche Außenkompetenz der Union für internationale Handelsabkommen neu geschaffen (Art. 207 Abs. 1 AEUV) und Art. 293 des früheren EG-Vertrages gestrichen worden.

Nach Art. 293 EG sollten die Mitgliedstaaten untereinander Vereinbarungen treffen, um den Schutz ihrer natürlichen und juristischen Personen sicherzustellen. Der Schutz ist inzwischen in den dort genannten Gegenstandsbereichen weitgehend aufgrund der Rechtsprechung des Europäischen Gerichtshofs erfolgt. Die Rechtsprechung hat Vorrang vor dem Recht der Mitgliedstaaten.[112] Außerdem sind die bisher wichtigsten völkerrechtlichen Verträge der Mitgliedstaaten, nämlich das Europäische Übereinkommen über die gerichtliche Entscheidungen in Zivil- und Handelssachen (Brüsseler Übereinkommen/EuGVVO)[113] und das Europäische Übereinkommen über das auf vertragliche Schuldverhältnisse anwendbare Recht (Rom – Übereinkommen/ EuGVVÜ)[114] in EU-Verordnungen überführt worden.[115] Deshalb haben von den im früheren Art. 293 EG genannten Gegenstandsbereichen im Wesentlichen nur noch die Doppelbesteuerungsabkommen Bedeutung, weil insoweit eine Gesetzgebungskompetenz der Union für die Erhebung direkter Steuern fehlt.

Die Streichung des Art. 293 EG beeinträchtigt zwar nicht die Souveränität der Mitgliedstaaten, Doppel- oder Zinsbesteuerungsabkommen abzuschließen. Allerdings zeigen die Entscheidungen des Europäischen Gerichtshofs zur Verbuchung grenzüberschreitender Konzernverluste[116], zur Abzugsfähigkeit von ausländischen Immobilienverlusten[117] oder zur Quellensteuer auf Portfolio-Dividenden[118], dass auf dem Hintergrund der Niederlassungs- und Kapitalverkehrsfreiheit der Handlungsspielraum der Mitgliedstaaten auch hier stark eingeengt ist.

2. Internationales Einheitsrecht

87 Soweit international einheitliches Recht *(„loi uniforme")* existiert, hat die Union keinen Bedarf an Rechtsetzung oder Rechtsangleichung im Hinblick auf den Binnenmarkt. Allerdings können Annexprobleme der Verzahnung von Regelungsbereichen und Regelungsinhalten entstehen.

108 BGBl. II 1979, S. 834.
109 Vgl. Anhang II der Mitteilung der Kommission an den Rat und das Europäische Parlament zum Europäischen Vertragsrecht, KOM (2001) 398 endgültig.
110 Etwa: Abkommen zwischen Deutschland und den U.S.A. zur Förderung der Steuerehrlichkeit, Zustimmungsgesetz vom 10.10.2013, BGBl. 2013 II, S. 1362.
111 BVerfG, NJW 2009, 2267 (Rn. 374).
112 Erklärung Nr. 17 zum Vertrag von Lissabon.
113 ABl. L 299 vom 31.12.1972, S. 32; ABl. L 204 vom 2.8.1975, S. 38; BGBl. II 1972, S. 846 und II 1988, S. 453.
114 KOM (2005) 650 endg; jetzt: ROM I-Verordnung/EuGVVO.
115 VO (EG) Nr. 44/2001, ABl. L 12 vom 16.1.2001, S. 1; VO (EG) Nr. 593/2008, ABl. L 177 vom 4.7.2008, S. 6.
116 EuGH, Marks & Spencer, C-446/03, ECLI:EU:C:2005:763, I–10866.
117 EuGH, Erbengemeinschaft Busley & Cybrian/Finanzamt Stuttgart, C-35/08, ECLI:EU:C:2009:625.
118 EuGH, Kommission/Italien, C-540/07, ECLI:EU:C:2009:717.

88 Das *internationale Einheitsrecht* zu (einigen) Fragen des materiellen Wirtschaftsrechts ist in Anhang II der Mitteilung 2001/C 255/01 der Kommission vom September 2001[119] beschrieben. Von den wirtschaftlich relevanten Übereinkommen sollen nur das UN-Kaufrecht und die Europarats-Datenschutzkonvention kurz skizziert werden.

a) CISG

89 Die im Jahre 1988 in Kraft getretene Konvention über den Internationalen Kauf von Waren (*Convention on Contracts for the International Sale of Goods-CISG)* ist von 24 der 27 EU-Mitgliedstaaten in Kraft gesetzt worden, darunter auch von Deutschland,[120] nicht aber von Irland, Malta und Portugal.[121]

Gegenstand des Übereinkommens[122] (auch *„Wiener Kaufrecht"*, *„UN-Kaufrecht"* oder *„Einheitliches Kaufgesetz"* genannt) sind Regelungen für Kaufverträge von Personen, die ihre Niederlassungen in verschiedenen Staaten haben. Internationale Verbraucherkaufverträge fallen nicht unter das Übereinkommen (Art. 2 lit. a CISG). Die Beschränkung auf den *Warenkauf* schließt andere Kaufgegenstände (Forderungen; Immobilien; elektrische Energie) aus, nicht jedoch Computersoftware.[123]

90 *Geregelt* sind im UN-Kaufrecht:

- Abschluss des internationalen Kaufvertrags
- Rechte und Pflichten der Vertragspartner
- Gefahrtragung
- Sach- und Rechtsmängelhaftung
- Schadensersatz.

Nicht geregelt sind im UN-Kaufrecht:

- Gültigkeit des Kaufvertrags (Geschäftsfähigkeit; Vertretung; Willensmängel; Form; Sittenwidrigkeit; Verjährung)
- Eigentumsübergang
- Haftung für Personenschäden. Soweit Unternehmensverträge elektronisch geschlossen werden, sieht das im Jahre 2013 in Kraft getretene UN-Übereinkommen über die Nutzung der elektronischen Kommunikation für internationale Verträge (ECC) Einzelheiten über das Vertragsabschlussverfahren vor und ergänzt damit das CISG. Bisher hat das neue Abkommen weder ein EU-Mitgliedstaat noch die Union unterzeichnet.[124]

91 Da für die Auslegung des UN-Kaufrechtsabkommen kein einheitliches Gericht bestimmt worden ist, versucht das Abkommen der Gefahr einer Aushöhlung durch divergierende Rechtsprechung durch Aufstellung folgender Prinzipien (Artt. 7–9 CISG) entgegenzuwirken:

---

119 ABl. C 255 vom 13.9.2001, S. 1.

120 BGBl. II 1989, S. 586.

121 *Schlechtriem/Butler,* UN Law on International Sales, 2009; *Magnus,* UN-Kaufrecht. Aktuelles zum CISG, ZEuP 2017, 140.

122 Dazu: *Czerwenka,* Rechtanwendungsprobleme, 1988; *Schlechtriem,* Einheitliches Kaufrecht, 1987.

123 *Kilian,* Datenverarbeitungsprogramme als Gegenstand des Rechtsverkehrs, in: Weyers (Hrsg.), Arbeiten zur Rechtsvergleichung Bd. 155 (1992), S. 77 (95 ff.). *Diedrich,* Autonome Auslegung, 1994.

124 Allerdings haben China, die Russische Föderation, Iran und weitere 17 Staaten unterzeichnet, vgl. *Boss/Kilian* (ed.), The United Nations Convention on the Use of Electronic Communications in International Contracts: An In-Depth Guide and Analysis, 2008.

- Berücksichtigung des internationalen Charakters des UN-Kaufrechts
- Förderung der einheitlichen Anwendung
- Wahrung des guten Glaubens im internationalen Handel
- Berücksichtigung von Gepflogenheiten und Gebräuchen (lex mercatoria)
- Teleologische und systematische Auslegung des Übereinkommens
- Maßgeblichkeit des Empfängerhorizonts.

92 Nach Art. 2 CISG sind im Anwendungsbereich des Übereinkommens die allgemeinen Regeln des Internationalen Privatrechts unanwendbar. Art. 1 CISG regelt selbst und unabhängig neben dem sachlichen auch den internationalen Anwendungsbereich des Übereinkommens für die dort bezeichneten Fälle. Die Vorschrift stellt praktisch eine spezielle Kollisionsnorm dar. Dies hat Konsequenzen für das anwendbare Recht, denn Art. 3 Abs. 2 S. 1 EGBGB räumt völkerrechtlichen Vereinbarungen Vorrang ein.

▶ **Beispiel:**

Unternehmen A mit Sitz in Deutschland schließt mit dem Unternehmen B mit Sitz in Schweden einen Kaufvertrag über die Lieferung von Maschinen ab.

- Haben die Unternehmen nichts über das anwendbare Recht vereinbart, gilt das UN-Kaufrecht unmittelbar, denn beide Staaten haben das Übereinkommen ratifiziert.
- Haben beide Unternehmen die Anwendung deutschen Rechts vereinbart, gilt ebenfalls das UN-Kaufrecht, da dieses ohne weitere Vorprüfung das auf internationale Transaktionen anwendbare deutsche Recht darstellt.[125]
- Wollen beide Unternehmen die Anwendung des UN-Kaufrechts ausschließen, müssen sie ausdrücklich von der Ausschließungsmöglichkeit nach Art. 6 CISG Gebrauch machen. ◀

93 Der Regelungscharakter des UN-Kaufrechts führt bei Stillschweigen über die Frage des anwendbaren Rechts im konkreten internationalen Warenkaufvertrag also zur Anwendung des UN-Kaufrechts. Es trägt damit erheblich zur Rechtsvereinheitlichung im EG-Binnenmarkt bei. Als internationales Einheitsrecht macht es sowohl die Schaffung von originärem EG-Binnenmarktrecht als auch die Angleichung des mitgliedstaatlichen Internationalen Privatrechts im Regelungsbereich des UN-Kaufrechts überflüssig.

b) Europäische Datenschutzkonvention

94 Die vom Europarat im Jahre 1981 entwickelte *Datenschutzkonvention*[126] ist von 54 Staaten ratifiziert worden. Sie stellt bis heute den einzigen völkerrechtlich verbindlichen Vertrag zum Datenschutz dar. Die Konvention enthält allerdings nur allgemeine Prinzipien, etwa das Prinzip der Verhältnismäßigkeit der Verarbeitung personenbezogener Daten, aber keine Regelungen zum Kollisionsrecht. Das kam in der Frühzeit des Datenschutzrechts solchen Staaten entgegen, die in datenschutzrechtlichen Regelungen „nichttarifäre" (also nicht mit Zöllen und Steuern zusammenhängende) „Handelshemmnisse" sahen. Allerdings legt Art. XIV des WTO-GATS-Abkommens fest, dass Regelungen zum Datenschutz nicht als Beschränkungen der Dienstleistungsfreiheit gelten sollen.

---

125 BGHZ 96, 313 (322 f.).

126 Konvention Nr. 108, BGBl. II 1995, S. 539; *Ellger*, CR 1994, 558–569; *ders.*, Der Datenschutz im grenzüberschreitenden Datenverkehr, 1990, S. 460–508.

Nach Verabschiedung der EU-Datenschutzgrundverordnung (DSGVO)[127] wurde die Konvention Nr. 108 durch ein vom Ministerrat des Europarats angenommenes Protokoll modernisiert[128] und stark mit der DSGVO harmonisiert. Ziel des Protokolls ist es, „to promote at the global level the fundamental values of respect for privacy and protection of personal data" (Präambel). Die *„Modernized Convention for the Protection of Individuals with Regard to the Processing of Personal Data" (genannt „Konvention 108+")* greift in ihren 31 Artikeln vor allem die EU-DSGVO-Datenschutzprinzipien auf (etwa: Einwilligung oder rechtliche Grundlage für die Verarbeitung; Zweckbindung; Transparenz; Datenqualität; Sicherheit). Nach Art. 14 kann ein Transfer personenbezogener Daten zwischen Vertragspartnern der Konvention 108+ ungehindert stattfinden. Der Transfer zu einem Drittstaat hängt dagegen von dessen *„appropriate level of protection"* bezogen auf den Schutzstandard der Konvention 108+ ab. Der Konvention 108+ können alle Staaten – auch solche außerhalb des Europarats – sowie internationale Organisationen beitreten. 95

Die Konvention 108+ haben bisher 55 Staaten (darunter auch Deutschland; Uruguay und Tunesien)[129] unterzeichnet. Staatliche Vorbehalte bei der Unterzeichnung sind ausgeschlossen (Art. 29 Konvention 108+). Somit könnte die Modernisierte Konvention 108+ die Globalisierung des Datenschutzes auf einem angemessenen Niveau fördern.

IV. Wiederholungsfragen 96

1. Was ist „primäres Unionsrecht" und was ist „sekundäres Unionsrecht"?
2. Worin unterscheiden sich Verordnungen, Richtlinien und Beschlüsse?
3. Warum ist die Rechtsprechung des EuGH wichtig?
4. Was sind Durchführungsakte, delegierte Rechtsakte und technische Standards?
5. Was regelt das Europäische Außenwirtschaftsrecht?
6. Was regelt das Internationale Binnenmarktrecht?
7. Welche Sachverhalte erfassen die Regelungen des CISG?
8. In welchem Verhältnis stehen die Datenschutzkonvention Nr. 108+ des Europarats und die EU-Datenschutzgrundverordnung?
9. Welche zoll- und handelsrechtliche Probleme hat der Austritt des Vereinigten Königreichs von Großbritannien und Nordirland verursacht?

127 Verordnung (EU) 2016/679, ABl.EU 2016 L 119, 89.
128 Amending Protocol (https://rm.coe.int/convention-108-convention-of-the-protection-of-individuals-with-regard/16808b36f1).
129 https://www.coe.int/de/web/portal/28-january-data-protection-day (abgerufen am 21.6.2023).

§ 6 Wirtschaftsverfassungsrechtliche Grundlagen der Europäischen Union

Spezialliteratur: *Callies*, Europa als Wertegemeinschaft – Integration und Identität durch europäisches Verfassungsrecht?, JZ 2004, 1033; *Eucken*, Grundsätze der Wirtschaftspolitik, 2004; *Folz*, Die Soziale Marktwirtschaft als Staatsziel?, 1994; *Kahn*, The Economics of Regulation, Vol. 1 1998, 2; *Mestmäcker*, Die Wirtschaftsverfassung der EG zwischen Wettbewerb und Intervention, in: Bruha/Hesse/Nowack (Hrsg.), Welche Verfassung für Europa?, 2001, 163; *ders.*, Offene Märkte im System unverfälschten Wettbewerbs in der Europäischen Gemeinschaft, in: Festschrift zum 70. Geburtstag von Franz Böhm, Karlsruhe 1965, 345; *v. Hayek*, Der Wettbewerb als Entdeckungsverfahren, in: Freiburger Studien, 1969, 248; *ders.*, Arten der Rationalität, 1985; *Wendt*, Einführung in das Europäische Wirtschaftsrecht, JURA 2015, 1255.

1 Unter *Wirtschaftsverfassungsrecht* versteht man die *rechtliche Festlegung des Wirtschaftssystems* in seinen allgemeinen *Strukturen* und *Funktionen*. Als Typen der Rationalität zur Erfassung wirtschaftlicher Vorgänge gelten die Modelle „Markt" und „Plan".[1] Einem marktwirtschaftlichen Wirtschaftsmodell trauen Ökonomen mehr Freiheitsverbürgungen und Korrekturmechanismen zu als einem planwirtschaftlichen System.

I. Das Wirtschaftsmodell der Europäischen Union

2 Eine klare *rechtliche Festlegung* auf ein *bestimmtes Wirtschaftsmodell* ist in den Unionsverträgen nicht ersichtlich. Dazu waren und sind die Ordnungsvorstellungen der Mitgliedstaaten zu unterschiedlich. In Frankreich sind traditionell starke, in Griechenland und Italien erhebliche Formen der staatlichen Intervention in den Bereichen der Wirtschaft üblich.

3 Schon der frühere EWG-Vertrag sollte nach dem Willen seiner Schöpfer die wesentlichen Elemente der Wirtschaftsverfassung enthalten. Sowohl die Identifizierung der wesentlichen Elemente als auch ihr Verhältnis zueinander ist bis heute umstritten. Die *„Leitlinien für ein neues europäisches Wirtschaftsmodell" des Europäischen Rats im Jahre 1993*[2] legten keine rechtlichen Strukturen fest, sondern nur Einzelziele für bestimmte Politiken (Währung; Infrastruktur; Verkehr; Telekommunikation; Bildung). Der Vertrag von Lissabon enthält insoweit ebenfalls kein kohärentes Konzept.

4 Die Strukturen des Wirtschaftsmodells sind im EUV und im AEUV zu finden.[3] Folgende Regelungen bilden dabei *zentrale Anknüpfungspunkte:*

- Errichtung eines gemeinsamen Binnenmarktes (Art. 3 Abs. 3 S. 1 EUV)
- Offene Marktwirtschaft mit freiem Wettbewerb (Art. 119 Abs. 1 AEUV)
- Binnenmarkt, in dem der freie Verkehr von Waren, Personen, Dienstleistungen und Kapital gewährleistet ist (Art. 26 Abs. 2 AEUV)

---

1 Vgl. *v. Hayek*, Arten der Rationalität, 1985, S. 75; dies entspricht den gegensätzlichen Instrumenten „Wettbewerb" und „Intervention", vgl. *Mestmäcker*, Die Wirtschaftsverfassung der EG zwischen Wettbewerb und Intervention, in: Bruha/Hesse/Nowack (Hrsg.), Welche Verfassung für Europa?, 2001, S. 163 ff.

2 BR-Drs. 476/93 vom 23.6.1993.

3 Vgl. auch *Wendt*, JURA 2015, 1275 (1277).

- System, das den Wettbewerb innerhalb des Binnenmarktes vor Verfälschungen schützt (Art. 101 Abs. 1 AEUV; Protokoll Nr. 27[4] zum Vertrag von Lissabon über den Binnenmarkt und den Wettbewerb)
- Wettbewerbsfähige soziale Marktwirtschaft (Art. 3 Abs. 3 S. 1 EUV).

Die Formulierung *„Binnenmarkt"* strukturiert als *oberste Zielvorschrift* alle weiteren Regelungen und Aktivitäten in der Union. Die Zielvorgabe wird vom EuGH als *voll* justiziabel betrachtet.[5] „Binnenmarkt" umfasst nach überwiegender Auffassung nicht nur eine *Aussage in geografischer Hinsicht* (Raum ohne Binnengrenzen, Art. 26 Abs. 2 AEUV), sondern auch das *theoretische Konzept* für die *inhaltliche* Verwirklichung. 5

Umstritten ist allerdings die daraus ableitbare wirtschaftsverfassungsrechtliche Regelungskompetenz der Union. Spätestens mit der ausdrücklichen Einführung des *Subsidiaritätsprinzips* (Art. 5 Abs. 1 S. 2 und Abs. 3 EUV) als allgemeiner Kompetenzausübungsvorschrift steht fest, dass aus der Bezeichnung *„Binnenmarkt"* allein jedenfalls keine allgemeine Kompetenzzuweisung an die Organe der Union abgeleitet werden kann. Vielmehr unterstreicht die ausdrückliche Erwähnung des Subsidiaritätsprinzips die Geltung des allgemeinen Grundsatzes der *begrenzten Einzelermächtigung* (Art. 5 Abs. 1 S. 1 EUV). Die Organe der Union sind insoweit zur Gesetzgebung befugt, als die Unionsverträge ihnen durch Aufgabennormen ausdrücklich Rechtsetzungsbefugnisse zuweisen. Das Subsidiaritätsprinzip überlagert diese Zuständigkeiten als generelles Kompetenzausübungskriterium. Auf diese Weise bleibt der Umfang des Verzichts der Mitgliedstaaten auf Hoheitsrechte unter Kontrolle der Mitgliedstaaten. Gegenläufigen Tendenzen in der Vergangenheit, vor allem in der Praxis der Europäischen Kommission und des EuGH, sind damit Grenzen gesetzt. Die breite Rechtsprechung zur „Erforderlichkeit" iSd früheren Art. 3 Abs. 1 lit. h EGV hat ihre kompetenzerweiternde Bedeutung durch Streichung dieser Formulierung verloren. Es kann nach Inkrafttreten der Unionsverträge nicht mehr hingenommen werden, dass jeder Rechtsunterschied in den Mitgliedstaaten als freiheits- oder wettbewerbsbeschränkend klassifiziert wird. Alle der Union nicht in den Verträgen übertragenen Zuständigkeiten verbleiben bei den Mitgliedstaaten (Art. 5 Abs. 2 S. 2 EUV). 6

Durch zwei *Protokolle zum Vertrag von Lissabon*, die Bestandteil der Unionsverträge sind, soll mehr Klarheit für die Binnenmarktstruktur geschaffen werden. 7

Das *Protokoll über den Binnenmarkt und den Wettbewerb*[6] garantiert, dass die Union notwendige Maßnahmen zum Funktionieren des Binnenmarktes treffen darf, und zwar auch auf der Grundlage der *Kompetenzergänzungsklausel* des Art. 352 AEUV.

Das *Protokoll über Dienste im allgemeinen Interesse*[7] legt fest, dass der entsprechende Art. 14 AEUV eine wesentliche Rolle spielen soll und einen weiten Spielraum für nationale, regionale und lokale Behörden einräumt, um solche Dienste für Bedürfnisse der Nutzer zur Verfügung zu stellen. Dabei sollen Qualitäts- und Sicherheitsstandards, Gleichstellung und allgemeiner Zugang sowie Nutzerrechte beachtet werden.

4 Nummerierung nach der konsolidierten Fassung ABl. C 83 vom 30.3.2010, S. 309.
5 EuGH, Italien/Rat und Kommission der EWG, C-32/65, ECLI:EU:C:1966:42, 459.
6 Protokoll Nr. 27 der konsolidierten Fassung ABl. C 83 vom 30.3.2010, S. 309.
7 Protokoll Nr. 26 der konsolidierten Fassung ABl. C 83 vom 30.3.2010, S. 308.

1. Marktwirtschaft

8 Erstmals wurde als Ziel der Union im Vertrag von Lissabon die Formulierung „wettbewerbsfähige soziale Marktwirtschaft“ (Art. 3 Abs. 3 EUV) aufgegriffen. Diese Festlegung könnte als Zielvorschrift erhebliche Tragweite erlangen, weil sie dem neoliberalen ordnungspolitischen Leitbild entspricht. In Deutschland ist das Prinzip der sozialen Marktwirtschaft[8] entgegen der Rechtsprechung des Bundesverfassungsgerichts zur wirtschaftspolitischen Neutralität des Grundgesetzes[9] in einem völkerrechtlichen Vertrag zwischen der Bundesrepublik Deutschland und der ehemaligen Deutschen Demokratischen Republik festgeschrieben worden, nämlich im *Vertrag über die Schaffung einer Währungs-, Wirtschafts- und Sozialunion.*[10]

9 Kennzeichen der *sozialen Marktwirtschaft,* die wissenschaftlich von Friedrich August v. Hayek, Walter Eucken und Franz Böhm begründet worden ist, sind:

- Gewährleistung des Privateigentums
- Leistungswettbewerb
- Preisbildungsfreiheit
- Freizügigkeit von Arbeit, Kapital, Gütern und Dienstleistungen
- Soziale Gerechtigkeit.

10 Hinsichtlich aller Kriterien bestehen in der Europäischen Union erhebliche Einschränkungen:

- Das *Privateigentum* wird zwar entsprechend den Eigentumsordnungen in den Mitgliedstaaten geachtet (Art. 345 AEUV) und als Bestandteil der EU-Rechtsordnung anerkannt;[11] die *Ausübung* der Eigentumsgarantie ist allerdings verschiedentlich eingeschränkt (Artt. 36, 56, 59, 64, 106 AEUV).
- Der *Leistungswettbewerb* ist in der Union durch industriepolitische Maßnahmen (Artt. 173 Abs. 1; 179 Abs. 1 EG), Subventionen (Artt. 107, 170, 171 AEUV), Beihilfen (Artt. 42, 93, 107 AEUV) oder staatliche Handelsmonopole (Art. 37 AEUV) erheblich verfälscht.
- Die *freie Preisbildung* fehlt in zahlreichen Sektoren (Agrarmarkt; Atomenergie; Monopolbereiche).
- Die *Freizügigkeit* von Arbeit, Kapital, Gütern und Dienstleistungen ist in mehreren Bereichen noch nicht verwirklicht (Artt. 50 – 53, 58, 62, 64, 65 AEUV).
- Die *soziale Grundsicherung* durch Harmonisierung der Sozialordnungen (Art. 151 Abs. 3 AEUV) steckt noch in den Anfängen.

11 Wenn in den Unionsverträgen von *„Markt“* oder *„Marktwirtschaft“* die Rede ist, dann bedeutet dies also eine *prinzipiell marktgesteuerte Wirtschaft,* die planwirtschaftliche Elemente nicht ausschließt. Es handelt sich um eine *„mixed economy“*. Das Verhältnis der markt- und planwirtschaftlichen Komponenten zueinander lässt sich nicht quantifizieren und verändert sich in der Praxis ständig. Das zeigen etwa die legislativen Entwicklungen im Finanzmarktrecht.

---

8 *Nipperdey,* Die soziale Marktwirtschaft in der Verfassung der Bundesrepublik, 1954; *Folz,* Die Soziale Marktwirtschaft als Staatsziel?, 1994.
9 BVerfGE 4, 7; 50, 290 (337 ff.).
10 Vom 18.5.1990, Kap. 1, Art. 1 Abs. 3; BGBl. II 1990, S. 518.
11 EuGH, Hauer/Rheinland-Pfalz, C-44/79, ECLI:EU:C:1979:290, 3729.

Durch den *Vertrag von Maastricht* war eine Verstärkung marktbezogener Interessen insofern erfolgt, als mehrfach Formulierungen wie *„offene Marktwirtschaft"* (Artt. 4 Abs. 1 und 2; 98 S. 2; 105 Abs. 1 S. 2 EG) oder *„offene Märkte"* (Artt. 154 Abs. 2 S. 1; 157 Abs. 1 S. 2 EG) in den EG-Vertrag eingefügt wurden. Die *„Offenmarktpolitik"* entspricht den Zielen der WTO/GATT-Übereinkommen von 1947 und 1994 und geht auf die *neoliberale Wirtschaftstheorie* zurück[12]. Der AEU-Vertrag verweist auf „offene Märkte" in mehreren Vorschriften (Artt. 119 Abs. 1, 120 S. 2, 127 Abs. 1 S. 3, 170 Abs. 2 S. 1 und 173 Abs. 1 S. 2 AEUV). 12

Der Wettbewerb kann nicht nur durch wettbewerbsbeschränkende Praktiken von Privaten (Art. 101 Abs. 1 AEUV), sondern auch durch planwirtschaftliche oder staatliche Maßnahmen verfälscht werden, soweit diese „den Wettbewerb verhindern oder begrenzen".[13] 13

Zu den anderen Tätigkeiten zählt beispielsweise die gemeinsame Politik auf dem Gebiet der Landwirtschaft und der Fischerei, wo Wettbewerbsgrundsätze nur ausnahmsweise gelten (Artt. 3 Abs. 1 lit. d; 42 AEUV). Letztlich sind alle Maßnahmen und Politiken der Union in das komplexe Zielebündel („magisches Achteck") des Art. 3 EUV eingebunden und damit relativiert.

Die Systementscheidung für den *Markt* schließt also nur zum Teil die notwendigen Funktionsgarantien mit ein. Folgende Defizite bestehen: 14

- Die Allgemeingeltung des Wettbewerbsprinzips fehlt.
- Die Handlungsfreiheit der Marktbeteiligten ist nicht umfassend gewährleistet.
- Eine Klagebefugnis der Marktbeteiligten besteht auf europäischer Ebene nur eingeschränkt.
- Mitgliedstaatlich abweichende rechtliche Rahmenbedingungen können wirtschaftliche Transaktionen erschweren.
- Rechtliche Vorgaben für das Arbeitsrecht (Tarifautonomie; Beteiligungsrechte; Rechtsstellung von Arbeitskräften aus Drittstaaten) sind wenig ausgeprägt.

Das Verhältnis der Ziele des „magischen Achtecks" zu der grundsätzlichen Systementscheidung für den Markt und damit für den Wettbewerb bleibt im AEU-Vertrag ungeregelt. 15

Folgte man der neoliberalen Schule der Wirtschaftsökonomie, dann läge schon theoretisch ein unauflöslicher Gegensatz vor: Eine Organisation, in der jemand planmäßig Mittel im Dienste einer Zielhierarchie verwendet, ist danach etwas ganz anderes als die spontane Ordnung, die der Markt herbeiführt.[14] Im Gegensatz zu dieser Auffassung scheint es jedoch keineswegs ausgeschlossen zu sein, dass sich bestimmte Ziele durch marktwirtschaftliche Verfahren optimieren lassen. Das praktische Problem liegt eher in der rechtlichen Vorgabe eines Bündels gleichrangiger Ziele, die aber nicht alle gleichzeitig und auf gleichem Niveau erreicht werden können.

---

12 *Eucken*, Grundsätze der Wirtschaftspolitik, S. 257; *Mestmäcker*, Offene Märkte im System unverfälschten Wettbewerbs in der Europäischen Gemeinschaft, in: Festschrift zum 70. Geburtstag von Franz Böhm, Karlsruhe 1965, S. 345.

13 EuGH, Consten & Grundig/Kommission, C-56 und 58/64, ECLI:EU:C:1966:41, 325.

14 S. v. *Hayek*, Der Wettbewerb als Entdeckungsverfahren, in: Freiburger Studien, 1969, S. 248 (257).

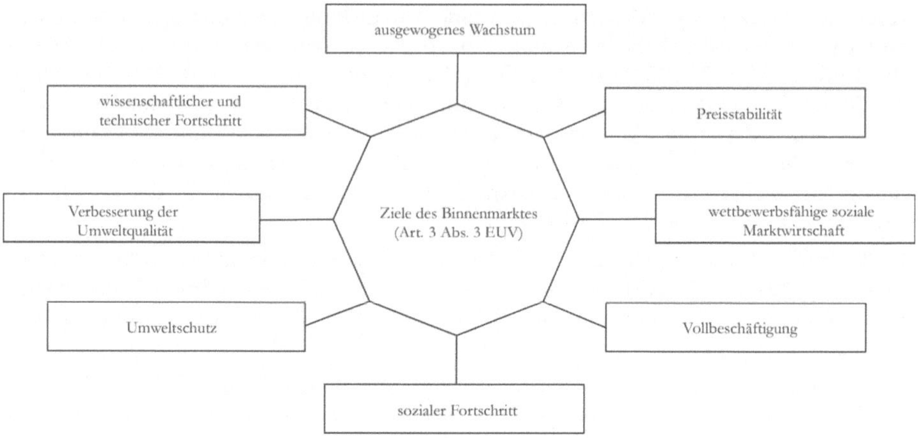

© Kilian 2021

2. Planwirtschaft

16 Zum Konzept wettbewerbsorientierter Märkte finden sich in den Unionsverträgen gegenläufige Prinzipien. Dazu zählen vor allem die *Industriepolitik* und die *Agrarmarktpolitik* der Union.

Die *Industriepolitik* ist eine der zahlreichen Politiken, die den Rat und die Europäische Kommission ermächtigen, Ziele und Strategien ohne präzise Aufgabendefinitionen zu erfüllen. Es hängt also weitgehend vom politischen Konsens ab, was rechtlich daraus entsteht. Die Politiken können sich sowohl in Richtung marktwirtschaftlicher als auch in Richtung planwirtschaftlicher Ordnungen entwickeln.

Die Industriepolitik der Union (Artt. 173 Abs. 3 S. 1 iVm 173 Abs. 1 S. 2 AEUV) hat die Aufgabe,

- die Anpassung der Industrie an strukturelle Veränderungen, etwa Klimaneutralität[15], zu erleichtern,
- kleine und mittlere Unternehmen besonders zu fördern,
- Unternehmenskooperationen zu begünstigen,
- auf eine bessere Nutzung von Forschung und Entwicklung hinzuwirken,
- umweltgerechte Produktgestaltungen zu erreichen.[16]

17 Die Industriepolitik soll auf der Grundlage eines Systems *„offener und wettbewerbsorientierter Märkte“* erfolgen (Art. 173 Abs. 1 S. 2 AEUV) und darf nicht zu *„Wettbewerbsverzerrungen“* führen (Art. 173 Abs. 3 S. 3 AEUV). Auf der anderen Seite sind die industriepolitisch zu fördernden Ziele gerade Funktionen, die ein wirksamer Wettbewerb hervorbringt. Wer die *Wettbewerbsfähigkeit* durch Subventionen erhöht, senkt die Produktions- und Transaktionskosten des subventionierten Unternehmens

15 Europäisches Klimagesetz: VO(EU) 2021/1119 vom 30.6.2021 ABL. L 243 vom 9.7.2021, S. 1.

16 Vgl. etwa die Vorschriften zum „Ökodesign“ von Kühlgeräten, Waschmaschinen, Waschtrockner, Geschirrspülern, Lichtquellen oder elektronischen Displays: ABL. L 315 vom 5.12.2019, S. 1–313; Del. VO (EU)2021/2178 über ökologisch nachhaltige Wirtschaftsgüter und deren Kontrolle vom 6.7.2021 ABl. L 443 vom 10.12.2021, S. 9.

und verzerrt damit notwendig den Wettbewerb. Durch Subventionen können strukturelle Veränderungen beschleunigt, aber auch verzögert werden.

Der Binnenmarkt umfasst auch die *Landwirtschaft* und den Handel mit landwirtschaftlichen Erzeugnissen. Unter landwirtschaftlichen Erzeugnissen sind Erzeugnisse des Bodens, der Viehzucht und der Fischerei zu verstehen (Art. 38 Abs. 1 Unterabs. 1 S. 2 AEUV). Für diese Agrarmärkte im weitesten Sinn gelten trotz des Namens überwiegend nicht Marktprinzipien, sondern *planwirtschaftliche,* also interventionistische Vorgaben. Die Sondervorschriften der Artt. 39 bis 44 AEUV führen dazu, dass die für das Funktionieren eines wirklichen Marktes unentbehrlichen Wettbewerbsregeln des AEU-Vertrags und das grundsätzliche Verbot von Beihilfen (Subventionen) im Agrarbereich praktisch keine Anwendung finden (vgl. Art. 42 AEUV). 18

Zu den planwirtschaftlich interventionistischen Instrumenten gehören vor allem festgelegte gemeinsame Preissysteme, die im Binnenmarkt ein einheitliches Preisniveau mit Festpreisen oder mit Preisspannen unabhängig von den (meist niedrigeren) Weltmarktpreisen garantieren. Durch *Einfuhrzölle* an der EU-Außengrenze werden die Preisvorteile für Produkte aus Drittstaaten abgeschöpft, die Ausfuhren durch Erstattungen (Beihilfen) auf das Weltmarktniveau hinuntersubventioniert und der Umfang von Ein- und Ausfuhren durch *Lizenzen* geregelt. Zu den interventionistischen Instrumenten gehören auch die Festlegung von *Erzeugerquoten, Erzeuger- und Verbraucherbeihilfen,* ferner *Abnahmequoten, Rücknahmeverpflichtungen* oder *Qualitätsregeln.* Bei den Agrarmarktordnungen handelt es sich also in Wirklichkeit um *planwirtschaftliche Systeme administrierter (verwalteter) Märkte.* Der Agrarhaushalt der Union umfasst *mehr als die Hälfte* des EU-Gesamthaushalts. Wegen des Einsatzes stark dirigistischer Instrumente fehlt dem Agrarmarkt die marktwirtschaftliche Struktur weitgehend. 19

II. Wettbewerb/Regulierungen/Beihilfen

Die ordnungspolitische Zwiespältigkeit des europäischen Wirtschaftsverfassungsrechts wird durch die *Anti-Wettbewerbseffekte* mitgliedstaatlicher oder europäischer *Regulierungen* und *Beihilfen* noch verstärkt. 20

1. Definitionen

Wettbewerb bedeutet – unabhängig von der zugrunde gelegten Wettbewerbstheorie – ein *System dezentraler Entscheidungsfindung* durch Sicherung der Handlungsfreiheit der Wirtschaftssubjekte. Die Wirtschaftssubjekte entscheiden zwischen wirtschaftlichen Handlungsalternativen aufgrund gewonnener und verarbeiteter Informationen. Der Grundsatz der *Wettbewerbsfreiheit* gilt für alle Wirtschaftsstufen und für alle Erscheinungsformen des Wettbewerbs.[17] Das *Wettbewerbsrecht* bildet die Grundlage für ein privatrechtlich verfasstes Binnenmarktrecht. 21

Unter „*Regulierung*“ wird die zentrale *Lenkung, Intervention, Steuerung* und *Verwaltung* im Bereich der Wirtschaft verstanden.[18] Rechtlicher Ausdruck von „Regulierungen“ sind beispielsweise wirtschaftspolitische Gesetze, Genehmigungen, Erlaubnisse, Verleihungen von Sonderrechten, Organisations- und Verfahrensvorschriften. 22

17 EuGH, Consten & Grundig/Kommission, C-56 und 58/64, ECLI:EU:C:1966:41, 325.
18 *Kahn,* The Economics of Regulation, Vol. 1 1998, p. 2.

Als Einfallstor für neue Regulierungen könnte sich die starke Betonung der „Dienste von allgemeinem Interesse" im Vertrag von Lissabon erweisen[19], soweit sie wirtschaftlicher Art sind und nicht ausschließlich dem Gemeinwohl dienen.

23 *Beihilfen* (Artt. 40 Abs. 3, 42 S. 2, 93, 107 – 109 AEUV) sind alle von den Mitgliedstaaten oder der Union selektiv gewährten *geldwerten Vorteile* wie Zuschüsse, Steuerbefreiungen[20], Bürgschaften oder Darlehen zu günstigen Bedingungen, Überlassung von Grundstücken, Übernahme von Verlusten.[21] Geldwerte Leistungen liegen vor, wenn sich das Unternehmen die Leistungen nicht zu gleichen Konditionen auf dem freien Markt hätte beschaffen können[22] („private investor test").

2. Wettbewerb als Strukturmerkmal

24 In zahlreichen Vorschriften der Unionsverträge, insbesondere in den sogenannten *Wettbewerbsregeln* (Artt. 101 – 106 AEUV), wird die Existenz des Wettbewerbs als Strukturmerkmal des Binnenmarktes zu Grunde gelegt. Die Wettbewerbsregeln bilden die Rahmenbedingungen für die *Marktfreiheiten* (Waren-, Dienstleistungs-, Niederlassungs- sowie Kapital- und Zahlungsverkehrsfreiheit).

Ein solches System des unverfälschten Wettbewerbs will der EU-Vertrag „schaffen und erhalten".[23] Gleichzeitig betont der EuGH aber auch, dass Art. 3 AEUV konkurrierende Ziele verankert, so dass dem Prinzip des unverfälschten Wettbewerbs kein absoluter Vorrang zukommt.

▶ **Beispiel:**

Die gemeinsame Agrar- und Fischereipolitik (Art. 38 AEUV) hat Vorrang vor den Zielen des unverfälschten Wettbewerbs (Art. 42 AEUV).[24] ◀

3. Deregulierungen

25 Zahlreiche Vorschriften in den Unionsverträgen zielen darauf ab, früher weitgehend staatlich regulierte Bereiche in binnenmarktorientierte Wettbewerbsbereiche zu überführen (zu *„deregulieren"*). Die Deregulierungen beziehen sich auf *öffentliche* und mit besonderen Rechten ausgestattete *(monopolartige) Unternehmen* sowie auf die *Gewährung staatlicher Beihilfen*. Das Binnenmarktrecht wirkt sich dahin gehend aus, dass es Bereiche, Verfahren, Modalitäten und Fristen für die Deregulierung vorgibt.

26 Der Grund für die Zulassung öffentlicher Unternehmen oder von Monopolen lag in der Auffassung begründet, dass Luft, Wasser, Energie, Gesundheit, Rundfunk, Fernsehen und vieles mehr *„öffentliche Güter"* darstellen, die nicht ohne Nachteile für die Allgemeinheit dem Marktmechanismus unterworfen werden könnten. Inzwischen ist anerkannt, dass sich zahlreiche Nutzungen bei Berücksichtigung negativer externer Effekte durchaus marktmäßig organisieren lassen.

---

19 Protokoll Nr. 26 über Dienste von allgemeinem Interesse, ABl. C 83 vom 30.3.2010, S. 308; Mitteilung der Kommission KOM (2007) 725 endgültig vom 20.11.2007.
20 EuGH, A-Brauerei, C-374/17, ECLI:EU:C:2018:1024.
21 Kommission, ABl. 1963 vom 17.8.1963, S. 2235.
22 EuGH, Belgien/Kommission, C-142/87, ECLI:EU:C:1990:125, I-1005.
23 EuGH, IHT Internationale Heiztechnik GmbH ua/Ideal Standard GmbH ua, C-9/93, ECLI:EU:C:1994:261, I-2836.
24 EuGH, Deutschland/Rat, Marktorganisation für Bananen, C-280/93, ECLI:EU:C:1994:367, I-5039 = EuZW 1994, 688 (691).

Bis Ende 1969 wurden im Binnenmarkt bereits die *staatlichen Handelsmonopole* für Alkohol, Erdöl, Zündhölzer und Tabak *abgeschafft*. Andere Produktions- und Dienstleistungsmonopole bestehen weiter, unterliegen aber verschiedenen *Deregulierungsvorschriften:* 27

- Verbot der missbräuchlichen Ausnutzung einer marktbeherrschenden Stellung (Art. 102 AEUV)

  ▶ **Beispiele:**

  Das Arbeitsvermittlungsmonopol der deutschen Bundesanstalt für Arbeit widersprach Art. 82 EG (jetzt Art. 102 AEUV) und musste zugunsten privater Vermittlungstätigkeiten geöffnet werden.[25]

  Staatliche Telekommunikationsgesellschaften, denen ein Monopol zum Betrieb des Telefonnetzes verliehen ist, dürfen nicht zugleich die Befugnis besitzen, technische Normen für Telefonendgeräte festzulegen und die Telefonendgeräte zu vertreiben.[26]

  Ein Netzentgelt, das für die Nutzung des Mobilfunknetzes von Wettbewerbern erhoben wird und über der Gebühr für Privatkunden liegt, erfüllt den Tatbestand des Verbots der Ausnutzung der marktbeherrschenden Stellung.[27] ◀

- Verbot der Behinderung des grenzüberschreitenden Warenverkehrs (Art. 34 AEUV)

  ▶ **Beispiel:**

  Das Monopol der Postverwaltungen, alle Telekommunikationsendgeräte zur Verfügung stellen zu können, wurde durch die Endgeräterichtlinie[28] unter Berücksichtigung von Art. 28 EG (jetzt Art. 34 AEUV) aufgehoben. ◀

- Gebot zur Anwendung der Wettbewerbsregeln auf öffentliche Unternehmen und Unternehmen mit besonderen oder ausschließlichen Rechten (Art. 106 Abs. 1 und 2 AEUV)

  ▶ **Beispiele:**

  Das primäre und sekundäre Gemeinschaftsrecht zwang die Mitgliedstaaten, den Telekommunikationsdienstleistungsbereich dem Wettbewerb und damit dem Binnenmarkt zu öffnen. Stichtag für die Abschaffung des Telefonmonopols war der 1.1.1998. Gleiches gilt nunmehr für den Energiemarkt.[29]

  Die Be- und Entladung von Schiffen darf nicht bestimmten Hafenarbeitergenossenschaften vorbehalten werden. Entsprechende Regelungen verstoßen gegen Artt. 86 Abs. 1, 82 und 28 EG (jetzt Artt. 106 Abs. 1; 102 und 34 AEUV).[30]

  Ein privilegiertes, staatlich vergebenes Schürf- und Abbaurecht für Braunkohle an ein staatliches Energieunternehmen verstößt gegen die Artt. 106 Abs. 1 iVm 102 AEUV.[31] ◀

Die Auslegung des Art. 106 Abs. 1 und 2 AEUV ist komplex und besonders umstritten, weil nach der Rechtsprechung des Gerichtshofs der Europäischen Union jedes *monopolartige Unternehmen* eine beherrschende Stellung im Sinne von Art. 102 AEUV 28

25 EuGH, Höfner und Elser/Macrotron GmbH, C-41/90, ECLI:EU:C:1991:161, I-2010.
26 EuGH, RTT/GB-Inno-BM, C-18/88, ECLI:EU:C:1991:474, I-5973 = EuZW 1992, 250.
27 EuGH, Deutsche Telekom/Kommission, C-280/08, ECLI:EU:C:2010:603 = EuZW 2011, 200.
28 88/301 EWG ABl. vom 27.5.1988 L 131, 73.
29 Richtlinie 2003/54/EG vom 26.6.2003, ABl. L 176 vom 15.7.2003, S. 37.
30 EuGH, Merci Convenzionali Porto di Genova/Siderugica Gabrielli, C-179/90, ECLI:EU:C:1991:464, I-5923.
31 EuGH, Kommission/DEI, C-533/12, ECLI:EU:C:2014:2083 = EuZW 2014, 756.

innehat und dadurch seine Position leicht missbrauchen kann.[32] Andererseits sind seit dem Vertrag von Amsterdam „Dienste von allgemeinem wirtschaftlichen Interesse“ abgesichert (Art. 14 AEUV) und durch den Vertrag von Lissabon[33] aufgewertet worden. Auch die Charta der Grundrechte „anerkennt und achtet den Zugang zu Dienstleistungen von allgemeinem wirtschaftlichem Interesse“ (Art. 36). Ein Mitgliedstaat kann beispielsweise einem öffentlichen Unternehmen eine Rechtsstellung einräumen, die es ihm erlaubt, Arbeiten für öffentliche Zwecke ohne vorherige öffentliche Ausschreibungen entsprechend den Ausschreibungsrichtlinien durchzuführen.[34] Dennoch erscheint es angesichts des dem Wettbewerbsprinzip widersprechenden Ausnahmecharakters öffentlicher und monopolarartiger Unternehmen richtig, Art. 106 Abs. 2 AEUV als Prüfungsmaßstab für die Begründung ausschließlicher Rechte heranzuziehen.[35] Als wichtige praktische Konsequenz ergibt sich dadurch die Möglichkeit, auch die Energieversorgungsmonopole, also die leitungsgebundene Versorgung mit Öl, Gas, Wasser und Elektrizität, zu liberalisieren.[36]

4. Beihilfen

29 Unter staatlicher *„Beihilfe“* werden Vorteile verstanden, die unmittelbar aus staatlichen Mitteln finanziert werden und die eine zusätzliche finanzielle Belastung für die staatliche Stelle darstellen. Ob letzteres der Fall ist, wird nach dem Kriterium des „marktwirtschaftlich handelnden privaten Kapitalgebers“ *(„private investor test“)* entschieden. Die Anwendung des Tests ist allerdings diffizil, weil oft eine Mischung öffentlicher und privater Aufgaben vorliegt oder der Staat schon Vorleistungen erbracht hat und die Investitionen im Hinblick auf die künftige Entwicklung der Zahlungsströme beurteilt werden müssen. Das *Ryanair-Urteil* des Gerichts der Europäischen Union[37] hat weitere Hilfskriterien entwickelt und dadurch die Einschätzungsmöglichkeiten verbessert.

30 Staatliche Beihilfen (Subventionen) begünstigen bestimmte Unternehmen und Produktionszweige. Dadurch wird der Wettbewerb im Binnenmarkt verfälscht, weil nicht begünstigte Unternehmen höhere Kosten einkalkulieren müssen und damit als Konkurrenten weitgehend ausscheiden. Art. 107 AEUV *verbietet staatliche Beihilfen* grundsätzlich. Dennoch erreichten die staatlichen Beihilfen der 27 EU-Mitgliedstaaten im Jahr 2021 einschließlich der COVID-19 Maßnahmen insgesamt 334 Mrd. EURO[38], weil folgende bedeutende *Ausnahmen vom Beihilfeverbot* bestehen:

---

32 Nachweise bei *Calliess/Ruffert* (Hrsg.), Kommentar zu EU-Vertrag und EG-Vertrag 2002, Art. 86 Rn. 28.

33 Protokoll Nr. 26 über Dienste im allgemeinen Interesse, ABl. C 83 vom 30.3.2010, S. 308 (konsolidierte Fassung).

34 EuGH, Asociación National de Empresas Forestales/Transformación Agraria SA, C-295/05, ECLI:EU:C:2007:227, I-3034.

35 EuGH, Corbeau, C-320/91, ECLI:EU:C:1993:198, I-2563.

36 Die Richtlinie 96/92/EG vom 19.12.1996, ABl. L 27 vom 30.1.1997, S. 20 führte zur Abschaffung von Exklusivrechten, zur Entbündelung von Netzwerkaktivitäten und soll die Energieerzeugung zu objektiven, transparenten und nichtdiskriminierenden Bedingungen ermöglichen, die in der Stromrichtlinie 2003/54/EG, ABl. L 176 vom 15.7.2003, S. 37 und in der Gasrichtlinie 2003/55/EG, ABl. L 176 vom 15.7.2003, S. 57 weiter ausgebaut worden sind.

37 EuG, Ryanair Ltd./Kommission, T-196/04, ECLI:EU:T:2008:585; dazu: *Kleve,* ZfW 2009, 287.

38 https://competion-policy.ec.euopa.eu/system/files/2023-04/state_aid_scoreboard_note_2022_0.pdf, p. 22 (besucht am 10.5.2023).

- Förderung von Gebieten mit erheblicher Unterbeschäftigung (Art. 107 Abs. 3 lit. a AEUV)

  ▶ **Beispiel:**

  EG-Beihilfe für das Gemeinschaftswerk von VW und Ford in Portugal.[39] ◀

- Förderung wichtiger Vorhaben von gemeinsamem europäischem Interesse (Art. 107 Abs. 3 lit. b AEUV)

  ▶ **Beispiel:**

  Beihilfen an die europäische Airbus-Industrie. ◀

- Förderung der Entwicklung gewisser Wirtschaftszweige (Art. 107 Abs. 3 lit. c AEUV)

  ▶ **Beispiel:**

  Beihilfen an die Schiffbau- und an die Stahlindustrie innerhalb bestimmter Höchstgrenzen. ◀

- Agrarbeihilfen (Art. 40 Abs. 3, 42 S. 2 AEUV)
- Verkehrsbeihilfen (Art. 93 AEUV)
- Brexit -Anpassungsmaßnahmen[40]
- COVID-19 -Beihilfen[41]
- Ukraine-Hilfsmaßnahmen[42]

Vor Einführung einer mitgliedstaatlichen Beihilfe, die nicht unter eine zugelassene Gruppe von Beihilfen fällt[43], muss die Europäische Kommission unterrichtet werden, um prüfen zu können, ob die Beihilfe zulässig, unzulässig oder modifizierbar ist (Art. 108 Abs. 2 und 3 AEUV). Bei Verstoß eines Mitgliedstaates gegen seine Meldepflicht kann die Europäische Kommission die sofortige Einstellung der Zahlungen verlangen.[44] Die Entscheidung der Europäischen Kommission kann vom Rat aufgehoben werden (Art. 108 Abs. 2 Unterabs. 1 AEUV). 31

39 ABl. C 210 vom 30.7.1994, S. 19 und ABl. C 222 vom 10.8.1994, S. 3.

40 VO (EU) 2021/1755 vom 6.10.2021 zur Einrichtung einer Reserve für die Anpassung an Brexit, ABl. L 357 vom 8.10.2021, S. 1.

41 Befristeter Rahmen für staatliche Beihilfen zur Stützung der Wirtschaft angesichts des derzeitigen Ausbruchs von COVID-19, Mitteilung der Kommission vom 19.3.2020, C (2020) 1863 ABl. C 911 vom 20.3.2020, S. 3.

42 Befristeter Krisenrahmen für staatliche Beihilfen zur Stützung der Wirtschaft infolge der Aggression Russlands gegen die Ukraine, Mitteilung der Kommission 2022/ C131 I/01 vom 24.3.2022; Einstufung der militärischen Aggression Russlands als „außergewöhnliches Ereignis, das eine erhebliche Marktstörung verursacht" (Durchführungsbeschluss (EU) 2022/500 vom 25.3.2022 ABl. L 101 vom 29.3.2022, S. 45).

43 VO (EU) Nr. 651/2014 vom 17.6.2014 zur Feststellung der Vereinbarung bestimmter Gruppen von Beihilfen mit dem Binnenmarkt, L 187 vom 26.6.2014, S. 1.

44 EuGH, Frankreich/Kommission, C-301/87, ECLI:EU:C:1990:67, I-351.

Unzulässig gezahlte Beihilfen[45] können zurückgefordert werden.[46] Ein nichtsubventioniertes konkurrierendes Unternehmen hat ein Recht auf gerichtliche Überprüfung der Nichtsubventionierung.[47]

5. Zwischenergebnis

32 Die *Zwiespältigkeit* des *europäischen Wirtschaftsverfassungsrechts* beruht auf den Antiwettbewerbseffekten der in den Unionsverträgen zugelassenen *hoheitlichen Eingriffe* in die Wirtschaft. Der *Wettbewerb* als Strukturprinzip besitzt aufgrund der Relativierungen in den Unionsverträgen nur *eingeschränkte Wirkung* im Binnenmarkt. Der Ansatz der *Deregulierung* zeigt Wirkung. Das europäische *Beihilferecht* birgt aufgrund der großzügigen Ausnahmeregelungen im AEUV jedoch die Gefahr des *lokalen Patriotismus* und einer *Rückaufteilung des Binnenmarktes* in sich.

III. Materiellrechtliche Prinzipien (Marktfreiheiten)

33 Unter *Marktfreiheiten* werden die folgenden, im AEU-Vertrag enthaltenen Garantien für den grenzüberschreitenden Verkehr im Binnenmarkt verstanden:

- Warenverkehrsfreiheit, Artt. 28, 34 AEUV
- Personenverkehrsfreiheit (Niederlassungsfreiheit; Arbeitnehmerfreizügigkeit), Artt. 49, 45 AEUV
- Dienstleistungsfreiheit, Art. 56 AEUV
- Kapital- und Zahlungsverkehrsfreiheit, Art. 63 AEUV.

34 Zum Teil werden die „Marktfreiheiten“ in der europarechtlichen Literatur als „Grundfreiheiten“ bezeichnet. Dies birgt jedoch die Gefahr einer unzulässigen Gleichsetzung mit den „Grundrechten“, die in der Charta der Grundrechte der Europäischen Union verankert sind. Außerdem verwendet die EMRK die Bezeichnung „Grundfreiheiten“ als Synonym für „Grundrechte“ sowohl in der Überschrift als auch in der Präambel.

35 Die Bezeichnung „Marktfreiheiten“ überzeugt auch inhaltlich mehr, weil diese Grundsatznormen die wirtschaftliche Integration im Binnenmarkt fördern sollen, der durch die Beseitigung der Hindernisse für den freien Waren-, Personen-, Dienstleistungs- und Kapitalverkehr zwischen den Mitgliedstaaten gekennzeichnet ist. Den Marktteilnehmern soll die grenzüberschreitende Marktbetätigung im jeweiligen sachlichen Anwendungsbereich der Marktfreiheiten nicht diskriminierend erschwert werden. Bei den Personenverkehrsfreiheiten kann die Diskriminierung auf einer unzulässigen Differenzierung nach der Staatsangehörigkeit oder der Ansässigkeit beruhen, bei den übrigen Marktfreiheiten auf dem Zwang, bei grenzüberschreitender Betätigung höhere Vermarktungskosten als inländische Anbieter tragen zu müssen. Alle Marktfreiheiten betreffen also letztlich die Sicherung des freien Marktzugangs zu den nationalen

---

45 EuG, Ryanair/Kommission (Lufthansa; COVID-19), T-34/21, ECLI:EU:T:2023:248 (Aufhebung der Genehmigung von COVID-Subventionen in Höhe von 6 Mrd. Euro wegen fehlerhafter Prüfung der Marktmacht der Lufthansa und der stillen Beteiligung der BRD).

46 Beschluss der Kommission 2017/2536 vom 7.2.2017 ABl. 2017 L 339, S. 1 (unzulässige staatliche Beihilfe an die Flughafen Lübeck GmbH).

47 EuGH, Philipp Morris BV/Kommission, C-730/79, ECLI:EU:C:1980:209, I-2672; EuGH, Fédération nationale du commerce extérieur des produits alimentaires ua/Frankreich, C-354/90, ECLI:EU:C:1991:440, I-5523.

Teilmärkten innerhalb des Binnenmarktes und können als Ansprüche gegenüber den nationalen Gerichten unmittelbar geltend gemacht werden.

36 Der freie Zugang zu einem nationalen Teilmarkt kann für Marktteilnehmer nicht nur bei rechtlicher oder faktischer Ungleichbehandlung (*offene Diskriminierung*), sondern auch bei rechtlicher oder faktischer Gleichbehandlung (*versteckte Diskriminierung*) unzulässig erschwert sein. Deshalb erscheint es konsequent,[48] wenn der EuGH nationale Regelungen und Entscheidungen nicht ausschließlich unter dem Gesichtspunkt der Ungleichbehandlung überprüft.

37 Die Marktfreiheiten gelten nur für den *Binnenmarktverkehr.* Reine Inlandssachverhalte ohne direkte oder indirekte Binnenmarkteffekte[49] oder zu ungewisse Einflüsse auf den Warenverkehr[50] werden von ihnen nicht erfasst.

38 *Ursprünglich* wurden in den Marktfreiheiten Ausprägungen des *allgemeinen Diskriminierungsverbots* gesehen, das sich an die Mitgliedstaaten richtete. Es sollte die offene oder versteckte Diskriminierung von Importwaren aus anderen Mitgliedstaaten verhindern. Die *heutige* Funktion der Marktfreiheiten geht nach der Rechtsprechung des EuGH *erheblich weiter.* Die Marktfreiheiten umfassen heute:

- das Verbot der Errichtung von Marktzutrittsschranken.

  ▶ **Beispiel:**

  Unternehmen mit Sitz im Inland dürfen grundsätzlich Kunden in einem anderen Mitgliedstaat werben ◀

- Anforderungen für die Anpassung der Auslegung nationaler Rechtsvorschriften

  ▶ **Beispiel:**

  Die deutsche Rechtsprechung zu § 3 UWG, wonach ein Produkt das Warenzeichensymbol R nur tragen darf, wenn ein Warenzeichenschutz (Markenschutz) in der Bundesrepublik Deutschland besteht, ist mit Artt. 34 und 36 AEUV nicht vereinbar.[51] ◀

- Beschränkung der Anwendbarkeit nationaler Rechtsvorschriften

  ▶ **Beispiel:**

  Frankreich darf Käse mit einem Fettgehalt von 30 % nach Italien exportieren, obwohl in Italien ein Mindestfettgehalt von 45 % für Käse vorgeschrieben ist. ◀

- Anerkennung des Schutzes subjektiver Rechte

  ▶ **Beispiel:**

  Urheber- und Leistungsschutzrechte haben Auswirkungen auf den Binnenmarkt und fallen deshalb unter Art. 34 AEUV. ◀

- Aktive Handlungen des Staates sowie das Unterlassen geeigneter Maßnahmen gegen Behinderungen der Marktfreiheiten durch Private.

39 Darüber hinaus erkennt der EuGH – zumindest im Hinblick auf die Arbeitnehmerfreizügigkeit (Art. 45 AEUV) und die Dienstleistungsfreiheit (Art. 56 AEUV) - die unmittelbare Anwendbarkeit („unmittelbare Drittwirkung“) der Marktfreiheiten auf

48 a. A. *Jarass*, EuR 1995, 202 (218).
49 EuGH, Kommission/Frankreich, C-154/89, ECLI:EU:C:1991:76, I-682.
50 EuGH, CMC Motorradcenter/Baskiciogullari, C-93/92, ECLI:EU:C:1993:838, I-5018 = JZ 1994, 623.
51 EuGH, Pall Corp./PJ Dahlhausen & Co, C-238/89, ECLI:EU:C:1990:473, I-4844.

Rechtsverhältnisse zwischen Privaten an.[52] Zur Begründung führt das Gericht aus, dass das Diskriminierungsverbot sich nicht nur an die Mitgliedstaaten richte, sondern auch „sonstige Maßnahmen", wie etwa eine „kollektive Regelung im Arbeits- und Dienstleistungsbereich", erfasse. Damit wird erneut bestätigt, dass selbst dann, wenn bestimmte Vorschriften des AEU-Vertrages ausdrücklich die Mitgliedstaaten ansprechen, allen an der Einhaltung dieser Pflichten interessierten Privatpersonen Rechte verliehen werden können.[53] Eine unionsweite Spürbarkeit des Verhaltens wird nicht gefordert.

40 Mit den Marktfreiheiten war ursprünglich nicht die Schaffung einer privatwirtschaftlich dominierten Wirtschaftsordnung beabsichtigt, auch wenn dies als Perspektive durchaus gesehen wurde.[54] Die *erweiternde Auslegung* der Marktfreiheiten hat im Zusammenhang mit

- der *Anerkennung* des Vorrangs des EU-Rechts,
- der *Direktgeltung* und Drittwirkung der Marktfreiheiten,
- der *Harmonisierung* von Teilen des privaten Wirtschaftsrechts aufgrund von Art. 115 AEUV,
- der Verstärkung des *Verbraucherschutzgedankens* und
- dem Hervortreten der *gemeinsamen historischen privatrechtlichen Grundlagen*

dazu geführt, dass die Marktfreiheiten die Grundlage des privaten Wirtschaftsrechts wurden.

Deshalb ist es erforderlich, die Marktfreiheiten heute unter den Bedingungen einer funktionsfähigen Wettbewerbsordnung und ihrer Kriterien (Parametern wie: Preis; Qualität; Werbung; Service), also „anhand der Kriterien der marktsegmentierenden und marktregulierenden Wirkungen"[55], und nicht nur unter der Frage der Zulässigkeit oder des Ausmaßes staatlicher Regulierungen zu bewerten. Es erscheint sogar nicht ausgeschlossen, dass sich die Rechtsprechung zu den Marktfreiheiten noch zu einer unionsrechtlichen Verhältnismäßigkeitskontrolle entwickelt.[56] Ungelöst ist allerdings noch das Problem, wie die Marktfreiheiten in Einklang mit den als gleichrangig anzusehenden *Grundrechten der EU-Charta* gebracht werden können.

41 Die Rechtsprechung des EuGH zu den Marktfreiheiten hat sich der Rechtsprechung zur Warenverkehrsfreiheit, die am ausführlichsten im EU-Vertrag geregelt ist, allmählich angepasst.[57] Es werden nicht lediglich staatliche Vorschriften aller Stufen (Gesetze; Verordnungen; Erlasse; Verwaltungsakte) erfasst (Artt. 45 Abs. 2, 49 S. 1 und 2, 56 S. 1 AEUV), sondern auch sonstige staatliche Beschränkungen und Maßnahmen gleicher Wirkung. Die Interpretationskriterien zur Warenverkehrsfreiheit greifen grundsätzlich für alle Marktfreiheiten ein.

42 Die Möglichkeiten für *Einschränkungen der Marktfreiheiten* werden immer stärker vereinheitlicht. Die feststellbare *„Konvergenz der Dogmatik"* der Einschränkungsmög-

52 EuGH, Roman Angonese/Cassa di Risparmio di Bolzano SpA, C-281/98, ECLI:EU:C:2000:296, I-4161; vgl. auch *Canaris*, Drittwirkung der gemeinschaftsrechtlichen Grundfreiheiten, in: Bauer/Czybulka/Voßkuhle (Hrsg.), Umwelt, Wirtschaft und Recht, Tübingen 2002, S. 29–67.

53 Vgl. EuGH, Defrenne/Sabena, C-43/75, ECLI:EU:C:1976:56, 456; EuGH, ASBL ua/Bosman, C-415/93, ECLI:EU:C:1995:463, I-5040.

54 Vgl. *Hallstein*, in: Festschrift Müller – Armack 1961, 267 (275).

55 *Streinz*, Konvergenz der Grundfreiheiten, in: Festschrift Rudolf, 2001, 199 (219).

56 *Steindorff*, JZ 1994, 95 (97).

57 Vgl. zu den Vorschriften des EG-Vertrags *Steindorff*, ZHR 158 (1994), 149 (153).

lichkeiten beruht auf der Ausweitung der im AEU-Vertrag ursprünglich verankerten *Diskriminierungsverbote* zu darüber hinausgehenden *Beschränkungsverboten.* Letztere umfassen auch nichtdiskriminierende, unterschiedslos für In- und Ausländer, Inlands- und Auslandsprodukte oder Inlands- und Auslandsdienstleistungen geltende Maßnahmen und unterwerfen diese einem *vierstufigen Rechtfertigungsstandard.*[58] Nach der Formulierung des EuGH im Fall Gebhard („*Gebhard-Formel*") ergibt sich,

> „dass nationale Maßnahmen, die die Ausübung der durch den Vertrag garantierten grundlegenden Freiheiten behindern oder weniger effektiv machen, vier Voraussetzungen erfüllen müssen: Sie müssen in *nichtdiskriminierender Weise angewandt* werden, sie müssen aus *zwingenden Gründen des Allgemeinwohls* gerechtfertigt sein, sie müssen *geeignet* sein, die Verwirklichung des mit ihnen verfolgten Zieles zu gewährleisten und sie dürfen *nicht über das hinausgehen,* was zur *Erreichung dieses Zieles erforderlich* ist."[59]

Vor allem erkennt der EuGH auch *ungeschriebene „zwingende Gründe des Allgemeininteresses"* als Rechtfertigung für Einschränkungen bei allen Marktfreiheiten an. Auch hier darf die Rechtsvorschrift nicht diskriminierend wirken, muss zur Erreichung des Zwecks geeignet sein und darf nicht über das zur Zielsetzung Erforderliche hinausgehen. 43

▶ **Beispiele:**

- Schutz des geistigen Eigentums[60]
- Schutz der Arbeitnehmer[61]
- Schutz der Verbraucher[62]
- Erhaltung des nationalen historischen und künstlerischen Erbes[63]
- Schutz der Sozialordnung[64]
- Erhebliche Gefährdung des finanziellen Gleichgewichts des Systems der sozialen Sicherheit[65]
- Steuerliche Kohärenz[66]
- Guter Ruf des nationalen Finanzsektors[67]
- Sicherstellung einer Mindestversorgung mit Energie[68]
- Qualitativ hochwertige Arzneimittelversorgung der Bevölkerung[69] ◀

Im Verfahren der Europäischen Kommission gegen das VW-Gesetz[70] ist von der beklagten Bundesrepublik Deutschland versäumt worden, auch die nationale For-

58 *Streinz,* Konvergenz der Grundfreiheiten, in: Festschrift Rudolf, 2001, 198.
59 EuGH, Gebhard/Consiglio dell'Ordine degli Avvocati e Procuratori di Milano, C-55/94, ECLI:EU:C:1995:411, I-4186 (4197 f.).
60 EuGH, Coditel/Ciné Vog Films, C-62/79, ECLI:EU:C:1980:84, 882.
61 EuGH, Mazzoleni und ISA, C-165/98, ECLI:EU:C:2001:162, I-2222 Rn. 27.
62 EuGH, Konsumentombudsmannen/De Agostini und TV-Shop, C-34 bis 36/95, ECLI:EU:C:1997:344, I-3875 (3891 Rn. 46).
63 EuGH, Kommission/Italien, C-180/89, ECLI:EU:C:1991:78 (723 Rn. 20).
64 EuGH, H.M. Customs and Excise/Schindler, C-275/92, ECLI:EU:C:1994:119, I-1078 (1096, Rn. 58 f.).
65 EuGH, Kohll/Union des caisses de maladie, C-158/96, ECLI:EU:C:1998:171, I-1935 (1948 Rn. 41).
66 EuGH, Bachmann/Belgischer Staat, C-204/90, ECLI:EU:C:1992:35, I-276 (282, 285).
67 EuGH, Alpine Investments BV/Minister van Financiën, C-384/93, ECLI:EU:C:1995:126, I-1167.
68 EuGH, Kommission/Belgien, C-503/99, ECLI:EU:C:2002:328, I-4833 Rn. 48.
69 EuGH, Doc Morris II, C-171/07 und 172/07, ECLI:EU:C:2009:316 = NJW 2009, 2112.
70 Vgl. hierzu EuGH, Kommission/Deutschland, C-112/05, ECLI:EU:C:2007:623, I-9020 = EuZW 2007, 697; EuGH, Kommission/Deutschland, C-95/12, ECLI:EU:C:2013:676 = EuZW 2013, 946.

schungsförderung als Einschränkungsmöglichkeit gegenüber der Kapitalverkehrsfreiheit prüfen zu lassen.[71] Noch nicht endgültig geklärt erscheint, ob die nationale Eigentumsordnung (Art. 345 AEUV) eine Rechtfertigung für Einschränkungen der Marktfreiheiten bieten kann.[72]

71 *Kilian*, NJW 2002, 3599.
72 So – entgegen EuGH bisher – die Schlussanträge des Generalanwalts vom 6.2.2003 in C-463/00, ECLI:EU:C:2003:71 (Kommission/Spanien) und C-98/01 (Kommission/Vereinigtes Königreich, Ziff. 37).

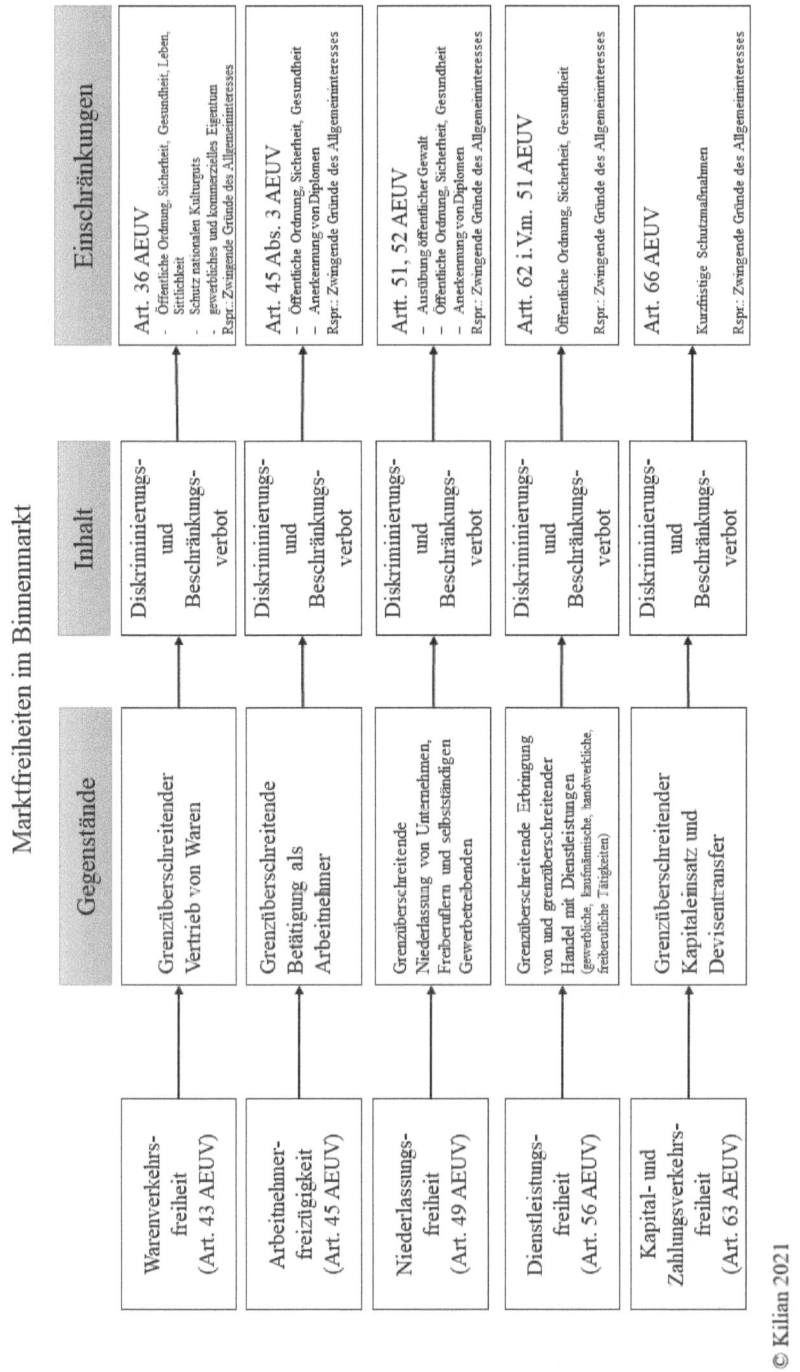
Marktfreiheiten im Binnenmarkt
Gegenstände
Inhalt
Einschränkungen
Warenverkehrsfreiheit (Art. 43 AEUV)
Grenzüberschreitender Vertrieb von Waren
Diskriminierungs- und Beschränkungsverbot
Art. 36 AEUV
- Öffentliche Ordnung, Sicherheit, Gesundheit, Leben, Sittlichkeit
- Schutz nationalen Kulturguts
- gewerbliches und kommerzielles Eigentum
Rspr.: Zwingende Gründe des Allgemeininteresses
Arbeitnehmerfreizügigkeit (Art. 45 AEUV)
Grenzüberschreitende Betätigung als Arbeitnehmer
Diskriminierungs- und Beschränkungsverbot
Art. 45 Abs. 3 AEUV
– Öffentliche Ordnung, Sicherheit, Gesundheit
– Anerkennung von Diplomen
Rspr.: Zwingende Gründe des Allgemeininteresses
Niederlassungsfreiheit (Art. 49 AEUV)
Grenzüberschreitende Niederlassung von Unternehmen, Freiberuflern und selbstständigen Gewerbetreibenden
Diskriminierungs- und Beschränkungsverbot
Artt. 51, 52 AEUV
– Ausübung öffentlicher Gewalt
– Öffentliche Ordnung, Sicherheit, Gesundheit
– Anerkennung von Diplomen
Rspr.: Zwingende Gründe des Allgemeininteresses
Dienstleistungsfreiheit (Art. 56 AEUV)
Grenzüberschreitende Erbringung von und grenzüberschreitender Handel mit Dienstleistungen (gewerbliche, kaufmännische, handwerkliche, freiberufliche Tätigkeiten)
Diskriminierungs- und Beschränkungsverbot
Artt. 62 i.V.m. 51 AEUV
Öffentliche Ordnung, Sicherheit, Gesundheit
Rspr.: Zwingende Gründe des Allgemeininteresses
Kapital- und Zahlungsverkehrsfreiheit (Art. 63 AEUV)
Grenzüberschreitender Kapitaleinsatz und Devisentransfer
Diskriminierungs- und Beschränkungsverbot
Art. 66 AEUV
Kurzfristige Schutzmaßnahmen
Rspr.: Zwingende Gründe des Allgemeininteresses
© Kilian 2021

1. Warenverkehrsfreiheit

Spezialliteratur: *Brigola,* Warenverkehr, in: Dauses (Hrsg.), Handbuch des EU-Wirtschaftsrechts, 52. EL 2021; C I; *Everling,* Zum Begriff der Ware im Binnenmarkt der EG und sein Verhältnis zu den Dienstleistungen, in: Festschrift Hahn, 1997, 365; *Füller,* Grundlage und inhaltliche Reichweit der Warenverkehrsfreiheit nach dem EG-Vertrag, 2000; *Harmsen,* E-Commerce mit Arzneimitteln, 2007; *Leible,* Verbot von mengenmäßigen Beschränkungen zwischen den Mitgliedstaaten, in: Grabitz/Hilf/Nettesheim, Das Recht der Europäischen Union, 2016, Art. 28–31; *Möschel,* Kehrtwende in der Rechtsprechung des EuGH zur Warenverkehrsfreiheit, NJW 1994, 429–431; *Mülbert,* Privatrecht, die EG-Grundfreiheiten und der Binnenmarkt, ZHR 159 (1995), 2–33; *Roth,* Freier Warenverkehr nach „Keck", in: Festschrift für Bernhard Großfeld zum 65. Geburtstag, 1999, S. 929.

44 Die Warenverkehrsfreiheit hat *ökonomisch* gesehen das Ziel, alle Produkte im Binnenmarkt frei verfügbar zu machen und *staatliche Beschränkungen* im Einsatz von Wettbewerbsparametern (etwa: Preisbildung; Konditionen; Qualität; Werbung; Service) zu beseitigen.

Inhalt und Umfang der Warenverkehrsfreiheit, wie sie *rechtlich* von den *Mitgliedstaaten* zu gewährleisten ist, wirken sich nachhaltig auf das Handeln von Unternehmen aus. Beruhen die Beschränkungen des freien Warenverkehrs im Binnenmarkt dagegen auf *privaten* Aktivitäten, greifen die Wettbewerbsregeln (Art. 101 ff. AEUV) ein.

a) Definition

45 Unter „Waren" fallen alle Erzeugnisse mit Geldwert, die Gegenstand von Handelsgeschäften sind.[73] Als Beispiele seien genannt:

- bewegliche Güter
- elektrischer Strom
- Datenträger.

Nicht als Waren werden angesehen:

- Computerprogramme
- gültige Zahlungsmittel
- Rauschgift[74]
- menschliches Gewebe und Zellen
- Kriegsmaterial (Art. 346 Abs. 1 lit. b AEUV).[75]

46 Der Kreis der „Waren" hängt eng mit der zollrechtlichen Behandlung von Gütern zusammen (Art. 28 AEUV). Da im Handelsverkehr mit Drittstaaten die Zollhoheit auf die Union übergegangen ist („Zollunion"), mussten für alle Waren einheitliche Zollsätze festgelegt werden. Damit notwendig verbunden ist ein System von Benennungen und Benennungsregeln. Die „Kombinierte Nomenklatur" (KN) von Waren[76] („Zollkodex") enthält auf 720 Seiten zugleich eine Auflistung geldwerter Erzeugnis-

73 EuGH, Kommission/Italien („Kunstschätze I"), C-7/68, ECLI:EU:C:1968:51, 635 (642).
74 EuGH, Josemans, C-137/09, ECLI:EU:C:2010:774.
75 Richtlinie (EU) 2017/2054 vom 8.11.2017 ABl. L vom 25.11.2017, S. 1 (Liste der Verteidigungsgüter); VO (EU) 2021/821 vom 20.5.2021 L 206 vom 11.6.2021, S. 1 („dual use" – Güter); Richtlinie (EU) 2021/555 vom 24.3.2021 ABl. L 115 vom 6.4.2021, S. 1 (private Feuerwaffen).
76 VO 2913/92/EWG vom 12.10.1992, ABl. L 302 vom 19.10.1992; S. 1; mehrfach berichtigt und zuletzt geändert durch VO (EG) Nr. 648/2005 vom 13.4.2005, ABl. L 117 vom 4.5.2005, S. 13.

se. Innerhalb des Binnenmarktes sollen diese Waren grundsätzlich keinen Handelsbeschränkungen unterliegen (Artt. 34, 36 AEUV).

Ein „modernisierter Zollkodex“ aus dem Jahr 2009[77] ist 2013[78] neu gefasst worden, sog. Unionszollkodex (UZG). Er sieht unter anderem im Regelfall elektronische Verfahren, eine dreijährige Bindung an Zollauskünfte, Wegfall nationaler Verfahren, Einführung eines einheitlichen Handelsdokuments und eine Bündelung der Aufgaben bei einer Eingangszollstelle („one-stop-shop“) vor. Der UZG wird als Basisrechtsakt von einem delegierten Rechtsakt[79] und einer Durchführungsverordnung[80] ergänzt.

b) Inhalt und Umfang

Keine andere Vorschrift hat in der Rechtsprechung und Praxis für den europäischen Binnenmarkt eine größere Bedeutung erlangt als Art. 34 AEUV. Das Verbot mengenmäßiger Einfuhrbeschränkungen sowie aller „Maßnahmen gleicher Wirkung“ ist als Generalklausel je nach Auslegung sowohl geeignet, die Vollendung des Binnenmarktes zu unterstützen, als auch, ihn unvollkommen zu lassen.[81] Alles hängt davon ab, welche Bewertungskriterien zur Beurteilung mitgliedstaatlicher Rechtsvorschriften zu Grunde gelegt werden. 47

Mengenmäßige Ein- oder Ausfuhrbeschränkungen (Artt. 34, 35 AEUV), die auf staatlichen Maßnahmen beruhen, sind bereits seit dem Jahr 1970 abgeschafft. Beschränkungen nach Zahl, Wert oder Zeitraum (Kontingentierung) oder durch Verwaltungsverfahren (Lizenzierung) haben innerhalb des Binnenmarktes keine Bedeutung mehr. 48

Erhebliche Bedeutung dagegen haben bis heute *„Maßnahmen gleicher Wirkung“* wie mengenmäßige Beschränkungen. Darunter fallen alle Rechts- und Verwaltungsvorschriften oder Verwaltungsakte, durch die Importwaren gegenüber dem Absatz inländischer Waren *verhindert, erschwert, verteuert* oder sonst *benachteiligt* werden. In Betracht kommen etwa: 49

- Sicherheitsvorschriften
- Preisvorschriften
- Etikettierungsvorschriften
- Gesundheitsvorschriften
- Verbrauchervorschriften
- Produktionsvorschriften
- Genehmigungsvorschriften
- Werbevorschriften
- Werbekampagnen.

▶ **Beispiele:**

– Nach dem alten deutschen Weingesetz waren die Bezeichnungen, „Sekt“ und „Weinbrand“ ausschließlich für Produkte aus Ländern vorbehalten, in denen Deutsch die Amtssprache ist; für Produkte aus anderen Ländern mussten andere Bezeichnungen

77 VO (EG) Nr. 450/2008 vom 23.4.2008, ABl. L 145 vom 4.6.2008, S. 1.
78 VO (EU) Nr. 952/2013 vom 9.10.2013, ABl. L. 269 vom 10.10.2013, S. 1.
79 VO (EU) 2015/2446 vom 28.7. 2015, ABl. L 343 vom 29.12.2015, S. 1.
80 VO (EU) 2015/2447 vom 24.11.2015, ABl. L 343 vom 29.12.2015, S. 1.
81 Vgl. *Steindorff,* ZHR 158 (1994), 149.

gewählt werden, die in Deutschland weniger attraktiv waren. Der EuGH sah darin eine Maßnahme gleicher Wirkung wie eine mengenmäßige Beschränkung.[82]

- Eine mit öffentlichen Mitteln durchgeführte Werbekampagne einer privaten Gesellschaft zur Förderung nationaler Produkte, die kostenlose Informationsdienste organisiert, Ausstellungsräume unterhält und die Verwendung des Etiketts „Guaranteed Irish" propagiert, ist dem Staat zuzurechnen und stellt eine „Maßnahme gleicher Wirkung" wie mengenmäßige Beschränkungen dar.[83]
- Ebenso verstößt das Gütezeichen „Markenqualität aus deutschen Landen" der Centrale Marketing-Gesellschaft der deutschen Agrarwirtschaft (CMA) gegen Art. 28 EG (jetzt 34 AEUV).[84]
- Genehmigungsvorschriften für drahtlose Alarmsysteme, die eine CE-Kennzeichnung tragen, verstoßen gegen Art. 28 EG (jetzt 34 AEUV).[85] ◀

50 Der Grund dafür, solche und ähnliche Praktiken als *Maßnahmen gleicher Wirkung* wie mengenmäßige Beschränkungen anzusehen, liegt ökonomisch gesehen darin, dass den Herstellern und Importeuren konkurrierender Produkte zusätzliche Kosten für Werbung, Verpackung, Etikettierung und Erfüllung besonderer Vorschriften entstehen (Transaktionskosten). Dadurch erleiden die Anbieter *Wettbewerbsnachteile,* die den *Marktzugang* erschweren. Eine solche Nationalisierung der Produkt- und Absatzmärkte widerspricht jedoch den rechtlichen Anforderungen des Binnenmarktes.

51 Nach der früheren Rechtsprechung des EuGH sollten staatliche Maßnahmen, die gleichermaßen für importierte und einheimische Produkte gelten, dann nicht in den Anwendungsbereich von Art. 34 AEUV fallen, wenn diese Maßnahmen *unterschiedslos* auf alle Produkte Anwendung finden und sie inländische wie ausländische Produkte *rechtlich und tatsächlich in gleicher Weise berühren.*

52 Diese Abgrenzungsformel war nicht tragfähig. Sie unterschätzte die Auswirkungen in tatsächlicher Hinsicht. Ausländische Produzenten müssen nämlich *sowohl* ihre nationalen Bestimmungen *als auch* die Bestimmungen des Importlandes beachten. Die unterschiedslose Geltung der Rechtsvorschriften des Importlandes führt wegen der unterschiedlichen Ausgangssituation zu höheren Kosten und damit zu Wettbewerbsnachteilen. Deshalb sind genauere inhaltliche Differenzierungs- und Bewertungskriterien erforderlich, um unterschiedslos geltende staatliche Bestimmungen als Maßnahmen gleicher Wirkung wie mengenmäßige Beschränkungen im Sinne von Art. 34 AEUV zu klassifizieren.

53 Lange Zeit hatte man sich aufgrund der berühmten EuGH-Leitentscheidungen *Cassis de Dijon* und *Dassonville* an Interpretationsformeln gewöhnt, die den Kreis der „Maßnahmen gleicher Wirkung" wie mengenmäßige Einfuhrbeschränkungen ständig erweiterten.

Nach dem Urteil *Cassis de Dijon*[86] umfasst Art. 28 EG (jetzt Art. 34 AEUV) „Hemmnisse für den freien Warenverkehr, die sich in Ermangelung einer Harmonisierung der Rechtsvorschriften daraus ergeben, dass Waren aus anderen Mitgliedstaaten,

82 EuGH, Kommission/Deutschland, C-12/74, ECLI:EU:C:1975:23, 182 (198).
83 EuGH, Kommission/Irland (Buy Irish), C-249/81, ECLI:EU:C:1982:402, 4006 = NJW 1983, 2755.
84 EuGH, Kommission/Deutschland, C-325/00, ECLI:EU:C:2002:633, I-9993.
85 EuGH, ATRAL SA/Belgien, C-14/02, ECLI:EU:C:2003:265, I-4456.
86 EuGH, Rewe/Bundesmonopolverwaltung für Branntwein (Cassis de Dijon), C-120/78, ECLI:EU:C:1979:42, 650.

die dort rechtmäßig hergestellt und in den Verkehr gebracht worden sind, bestimmten Vorschriften entsprechen müssen (wie etwa hinsichtlich ihrer Bezeichnung, ihrer Form, ihrer Abmessung, ihres Gewichts, ihrer Zusammenwirkung, ihrer Aufmachung, ihrer Etikettierung und ihrer Verpackung) selbst dann, wenn diese Vorschriften unterschiedslos für alle Erzeugnisse gelten, sofern sich die Anwendung dieser Vorschriften nicht durch einen Zweck rechtfertigen lässt, der im Allgemeininteresse liegt und den Erfordernissen des freien Warenverkehrs vorgeht."

Das zeitlich frühere *„Dassonville"*-Urteil[87] hatte diese Kriterien durch folgende „Formel" noch weiter gefasst: Die betreffenden Maßnahmen müssen geeignet sein, „den Handel zwischen den Mitgliedstaaten unmittelbar oder mittelbar, tatsächlich oder potenziell zu behindern" (Dassonville-Formel), wobei eine „spürbare Beeinträchtigung" des unionsinternen Handels nicht erforderlich sei.[88] 54

In seiner neueren Rechtsprechung engt der EuGH diese Rechtsprechung jedoch ein. In den Urteilen *Keck und Mithouard,*[89] *Hünermund,*[90] *Tankstation t'Heukske,*[91] *Punto Casa SpA,*[92] *Groupement national*[93] *oder DocMorris*[94] wird trotz Wiederholung der „Dassonville-Formel" jedenfalls die Kategorie *„bestimmte Verkaufsmodalitäten"* gebildet und dem Anwendungsbereich des Art. 28 EG (jetzt Art. 34 AEUV) entzogen. Soweit es sich dagegen um eine staatliche Vorschrift zur *Produktgestaltung* (zB Bezeichnung, Abmessung, Gewicht, Zusammensetzung, Aufmachung, Etikettierung, Verpackung) handelt, nimmt der EuGH weiterhin eine tatsächliche oder potenzielle Beschränkung von Binnenmarkttransaktionen an. Gleiches gilt für diskriminierende Verkaufsmodalitäten, die den Marktzugang für ausländische Erzeugnisse versperren oder stärker behindern, als sie dies für inländische Erzeugnisse vorsehen.[95] 55

Bei den einschränkenden Fällen *Keck und Mithouard* ging es um das staatliche Verbot des Verkaufs einer Ware an Verbraucher unter dem Einkaufspreis des Händlers. Dies ist allerdings ein Problem, das der EuGH schon früher mit gleichem Ergebnis,[96] aber anderer Begründung aus dem Anwendungsbereich des Art. 28 (jetzt Art. 34 AEUV) ausgeklammert hatte. Außerdem gibt es weitere Fälle nationaler Verkaufsbeschränkungen, in denen der EuGH schon früher den Art. 28 EG (jetzt Art. 34 AEUV) nicht angewendet hatte, selbst wenn die Regelungen potenziell Auswirkungen auf den Vertrieb ausländischer Güter in diesem Staat haben konnten.[97] Nimmt man hinzu, dass der EuGH neuerdings auf das Hilfskriterium der *mittelbaren* Auswirkung einer staatlichen 56

87 EuGH, Dassonville, C-8/74, ECLI:EU:C:1974:82, 838.

88 EuGH Strafverfahren gegen Prantl, C-16/83, ECLI:EU:C:1984:101, 1301.

89 EuGH, Keck und Mithouard, C-267/91, ECLI:EU:C:1993:905, I-6126 = ZIP 1993, 1813.

90 EuGH, Hünermund ua/Landesapothekerkammer BaWü, C-292/92, ECLI:EU:C:1993:932, I-6816 = JZ 1994, 359.

91 EuGH, Tankstation t'Heukske und Boermans, C-401/92 und C-404/92, ECLI:EU:C:1994:220, I-2227.

92 EuGH, Punto Casa und PPV, C-69/93 und C-258/93, ECLIEU:C:1994:226, I-2363.

93 EuGH, Belgapom/ITM und Vocarex, C-63/94, ECLI:EU:C:1995:270, , I-2486; EuGH, Konsumentombudsmannen/De Agostini und TV-Shop, C-34 bis 36/957, I-3875.

94 EuGH, Doc Morris, C-322/01, ECLI:EU:C:2003:6643, I-14951.

95 EuGH, Konsumentenombudsmannen/Gourmet International Products AB, C-405/98, ECLI:EU:C:2001:135, I-1816.

96 EuGH, Sadam/Comitato interministeriale dei prezzi, C-88/75, ECLI:EU:C:1976:32, 324; EuGH, Van Tiggele, C-82/77, ECLI:EU:C:1978:10, 26; EuGH, Strafverfahren Danis ua, 16 bis 20/79, 3328; EuGH, Kommission/Italien, C-78/82, ECLI:EU:C:1983:159.

97 EuGH, Oebel, C-155/80, ECLI:EU:C:1981:177, 1994 (2012); EuGH, Quetlynn und Richards/Southend Borough Council, C-23/89, ECLI:EU:C:1990:300, I-3077; EuGH, Blesgen, C-75/81, ECLI:EU:C:1982:117, 1212; EuGH, Tankstation t'Heukske und Boermans, C-401/92, ECLI:EU:C:1994:220, I-2227; EuGH, Punto Casa und PPV, C-69/93, ECLI:EU:C:1994:226, I-2363.

Regelung aus der „*Dassonville*-Formel“ zu verzichten scheint[98] und demnach vielleicht nur noch staatliche Maßnahmen mit *unmittelbaren* negativen Auswirkungen für den Binnenmarkt verboten sein sollen, dann könnte sich in der Tat eine größere Änderung der Rechtsprechung zu Art. 34 AEUV andeuten.

57 Nach dem Urteil *Keck und Mithouard* fanden sich in der Literatur ähnliche Sichtweisen. *Steindorff*[99] beklagt die „Dürre des Urteils“, das „Verwirrung“ stifte, *Möschel*[100] spricht von einer „Kehrtwende“. Andere Bewertungen gehen in dieselbe Richtung.[101] Das Urteil überraschte aber weniger durch sein Ergebnis als durch das Entscheidungskriterium: Die formale Differenzierung zwischen staatlichen Vorschriften zur *Produktgestaltung* einerseits, die unstreitig unter Art. 28 EG (jetzt Art. 34 AEUV) fallen, und *Verkaufsmodalitäten* andererseits, für die Art. 34 AEUV nicht gelten soll. Diese Differenzierung ist ohne Angabe von Kriterien unscharf. In der späteren Entscheidung „Clinique“ wird stillschweigend auf die Differenzierung verzichtet.[102]

▶ **Beispiel:**

Die Werbung für ein Produkt kann sowohl durch Produktgestaltung als auch durch Verkaufsmodalitäten erfolgen. Warum sollen binnenmarkthemmende Regelungen über Werbemaßnahmen durch Produktgestaltung verboten, durch Verkaufsmodalitäten aber erlaubt sein? ◀

58 Die Differenzierungskriterien müssen von der Funktion des Art. 34 AEUV ausgehen. Zweck des Art. 34 AEUV ist es, Importnachteile im Sinne von Kontingentierungen oder ähnlichen Maßnahmen zu vermeiden, weil dadurch die Entwicklung des Binnenmarktes gehemmt wird. Es ist also der *Binnenmarktbezug*, der die Gründe für Differenzierungen liefern muss. Rein mitgliedstaatliche Sachverhalte kommen nur dann in die Reichweite von Art. 34 AEUV, wenn die Anwendung einer nationalen Bestimmung in einem hypothetischen Fall zumindest potenziell Auswirkungen auf den unionsinternen Handel hat.[103] Der Schutz vor – wenn auch nur getarntem – nationalem Protektionismus sowie das Zusammenwachsen der Teilmärkte durch Verringerung der Transaktionskosten stehen im Mittelpunkt dieser Vorschrift.

59 Ob die Entwicklung des Binnenmarktes gefördert oder gehemmt wird, lässt sich allgemein an ökonomischen Kriterien wie *Marktstruktur*, *Marktverhalten* und *Marktergebnis* ablesen. Im Kartellrecht werden diese Kriterien auf Handlungen von *Unternehmen*, im Rahmen des Art. 34 AEUV auf die *Wirkung staatlicher Vorschriften* bezogen.[104] Staatliche Vorschriften müssen daher mit der Struktur des Binnenmarktes, mit den Verhaltensweisen in einem Binnenmarkt und mit den Ergebnissen eines funktionsfähigen Binnenmarktes vereinbar sein.

---

98 Weil die binnenmarktbeschränkende Wirkung „zu ungewiss und zu mittelbar“ eintrete (vgl. EuGH, CMC Motorradcenter/Baskiciogullari,C-93/92, ECLI:EU:C:1993:838, I-5018 = JZ 1994, 623); so schon früher EuGH, Krantz/Ontvanger der Directe Belastingen, C-69/88, ECLI:EU:C:1990:97, I-594 ff. Rn. 11.

99 ZHR 158 (1994), 149 (152).

100 NJW 1994, 429.

101 *Reich*, ZIP 1993, 1813; *Ress*, EuZW 1993, 745; *Sack*, EWS 1994, 37; vorsichtiger: *Fezer*, Urteilsanmerkung JZ 1994, 623 (624); *Lenz*, NJW 1994, 1633 f.

102 EuGH, Verband Sozialer Wettbewerb/Clinique Laboratories SNC u. Estée Lauder Cosmetics GmbH, C-315/92, ECLI:EU:C:1994:34, I-330 = NJW 1994, 1207.

103 EuGH, Pistre ua, C-321 bis 324/94, ECLIEU:C:1997:229, I-2360; EuGH, Guimont, C-448/98, ECLI:EU:C:2000:663, I-10679 = EuZW 2001, 158.

104 So *Reich*, ZIP 1993, 1813; vgl. hierzu auch *Steindorff*, ZHR 158 (1994), 149 (157 und 162).

Die *Marktstruktur* kann durch *Zugangsbeschränkungen* verschlechtert werden, weil diese den Wettbewerb beschränken. Sowohl Vorschriften über die Produktgestaltung als auch über Verkaufsmodalitäten können solche Zugangsbarrieren errichten oder Anpassungskosten verursachen. Deshalb reicht die *Klassifikation* einer Regelung als Verkaufsmodalität nicht aus, um die Anwendung des Art. 34 AEUV auszuschließen. Vielmehr muss *zusätzlich* festgestellt werden, ob eine bestimmte vorgeschriebene Verkaufsmodalität *wettbewerbsbeschränkende Wirkung* im Binnenmarkt hat. Es lassen sich durchaus Verkaufsmodalitäten mit und ohne *wettbewerbsbeschränkende Binnenmarktwirkungen* denken. 60

▶ **Beispiel:**

Im *Keck-Fall* ging es um den Weitervertrieb von Waren in Frankreich. Durch das Verbot des Verkaufs unter dem Einstandspreis auf dem französischen Markt wurden Importe nicht behindert, weil von dem Verbot nicht die Importquote der Importeure, sondern nur die Gewinnquote der französischen Händler abhing. Eine kostensteigernde Anpassung des Marktverhaltens der Exporteure war mit dem innerfranzösischen Verbot nicht verbunden. Es ging auch nicht um die Versperrung oder die Behinderung des Marktzugangs. Damit fehlte der Binnenmarktbezug des innerfranzösischen Verkaufsverbots unter dem Einstandspreis. Art. 28 EG (jetzt Art. 34 AEUV) war in der Tat nicht anzuwenden. Das Ergebnis steht im Einklang mit den genannten früheren einschlägigen EuGH-Entscheidungen zu Verkäufen unter dem Einstandspreis. Nicht überzeugend gegenüber den früheren Urteilen ist allerdings die argumentative Anknüpfung an „Verkaufsmodalitäten" als Entscheidungskriterium. ◀

Gleiches gilt im Hinblick auf das weitere Urteil *Hünermund,* das ein Werbeverbot für Apothekenwaren (Kosmetika) betraf. Da diese Kosmetika auch außerhalb der Apotheken verkauft werden und insoweit die grenzüberschreitende Werbung nicht beschränkt war, lag auch für diese „Verkaufsmodalität" letztlich keine Erschwerung des Binnenmarktverkehrs vor. 61

Die kritischen Bereiche innerhalb der Kategorie „Verkaufsmodalitäten" sind in Vorschriften zur *Werbung,* zur *Preisgestaltung,* zum *unlauteren Wettbewerb* und zum *Vertrieb* zu sehen. Je nach ihrer Binnenmarktwirkung können entsprechende Regelungen für EU-Anbieter und -Nachfrager als *wettbewerbsbeschränkend und transaktionskostenerhöhend* und damit als Verstoß gegen Art. 34 AEUV oder aber als *neutral* einzustufen sein.[105] 62

In dem zur Dienstleistungsfreiheit ergangenen Urteil „*Alpine Investments*"[106] differenziert der EuGH bei der Frage, ob eine Marktbeschränkung vorliegt, nicht mehr nach den unscharfen *Marketingkriterien* „Produktgestaltung" oder „Verkaufsmodalitäten", sondern nach dem *Wettbewerbskriterium* „freier Marktzugang". Eine Beschränkung des freien Zugangs zum Binnenmarkt durch eine beschränkende nationale Vorschrift liegt danach unter folgenden Voraussetzungen vor: 63

---

105 EuGH, Buet/Ministre Public, C-382/87, ECLI:EU:C:1989:198, 1248 (Anpassungszwang an ein bestimmtes Vertriebssystem verstößt gegen Art. 28 EG, jetzt Art. 34 AEUV); EuGH, GB-Inno-BM, C-362/88, ECLI:EU:C:1990:102, I-683 (Werbeverbot verstößt gegen Art. 28 EG); EuGH, Verband Sozialer Wettbewerb/Clinique Laboratories SNC u. Estée Lauder Cosmetics GmbH, C-315/92, ECLI:EU:C:1994:34. I-330 = NJW 1994, 1207 (Zwang zur Änderung eines Warenzeichens wegen angeblicher Unlauterkeit verstößt gegen Art. 28 EG, jetzt Art. 34 AEUV).

106 EuGH, Alpine Investments BV/Minister van Financiën, C-384/93, ECLI:EU:C1995:126, I-1167.

- Die nationale Vorschrift gilt nicht für alle Wirtschaftsteilnehmer, die ihre Tätigkeit im Inland ausüben, oder
- die nationale Vorschrift berührt rechtlich wie tatsächlich nicht in gleicher Weise den Absatz inländischer Erzeugnisse und der Erzeugnisse aus anderen Mitgliedstaaten, oder
- die nationale Vorschrift hat extraterritoriale Wirkung.

▶ **Beispiel:**

Im Fall „*Alpine Investments*" ging es um das Verbot des „cold calling", also um die Praxis, mit Privatpersonen ohne deren vorherige Zustimmung telefonisch zu Werbezwecken Kontakt aufzunehmen. Von dem niederländischen Verbot der unaufgeforderten Telefonwerbung waren auch potenzielle Kunden in einem anderen EU-Mitgliedstaat betroffen.

Der EuGH sah in dem nationalen Verbot zutreffend eine Beschränkung des Marktzugangs für inländische Anbieter im Binnenmarkt, also einen Verstoß gegen Art. 49 EG (jetzt Art. 56 AEUV) (es ging um Angebote für Warentermingeschäfte). Allerdings erkannte der EuGH einen zwingenden Grund des Allgemeininteresses als Rechtfertigung für das nationale Verbot des „cold calling" an. Der zwingende Grund des Allgemeininteresses wurde in der Bewahrung des guten Rufs der niederländischen Finanzdienstleistungen gesehen. Dieser gute Ruf sei von Art und Umfang des niederländischen Verbraucherschutzes mit Wirkung in einem anderen EU-Mitgliedstaat abhängig. ◀

64 Drei Verfahren stehen offen, um Wettbewerbsverzerrungen im Binnenmarkt durch unterschiedliche nationale Rechtsvorschriften zu vermeiden:

- Harmonisierung
- Gegenseitige Anerkennung
- Durchsetzung des Ursprungslandprinzips.

65 Der Weg der *Harmonisierung* ist sehr aufwändig und ergibt einen Flickenteppich an Teillösungen. Die Harmonisierung setzt eine legislative Kompetenz der Union voraus. Außerdem dürfen nationale Regelungen das Problem nicht besser bewältigen können (Subsidiaritätsprinzip). Statt einer *direkten Harmonisierung* sind bessere Erfolge bei der *indirekten Harmonisierung* zu erwarten. Bei diesem Verfahren wird die Entwicklung europäischer technischer Normen (für Sicherheit, Registrierung, Verpackung, Telekommunikation usw) durch Schaffung europäischer Normungsgremien und durch Anerkennung ihrer Ergebnisse gefördert. Viele nationale Normen (auch deutsche Industrienormen/DIN) wurden bereits durch europäische technische Normen verdrängt. Schließlich gibt es ein Verfahren der administrativen Zusammenarbeit zwischen den Mitgliedstaaten und der Europäischen Kommission in Form der Information und Kommunikation im Hinblick auf national *geplante* Regelungen rechtlicher und technischer Art, die nicht schon durch Unionsrecht harmonisiert sind.[107]

66 Die *gegenseitige Anerkennung* unterschiedlicher nationaler Rechtsnormen setzt die Bereitschaft der Staaten voraus, sich vertraglich entsprechend zu verständigen. Die Zahl solcher Verträge ist gering.

67 Das *Ursprungslandprinzip* besagt, dass die Vermarktung eines Produkts, das im Herstellerland im Einklang mit den dortigen Bestimmungen hergestellt und auf den Markt gebracht worden ist, nicht aufgrund abweichender Bestimmungen im Importland be-

107 Richtlinie 98/34/EG, ABl. L 204 vom 21.7.1998, S. 37; Richtlinie 98/48/EG, ABl. L 217 vom 5.8.1998, S. 18.

hindert werden darf. Der Nachteil des Ursprungslandprinzips liegt darin, dass unter Umständen inländische Produkte höheren Kosten ausgesetzt und dadurch im Wettbewerb umgekehrt diskriminiert werden.

c) Einschränkungen

Inhalt und Umfang der Garantie der Warenverkehrsfreiheit richten sich nach dem 68
Hauptkriterium, ob ein *fairer Marktzugang* gewährleistet ist. Gleichermaßen im Hinblick auf den Zweck berechtigte und nicht diskriminierend angewandte *Verkaufsmodalitäten* beeinträchtigen den fairen Marktzugang nicht.

Neben diesen Differenzierungen hinsichtlich des Anwendungsbereichs des Art. 34 AEUV sind theoretisch und praktisch die in Art. 36 AEUV geregelten *Ausnahmen von der Gewährung* der Warenverkehrsfreiheit als Rechtfertigungsgründe bedeutsam. Nach Art. 34 AEUV stehen Ein-, Aus- und Durchfuhrverbote oder entsprechende Beschränkungen den Artt. 34 und 35 AEUV nicht entgegen, die aus Gründen der öffentlichen Sicherheit, Ordnung, zum Schutz der Gesundheit und des Lebens von Menschen, Tieren oder Pflanzen, des nationalen Kulturguts von künstlerischem Wert oder des gewerblichen und kommerziellen Eigentums gerechtfertigt sind. Darüber hinaus sind ungeschriebene Ausnahmen zu beachten. Es besteht eine umfangreiche Entscheidungspraxis und wissenschaftliche Diskussion zum Anwendungskomplex der Artt. 34 und 36 AEUV (vormals Artt. 28 und 30 EG).

Die in Art. 36 AEUV genannten Rechtfertigungsgründe zur Beschränkung der Waren- 69
verkehrsfreiheit weisen deutliche Problemschwerpunkte beim *Gesundheitsschutz* sowie beim Schutz des *gewerblichen und kommerziellen Eigentums* auf.

Der *Schutz der Gesundheit von Menschen* gilt als wichtiges Gemeinschaftsgut. Bei Zielkonflikten zwischen der Warenverkehrsfreiheit und dem Gesundheitsschutz hat der Gesundheitsschutz im Fall einer nichtdiskriminierenden Handhabung Vorrang.

▶ **Beispiele:**

- Die Kennzeichnungspflicht für Konservierungsstoffe in Lebensmitteln aus anderen Mitgliedstaaten ist in bestimmten Grenzen zulässig.[108]
- Medizinprodukte (zB Herzschrittmacher) bedürfen einer klinischen Vorprüfung und unterliegen einem Konformitätsbewertungsverfahren.[109]
- Ein partielles Werbeverbot an bestimmten öffentlichen Stellen (Plätzen, Straßen, Kinos), das die öffentliche Werbung für alkoholische Getränke mit mehr als 23 % Alkoholgehalt verbietet, ist eine nach Art. 36 AEUV gerechtfertigte Maßnahme mit gleicher Wirkung wie eine Handelsbeschränkung.[110]
- Ebenso ist ein nationales Werbeverbot für Arzneimittel aus Gesundheitsschutzgründen gerechtfertigt.[111]

---

108 EuGH, Strafverfahren gegen Bellon, C-42/90, ECLI:EU:C:1990:475, I-4878.
109 VO (EU) 2017/745 vom 5.4.2017 ABl. L 117 vom 5.5.2017, S. 1.
110 EuGH vom, Aragonesa de Publicidad Exterior und Publivia/Departamento de Sanidad y Seguridad Social de Cataluña, C-1/90 und 176/90, I-4179.
111 EuGH, Lucien Ortscheit GmbH/Eurim-Pharm GmbH, C-320/93, ECLI:EU:C:1994:379, I-5257.

- Obergrenzen für den Teer-, Nikotin- und Kohlendioxydgehalt von Zigaretten sowie Einschränkungen hinsichtlich Angaben, Etikettierung, Werbung und Sponsoring von Tabakwaren sind zulässig.[112] ◀

Der Vorrang des Gesundheitsschutzes vor der Warenverkehrsfreiheit gilt dann nicht, wenn es weniger beschränkende Regelungsalternativen gibt. Über das Notwendige hinausgehende Vorschriften sind auch aus Gründen des Gesundheitsschutzes nicht gerechtfertigt.

▶ **Beispiel:**

Systematische und umfassende Untersuchungen bestimmter Fischsorten aus der Union nach Italien durch italienische Behörden sind aus Gesundheitsgründen dann nicht zulässig, wenn Stichprobenkontrollen dem Zweck genügen.[113] ◀

70 Der *Schutz des gewerblichen und kommerziellen Eigentums* umfasst Patente, Urheberrechte, Marken und sonstige Leistungsschutzrechte. Sie gewähren dem Berechtigten eine rechtlich geschützte, eigentumsähnliche Stellung und Marktposition *(„exclusive right")* für die Herstellung und Verbreitung des Werks (der Erfindung, des Produkts). Weil diese Stellung einem *wirtschaftlichen Monopol* gleichkommt, besteht grundsätzlich ein *Widerspruch zur Wettbewerbsordnung.* Der Widerspruch wird aber ausnahmsweise geduldet, um im Interesse einer beständigen wirtschaftlichen Entwicklung und Innovationstätigkeit Anreize für entsprechende Leistungen zu schaffen.

71 Für alle gewerblichen Schutzrechte und für das Urheberrecht gilt das sogenannte *Territorialprinzip.*[114] Darunter versteht man die Tatsache, dass Schutzrechte nur in dem Staat gelten, der sie verliehen hat. Selbst wenn in mehreren Staaten identische Schutzrechte bestehen, handelt es sich rechtlich nicht um *ein* Schutzrecht in *mehreren* Staaten, sondern um *mehrere* Schutzrechte in *mehreren* Staaten. Vorgänge außerhalb des schutzverleihenden Staates haben in diesem Staat keine Auswirkungen.

▶ **Beispiel:**

A hat ein Patent im Staat Y zur Herstellung eines Produkts. Aufgrund dieses Patents kann er die Ausfuhr des Produkts in den Staat Z verbieten. ◀

Das Territorialprinzip bewirkt also grundsätzlich eine Aufspaltung des Binnenmarktes in staatliche Märkte. Besonders gravierend wirken sich Schutzrechte in Kombination mit Vertriebssystemen aus. Deshalb hat sich die Schutzrechtsdiskussion von den Artt. 34, 35, 36 AEUV heute stärker zu einer wettbewerbsrechtlichen Beurteilung hin verlagert (Art. 101 AEUV).

72 Die Existenz eines Leistungsschutzrechtes im Sinne des Art. 36 S. 1 AEUV bedeutet nun nicht, dass in diesen Fällen stets eine Ausnahme von der Freiheit des Warenverkehrs vorliegt. Einmal ist die *„Schranken-Schranke"* des Art. 36 S. 2 AEUV zu beachten, der Diskriminierungen und verschleierte Beschränkungen des Handels auch in den Rechtfertigungsfällen des Art. 36 S. 1 AEUV verbietet. Zum anderen unterscheidet der EuGH zwischen der *Innehabung* des Schutzrechts und seiner *Ausübung.* Während die *Innehabung* schon aus Gründen der nationalen Zuständigkeit für die Eigentumsordnung (Art. 345 AEUV) unangetastet bleibt, unterwirft der EuGH die *Ausübung* des

112 Richtlinie 2001/37/EG, ABl. L 194 vom 18.7.2001, S. 26.; Richtlinie 2014/40/EU, ABl. L 127 vom 29.4.2014, S. 1.

113 EuGH, Kommission/Italien, C-228/91, ECLI:EU:C:1993:206, I-2738.

114 Vgl. RGZ 118, 76.

Schutzrechts seiner Kontrolle. Dies führt tendenziell zur Kontrolle einer *binnenmarktkonformen Ausübung der Schutzrechte.*

Die Abgrenzung zwischen zulässigen und unzulässigen Beschränkungen der Warenverkehrsfreiheit auf der Rechtfertigungsebene des Art. 36 AEUV ist oft schwer zu ziehen. Ausgangspunkt bilden Kriterien, die den freien Zugang zum Binnenmarkt unter Wettbewerbsbedingungen fördern. Der EuGH berücksichtigt für die Abgrenzung folgende Prinzipien: 73

- Ursprungslandprinzip/Herkunftslandprinzip

Ein in einem Mitgliedstaat rechtmäßig hergestelltes Produkt kann unabhängig von abweichenden nationalen Vorschriften eines anderen Mitgliedstaates in dem anderen Mitgliedstaat vermarktet werden. 74

▶ **Beispiele:**

- Die Einfuhr von Brot, dessen Salzgehalt in der Trockenmasse die Höchstgrenze um 2 % überschreitet, darf aus Gründen des Gesundheitsschutzes nicht verboten werden, wenn das Brot im Herstellerland rechtmäßig in Verkehr gebracht worden ist.[115]
- Der Import von Bier darf nicht verboten werden, wenn es in einem Mitgliedstaat ordnungsgemäß in Verkehr gebracht worden ist, auch wenn es 20 mg Schwefeldioxyd enthält. Art. 36 AEUV (Gesundheitsschutz) greift nicht ein.[116]
- Ähnliche Beispiele betreffen die unterschiedliche Festsetzung des Käsefettgehalts zwischen Frankreich/Italien oder den unterschiedlichen Alkoholgehalt für Likör zwischen Frankreich/Deutschland oder die unterschiedliche Zugabe pflanzlicher Fette als Kakaobutter bei Schokolade zwischen Italien und Spanien einerseits, Dänemark, Irland, Portugal, Schweden, Finnland und Vereinigtes Königreich andererseits. ◀

- Verhältnismäßigkeitsprinzip

An sich zulässige nationale Regelungen aus Gründen des Art. 36 AEUV können unzulässig sein, wenn sie unverhältnismäßige Beschränkungen der Warenverkehrsfreiheit enthalten. 75

▶ **Beispiel:**

Nach dem deutschen Reinheitsgebot für Bier (vgl. § 9 Abs. 1 BiersteuerG a. F.) dürfen für untergäriges Bier nur Gerstenmalz, Hopfen, Hefe und Wasser verwendet werden. Der EuGH sah darin eine Vorschrift, die den Import von Bier aus anderen Mitgliedstaaten, das nach dortigen Vorschriften gebraut wurde, erschwert oder verhindert. Die deutsche Vorschrift wurde deshalb als Verstoß gegen das Verhältnismäßigkeitsprinzip angesehen und als Handelshemmnis eingestuft.[117] Die deutsche Rechtslage wurde daraufhin geändert.[118] ◀

- Fehlen einer Rechtsharmonisierung im Binnenmarkt

Solange eine unionsweite Regelung fehlt, haben nationale Regelungen Bestand. 76

▶ **Beispiele:**

- Einordnung eines Produkts als Arzneimittel oder Kosmetikum.
- Verbot der Einfuhr nitrathaltiger Käsesorten in Frankreich, Griechenland und Italien. ◀

---

115 EuGH, Strafverfahren gegen Van der Veldt, C-17/93, ECLI:EU:C:1994:299, I-3553.
116 EuGH, Strafverfahren gegen Michel Debus, C-13/91 und C-113/91, I-3636.
117 EuGH, Kommission/Deutschland, C-178/84, ECLI:EU:C:1987:126, 1262 = NJW 1987, 1133.
118 BGBl. 1993 I, S. 1399.

■ Diskriminierungsverbot

77 Mehrere Entscheidungen des EuGH sahen in der Interpretation des (früheren) § 3 UWG durch deutsche Gerichte eine Behinderung des unionsweiten Handels.

▶ **Beispiele:**

- Das Verbot, ausländische Warenzeichen in Deutschland anzubringen, behindert den Binnenmarktverkehr.[119]
- Das Verbot, kosmetische Mittel unter derselben Bezeichnung in Deutschland wie im herstellenden Mitgliedstaat auf den Markt zu bringen, stellt eine Behinderung des innergemeinschaftlichen Handels dar.[120]
- Diskriminierend sind auch die Regelungen der §§ 96 Abs. 1, 125 Abs. 1 UrhG, wonach deutsche Künstler auch für ausländische Aufnahmen Schutzrechte in Anspruch nehmen können, während ausländischen Künstlern und deren Verwertungsgesellschaften in Deutschland dieser Schutz nicht eingeräumt wird.[121] ◀

119 EuGH, Pall/Dahlhausen, C-238/89, ECLI:EU:C:1990:473, I-4844.
120 EuGH, Verband Sozialer Wettbewerb/Clinique Laboratories SNC u. Lauder-Cosmetics GmbH, C-315/92, I-330.
121 EuGH, Phil Collins/Imtrat und EMI Electrola, C-92/92 und C-326/92, ECLI:EU:C:1993:847, I-5171.

System der Prüfungskriterien für die Anwendung von Art. 34 AEUV nach der EuGH-Rechtsprechung

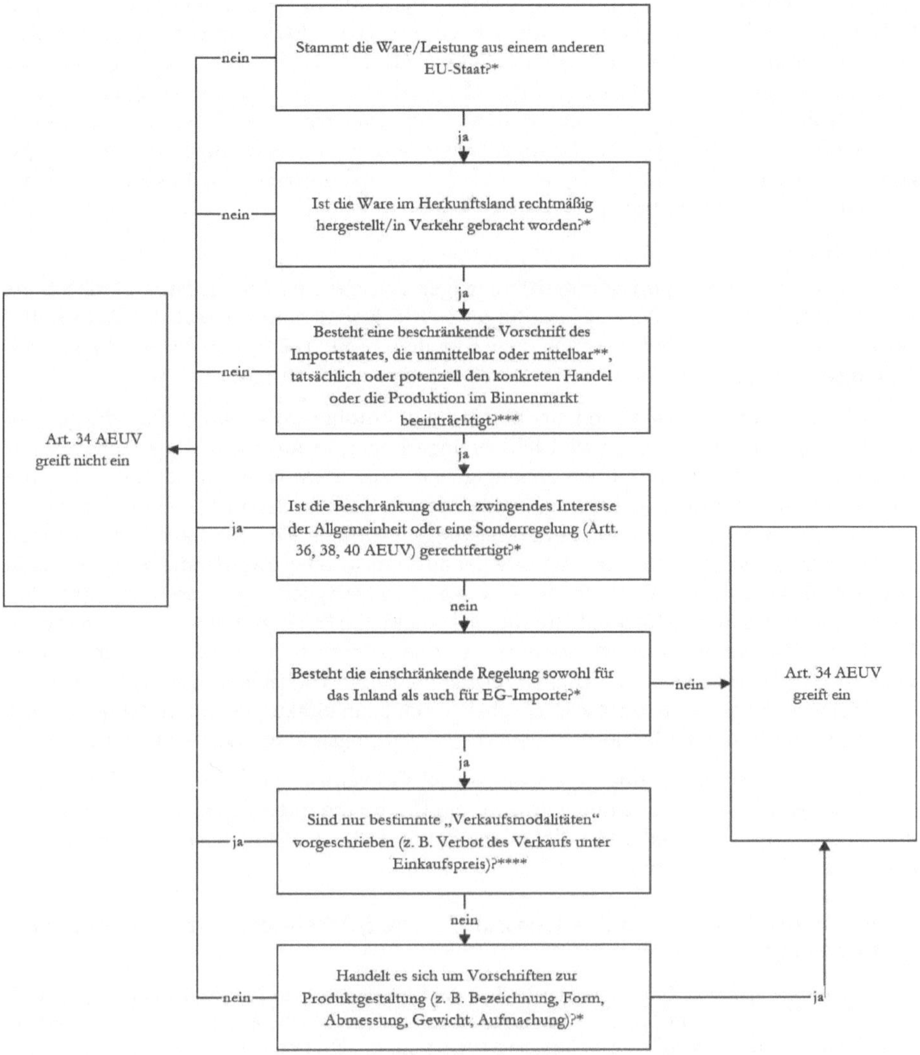

* Urt. v. 20.2.1979, Rs. 120/78, Rewe Zentral AG (Cassis de Dijon), Slg. 1979, 649.
** Umstritten, vgl. Urt. v. 13.10.1993, Rs. C-93/92, CMC Motorradcenter, Slg. 1993, I-5009.
*** Urt. v. 11.7.1974, Rs. 8/74, Dassonville, Slg. 1974, 837.
**** Urt. v. 24.11.1993, Rs. C-267/91 und C-268/91, Keck und Mithouard, Slg. 1993, I-6097.

d) Bewertung

78 Die weite Auslegung von „Maßnahmen gleicher Wirkung" wie mengenmäßige Einfuhrbeschränkungen zur grundsätzlichen Sicherung der Warenverkehrsfreiheit (Art. 34 AEUV) hat mit den restriktiv interpretierten Ausnahmen (Art. 36 AEUV) sowie der Spruchpraxis des EuGH einen weitgehend offenen Binnenmarkt für den Warenverkehr in der Union geschaffen. Es dürfen allerdings nicht die vielfältigen Möglichkeiten

übersehen werden, die einen wirksamen Wettbewerb dennoch verhindern können. Zu denken ist vor allem an Absprachen oder abgestimmte Verhaltensweisen zwischen Unternehmen, die wettbewerbsrechtlich nach Art. 101 AEUV unbeanstandet bleiben. Dazu gehören vor allem die nach der VO (EG) Nr. 1/2003 zur Durchführung der in den Artt. 81 und 82 EG (jetzt Artt. 101 und 102 AEUV) niedergelegten Wettbewerbsregeln.[122] Hiernach ist eine *Selbsteinschätzung* der eigenen Wettbewerbspraxis erforderlich. Daneben werden *Gruppenfreistellungen* für bestimmte Vereinbarungen gewährt (Art. 101 Abs. 3 AEUV), die zwar der Verwaltungsvereinfachung dienen, aber durchaus Antiwettbewerbseffekte besitzen können.

▶ **Beispiel:**

Der freie Export und Import von Kraftfahrzeugen zwischen EU-Mitgliedstaaten fällt ohne Zweifel unter Art. 34 AEUV. Jeder EU-Bürger soll in jedem Mitgliedstaat das Auto seiner Wahl zu den dort geltenden Bedingungen kaufen können. Eine rechtliche Möglichkeit, Autoimporte aus anderen Mitgliedstaaten abwehren zu können, gibt es nicht.

In der Praxis zeigte sich lange Zeit ein anderes Bild: Autohersteller nahmen (zulässigerweise) die Gruppenfreistellung für Vertriebsvereinbarungen in Anspruch. Sie belieferten nur Vertragshändler, die oft von ihnen abhängig sind. Außerdem lieferten sie nur bestimmte Modelle mit bestimmter Ausstattung. Durch inoffizielle Kontrollen und über die Verfolgung der Fabrikationsnummer, die für Gewährleistungsansprüche die Grundlage bildet, können sie den Verkaufsweg kontrollieren. Lieferte der ausländische Vertragshändler entgegen dem „Wunsch" des Herstellers an Käufer aus einem anderen Mitgliedstaat, waren verzögerte Belieferungen und sonstige Nachteile für diesen Händler die Folge. Auf diese Weise wurde ein Reimport inländischer Fahrzeuge erschwert. Der direktimportierende Verbraucher, dem die Warenverkehrsfreiheit und die Gruppenfreistellung für Vertriebsbindungen (Art. 101 Abs. 3 AEUV) dienen sollen, hatte oft das Nachsehen. Gelang ein direkter Reimport dennoch, dann musste ein deutscher Käufer noch erheblichen verwaltungsmäßigen Aufwand betreiben. ◀

Die alte Gruppenfreistellungsverordnung für Kraftfahrzeuge[123] und die Rechtsprechung des EuGH haben dazu beigetragen, die Unabhängigkeit der Händler zu stärken, den Bezug von Ersatzteilen zu liberalisieren und die Garantieleistungen überall in Anspruch nehmen zu können.

2. Personenverkehrsfreiheit (Niederlassungsfreiheit; Arbeitnehmerfreizügigkeit), Artt. 49, 45 AEUV

Spezialliteratur: *Behrens,* Niederlassungsfreiheit und internationales Gesellschaftsrecht, RabelsZ 52 (1988), 498; *Deckert/Schroeder,* Zur Reichweite der Grundfreiheiten, JZ 2001, 88; *Everling,* Das Niederlassungsrecht der Europäischen Gemeinschaft, DB 1990, 1853; *Eyles,* Das Niederlassungsrecht der Kapitalgesellschaften in der Europäischen Gemeinschaft, 1990; *Hailbronner,* Freizügigkeit, in: Dauses (Hrsg.), Handbuch des EU-Wirtschaftsrechts, 52. EL 2021, D I; *Grill,* Immer am Ball – der Fall Bosman und seine Folgen, ZEuS 1999, 519; *Junker,* Neuere Entwicklungen im deutschen und europäischen Gemeinschaftsrecht, in: Coing u. a. (Hrsg.), Staat und Unternehmen aus der Sicht des Rechts, 1994, 161; *Kewenig,* Niederlassungsfreiheit, Freiheit des Dienstleistungsverkehrs und Inländerdiskriminierung, JZ 1990, 20; *Pasternacki,* Zur Abgrenzung von Niederlassungsfreiheit und Dienstleistungsfreiheit bei Niederlassungen mit Teilfunktion, 2000; *Ludwigs,* Niederlassungs- und Dienstleistungsfreiheit, in: Dauses (Hrsg.), Handbuch des EU-Wirtschaftsrechts, 52 EL 2021, E I.

---

122 VO (EG) Nr. 1/2003 vom 16.12.2002, ABl. L 1 vom 4.1.2003, S. 1.
123 VO (EG) Nr. 1400/2002 vom 1.7.2002, ABl. L 203 vom 1.8.2002, S. 30.

Die Freiheit des Personenverkehrs im Binnenmarkt wird durch die Niederlassungsfreiheit (Art. 49 AEUV) für Unternehmen, die freien Berufe und selbstständige Gewerbetreibende sowie durch die Arbeitnehmerfreizügigkeit (Art. 45 AEUV) verwirklicht. Ziel der Vorschriften ist es, den freien Verkehr von natürlichen und juristischen Personen zu gewährleisten. Der Binnenmarkt gilt als einheitliches Gebiet, in dem sich die Unionsbürger (Art. 20 AEUV) überall aufhalten oder wirtschaftlich betätigen dürfen. Staatsangehörige aus Drittstaaten unterliegen dem Asyl- und Einwanderungsrecht[124]. 79

a) Definition

Unter *Personenverkehrsfreiheit* wird die *Niederlassungsfreiheit* von Unternehmen, freiberuflich Tätigen und gewerblich Selbstständigen sowie insbesondere die *Arbeitnehmerfreizügigkeit* innerhalb des Binnenmarktes zusammengefasst. 80

b) Inhalt und Umfang

aa) **Niederlassungsfreiheit.** Eine Niederlassung setzt eine nicht nur vorübergehende geschäftliche oder berufliche Einrichtung in einem anderen EU-Mitgliedstaat als demjenigen voraus, wo sich der Sitz, die Hauptverwaltung oder die Hauptniederlassung befindet. Als organisatorische Maßnahmen zur Wahrnehmung der Niederlassungsfreiheit kommen in Betracht: 81

- Gründung einer Tochtergesellschaft
- Errichtung einer Zweigniederlassung
- Grenzüberschreitende Konzernverbindung durch Gründung einer Holdinggesellschaft oder eines Gemeinschaftsunternehmens
- Kapitalmäßige Beteiligung an einer Gesellschaft mit Übernahme einer Kontroll- oder Leitungsfunktion[125]
- Dauerhafte Einrichtung einer Kanzlei, Agentur, Betriebsstätte oder sonstigen Nebenstelle oder Verlegung des Wohnsitzes eines Gesellschafters in einen anderen Mitgliedstaat.[126]

Wer überwiegend und dauernd Dienstleistungen in einem anderen EU-Mitgliedstaat erbringt, kann sich nicht ständig auf die *Dienstleistungsfreiheit* berufen, sondern muss sich den Gesetzen des Aufnahmestaates unterwerfen und sich *niederlassen.* Er steht dann einem Inländer gleich. 82

Die Begründung einer Niederlassung muss grenzüberschreitend erfolgen. Dieser Vorgang ist nicht identisch mit der Begründung eines *Sitzes.* Der Sitz eines Unternehmens entspricht funktional der Staatsangehörigkeit eines Bürgers und legt die Rechtsunterworfenheit fest. Bei der Gründung einer ausländischen Tochtergesellschaft wird deren Sitz im Ausland festgelegt, ohne dass der Sitz der inländischen Muttergesellschaft davon berührt wird.

---

124 Das EU-einheitliche Antragsverfahren richtet sich nach der Richtlinie 2011/98/EU vom 13.12.2011 ABl. L 343 vom 23.12.2011, S. 1.

125 Bei reinen Finanzinvestitionen greift Art. 221 EWGV (= Art. 55 AEUV) ein, EuGH, The Queen/Factortame Ltd. II, C-221/89, ECLI:EU:C:1991:320, I-3956 = EuZW 1991, 764 (766).

126 Vgl. EuGH, Kommission/Deutschland, C-205/84, ECLI:EU:C:1986:463, 3793 (3802); EuGH, Hughes de Lasteyrie du Saillant, C-9/02, ECLI:EU:C:2004:138, I-2431.

83 Die grenzüberschreitende Verlegung des Sitzes einer Gesellschaft ist – mit Ausnahme der Europäischen Gesellschaftsformen[127] – nicht durch primäres oder sekundäres Unionsrecht geregelt. Kraft *Richterrechts* soll die grenzüberschreitende *identitätswahrende* Verlegung des Sitzes nicht unter die Niederlassungsfreiheit fallen, wenn nicht die beteiligten Staaten den Fortbestand der juristischen Person in ihrem jeweiligen Recht absichern.

▶ **Beispiel:**

Die englische Gesellschaft *Daily Mail*[128] *and General Trust PLC* hatte ihren satzungsmäßigen Sitz in England und wollte ihren Verwaltungssitz aus steuerlichen Gründen in die Niederlande verlegen. Gegen die Versagung der Sitzverlegung durch die englischen Behörden klagte das Unternehmen. Das zuständige englische Gericht holte die Vorabentscheidung des EuGH (Art. 267 AEUV) ein. Dieser hielt die Artt. 43 und 48 EG (jetzt Artt. 49 und 54 AEUV) grundsätzlich für direkt anwendbar, denn die Vorschriften gewähren die Wegzugsfreiheit.

Dabei blieb der EuGH jedoch nicht stehen: Da beim „gegenwärtigen Stand des Gemeinschaftsrechts" die juristischen Personen nach den Vorschriften der Mitgliedstaaten gegründet würden, eine Harmonisierung fehle und Unterschiede aufgrund der Sitztheorie (zB in Deutschland) und Gründungstheorie (zB im Vereinigten Königreich) bestünden, könnten die Artt. 43, 48 EG nicht die Frage regeln, ob eine Gesellschaft unter Beibehaltung des Rechtskleides des Staates ihrer Gründung den Sitz der Gesellschaft verlegen dürfe. ◀

84 Eine Auflösung der Daily Mail in England und Neugründung der Gesellschaft in den Niederlanden wäre unproblematisch gewesen. Zu diesem Zweck hätte aber die Gesellschaft vorher liquidiert und die vorhandenen Vermögensreserven versteuert werden müssen, was in der Praxis möglichst vermieden wird. Eine *Sitzverlegung ohne Statutenwechsel* ist nach dem Sitzprinzip nicht möglich, weil die Sitzverlegung nach internationalem Gesellschaftsrecht einen zwingenden Auflösungsgrund darstellt. Eine *Sitzverlegung mit Statutenwechsel* (Rechtsformwechsel) setzt aber, ebenso wie die Sitzverlegung einer dem Gründungsprinzip unterworfenen Gesellschaft, die Zustimmung sowohl des Wegzugs- als auch des Zuzugsstaats voraus. Weil die Zustimmung des Wegzugstaats (England) im Daily Mail-Fall nicht vorlag, ist die Entscheidung des EuGH zutreffend.

Im Übrigen spricht Art. 49 Abs. 1 S. 2 AEUV gegen eine identitätswahrende Sitzverlegung, weil „ansässig" sein möglicherweise stillschweigend voraussetzt, dass der Schwerpunkt der wirtschaftlichen Tätigkeit in einem anderen Staat liegt. Steuer-, Gläubigerschutz- und Mitbestimmungsgründe machen die Frage zu einem theoretisch wie praktisch schwer lösbaren Problem. Die Verlegung einer Gesellschaft mit Sitz in Deutschland in einen anderen Mitgliedstaat hätte nach deutschem Recht die Auflösung dieser Gesellschaft in Deutschland zur Folge.[129]

85 Die Begründung einer Niederlassung durch Schaffung einer Betriebsstätte, Agentur, unselbstständigen Zweigstelle, Kanzlei oder eines Büros setzt jedoch die juristische Verselbstständigung nicht voraus. Die Niederlassungsfreiheit wird insoweit deshalb auch grenzüberschreitend durch Art. 49 Abs. 1 S. 2 AEUV garantiert.

---

127 Vgl. für die SE: Art. 8 Abs. 1 VO (EG) Nr. 2157/2001 vom 8.10.2001, ABl. L 294 vom 10.11.2001, S. 1.

128 EuGH, The Queen/H.M. Treasury (Daily Mail), C-81/87, ECLI:EU:C:1988:456, 5505.

129 *Drobnig*, in: von Bar (Hrsg.), Europäisches Gemeinschaftsrecht und Internationales Privatrecht, 1991, 185 (197).

86 Seit den Entscheidungen des EuGH *Centros*,[130] *Überseering*[131] und *Cartesio*[132] ist eine neue Situation entstanden, weil nunmehr die theoretische Grundlage für die praktischen Schwierigkeiten ins Wanken kommt.[133] Wenn die Rechtsfähigkeit einer Gesellschaft, die nach dem Recht eines anderen Mitgliedstaates gegründet worden ist und dort ihren satzungsmäßigen Sitz hat, in einem anderen Staat unabhängig von den dort maßgebenden Kriterien für die Rechtsfähigkeit anerkannt werden muss, dann hängt die Entscheidung über die Rechtsfähigkeit bei grenzüberschreitender geschäftlicher Betätigung nicht mehr von der Anwendung der Sitz- oder Gründungstheorie ab.

87 Der *Gegenstand* der geschäftlichen oder beruflichen *Betätigung* ist nicht beschränkt. Sowohl die Warenproduktion, Dienstleistungen und ihr Vertrieb fallen darunter. Ebenso wenig bestehen Beschränkungen hinsichtlich der Rechtsform oder der Trägerschaft der niederlassungswilligen Institution, solange nur ein Erwerbszweck verfolgt wird (Art. 54 Abs. 2 AEUV).

Als Erwerbszwecke kommen alle wirtschaftlichen Tätigkeiten in Betracht. Reine karitative oder religiöse Zwecke liegen außerhalb des Anwendungsbereichs. Die finanzielle Seite der Begründung einer Niederlassung wird durch die Kapitalverkehrsfreiheit erfasst (Artt. 49 Abs. 2; 63 AEUV).

88 Im sekundären Unionsrecht sind bestimmte Aspekte des Niederlassungsrechts von Unternehmen durch folgende gesellschaftliche Richtlinien geregelt:[134]

- Zweigniederlassungsrichtlinie
- Gesellschaftssteuerrichtlinie
- Fusionssteuerrichtlinie
- Konzernbesteuerungsrichtlinie.

89 In jüngerer Zeit gewinnen *steuerrechtliche Vorschriften* in den Mitgliedstaaten an Bedeutung, weil das in der Union (mit Ausnahme der Mehrwertsteuer) nicht harmonisierte Steuerrecht zu Beschränkungen der Niederlassungsfreiheit führen kann. So verstößt es gegen die Artt. 49 und 54 AEUV, wenn es der Muttergesellschaft eines Konzerns verwehrt wird, Verluste ihrer in einem anderen Mitgliedstaat ansässigen Tochtergesellschaft mit anderweitig erzielten Gewinnen zu verrechnen und eine Verrechnungsmöglichkeit im Sitzstaat der Tochtergesellschaft nicht besteht.[135]

90 Den Vorschriften des *Niederlassungsrechts* (und nicht der Freizügigkeit) unterfällt auch die Garantie für die freien Berufe und für selbstständige Gewerbetreibende, sich grenzüberschreitend frei betätigen zu können. Rechtsanwälte, Steuerberater, Ärzte, Apotheker, Künstler, Musiker, Handelsvertreter, Versicherungsvertreter dürfen grundsätzlich ohne Beschränkungen ihren Beruf grenzüberschreitend ausüben. Soweit im anderen Staat für die Berufsausübung Zulassungen erforderlich sind, dürfen sie nicht von der Aufgabe des Büros (der Kanzlei, Praxis, Geschäftsräume) oder der Überprü-

130 EuGH, Centros Ltd/Erhvervs- og Selskabsstyrelsen, C-212/97, ECLI:EU:C:1999:126, I-1484.
131 EuGH, Überseering BV/Nordic Construction Company Baumanagement GmbH, C-208/00, ECLI:EU:C:2002:632, I-9943 = NJW 2002, 3614.
132 EuGH, Cartesio, C-210/06, ECLI:EU:C:2008:723.
133 Einzelheiten unten unter G III (Gesellschaftsrecht).
134 Vgl. Abschnitt Gesellschaftsrecht (G III).
135 EuGH, Marks & Spencer plc/David Halsey, C-446/03, ECLI:EU:C:2005:763, I-10866.

fung der Fremdsprachenkenntnisse[136] in dem anderen Mitgliedstaat abhängig gemacht werden.[137]

Das Niederlassungsrecht für die freien Berufe ist schwieriger zu verwirklichen als das für Gesellschaften, weil die Aufnahme und Ausübung bestimmter Tätigkeiten aus öffentlichem Interesse oft persönliche Qualifikationen und Prüfungen dieser Personen voraussetzen. Art. 53 AEUV verweist auf sekundäres Unionsrecht, um die Bedingungen für die Berufsausübung sowie die gegenseitige Anerkennung von Diplomen, Prüfungszeugnissen und Befähigungsnachweisen zu harmonisieren.[138] Ziel ist es, einen Europäischen Berufsausweis[139] auf voll harmonisiertem Qualitätsniveau und transparenter Informationsgrundlage[140] zu schaffen, um mittelfristig die mitgliedstaatlichen Einzelprüfungen zu erübrigen.

91 **bb) Arbeitnehmerfreizügigkeit.** Unter wirtschaftsrechtlichen Aspekten interessiert hinsichtlich der Freizügigkeitsgarantie nur die Betätigungsfreiheit der Arbeitnehmer (Arbeitnehmerfreizügigkeit, Art. 45 AEUV, vormals Art. 39 EG), nicht die ebenfalls primärrechtlich gewährte Freizügigkeit aller Unionsbürger (Artt. 20 Abs. 1 S. 2, 21 Abs. 1 AEUV) oder ehemaliger Selbstständiger. Die Einreise und den Aufenthalt von Drittstaatsangehörigen zu Forschungs-, Studien- und Arbeitszwecken regeln vier spezielle Richtlinien.[141]

Wer als *Arbeitnehmer* im Sinne des Art. 45 AEUV anzusehen ist, bestimmt sich nach EU-Recht, nicht nach nationalem Recht. Die in der Rechtsprechung des EuGH entwickelten Hauptkriterien für die Einstufung als Arbeitnehmer – nämlich die Leistung abhängiger Arbeit gegen Lohn oder Gehalt – stimmen mit den deutschen Hauptkriterien überein.

92 Inhaltlich umfasst die Freizügigkeit der Arbeitnehmer, soweit sie nicht in der öffentlichen Verwaltung tätig sind (Art. 45 Abs. 4 AEUV), das Recht, dass der andere EU-Mitgliedstaat jede auf der Staatsangehörigkeit beruhende unterschiedliche Behandlung in Bezug auf Beschäftigung, Entlohnung oder sonstige Arbeitsbedingungen unterlässt (Art. 45 Abs. 2 AEUV). Es handelt sich bei dieser Vorschrift um eine spezielle Ausprägung des allgemeinen Diskriminierungsverbots.

▶ **Beispiele:**

– Eine grundsätzliche Befristung des Arbeitsvertrags einer ausländischen Fremdsprachenlektorin an einer Universität ist dann unzulässig, wenn andere vergleichbare Arbeitsverträge nur bei Vorliegen eines sachlichen Grundes befristet werden können.[142]

136 EuGH, Graham J. Wilson/Ordre des avocats du barreau de Luxemburg, C-506/04, ECLI:EU:C:2006:587, I-8643.

137 EuGH, Ordre des avocats au barreau de Paris/Onno Klopp, C-107/83, ECLI:EU:C:1984:270, 2972.

138 Vgl. Richtlinie 2005/36/EG vom 7.9.2005 über die Anerkennung von Berufsqualifikationen, ABl. L 255 vom 30.9.2005, S. 22. Für Rechtsanwälte gilt die Richtlinie 98/5/EG vom 16.2.1998, ABl. L 77 vom 14.3.1998, S. 36; zur letztgenannten Richtlinie: EuGH, Graham J. Wilson/Ordre des avocats du barreau de Luxembourg, C-506/04, ECLI:EU:C:2006:587, I-8643. Für Ausbildungsnachweise und Titel im medizinischen- und Pflegebereich: Delegierter Beschluss (EU) 2017/2113 ABl. L 317, S. 119.

139 Richtlinie 2013/55/EU vom 20.11.2013 ABl. L 354 vom 28.12.2013, S. 132.

140 Verordnung (EU) Nr. 1024/2012 ABl. L 316 vom 14.11.2012, S. 1 (IMI-Verordnung).

141 Richtlinien 2014/36/EU vom 26.2.2014, ABl. L 94, S. 375; 2014/66/EU vom 15.5.2014, ABL. L 157, S. 1; (EU) 2016/801 vom 11.5.2016, ABl. L 132, S. 21 (diese drei Richtlinien wurden in Deutschland durch Gesetz vom 12.5.2017 BGBl. I S. 1106 umgesetzt); Richtlinie (EU) 2021/1883 vom 20.10.2021 ABl. L 382 vom 28.10.2021, S. 8.

142 EuGH, Maria Chiara Spotti/Freistaat Bayern, C-272/92, ECLI:EU:C:1993:8483, I-5202.

- Fußballprofis üben eine unselbstständige Tätigkeit aus oder erbringen entgeltliche Dienstleistungen. Transferentscheidungen der Vereine „beeinflussen die Möglichkeiten für die Spieler, eine Beschäftigung zu finden, wie auch die Bedingungen, unter denen diese Beschäftigung angeboten wird." Die bisherigen restriktiven Transferregeln der Sportverbände verstoßen gegen Art. 45 AEUV.[143]
- Die Einstellung einer Person darf nicht ausschließlich vom einem in einer einzigen Provinz eines Mitgliedstaates ausgestellten Diplom abhängig gemacht werden.[144]
- Die Gewährung einer Eigenheimzulage an einen unbeschränkt Steuerpflichtigen für Wohnungen, die in einem anderen Mitgliedstaat belegen sind, darf ein Staat nicht ausschließen.[145]
- Die Nichtabzugsfähigkeit negativer Einkünfte aus einem anderen Mitgliedstaat (Verluste aus Vermietungen) nach deutschem Steuerrecht verstößt gegen Art. 45 AEUV.[146] ◀

Durch primäres Unionsrecht sind unmittelbar[147] im anderen Mitgliedstaat garantiert: 93

- Einreisefreiheit[148]
- Bewerbungsfreiheit (Art. 45 Abs. 3 lit. a AEUV)
- Bewegungsfreiheit (Art. 45 Abs. 3 lit. b AEUV)
- Aufenthaltsfreiheit (Art. 45 Abs. 3 lit. c AEUV)[149]
- Bleibefreiheit (Art. 45 Abs. 3 lit. d AEUV)
- Übertragbarkeit der Leistungsansprüche (Art. 48 lit. a AEUV)
- Zahlungsanspruch (Art. 48 Abs. 1 lit. b AEUV).

Im sekundären Unionsrecht sind zahlreiche frühere Einzelrichtlinien über die Anerkennung beruflicher Befähigungsnachweise und Tätigkeiten, etwa der Krankenschwester, Krankenpfleger, Zahnärzte, Tierärzte, Hebammen, Architekten und Apotheker in der Richtlinie 2005/36/EG[150] zusammengefasst worden, um die Beschäftigungen im Binnenmarkt zu erleichtern. 94

Von allen Regelungen des sekundären Unionsrechts ist die Freizügigkeitsverordnung 1612/68[151] die wichtigste. Sie regelt den Zugang zur Beschäftigung, die Gleichbehandlung und die Rechtsstellung der Familienangehörigen, die Wohnrechte (Miete; Erwerb), die Unterrichts und Berufsbildungsansprüche der Kinder und verbietet diskriminierende privatrechtliche Vereinbarungen. Die Freizügigkeit soll auch durch eine enge Zusammenarbeit bei der Arbeitsvermittlung gefördert werden.[152] 95

143 EuGH, ASBL ua/Bosman, C-415/93, ECLI:EU:C:1995:463, I-5040 = JZ 1996, 248 (250, 252).
144 EuGH, Angonese, C-281/98, ECLI:EU:C:2000:296, I-4161.
145 EuGH, Kommission/Deutschland, C-152/05, ECLI:EU:C:2008:17 = NJW 2008, 569.
146 EuGH, Ritter-Coulais, C-152/03, ECLI:EU:C:2006:123, I-1737.
147 EuGH, Strafverfahren gegen Jean Noel Royer, C-48/75, ECLI:EU:C:1976:57, 498.
148 EuGH, The Queen/Immigration Appeal Tribunal ex parte Antonissen, C-292/89, ECLI:EU:C:1991:80, I-773.
149 EuGH, Roux/Belgien, C-363/89, ECLI:EU:C:1991:41, I-286.
150 Richtlinie 2005/36/EG vom 7.9.2005 über die Anerkennung von Berufsqualifikationen ABl. L 255 vom 30.9.2005, S. 22.
151 Kodifizierte Fassung: VO (EU) Nr. 493/2011 vom 5.4.2011 ABl. L 141 vom 27.5.2011, S. 1; Gesetz über die allgemeine Freizügigkeit von Unionsbürgern, zuletzt geändert durch Gesetz vom 26.2.2008, BGBl. I S. 215.
152 VO (EU) 2016/589 vom 13.4.2016 über ein europäisches Netz der Arbeitsvermittlung (EURES), ABl. L 107 vom 22.4.2016, S. 1.

c) Einschränkungen

96 Alle Personenverkehrsfreiheiten können aus Gründen der öffentlichen Ordnung, Sicherheit oder Gesundheit eingeschränkt werden (Artt. 45 Abs. 3; 52 Abs. 1 AEUV). Dabei ist jedoch das Prinzip der Verhältnismäßigkeit zu beachten. Ferner beziehen sich die Personenverkehrsfreiheiten nicht auf den Bereich der Hoheitsverwaltung (Artt. 45 Abs. 4; 51 Abs. 1 AEUV). So können Reisedokumente an den EU-Außengrenzen kontrolliert und personenbezogene (einschließlich DNA-) Daten mit nationalen oder internationalen Datenbanken abgeglichen werden[153]. Die Tätigkeit als Gymnasiallehrer stellt keine Hoheitstätigkeit dar, wohl aber die Tätigkeit eines Polizisten, Gerichtsvollziehers, Notars oder Bezirksschornsteinfegermeisters.[154]

Die Interpretation der Kriterien des primären Unionsrechts zur Einschränkung der Personenverkehrsfreiheiten lässt einen gewissen Bewertungsspielraum in der Auslegung. Er muss aber gerichtlich anhand der Präzisierungen im sekundären Unionsrecht nachprüfbar sein. Der Gesundheitsvorbehalt kam während der COVID-19-Pandemie zur Anwendung.[155]

97 Die ausbildungs- und prüfungsbedingten Qualifikationsvoraussetzungen grenzüberschreitender *freiberuflicher Tätigkeit* sind durch Art. 53 AEUV völlig auf das sekundäre Unionsrecht verlagert und fast vollständig harmonisiert worden. Nicht vollständig harmonisiert ist beispielsweise das Berufsrecht der Künstler, Immobilienmakler und Juristen.

98 Die *Niederlassungsfreiheit der Juristen* im Binnenmarkt ist durch die Richtlinie 89/48/EWG[156] und die Richtlinie 98/5/EG[157] dadurch gesichert worden, dass bei mindestens dreijähriger Ausbildung und Abschlussprüfung (Diplom) in der Union die Fachkunde grundsätzlich angenommen wird. Rechtsanwälte können demnach in jedem Mitgliedstaat eine Tätigkeit als sogenannter „registrierter Anwalt" ausüben. Nach einer mindestens dreijährigen effektiven ständigen Tätigkeit im Recht des Aufnahmestaates wird davon ausgegangen, dass der betreffende Rechtsanwalt die notwendigen Voraussetzungen für die völlige Integration in den Berufsstand des Aufnahmestaates erfüllt („vollintegrierter Anwalt") und daher von einer Eignungsprüfung freigestellt werden kann.[158]

▶ **Beispiele:**

- Es gibt keine zwingenden Gründe des Allgemeininteresses, dass nach deutschem Recht nur Patentanwälte die Verlängerung von Patenten und gewerblichen Schutzrechten beantragen dürfen und Dienstleister aus anderen Mitgliedstaaten ausgeschlossen sind.[159]

---

153 VO (EU) 2017/458 vom 15.3.2017 ABl. L 74 vom 18.3.2017, S. 1.
154 Vgl. EuGH, Bleis/Ministère de lÉducation nationale, C-4/91, ECLI:EU:C:1991:448, I-5638.
155 Empfehlung (EU) 2021/119 für eine koordinierende Vorgehensweise bei der Beschränkung der Freizügigkeit aufgrund der CORVID-19-Pandemie, ABl. L 036I vom 2.2.2021, S. 1.
156 Richtlinie über eine allgemeine Anerkennung der Hochschuldiplome, die eine mindestens dreijährige Berufsausbildung abschließen, ABl. L19 vom 24.1.1989, S. 16.
157 Richtlinie zur Erleichterung der ständigen Ausübung des Rechtsanwaltsberufs in einem anderen Mitgliedstaat als dem, in dem die Qualifikation erworben wurde, ABl. L 77 vom 14.3.1998, S. 36; die Umsetzung in Deutschland erfolgte durch das Gesetz über die Tätigkeit europäischer Rechtsanwälte in Deutschland (EuRAG) vom 9.3.2000, BGBl. I, S. 182.
158 Zur Gleichwertigkeit von juristischen Ausbildungen in EU-Mitgliedstaaten: EuGH, Peśla/Justizministerium Mecklenburg-Vorpommern, C-345/08, ECLI:EU:C:2009:771 = NJW 2010, 137.
159 EuGH, Säger/Dennemeyer, C-76/90, ECLI:EU:C:1991:331, I-4239.

- Die Niederlassung von Rechtsanwälten aus anderen Mitgliedstaaten kann nicht verhindert werden, wenn die ausländische Ausbildung aufgrund ihrer Dauer und objektiven Inhalte einen vergleichbaren Kenntnisstand vermittelt. Eine formale Anerkennung bestimmter Diplome als gleichwertig im Wege von Richtlinien bedarf es nicht, weil sich das bereits aus Art. 49 AEUV ergibt.[160]Allerdings dürfen die Mitgliedstaaten weiterhin den Nachweis landesspezifischer Spezialkenntnisse fordern. Dieser Nachweis kann auch durch die praktische Arbeit belegt werden.[161]
- Die Zulassung und Ausübung des Berufs in einem EU-Mitgliedstaat steht der Zulassung in einem anderen Mitgliedstaat nicht entgegen.[162] Ein im Ausland erworbener Anwaltstitel darf im Inland geführt werden[163].
- Das Verlangen der Herstellung eines Einvernehmens des ausländischen Rechtsanwalts mit einem inländischen Rechtsanwalt, der nach außen die Verantwortung für Prozesshandlungen übernimmt, ist für Angelegenheiten mit Anwaltszwang zulässig. Allerdings muss der ausländische Rechtsanwalt sich nicht an einen konkret bei dem zuständigen Gericht zugelassenen Anwalt wenden.[164] ◀

Die Niederlassungsfreiheit ausländischer Rechtsanwälte erscheint allerdings erst dann als wettbewerbskonform, wenn die Herstellung des Einvernehmens für einen Mandanten keine Zusatzkosten erzeugt. Die Bildung grenzüberschreitender Anwaltssozietäten, oft in Form der Europäischen Wirtschaftlichen Interessenvereinigung (EWIV), kann auch diesem Ziel dienen. 99

3. Dienstleistungsfreiheit

Spezialliteratur: *Höfler*, Die Unionbürgerfreiheit, 2009; *McDonald*, Der Begriff der Dienstleistung im Europäischen Binnenmarkt und WTO-System (GATS), 2001; *Müller-Graff*, Dienstleistungsfreiheit und Erbringungsformen grenzüberschreitender Dienstleistungen, in: Festschrift Lukes, 1989, 471; *Pasternacki*, Zur Abgrenzung von Niederlassungsfreiheit und Dienstleistungsfreiheit bei Niederlassungen mit Teilfunktion, 2000; *Reich*, Die Freiheit des Dienstleistungsverkehrs als Grundfreiheit, ZHR 153 (1989), 571; *Rolshoven*, „Beschränkungen" des freien Dienstleistungsverkehrs, 2002; *Ludwigs*, Niederlassungs- und Dienstleistungsfreiheit, in: Dauses (Hrsg.), Handbuch des EU-Wirtschaftsrechts, 52. EL 2021, E I.

Im Dienstleistungssektor werden im Durchschnitt aller Mitgliedstaaten mehr als 70 % des Bruttoinlandprodukts erwirtschaftet.[165] Der Dienstleistungssektor ist also wichtiger als der Warensektor geworden. 100

Viele Dienstleistungen, insbesondere alle auf Informationstechnik basierenden Dienstleistungen (etwa: Telebanking; Teleshopping; Ausstrahlung von Rundfunk- und Fernsehprogrammen), können unabhängig vom Wohnsitz oder von der Niederlassung des Dienstleisters oder Dienstleistungsempfängers erbracht werden. Die Inanspruchnahme der EU-Dienstleistungsfreiheit setzt jedoch voraus, dass derjenige, der sich darauf beruft, in einem EU-Mitgliedstaat seine Niederlassung (bei Gesellschaften) oder seinen

160 Die Richtlinie 89/48/EWG ABl. L 19 vom 24.1.1989, S. 16 gilt ausdrücklich nicht für die Juristenausbildung.
161 EuGH, Vlassopoulou/Ministerium für Justiz, Bundes- und Europaangelegenheiten Baden-Württemberg, C-340/89, ECLI:EU:C:1991:193, I-2379; vgl. auch Art. 10 Richtlinie 98/5/EG.
162 EuGH, Ramrath/Ministre de la Justice, C-106/91, I-3375 (betrifft Wirtschaftsprüfer).
163 EuGH, Torresi, C-58/13 und C-59/13, ECLI:EU:C:2014:2088.
164 EuGH, Kommission/Frankreich, C-294/89, ECLI:EU:C:1991:3021, I-3606; vgl. auch § 28 ff. EuRAG.
165 Richtlinie 2006/123/EG über Dienstleistungen im Binnenmarkt vom 12.12.2006, ABl. L 376 vom 27.12.2006, S. 36, Erwägungsgrund 4.

Wohnsitz (bei natürlichen Personen) hat. Die Niederlassung oder der Wohnsitz müssen aber nicht mit dem Leistungs- oder Erfüllungsort übereinstimmen (vgl. Art. 57 AEUV).

101 Für *elektronische Dienstleistungen* sieht Art. 3 der E-Commerce-Richtlinie 2000/31/EG[166] ein neues Prinzip vor, um den grenzüberschreitenden Verkehr nicht zu behindern. Es handelt sich um das sogenannte *„Herkunftslandprinzip"* („country of origin"-Prinzip), das mit dem *Prinzip der gegenseitigen Anerkennung* verwandt, aber technisch, ökonomisch und rechtlich nicht identisch ist. Die Reichweite des Herkunftslandprinzips steht wegen möglicher Überschneidungen mit dem EU-Kollisionsrecht[167] und der in der E-Commerce-Richtlinie 2000/31/EG gemachten Ausnahmen noch nicht fest. Die Hauptbedeutung des Herkunftslandprinzips dürfte darin liegen, dass bei Unternehmensverträgen die Gerichte des Staates zur Entscheidung berufen sind, in dessen Gebiet der Dienstleister seinen Sitz oder eine Zweigniederlassung hat.

Für den *Ort der Dienstleistung*, der für die Mehrwertsteuererhebung[168] wichtig ist, sieht die Richtlinie 2008/8/EG[169] als maßgebend an, wo die Dienstleistung erbracht wird. Dies gilt insbesondere für Tätigkeiten auf dem Gebiet der Kultur, der Künste, des Sports, der Wissenschaft oder der Unterhaltung (Art. 60 AEUV).

102 Die Gewährleistung der Dienstleistungsfreiheit im Binnenmarkt ist ein *multilaterales Konzept* der EU-Mitgliedstaaten. Es kann mit dem mehr als einhundert Staaten umfassenden *plurilateralen* WTO-GATS-Übereinkommen von 1994[170] im Hinblick auf Marktzugangsregeln in bestimmten Marktsegmenten in Konflikt geraten.

Die Dienstleistungsrichtlinie 2006/123/EG betrifft deshalb ausschließlich Dienstleistungserbringer mit Niederlassung im Binnenmarkt und nicht Verhandlungen im Rahmen des GATS-Abkommens.[171]

103 Die Verträge unterscheiden zwischen Waren und Dienstleistungen, ohne die Bereiche näher abzugrenzen oder wesentliche rechtliche Unterschiede hinsichtlich der Liberalisierung zu machen. Das erschwert die rechtliche Behandlung von geistigen Werken (Filmen; Fernsehsendungen; Datenbanken) und warenbegleitenden Dienstleistungen (Informationen jeder Art; Service). Soweit ökonomisch aus der Differenzierung zwischen Waren und Dienstleistungen Auswirkungen auf den Markt abgeleitet werden, knüpfen sie daran an, dass sich Dienstleistungen im Gegensatz zu Waren *nicht speichern* lassen und *unkörperlich* sind.

a) Definition

104 *Dienstleistungsfreiheit* bedeutet die Möglichkeit, gegen Entgelt gewerbliche, kaufmännische, handwerkliche oder freiberufliche Tätigkeiten im Binnenmarkt ungehindert grenzüberschreitend ausüben (Art. 57 S. 1 AEUV) oder nachfragen[172] zu können. Wird die Dienstleistung dauerhaft grenzüberschreitend erbracht, haben die Vorschriften über

---

166 ABl. L 178 vom 17.7.2000, S. 1.
167 Vgl. Erwägungsgrund 35 der Rom II-Verordnung (EG) Nr. 864/2007 vom 11.7.2007 ABl. L 199 vom 31.7.2007, S. 40.
168 Siehe: Richtlinie 2006/112/EG vom 28.11.2006 ABl. L 347 vom 11.12.2006, S. 1 über das gemeinsame Mehrwertsteuersystem; Richtlinie (EU) 2017/2455 vom 5.12.2017 ABl. L 348 vom 29.12.2017, S. 7 über mehrwertsteuerliche Pflichten im Fernabsatz; Gesetz zur Vermeidung von Umsatzsteuerausfällen beim Handel von Waren im Internet, BGBl. I 2018, S. 2338.
169 Vom 12.2.2008, ABl. L 44 vom 20.2.2008, S. 11.
170 Vgl. oben Rn. 147 ff.
171 Erwägungsgrund 16 der Dienstleistungsrichtlinie 2006/123/EG.
172 EuGH, Cowan/Trésor public, C-186/87, ECLI:EU:C:1989:47, 216.

die Niederlassungsfreiheit Vorrang (Art. 57 S. 3 AEUV). Die Kontrollmaßstäbe der Niederlassungs- und nicht der Dienstleistungsfreiheit greifen auch dann ein, wenn die Leistung nicht grenzüberschreitend, sondern durch Nicht-Staatsangehörige innerhalb eines Mitgliedstaates angeboten oder nachgefragt wird. Auf die Rechts- oder Organisationsform der Beteiligten kommt es nicht an.[173]

Bestimmte Dienstleistungsformen unterliegen nach dem AEUV Sondervorschriften (Artt. 58, 62 AEUV), und zwar: 105

- Verkehrsdienstleistungen nach Artt. 90 bis 100 AEUV
- Finanzdienstleistungen von Kreditinstituten und Privatversicherungsunternehmen nach Artt. 36, 66 und 75 AEUV
- Telekommunikationsdienstleistungen nach Art. 170 Abs. 2 S. 2 AEUV.

Von der Dienstleistungsfreiheit ausgenommen sind Dienstleistungen, die mit der Aus- 106
übung öffentlicher Gewalt verbunden sind (Artt. 62 iVm 51 AEUV). Da der Gegenstandsbereich der öffentlichen Gewalt weder im primären noch im sekundären Unionsrecht präzisiert ist, differiert sein Umfang in den Mitgliedstaaten. Immerhin hat der EuGH TÜV-Prüfungen in einem anderen Mitgliedstaat als eine Maßnahme öffentlicher Gewalt anerkannt und damit der Dienstleistungsfreiheit entzogen.[174] In Deutschland sind etwa die Dienstleistungen der Notare, Amtsärzte, Schornsteinfeger oder der Sozialversicherungsträger öffentlich-rechtlich ausgestaltet.

b) Inhalt und Umfang

Das Kapitel über die Dienstleistungsfreiheit (Artt. 56 bis 62 AEUV) beruht wie die Ga- 107
rantie der Warenverkehrsfreiheit auf dem *Prinzip des freien Verkehrs* („free delivery"). Da sich diese Erwartung nach der zwölfjährigen Übergangszeit zur Verwirklichung des Binnenmarktes nicht erfüllt hatte, stellte der EuGH die *Direktgeltung* der Artt. 56 ff. AEUV fest. Zusätzliche Richtlinien[175] regeln unsystematisch Ausschnitte aus der Problematik, lassen jedoch den Mitgliedstaaten in der Regel Spielräume.

Die Dienstleistungsfreiheit umfasst sowohl alle *grenzüberschreitenden Angebote* (akti- 108
ve Dienstleistungsfreiheit) als auch *grenzüberschreitenden Nachfragen* (passive Dienstleistungsfreiheit) von natürlichen oder juristischen Personen.

▶ **Beispiel:**

Die Auskunftei A mit Sitz in Schweden bietet dem Kunden K mit Sitz in Deutschland Wirtschaftsinformationen über skandinavische Unternehmen an. A kann das Angebot unter den Bedingungen vermarkten, wie sie für eine deutsche Auskunftei gelten. K kann das Angebot so in Anspruch nehmen, als käme es von einer deutschen Auskunftei. ◀

Ordnungsgemäß im Niederlassungsland des Dienstleistungserbringers angebotene Dienstleistungen dürfen auf das gesamte Gebiet der Union erstreckt werden.

Als grenzüberschreitende Dienstleistungen kommen beispielsweise in Betracht: Fern- 109
sehsendungen; Vermittlung der Verbreitung von Fernsehsendungen; Filmverleih; Telekommunikationsdienstleistungen; Datenbankauskünfte; Finanzdienstleistungen; Ver-

173 EuGH, Kommission/Deutschland, C-205/84, ECLI:EU:C:1986:463, 3793; EuGH, Steymann/Staatssecretaris van Justitie, C-196/87, ECLI:EU:C:1988:475, 6169.

174 EuGH, Strafverfahren gegen Cornelis van Schaik, C-55/93, ECLI:EU:C:1994:363, I-4849.

175 Insbesondere: Richtlinie 2006/123/EG vom 12.12.2006 über Dienstleistungen im Binnenmarkt, ABl. L 376 vom 27.12.2006, S. 36.

kehrsdienstleistungen; Gesundheits- und pharmazeutische Dienstleistungen; Rechtsberatungsdienstleistungen; Zertifizierungs- und Prüfungsdienstleistungen[176]; Reisedienstleistungen; Internetsportwetten[177]; Glücksspiele[178]; Veranstaltung einer Lotterie; Tätigkeit als Fremdenführer; Überwachungs-, Reinigungs- oder Beratungsdienstleistungen.

Folgende Kriterien dienen zur Festlegung des Inhalts der Dienstleistungsfreiheit:

- Diskriminierungsverbot
- Behinderungsverbot
- Verhältnismäßigkeitsgebot.

110 Offene Formen der Diskriminierung kommen nach dem heute erreichten Stand der Rechtsangleichung praktisch kaum noch vor. Soweit sie vorkommen, beschränken sie sich auf nicht harmonisierte Bereiche, wie Arbeitsvermittlung, private Sicherheitsdienste, hafenwirtschaftliche Dienstleistungen sowie Messen und Ausstellungen. In schwächeren Formen von Benachteiligungen, wie unangemessene oder ungerechtfertigte Forderungen gegenüber ausländischen Dienstleistern, Meldepflichten, Genehmigungen, Pflicht zur Vorlage eines Befähigungsnachweises, Zulassungsverfahren, Nichtverzinsung von Steuerrückvergütungen, Quotenregelungen, Sprachvorschriften und ähnlichem, sind Diskriminierungen jedoch noch verbreitet. Sehr häufig musste sich der EuGH mit Behinderungen bei der Ausübung freier Berufe und der Erbringung von Telekommunikationsdienstleistungen im Binnenmarkt befassen.

▶ **Beispiel:**

Das deutsche Rechtsberatungsgesetz in seiner Auslegung durch den Bundesgerichtshof reservierte die Aufrechterhaltung und Verlängerung von Patenten und gewerblichen Schutzrechten den Patentanwälten. Ein englisches Dienstleistungsunternehmen fühlte sich in Deutschland benachteiligt. Der EuGH hielt durch das Gesetz die Tätigkeit entsprechender Dienstleister aus anderen Mitgliedstaaten ohne zwingenden Grund für beeinträchtigt.[179] ◀

111 In dem umfangreichen Bericht der Europäischen Kommission aus dem Jahr 2002 über den „Stand des Binnenmarktes für Dienstleistungen“[180] sind zahlreiche Funktionsstörungen festgestellt und die Frage aufgeworfen worden, ob die hohe Regelungsdichte für die freien Berufe (Rechtsanwälte; Notare; Ärzte; Buchhalter; Wirtschaftsprüfer; Steuerberater; Architekten; Apotheker; beratende Ingenieure) unter wettbewerbsrechtlichen Gesichtspunkten noch gerechtfertigt ist. Zudem klaffen restriktive Regelungen in einigen Mitgliedstaaten (etwa in Deutschland, Österreich, Italien und Luxemburg) und liberale Regelungen in anderen Mitgliedstaaten (Vereinigtes Königreich, Schweden, Dänemark, Finnland, Irland, Niederlande) zum Teil weit auseinander.

112 Bei *Rechtsanwaltsdienstleistungen* sieht die Richtlinie 77/249[181] selbst die Möglichkeit von Beschränkungen vor. Handlungen eines fremden Rechtsanwalts vor einem ausländischen Gericht dürfen nur im *Einvernehmen* mit einem dort zugelassenen Rechtsanwalt vorgenommen werden. Sowohl die deutsche als auch die französische Umsetzung der Richtlinie sahen die Herstellung des – kostenerhöhenden – Einvernehmens auch für solche Verfahren vor, in denen an sich kein Anwaltszwang besteht. Beide Umset-

176 EuGH, Rina Services, C-593/13, ECLI:EU:C:2015:399.
177 EuGH, Gambelli ua, C-243/01, ECLI:EU:C:2003:597, I-13076.
178 EuGH, Placanica, C-338/04, C-359/04 und C-360/04, I-1392.
179 EuGH, Säger/Dennemeyer, C-76/90, ECLI:EU:C:1991:331, I-4239.
180 KOM (2002) 441 endg. vom 30.7.2002.
181 ABl. L 78 vom 26.3.1977, S. 17.

zungen wurden vom EuGH als Verletzung von Art. 50 Abs. 3 EG (jetzt Art. 57 Abs. 3 AEUV) bewertet.[182] Die Festlegung von Mindesthonoraren für Rechtsanwälte stellt eine Beschränkung des in Art. 56 AEUV vorgesehenen freien Dienstleistungsverkehr dar.[183]

Nach ständiger Rechtsprechung können die Mitgliedstaaten *Rundfunk- und Fernsehsendungen* ausländischer Sender aus benachbarten Mitgliedstaaten nicht verhindern. Solche Sendungen sind Bestandteil der Dienstleistungsfreiheit, und zwar unabhängig davon, ob sie einen kulturellen, kommerziellen oder speziell für den Empfangsstaat zugeschnittenen Inhalt haben. Die ausländischen Anbieter können auch den gleichberechtigten Zugang zu Kabelfernsehnetzen verlangen.[184] 113

c) Einschränkungen

Einschränkungen der Dienstleistungsfreiheit sieht Art. 52 AEUV vor, auf den Art. 62 AEUV verweist. Danach dürfen aus Gründen der öffentlichen Ordnung, Sicherheit oder Gesundheit Beschränkungen vorgesehen werden. Außerdem kann sich ein Mitgliedstaat aufgrund Richterrechts auf zwingende Gründe des Allgemeininteresses berufen. Als solche hat der EuGH bisher unter anderem anerkannt: 114

- Schutz des Dienstleistungsempfängers (Verbrauchers)
- Schutz des geistigen Eigentums
- Schutz des Arbeitnehmers
- Schutz der Meinungsfreiheit
- Schutz des kulturellen, historischen oder archäologischen Erbes[185]
- Beträchtliche sittliche, religiöse und kulturelle Unterschiede.[186]

Der Katalog der durch Richterrecht eröffneten Einschränkungsmöglichkeiten geht über die Beschränkungskriterien für die Warenverkehrsfreiheit hinaus, wie sie in Art. 36 AEUV ausdrücklich geregelt sind. Bei zulässigen Beschränkungen der Dienstleistungsfreiheit muss der Grundsatz der Verhältnismäßigkeit beachtet werden. Außerdem darf die Beschränkung nicht den Schutz inländischer Unternehmen vor ausländischer Konkurrenz bezwecken, muss also binnenmarkt- und wettbewerbskonform sein. Ungerechtfertigte oder unverhältnismäßige Behinderungen sind selbst dann verboten, wenn sie unterschiedslos auf eigene wie fremde Staatsangehörige angewandt werden. 115

▶ **Beispiel:**

Fernsehwerbung ist eine Dienstleistung. Aus Gründen des höherrangigen Allgemeininteresses kann ein Mitgliedstaat Umfang, Häufigkeit sowie Art und Weise der Werbung regeln. Soll aber damit ausländische Konkurrenz abgewehrt werden, ist diese Beschränkung unzu-

182 EuGH, Kommission/Deutschland, C-427/85, ECLI:EU:C:1988:98, 1154; EuGH, Kommission/Frankreich, C-294/89, ECLI:EU:C:1991:302, I-3606.

183 EuGH, Cipolla ua, C-94/04 und C-202/04, ECLIEU:C:2006:758, I-11455.

184 EuGH, Veronica Omroep Organisatie/Commissariaat voor de Media, C-148/91, ECLI:EU:C:1993:45, I-513; EuGH, Kommission/Belgien, C-211/91, ECLI:EU:C:1992:526, I-6773.

185 Eine vollständige Liste der bisher anerkannten „zwingenden Gründe des Allgemeininteresses" enthält Art. 4 Ziff. 8 der Dienstleistungsrichtlinie 2006/123/EG.

186 EuGH, Liga Portuguesa de Futebol/Profissional und Bwin International, C-42/07, ECLI:EU:C:2009:519 = NJW 2009, 3221 (Online-Glücksspieleveranstalter mit Sitz in Gibraltar).

lässig.[187] Wird die Sendung vom Ausland aus durch einen Inländer oder einen Kooperationspartner vorgenommen, um inländische Vorschriften zu umgehen, handelt es sich allerdings um einen Missbrauch der Dienstleistungsfreiheit.[188] Der Empfängerstaat kann dann seine Vorschriften auf die Sendeanstalt aus dem anderen Staat anwenden.[189] ◀

116 Die Dienstleistungsrichtlinie 2006/123/EG[190] schafft einen allgemeinen Rechtsrahmen, um „ein hohes Maß an rechtlicher Integration auf Gemeinschaftsebene und ein hohes Niveau des Schutzes von Gemeinwohlinteressen, insbesondere den Schutz der Verbraucher, sicherzustellen"[191].

Die Dienstleistungsrichtlinie betrifft nur Dienstleistungen, die für eine wirtschaftliche Gegenleistung erbracht werden. Allerdings sind wichtige Bereiche von ihrem Anwendungsbereich ausgenommen, wie etwa Finanzdienstleistungen, elektronische Kommunikation, Verkehrsdienstleistungen, Gesundheitsdienstleistungen, audiovisuelle Dienste oder Glücksspiele (Art. 2 Abs. 2). Soweit Aspekte der Aufnahme oder Ausübung einer Dienstleistungstätigkeit in bestimmten Bereichen oder Berufen bereits unionsrechtlich geregelt sind, etwa die Anerkennung von Berufsqualifikationen durch die Richtlinie 2005/36/EG,[192] gehen solche Regelungen vor.

117 *Inhaltlich* regelt die *Dienstleistungsrichtlinie* das Recht auf Informationen, die elektronische Abwicklung von Verfahren, Bedingungen für Genehmigungen, unzulässige oder zu prüfende Anforderungen, die Prinzipien für die Dienstleistungsfreiheit, das Verbot bestimmter Anforderungen (Genehmigungen; Ausweise; vertragliche Vereinbarungen) für die Erbringung von Dienstleistungen, unzulässige Beschränkungen sowie Maßnahmen zur Qualitätssicherung.

4. Freier Kapital- und Zahlungsverkehr

Spezialliteratur: *Fischer,* Die Kapitalverkehrsfreiheit in der Rechtsprechung des EuGH, ZEuS 2000, 391; *Follak,* F. II. Kapital- und Zahlungsverkehr, in: Dauses/Ludwigs (Hrsg.), Handbuch des EU-Wirtschaftsrechts, 52. EL 2021; *Grundmann,* Europäisches Kapitalmarktrecht, in: ZfSchR 1996, 103; *Haferkamp,* Die Kapitalverkehrsfreiheit im System der Grundfreiheiten des EG-Vertrages, 2003; *Herz,* Unternehmenstransaktionen zwischen Niederlassungs- und Kapitalverkehrsfreiheit, 2014; *Hindelang,* Direktinvestitionen und die Europäische Kapitalverkehrsfreiheit im Drittstaatenverhältnis, in: JZ 2009, 829; *Honrath,* Umfang und Grenzen der Freiheit des Kapitalverkehrs, 1998; *Kemmerer,* Kapitalverkehrsfreiheit und Drittstaaten, 2010; *Kilian,* Verstößt das VW-Gesetz gegen die Kapitalverkehrsfreiheit? NJW 2007, 1508; *Kimms,* Die Kapitalverkehrsfreiheit im Recht der EU, 1996; *Kotthaus,* Binnenmarktrecht und externe Kapitalverkehrsfreiheit, 2012; *Molzahn,* Die normativen Verknüpfungen von Kapitalverkehrsfreiheit und Währungsunion im EG-Vertrag, 1999; *Müller,* Kapitalverkehrsfreiheit in der Europäischen Union, 2000; *Padoa-Schioppa,* Effizienz, Stabilität und Verteilungsgerechtigkeit, 1987; *Puhle,* Finanzprodukte als Eingriff in die Kapitalverkehrsfreiheit, 2012; *Rohde,* Freier Kapitalverkehr in der Europäischen Gemeinschaft, 1999.

---

187 EuGH, Stichting Collectieve Antennevoorziening Gouda/Commissariaat voor de Media und Kommission/Niederlande, C-288/89 und C-353/89, ECLI:EU:C:1991:323 und ECLI:EU:C:1991:325, I-4035 und I-4088.

188 EuGH, Veronica Omroep Organisatie/Commissariaat voor de Media, C-148/91, ECLI:EU:C:1993:45, I-513.

189 EuGH, TV 10/Commissariaat voor de Media, C-23/93, ECLI:EU:C:1994:362, I-4824.

190 Richtlinie 2006/123/EG vom 12.12.2006 über Dienstleistungen im Binnenmarkt, ABl. L 376 vom 27.12.2006, S. 36.

191 Erwägungsgrund 7.

192 ABl. L 255 vom 30.9.2005, S. 22, geändert durch Richtlinie 2013/55/EU ABl. L 354 vom 28.12.2013, S. 132; Umsetzung durch Gesetz vom 18.4.2016 BGBl. I S. 886.

Offene und wettbewerbsorientierte Kapitalmärkte sind notwendig, um die Ressourcen optimal einsetzen zu können. Vor allem hängen die Investitionsstrategien der Unternehmen davon ab, welche Restriktionen für Kapitalinvestitionen bestehen. In Deutschland hatte der freie Kapitalverkehr schon lange Tradition. In der Union wurde die Möglichkeit für freie Kapitaltransaktionen erst zwischen 1986 und 1995 durch sekundäres Gemeinschaftsrecht verwirklicht.[193] 118

Der freie Kapitalverkehr beeinflusst nachhaltig das System der *Wechselkurse* zwischen den Währungen. Bei *festem Wechselkurs* und *freiem Kapitalverkehr* wird das Kapital dort investiert, wo die höchsten Renditen anfallen.

Der Zusammenhang zwischen freiem Kapital- und Zahlungsverkehr und Währungspolitik wird im AEUV in den Artt. 127 – 144, 219, 282 – 284 aufgegriffen. Mit dem Maastricht-Vertrag wurde das Europäische System der Zentralbanken (ESZB) geschaffen. Das ESZB soll bei freiem Kapital- und Zahlungsverkehr für Preisstabilität im Einklang mit dem Grundsatz der offenen Marktwirtschaft mit freiem Wettbewerb sorgen (Art. 127 Abs. 1 AEUV). 119

Die *Kapital- und Zahlungsverkehrsfreiheit* ist heute in fünf Artikeln geregelt (Artt. 63 – 66, 75 AEUV).

a) Definition

Der AEUV enthält keine Definition des Kapital- und Zahlungsverkehrs, doch hat die noch geltende Richtlinie 88/361/EWG mit der Nomenklatur in ihrem Anhang unstreitig Hinweischarakter.[194] 120

Unter *Kapitalverkehr* ist danach verallgemeinert der Transfer von Vermögenswerten zu Investitionszwecken zu verstehen. *Zahlungsverkehr* heißt der Transfer von Geld (Devisen; Schecks; Wechsel; Überweisungen; Wertpapieren) zur Bezahlung schuldrechtlicher Leistungen (Touristikleistungen; medizinische Behandlungen;[195] Waren- und Dienstleistungen; Arbeitsentgelt).

b) Inhalt und Umfang

Wie Art. 63 AEUV kategorisch feststellt, sind grundsätzlich alle Beschränkungen durch staatliche Vorschriften im Kapital- und Zahlungsverkehr zwischen den Mitgliedstaaten und gegenüber Drittstaaten verboten. Systematische Kapitalverkehrskontrollen dürfen nicht mehr stattfinden. Jedes Unternehmen kann frei investieren, jeder Unionsbürger kann in beliebiger Höhe Zahlungen ohne devisenrechtliche Genehmigung oder höhenmäßige Begrenzung leisten. Auch eine steuerrechtliche Begünstigung, die nur für Aktionäre inländischer Aktiengesellschaften besteht, nicht aber für Aktionäre von Aktiengesellschaften mit Sitz in einem anderen Mitgliedstaat, benachteiligt die Besitzer ausländischer Aktien und behindert ausländische Aktiengesellschaften, im Staat der Steuerveranlagung Kapital zu sammeln.[196] 121

193 Vgl. *Padoa-Schioppa*, Effizienz, S. 45 ff.

194 EuGH, Trummer und Mayer, C-222/97, ECLI:EU:C:1999:143, I-1671, Rn. 20 und 21.

195 EuGH, Luisi und Carbone/Ministero dello Tesoro, C-286/82, ECLI:EU:C:1984:35, 379 = NJW 1984, 1288.

196 EuGH, Meilicke ua/Finanzamt Bonn, C-292/04, ECLI:EU:C:2007:132, I-1872.

c) Einschränkungen

122 Art. 66 AEUV erlaubt es dem Rat auf Vorschlag der Europäischen Kommission und nach Anhörung der Europäischen Zentralbank, gegenüber dritten Staaten Schutzmaßnahmen zu treffen, wenn dem Funktionieren der Wirtschafts- und Währungsunion schwerwiegende Störungen drohen. Auch ein einzelner Mitgliedstaat kann bei einer plötzlichen Zahlungsbilanzkrise Schutzmaßnahmen ergreifen, die aber nur ein Mindestmaß an Störungen für den Binnenmarkt auslösen dürfen (Art. 144 Abs. 1 AEUV). Griechenland hat wegen seiner Schuldenkrise im Juni 2015 ungehindert kurzfristig Kapitalverkehrskontrollen eingeführt.

123 Unter einigen wenigen Gesichtspunkten kann der Kapital- und Zahlungsverkehr nationalen Verwaltungsverfahren unterworfen werden. Die schwerwiegendste Einschränkung bildet das nationale Steuerrecht. Steuerpflichtige, bei denen der Wohnort und der Kapitalanlageort auseinander fallen, dürfen unterschiedlich besteuert werden (Art. 65 Abs. 1 lit. a AEUV).

Weitere Ausübungsbeschränkungen können die Mitgliedstaaten vorsehen, um

- die Einhaltung von Verwaltungsvorschriften zu kontrollieren (Art. 65 Abs. 1 lit. b AEUV)
- administrative oder statistische Informationen zu erlangen (Art. 65 Abs. 1 lit. b AEUV)
- die öffentliche Sicherheit und Ordnung zu gewährleisten (Art. 65 Abs. 1 lit. b AEUV); in diesen Zusammenhang gehören auch die Geldwäsche-Richtlinien[197]
- kurzfristige Schutzmaßnahmen bei schwerwiegenden Störungen des Kapitalmarktes zu treffen (Art. 66 AEUV)
- Maßnahmen gegen Terrorismusfinanzierung zu ergreifen (Art. 75 AEUV).

Eine einzelstaatliche Maßnahme darf weder *ein Mittel zur willkürlichen Diskriminierung noch eine verschleierte* Beschränkung des Kapitalverkehrs darstellen (Art. 65 Abs. 3 AEUV). Diese Vorschrift stimmt insoweit wörtlich mit Art. 36 S. 2 AEUV überein, so dass auf die dazu bestehende Rechtsprechung zurückgegriffen werden kann.

Nichtstaatliche Gestaltungen des Zahlungsverkehrs (etwa: hohe Gebühren der Banken für Geldüberweisungen) fallen nicht unter das Kapitel über den Kapital- und Zahlungsverkehr, sondern unter das Kapitel über die Wettbewerbsregeln (Art. 101 ff. AEUV).

124 Die Interpretation der *Reichweite der Kapitalverkehrsfreiheit* hat bei Grundstücksverkehrsgeschäften und im Aktienrecht zu Problemen geführt: Automatische Sanktionen bei Nichtbeachtung zwingender Formvorschriften beim Grundstückserwerb durch EU-Bürger verletzen die Kapitalverkehrsfreiheit.[198] Nationale aktienrechtliche Sondervorschriften, die einzeln betrachtet mit dem Unionsrecht vereinbar sind, können eine kumulative Wirkung entfalten und eine staatliche Maßnahme zur Beschränkung des Kapitalverkehrs darstellen.[199]

Insbesondere aber hat die Kapitalverkehrsfreiheit im Zusammenhang mit Aktien des Staates an einem Unternehmen, die Sonderrechte einschließen *(„golden shares“),* in

197 Richtlinie 2015/849 vom 20.5.2015 ABl. L 141 vom 5.6.2015, S. 73; Richtlinie (EU) 2018/1673 über die strafrechtliche Bekämpfung der Geldwäsche vom 23.10.2018 ABl. L 284 vom 12.11.2018, S. 22.
198 EuGH, Burtscher/Stauderer, C-213/04, ECLI:EU:C:2005:731, I-10327.
199 EuGH, Kommission/Deutschland, C-112/05, ECLI:EU:C:2007:623, I-9020 (Ziff. 52, 54, 56).

acht Entscheidungen aus den Jahren 2002 bis 2010 Konturen erlangt. Nach diesen Urteilen[200] verstoßen Sonderrechte des Staates, die den Erwerb von Stimmrechtsaktien beschränken, sowie staatliche Genehmigungsverfahren im Hinblick auf die Satzung, die Veräußerung von Gesellschaftsanteilen oder die Kontrolle von Tochtergesellschaften gegen die Kapitalverkehrsfreiheit (Art. 63 AEUV) und – ohne nähere Prüfung – zugleich gegen die Niederlassungsfreiheit (Art. 49 AEUV), wenn nicht ausnahmsweise zwingende Gründe des Allgemeininteresses dies rechtfertigen. Letzteres wurde lediglich im Streit gegen Belgien[201] aus Gründen der Sicherstellung einer Mindestversorgung mit Energie anerkannt. In allen Verfahren hatten sich die Regierungen auf die Garantie der Eigentumsordnung in den Mitgliedstaaten (Art. 345 AEUV) berufen und die aktienrechtlichen Befugnisse als Bestandteil der nationalen Eigentumsordnungen bezeichnet, die deshalb keinen Verstoß gegen Unionsrecht darstellen könnten.

In der Tat besitzt Art. 345 AEUV nach der Systematik des Vertrages den gleichen 125
Rang wie die Artt. 63 und 49 AEUV. Dennoch hält der EuGH in ständiger Rechtsprechung eine Berufung auf Art. 345 AEUV zur Rechtfertigung von Einschränkungen der Marktfreiheiten für unzulässig.[202] Dies führt in der Konsequenz zu einem Vorrang der Marktfreiheiten gegenüber den mitgliedstaatlichen Eigentumsordnungen. Dadurch besteht die Möglichkeit, trotz Art. 345 AEUV die nationalen Eigentumsordnungen weitgehend auszuhebeln, wenn die Auslegung des EuGH einen Verstoß gegen Artt. 63 oder 49 AEUV ergibt. Zu einer Abwägung mit Art. 345 AEUV kommt es nicht. Auf diese Weise haben Unternehmen – vor allem in den kleinen Mitgliedstaaten – auf der Grundlage ihres nationalen Rechts kaum eine Abwehrmöglichkeit gegen feindliche Übernahmen.

IV. Allgemeine Rechtsgrundsätze

Der EuGH hat im Laufe seiner Rechtsprechung eine Vielzahl „allgemeiner Rechts- 126
grundsätze“ anerkannt, die als übergeordnete Auslegungsgesichtspunkte Bestandteil des Unionsrechts sind und ihre Grundlage sowohl im geschriebenen Unionsrecht als auch in den Verfassungstraditionen der Mitgliedstaaten finden.

An hervorragender Stelle stehen die Grundsätze der *Verhältnismäßigkeit und der Subsidiarität*. Beide Grundsätze sind in Art. 5 EUV sowie im Protokoll Nr. 2 zum Vertrag von Lissabon[203] näher beschrieben. Alle Organe der Union müssen diese Grundsätze beachten. Gesetzgebungsakte müssen im Hinblick auf diese Grundsätze begründet werden (Art. 5 des Protokolls Nr. 2). Die Europäische Kommission muss vor einem Gesetzgebungsakt in der Regel Konsultationen durchführen.

200 EuGH, Kommission/Portugal, C-367/98, ECLI:EU:C:2002:326, I-4756; Kommission/Frankreich, C-483/99, ECLI:EU:C:2002:327, I-4785; Kommission/Belgien, C-503/99, ECLIEU:C:2002:328, I-4812; Kommission/Spanien, C-463/00, ECLI:EU:C:2003:272, I-4606; Kommission/Vereinigtes Königreich, C-98/01, ECLI:EU:C:2003:273, I-4644; Kommission/Italien, C-174/04, ECLI:EU:C:2005:350, I-4949; Federconsumatori ua, C-463/04 und C-464/04, ECLI:EU:C:2007:752 = EuZW 2008, 51; Kommission/Italien, C-326/07, ECLI:EU:C:2009:193; Kommission/Portugal, C-171/08, ECLI:EU:C:2010:412.

201 EuGH, Kommission/Belgien, C-503/99, ECLI:EU:C:2002:328, I-4812.

202 Vgl. Urteile vom 4.6.2002 Kommission/Portugal, ECLI:EU:C:2002:326, Rn. 49; Kommission/Frankreich, ECLI:EU:C:2002:327, Rn. 45; Kommission/Belgien, ECLI:EU:C:2002:328, Rn. 45; ferner Urteil vom 13.5.2003 Kommission/Spanien, ECLI:EU:C:2003:272, Rn. 67.

203 Protokoll (Nr. 2) über die Anwendung der Grundsätze der Subsidiarität und der Verhältnismäßigkeit ABl. C 83 vom 30.3.2010, S. 206 (konsolidierte Fassung).

1. Grundsatz der Verhältnismäßigkeit

127 Der Grundsatz der Verhältnismäßigkeit hat mehrere Funktionen:

- Beschränkung der Rechtssetzung und Verwaltung der Unionsorgane
- Beschränkung der Mitgliedstaaten beim Vollzug von Unionsrecht
- Beschränkung der Auslegung nationalen Rechts im Hinblick auf Unionsrecht
- Beschränkung der Wahrnehmung der Ausnahmen von den Marktfreiheiten durch die Mitgliedstaaten.

Die größte Bedeutung hat der Grundsatz bei der letztgenannten Funktion im Rahmen der Auslegung von Artt. 44 und 36 AEUV. Gerechtfertigt sind nur solche Maßnahmen, die keine verschleierte Beschränkung des Handels darstellen.[204] Stets geht es bei der Anwendung des Verhältnismäßigkeitsprinzips um die Herstellung einer Zweck-Mittel-Relation. Die Maßnahmen dürfen nicht über das für die Erreichung der Ziele dieses Vertrags erforderliche Maß hinausgehen.

Die Prüfung der Einhaltung der Zweck-Mittel-Relation erfolgt in drei Stufen:

- Eignung der Maßnahme im Hinblick auf einen zulässigen Zweck
- Erforderlichkeit
- Angemessenheit.

▶ **Beispiel:**

Der Vertrieb kosmetischer Erzeugnisse unter der Bezeichnung „Clinique" in Deutschland durch die französische und deutsche Tochtergesellschaft eines amerikanischen Unternehmens warf die Frage auf, ob eine Irreführung der Verbraucher (§ 3 UWG aF) über die Verwendung der Erzeugnisse vorliegt. Die Unternehmen sahen in dem gerichtlich durch einen Verband beantragten Verbot dieser Bezeichnung eine rechtswidrige Beschränkung des innergemeinschaftlichen Handels (Artt. 34, 36 AEUV). ◀

128 Grundsätzlich fallen auch nationale Vorschriften über Bezeichnungen und Etikettierungen, die unterschiedslos für in- und ausländische Erzeugnisse gelten, unter das Verbot der Beschränkung des Warenverkehrs im Sinne von Art. 34 AEUV. Nach Art. 6 Abs. 1 lit. b der Richtlinie 2005/29/EG über unlautere Geschäftspraktiken[205] zum Schutz der Verbraucher gegen irreführende Werbung dürfen keine Merkmale vorgetäuscht werden, die die betroffenen Erzeugnisse nicht besitzen.

129 Eine Interpretation des § 3 UWG (aF) in Richtung eines Verbots der Kosmetika-Bezeichnung „Clinique" muss damit „in einem angemessenen Verhältnis zum verfolgten Zweck stehen".[206] Der EuGH sah in einem Verbot der Bezeichnung eine unangemessene Behinderung des freien Warenverkehrs, weil das Verbot aus folgenden Gründen zum Schutz der Gesundheit oder der Verbraucher nicht erforderlich sei:

- In anderen Mitgliedstaaten werden die Kosmetika unter gleichem Namen offenbar ohne Irreführung der Verbraucher vertrieben.

---

204 EuGH, Sandoz, C-174/82, ECLI:EU:C:1983:213, 2447.

205 Vom 11.5.2005, ABl. L 149 vom 11.6.2005, S. 22; geändert durch Richtlinie (EU) 2019/2161 vom 27.11.2019 ABl. L 328 vom 18.12.2019, S. 7.

206 EuGH, Verband Sozialer Wettbewerb/Clinique Laboratories SNC u. Estée Lauder Cosmetics GmbH, C-315/92. I-330 = NJW 1994, 1207.

- Eine andere Bezeichnung nur für Deutschland einzuführen, erhöht die Verpackungs- und Werbekosten und beeinträchtigt dadurch den freien Warenverkehr.
- Clinique-Kosmetika werden nicht in Apotheken angeboten, so dass eine Verwechslung mit Arzneimitteln ausscheidet.

Die Prüfung der Zweck-Mittel-Relation für das (eventuelle) Verbot der Bezeichnung „Clinique" im Rahmen des § 3 UWG (aF) ergab damit seine Unverhältnismäßigkeit.

2. Diskriminierungsverbot

Das *Diskriminierungsverbot* hat im System der Verträge und in der Entscheidungspraxis des EuGH überragende Bedeutung. Das Diskriminierungsverbot ist Ausdruck des allgemeinen Gleichheitssatzes, der bereits vor seiner Verankerung in Artt. 20 und 21 der EU-Grundrechtecharta zu den ungeschriebenen Prinzipien des Unionsrechts zählte.[207] 130

Angelpunkt des Diskriminierungsverbots bildet heute Art. 21 EU-Grundrechtecharta. Danach sind im Binnenmarkt Diskriminierung aus Gründen des Geschlechts, der Rasse, der Sprache und anderer persönlichen Merkmale, insbesondere auch aus Gründen der Staatsangehörigkeit, verboten. Alle Marktfreiheiten des AEUV sind ihrer Struktur nach auch als besondere Diskriminierungsverbote ausgestaltet (vgl. etwa Art. 36 S. 2 AEUV). Von den anderen speziellen Diskriminierungsverboten (Artt. 18, 92, 95, 102, 110, 157 AEUV) hat vor allem Art. 157 AEUV großen Einfluss erlangt; fast das gesamte Individualarbeitsrecht im Binnenmarkt knüpft an diese Vorschrift an.

Adressaten des Diskriminierungsverbotes sind zunächst die Mitgliedstaaten. Sie sollen bei ihrer Rechtssetzung Regelungen vermeiden, wodurch natürliche oder juristische Personen anderer EU-Mitgliedstaaten schlechter behandelt werden als Inländer. Darüber hinaus richtet sich das Diskriminierungsverbot aber auch an juristische und natürliche Personen, soweit sie über Marktmacht verfügen. Dies zeigt sich vor allem in Monopolbereichen und im Arbeitsrecht. Dem Diskriminierungsverbot kommt insofern *Drittwirkung* zu. Die Art und Weise der Drittwirkung ist in der Rechtsprechung des EuGH noch nicht geklärt. Lediglich der Gesichtspunkt der einheitlichen Anwendung des Unionsrechts wird erwähnt.[208] 131

Die Funktion des allgemeinen und besonderen Diskriminierungsverbots liegt in der Beseitigung nationaler Teilmärkte oder Machtstellungen. Die Integration zu einem Binnenmarkt setzt einheitliche Wettbewerbsbedingungen voraus. Differenzierungen zwischen dem nationalen Markt und dem sonstigen Binnenmarkt oder erhebliche rechtliche Abweichungen können zu Wettbewerbsverzerrungen im Binnenmarkt führen. 132

Verboten sind nicht nur unmittelbare (offene) Diskriminierungen, sondern auch mittelbare (versteckte) Diskriminierungen. Dadurch ergibt sich ein weiter Anwendungsbereich. Während früher nur sachlich nicht gerechtfertigte Diskriminierungen als verboten galten, lässt der EuGH heute – unter Billigung des Bundesgerichtshofs[209] – diese Einschränkung fallen und verbietet grundsätzlich jede Diskriminierung. Natürliche

207 EuGH, Deutschland/Rat, C-280/93, ECLI:EU:C:1994:367, I-5039 = EuZW 1994, 688 (691).
208 EuGH, Walrave und Koch/Association Union Cycliste Internationale ua, C-36/74, ECLI:EU:C:1974:140, 1406.
209 BGH, NJW 1995, 868 (869).

und juristische Personen sind heute vor willkürlichen und unverhältnismäßigen hoheitlichen Eingriffen geschützt.[210]

133 Bei den in den Marktfreiheiten enthaltenen besonderen Diskriminierungsverboten (Artt. 34, 45, 49 AEUV) nahmen Rechtsprechung und Lehre ursprünglich an, dass eine nichtdiskriminierende Anwendung inländischen Rechts keine Vertragsverletzung darstelle.[211] Nach heutiger Ansicht beziehen sich die Marktfreiheiten auf alle beschränkenden Praktiken.[212] Die Reichweite der Diskriminierungsverbote ist also im Laufe der Zeit erheblich ausgedehnt worden.

134 Die Folge der Verletzung eines Diskriminierungsverbots ist, dass die diskriminierende und damit gegen EU-Binnenmarktrecht verstoßende Regelung oder Maßnahme nicht mehr angewandt werden darf. Dies kann auch direkt von Individuen oder Unternehmen vor den nationalen Gerichten geltend gemacht werden.

▶ **Beispiele:**

- F ist bei der Fluggesellschaft S als Stewardess beschäftigt. Nach dem Arbeitsvertrag muss sie mit Vollendung des 40. Lebensjahres mit einer Abfindung ausscheiden, während Stewards länger arbeiten dürfen. F konnte gegen die Fluggesellschaft wegen verbotener Diskriminierung vorgehen. Der EuGH sah in der Altersgrenze eine Diskriminierung aufgrund des Geschlechts (Art. 141 EG, jetzt Art. 157 AEUV) durch die Fluggesellschaft.[213]
- Heimlich vorgenommene Mitschnitte des britischen Sängers Phil Collins in den U.S.A. wurden in Deutschland verkauft. Nach deutschem Urheberrecht genießen nur deutsche Künstler für Darbietungen im Ausland Urheberrechtsschutz. Diese Regelungen befinden sich im Einklang mit internationalen Verträgen (Berner Konvention). Aufgrund der Direktgeltung des allgemeinen Diskriminierungsverbots (Art. 12 EG, jetzt Art. 18 AEUV) sah der EuGH die deutsche Regelung dennoch als Verstoß gegen die Verpflichtung zur Gleichbehandlung von Unionsbürgern an. Im Ergebnis wird so der Inländerschutz auf EU-Ausländer erstreckt, auch wenn internationale Verträge die innerstaatliche Regelung nicht verbieten.
- N ist ein niederländisches Unternehmen mit Sitz in den Niederlanden, F ein französisches Unternehmen, das über eine Niederlassung in den Niederlanden tätig ist. Beide Unternehmen kaufen ein Grundstück in den Niederlanden. N ist von der Grunderwerbsteuer befreit, F dagegen nicht. Der EuGH sah in der unterschiedlichen Besteuerung einen diskriminierenden Verstoß gegen die Niederlassungsfreiheit.[214] ◀

a) Unmittelbare Diskriminierung

135 Unter unmittelbare (offene) Diskriminierung fallen Sachverhalte, in denen die Zubilligung von Rechten an persönliche Merkmale (Staatsangehörigkeit; Geschlecht) oder sachliche Merkmale mit grenzüberschreitenden Implikationen (Qualitätsvorschriften für Waren im Inland) gekoppelt ist. Ausländische juristische und natürliche Personen werden dadurch anders behandelt als inländische Personen. Verletzt wird die Verpflichtung zur Inländergleichbehandlung von EU-Ausländern.

210 EuGH, Roquette Frères, C-94/00, ECLI:EU:C:2002:603, I–9039.
211 EuGH, Kommission/Belgien, C-2/90, ECLI:EU:C:1992:310, I-4471.
212 Nachweise bei *Roth,* RabelsZ 1990, 63 (75, Fn. 59); *Steindorff,* EuR 1988, 19 ff.
213 EuGH, Defrenne/Sabena, C-43/75, ECLI:EU:C:1976:56, 456.
214 EuGH, Halliburton Services/Staatssecretaris van Financiën, C-1/93, ECLI:EU:C:1994:127, I-1151.

▶ **Beispiele:**

Bestimmte Dienstleistungen werden nur inländischen Unternehmen übertragen. Eine solche Beschränkung verhindert die grenzüberschreitende Erbringung von Dienstleistungen und behindert die Verwirklichung des Binnenmarktes. Die Beschränkung fällt deshalb unter Art. 18 AEUV

Verweigerung des Zugangs für Ausländer zu elektronischen Benutzeroberflächen zum Bezug von Waren und Dienstleistungen ist eine ungerechtfertigte Diskriminierung[215] ◀

Fälle der unmittelbaren Diskriminierung sind leicht identifizierbar und kommen aufgrund der jahrelangen Spruchpraxis des EuGH fast nicht mehr vor.

b) Mittelbare Diskriminierung

Unter mittelbare (versteckte) Diskriminierung fallen Behinderungen, die vergleichbare 136
Wirkungen wie unmittelbare Diskriminierungen erzeugen.[216]

▶ **Beispiel:**

Die geplante Autobahnmaut in Deutschland, die nach dem Infrastrukturabgabengesetz von allen Autobahnnutzern erhoben werden sollte, hätte in Wirklichkeit nur ausländische Nutzer getroffen, da inländische Nutzer steuerlich in Höhe der Mautgebühr entlastet worden wären.[217] ◀

Als normativ generalisierbarer Prüfungsmaßstab mag die Formulierung in Art. 34 AEUV „Maßnahmen gleicher Wirkung" dienen. Trotz unterschiedsloser Anwendung von Vorschriften mit staatsangehörigkeitsneutralen Merkmalen auf Inländer wie Ausländer können die Wirkungen für beide Personengruppen unterschiedlich sein. Der Diskriminierungseffekt wird also auf Umwegen erreicht. Die Tatsache der Diskriminierung lässt sich rechtlich daher auch nur durch Ermittlung weiterer Umstände feststellen.

▶ **Beispiel:**

Staat S erlässt allgemein formulierte Vorschriften über die Aufmachung und Verpackung bestimmter Waren. Während sich inlandsmarktorientierte Unternehmen leicht darauf einstellen können, müssen sich die am Inlandsmarkt orientierten ausländischen Unternehmen speziell anpassen und erleiden dadurch Wettbewerbsnachteile. ◀

Der Grund für das Verbot der mittelbaren Diskriminierung ist also darin zu sehen, 137
dass in diesen Fällen der wirtschaftliche Anpassungszwang höhere Transaktionskosten erzeugt, was die Wettbewerbsfähigkeit dieser Unternehmen beeinträchtigt und die erwünschte binnenmarktweite Betätigung erschwert. Keine mittelbare Diskriminierung liegt dagegen in der Festlegung von örtlichen Verkaufsmodalitäten in Anknüpfung an das Niederlassungs- oder Wohnsitzkriterium des deutschen Steuerrechts.

▶ **Beispiel:**

Zahnarzt Z hat seine Praxis in Deutschland, seinen Wohnsitz in den Niederlanden. Nach deutschem internationalem Steuerrecht (§§ 1 Abs. 4 iVm 49 Abs. 1 Nr. 3 EStG) kann er wegen des ausländischen Wohnsitzes nicht die Anwendung des Ehegattensplittingverfahrens

---

215 VO 2018/302 vom 28.2.2018 ABl. L l 60 vom 2.3.2018, S. 1 (Geoblocking-VO).

216 EuGH, Boussac/Gerstenmeier, C-22/80, ECLI:EU:C:1980:251, 3428.

217 EuGH, Österreich/Deutschland, C-591/17, ECLI:EU:C:2019:504.

verlangen, so dass er höhere Steuern zahlen muss als ein Zahnarzt mit Wohnsitz und Praxis in Deutschland. ◀

Dieser Fall wird von der Niederlassungsfreiheit des AEUV nicht erfasst, sondern stellt eine nationale Regelungsfrage dar.[218] Die Niederlassungsfreiheit wäre nur betroffen, wenn EU-Ausländer gegenüber Inländern ungleich behandelt würden. Hier geht es aber um eine differenzierte Behandlung von Inländern.

c) Umgekehrte Diskriminierung

138 Umgekehrte Diskriminierung (Inländerdiskriminierung) liegt vor, wenn Inländern aufgrund der Pflicht zur Beachtung innerstaatlicher Vorschriften, die keine grenzüberschreitende Wirkung haben, wirtschaftliche Nachteile im Vergleich zu Ausländern entstehen. Die Ausländer können sich auf die Niederlassungsfreiheit berufen und sind an innerstaatliche Vorschriften insoweit nicht gebunden, als sie die Niederlassungsfreiheit beeinträchtigen würden. Die unterschiedliche Behandlung der beiden Personengruppen beruht also darauf, dass derselbe Sachverhalt zwei divergierenden Rechtsordnungen unterworfen wird.

▶ **Beispiel:**

Die deutsche Staatsangehörige F möchte sich in Deutschland als Friseurin als Gewerbetreibende betätigen. Voraussetzung dafür ist das Bestehen einer Fachprüfung. Wäre F Staatsangehörige eines anderen EU-Mitgliedstaates und dort ohne Fachprüfung rechtmäßig als Friseurin tätig und würde sie sich in Deutschland als Friseurin niederlassen wollen, könnte dies nicht vom Bestehen einer Fachprüfung in Deutschland abhängig gemacht werden, weil das EU-Niederlassungsrecht eingreift.[219] ◀

139 Eine rechtlich überzeugende Lösung für diese Fälle der sogenannten *Inländerdiskriminierung* ist noch nicht entwickelt. Behrens[220] und Roth[221] sehen nur die Möglichkeit der Anpassung des nationalen Rechts an das EU-Recht, was im Beispielsfall den Verzicht auf die Fachprüfung auch für deutsche Staatsangehörige bedeuten würde. Andere[222] möchten auch auf die Fälle der umgekehrten Diskriminierung Art. 18 AEUV oder den allgemeinen Gleichheitssatz anwenden. Denkbar wäre aber auch, die Festlegung höherer Ausbildungsstandards im Inland nicht als Diskriminierungstatbestand von Nichtstaatsangehörigen im Hinblick auf die Niederlassungsfreiheit anzusehen, sondern das Unterlaufen des höheren Ausbildungsstandards im Betätigungsstaat als Wettbewerbsverfälschung[223] im Binnenmarkt zu bewerten und die Beibehaltung der Standards notfalls mit „zwingenden Erfordernissen" (Artt. 34, 36 iVm 62, 52 AEUV) zu legitimieren.

140 Das Auftreten von Fällen der umgekehrten Diskriminierung hat zur Kritik der weiten Rechtsprechung des EuGH zur mittelbaren Diskriminierung beigetragen.[224] Je stärker

218 EuGH, Kommission/Vereinigtes Königreich, C-279/89, ECLI:EU:C:1992:439, I-5817.
219 EuGH, Aubertin ua, C-29/94 bis C-35/94, ECLI:EU:C:1995:39, I-311.
220 EuR 1992, 145 (162).
221 In: *Dauses*, E I, Rn. 22.
222 *Prütting*, JZ 1989, 705 (711 f.); *Bleckmann*, RiW 1985, 917 (919); *v. Bogdandy*, in: Grabitz/Hilf, Kommentar, Art. 6 Rn. 53; EuGH vom 13.2.1969 Rs. 14/68 Walt Wilhelm/Bundeskartellamt, Slg 1969, 1(15).
223 „Verfälschung des Wettbewerbs" kommt im Protokoll Nr. 26 über den Binnenmarkt und den Wettbewerb (ABl. C 83 vom 30.3.2010, S. 309) vor, nicht mehr aber im neuen Art. 3 AEUV, auf den das Protokoll Bezug nimmt.
224 *Schack*, ZZP 1995, 47 (52 m. Nachweisen).

der Bereich der mittelbaren Diskriminierung ausgedehnt wird, umso mehr erübrigen sich die formal geregelten Rechtsangleichungsverfahren oder die Anwendung des Subsidiaritätsprinzips. Unerörtert bleibt bisher, ob angesichts der heutigen flexiblen Produktions-, Vertriebs-, Handels- und Konzernstrukturen nicht zur Ausübung der Niederlassungsfreiheit ein gewisses Anpassungsverhalten der Niederlassungswilligen zumutbar erscheint.

3. Gleichbehandlung

Das Diskriminierungsverbot aufgrund der Staatsangehörigkeit sowie der Marktfreiheiten stellt eine besondere Ausprägung des ungeschriebenen allgemeinen Grundsatzes der *Gleichbehandlung* dar.[225] Im Unterschied zum Diskriminierungsverbot, das sich an die Mitgliedstaaten und an Private richtet, ist *Adressat* des Gleichbehandlungsgrundsatzes die *Union* mit ihren Organen. Der Gleichbehandlungsgrundsatz verpflichtet sie zur gleichen Regelung von Sachverhalten im sekundären Unionsrecht, wenn kein plausibler Differenzierungsgrund besteht. Beim Gleichbehandlungsgebot handelt es sich im Kern also um ein *Willkürverbot.* 141

4. Subsidiarität

a) Regelungsgrundlage

Der *Vertrag von Lissabon* verstärkt das lange Zeit heftig diskutierte *Subsidiaritätsprinzip.* Art. 5 Abs. 1 S. 2 EUV unterwirft die Ausübung der Zuständigkeiten der Union neben dem Verhältnismäßigkeitsprinzip auch dem Subsidiaritätsprinzip. 142

Nach dem Subsidiaritätsprinzip wird die Union in den Bereichen, die nicht in ihre ausschließliche Zuständigkeit fallen, nur tätig, sofern und soweit die Ziele der in Betracht gezogenen Maßnahmen von den Mitgliedstaaten weder auf zentraler noch auf regionaler oder lokaler Ebene ausreichend verwirklicht werden können, sondern vielmehr wegen ihres Umfangs oder ihrer Wirkungen auf Unionsebene besser zu verwirklichen sind (Art. 5 Abs. 3 EUV). Darüber hinaus enthält das den Verträgen beigefügte Protokoll Nr. 2 über die Anwendung der Grundsätze der Subsidiarität und der Verhältnismäßigkeit[226] Verfahrensregeln zur Beachtung des Subsidiaritätsprinzips. So muss die Europäische Kommission vor einem geplanten Gesetzgebungsakt umfangreiche Anhörungen vornehmen. Die Mitgliedstaaten können auf Beschluss ihrer Parlamente die Einhaltung des Subsidiaritätsgrundsatzes vom EuGH überprüfen lassen.

b) Streit um die Tragweite des Subsidiaritätsprinzips

Die juristische Bestimmung des Inhalts des Subsidiaritätsprinzips schließt oft eine politische Aussage zur Kompetenzverteilung zwischen der Europäischen Union und den Mitgliedstaaten ein. Besonders den Gegnern der Ausweitung von Unionskompetenzen dient die Diskussion um das Subsidiaritätsprinzip als Plattform, um eine „Renationalisierung von Politikbereichen“[227] zu verlangen. 143

---

225 EuGH, Hochstrass/Gerichtshof, C-147/79, ECLI:EU:C:1980:238, 3006 (3024); EuGH, Deutschland/Rat, C-280/93, ECLI:EU:C:1994:367, I-5039 = EuZW 1994, 688 (691).

226 ABl. C 83 vom 30.3.2010, S. 206 (konsolidierte Fassung).

227 So ausdrücklich BT-Drs. 12/6256 vom 26.11.1993, S. 6; vgl. ferner *Pieper*, Subsidiarität, S. 237 ff.; *Jarass*, EuGRZ 1994, 209 (211) ff.; *Simitis*, Renationalisierung des Arbeitsrechts, in: Festschrift Kissel 1994, S. 1097 ff.; *Tietmeyer*, Probleme, S. 53 (für den Haushaltsbereich).

Die Schwierigkeiten werden noch durch ein unterschiedliches Verständnis von „Föderalismus" im angloamerikanischen Raum erhöht. Dort bedeutet „federal" eine starke Zentralgewalt, während „föderal" in Kontinentaleuropa gerade umgekehrt eine schwache Zentralgewalt bezeichnet. Da der Terminus „Subsidiarität" das föderalistische Prinzip im letztgenannten Sinn hervorheben soll, bleiben die Auswirkungen der Wortwahl ambivalent.

c) Historische Entwicklung des Subsidiaritätsprinzips

144 Das Subsidiaritätsprinzip ist keine Erfindung der Maastrichter Regierungskonferenz. Es wurde vielmehr in ganz anderen Zusammenhängen außerhalb der Europäischen Union entwickelt, war aber auch innerhalb der Union der Funktion nach bereits bekannt.

145 **aa) Bedeutung des Subsidiaritätsprinzips außerhalb der Union.** Als sozialphilosophischer Grundsatz wurde das Subsidiaritätsprinzip in klassischer Form in der päpstlichen Verlautbarung (Enzyklika) „Quadragesimo Anno" des Papstes Pius XI. im Jahre 1931 im Abschnitt „Neue Gesellschaftsordnung" formuliert.[228] Verallgemeinert besagt das Postulat, dass bei der Lösung von Problemen der kleinere Lebenskreis Vorrang vor dem größeren haben sollte.[229]

Die Wurzeln des Subsidiaritätsprinzips reichen historisch allerdings viel weiter zurück. Ähnliche Überlegungen kann man bei Aristoteles, Thomas von Aquin, Dante, Althusius, Proudhon, Mill oder Kant finden. In der deutschen Staatrechtslehre dient das Subsidiaritätsprinzip heute als Begründung für die gemeindliche Selbstverwaltung.

146 **bb) Bedeutung des Subsidiaritätsprinzips innerhalb der Union.** In der Europäischen Union taucht das Subsidiaritätsprinzip im Tindemans-Report 1976 erstmals auf,[230] allerdings mit der umgekehrten Folgerung nach mehr gemeinsamen Aktionen. Das war nach der Rezession infolge der Ölkrise verständlich. Außerdem diente in dieser Zeit Art. 308 EG (jetzt Art. 352 AEUV) oft als Grundlage für Rechtssetzungsakte der Union. Die dafür erforderliche Einstimmigkeit ließ die Frage nach der Subsidiarität nicht relevant werden. Erst die Richtlinien zur Angleichung von Rechtsvorschriften nach Art. 95 EG (jetzt Art. 114 AEUV), bei denen Mitgliedstaaten überstimmt werden können, machten die Staaten gegenüber Machtverteilungsfragen sensibler.

Eine erhebliche Neuorientierung innerhalb der Union erfolgte Mitte der achtziger Jahre. Im Vertragsentwurf zur Gründung der Europäischen Union wurde das Subsidiaritätsprinzip bereits in der Präambel als Strukturelement ausdrücklich erwähnt.[231] Immer häufiger griff dann der damalige EG-Präsident Delors auf den Bericht einer hochrangigen Studiengruppe zurück, in dem die Bedeutung des Subsidiaritätsprinzips hervorgehoben worden war.[232]

---

228 Text bei *Pieper,* Subsidiarität; eigentlicher Verfasser war der herausragende deutsche Jesuit Prof. v. Nell-Breuning.

229 Interessante Inhaltsverschiebungen enthalten die jeweiligen Übersetzungen des lateinischen Originaltextes „subsidiarii officii principium"; Deutsch: Prinzip der Subsidiarität; Englisch: Fundamental Principle of Social Philosophy; Französisch: Principe de la fonction supplétive de toute collectivité.

230 *Tindemans,* European Union, Bulletin of the European Communities Suppl. 1/76, S. 33: „principle of the delegation of executive power".

231 Official Journal of the European Communities (E) 1984 No. C Vol. 27. S. 36.

232 *Padoa-Schioppa,* Efficiency, Stability and Equity, 1987, S. 12: „The Community only does what it can do better than the nations".

Es mehrten sich die Zeichen für eine grundsätzliche Anerkennung des Subsidiaritätsprinzips: In der Einheitlichen Europäischen Akte von 1986 wurde der Grundsatz vor allem in Art. 174 Abs. 4 S. 1 EG klar in Form einer „*bottom up subsidiarity*“ umschrieben. Die Europäische Sozialcharta von 1989 erwähnt das Subsidiaritätsprinzip in der Präambel. Das Europäische Parlament meinte im Jahre 1990 sogar, das Subsidiaritätsprinzip sei bereits implizit in den Gemeinschaftsregelungen enthalten.[233] Dann hätten allerdings die Schlussfolgerungen der Tagungen der Regierungskonferenzen von Dublin (1990) und Luxemburg (1991) das Subsidiaritätsprinzip nicht mehr hervorheben müssen. 147

Die gesamte Entwicklung mündete schließlich in die ausdrückliche Erwähnung des Subsidiaritätsprinzips im Maastricht-Vertrag von 1991 (Präambel und Art. 2 EU; Art. 5 EG) und in Art. 5 des Unionsvertrages.

d) Juristische Konsequenzen des Subsidiaritätsprinzips für die Union

Das Subsidiaritätsprinzip soll nicht die Befugnisse in Frage stellen, über die die Europäische Union aufgrund des AEUV entsprechend der Auslegung des EuGH verfügt. Eine Präzisierung des Art. 5 EUV ist deshalb unumgänglich. Er könnte als *Kompetenzverteilungsregel,* als *Kompetenzausübungsregel* oder als *Kompetenzbeweislastregel* aufgefasst werden. 148

Als *Kompetenzverteilungsregel* aufgefasst, müssten sämtliche Aufgaben und Ziele, deren Erfüllung im Vertrag der Union zugewiesen sind, unter dem Gesichtspunkt überprüft werden, ob diese Aufgaben und Ziele auch ausreichend von den Mitgliedstaaten erfüllt werden können. Der Art. 5 EUV erhielte dadurch als „Supernorm“ eine *kompetenzrevidierende* Bedeutung. Dies kann aber nicht richtig sein, weil das Subsidiaritätsprinzip nur für die Bereiche eingreifen soll, die nicht in die ausschließliche Zuständigkeit der Union fallen (Art. 5 Abs. 3, 1. Halbsatz EUV). 149

Das Problem ist mit dieser Feststellung allerdings noch nicht gelöst, sondern nur verlagert. Nicht immer liegen klare Gesetzgebungskompetenzen der Union (wie in Art. 3 AEUV) vor. 150

Oft müssen die Kompetenzen der Union erst aus den Zielen der Politiken abgeleitet werden, die sie erfüllen soll.[234] Wie diese Ziele konkretisiert werden sollen und ob die Union die Ziele ausschließlich oder besser erfüllen kann als die Mitgliedstaaten, bedarf zur Entscheidung materieller Kriterien im Rahmen des Subsidiaritätsprinzips. Deshalb ist das Subsidiaritätsprinzip unmittelbar keine Kompetenzverteilungsregel, sondern eine Verfahrensregel.[235]

Für das Wirtschaftsrecht des Binnenmarktes liegt es nahe, ökonomische Gesichtspunkte zu beachten, die für oder gegen eine Kompetenzwahrnehmung auf Unionsebene sprechen. Ökonomische Analysen haben ergeben,[236] dass nur die Union und nicht der einzelne Mitgliedstaat folgende Aufgaben sinnvoll regeln kann:

233 Entschließung vom 12.7.1990 Dok. A 3–163/90, Ziff. 1.
234 *Schmidhuber,* DVBl. 1993, 417 (418).
235 Ebenso: *Pieper,* Subsidiarität 1974, S. 242; *Scholz,* in: Festschrift Helmrich 1994, S. 420.
236 Vgl. *Padoa-Schioppa,* Efficiency, 1987; Centre for Economic Policy Research (ed.), Annual Report 1993, S. 36 ff.

- grenzüberschreitende Effekte wirtschaftlicher Tätigkeit
- Effizienzsteigerungen im Binnenmarkt insgesamt.[237]

151 Zu den *grenzüberschreitenden Effekten* zählen erstens die Nachteile für die Bevölkerung („spillovers"), die an einer Stelle verursacht werden, sich aber an anderer Stelle auswirken (zB Umweltschäden; Unsicherheiten für Verbraucher aufgrund unterschiedlicher technischer Normung). Zweitens fallen darunter wirtschaftliche Großaktivitäten *(„economies of scale")*, die günstiger einheitlich als stückweise organisiert werden können (zB Flugzeugbau; Satellitenkommunikation; Normungssysteme; Großforschung). Zu den *Effizienzsteigerungen* zählen die Koordination und der Ausgleich wirtschaftlicher Risiken für die Regionen aufgrund makroökonomischer Entwicklungen. Ferner lässt sich eine gerechte Einkommensverteilung innerhalb und zwischen den Regionen eher zentral als dezentral ansteuern.

Diese Bereiche sind – wenn man die ökonomischen Analysen als Vorbild für ein juristisches Handlungsmuster ansieht – zugleich die materiellrechtlichen Kriterien zur Begründung der Zuständigkeit der Union in Angelegenheiten des Binnenmarktes. Wenn grenzüberschreitende Angelegenheiten im Bereich der Wirtschaft effizienter durch die Union als durch einzelne Mitgliedstaaten wahrgenommen werden können, dann soll die Zuständigkeit für die konkrete Rechtssetzung bei der Union liegen. Die anderen wirtschaftlichen Bereiche unterliegen daher einer konkurrierenden Zuständigkeit zwischen Mitgliedstaaten und Union. Die Konkurrenzfrage muss danach entschieden werden, ob das Vorhaben ausreichend auf der Ebene der Mitgliedstaaten gelöst werden kann (Art. 5 Abs. 3 EUV).

152 Daraus folgt, dass das Subsidiaritätsprinzip eine *Kompetenzausübungsregel* für die nicht ausschließlich der Union zugewiesenen Gesetzgebungszuständigkeiten darstellt. Das geht nunmehr auch klar aus Art. 5 Abs. 1 S. 2 EUV hervor, der von „Ausübung der Zuständigkeiten der Union" spricht.

Alle neuen Gesetzgebungsakte der Union enthalten in den Erwägungsgründen eine Darlegung, warum der Gesetzgebungsakt durch die Union die bessere Problemlösung darstellt. Außerdem muss die Europäische Kommission ihre Gesetzesvorschläge den nationalen Parlamenten zur Stellungnahme zuleiten, so dass die Einhaltung des Subsidiaritätsprinzips extern kontrolliert wird. Damit bekommt das Subsidiaritätsprinzip zusätzlich die Funktion einer *Kompetenzbeweislastregel.* Ferner gilt nach Beschlüssen des Deutschen Bundestages für die Umsetzung von Richtlinien in deutsches Recht, dass die Bundesregierung den Nachweis führen muss, dass eine lediglich deutsche Regelung nicht ausreichend gewesen wäre.[238]

153 Insgesamt lässt sich Art. 5 EUV wie folgt interpretieren:[239] Er stellt Bedingungen für die Gesetzgebungstätigkeit der Union in solchen Bereichen auf, die ihr nicht schon ausschließlich (Art. 3 AEUV) als Kompetenz zugewiesen sind. Ein Kontrollmechanismus nach dem Protokoll Nr. 2 sorgt dafür, dass die geteilten Gesetzgebungszuständigkeiten (Art. 4 AEUV) sowie die in Zielvorschriften des AEUV implizit enthaltenen Gesetz-

237 Kürzt man den ersten Bereich mit „GRE" und den zweiten mit „EFFI" ab, könnte man vom „GREFFI-Test" sprechen, der die materiellrechtlichen Kriterien zur Ausfüllung des Subsidiaritätsprinzips liefert.

238 BT-Drs. 12/6256 vom 26.11.1993, S. 4.

239 Vgl. auch das Protokoll über die Verwendung der Grundsätze der Subsidiarität und der Verhältnismäßigkeit, das durch den Amsterdamer Vertrag dem EG-Vertrag beigefügt wurde, ABl. C 340 vom 10.11.1997, S. 105.

gebungskompetenzen unter Beachtung des Subsidiaritätsprinzips wahrgenommen werden.

5. Rechtssicherheit

Der EuGH sieht im Grundsatz der *Rechtssicherheit ein Strukturprinzip* des Unionsrechts,[240] aus dem sich weitere allgemeine Rechtsgrundsätze – wie etwa der Grundsatz des Vertrauensschutzes[241] – ableiten lassen. 154

Die „Struktur“ des Strukturprinzips der Rechtssicherheit erscheint bisher wenig geklärt, zumal leicht ein Zielkonflikt mit der Notwendigkeit zur Rechtsanpassung auftreten kann. Im Wirtschaftsrecht hat der Grundsatz im Rahmen der Kapitalverkehrsfreiheit und der Niederlassungsfreiheit Bedeutung erlangt. Die Anwendung des Grundsatzes kann etwa dazu führen, dass trotz grundsätzlich gegebener Rechtfertigungsgründe für die Einschränkung der Kapitalverkehrsfreiheit und der Niederlassungsfreiheit wegen der Unbestimmtheit nationaler Gesetzesvorbehalte die Rechtfertigungsgründe nicht wahrgenommen werden können.[242]

V. Auslegung

Die Vorschriften des AEUV und alle daraus abgeleiteten Vorschriften des sekundären Unionsrechts sind in der Fassung der Auslegung verbindlich, die ihnen der EuGH gibt. Der EuGH hat gemäß Art. 256 AEUV das Monopol über die Auslegung der Verträge sowie über die Gültigkeit und die Auslegung der Handlungen der Organe der Union, also auch hinsichtlich der Verordnungen, Richtlinien und Entscheidungen. 155

Ob sich die Verbindlichkeit der Auslegung des EuGH entgegen der Meinung des BVerfG in den Urteilen zu den Verträgen von Maastricht und Lissabon sowie im PSPP-Urteil auch auf die Vorfrage erstreckt, ob der Union überhaupt eine Regelungskompetenz zustand, ist durch das PSPP-Urteil des BVerfG und ähnlicher Urteile anderer mitgliedstaatlicher Verfassungsgerichte höchst kontrovers geworden.[243] Das BVerfG hält eine den AEUV „erweiternde“ Auslegung „im deutschen Hoheitsbereich“ für nicht verbindlich,[244] der EuGH nimmt bei divergierenden Auffassungen beider Gerichte über das Vorliegen einer Unionskompetenz das Letztentscheidungsrecht für sich in Anspruch.[245] Bisher war der Vorrang des Unionsrechts einschließlich der dafür notwendigen institutionellen Absicherung durch den EuGH überwiegend anerkannt.[246] Andernfalls wären „kohärente“ Gestaltungen der Beziehungen und Maßnahmen auf Unionsebene (Art. 7 AEUV) stark erschwert.

Die Prinzipien und gesetzlichen Regeln der Union sollen zu einem möglichst widerspruchsfreien Unionsrechtssystem[247] als Geltungs- und Strukturbedingung der Union beitragen. Andererseits muss klar sein, dass die Prinzipien und gesetzlichen Regelungen der Union tatsächlich auf Kompetenzen beruhen, die von den Mitgliedstaaten auf die Union übertragen worden sind. Der Streit darüber wird wohl nur durch Präzisierungen

240 EuGH, ICI/Kommission, C-48/69, ECLI:EU:C:1972:70, 622 (656).
241 EuGH, Mavridis/Parlament, C-289/81, ECLI:EU:C:1983:142, 1733 (1744).
242 EuGH, Kommission/Spanien, C-463/00, ECLI:EU:C:2003:272, I-4606.
243 Vgl. auch oben Kap. C IV 4.
244 BVerfGE 89, 155 (188).
245 Skouris, Europarecht 2021, S. 1.
246 BGHZ 125, 382 (393) – Rolling Stones.
247 *Schroeder*, Das Gemeinschaftsrechtssystem 2002, S. 328 ff.

der übertragenen Kompetenzen und durch Verfahren der Kooperation der beteiligten Gerichte zu lösen sein.

1. Auslegungsziele

156 Der EuGH hat die schwierige Aufgabe, die *Kohärenz der Rechtsordnung* für den Binnenmarkt auf den Ebenen der *Rechtssätze* und der *Auslegungsgrundsätze* herzustellen. Schwierigkeiten bestehen aufgrund folgender Umstände:

- Die Binnenmarkt-Rechtsordnung umfasst vier Rechtskreise (deutscher, französischer, englischer und skandinavischer Rechtskreis) mit unterschiedlichen Rechtstraditionen.
- Der Vertrag von Lissabon ist in 24 Sprachen verbindlich (Art. 55 EUV). Nuancierungen zwischen den Fachtermini sind unvermeidlich.
- Die Argumentationsebenen umfassen nicht nur das primäre und sekundäre Unionsrecht, sondern auch das damit zusammenhängende harmonisierte und nichtharmonisierte nationale Recht.
- Der EuGH sichert die Wahrung des Rechts bei der Auslegung und Anwendung der Verträge (Art. 19 Abs. 1 S. 2 EUV), was nicht einfach ist, weil er kaum fachspezifisch, sondern repräsentativ zusammengesetzt ist, und die meisten Richter über eine völkerrechtliche und keine wirtschaftsrechtliche Spezialisierung verfügen.

2. Auslegungsverfahren

157 Das Auslegungsverfahren des EUGH lässt sich nur rekursiv aus den Entscheidungen ermitteln. Die knappen Entscheidungsbegründungen, die ohne Rückgriffe auf wissenschaftliche Meinungen oder nationale Differenzierungen auszukommen scheinen, enthalten nur karge Aussagen zur Auslegungstechnik.[248] Dennoch finden sich alle wichtigen Auslegungsgesichtspunkte („Methoden“) wieder, die kontinentaleuropäisches Gemeingut darstellen *(Wortlaut; Systematik; Zweck)* und auf das Römische Recht in der Ausgestaltung durch die Pandektistik zurückgehen.[249] Die von Savigny als besonders wichtig eingestufte *historische Interpretation* kommt für die Auslegung der Verträge praktisch nicht vor, sondern nur bei der Auslegung des sekundären Unionsrechts. Rechtsvergleichende Überlegungen sind in den Urteilen äußerst selten und tauchen am ehesten im Zusammenhang mit der Auslegung des Art. 340 Abs. 2 AEUV auf.

158 Bei der Auslegung des *AEUV* steht die *zweckbezogene Auslegung* im Vordergrund. Dies ist deshalb überzeugend, weil an der Spitze des AEUV und in seinen einzelnen Abschnitten Zielvorschriften stehen, also ein zweckorientiertes Rechtssystem vorliegt, das Optimierungen durch Auslegung erfordert.

Die zweckbezogene Auslegung lässt sich mit der sogenannten *„effet utile“* (praktischer Nutzen) Rechtsprechung des EuGH einschließlich der Wahrnehmung der Rechtsfortbildung[250] vereinbaren, soweit es nicht um die Aneignung zusätzlicher Regelungskompetenzen, sondern um die effektive Ausübung vorhandener Regelungen geht.

248 Etwa: „Geist und System des Gemeinschaftsrechts“, EuGH, Simba ua/Ministero delle finanze, C-228/90, ECLI:EU:C:1992:251, I-3743.
249 *Savigny*, System des heutigen Römischen Rechts Bd. I 1840, S. 296.
250 BVerfGE 75, 223 (243); zurückhaltender: *Götz*, JZ 1993, 1083 (1084).

159 Bei der Auslegung des *sekundären Unionsrechts* greift der EuGH in erster Linie auf die Gründe zurück, mit denen alle Verordnungen, Richtlinien und Entscheidungen versehen werden müssen (Art. 296 Abs. 2 AEUV). Bei der oft hohen Zahl von *Erwägungsgründen*[251] sind diese nicht immer konsistent, weil sie auch politische Kompromisse widerspiegeln. Die zweckbezogene Auslegung hat deshalb auch für das sekundäre Unionsrecht große Bedeutung.

Die Auswirkungen der Entscheidungspraxis des EuGH auf die Setzung und Auslegung nationalen Rechts sind erheblich.

▶ **Beispiele:**

- Die weniger verbraucher- als verbands- und unternehmensfreundliche Rechtsprechung des Bundesgerichtshofs zur sogenannten „irreführenden Werbung" (§ 3 UWG aF) wurde unter dem Zwang zur richtlinienkonformen Interpretation zunehmend irrelevant.[252]
- Was eine „Sacheinlage" bei einer Unternehmensgründung ist, bestimmt sich nicht mehr nach nationalem, sondern nach EU-Recht.[253]
- Fachausdrücke wie „Arbeitnehmer" oder „Handelsvertreter" weichen in ihrer unionsrechtlichen Interpretation von der nationalen Interpretation ab. ◀

160 Die wichtigste Konsequenz dieser Entwicklung besteht aber darin, dass die Auslegung des nationalen Rechts, soweit ein grenzüberschreitender Bezug besteht, zusätzlich und vorrangig als Auslegungsgesichtspunkt die Prüfung der Vereinbarkeit der Auslegung mit dem primären und sekundären Unionsrecht voraussetzt. Bei umgesetzten oder bei pflichtwidrig nicht oder verspätet umgesetzten Richtlinien wirkt die Berücksichtigung des Richtlinieninhalts aufgrund von Art. 288 AEUV[254] auf alle sonstigen Auslegungsgesichtspunkte ein.[255] Der EuGH fasst diese Auslegungsgesichtspunkte unter den Bezeichnungen „Äquivalenzgrundsatz" und „Effektivitätsgrundsatz" zusammen. Nach dem *Äquivalenzgrundsatz* darf eine das Unionsrecht umsetzende nationale Regelung nicht weniger günstig ausgestaltet sein als eine Regelung für die entsprechende innerstaatliche Problemlösung; nach dem *Effektivitätsgrundsatz* darf nationales Recht die Ausübung der durch die Unionsordnung verliehenen Rechte nicht praktisch unmöglich machen oder übermäßig erschweren.[256]

161 Das BVerfG fasst die richtlinienkonforme Auslegung nationalen Rechts wie folgt zusammen:[257]

„Da die Mitgliedstaaten verpflichtet sind, ihr innerstaatliches Recht den Richtlinien anzupassen, treffen im Regelfall die Wirkungen der Richtlinien den „Marktbürger" erst auf dem Wege der von dem jeweiligen Mitgliedstaat ergriffenen Vollzugsmaßnahmen; dafür ist die Richtlinie für die Auslegung der mitgliedstaatlichen Durchführungsregelung insoweit von Bedeutung, als die Gerichte entsprechend der aus Art. 5 EWGV[258] folgenden Verpflichtung zur Gemeinschaftstreue diejenige Auslegung des

251 Die Datenschutzgrundverordnung enthält davon 173.
252 Vgl. *Ullmann*, JZ 1994, 928 (932).
253 Vgl. BVerfG, DB 1991, 2230.
254 BVerfGE 75, 223 (237 f.).
255 a. A. *Brechmann*, Die richtlinienkonforme Auslegung, 1994, S. 260, der die systematische Auslegung für unangetastet hält.
256 EuGH, HI, C-92/00, ECLI:EU:C:2002:379, I-5574.
257 BVerfGE 75, 223 (237 f.).
258 Jetzt Art. 4 Abs. 3 EUV.

nationalen Rechts zu wählen haben, die dem Inhalt der Richtlinie in der ihr vom EuGH gemäß Art. 177 EWGV[259] gegebenen Auslegung entspricht."

162 Hinzuzufügen ist, dass der EuGH seinerseits das gesamte sekundäre Unionsrecht „im Lichte der Bestimmungen des EG-Vertrags" auslegt.[260] Systemwidrig allerdings erscheint es, wenn der EuGH auch das primäre Unionsrecht mithilfe des sekundären Unionsrechts interpretiert.[261] Bei allen Sachverhalten mit grenzüberschreitenden Effekten ist jedenfalls eine klare Trennung in nationales und europäisches Recht nur noch hinsichtlich der Entstehung, nicht mehr hinsichtlich der Wirkung möglich.[262]

VI. Rechtsangleichung

163 Der Binnenmarkt als Gebiet mit freiem Waren-, Personen-, Dienstleistungs- und Kapitalverkehr kann nur dann effizient funktionieren, wenn die rechtlich oder tatsächlich bestehenden Hemmnisse abgebaut werden. Im primären Unionsrecht finden sich zahlreiche Hinweise, was unter Hemmnissen zu verstehen ist:

- Einfuhrbeschränkungen (Art. 34 AEUV)
- Ausfuhrbeschränkungen (Artt. 34, 35 AEUV)
- Maßnahmen mit der Wirkung von Ein- oder Ausfuhrbeschränkungen (Art. 34 AEUV)
- Verschleierte Beschränkungen des Handels (Art. 36 S. 2 AEUV)
- Handelsmonopole (Art. 37 AEUV)
- Unterschiedliche Behandlung von Arbeitnehmern aus anderen Mitgliedstaaten (Art. 45 Abs. 2 AEUV)
- Beschränkungen der Niederlassung von Staatsangehörigen anderer Mitgliedstaaten (Art. 49 Abs. 1 S. 1 AEUV)
- Beschränkung der Gründung von Tochtergesellschaften oder Zweigniederlassungen für Angehörige anderer Mitgliedstaaten (Art. 49 Abs. 1 S. 2 AEUV)
- Beschränkungen des freien Dienstleistungsverkehrs (Art. 56 AEUV)
- Beschränkungen des Kapitalverkehrs (Art. 63 Abs. 1 AEUV)
- Beschränkungen des Zahlungsverkehrs (Art. 63 Abs. 2 AEUV)
- Wettbewerbsbeschränkende Vereinbarungen (Art. 101 AEUV)
- Missbrauch einer marktbeherrschenden Stellung (Art. 102 AEUV)
- Staatliche Beihilfen mit wettbewerbsbeschränkender grenzüberschreitender Wirkung (Art. 107 AEUV).

164 Neben diesen *unmittelbar* feststellbaren Hemmnissen können jedoch auch *mittelbare* Maßnahmen administrativer, materieller oder technischer Art die Weiterentwicklung des Binnenmarktes behindern. Im „Weißbuch über die Vollendung des Binnenmarktes" aus dem Jahre 1985[263] wurde bereits festgestellt, dass auch diese mittelbaren Hemmnisse abgebaut werden müssen.

259 Jetzt Art. 266 AEUV.
260 EuGH, Verband Sozialer Wettbewerb/Clinique Laboratoires SNC und Estee Lauder Cosmetics GmbH, C-315/92, ECLI:EU:C:1994:34, I-330 = NJW 1994, 1207.
261 Etwa die Reichweite der Kapitalverkehrsfreiheit (Art. 56 EG) mithilfe der Richtlinie 88/361/EWG, vgl. EuGH, Trummer und Mayer, C-222/97, ECLI:EU:C:1999:143, I-1671, Rn. 20 und 21.
262 Ähnlich *Reich*, EuZW 1991, 203 (205).
263 KOM (85) 310 endg. vom 14.6.1985.

Als *mittelbare Hemmnisse* administrativer, materieller oder technischer Art gelten vor allem folgende nationalen Regelungen:

- Unterschiedliche technische Produktnormen und Vorschriften zur Einhaltung dieser technischen Normen
- Vorschriften zum Schutz der menschlichen Gesundheit, des Lebens oder der Umwelt
- Vorschriften zum Schutz des gewerblichen oder geistigen Eigentums
- Vorschriften zum Schutz des „lauteren“ Wettbewerbs
- Vorschriften über die Erbringung von Dienstleistungen
- Vorschriften zum Datenschutz.

Derartige Regelungen können durchaus berechtigt sein (vgl. etwa Art. 36 S. 1 AEUV). Sie haben aber grenzüberschreitende Effekte und errichten Schranken zwischen Gebieten mit unterschiedlichen Regelungen.

Ökonomisch gesehen verursachen die unmittelbaren und mittelbaren Hemmnisse im 165 Binnenmarkt *Zusatzkosten* (Transaktionskosten). Sie verändern das Entscheidungsverhalten der Produzenten, Exporteure, Importeure und Verbraucher und erschweren die Zusammenarbeit zwischen Unternehmen im Binnenmarkt. Ökonomisch sinnvoll ist es deshalb, durch institutionelle Vorkehrungen bessere Rahmenbedingungen zu schaffen. Dieses Ziel kann juristisch durch *Rechtsangleichung* (Harmonisierung) der unterschiedlichen nationalen Rechtsvorschriften verfolgt werden. Unter Rechtsangleichung versteht man die Anpassung unterschiedlicher Rechtsvorschriften bis hin zur Rechtsvereinheitlichung.

1. Konzeptionelle Probleme

Die *Rechtsangleichung* der mitgliedstaatlichen Rechtsvorschriften, soweit dies zum 166 Funktionieren des Binnenmarktes erforderlich ist, wird in den Artt. 114–118 AEUV festgelegt. Sie unterscheiden sich je nach den Sachbereichen, in denen die Rechtsangleichung erfolgen soll. Inhalt und Umfang der Rechtsangleichungsmaßnahmen werden sowohl bei den Verfahrensregeln als auch in den Sachbereichen präzisiert: In den Bereichen Gesundheit, Sicherheit, Umweltschutz und Verbraucherschutz müssen Rat und Europäische Kommission von einem hohen Schutzniveau ausgehen (Art. 114 Abs. 3 S. 1 iVm Abs. 1 S. 2 AEUV). Die Mitgliedstaaten können in einigen Bereichen verstärkte Schutzmaßnahmen beibehalten oder ergreifen (etwa nach Artt. 114 Abs. 4; 154 Abs. 3; 193 AEUV). Auf anderen Gebieten sind die Rechtsangleichungsvoraussetzungen allgemeiner gefasst. Durch Richtlinien und Verordnungen sollen „alle erforderlichen Maßnahmen“ getroffen werden, um die Freizügigkeit der Arbeitnehmer (Art. 46 Abs. 1 AEUV) oder die Kapital- und Zahlungsverkehrsfreiheit (Art. 63 AEUV) herzustellen; Richtlinien sollen der „Koordinierung“ von Rechts- und Verwaltungsvorschriften im Niederlassungsrecht von Ausländern (Art. 52 Abs. 2 AEUV) oder der „Liberalisierung“ bestimmter Dienstleistungen (Art. 59 Abs. 1 AEUV) dienen.

Ein klares theoretisches oder methodisches Konzept für die Rechtsangleichung lässt 167 sich daraus nicht ableiten. Es müsste nämlich Kriterien dafür liefern, welcher Bereich auf welcher Ebene und auf welche Weise rechtlich vereinheitlicht werden soll.

Es gibt einleuchtende Gründe für die bestehenden konzeptionellen Probleme der Rechtsangleichung:

- Lange nationale Rechtstraditionen in den Rechtskreisen, denen die Mitgliedstaaten angehören. Ein Rückgriff auf das gemeinsame Erbe des Römischen Rechts, das in England und Irland ohnehin nicht rezipiert wurde, ist kaum möglich
- Verlust an kultureller Identität durch Rechtsangleichung
- Möglichkeit der Abwicklung grenzüberschreitender Transaktionen und Dienstleistungen im Gebiet des heutigen Binnenmarktes ohne die heutigen Binnenmarktregelungen, wenn auch mit höherem Aufwand
- Fehlen gründlicher vergleichender Analysen der Strukturen und rechtlichen Ausgestaltungen einzelner Problemlagen
- Fehlen von Kriterien für die Auswahl der Instrumente für die Rechtsangleichung
- Schwierigkeiten bei der Festlegung synonymer fachsprachlicher Begriffe in den vierundzwanzig Sprachen der siebenundzwanzig Mitgliedstaaten.

168 Die *Methode der Rechtsangleichung* hat sich in der Union im Laufe der Zeit deutlich gewandelt. Zunächst stand die *Sachrechtsvereinheitlichung* im Vordergrund.[264] Darunter versteht man die mehr oder weniger verbindliche Regelung von Sachfragen auf Unionsebene durch Verordnungen und Richtlinien auf der Grundlage von Art. 115 AEUV. Seit dem Jahr 1986 wird verstärkt das Verfahren der *gegenseitigen Anerkennung* mitgliedstaatlicher Vorschriften als gleichwertig praktiziert. Der *Abschluss völkerrechtlicher Verträge* zwischen den Mitgliedstaaten hat sich als Mittel der Rechtsangleichung nur begrenzt als wirksam erwiesen. Soweit solche Verträge bestehen, wird versucht, sie als EU-Verordnungen zu übernehmen[265], um dadurch die Fortentwicklung zu erleichtern. Schließlich wird auch die *Harmonisierung des Internationalen Privatrechts* als Verfahrensweg zur Rechtsangleichung verstärkt.

Um im Wege der Rechtsangleichung vorgehen zu können, müssen nach Auffassung des EuGH im Tabakurteil[266] Hindernisse für das reibungslose Funktionieren des Binnenmarktes oder Wettbewerbsverzerrungen vorliegen, die zuvor *empirisch* zu ermitteln sind.

2. Einheitliches Sachrecht

a) Ermächtigungsgrundlagen

169 Ermächtigungsvorschriften zur Angleichung des Sachrechts in den Mitgliedstaaten finden sich an einigen Stellen des AEUV: Art. 43 (Landwirtschaft); Art. 46 (Arbeitnehmerfreizügigkeit); Artt. 52 Abs. 2, 47 Abs. 2, 62 (Niederlassungs- und Dienstleistungsrecht); Artt. 63, 66 (Kapitalverkehr); Artt. 91, 100 (Verkehrs- und Transportrecht); Art. 113 (indirekte Steuern); Art. 132 Abs. 2 (Ausfuhrbeihilfen) und Art. 207 (Handelspolitik). Nur wenn spezielle Harmonisierungsermächtigungen fehlen, greifen die allgemeinen Ermächtigungen der Artt. 114, 115, 154, 352 AEUV ein. Dies ist beispielsweise im wichtigen Bereich des Warenverkehrs der Fall, wo Art. 114 AEUV als Grundlage dient, um etwa die Beschaffenheit, Verwendung und Vermarktung einer Ware zu regeln. Ausnahmsweise ist in einigen Bereichen die Harmonisierung ausdrück-

264 Vgl. *Taupitz*, JZ 1994, 533 (534).
265 Brüsseler Übereinkommen; ROM I- und ROM II-Übereinkommen.
266 EuGH, Deutschland/Parlament und Rat, C-376/98, ECLI:EU:C:2000:544, I-8498.

lich ausgeschlossen, nämlich in den Artt. 165 – 168 AEUV für die Bereiche Bildung, Jugend, Kultur und Gesundheit.

b) Harmonisierungspraxis

Die Harmonisierungsinstrumente des Art. 288 AEUV werden in den Regelungsbereichen unterschiedlich eingesetzt. Einheitliches Sachrecht durch *unmittelbar* geltende *Verordnungen* herrscht im Landwirtschafts-, Zoll- und Steuerrecht vor und gilt nur ausnahmsweise im Kartellrecht (Fusionskontrollverordnung) sowie im Gesellschaftsrecht (Verordnungen über die Europäische wirtschaftliche Interessenvereinigung, die Europäische Aktiengesellschaft, die Europäische Genossenschaft sowie die Verordnungen im Zivilprozessrecht). In den meisten Gebieten des Wirtschaftsrechts erfolgt die Sachrechtsangleichung durch *Richtlinien.* Sie regeln entweder das *Verfahren* der Rechtsangleichung oder geben die Ziele vor, legen Strukturen fest oder bestimmen Einzelheiten. Horizontale, vertikale, strukturelle, prozedurale sowie punktuelle Rechtsangleichungsmaßnahmen bestehen also nebeneinander. 170

▶ **Beispiele:**

Die Fusionskontrollverordnung[267] vereinheitlicht sowohl die Kriterien als auch das Verfahren der Kontrolle von Unternehmenszusammenschlüssen im Binnenmarkt. Ähnliches gilt für die Gruppenfreistellungsverordnungen nach Art. 101 Abs. 3 AEUV, die bestimmte Vereinbarungen und Verhaltensweisen von Unternehmen vom Verbot der Wettbewerbsbehinderung freistellen. Nach der Informationsrichtlinie 98/34/EG[268] müssen bereits die beabsichtigten nationalen Regelungen bei der Umsetzung einer Richtlinie der Europäischen Kommission gemeldet werden. ◀

Eine wichtige Rolle bei der Sachrechtsangleichung – vor allem in den Bereichen des Waren- und Dienstleistungsverkehrs – spielt die Rechtsprechung des EuGH. Geradezu revolutionär war die Aufstellung des *Prinzips der richtlinienkonformen Auslegung des nationalen Rechts.* Nationales Recht muss im Einklang stehen mit den Vorschriften und Gegenständen einer Richtlinie, und zwar unabhängig davon, ob die Richtlinie in nationales Recht umgesetzt worden ist.[269] Auf diese Weise bekommen Richtlinien *Maßstabsfunktion* für die Interpretation nationalen Rechts. 171

Außerdem wird durch diese Rechtsprechung die *Normenhierarchie* der Rechtsquellen im europäischen Sinne abgesichert und die Konvergenz mit dem nationalen Fallrecht gefördert. Der Hauptunterschied zwischen *europäischem* und binnenmarktrelevantem *nationalem Recht* besteht dann nur noch in der *Art seiner Entstehung,* nicht mehr im Inhalt oder in der Wirkung. 172

Die Rechtsprechung des EuGH unterstützt darüber hinaus „lautlos" die Sachrechtsangleichung. Je intensiver der EuGH die Bedingungen der Marktfreiheiten des AEUV oder des Diskriminierungsverbots präzisiert, umso stärkeren legislatorischen Anpassungsdruck erzeugt er in den Mitgliedstaaten.

---

267 Verordnung (EG) 139/2004 vom 20.1.2004 über die Kontrolle von Unternehmenszusammenschlüssen, ABl. L 24 vom 29.1.2004, S. 1.
268 ABl. L 204 vom 21.7.1998, S. 37; geändert durch Richtlinie 98/48/EG vom 20.7.1998, ABl. L 217 vom 5.8.1998, S. 18.
269 EuGH, Facchini Dori/Recreb, C-91/92, ECLI:EU:C:1994:292, I-3347.

▶ **Beispiel:**

Erhebliche Bereiche des deutschen Wettbewerbsrechts (§§ 1, 3, 6 d, 6 e UWG aF), die bisher autonom geregelt und interpretiert werden konnten, mussten inzwischen EU-konform revidiert werden. ◀

c) Vor- und Nachteile

173 Die *Angleichung des Sachrechts* hat Vor- und Nachteile. Als *Vorteile* gelten:

- Existenz einheitlicher Rechtsgrundsätze im Binnenmarkt
- Reduktion von Transaktionskosten im Binnenmarkt
- Förderung der Konvergenz der Rechtsordnungen
- Erleichterung der Bildung einer politischen Union.

Als *Nachteile* sind anzusehen:

- Demokratieferne der europäischen Rechtssetzung
- Funktionsverschiebungen zwischen Legislative und Exekutive
- Opportunistische Rechtsgestaltungen aufgrund der Notwendigkeit der Mehrheitsbeschaffung
- Zurückdrängung der nationalen Gesetzgeber
- Starrheit europäischer Regelungen wegen der Schwierigkeit, weitere Kompromisse zu finden
- Unvollständigkeit und Komplexität der Regelungen
- Unsicherheiten bei der Anwendung des europäischen Rechts, insbesondere in „teilharmonisierten" Bereichen.[270]

174 Die Rechtsangleichung erfolgt durch rechtliche Begriffe, die entweder einer bestimmten Rechtssprache entlehnt sind oder Neuschöpfungen darstellen. Eine einheitliche europäische Rechtssprache existiert nicht. Dies führt zu Formulierungs-, Inhalts- und Umsetzungsproblemen.

▶ **Beispiele:**

Die Richtlinie über missbräuchliche Klauseln in Verbraucherverträgen enthält als Zentralbegriff den Terminus „guter Glaube". Er wurde in das Englische und Dänische mit „good faith" übersetzt, obwohl dieser Ausdruck im englischen und dänischen Recht bisher unbekannt war. Die Definition in Art. 4 Abs. 1 der Richtlinie umschreibt „guter Glaube"/„good faith" mit „Fairness" und „ungleicher Verhandlungsposition". Mit dieser Umschreibung und der Beispielsliste für missbräuchliche Klauseln können wohl alle Rechtsordnungen auskommen.

Die Rechtsfolgen missbräuchlicher Klauseln werden in dieser Richtlinie juristisch bewusst vage mit „nicht gegen den Verbraucher geltend gemacht werden können" („not binding on the consumer", „inopposable au consommateur") umschrieben, weil die Konzepte für die Folgen missbilligter Klauseln in den Mitgliedstaaten divergieren: Solche Klauseln können

270 Der EuGH unterscheidet zwischen „Teilharmonisierung" und „abschließender Harmonisierung", beispielsweise bei der Richtlinie gegen irreführende Werbung: EuGH, Verband Sozialer Wettbewerb/Clinique Laboratoires SNC und Estee Lauder Cosmetics GmbH, C-315/92, ECLI:EU:C:1994:34, I-330 = NJW 1994, 1207.

gültig, unbeachtlich, nicht existierend, nichtig (ex tunc oder ex nunc) sein oder keine Wirkungen zwischen den Beteiligten oder ganz allgemein haben.[271] ◀

175 Die Übernahmebereitschaft für europäische Sprachschöpfungen ist in Deutschland hoch. So wird etwa in allen Bankrichtlinien das deutsche Wort „Bank" stets durch „Finanzdienstleistungsunternehmen" ersetzt. Dies ist eine Konsequenz der Tatsache, dass im Ausland – und zunehmend im Inland – Finanzdienstleistungen (etwa Geldanlagen, Hypotheken, Darlehen, Geldüberweisungen, Aktienkäufe) auch von Nichtbanken angeboten werden.

176 Insgesamt sind der Harmonisierung des Sachrechts im Binnenmarkt deutliche Grenzen gesetzt: Eine Totalharmonisierung würde lange dauern, eine Überregulierung darstellen, Inflexibilität erzeugen und Innovationen behindern.[272] Gegenüber einer Teilharmonisierung ist einzuwenden, dass die Kriterien für die Abgrenzungen von Teilgebieten fehlen und die europäische mit der nationalen Rechtssetzungsebene verschwimmt. Die Union benötigt deshalb ein pluralistisches, pragmatisches und föderalistisches Rechtsangleichungsmodell, das Spielraum für die nationale Rechtssetzung innerhalb europäischer Rahmenvorschriften lässt.[273]

3. Gegenseitige Anerkennung

177 Unter gegenseitiger Anerkennung versteht man die wechselseitige Bestätigung der Gleichwertigkeit von Rechtsvorschriften unabhängig von deren konkreten Inhalten.

Im Niederlassungs- und Dienstleistungsrecht lässt der AEUV die Rechtsangleichung durch Verfahren der gegenseitigen Anerkennung von Diplomen, Zeugnissen und Befähigungsnachweisen als gleichwertig nach Maßgabe von Richtlinien ausdrücklich zu (Artt. 53 Abs. 1; 62 AEUV). Entsprechende Vorschriften bei den Waren-, Dienstleistungs- und Kapitalverkehrsvorschriften fehlen. Es besteht jedoch die Möglichkeit, dass der Rat Vorschriften eines Mitgliedstaates als gleichwertig anerkennt. Solche Verfahren sind beispielsweise im Umweltrecht fest verankert, etwa durch Zulassung von Alternativverfahren für die Reduktion von Umweltschäden.[274] Im Datenschutzrecht werden etliche ausländische Datenschutzgesetze von im Hinblick auf das Schutzniveau als „angemessen" anerkannt.[275]

178 Im Produkt- und Dienstleistungsbereich hat die Rechtsprechung des Europäischen Gerichtshofs seit der Leitentscheidung *„Cassis de Dijon"*[276] dazu geführt, dass Produkte oder Dienstleistungen, die in einem Mitgliedstaat rechtmäßig auf den Markt gekommen sind, in einem anderen Mitgliedstaat nicht aufgrund eigener abweichender Vorschriften verboten werden können. Dieses sogenannte *Herkunftslandprinzip*[277] impliziert eine faktische Anerkennung der ausländischen Rechtsvorschriften ohne eine rechtliche Anerkennung vorauszusetzen. Das Herkunftslandprinzip enthält die scheinbar geniale Lösung einer Harmonisierung trotz Nichtharmonisierung.

271 Vgl. *Tenreiro,* Florenz Sept. 1994 (Workshop); European Review of Private Law Vol. 3 No. 2 (1995), 273 ff.
272 So auch das Weißbuch der Kommission KOM (85) 310 endg., S. 18 Ziff. 64.
273 Vgl. *Padoa-Schioppa,* Efficiency, Stability and Equity, 1987, S. 12.
274 Nachweise bei *Jarass,* EuGRZ 1994, 209 (217).
275 Förmliches Verfahren der Kommission nach Art. 40 der DSGVO (EU) 2016/679, vgl. Kapitel G VIII/ Informationstechnologierecht/Datenschutzrecht.
276 EuGH, Rewe Zentral AG/Bundesmonopolverwaltung für Branntwein (Cassis de Dijon), C-120/78, ECLI:EU:C:1979:42, 650.
277 Es ist auch in Art. 3 Abs. 1 der E-Commerce Richtlinie 2000/31/EG, ABl. L 178 vom 17.7.2000, S. 1 verankert.

179 Das Herkunftslandprinzip kann allerdings auch zu einer *Inländerdiskriminierung* führen. Inländer müssen nämlich die nationalen Rechtsnormen beachten, Ausländer mit ihren Auslandsprodukten dagegen nicht. Dadurch können erhebliche Mehrkosten für Inlandsprodukte anfallen. Ein Ausweg aus dem Dilemma liegt in der Möglichkeit, das Inlandsprodukt in einem anderen Mitgliedstaat mit niedrigerem Produktstandards in den Verkehr zu bringen und anschließend im Inland zu vertreiben. Eine solche Praxis kann im Binnenmarkt ohne Grenzen nicht verhindert werden. Es ergibt sich dann aber die unerwünschte Konsequenz, dass Produkte mit dem niedrigsten Binnenmarktstandard hergestellt werden. Bei Geltung des Herkunftslandprinzips liegt es damit nur am Verbraucher, durch seine Kaufentscheidung auch über die Rahmenbedingungen der Warenproduktion im Binnenmarkt zu befinden. Der aufgeklärte Verbraucher wird so zum Motor des Wettbewerbs zwischen Rechtsordnungen.

180 Ein anderer überzeugender Weg für die gegenseitige Anerkennung besteht in der *Schaffung europäischer Produkt- und Qualitätsnormen.* Diese werden entweder freiwillig auf Verbandsebene oder durch europäische Normungsgremien entwickelt und angeboten. Technische Normen haben nicht den Charakter von Rechtsnormen, denn sie entstehen in einem anderen Verfahren und können nicht zwangsweise durchgesetzt werden. Technische Normen kommen jedoch bei Übernahme im Wettbewerbsprozess in ihrer mittelbaren Wirkung Rechtsnormen sehr nahe.

4. Normung

a) Definition

181 Unter *Normung (Standardisierung)* versteht man technische Vorschriften zur Festlegung von Produkteigenschaften oder Verfahren. Eine Norm in diesem Sinne ist eine „technische Spezifikation", die von einer anerkannten Normenorganisation zur wiederholten oder ständigen Anwendung angenommen wurde, deren Einhaltung jedoch nicht zwingend vorgeschrieben ist.[278]

Die Geschichte der Normung geht lange zurück: Schon 2600 v. Chr. hatten die Ägypter Ziegelsteine aus Nilschlamm genormt (umgerechnet 410 x 200 x 130 mm). Im Jahre 200 v. Chr. wurden die Spurweiten von Radfahrzeugen in China genormt, damit sie auf die Fahrwege passten. Das Ziel der Normung liegt in der Vereinheitlichung von Anforderungen, etwa zur Produktsicherheit, Qualitätskontrolle oder Produktbeschreibung. Moderne Normungssysteme sind in geregelte Verfahren zur *Qualitätssicherung, Zertifizierung, Kennzeichnung* und *Konformitätsbewertung* eingebettet.

182 In den EU-Mitgliedstaaten differierten die technischen Normen zum Teil erheblich. Was in Deutschland als „Bier", „verkehrssicher" oder „Produktbeschreibung" gilt, mag in Portugal oder Finnland anders geregelt sein. Dadurch entstanden Marktabschottungen und Hindernisse für den Binnenmarkt.

▶ **Beispiel:**

Fernsehgeräte können verschiedene Eigenschaften im Hinblick auf das Verfahren der Signalumwandlung, des Auflösungsvermögens der Bilder oder der Geschwindigkeit des Bildaufbaus aufweisen. Wenn nationale Rechtsvorschriften zu beachten sind, stehen externe Fernsehgeräteproduzenten vor der Alternative, sich mit Zusatzkosten dem regionalen Markt

278 Art. 1 Nr. 1 der Richtlinie 83/189/EWG (ABl. L 109 vom 26.4.1983, S. 8) idF der Richtlinie 94/10/EG (ABl. L 100 vom 19.4.1994, S. 30).

anzupassen oder auf diesen Markt zu verzichten. Das widerspricht der Idee des Binnenmarktes. ◀

b) Normung als Mittel der Rechtsangleichung

183 Ursprünglich stand in der Union als Instrument zur Beseitigung technischer Hindernisse die *Sachrechtsangleichung* durch Richtlinien im Vordergrund.[279] Ziel war die exakte Definition von Eigenschaften der Produkte und Dienstleistungen. Dieses Konzept war aufgrund der Ausdifferenzierung der Märkte und der ständigen Innovationen nicht durchzuhalten.

184 Der Rat beschloss deshalb im Jahre 1985 eine *„neue Konzeption"* auf dem Gebiet der technischen Harmonisierung und Normung.[280] Die Grundsätze umfassen vor allem folgende Punkte:

- Verpflichtung der Mitgliedstaaten zur ständigen Überprüfung der de iure- oder der de facto-Vorschriften zu technischen Anforderungen
- Verpflichtung der Mitgliedstaaten zur gegenseitigen Anerkennung von Versuchsergebnissen
- Einführung europäischer Normen und Normungsgremien als Mittel der Rechtsangleichung.

185 Der Hauptzweck der *neuen Konzeption* besteht darin, durch eine einzige Richtlinie mit einem Schlag die technischen Spezifikationen einer großen Zahl von Erzeugnissen regeln zu können, ohne dass die Richtlinie ständig angepasst werden muss. Die Richtlinien sollen sich deshalb auf *Rahmenvorgaben* für ausgewählte homogene Bereiche mit breiter Produktpalette beschränken und im Übrigen durch *Normenverweis* den Normungsorganisationen die Detailarbeit übertragen. Eine Ausnahme gilt lediglich für diejenigen Bereiche, in denen der Staat eine hohe Verantwortung für die Sicherheit und Gesundheit der Bürger trägt (Art. 114 Abs. 3 AEUV). Das wirkt sich so aus, dass in den letztgenannten Bereichen teilweise umfangreiche Regelungen auf der Ebene von Einzelrichtlinien bestehen.[281]

186 In allen übrigen Bereichen geben Richtlinien nur noch *grundlegende Anforderungen* vor. Die grundlegenden Anforderungen werden von einem ständigen Ausschuss der Mitgliedstaaten[282] als Aufträge an Normungsgremien präzisiert.

279 Allgemeines Programm zur Beseitigung der technischen Handelshemmnisse, (ABl. C 76 vom 17.6.1969, S. 1).

280 Entschließung vom 7.5.1985, ABl. C 136 vom 4.6.1985, S. 1; vgl. *Breulmann*, Normung und Rechtsangleichung in der Europäischen Wirtschaftsgemeinschaft, Berlin 1993.

281 Die Richtlinie 67/548/EWG zur Angleichung der Rechts- und Verwaltungsvorschriften für die Einstufung, Verpackung und Kennzeichnung gefährlicher Stoffe (ABl. L 196 vom 27.6.1967, S. 1) wurde durch 31 Anpassungsrichtlinien adaptiert und umfasste am Ende mit Anhängen über 2000 Seiten; sie wurde am 1.7.2015 durch die VO (EG) Nr. 1272/2008 abgelöst, die wiederum zuletzt geändert wurde durch Delegierte VO (EU) 2021/643 vom 3.2.2021 ABl. L 133 vom 20.4.2021, S. 5.

282 Art. 5 der Richtlinie 98/34/EG (ABl. L 204 vom 21.7.1998, S. 37) über ein Informationsverfahren auf dem Gebiet der Normen und technischen Vorschriften und der Vorschriften für die Dienste der Informationsgesellschaft, Änderungsrichtlinie 98/48/EG vom 20.7.1998, ABl. L 217 vom 5.8.1998, S. 18.

Als Normungsgremien kommen internationale, europäische und nationale Institutionen in Betracht. Die wichtigsten sind:

Internationale Normungsorganisationen	
ISO	■ Internationale Standardisierungsorganisation (International Standardization Organization)
Europäische Standardisierungsorganisationen	
CEN	■ Europäisches Komitee für Normung (Comité Européen de Normalisation)
CENELEC	■ Europäisches Komitee für Elektrotechnische Normung (Comité Européen de Normalisation Electrotechnique)
ETSI	■ Europäisches Institut für Telekommunikationsnormen (European Telecommunication Standards Institute)
EOTC	■ Europäische Prüfungs- und Zertifizierungsorganisation (European Organization for Testing and Certification)
Nationale Normungsorganisationen	
DIN	■ Deutsches Institut für Normung e. V.
DKE	■ Deutsche Elektrotechnische Kommission in DIN und VDE

187 Europäische Normen (ENs) sind Dokumente, die von einer der vier Europäischen Normungsorganisationen ratifiziert worden sind.

Internationale Normen werden oft als europäische Normen, europäische Normen oft als nationale Normen übernommen und gekennzeichnet.

▶ **Beispiel:**

Die Normenreihe ISO 9000, die sich auf die Zertifizierung von Qualitätssicherungssystemen bezieht, ist auf europäischer Ebene als Normenreihe EN (Europäische Norm) 29 000 in Kraft.

Gegenwärtig sind auf Unionsebene rund 300 technische Ausschüsse mit rund 10 000 Normungsgegenständen befasst, jährlich werden etwa 1 000 Normen erarbeitet.[283] ◀

Die Entwicklung von technischen Normen allein reicht nicht, um ihre freiwillige Akzeptanz sicherzustellen. Es bedarf noch Verfahren zur Umsetzung. Dies wird auf europäischer Ebene methodisch mit dem System der *Zertifizierung* und dem *Prüfwesen* im Hinblick auf die technischen Normen erreicht[284] und rechtlich mit direkten oder indirekten Bezugnahmen auf diese technischen Normen.

188 Nach dem „*Cassis de Dijon*"-Urteil des Europäischen Gerichtshofs ist jedes in einem Mitgliedstaat rechtmäßig hergestellte Erzeugnis grundsätzlich in den anderen Mitgliedstaaten zuzulassen. Nur bei notwendigen, im allgemeinen Interesse liegenden, wesentlichen Anforderungen sind nach Art. 36 AEUV Abweichungen möglich. Das neue Konzept der Rechtsangleichung durch Normung einschließlich der Zertifizierungs-

283 Kommission vom 15.6.1995 KOM (95) 238 endg., S. 51.
284 VO (EG) Nr. 764 und 765/2008 vom 9.7.2008, ABl. L 218 vom 13.8.2008, S. 21 und 30.

und Prüfverfahren zielt darauf ab, die nach objektiven Kriterien festgelegten und nachprüfbaren Eigenschaften ohne die Möglichkeit der Abweichung für die nationalen Behörden verbindlich zu machen. Dies ist im Wesentlichen auch gelungen, und zwar beispielsweise für Maschinen, Schutzausrüstungen, Baumaterial, Waagen, medizinische Geräte, Druckbehälter oder die Telekommunikationsendeinrichtungen.

Wesentlichen Anteil an der Durchsetzung des Konzepts hat das *Konformitätsbewertungsverfahren*. Es besteht aus verschiedenen Phasen (Modulen), durch die Produkte unter verschiedenen Aspekten (interne Fertigung: Baumuster; Konformität mit der Bauart; Qualitätssicherung) bewertet werden. Die Behörden können sich dadurch vergewissern, dass die in den Verkehr gebrachten Produkte im Hinblick auf die Sicherheit der Benutzer und den Gesundheitsschutz den Anforderungen der Rahmenrichtlinien genügen. Für erfolgreich durchgeführte Konformitätsbewertungen kann die europäische Konformitätskennzeichnung „CE" angebracht werden.[285] Die Beachtung der Vorschriften über Konformitätskennzeichnungen wird behördlich überwacht.[286] 189

Die Vorteile des neuen Konzepts der Rechtsangleichung durch Verweis auf technische Normen („Normenverweis"), deren Befolgung zwar nicht rechtlich, aber aufgrund der Objektivität und Transparenz des Verfahrens *faktisch* erzwungen wird („de facto-Rechtsnormen"), liegen in folgenden Gesichtspunkten: 190

- Effizienz der Rechtsangleichung
- Delegation inhaltlicher Fragen auf sachkundige Gremien
- Entlastung der Bürokratie
- Anpassungsflexibilität an technische Entwicklungen
- Anreiz für Unternehmen, möglichst viele Zertifizierungsverfahren zur Qualitätssicherung zu durchlaufen
- Rechtsvermutung für die Sicherheit zertifizierter Produkte.

Statt Einzelrichtlinien nach Artt. 114, 115 AEUV zur Produktsicherheit zu erlassen, wirkt die Union durch ein Rahmenkonzept auf die Entstehung von de facto-Vorschriften in Form vereinheitlichter technischer Normen hin, auf die ihrerseits Rechts- und Verwaltungsvorschriften der Mitgliedstaaten verweisen.

In Deutschland enthalten viele Gesetze Formulierungen wie „Stand der Technik", den „Stand der Wissenschaft und Technik", die „allgemein anerkannten Regeln der Technik" oder sie legen Kontroll- und Kennzeichnungspflichten fest. Das technische Referenzsystem wird in Zukunft kaum noch durch nationale, sondern durch europäische und internationale technische Standards gebildet. 191

▶ Beispiele:

– Die Versendung elektronischer Dokumente zwischen Unternehmen, Verbänden und Behörden erfordert technische Normen über das Verfahren der Kommunikation. Die Vereinten Nationen haben den Standard UN/EDIFACT (United Nations/Electronic Data Interchange for Administration, Commerce and Trade) propagiert. Das Regelwerk wurde von der Internationalen Standardisierungsorganisation (ISO) als ISO-Norm 7372 und 9735 veröffentlicht. Es umfasst rund 200 elektronische Nachrichtentypen (Bestellung; Rech-

285 Richtlinie 93/68/EWG vom 22.7.1993, ABl. L 220 vom 30.8.1993, S. 1.

286 VO (EU) 2019/1020 über Marktüberwachung und die Konformität von Produkten, ABl. L 169 vom 25.6.2019, S. 1; Marktüberwachungsgesetz vom 9.6.2021 BGBl. I S. 1723.

nung; Mehrwertsteuer, Zollerklärung ua). Die Nachrichtentypen stellen gleichzeitig DIN-Normen dar. Sie verdrängen nationale branchenspezifische Standards (Automobilindustrie; chemische Industrie; Bankwesen).[287]

– Medizinprodukte dürfen nach § 8 des deutschen Medizinprodukte – Durchführungsgesetzes[288] erst nach einem aufwendigen Zertifizierungsverfahren und der Abgabe einer EU-Konformitätserklärung in Verkehr gebracht werden. ◀

c) Normung und Wettbewerb

192 Die Wettbewerbswirkungen der Normung hängen aus ökonomischer Sicht davon ab, in welcher Entwicklungsphase des Marktes die Normung einsetzt. Technische Normen können die Entstehung neuer Märkte beeinflussen und vorhandene oder künftige Marktstrukturen verändern. Überwiegend wird die Normung aus folgenden Gründen als wettbewerbssteigernd angesehen:[289]

- Verringerung der Produktionskostenunterschiede
- Schaffung von Größenvorteilen
- Erleichterung des Marktzutritts
- Reduktion der Produktvielfalt
- Intensivierung des Qualitätswettbewerbs
- Wegfall von Monopolanbietern
- Wegfall von Handelshemmnissen.

193 Wenn diese ökonomische Analyse zutrifft, bestehen *wettbewerbsrechtlich* keine Bedenken gegen Normungsaktivitäten. Nach § 2 GWB sind Normenkartelle nicht verboten, sondern nur anmeldepflichtig. Das Rahmenrichtlinienkonzept der Union zwingt diejenigen Unternehmen, die ihre Produkte mit unterdurchschnittlichen Sicherheitseigenschaften ausstatten, zu höheren Anstrengungen oder zur Übernahme der europäischen Normen, weil sie andernfalls in den Mitgliedstaaten an die Barriere des Art. 36 AEUV stoßen. Normungsergebnisse sind nicht rechtsverbindlich. Je geringer jedoch die Differenz zwischen de jure- und de facto-Standards ist, desto wichtiger wird allerdings die Beteiligung aller Interessengruppen – auch der Verbraucher – am Normungsprozess. Die EU-Kommission hat im März 2023 eine Empfehlung über einen Verhaltenskodex im Bereich der Normung im Europäischen Forschungsraum erlassen.[290]

5. Staatsverträge

194 Europäische Rechtsangleichung kann unabhängig von den bisher geschilderten Verfahren auch durch bilaterale oder multilaterale völkerrechtliche Verträge zwischen den Mitgliedstaaten erfolgen.

Im *Steuerrecht* bestehen zahlreiche Abkommen zwischen einzelnen Mitgliedstaaten zur Vermeidung der Doppelbesteuerung. Im *Gesellschaftsrecht* blieben Versuche zur gegenseitigen Anerkennung von Gesellschaftsformen[291] oder zur Beseitigung der Dop-

---

287 *Kilian/Picot*, Electronic Data Interchange, S. 235 ff.
288 Medizinprodukte-Durchführungsgesetz vom 28.4.2020 BGBl. I S. 960.
289 Monopolkommission (Hrsg.), Hauptgutachten 1990/91, S. 369.
290 Empfehlung (EU) 2023/498 vom 1.3.2023 ABl. L 69 vom 7.3.2023, S. 63.
291 Übereinkommen von 1968, BGBl. II 1972, S. 369.

pelbesteuerung von Gewinnbeteiligungen zwischen verbundenen Unternehmen[292] ohne Erfolg; die Übereinkommen sind nicht in Kraft getreten. Dagegen wurden europäische Gesellschaftsformen entwickelt.

6. Einheitliches Kollisionsrecht

Solange kein einheitliches Sachrecht vorliegt, überlässt es das Unionsrecht den Einzelstaaten oder dessen Angehörigen, das anwendbare Recht festzulegen. Dies provoziert im Binnenmarkt die kollisionsrechtliche Frage, nach welchen Verfahren sich im Konfliktfall die maßgebliche Rechtsordnung bestimmt.[293] Durch Angleichung der einzelstaatlichen Kriterien für die Entscheidung über das anwendbare Recht lässt sich wenigstens das Kollisionsrecht vereinheitlichen. Ein solches Vorgehen wird in der Fachliteratur als „indirektes Sachrecht“ und „sanfte Alternative“ zur Sachrechtsangleichung empfohlen.[294] Es handelt sich dabei um eine „Annexfunktion“[295] der Rechtsangleichung innerhalb nicht geregelter, nicht harmonisierter oder nicht einheitlich umgesetzter Rechtsbereiche im Binnenmarkt. 195

Ziel einer Kollisionsrechtsangleichung im Binnenmarkt kann nicht die Favorisierung einer bestimmten Rechtsordnung sein. Das klassische Internationale Privatrecht beruht auf der Gleichrangigkeit aller Rechtsordnungen. Die Berücksichtigung der territorialen Verbindung zum Staat des gewöhnlichen Aufenthalts oder zum Ort des Vertragsabschlusses verbietet sich in einem einheitlichen Binnenmarkt. Eine tragfähige Kollisionsrechtsangleichung muss vielmehr auf materiellen Prinzipien aufbauen. Für das europäische Wirtschaftsrecht sind das diejenigen Prinzipien, die den funktionsfähigen Wettbewerb im Binnenmarkt gewährleisten. Es korrespondieren etwa: 196

- freier Marktzugang/Herkunftslandprinzip
- Machtgleichgewicht/Verbraucherschutzprinzip
- unverfälschter Leistungswettbewerb/Prinzip der Berücksichtigung des relevanten Marktes.

Einige EU-Rechtsakte enthalten selbst wettbewerbsrelevante kollisionsrechtliche Vorschriften: So genießt etwa nach Art. 6 Abs. 2 der Richtlinie über missbräuchliche Klauseln in Verbraucherverträgen[296] bei der Wahl des Rechts eines dritten Staates das Verbraucherschutzrecht Vorrang. Bei Insidergeschäften, Versteigerungsplattformen und geregelten Wertpapiermärkten wird auf den Handelsplatz abgestellt,[297] nach der Dienstleistungsrichtlinie der Rechtsanwälte auf den Ort der Werbung.[298] 197

In einigen Sachgebieten bestehen kollisionsrechtliche Sonderanknüpfungen: Im Transportrecht findet auf Preis- und Geschäftsbedingungsregelungen das Recht des Güteraufnahmemitgliedstaates Anwendung;[299] für unrechtmäßig entfernte Kulturgüter gilt nach deren Rückgabe das Recht des ersuchenden Mitgliedstaates.[300]

292 Übereinkommen von 1990, ABl. L 225 vom 20.8.1990, S. 10.
293 *V. Bar*, Internationales Privatrecht Bd. II, Rn. 179.
294 *Koch*, European Review of Private Law Vol. 3 No. 2 (1995), 329 (331); *Taupitz*, JZ 1994, 533 (539).
295 *Roth*, Internationales Versicherungsvertragsrecht, 1985, S. 699 ff.; *ders.*, IPrax 1994, 165 (174 f.).
296 Richtlinie 93/13/EWG vom 5.4.1993, ABl. L 95 vom 21.4.1993, S. 29.
297 Art. 16 und 22 der Marktmissbrauchsverordnung 596/2014 ABl. L 173 vom 12.6.2014, S. 1.
298 Art. 4 der Richtlinie 77/249/EWG vom 22.3.1977, ABl. L 78 vom 26.3.1977, S. 17.
299 Art. 5 Abs. 1 lit. a VO Nr. 4059/89, ABl. L 390 vom 30.12.1989, S. 3; Art. 3 Abs. 1 lit. a VO Nr. 3921/91, ABl. L 373 vom 31.12.1991, S. 1; Art. 4 Abs. 1 lit. a VO Nr. 2454, ABl. L 251 vom 29. 8.1992, S. 1.
300 Art. 13 der Richtlinie 2014/60/EU vom 15.5.2014 ABl. L 159 vom 28.5.2014, S. 1.

198 Die größte Bedeutung haben jedoch internationale Übereinkommen zur Vereinheitlichung des Kollisionsrechts, die als EU-Verordnungen im Rahmen der justiziellen Zusammenarbeit in Zivilsachen (Art. 81 AEUV) übernommen worden sind und nunmehr der Auslegung durch den Europäischen Gerichtshof unterliegen[301]. Die Rechtsform der EU-Verordnung erspart bilaterale und multilaterale völkerrechtliche Vereinbarungen zwischen den EU-Mitgliedstaaten, was die Fortentwicklung des europäischen Kollisionsrechts erleichtert.

7. Zusammenfassung

199 Insgesamt geht in der Union der Anteil der direkten Sachrechtsvereinheitlichung durch Rechtsnormen zugunsten indirekter Vereinheitlichungsverfahren (gegenseitige Anerkennung; Übernahme von völkerrechtlichen Übereinkommen der Mitgliedstaaten als EU-Recht; europäische technische Normung) zurück. Rechtsangleichung erfolgt in unterschiedlichen Verfahren und mit unterschiedlicher Intensität. In harmonisierten Bereichen des Binnenmarktrechts verlieren die Mitgliedstaaten jedenfalls die Freiheit zu Verhandlungen mit Drittstaaten[302] und dürfen nur bei ausdrücklicher Ermächtigung (Art. 114 Abs. 5 AEUV) oder besonderer Genehmigung (Art. 114 Abs. 6 AEUV) von den Regelungen abweichen.[303]

200 VII. Wiederholungsfragen

1. Welchem Wirtschaftsmodell folgt die Europäische Union?
2. Warum lässt sich die Existenz eines Wettbewerbs als Strukturmerkmal des Binnenmarktes verstehen?
3. Welche Marktfreiheiten sind Ihnen bekannt? Wie wirken sie sich aus?
4. Welche allgemeinen Rechtsgrundsätze kennen Sie?
5. Welchen Auslegungszielen folgt der Europäischer Gerichtshof bei seiner Rechtfindung?
6. Welche Hemmnisse für den Binnenmarkt benennt das primäre Unionsrecht?
7. Welche Funktionen haben technische Normen?

301 Siehe unten Kap. G X (Zivilverfahrensrecht).
302 Gutachten, 1/94, ECLI:EU:C:1994:384, I-5389.
303 Vgl. EuGH, Frankreich/Kommission (PCP-Verbotsfall), C-41/93, ECLI:EU:C:1994:196, I-1841 = NJW 1994, 3341.

§ 7 Wirtschaftsrechtliche Teilgebiete

1 Eine getrennte Analyse wirtschaftsrechtlicher Spezialbereiche des Binnenmarktrechts hat Vor- und Nachteile.

Die *Nachteile* liegen in den Differenzen bei der Abgrenzung von Spezialbereichen in den Mitgliedstaaten der Europäischen Union: Teile des deutschen Handelsrechts finden sich in Italien und Spanien im Zivilgesetzbuch. Das Gesellschafts- und Bankrecht ist in Deutschland aufgrund des Universalbankensystems eng verbunden, in Großbritannien aber deutlich getrennt. Das Kapitalmarktrecht hat in Belgien, Frankreich und Großbritannien Tradition und entwickelt sich in Deutschland als junges Gebiet.[1] Nach dem AEUV fallen Finanzdienstleistungen zum Teil unter die Dienstleistungsfreiheit, zum Teil unter die Kapitalverkehrsfreiheit. Eine Ordnung der wirtschaftlichen Spezialbereiche des Unionrechts kann deshalb zu Zwecken der Lehre nur in Anknüpfung an die jeweilige nationale Rechtstradition sinnvoll erfolgen.

2 Die *Vorteile* einer Analyse nach wirtschaftlichen Spezialgebieten liegen in der Möglichkeit, den Einfluss des Binnenmarktrechts auf ihre Struktur, ihren Gegenstandsbereich und ihren Inhalt besser beschreiben und bewerten zu können. Auf diese Weise lassen sich die in den deutschen Juristischen Prüfungsordnungen und Curricula geforderten *„Bezüge"* zum Europäischen Recht besser herstellen.

Die *„Bezüge"* werden als *Ergänzungen, Erweiterungen* und *Modifikationen* des nationalen Wirtschaftsrechts erfassbar. Eine ausschließliche Orientierung an der Systematik des AEUV oder Veröffentlichungen der Europäischen Kommission, die üblicherweise an die „Marktfreiheiten" des AEUV oder die europäischen „Politiken" anknüpfen, sprengen dagegen die deutsche Systematik. Damit soll keine qualitative, sondern nur eine didaktisch-methodische Aussage getroffen werden.

3 In zwei Punkten weicht die Darstellung wirtschaftsrechtlicher Spezialbereiche auch von der deutschen Systematik ab:

- Das *Informationstechnologie- und Kommunikationstechnologierecht* bildet in Deutschland noch kein wohl definiertes Rechtsgebiet, erscheint aber aus europäischer Sicht als zukunftsträchtiger Spezialbereich.
- Das *allgemeine Privatrecht,* soweit es nicht ohnehin durch die Basiskategorien „Eigentum" und „Vertrag" stets das europäische Wirtschaftsrecht strukturiert, wird im Wesentlichen unter Gesichtspunkten des Verbraucherschutzrechts, der Privatrechtsangleichung und des modellhaften Referenzrahmens für ein europäisches Zivilgesetzbuch einbezogen.

Aus methodischen Gründen stimmt die formale Struktur der Darstellung in allen nachfolgend behandelten Spezialbereichen überein. Dies soll durchgängig die Möglichkeit erleichtern, die Lektüre auf bestimmte strukturelle Gesichtspunkte zu beschränken. Mit Blick auf das in den einzelnen Spezialbereichen erlassende sekundäre Unionsrecht wird der Schwerpunkt auf sog. Basisrechtsakte gelegt. Daneben werden besonderes relevante delegierte Rechtsakte aufgezeigt. Durchführungsrechtsakte bzw. Technische Standards, wie sie im Finanzmarktrecht (Bank- und Kapitalmarktrecht sowie Privatversicherungsrecht) in großer Anzahl zu finden sind, werden dagegen nicht abgebildet; das würde den hier gesetzten Rahmen sprengen. Nicht selten werden europäische

1 Vgl. *Buxbaum/Hopt,* Legal Harmonization, S. 189 ff.

Rechtsakte wie Verordnungen und Richtlinien im Laufe der Zeit durch neuere Verordnungs- und Richtlinienbestimmungen korrigiert, angepasst oder aufgehoben. Änderungen werden in den tabellarischen Darstellungen unter Hinweis auf die Veröffentlichung im ABl. nachgehalten. Besonders bedeutsame neue Rechtsakte mit Änderungscharakter werden zudem gesondert erläutert. Aufgehobene Rechtsakte werden nicht abgebildet.

I. Wettbewerbsrecht

Spezialliteratur: *Alexander*, Die Umsetzung der Verbraucherrechterichtlinie und die Auswirkungen auf das Lauterkeitsrecht, in: WRP 2014, 501; *Augenhofer* (Hrsg.), Die Europäisierung des Kartell- und Lauterkeitsrechts, Tübingen 2009; *Clark*, Competition as a Dynamic Process, 1961; *Dreher/Kulka*, Wettbewerbs- und Kartellrecht, 12. A. 2023; *Frenz*, Die neue Technologietransfer-Gruppenfreistellungsverordnung, in: EuZW 2014, 532–534; *Gerpott/Mikolas*, Zugang zu Daten großer Online-Plattformbetreiber nach der 10. GWB-Novelle, in: CR 2/2021, S. 137–144; *Görlitz*, EU-Binnenmarktkompetenzen und Tabakwerbeverbote, EuZW 2003, 485–490; *Haucap/Gerber/Welker*, Modernisierung der Missbrauchsaufsicht für marktmächtige Unternehmen, 2018; *Heidrich*, Das evolutorisch-systemtheoretische Paradigma in der Wettbewerbstheorie. Alternatives Denken zu dem More Economic Approach, 2009; *Heinemann*, Google als kartellrechtliches Problem?, 2015; *Immenga/Mestmäcker*, Wettbewerbsrecht, 6. A. 2019; *Jestaedt*, Funktionalität, Effizienz und Wettbewerb: B2B–Marktplätze und Kartellrecht, in: BB 2001, 581–587; *Kirchner*, Internetmarktplätze, Markttransparenz und Marktinformationssysteme, in: WuW 2001, 1030–1041; *Klees*, Europäisches Kartellverfahrensrecht und Fusionskontrollverfahren, Köln/Berlin/München 2. A. 2012; *Linsmeier/von Köckritz/Bodenstein*: Kartellrecht in Zeiten der Corona-Pandemie, NZKart 2020, 184 ff.; *Makatsch/Mir*, Die neue EU-Richtlinie zu Kartellschadenersatzklagen, in: EuZW 2015, 7–13; *Mestmäcker/Schweitzer*, Europäisches Wettbewerbsrecht, 3. A. 2014; *Mestmäcker*, in: Schwarze (Hrsg.), Europäisches Wettbewerbsrecht im Zeichen der Globalisierung, Baden-Baden 2002, 11–36; *Monopolkommission (Hrsg.)*, Wettbewerb in Netzstrukturen (Hauptgutachten 1998/1999), 2000; *Monopolkommission (Hrsg.)*, Wettbewerbspolitik: Herausforderungen digitaler Märkte (Sondergutachten 68), 2015; *Neun/Otting*, Die EU-Vergaberechtsreform, in: EuZW 2014, 446–452; *Paal*, Missbrauchstatbestand und Algorithmic Pricing, GRUR 2019, 43; *Schmidt*, More economic approach: Ein wettbewerbspolitischer Fortschritt? in: Recht und Wettbewerb – Festschrift für Rainer Bechthold, zum 65. Geburtstag, München 2006, 409–418; *Wrase*, Europäische Fusionskontrolle, 2007

1. Bereichsdefinition

4 *Wettbewerbsrecht* hat Verträge und Verhaltensweisen zum Gegenstand, die den Wettbewerb auf dem Markt beschränken oder verfälschen können. Der Wettbewerb sichert als System dezentraler Entscheidungsfindung, die Handlungsfreiheit der Wirtschaftssubjekte sowie die Funktionsfähigkeit des Marktes. Das oben kurz skizzierte Wettbewerbskonzept der Union[2] deckt sowohl Sachverhalte ab, die den *Freiheitsspielraum* von Marktteilnehmern *beschränken* können, als auch Verhaltensweisen, die aufgrund der eingesetzten *Mittel* als *unfair* zu gelten haben. Nach deutschem Recht sind diese Regelungskomplexe auf zwei Gesetze (GWB; UWG) verteilt.

5 Das europäische Wettbewerbsrecht als regionale Wettbewerbsordnung für 27 Staaten steht im Zeitalter der Globalisierung immer häufiger vor schwierigen Abgrenzungen des relevanten Marktes im Bereich der Informations- und Kommunikationstechnologie. Es geht hierbei oft um den schnellen technischen Fortschritt, um Netzwerkgeflech-

2 Kap. F I Rdnr. 2 ff.

te und temporäre Monopole, weniger um Anteile an einem bestehenden Markt. Um Ausschlusswirkungen auf Folgemärkten entgegenzuwirken, erfasst das europäische Wettbewerbsrecht auch die Wirkungen proprietärer Standards, Vertriebstechniken und Vertragsgestaltungen im Binnenmarkt, die von Unternehmen mit Sitz in Drittstaaten ausgehen.[3]

2. Regelungsgrundlagen

Das Wettbewerbsrecht der Union ist hauptsächlich in den sogenannten Wettbewerbsregeln (Artt. 101 – 109 AEUV) sowie in den zugehörigen Verordnungen verankert. Die Wettbewerbsregeln des AEUV sind der Spezialbereich, der von Anfang an unmittelbar Unternehmen und Verbraucher betrifft. Die Wettbewerbsregeln umfassen das Kartellrecht und – soweit der Behinderungswettbewerb in Frage steht – auch diese Teile des Lauterkeitsrechts. Sonstige Lauterkeitsprobleme (Sittenwidrigkeit; Irreführung; verbotene Werbung) sind im europäischen Wettbewerbsrecht im Rahmen der Waren-, Dienstleistungs-, Niederlassungs-, Kapital- und Zahlungsverkehrsfreiheiten (Artt. 34, 49, 56, 63 AEUV) erfasst. Die Lauterkeit des Handels gehört zu den „zwingenden Erfordernissen“ im Sinne der Rechtsprechung zu Art. 34 AEUV.[4] 6

Ziel des Wettbewerbsrechts ist es, einen *freien und unverfälschten Wettbewerb* zu gewährleisten. Dieser Grundsatz war im alten EG-Vertrag ausdrücklich in Art. 3 Abs. 1 lit. g verankert und ist im Protokoll Nr. 27 als Bestandteil des Vertrages von Lissabon (konsolidierte Fassung) enthalten. Ob die „Auslagerung“ des Prinzips in ein Protokoll zu einem Bedeutungsverlust führt, bleibt abzuwarten. Immerhin ist als Ziel der Union „eine in hohem Maße wettbewerbsfähige Marktwirtschaft“ in Art. 3 Abs. 3 EUV neu verankert worden. Außerdem wenden sich spezielle Vorschriften gegen „Verfälschungen des Wettbewerbs“ (Art. 101 Abs. 1 AEUV) oder gehen von einer „offenen Marktwirtschaft mit freiem Wettbewerb“ aus (Artt. 119 Abs. 1 und 2; 127 Abs. 1 S. 3 AEUV). 7

Wettbewerbstatbestände 8

Wettbewerbstatbestand	*EU-Regelung*	*Deutsche Regelung*
1. Abgestimmtes Verhalten; Kartellvertrag	Art. 101 AEUV	§§ 1–3 GWB
2. Wettbewerbsbehinderung	Art. 102 AEUV	§§ 20, 21 GWB; 1 – 7 UWG

3 EuG, Microsoft/Kommission, T-201/04, ECLI:EU:T:2007:289.

4 EuGH, Verband Sozialer Wettbewerb/Clinique Laboratories und Estée Lauder, C-315/92, ECLI:EU:C:1994:341-336.

Wettbewerbstatbestand	*EU-Regelung*	*Deutsche Regelung*
3. Unternehmens-kooperation	Gruppenfreistellungsverordnungen; Bekanntmachungen der Kommission über: Gemeinschaftsunternehmen (ABl. C 66 vom 2.3.1998 S. 1) Allgemeine Kooperationen (ABl. C 3 vom 6.1.2001, S. 2) Leitlinien über den Begriff der Beeinträchtigung des zwischenstaatlichen Handels (ABl. C 101 vom 27.4.2004, S. 81) vertikale Beschränkungen (ABl. C 130 vom 19.5.2010, S. 1) horizontale Zusammenarbeit (ABl. C vom 14.1.2011, S. 1) Vereinbarungen von geringer Bedeutung („De-minimis") (ABl. C 291 vom 30.8.2014, S. 1)	Direktgeltung; § 22 GWB
4. Missbrauch einer marktbeherrschenden Stellung	Art. 102 AEUV	§ 19 GWB
5. Diskriminierung (zB Liefersperre)	Artt. 101, 102 AEUV	§§ 1, 20, 21 GWB
6. Unternehmenszusammenschluss (Fusion)	Art. 101 AEUV; VO (EG) Nr. 139/2004 vom 20.1.2004 ABl. 24 vom 29.1.2004, S. 1; VO (EG) Nr. 802/2004 vom 7.4.2004 ABl. 133 vom 30.4.2004, S. 1	§§ 35 – 43 GWB
7. Selektiver Vertrieb	Artt. 101, 102 AEUV	§§ 20; 22 GWB
8. Unlautere Werbung; Irreführung	Artt. 34, 56, 63 AEUV	§§ 3 bis 6 UWG
9. Forschungsförderung	Artt. 179–190 AEUV	(Allgemeine Ermächtigung im Haushaltsgesetz)
10. Förderung der internationalen Wettbewerbsfähigkeit	Art. 179 Abs. 1 AEUV	(Allgemeine Ermächtigung im Haushaltsgesetz)
11. Förderung transeuropäischer Netze	Art. 170 AEUV	(Allgemeine Ermächtigung im Haushaltsgesetz)
12. Industrieförderung	Art. 173 AEUV	(Allgemeine Ermächtigung im Haushaltsgesetz)

9 Das Verhältnis der Wettbewerbsregeln zu den Marktfreiheiten ist umstritten. Nach *Fikentscher*[5] sichern die Wettbewerbsregeln die Marktfreiheiten, stellen sie aber nicht her. Für *Mestmäcker*[6] bilden die Marktfreiheiten funktionelle Voraussetzungen für die

5 Wirtschaftsrecht I, S. 570.
6 Europäisches Wettbewerbsrecht, S. 177.

Wettbewerbsregeln. Das Zusammenwirken beider Vorschriftengruppen soll jedenfalls ein *System des grundsätzlich unverfälschten Wettbewerbs* ergeben. Dieses System orientiert sich im europäischen Binnenmarkt daran, ob der *zwischenstaatliche Handel* und der *Wettbewerb* beeinträchtigt werden. Die jeweils erforderliche Prüfung setzt stets eine *Bewertung der wirtschaftlichen Zusammenhänge* auf sich ständig wandelnden Märkten voraus.

Ein konsistentes theoretisches Fundament für Bewertungen im Rahmen des EU-Wettbewerbsrechts lässt sich nicht nachweisen. Freiheitsbezogene, funktionsbezogene, industriepolitische und integrationspolitische Komponenten treffen zusammen. Für alle wettbewerbstheoretischen Ansätze finden sich Belege in der Rechtsprechung des Gerichtshofs und in der Wettbewerbspolitik der Kommission: 10

- Theorie des funktionsfähigen Wettbewerbs (Harvard-Schule)
- Effizienztheorie (Chicago-Schule)
- Transaktionskostentheorie
- Ordoliberale Wettbewerbstheorie
- Industriepolitischer Ansatz.

a) Theorie des funktionsfähigen Wettbewerbs (Harvard-Schule)

Die ökonomische Theorie des *funktionsfähigen* (wirksamen) *Wettbewerbs* („workable competition") geht auf John Maurice Clark[7] zurück. 11

Als Entscheidungskriterien für einen funktionsfähigen Wettbewerb dienen Beurteilungen der Marktstruktur, des Marktverhaltens und des Marktergebnisses sowie Rückgriffe auf die preistheoretische Oligopol- und Monopoltheorie. Einer bestimmten Marktstruktur (etwa dem engen Oligopol) werden bestimmte Marktverhaltensweisen (etwa Kartellabsprachen) zugeordnet, die zu bestimmten Marktergebnissen (vor allem zu überhöhten Preisen) führen. Aufgrund der vorgegebenen Ziele wird dann versucht, im Rahmen der Bewertung bestimmter Sachverhalte (Missbrauch, Zusammenschluss) günstige Marktstrukturen zu verstärken.

Zu dieser Theorie des funktionsfähigen Wettbewerbs passen gut die Zielvorgaben des AEUV („magisches Achteck" des Art. 3 EUV)[8] und einige Tätigkeitsfelder der Union, um alle Hindernisse für den Binnenmarkt zu beseitigen (Art. 3 Abs. 3 S. 1 und Abs. 6 EUV) und ein System eines unverfälschten Wettbewerbs zu erhalten (Art. 101 Abs. 1 S. 1 AEUV). In der Praxis der Fusionskontrolle nehmen fast alle Entscheidungen der Kommission Stellung zu der Marktstruktur, den Marktanteilen, der jetzigen und voraussichtlichen Marktentwicklung sowie zu den Umsätzen und Gewinnen. 12

Mehrere Entscheidungen des Gerichtshofs berufen sich auf den „wirksamen Wettbewerb" als Entscheidungskriterium: Der unverfälschte Wettbewerb setzt das Vorhandensein eines wirksamen Wettbewerbs voraus.[9] Ziel ist ein „wirklich vom Wettbewerb geprägter Markt".[10] 13

7 Towards a Concept of Workable Competition, in: American Economic Review 30 (1940), 241; Competition as a Dynamic Process, 1961.

8 Vgl. Kap. F Rn. 15.

9 EuGH, Metro/Kommission, C-26/76, ECLI:EU:C:1977:167, 1877; ähnlich EuGH, Continental Can/Kommission, C-6/72, ECLI:EU:C:1973:22, 218.

10 EuG, Fiatagri und New Holland Ford/Kommission, T-34/92, ECLI:EU:T:1994:258, II-909 bzw. John Deere Limited/Kommission, T-35/92, ECLI:EU:T:1994:259, II-961.

Folgende Bedingungen müssen für einen funktionsfähigen Wettbewerb vorliegen:

- Bestehen von Entscheidungsalternativen für Anbieter und Nachfrager
- Fehlen einer marktbeherrschenden Stellung eines Anbieters
- Entstehung von Gewinnen oder Verlusten als Konsequenz der gewählten Entscheidungsalternative
- Fehlen von Wettbewerbsbeschränkungen tatsächlicher oder rechtlicher Art.

Bis heute hat die Theorie des funktionsfähigen (oder „wirksamen“) Wettbewerbs Einfluss auf die europäische Entscheidungspraxis. Einige Elemente der Theorie werden allerdings weniger betont, andere dagegen (etwa das Problem der Marktzutrittsschranken) verstärkt.[11]

14 Eine moderne Variante der Theorie des funktionsfähigen Wettbewerbs ist die *Theorie der bestreitbaren Märkte* („contestable markets“).[12] Dieser wohlfahrtstheoretische Ansatz geht davon aus, dass sich ein bestreitbarer Markt im Marktgleichgewicht befindet. Der Zutritt zum Markt und der Marktaustritt sind unbeschränkt und kostenlos in dem Sinne, dass Marktteilnehmer den Ein- und Austritt amortisieren können. Allein das Vorhandensein potenzieller Wettbewerber soll zu Pareto-optimalen Marktergebnissen führen. Deshalb müssen marktbeherrschende Unternehmen durch Entgeltregulierungen auf diejenigen Entgelte verpflichtet werden, die auf einem sogenannten bestreitbaren Markt zu beobachten wären. Diese Theorie hat insbesondere bei der Deregulierung von Monopolen und marktbeherrschenden Unternehmen Bedeutung.

b) Effizienztheorie (Chicago-Schule)

15 Die Effizienztheorie[13] stellt die *ökonomische Effizienz* als Ziel in den Mittelpunkt der Wettbewerbspolitik. Eine marktstarke Stellung eines Unternehmens oder Unternehmenszusammenschlusses deuten nach dieser Theorie auf eine höhere Effizienz hin, nicht auf wettbewerbswidrige Praktiken. Die Existenz von Marktzutrittsschranken wird (mit Ausnahme staatlich errichteter) wegen der Möglichkeit der Produktdifferenzierung weitgehend geleugnet. Bedenklich erscheinen nach dieser Theorie horizontale Unternehmenszusammenschlüsse (Kartelle) mit Gebietsabsprachen in hochkonzentrierten Branchen.

16 **aa) „More economic approach“.** Eine Variante der Effizienztheorie nennt sich *„more economic approach“*. Dieser „post-Chicago“-Ansatz verstärkt den Gesichtspunkt der Effizienz als Leitbild der Wettbewerbspolitik und des Wettbewerbsrechts.[14] Wettbewerbsbeschränkungen, wie Monopolstellungen, Preiskartelle, Marktzugangsschranken, asymmetrische Informationen oder externe Effekte, die Defekte in den Spielregeln des dynamischen Wettbewerbs und damit Marktversagen darstellen, sollen nur dann geahndet werden, soweit sie nicht zu einem „sozialen Überschuss“ an Vorteilen für Marktbeteiligte führen. Soziale Überschüsse können in Kostensenkungen bei der

---

11 *Everling*, WuW 1990, 995 (1003).

12 Grundlegend: *Baumol/Panzar/Willig*, Contestable Markets and the Theory of Industry Structure, 2nd. ed. 1988.

13 *Posner*, Antitrust Law. An Economic Perspective, Chicago/London 1976; *Demsetz*, Economics as a Guide to Antitrust Regulation, in: Journal of Law and Economics 1976, 371–384.

14 *Schmidt*, More economic approach: Ein wettbewerbspolitischer Fortschritt?, in: Recht und Wettbewerb, Festschrift Bechthold (Hrsg. Ingo Brinker ua) S. 409; *I. Schmidt*, in: Festschrift Jens, 129 (138 ff.); *Schmidtchen*, Der „more economic approach“ in der Wettbewerbspolitik, in: WuW 2006, 6–17.

Produktion, Erzeugung von Netzwerkeffekten, Qualitätsverbesserungen, Vorteilen für Verbraucher oder in allgemeiner gemeinschaftlicher Wohlfahrt bestehen.

Diese Theorie kommt zu einem „Second-Best-Denken" im Vergleich zum perfekten dynamischen Wettbewerb und zu den langfristigen marktorientierten Perspektiven. Vorgelagerte Gesichtspunkte einer privatautonomen dezentralen Entscheidungsfindung werden als Werte nicht integriert. Den wettbewerbsbeschränkenden Unternehmen wird die Beweislast für den Eintritt der Effizienzgewinne auferlegt. Die kartellbehördliche Kontrolle wird in Richtung einer Missbrauchskontrolle umgestaltet und auf die Analyse von Markteffekten beschränkt.

Obwohl die Operationalisierung dieses theoretischen Ansatzes angesichts der zahlreichen Variablen problematisch erscheint, scheinen sich die neuen Gruppenfreistellungsverordnungen und Leitlinien auf dieses Konzept zu stützen. In der INTEL-Entscheidung[15] bestätigte der EuGH als ständige Rechtsprechung, dass die Feststellung eines Missbrauchs einer marktbeherrschenden Stellung (Art. 102 AEUV) eine „Prüfung sämtlicher Umstände" voraussetze, ob das in Frage stehende Wettbewerbsverhalten einen ebenso effizienten Wettbewerber vom Markt hätte verdrängen können („as efficent competitor"-Test; „AEC-Test").

bb) Transaktionskostentheorie. Eine andere Variante der Effizienztheorie bildet die *Transaktionskostentheorie.*[16] Insbesondere vertikale Unternehmenszusammenschlüsse und Unternehmensvereinbarungen werden als *institutionelle Arrangements* (im Sinne der Institutionenökonomie) interpretiert. Sie haben nach dieser Theorie das Ziel, die Kosten zu senken, aber nicht das Ziel, die Marktmacht zu erhöhen. 17

Die Verwendung von Argumenten effizienzorientierter Theorien lassen sich in vielen Entscheidungen der Kommission und des Europäischen Gerichtshofs nachweisen. Insbesondere betrifft dies Stellungnahmen zur Industriepolitik, zu Beihilfen und zu Forschungskooperationen.[17]

c) Ordoliberale Wettbewerbstheorie

Die in Deutschland, Österreich und der Schweiz vertretene *ordoliberale Wettbewerbstheorie*[18] stellt als Ziel des Wettbewerbs den *Schutz der wirtschaftlichen Handlungsfreiheit* in den Mittelpunkt, vor allem gegenüber staatlichen Eingriffen. Diese Theorie findet nur in einigen Bereichen des europäischen Wettbewerbsrechts ihren Niederschlag, beispielsweise bei Diskriminierungen oder bei Konkurrentenklagen nichtsubventionierter Unternehmen. Die Vertreter der ordoliberalen Wettbewerbstheorie können ihre Grundauffassung am ehesten mit der Theorie vom funktionsfähigen Wettbewerb in Einklang bringen.[19] 18

15 EuGH, Intel/Kommission, C-413/14, ECLI:EU:C:2017:632, Rdnr.111.

16 *Williamson,* Die ökonomischen Institutionen des Kapitalismus: Unternehmen, Märkte, Kooperationen, Tübingen 1990.

17 *Europäische Kommission* (Hrsg.), XXIII. Bericht über die Wettbewerbspolitik 1993, Luxemburg/Brüssel 1994, S. 98 ff.; 290 ff.

18 *Böhm, Eucken, Hoppmann, Mestmäcker.*

19 Vgl. *Mestmäcker,* Europäisches Wettbewerbsrecht, S. 175 f. *ders.,* Offene Märkte, S. 354 f.

d) Industriepolitischer Ansatz

19 Seit dem Maastricht-Vertrag gewinnen schließlich *industriepolitische Ansätze* im Wettbewerbsrecht verstärkten Einfluss. Art. 173 AEUV gibt *der Union* die Möglichkeit, die *„Wettbewerbsfähigkeit der Industrie der Union"* durch zahlreiche Maßnahmen zu fördern. Dies soll zwar in „einem System offener und wettbewerbsorientierter Märkte" erfolgen (Art. 173 Abs. 1 S. 2 AEUV) und „Wettbewerbsverzerrungen" vermeiden (Art. 173 Abs. 3 S. 3 AEUV). In der Praxis führt dies jedoch zu Ausnahmen von der Anwendung wettbewerbsrechtlicher Vorschriften oder zu großzügigeren Interpretationen, vor allem bei der Fusionskontrolle.

Zur Begründung des industriepolitischen Ansatzes wird nicht auf eine anerkannte ökonomische Theorie verwiesen, sondern auf die strategische Bedeutung bestimmter Zusammenschlüsse und auf die Notwendigkeit der internationalen Wettbewerbsfähigkeit der europäischen Industrie. Darin äußert sich ein starkes Misstrauen gegenüber dem Wettbewerb als Lenkungsmechanismus und ein starkes Vertrauen in die Effizienz der Politik und behördlicher Interventionen. Diese Denkweise hat insbesondere in Frankreich, Griechenland und Italien Tradition.

Angesichts der Globalisierung der Märkte ist eine internationale Wettbewerbsordnung erforderlich, zu der am ehesten im Rahmen der Welthandelsorganisation (WTO) oder der UNCTAD Vorarbeiten geleistet werden müssten.

3. Einzelregelungen

20

	Verordnungen	*Inhalt*
1	Verordnung (EG) 1/2003 vom 16.12.2002 zur Durchführung der in den Artt. 81 und 82 EG niedergelegten Wettbewerbsregeln – *Kartellverfahrensverordnung* – *ABl. L 1 vom 4.1.2003, S. 1*	siehe Artt. 101 und 102 AEUV
2	Verordnung (EG) Nr. 139/2004 vom 20.1.2004 über die Kontrolle von Unternehmenszusammenschlüssen – *Fusionskontrollverordnung* – *ABl. L 24 vom 29.1.2004, S. 1* Änderung für die Durchführung von Vergleichsverfahren durch *VO (EG) Nr. 622/2008 vom 30.6.2008* *ABl. L 171 vom 1.7.2008, S. 3*	Kontrolle von Unternehmenszusammenschlüssen
3	Verordnung (EG) Nr. 802/2004 vom 7.4.2004 zur Durchführung der Verordnung (EG) Nr. 139/2004 des Rates über die Kontrolle von Unternehmenszusammenschlüssen – *Fusionskontrolle-DVO* – *ABl. Nr. L 133 vom 30.4.2004, S. 1*	Fusions-Durchführungsvorschriften

	Verordnungen	*Inhalt*
4	Verordnung (EG) Nr. 773/2004 vom 7.4.2004 über die Durchführung von Verfahren auf der Grundlage der Artt. 81 und 82 EG durch die Kommission – Fusionskontrollverfahrensverordnung – *ABl. L 123 vom 27.4.2004, S. 18*	Verfahrensvorschriften zu Artt. 101 und 102 AEUV

Grundlegende Bedeutung für das Funktionieren des Binnenmarktes als offener Markt haben die Vorschriften, die eine Beschränkung des Wettbewerbs verhindern sollen. Im Binnenmarkt herrschen umso günstigere Rahmenbedingungen, je weniger Wettbewerbsbeschränkungen vorkommen. Unter Wettbewerbsbeschränkungen sind Vereinbarungen oder Verhaltensweisen von Marktbeteiligten zu verstehen, welche die Bildung optimaler Marktverhältnisse beeinträchtigen. 21

Beispiele:

- Unternehmen A und B vereinbaren eine regionale Aufteilung eines Gebietes und versprechen sich, jeweils im Gebiet des anderen keine Geschäfte zu machen. Auf diese Weise verringert sich die Konkurrenz, es entstehen Zusatzgewinne zulasten der Kunden.
- Unternehmen einer Branche sprechen sich ab, für welche Produkte in welchem Zeitraum die Preise erhöht werden sollen. Dadurch wird die freie Preisbildung beeinflusst und nicht dem Mechanismus von Angebot und Nachfrage überlassen.
- Bei einem Unternehmensverband wird eine Informationsstelle eingerichtet, die an die angeschlossenen Unternehmen die von ihnen gemachten Meldungen über Preise, Umsatz, Produkte, Konditionen oder Rabatte weitergibt. Dadurch kann sich ein Unternehmen optimal auf die Konkurrenz einstellen, die Dynamik des Wettbewerbsprozesses erlahmt.
- Mehrere Unternehmen treffen mündliche Absprachen, wer auf eine öffentliche Ausschreibung hin das günstigste Angebot abgeben soll. Der Zweck einer öffentlichen Ausschreibung, das objektiv kostengünstigste Angebot zu ermitteln und Steuergelder zu sparen, wird dadurch unterlaufen.

a) Kartellverbot

Das europäische Kartellrecht ist im Wesentlichen in zwei Artikeln des AEUV sowie in einigen Verordnungen verankert: Die Artt. 101 und 102 AEUV (vormals Artt. 81 und 82 EG) enthalten als Teil der sogenannten „Wettbewerbsregeln" die Vorschriften über die horizontalen und vertikalen Wettbewerbsbeschränkungen sowie über den Missbrauch einer marktbeherrschenden Stellung. Ziel dieser Vorschriften ist die Sicherung der Funktionsfähigkeit des Wettbewerbs im Binnenmarkt. Artt. 103 iVm 101 und 102 AEUV sieht Verordnungen und Richtlinien zur Präzisierung möglicher Ausnahmen vom Kartellverbot vor. Die wichtigsten Verordnungen bilden die *Kartellverfahrensverordnung* 1/2003, die auf Art. 33 dieser Verordnung gestützte Durchführungsverordnung 733/2004, zahlreiche *Gruppenfreistellungsverordnungen*[20] sowie die *Fusionskontrollverordnung* 139/2004 nebst Durchführungsverordnung 802/2004. 22

20 Vgl. die aktuelle Liste unten G I Rn 54.

Die *Kartellverfahrensverordnung* regelt das *Verfahren* der EU-Kommission in Kartellsachen, die *Fusionskontrollverordnung* enthält Kriterien zur Ermittlung und Abgrenzung erlaubter und unerlaubter Unternehmenszusammenschlüsse, die *Gruppenfreistellungsverordnungen* erklären Art. 101 AEUV auf bestimmte Typen von Unternehmensvereinbarungen aus unterschiedlichen Gründen für unanwendbar. Zwei Richtlinien zu Art. 106 AEUV betreffen ausschließlich die Entmonopolisierung öffentlicher Unternehmen in den Bereichen Telekommunikation und Energie.

23 Während nach der früheren Kartellverordnung 17/62[21] eine Freistellung vom Kartellverbot gemäß Art. 101 Abs. 3 AEUV entweder die Anwendbarkeit einer sogenannten Gruppenfreistellungsverordnung oder eine Einzelfreistellung durch einen konstitutiven Verwaltungsakt der EU-Kommission voraussetzte, entfällt nunmehr das Erfordernis einer Einzelfreistellung durch die Kommission, wenn allgemeine Freistellungsvoraussetzungen erfüllt sind (Art. 1 Abs. 2 VO (EG) Nr. 1/2003). Die direkte Anwendung des Art. 101 AEUV nehmen neben der Kommission jetzt auch die Kartellbehörden und Gerichte der Mitgliedstaaten wahr (Art. 5 VO 1/2003).

24 Die *Kartellverfahrensverordnung* 1/2003 sieht neben den weiterbestehenden oder neu zu erlassenen *Gruppenfreistellungsverordnungen* ein System von *Legalausnahmen* vor.

An die Stelle der Fremdeinschätzung der Wettbewerbswidrigkeit auf der Grundlage von Art. 101 Abs. 3 AEUV tritt primär die Selbsteinschätzung der Beteiligten. Das bisherige Freistellungsmonopol der EG-Kommission für grenzüberschreitende Wettbewerbsbeschränkungen („ex ante-Kontrolle") wird durch ein nachträgliches Überprüfungsrecht der Kommission und der nationalen Kartellbehörden und nationalen Gerichte ersetzt („ex post-Kontrolle"). Erklärtes Ziel der Verordnung ist die Entlastung der EG-Kommission. Es besteht allerdings die Gefahr, dass das primärrechtliche Verbot mit Erlaubnisvorbehalt (Art. 101 Abs. 1 und 2 AEUV) sekundärrechtlich durch die Verordnung in Richtung einer bedingten Erlaubnis mit Verbotsvorbehalt verändert wird.

25 Die *Systemänderung* ist darin zu sehen, dass bisher wettbewerbsbeschränkende Maßnahmen grundsätzlich verboten (Art. 101 Abs. 1 AEUV) und damit nichtig (Art. 101 Abs. 2 AEUV) waren und nur unter bestimmten Bedingungen von der Kommission zugelassen werden konnten (Art. 101 Abs. 3 AEUV). Der Wechsel von einem System der Einzel- oder Gruppenfreistellungen zu einem parallelen System der Legalausnahmen ist rechtlich bedenklich, da insoweit das primärrechtliche Verbotsprinzip durch sekundärrechtliche Regelungen faktisch unterlaufen wird. Die Wahrscheinlichkeit, dass ein an wettbewerbswidrigen Maßnahmen Beteiligter angesichts generalklauselartiger Formulierungen in Art. 101 Abs. 3 AEUV die Wettbewerbswidrigkeit selbst erkennt oder wahrhaben will, dürfte minimal sein. Außerdem missachtet die VO (EG) 1/2003 den Wortlaut von Art. 101 Abs. 3 AEUV, wonach die Freistellung allgemein oder im Einzelfall „erklärt" werden muss, wozu es im Rahmen eines Systems von Legalausnahmen gar nicht erst kommen kann.

26 Positiv sind einige *Neuerungen* der VO (EG) 1/2003 hervorzuheben:

Die *Befürworter der Neuregelung* verweisen darauf, dass Art. 101 Abs. 1 und Abs. 3 AEUV zusammengenommen auch Legalausnahmen erfassen, die Bezeichnungen „Freistellungen" und „Nichtanwendbarkeit" dies lediglich unzureichend ausdrückten. Eine

21 Erste Durchführungsverordnung zu den Art. 85 und 86 EWGV vom 6.2.1962 ABl. L 204, S. 62 – genannt „VO Nr. 17".

Abkehr vom Verbotsprinzip und damit eine Systemänderung liege nicht vor, weil Art. 101 Abs. 3 AEUV hinreichend bestimmt sei, um unmittelbar angewendet werden zu können. Die VO (EG) Nr. 1/2003 präzisiere nur die Voraussetzungen der Anwendbarkeit des Art. 101 Abs. 3 AEUV. Nach wie vor seien wettbewerbsbeschränkende Vereinbarungen, Beschlüsse und abgestimmte Verhaltensweisen verboten, wenn die Tatbestandsmerkmale des Art. 101 Abs. 1 AEUV vorlägen und nicht gleichzeitig die Voraussetzungen des Art. 101 Abs. 3 AEUV erfüllt würden. Im Übrigen trügen die Unternehmen nach Art. 2 VO (EG) Nr. 1 /2003 die Beweislast dafür, dass die Voraussetzungen des Art. 101 Abs. 3 AEUV vorlägen.[22]

So kann die EU-Kommission im Fall eines Verstoßes gegen Wettbewerbsrecht *subsidiär* 27
zu Verhaltensauflagen auch *Strukturmaßnahmen* bis hin zur Entflechtung auferlegen (Art. 7 Abs. 1 VO (EG) 1/2003). Die bisher umstrittenen, durch informelle Verhandlungen zwischen der Kommission und Unternehmen erreichten Vereinbarungen werden nunmehr als Verpflichtungszusagen (Art. 9 VO (EG) 1/2003) verbindlich und durch Buß- und Zwangsgelder erzwingbar. Ferner kann die Kommission bei Vorliegen eines öffentlichen Interesses positiv von Amts wegen der Vereinbarkeit einer wettbewerbswidrigen Maßnahme mit Art. 81 EG (jetzt Art. 101 AEUV) verbindlich durch die Entscheidung feststellen (Art. 10 VO (EG) 1/2003). Schließlich wird durch die neue Verordnung auch die Zusammenarbeit der nationalen Wettbewerbsbehörden und Gerichte mit der Kommission intensiviert (Artt. 11 – 14, 22, 35 VO (EG) 1/2003).

aa) **Allgemeine Voraussetzungen.** Nach Art. 101 Abs. 1 AEUV sind mit dem Bin- 28
nenmarkt unvereinbar und *verboten* alle Vereinbarungen zwischen Unternehmen, Beschlüsse von Unternehmensvereinigungen und aufeinander abgestimmte Verhaltensweisen, welche den Handel zwischen den Mitgliedstaaten zu beeinträchtigen geeignet sind und eine Verhinderung, Einschränkung oder Verfälschung des Wettbewerbs bezwecken oder bewirken. Entsprechende Verhaltensweisen, die in Art. 101 Abs. 1 AEUV noch näher umschrieben werden, sind *nichtig* (Art. 101 Abs. 2 AEUV; „per se-Verbot").

Der *sachliche Anwendungsbereich* der Wettbewerbsregeln erstreckt sich auf alle Wirt- 29
schaftszweige, soweit der AEUV keine Sondervorschriften enthält (wie Art. 42 für die Landwirtschaft; Art. 346 Abs. 1 lit. b AEUV für Rüstungsgüter) oder die Rechtsprechung des Europäischen Gerichtshofs wegen der Art und des Gegenstandes immanente Schranken der Anwendbarkeit des Art. 101 AEUV anerkennt. Letzteres ist beispielsweise aufgrund von Tarifverträgen der Fall.[23]

Der *räumliche Anwendungsbereich* der Wettbewerbsregeln umfasst den Binnenmarkt, 30
soweit sich die Wettbewerbsbeschränkungen dort auswirken. Es kommt nicht darauf an, ob an den Wettbewerbsbeschränkungen Unternehmen mit Sitz in Drittstaaten beteiligt sind. Damit fallen auch Export- und Importvereinbarungen in den Anwendungsbereich des Art. 101 AEUV.

▶ **Beispiele:**

- Ein Unternehmen mit Sitz in einem EU-Mitgliedsstaat verabredet mit einem Unternehmen in einem Unternehmen mit Sitz in einem Drittstaat ein Reimportverbot.[24]

22 *Schumacher*, in: Grabitz/Hilf/Nettesheim, 71. EL August 2020, AEUV Art. 101 Rn. 273.
23 EuGH, Hendrik van der Woude/Stichting Beatrixoord, C-222/98, ECLI:EU:C:2000:475, I-7129.
24 EuGH, Javico/Yves Saint Laurent Parfums, C-306/96, ECLI:EU:C:1998:173, I-1997.

– EU-Unternehmen vereinbaren Importbeschränkungen mit Drittstaaten.[25] ◀

Streitig ist, unter welchen Bedingungen Wettbewerbsbeschränkungen aufgrund von Vereinbarungen zwischen Unternehmen aus Drittstaaten die Anwendbarkeit der Wettbewerbsregeln auslösen. Dies dürfte bei Durchführungshandlungen der Vereinbarungen durch Händler, Tochtergesellschaften oder Zweigniederlassungen anzunehmen sein.[26]

31 *(1) Unzulässige Unternehmenskooperation.* Nach der Rechtsprechung des Gerichtshofs umfasst der Begriff des *Unternehmens* iS von Art. 101 Abs. 1 S. 1 AEUV jede wirtschaftliche Tätigkeit unabhängig von der Rechtsform und der Art der Finanzierung".[27] Eine „wirtschaftliche Tätigkeit" liegt vor, wenn Güter oder Dienstleistungen auf einem bestimmten Markt angeboten werden.[28] Eigentumsverhältnisse, Trägerschaft und die privat- oder öffentlich-rechtliche Organisation sind nicht maßgebend. Zu den Unternehmen zählen also auch Verwertungsgesellschaften, Genossenschaften, Rundfunkanstalten, Künstler und die Angehörigen der freien Berufe.

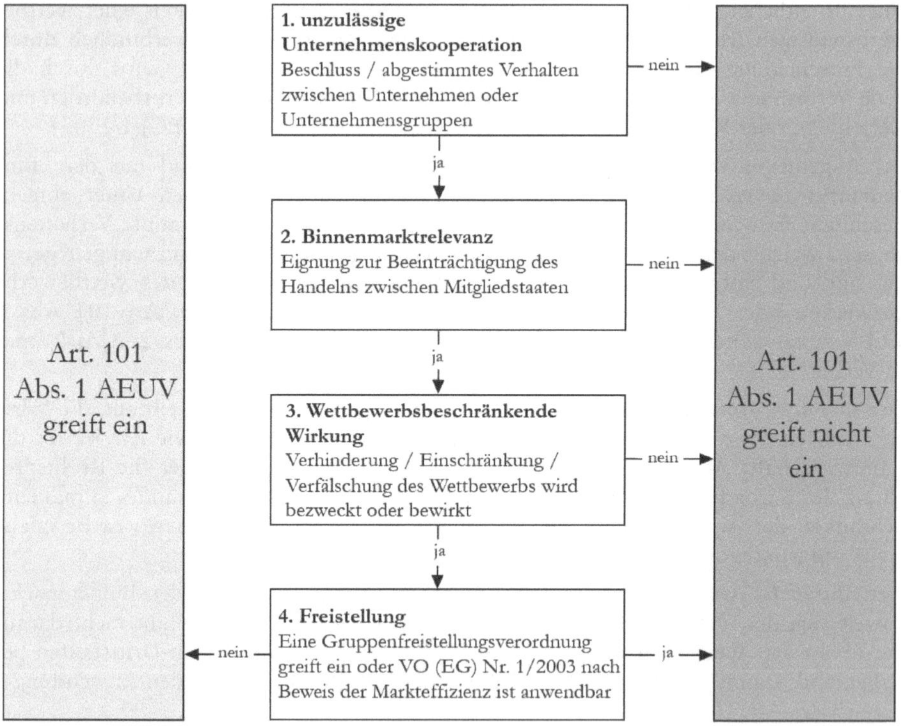

© Kilian 2021

25 EuGH, CRAM, Rheinzink/Kommission, C-29/83 und C-30/83, ECLI:EU:C:1984:130, 1680.

26 EuGH, „Zellstoff"/Kommission, C-89/85, C-104/85, C-114/85, C-116/85, C-117/85 und C-125 bis 129/85, ECLI:EU:C:1988:447, I-5233.

27 EuGH, Höfner und Elser/Macrotron, C-41/90, ECLI:EU:C:1991:161, I-2010; EuGH, SAT/Eurocontrol, C364/92, ECLI:EU:C:1994:7, I-55.

28 EuGH, FENIN/Kommission, C-205/03, ECLI:EU:C:2006:453, I-6319.

Freilich entstehen dadurch Abgrenzungsschwierigkeiten zu den öffentlichen Unternehmen, die nach Artt. 37, 103 AEUV besonderen Regeln unterliegen. Außerdem kann eine wirtschaftliche Tätigkeit unabhängig von der Rechtsform gewinnorientiert oder gemeinnützig sein und deshalb Besonderheiten aufweisen.

Staatliche Produktions-, Handels- und Dienstleistungsmonopole sollen abgeschafft werden (Art. 37 AEUV). Für öffentliche Unternehmen gelten die Wettbewerbsregeln, soweit dadurch nicht die Erfüllung der übertragenen Aufgaben leidet (Art. 106 Abs. 2 S. 1 AEUV). In der Behandlung der öffentlichen Unternehmen zeigt sich das Verhältnis von Eigentumsordnung und Wirtschaftsordnung.[29] Auch wenn der AEU-Vertrag die Eigentumsordnungen der Mitgliedstaaten unangetastet lässt (Art. 345 AEUV), können doch Ausübungsregelungen getroffen werden. Sie gehen nach dem AEUV dahin, dass für Privatunternehmen und für erwerbswirtschaftlich tätige öffentliche Unternehmen die Wettbewerbsbedingungen grundsätzlich gleich sein sollen. Dies betrifft sowohl erwerbswirtschaftlich tätige Unternehmen der öffentlichen Hand in einigen Mitgliedstaaten, die konjunktur- und strukturpolitische Ziele verfolgen, als auch erwerbswirtschaftlich tätige Privatunternehmen in Deutschland, die sich auf kartellrechtliche Ausnahmeregelungen im Inland berufen können (§ 131 Abs. 6 GWB). Wenn sie im Binnenmarkt tätig sind, werden alle diese Unternehmen grundsätzlich den Wettbewerbsregeln unterworfen. 32

Keine wirtschaftliche Tätigkeit üben Kranken- und Rentenversicherungen aus, soweit sie nicht gewinnorientiert arbeiten, sondern soziale Zwecke erfüllen.[30] Ist eine nicht gewinnorientierte Tätigkeit allerdings ineffektiv, darf sie den Marktzutritt erwerbswirtschaftlich orientierter Unternehmen zur Erfüllung dieser Tätigkeit nicht behindern.[31] Der Einzug von Streckengebühren, auf deren Höhe sie keinen Einfluss hat und die sie weiterleiten muss, macht eine internationale Organisation nicht zu einem Unternehmen.[32] 33

Die Kooperation zwischen Unternehmen ist nur dann zulässig, wenn *keine spürbaren nachteiligen Folgen* für *den Wettbewerb bezweckt* oder *bewirkt* werden. Es kommt nicht darauf an 34

- ob ein Vertrag geschlossen worden ist
- ob eine Absprache wirksam oder rechtlich durchsetzbar ist
- ob tatsächlich eine Wettbewerbsbeschränkung eingetreten ist
- ob Vorsatz oder Fahrlässigkeit vorliegt.

Beispiele:

– Die Firma Sandoz hatte auf ihren Rechnungen den Vermerk „Ausfuhr verboten" angebracht. Die Kunden akzeptierten die Vertragsklausel stillschweigend. Im Rahmen der bestehenden Vertriebsstruktur bewertete der Gerichtshof dies als Auferlegung eines Ausfuhrverbots und damit als Verstoß gegen Art. 81 Abs. 1 EG (jetzt Art. 101 Abs. 1 AEUV).[33]

29 *Mestmäcker*, RabelsZ 1988, 526 (529).
30 EuGH, Poucet und Pistre/AGF und Cancava, C-159/91, ECLI:EU:C:1993:63, I-664.
31 EuGH, Höfner und Elser/Macrotron, C-41/90, ECLI:EU:C:1991:161, I-2010(zur deutschen Bundesanstalt für Arbeit).
32 EuGH, SAT/Eurocontrol, C364/92, ECLI:EU:C:1994:7, I-55.
33 EuGH, Sandoz/Kommission, C-277/87, ECLI:EU:C:1989:363, I-46; einschränkend: EuGH, BAI und Kommission/Bayer, C-2/01 und C-3/01, ECLI:EU:C:2004:2, I-64.

– Fünfzehn Hersteller des Kunststoffs Polypropylen hatten durch monatliche Absprachen über Produktionsmengen und Mindestpreise dafür gesorgt, dass der Kilopreis bei etwa 1,80 DM trotz Hinzutreten neuer Hersteller konstant blieb. Dies sah die Kommission als Verstoß gegen Art. 81 Abs. 1 EG (jetzt Art. 101 Abs. 1 AEUV) an und verhängte Bußgelder in Höhe von 57,85 Mio. ECU.[34] ◀

Außer der Festsetzung von Geschäftsbedingungen oder An- und Verkaufspreisen nennt Art. 101 Abs. 1 AEUV beispielhaft die Produktions- und Absatzkontrolle, die Marktaufteilung, Anwendung unterschiedlicher Geschäftsbedingungen oder erzwungene Koppelungsgeschäfte als potenziell wettbewerbsbeschränkend.

35 *(2) Binnenmarktrelevanz.* Art. 101 AEUV greift nur dann ein, wenn sich eine Vereinbarung eignet, den Handel zwischen den Mitgliedstaaten zu beeinträchtigen. Wann dies nach Auffassung der Kommission der Fall ist, hat sie in Leitlinien amtlich bekannt gemacht.[35] Die Kriterien zur Feststellung der *Spürbarkeitsschwelle* sind in der *De-minimis-Bekanntmachung* der Kommission aus dem Jahre 2014 enthalten.[36] Danach wird der Wettbewerb nicht spürbar beschränkt, wenn der von den beteiligten Unternehmen insgesamt gehaltene Marktanteil auf keinen der von der Vereinbarung betroffenen Märkte 10 % überschreitet oder wenn der von jedem der beteiligten Unternehmen gehaltene Marktanteil auf keinen der von der Vereinbarung betroffenen relevanten Märkten 15 % überschreitet. Bei kumulativer Wirkung von Vereinbarungen sinkt die Spürbarkeitsschwelle auf 5 %. Es gilt als unwahrscheinlich, dass ein kumulativer Abschottungseffekt vorliegt, wenn weniger als 30 % des relevanten Marktes von nebeneinander bestehenden Netzen von Vereinbarungen, die ähnliche Wirkungen auf dem Markt haben, abgedeckt werden.

Die De-minimis-Erleichterungen gelten allerdings nicht für Vereinbarungen, welche die Festsetzung der Preise beim Verkauf von Erzeugnissen an Dritte, die Beschränkung der Produktion oder des Absatzes sowie die Aufteilung von Märkten oder Kunden bezwecken. Vereinbarungen zwischen kleinen und mittleren Unternehmen[37] werden grundsätzlich nicht als marktbeeinträchtigend eingestuft.

Teilweise wird Art. 101 AEUV als Hindernis für den Klimaschutz angesehen und etwa gefordert, Absprachen zum Auslaufen nicht nachhaltiger Produkte oder Absprachen über Mindestquoten recycelter Stoffe zu erlauben. Ob sich solche Absprachen aber klimafreundlicher als ein Abspracheverbot auswirken hängt vom Inhalt der Absprachen ab, so dass ein diesbezüglicher Wettbewerb vorzugswürdiger erscheint.

36 *(3) Wettbewerbsbeschränkende Wirkung.* Als Folge der unzulässigen Unternehmensabsprachen muss der Wettbewerb *verhindert, eingeschränkt* oder *verfälscht* werden. Eine entsprechende Bewertung hängt stark von der zu Grunde gelegten Wettbewerbstheorie ab. Nach der Theorie vom funktionsfähigen Wettbewerb kommt es auf einen Vergleich mit einem realen oder hypothetischen offenen Markt an.

Bei jedem Kartellverfahren müssen zur Feststellung der Auswirkungen von Absprachen die *Marktanteile* der betroffenen Unternehmen ermittelt werden. Dies ist ökonomisch und juristisch ein schwieriges Verfahren. Wird der *räumlich relevante Markt* eng ge-

34 EG-Kommission Entscheidung vom 23.4.1986, Rs. 86/398, ABl. L 230 vom 18.8.1986, S. 1.
35 ABl. C 101 vom 27.4.2004, S. 81.
36 Bekanntmachung der Kommission über Vereinbarungen von geringer Bedeutung (De-minimis), ABl. C 291 vom 30.8.2014, S. 1.
37 Für die Definition siehe: ABl. L 124 vom 20.5.2003, S. 36.

zogen und etwa auf das Territorium eines Mitgliedstaates beschränkt, wird die 5 %-Bagatellschwelle viel schneller erreicht, als wenn der räumlich relevante Markt das Territorium mehrerer oder aller Mitgliedstaaten umfasst. Noch schwieriger gestaltet sich die Festlegung des *sachlich relevanten Marktes,* also die Bestimmung der aus der Sicht des Verbrauchers identischen oder gleichwertigen *(homogenen)* Produkte. Angesichts der üblichen Produktdifferenzierungen lassen sich im wesentlichen nur Funktionalitäten auf der Grundlage von Eigenschaften, Preisen und Verwendungszwecken feststellen.

Als wettbewerbsbeschränkend beurteilt der Gerichtshof stets bestimmte Klauseln in 37
Geschäftsbedingungen, die den Handlungsspielraum unangemessen einengen („tying arrangements“):

- Exportverbote
- Importverbote
- Parallelimportverbote
- Weiterverkaufsverbote
- Gebietsgarantien
- Festsetzung von Verkaufsbedingungen durch eine marktstarke Organisation.

In der neueren Rechtsprechung finden sich allerdings auch bemerkenswerte Entlastun- 38
gen der Unternehmen vom Vorwurf wettbewerbsbeschränkender Absprachen:

- Die *Ankündigung künftiger Preise* durch mehrere Unternehmen – früher ein sicheres Zeichen für das Vorliegen einer Wettbewerbsbeschränkung – beweist nach Auffassung des Gerichtshofs nur dann das Vorliegen eines abgestimmten Verhaltens, wenn es *keine andere plausible Erklärung* für die Parallelität gibt.[38]
- Die an den *Nachweis eines Kartells* zu stellenden *Anforderungen* sollen vom Marktanteil der verdächtigen Kartellmitglieder abhängen. Bei 60 % Marktanteil sind strenge Anforderungen für den Nachweis erforderlich.[39]
- Auf dem Gebiet der *Informationstechnologie* wurden bisher nur wenige wettbewerbsbeschränkende Vereinbarungen für unzulässig erklärt,[40] sondern vielmehr im Einzelfall freigestellt oder als von der Gruppenfreistellungsverordnung Forschung und Entwicklung erfasst angesehen. Dies lässt sich nur wettbewerbs- und industriepolitisch mit dem von der Kommission angenommenen technologischen Nachholbedarf erklären, der bewusst zu befriedigen sei.

▶ **Beispiel:**

Führende Computerhersteller (u.a. Bull, Olivetti, Siemens, Philips, Ericsson, Digital, IBM) hatten die Schaffung einer der Öffentlichkeit zugänglichen Industrienorm vereinbart. Auf der Grundlage des Betriebssystems UNIX V sollte eine Standardisierung der Schnittstelle zwischen Betriebssystemen und Anwenderprogrammen erfolgen, um die Kompatibilität unterschiedlicher Rechnersysteme zu gewährleisten.

38 EuGH, Ahlström ua/Kommission, C-89/85, C-104/85, C-114/85, C-116/85, C-117/85 und C-125/85 bis C-129/85, ECLI:EU:C:1993:120, I-1575.

39 EuGH, Ahlström ua/Kommission, C-89/85, C-104/85, C-114/85, C-116/85, C-117/85 und C-125/85 bis C-129/85, ECLI:EU:C:1993:120, I-1575.

40 Ein Beispiel hierfür ist das 1998 geplante joint venture Bertelsmann/Kirch/Premiere zum gemeinsamen Betrieb des digitalen Pay-TV-Senders Premiere, das zu einer auf Dauer angelegten marktbeherrschenden Stellung von Premiere auf dem Markt für Pay-TV in Deutschland geführt hätte und deshalb verboten wurde, Entscheidung der Kommission vom 27.5.1998 Rs. IV/M.993, ABl. L 53 vom 27.2.1999, S. 1.

Bestandteil dieser X-Open-Group-Vereinbarung war, dass die Mitglieder unverzüglich von Schnittstellenänderungen unterrichtet werden, damit sie ihre Produktion frühzeitig anpassen können. Mitglied der Gruppe konnten nur bedeutende Unternehmen der europäischen Informationsindustrie werden.

Die Kommission wertete die X-Open-Group-Vereinbarung als wettbewerbsbeschränkend im Sinne des Art. 85 Abs. 1 EGV (Art. 81 Abs. 1 EG, jetzt Art. 101 Abs. 1 AEUV). Sie schätzte allerdings die Vorteile der Einführung einer offenen Industrienorm höher ein und stellte die Vereinbarung im Weg eines öffentlich-rechtlichen Vertrags[41] vom Kartellverbot frei. ◀

39 *(4) Freistellungsmöglichkeit.* Wettbewerbsbeschränkende Unternehmensvereinbarungen können nach Art. 101 Abs. 3 AEUV in typisierten Fällen (nach den Gruppenfreistellungsverordnungen) geduldet werden, wenn sie

- die Verbraucher an den entstehenden Gewinnen beteiligen und
- die Warenerzeugung oder die Warenverteilung verbessern oder
- den technischen oder wirtschaftlichen Fortschritt fördern.

Voraussetzung für die Freistellungsmöglichkeit ist ferner, dass die an sich wettbewerbsbeschränkenden Unternehmensvereinbarungen nur die zur Erreichung dieser Ziele unerlässlichen Beschränkungen enthalten und einen Restwettbewerb nicht ausschließen dürfen.

40 Insgesamt knapp zwei Dutzend Gruppenfreistellungsverordnungen (einschließlich Verkehrssektor) und unzählige Einzelfeststellungsentscheidungen der Kommission haben in der Praxis zu einer recht großzügigen Handhabung des Art. 101 Abs. 3 AEUV geführt. Die Tatsache oder gar die Angemessenheit der Beteiligung der Verbraucher an dem entstehenden Gewinn als notwendige Voraussetzung einer Freistellung wurde pauschal[42] oder stillschweigend bejaht.

Die Kartellverfahrensverordnung 1/2003 mit ihrem neuen Konzept, den Art. 101 Abs. 3 AEUV als „Legalausnahme" mit der Folge seiner unmittelbaren Anwendbarkeit zu verstehen, macht besondere Feststellungsakte der Kommission überflüssig (Art. 1 Abs. 2 VO 1/2003). Die Unternehmen, die sich auf die Ausnahme des Art. 101 Abs. 3 AEUV berufen, tragen lediglich die Beweislast für das Vorliegen der Voraussetzungen (Art. 2 S. 2 VO 1/2003). In unklaren Fällen besteht die Möglichkeit, die Kommission informell um ein Beratungsschreiben zu bitten[43].

41 **bb) Horizontale Absprachen.** Für die Anwendung von Art. 101 AEUV ist es unerheblich, ob die an einer Absprache beteiligten Unternehmen auf derselben Wirtschaftsstufe stehen *(horizontale Absprachen)* oder verschiedenen Wirtschaftsstufen angehören *(vertikale Absprachen).*

▶ **Beispiele:**

Die größten Hersteller von Teerfarben verabreden gestaffelte Preiserhöhungen für die Zukunft (horizontale Absprache).

41 Europäische Kommission, Entscheidung 15.12.1986, Rs. 87/69, ABl. L 35 vom 6.2.1987, S. 36; dazu: *Roth,* CR 1988, 197.
42 Vgl. EuGH, Grundig Consten/Kommission der EWG, C-56/64, ECLI:EU:C:1966:41, 325.
43 Bekanntmachung der Kommission bei neuartigen Fragen zu den Artikeln 81 und 82 des Vertrages (jetzt Art. 101 und 102 AEUV), die in Einzelfällen auftreten, ABl. C 101 vom 27.4.2004, S. 78.

Ein Teerfarbenhersteller organisiert den Vertrieb seiner Produkte nur über den Fachhandel unter einschränkenden Bedingungen (vertikale Absprache). ◀

Als potenziell *wettbewerbsbeschränkende* horizontale Absprachen[44] kommen in Betracht:

- Vereinheitlichung technischer Normen zur Abschottung vor der Konkurrenz
- Gründung von Gemeinschaftsunternehmen als Mittel zur Marktaufteilung
- Kooperation bei Forschung und Entwicklung unter Aufgabe der eigenen Forschung in diesem Bereich oder mit Vereinbarungen über die gemeinsame Verwertung der Ergebnisse (gewerbliche Schutzrechte; Lizenzen)
- Vereinbarungen zwischen marktstarken Unternehmen über die *Spezialisierung* der Produktion im Hinblick auf bestimmte Güter zur Verringerung der Konkurrenz
- Über das Notwendige hinausgehende *Exklusivbindungen* anderer Unternehmen an die eigene Produktion
- Individualisierende Marktinformationsverfahren[45]
- Internet-Plattformen zwischen Unternehmen (B2B-Plattformen).

Eine binnenmarktrelevante wettbewerbsbeschränkende Wirkung in Form der *Verhinderung, Einschränkung oder Verfälschung des Wettbewerbs* (Art. 101 Abs. 1 S. 1 AEUV) ist mit diesen Absprachen keineswegs immer verbunden. Nach ständiger Rechtsprechung[46] und der darauf beruhenden *Bagatellbekanntmachung* der Kommission von 2014[47] müssen Absprachen den Wettbewerb *spürbar* beeinträchtigen. Die Spürbarkeit fehlt, wenn die Absprachen zwischen kleinen und mittleren Unternehmen getroffen werden, weil dann die maßgeblichen Schwellenwerte nicht überschritten werden. 42

Ein wichtiger Unterfall horizontaler Absprachen besteht darin, dass zwei oder mehr Unternehmen aus mindestens zwei EU-Mitgliedstaaten ein gemeinsames Unternehmen gründen und diesem *Gemeinschaftsunternehmen* Aufgaben übertragen. Die Aufgabenübertragung kann ein sinnvoller Akt der *Kooperation,* aber auch eine unzulässige Form der *Konzentration* darstellen, letzteres beispielsweise dann, wenn sich die Mütter des Gemeinschaftsunternehmens zurückziehen[48] oder sich einen neuen Markt von der Forschung her über Patente und Lizenzen aufteilen. 43

Je nach Struktur und Aufgabe des Gemeinschaftsunternehmens kommt eine Prüfung nach der Fusionskontrollverordnung oder nach Art. 101 AEUV in Betracht. Die Anwendbarkeit dieser Vorschriften hängt davon ab, ob es sich um einen *Zusammenschluss* im Sinne der Fusionskontrollverordnung *(dauerhafte Veränderung der Struktur der beteiligten Unternehmen)* oder um eine *Kooperation (spürbare Koordinierung des Wettbewerbsverhaltens)* handelt. Im letzteren Fall kommt Art. 101 AEUV und die Kartellverfahrensverordnung 1/2003 zur Anwendung. Die Eingriffsschwellen für eine wettbewerbsrechtliche Kontrolle für beide Formen von Gemeinschaftsunternehmen sind also verschieden. Insgesamt kommt es weniger auf die rechtliche Ausgestaltung 44

44 Siehe Bekanntmachung der Kommission ABl. C 11 vom 14.1.2011, S. 1.
45 EuGH, Asnef-Equifax/Ausbanc, C-238/05, ECLI:EU:C:2006:734, I-11145.
46 EuGH, Miller/Kommission, C-19/77, ECLI:EU:C:1978:19, 132; so auch EuGH, Expedia, C-19/77, ECLI:EU:C:2012:795 (Anmerkung von *Grune*, EuZW 2013, 116 f.).
47 Bekanntmachung ABl. C 291 vom 30.8.2014, S. 1.
48 EuGH, BAT und Reynolds/Kommission, C-142/84, ECLI:EU:C:1987:490, 4566.

eines Gemeinschaftsunternehmens als auf die Marktwirkungen an.[49] Die Kriterien der Kommission zur Unterscheidung zwischen konzentrativen und kooperativen Gemeinschaftsunternehmen[50] sind durch Wegfall der Unterscheidung verschiedener Arten von Gemeinschaftsunternehmen durch die Fusionskontrollverordnung überholt.

45 cc) **Vertikale Absprachen.** Die wichtigste Gruppe potenziell wettbewerbsbeschränkender vertikaler Unternehmensabsprachen bilden Vertriebs- und Bezugsvereinbarungen, und zwar

- Allein*vertriebs*vereinbarungen mit Ausschließlichkeitsklauseln, insbesondere mit wechselseitigen Alleinvertriebsvereinbarungen (etwa: Handelsvertretervereinbarungen)
- Allein*bezugs*vereinbarungen zwischen Herstellern austauschbarer Waren oder zwischen umsatzstarken Unternehmen
- *Selektive Vertriebssysteme* mit autorisierten Händlern und einschränkenden Vertragsbedingungen (etwa: Festsetzung von Wiederverkaufspreisen; Beschränkung der Zahl der Händler).

46 Für *Alleinvertriebs-* und *Alleinbezugsvereinbarungen* sind aufgrund zahlreicher Entscheidungen des Europäischen Gerichtshofs *Gruppenfreistellungsverordnungen* nach Art. 101 Abs. 3 AEUV ergangen. Gruppenfreistellungsverordnungen enthalten Typisierungen solcher wettbewerbsbeschränkenden Absprachen, die aufgrund von normativen Abgrenzungskriterien nicht als verboten gelten sollen. Details enthalten die Leitlinien der Kommission über vertikale Beschränkungen.[51] Die Vertikal-Gruppenfreistellungsverordnung Nr. 330/2010[52] gilt als „Schirm"-Gruppenfreistellungsverordnung sektorübergreifend für alle selektiven Vertriebssysteme, soweit nicht ein Marktanteil von 30 % überschritten wird (Art. 3) und keine Absprache vorliegt, die in einer „schwarzen Liste" (Art. 4) aufgeführt ist. Darüber hinaus sind bestimmte Klauseln in vertikalen Vereinbarungen nicht freigestellt (Art. 5). Für den Kraftfahrzeugvertrieb besteht die besondere VO (EU) Nr. 461/2010.[53] Durch die Verordnung 1/2003 wurde das Anmeldeverfahren für freizustellende wettbewerbsbeschränkende Vereinbarungen nach Art. 101 Abs. 3 AEUV abgeschafft. Nur in Ausnahmefällen kann die Kommission noch im öffentlichen Interesse eine deklaratorische Entscheidung über die Nichtanwendung von Art. 101 oder 102 AEUV erlassen, soweit die Streitfrage noch nicht geklärt ist.[54]

Soweit selektive Vertriebssysteme[55] unter Art. 101 Abs. 1 AEUV fallen, müssen die Unternehmen nach der VO (EG) 1/2003 selbst dafür Sorge tragen, dass ihre Vertriebssysteme mit Art. 101 Abs. 1 AEUV vereinbar sind.

47 Unter *selektiven Vertriebssystemen* versteht man Absatzorganisationen, deren Kennzeichen die Beschränkung auf einen kleinen Kreis von Händlern ist. Diese Händler werden nach bestimmten Kriterien ausgewählt. Die Verbreitung solcher Systeme ist hoch.

---

49 *Ehlermann,* WuW 1991, 535 (540).
50 Bekanntmachung vom 31.12.1994, ABl. C 385, S. 1; Bekanntmachung vom 16.2.1993, ABl. C 43, S. 2.
51 ABl. C 130 vom 19.5.2010, S. 1.
52 ABl. L 102 vom 23.4.2010, S. 1.
53 ABl. L 129 vom 28.5.2010, S. 52.
54 Erwägungsgrund 14 der VO (EG) Nr. 1/2003.
55 *Ellger,* in: Immenga/Mestmäcker, Wettbewerbsrecht 6. Aufl. 2019, Art. 4 Vertikal-GVO Rn. 75–88.

▶ **Beispiele:**

Vertrieb von Markenwaren aller Art (Kraftfahrzeuge; Uhren; Kosmetika; Unterhaltungselektronik; Computer; serviceanfällige Produkte). ◀

Selektive Vertriebssysteme können eine Untermenge vertikaler Wettbewerbsbeschränkungen darstellen. In der Regel bilden sich vertikale Vertriebsketten vom Produzenten bis zum Fachhändler, um ein bestimmtes Preisniveau zu erhalten. Dabei kann sich auch ein Produzent verpflichten, nur an einen Vertriebsmittler zu liefern („Alleinvertriebsverpflichtung") oder ein Vertriebsmittler verpflichten, nur von einem bestimmten Produzenten zu beziehen („Alleinbezugsverpflichtung"). 48

Aus ökonomischer Sicht erscheinen selektive *Vertriebssysteme* sinnvoll, weil sie Investitionen des Vertriebsmittlers fördern, die Kosten des Know-how-Erwerbs senken und tendenziell Qualität und Preis des Produkts stabilisieren. Dies gilt allerdings nur, soweit es sich nicht um marktstarke Unternehmen handelt, die unabhängig vom Markt ihre Bedingungen durchsetzen können. Es muss also ein wirksamer Wettbewerb zwischen homogenen Gütern bestehen („Interbrand"-Wettbewerb) wenn die Beschränkung des Wettbewerbs für ein bestimmtes Gut („Intrabrand"-Wettbewerb) als effizienzsteigernd angesehen werden soll. 49

Weder das europäische noch das deutsche Kartellrecht verbieten selektive Vertriebssysteme grundsätzlich. Jedoch werden die einzelnen Vertragsklauseln im Hinblick auf ihre Wettbewerbswidrigkeit geprüft. Ein Verstoß gegen Art. 101 AEUV liegt vor allem vor, wenn 50

- der grenzüberschreitende Verkehr spürbar beschränkt wird
- ein Preisbindungssystem bezweckt ist
- ein Ersatzsystem für ein verbotenes Preisbindungssystem organisiert wird.

Dies trifft insbesondere bei Exportverboten sowie bei dem Ausschluss von Quer-, Rück- und Sprunglieferungen zu. 51

▶ **Beispiel:**

METRO wollte als Selbstbedienungsgroßhändler Fernsehgeräte von SABA beziehen, was SABA unter Hinweis auf sein Fachhändler-Vertriebssystem verweigerte, das die Kommission nach Art. 85 Abs. 3 EGV (jetzt Art. 101 Abs. 3 AEUV) freigestellt hatte.

Der Gerichtshof hielt die maßgebenden Klauseln des Fachhändler-Vertriebssystems (Verbot der Sprunglieferung an Selbstbedienungsgroßhändler wie METRO; Überwachung des Vertriebssystems; Existenz von Fachabteilungen) für zulässig, andere Klauseln dagegen für unzulässig (Abnahmegarantien; aktiver Einsatz des Händlers).[56] ◀

Insgesamt sind selektive Vertriebssysteme dann mit Art. 101 Abs. 1 AEUV vereinbar, wenn die *Auswahl der Wiederverkäufer nach objektiven Gesichtspunkten qualitativer Art erfolgt und nicht diskriminierend wirkt.*[57] Objektive Gesichtspunkte stellen die Art des Produkts (Computer; Fernseher; Uhren; Bier) und die Notwendigkeit besonderer Kenntnisse (Lagerung; Vertrieb; Service) dar. 52

Bis zur Cartier-Entscheidung des Europäischen Gerichtshofs[58] war auch die *Lückenlosigkeit des selektiven Vertriebssystems* Voraussetzung für seine Durchsetzbarkeit.

56 EuGH, Metro/Kommission, C-75/84, ECLI:EU:C:1986:399, 3074.
57 EuGH, Metro/Kommission, C-75/84, ECLI:EU:C:1986:399, 3074.
58 EuGH, Metro/Cartier, C-376/92, ECLI:EU:C:1994:5, I-30; *Smid,* RIW 1995, 191.

Ein selektives Vertriebssystem ist nunmehr auch dann noch zivilrechtlich wirksam und durchsetzbar, wenn ein Systemfremder außerhalb des Binnenmarktes gebundene Waren frei erwirbt und dann auf dem Binnenmarkt vertreibt. Die Herstellergarantie für Waren kann dann auf Vertragshändler beschränkt werden.

53 **dd) Gruppenfreistellungen.** Nach Art. 101 Abs. 3 AEUV können unter bestimmten Bedingungen wettbewerbsbeschränkende Absprachen für typisierte Fälle von der Anwendung des Art. 101 Abs. 1 AEUV ausgenommen werden *(Gruppenfreistellung)*. Die Möglichkeit für *Einzelfreistellungen* ist mit der Kartellverfahrensverordnung 1/2003 entfallen.

Voraussetzung für eine *Gruppenfreistellung* sind nach Art. 101 Abs. 3 AEUV:

- eine angemessene Beteiligung der Verbraucher an dem entstehenden Gewinn zur Verbesserung der Warenerzeugung oder Warenverteilung
- oder zur Förderung des technischen oder wirtschaftlichen Fortschritts sowie
- die Notwendigkeit der Wettbewerbsbeschränkungen zur Verwirklichung dieser Ziele.

54 Die Kartellverfahrensverordnung 1/2003 hat daraus eine Legalvermutung für die Zulässigkeit der Freistellung gemacht, so dass die weiterhin bestehenden Gruppenfreistellungsverordnungen eine klarstellende Funktion besitzen.

Zu Art. 101 Abs. 3 AEUV bestanden am 30.6.2015 die nachfolgenden *allgemeinen Gruppenfreistellungsverordnungen*; über ein Dutzend weitere wettbewerbsrelevante Gruppenfreistellungsverordnungen beziehen sich speziell auf den Verkehrssektor, eine auf die Landwirtschaft.

Nr.	*Gruppenfreistellungsverordnung*	*Inhalt*
1	Verordnung (EU) Nr. 330/2010 vom 20.4.2010 – *Vertikal-GVO* – *ABl. L 102 vom 23.4.2010, S. 1*	Verordnung über die Anwendung von Art. 101 Abs. 3 AEUV auf Gruppen von vertikalen Vereinbarungen und abgestimmten Verhaltensweisen
2	Verordnung (EU) Nr. 461/2010 vom 27.5.2010 – *Kraftfahrzeugsektor-GVO* – *ABl. L 129 vom 28.5.2010, S. 52*	Verordnung über die Anwendung von Art. 101 Abs. 3 AEUV auf Gruppen von vertikalen Vereinbarungen und abgestimmten Verhaltensweisen im Kraftfahrzeugsektor
3	Verordnung (EU) Nr. 316/2014 vom 21.3.2014 – *Technologietransfer-GVO* – *ABl. L 93 vom 28.3.2014, S. 17*	Verordnung über die Anwendung von Art. 101 Abs. 3 AEUV auf Gruppen von Technologietransfer-Vereinbarungen
4	Verordnung (EU) Nr. 651/2014 vom 17.6.2014 – Beihilfen-GVO – *ABl. L 187 vom 26.6.2014, S. 1*	Verordnung zur Feststellung der Vereinbarkeit bestimmter Gruppen von Beihilfen mit dem Binnenmarkt in Anwendung der Artikel 107 und 108 AEUV

Nr.	Gruppenfreistellungsverordnung	Inhalt
5	Verordnung (EU) 2023/1066 vom 1.6.2023 *– Forschung und Entwicklung-GVO –* *ABl. L 143 vom 2.6.2023, S. 9*	Verordnung über die Anwendung von Art. 101 Abs. 3 AEUV auf Gruppen von Vereinbarungen über Forschung und Entwicklung
6	Verordnung (EU) 2023/1067 vom 1.6.2023 *– Spezialisierung-GVO –* *ABl. L 143 vom 2.6.2023, S. 20*	Verordnung über die Anwendung von Art. 101 Abs. 3 AEUV auf bestimmte Gruppen von Spezialisierungsvereinbarungen

Eine generelle Struktur der genannten, nach Art. 288 Abs. 2 AEUV unmittelbar in den EU-Mitgliedstaaten geltenden Gruppenfreistellungsverordnungen lässt sich nicht erkennen. Vielmehr fassen sie inhaltlich den Stand der europäischen Kommissions- und Gerichtspraxis in der Vergangenheit zusammen. Allerdings ist anzuerkennen, dass die neueste Generation der Gruppenfreistellungsverordnungen keine Listen erlaubter oder verbotener Klauseln mehr enthält, sondern generell auf unzulässige Kernbeschränkungen sowie auf Marktanteile abstellt. Die Kommission geht davon aus, dass mit den Gruppenfreistellungsverordnungen alle die in Art. 101 Abs. 3 AEUV als Voraussetzung für eine Freistellung aufgezählten Vorteile effizient erfasst werden. 55

Nach dem Wechsel vom Genehmigungs- zum Legalausnahmesystem durch die Kartellverfahrensverordnung 1/2003 ist rechtsdogmatisch unklar, ob den Gruppenfreistellungsverordnungen eine konstitutive oder nur noch eine deklaratorische Bedeutung zukommt. Ersteres findet eine Stütze in Art. 101 Abs. 3 AEUV. Damit bestehen wohl zwei autonome Freistellungssysteme nebeneinander. Zum zehnjährigen Bestehen der Kartellverfahrensverordnung hatte die EU-Kommission eine auf konkrete Fakten gestützte positive Bilanz der Kartellrechtsdurchsetzung für die Zeit von 2004 bis 2013 gezogen[59]. Spätere empirische Untersuchungen haben die Tragfähigkeit der Gruppenfreistellungsverordnungen für Forschung und Entwicklung sowie für Spezialisierungen bestätigt. 56

ee) **Inhalt der Gruppenfreistellungsverordnungen.** Die *Vertikal-GVO (Nr. 1 der Liste)* stellt unabhängig vom Vertragstyp vertikale Vertriebsbindungsklauseln mit Ausnahme einiger Kernbeschränkungen vom Kartellverbot frei, wenn der Marktanteil der beteiligten Unternehmen unterhalb von 30 % liegt und die Wettbewerbsverbote befristet sind. Einzelheiten enthalten die Leitlinien für vertikale Beschränkungen.[60] 57

Die *Kraftfahrzeugsektor-GVO (Nr. 2 der Liste)* betrifft Vereinbarungen über den Vertrieb von Kfz-Ersatzteilen sowie die Erbringung von Instandsetzungs- und Wartungsarbeiten. Da der Kfz-Anschlussmarkt wegen der technischen Komplexität hart umkämpft ist, gibt es keine Freistellung für Vereinbarungen, die den Verkauf von Ersatzteilen eines selektiven Vertriebssystems an oder den Kauf von Diagnosesysteme durch unabhängige Werkstätten beschränken. Vereinbarungen über das Neuwagengeschäft unterfallen der allgemeinen Vertikal-GVO *(Nr. 1 der Liste).* 58

---

59 COM(2014) 453 (http://ec.europa.eu/competition/antitrust/legislation/antitrust_enforcement_10_years_eu.pdf).

60 Leitlinien für vertikale Beschränkungen vom 2022/C 248/01 ABl C 248 vom 30.6.2022, S. 1.

59 Die *Technologietransfer-GVO (Nr. 3 der Liste)* stellt die Übertragung von Technologierechten in Form einer Lizenz unterhalb einer bestimmten Anteilsschwelle der Beteiligten am relevanten Markt (20 % bei konkurrierenden; 30 % bei nicht konkurrierenden Unternehmen) vom Kartellverbot frei, weil solche Lizenzen die Effizienz in der Wirtschaft fördern und den Wettbewerb stärken. Es wird davon ausgegangen, dass Anschlussinvestitionen ausgelöst werden. Da eine Lizenz zur Produktion von Waren und Dienstleistungen genutzt werden soll, fällt der Vertrieb urheberrechtlich geschützter Softwareprodukte nicht unter die Technologietransfer-GVO. Sie gilt auch nicht für die speziell geregelten Bereiche Forschung und Entwicklung (*Nr. 5 der Liste*) und Spezialisierung *(Nr. 6 der Liste)*.

60 Die *Beihilfen-GVO (Nr. 4 der Liste)* gilt grundsätzlich für alle Wirtschaftsbereiche und legt fest, wann staatliche Beihilfen nicht gemäß Art. 108 Abs. 3 AEUV bei der Kommission angemeldet zu werden brauchen. Eine ex ante-Prüfung findet unterhalb bestimmter Schwellenwerte (z.B. 2 Mio. Euro bei Ausbildungsbeihilfen; 100 Mio. Euro bei Kulturinvestitionen) nur noch bei besonders großen Auswirkungen auf den Binnenmarkt statt. Die Schwellenwerte dürfen nicht durch künstliche Aufspaltungen umgangen werden (Art. 4 Nr. 2). Der Anwendungsbereich der Beihilfe-GVO ist komplex geregelt (143 Definitionen) und nach Wirtschaftssektoren und Aktivitäten festgelegt. Nicht unter diese GVO fallen etwa Beihilfen für landwirtschaftliche Erzeugnisse oder für „Unternehmen in Schwierigkeiten“. Erleichterungen galten für Beihilfen während der COVID-19-Pandemie.[61]

61 Die *Forschung und Entwicklung-GVO (Nr. 5 der Liste)* will die Zusammenarbeit von Unternehmen im Bereich Forschung und Entwicklung erleichtern, aber gleichzeitig den Wettbewerb schützen und den Unternehmen Rechtssicherheit geben. Unterhalb einer Marktmachtanteilsschwelle von 25% der beteiligten Unternehmen wird eine positive Wirkung von gemeinsamer Forschung und Entwicklung sowie von der Verwertung der Ergebnisse (Lizensierung; Weitergabe von Know-how) vermutet. Für die Entwicklung neuer Produkte, Technologien oder Verfahren gilt kein Marktanteilsschwellenwert.

62 Die *Spezialisierung-GVO (Nr. 6 der Liste)* erklärt Vereinbarungen über die Verbesserung der Herstellung von Waren oder der Vorbereitung von Dienstleistungen sowie deren Vertrieb kartellrechtlich für zulässig, wenn dadurch rationeller und preisgünstiger gearbeitet werden kann und dadurch auch Vorteile für Verbraucher entstehen. Solche Vereinbarungen können aus einseitigen oder gegenseitigen Spezialisierungen bestehen oder eine gemeinsame Produktion umfassen, soweit sie zugleich Liefer- und Bezugsverpflichtungen einschließen. Der gemeinsame Marktanteil an dem relevanten Markt darf höchstens 20% betragen.

63 **ff) Rechtsfolgen und Verfahren.** Spürbar wettbewerbsbeschränkende Absprachen nach Art. 101 Abs. 1 AEUV, die nicht nach Art. 101 Abs. 3 AEUV unter eine Gruppenfreistellungen fallen oder nach einer Selbsteinschätzung entsprechend der Kartellverfahrensverordnung 1/2003 als nicht freigestellt eingestuft werden, sind nach Art. 101 Abs. 2 AEUV *nichtig*. Die Nichtigkeit besteht von Anfang an. Die Absprachen sind nach der VO (EG) 1/2003 verboten, ohne dass dies einer Entscheidung der Kommission bedarf. Die Kommission kann ein Vergleichsverfahren durchführen, um Kartellfälle schneller und effizienter zu bearbeiten.[62]

---

61 VO(EU) 2021/1237 vom 23.7.2021 ABl. L 270 vom 29.7.2021, S. 39.
62 VO (EG) Nr. 622/2008 ABl. L 171 vom 1.7.2008, S. 3.

64 Wettbewerbsverstöße führen zu öffentlich-rechtlichen Sanktionen im Kartellverwaltungsverfahren (Auskünfte; Anweisungen; Auflagen; Zwangs- und Bußgelder (Artt. 17 – 19 VO (EG) 1/2003); Erlass- und Ermäßigungen von Geldbußen[63]; Durchsuchungsbefugnis der EU-Kommission in Unternehmen der Mitgliedstaaten erheblich erweitert nach Artt. 20 – 22 VO (EG) 1/2003).[64] Die Höhe von Geldbußen hängt vom Wert (Umsatz) der im räumlich relevanten Markt innerhalb des EWR verkauften Waren oder Dienstleistungen ab.

Außerdem ergeben sich folgende *zivilrechtliche Konsequenzen:*

- Nichtigkeit der spürbar wettbewerbsbeschränkenden Klauseln (Art. 101 Abs. 2 AEUV)
- Nichtigkeit der untrennbar damit verbundenen anderen Klauseln
- Weiterbestand abtrennbarer Klauseln, soweit das nationale Recht dies zulässt
- Schadensersatzansprüche Dritter[65]
- in Deutschland aufgrund von § 823 Abs. 2 BGB iVm Art. 101 Abs. 1 AEUV als Schutzgesetz[66]
- Unterlassungsansprüche Dritter
- Nichtigkeit der Folgeverträge zur Ausführung wettbewerbswidriger Absprachen (§ 134 BGB iVm Art. 101 Abs. 1 und 2 AEUV)
- Kein Verstoß gegen Treu und Glauben (§ 242 BGB) im Fall der Berufung auf die Nichtigkeit einer nach Art. 101 Abs. 2 AEUV nichtigen Absprache.[67]

65 Vertragliche *Ansprüche zwischen Kartellbeteiligten* auf Leistung, Schadensersatz oder Vertragsstrafe bestehen nicht, da sie an einer nichtigen Absprache mitgewirkt haben. Streitig ist, ob ein Anspruch aus culpa in contrahendo oder aus Delikt in Betracht kommen kann, was der Europäische Gerichtshof nicht grundsätzlich ausschließt[68] und in Deutschland zur Anwendung der §§ 311, 823 sowie 812, 817 BGB führen kann.

66 Wenn mehrere Unternehmen gemeinsam, aber örtlich und zeitlich unterschiedlich, gegen das unionsrechtliche Kartellverbot verstoßen haben, können sie von Geschädigten als Gesamtschuldner auf Schadenersatz verklagt werden, und zwar entweder am Gründungsort des Kartells (Handlungsort) oder am Sitz eines Unternehmens (Erfolgsort).[69]

b) Missbrauch einer marktbeherrschenden Stellung (Art. 102 AEUV)

67 Art. 102 AEUV ergänzt das Verbot wettbewerbsbeschränkender Absprachen nach Art. 101 AEUV, indem er auf den *Missbrauch* einer vorhandenen Monopol- oder Oligopolstellung abstellt. Nicht die *Bildung*, sondern die *Ausübung* einer marktbeherrschenden Stellung, deren Schwellenwert bei etwa 50 % Marktanteil liegt,[70] ist verboten. Ein Missbrauch ist auch dann zu untersagen, wenn die zu beanstandenden

63 Mitteilung der Kommission über den Erlass und die Ermäßigung von Geldbußen in Kartellsachen 2006/C 298/11, ABl. C 298/17 vom 8.12.2006.
64 EuGH, Hoechst AG/Kommission, C-46/87 und C-227/88, ECLI:EU:C:1989:337, 2919.
65 EuGH, Brasserie de Haecht/Wilkin-Janssen, C-48/72, ECLI:EU:C:1973:11, 78.
66 EuGH, Delimitis/Henninger Bräu, C-234/89, ECLI:EU:C:1991:91, I-977.
67 EuGH, VAG France/Magne, C-10/86, ECLI:EU:C:1986:502, 4084.
68 EuGH, Crehan/Courage, C-453/99, ECLIEU:C:2001:465,I-6314.
69 EuGH, CDC Hydrogen Peroxide, C-352/13, ECLI:EU:C:2015:335.
70 EuGH, AKZO/Kommission, C-62/86, ECLI:EU:C:1991:286, I-3439.

Verhaltensweisen nicht auf dem Gebiet der Union stattgefunden haben, aber die wettbewerbswidrigen Auswirkungen dort zu spüren sind.[71]

68 aa) **Voraussetzungen.** Als Fälle des Missbrauchs werden nach Art. 102 S. 2 AEUV grenzüberschreitende Behinderungen oder Ausbeutungen angesehen wie

- Stellen unangemessener Geschäftsbedingungen
- künstliche Verknappung von Gütern und Leistungen
- diskriminierende Behandlung von Handelspartnern
- unzulässige Koppelungsgeschäfte.

69 Eine Verallgemeinerung der Regelbeispiele für den Missbrauchsbegriff im Gesetz muss an die Funktionsbedingungen des unverfälschten Wettbewerbs anknüpfen.[72] Von marktbeherrschenden Unternehmen ausgehende Behinderungs- und Ausbeutungsmaßnahmen wirken sich auf Dritte nachhaltiger aus, weil aufgrund der marktbeherrschenden Stellung und der damit verbundenen Ressourcen kaum Handlungsalternativen für andere Beteiligte bestehen. *Missbrauch* im Sinne des Art. 102 AEUV umfasst deshalb alle marktstrukturbedingten Wettbewerbsbeschränkungen eines Marktbeherrschers.

▶ **Beispiele:**

- Feindliche Übernahme eines Wettbewerbers durch den Marktbeherrscher, um an die ausschließliche Patentlizenz des Wettbewerbs zu gelangen[73]
- Dumpingpreise an Stammkunden des Wettbewerbers, um den Markteintritt des Wettbewerbers zu verhindern[74]
- Treueprämien und Rabatte an inländische Großhändler, um ausländische Konkurrenten fernzuhalten[75]
- Weigerung von Fernsehanstalten, einem Verleger von Programmzeitschriften die urheberrechtlich geschützten Programminformationen vorab zur Verfügung zu stellen[76] ◀

70 Ob *Kausalität* zwischen der marktbeherrschenden Stellung und dem Missbrauch *konkret* nachgewiesen werden muss, ist streitig. Mit dem Europäischem Gerichtshof[77] ist dies abzulehnen, weil Wettbewerbsbeschränkungen durch Marktbeherrscher als Ausdruck der Marktmacht stets als missbräuchlich zu gelten haben.

71 Art. 102 AEUV gilt auch für *Monopolunternehmen der öffentlichen Hand,* die nach Art. 106 Abs. 2 AEUV wegen des allgemeinen wirtschaftlichen Interesses mit besonderen Aufgaben betraut sind. Die Kommission übt hier eine Überwachungsfunktion aus (Art. 106 Abs. 3 AEUV). Besonders betroffen hiervon ist das Postwesen der Mitgliedstaaten.

▶ **Beispiel:**

Dienstleistungen, die im Zusammenhang mit einem Monopol stehen, aber nicht dessen Bestandteil sind, können nicht durch Geschäftsbedingungen des Monopolunternehmens re-

71 EuGH, Intel/Kommission, C-413/14, ECLI:EU:C:2017:632.
72 *Emmerich,* in: Dauses, Handbuch, H 1 Ziff. 353; EuGH, Hoffmann-La Roche/Centrafarm, 1140; EuG, Tetra Pak/Kommission, T-51/89, ECLI:EU:T:1990:41, II-347.
73 EuG, Tetra Pak/Kommission, T-51/89, ECLI:EU:T:1990:41, II-347.
74 EuGH, AKZO/Kommission, C-62/86, ECLI:EU:C:1991:286, I-3439.
75 EuG9, BPB Industries und British Gypsum/Kommission, T-65/89, ECLI:EU:T:1993:31, II-392.
76 EuGH, RTE und ITP/Kommission, C-241/91 und C-242/91, ECLI:EU:C:1995:88, I-808.
77 EuGH, Continental Can, C-6/72, ECLI:EU:C:1973:22, 218 (226).

glementiert werden.[78] Ein Missbrauchs der marktbeherrschenden Stellung eines nationalen Postmonopols kann auch bei grenzüberschreitenden Postsendungen vorliegen.[79] ◀

Erst durch den Abbau der Postmonopole konnte ein Telekommunikations-Wettbewerbsmarkt überhaupt geschaffen werden. Ähnliches zeichnet sich für den Bereich der *Verwertungsgesellschaften* für geistiges Eigentum ab, die im Multimedia-Zeitalter Konkurrenz bekommen werden. 72

Umstritten ist die rechtliche Einordnung vom *Versorgungsmonopolen im Wasser- und Energiebereich*. Sie könnten als Unternehmen angesehen werden, die mit „Dienstleistungen von allgemeinem wirtschaftlichem Interesse“ betraut sind. Auch wenn solchen Versorgungsmonopolen Ausschließlichkeitsrechte vom Staat verliehen worden sind, fallen sie unter Art. 102 AEUV, können aber nach Art. 106 Abs. 2 AEUV freigestellt und damit privilegiert werden.[80] Je mehr aber die Möglichkeit besteht, Wettbewerb bei der Versorgung im Energiebereich durch den Zugang von Wettbewerbern zu Versorgungsnetzen zu erreichen, umso weniger kann eine Freistellung der Monopolisten aus Gründen der Versorgungssicherheit noch legitimiert werden. Die Erbringung von Universaldienstleistungen ist nicht an die Existenz von Monopolisten gebunden. 73

bb) Rechtsfolgen und Verfahren. Art. 102 AEUV verbietet Missbräuche marktbeherrschender Unternehmen unmittelbar. Bei unionsrelevanten Missbräuchen braucht die Kommission weder vorher einzuschreiten noch kann sie Ausnahmen zulassen. Ein marktbeherrschendes Unternehmen hat nicht die Möglichkeit, sich auf Gruppenfreistellungsverordnungen zu berufen.[81] Nach der VO(EG) Nr. 1/2003 kann die EU-Kommission die Aufhebung der missbräuchlichen Handlung verlangen, Zwangsgeld festsetzen und bei schuldhaften Verstößen Geldbußen verhängen.[82] 74

Die praktische Durchsetzbarkeit von Schadensersatzansprüchen Dritter ist freilich dann schwierig, wenn zur Beurteilung der Frage, ob ein Schaden vorliegt, die Theorie des „more economic approach“ herangezogen wird, die keine „per se“-Verstöße anerkennt.

Die Harmonisierung von Geldbußen, Schadenersatzansprüchen Dritter und Kronzeugenbehandlung sehen folgende Richtlinien vor: 75

78 EuGH, Italien/Kommission („British Telecom“), C-41/83, ECLI:EU:C:1985:120, 880.

79 Entscheidung der Kommission vom 25.7.2001 COMP/C-1/36 915, Deutsche Post AG – Aufhalten grenzüberschreitender Postsendungen, ABl. L 331 vom 25.12.2001, S. 40.

80 EuGH, Campus Oil, C-72/83, ECLI:EU:C:1984:256, 2730.

81 EuG, Tetra Pak/Kommission, T-51/89, ECLI:EU:T:1990:41, II-347.

82 Das höchste Bußgeld bisher verhängte die EU-Kommission gegen Google in Höhe von 2,42 Mrd. Euro wegen Missbrauchs der marktbeherrschenden Stellung als Suchmaschinenbetreiber (Pressemitteilung der EU-Kommission vom 27.6.2017).

Nr.	*Richtlinie*	*Umsetzung*
1.	Richtlinie 2014/104/EU vom 26.11.2014 über bestimmte Vorschriften für Schadenersatzklagen nach nationalem Recht wegen Zuwiderhandlungen gegen wettbewerbsrechtliche Bestimmungen der Mitgliedstaaten und der Europäischen Union *– Schadenersatzrichtlinie –* *ABl. L 349 vom 5.12.2014, S. 1*	9. GWB-Novelle vom 1.6.2017 BGBl. I S. 1416
2.	Richtlinie (EU) 2019/1 vom 11.12.2018 zur Stärkung der Wettbewerbsbehörden der Mitgliedstaaten im Hinblick auf eine wirksamere Durchsetzung der Wettbewerbsvorschriften *– Durchsetzungsrichtlinie –* *ABl. L 11 vom 14.1.2019, S. 3*	10. Kartellnovelle vom 18.1.2021 BGBl. I 2021 S. 2 (GWB-Digitalisierungsgesetz)

Die Schadenersatzrichtlinie *(Nr. 1 der Liste)* will in den Mitgliedstaaten und in der Union einen effektiven Rechtsschutz für Geschädigte bei Verstößen gegen das Kartellverbot sowie bei Missbrauch einer marktbeherrschenden Stellung sicherstellen. Da die Artt. 101 und 102 AEUV unmittelbare Wirkung haben, auch wenn nationales Recht Anwendung findet, können Geschädigte (Einzelpersonen; Unternehmen; Händler; Verbraucher; Behörden) nach der Rechtsprechung des Gerichtshofs Schadenersatz verlangen. Die Richtlinie bestätigt den unionsweiten Besitzstand auf der Grundlage der EuGH-Rechtsprechung, wonach als „Schaden" der erlittene Vermögensschaden und der entgangene Gewinn zuzüglich der Zinsen verlangt werden kann (Art. 3 Abs. 2), nicht jedoch Strafschadenersatz oder Mehrfachentschädigung (Erwägungsgrund 13). Die nationalen Gerichte können eine Offenlegung von Beweismitteln (einschließlich der Geschäftsgeheimnisse) durch Dritte anordnen, wobei jedoch der Grundsatz der Verhältnismäßigkeit zu beachten ist. Kronzeugenprogramme nach nationalem Recht werden anerkannt, Kronzeugen bei der Haftung privilegiert. Die Mindestverjährungsfrist für Schadenersatzansprüche beträgt fünf Jahre.

Eine Stärkung der nationalen Wettbewerbsbehörden im Hinblick auf eine wirksamere Durchsetzung von Wettbewerbsvorschriften sieht die Durchsetzungsrichtlinie *(Nr. 2 der Liste)* vor. Sie enthält Vorschriften über die Unabhängigkeit nationaler Wettbewerbsbehörden und deren verfahrensrechtliche Möglichkeiten (Amtshilfeersuchen; Verhängung von Geldbußen bis zu 4 % des weltweiten Gesamtumsatzes; Verpflichtungszusagen; Kronzeugenprogramme für die Aufdeckung geheimer Kartelle mit Geldbußenerlass).

c) Fusionskontrolle

76 **aa) Gegenstand.** Unter *Fusionskontrolle* versteht man die wettbewerbsrechtliche Prüfung des Zusammenschlusses von Unternehmen. Fusionskontrolle ist der Versuch, die Freiheit der Unternehmen, sich zusammenzuschließen und die Wettbewerbsfähigkeit zu erhöhen, mit der volkswirtschaftlichen Erkenntnis rechtlich in Einklang zu bringen,

dass marktstarke Unternehmen den Wettbewerb beschränken können.[83] Eine solche Kontrolle wird im Hinblick auf die starken Konzentrationsbewegungen in der Wirtschaft einzelner Mitgliedstaaten als auch in der Europäischen Union für erforderlich gehalten.

Vom 07.11.1990 bis zum 31.3.2023 gab es in der Union 8964 Fusionskontrollverfahren der Kommission,[84] aber nur 30 Fusionsverbote. Aufgrund der liberalen Entscheidungspraxis der Kommission stieg die Zahl der Fusionen bis 2007 auf die Höchstzahl von 368 pro Jahr stark an und hat sich jetzt bei um die 300 Fälle eingependelt.

Lange Zeit war umstritten, ob und in wieweit der Erwerb von Kapitalanteilen an einem Unternehmen von Artt. 101, 102 AEUV erfasst werde. Nachdem feststand, dass die *Ausübung* gewerblicher Schutzrechte gegen Artt. 101, 102 AEUV verstoßen kann, wenn sie „Gegenstand, Mittel oder Folge einer Kartellabsprache ist",[85] bejahte man das überwiegend auch für den Erwerb von Kapitalanteilen. Dabei ist kartellrechtlich nicht die *Tatsache* des Anteilserwerbs entscheidend, sondern ihr *Zweck*. Erst eine über den Erwerbsakt hinaus beabsichtigte *Verhaltenskoordination* gibt den Ausschlag.[86] 77

Die Verhaltenskoordination kann vom Erwerb von Minderheits- oder Mehrheitsbeteiligungen bis hin zur Verschmelzung von Unternehmen reichen. Werden Unternehmen unter einheitlicher Leitung in Über-, Unter- oder Gleichordnungsverhältnisse gebracht, verlieren sie überwiegend oder teilweise die Möglichkeit zu selbstständigen Entscheidungen, was den funktionsfähigen Wettbewerb reduziert.[87] Deshalb wurde schon früh die Prüfung von Unternehmenszusammenschlüssen, die zu Oligopolen oder Monopolen führen können, unter Berufung auf die EuGH-Entscheidung „Continental Can"[88] nach Art. 101 AEUV für möglich gehalten. 78

Die EuGH-Entscheidung zum internationalen Zigarettenkonzern BAT/Reynolds[89] hatte die langjährigen Auffassungen nachhaltig verunsichert. Nach dieser Entscheidung können Unternehmenszusammenschlüsse nicht nur nach Art. 102 AEUV, sondern beim Erwerb von *Minderheitsbeteiligungen* auch nach Art. 101 AEUV beurteilt werden. Wegen der sich daraus ergebenden Rechtsunsicherheit wurde im Jahre 1989 die Fusionskontrollverordnung (FusKVO) erlassen, die nach zwei Reformen in der Fassung von 2004 gilt.

83 Zur Fusionskontrolle (und weiteren kartellrechtlichen Fragen, insbes. zum Kartell- und Marktmissbrauchsverbot nach Art. 101 Abs. 1 bzw. 102 AEUV) während der COVID-19-Pandemie: *Burholt/Kurz*: Kartellrecht in Zeiten von Covid-19, in: PharmR 2020, 229 ff.

84 Detaillierte Auflistung: https://competition-policy.ec.europa.eu/mergers/mergers-overview_en (besucht am 04.4.2023).

85 EuGH, Sirena, C-40/70, ECLI:EU:C:1971:18, 70.

86 *Immenga/Fuchs*, NJW 1988, 3052 (3053).

87 *Clark*, Competition, S. 102.

88 EuGH, Continental Can, C-6/72, ECLI:EU:C:1973:22, 218.

89 EuGH, BAT und Reynolds/Kommission, C-142/84, ECLI:EU:C:1987:490, 4566 (auch „Rothman/Morris" genannt).

Nr.	Verordnung	Umsetzung
1	Verordnung (EG) Nr. 139/2004 vom 20.1.2004 über die Kontrolle von Unternehmenszusammenschlüssen *– EG-Fusionskontrollverordnung – FusKVO* *ABl. L 24 vom 29.1.2004, S. 1*	§§ 22 Abs. 4 S. 1; 35 – 43 GWB
2	Durchführungsverordnung (EU) 2023/914 vom 20.4.2023 über die Kontrolle von Unternehmenszusammenschlüssen *– FusK-DVO –* *ABl. L 119 vom 5.5.2023, S. 22*	

79 **bb) Inhalt der Fusionskontrollverordnung.** Die Fusionskontrollverordnung, gestützt auf Artt. 103 und 352 AEUV, regelt in Ergänzung zu Artt. 101, 102 AEUV, wann *Unternehmenszusammenschlüsse von gemeinschaftsweiter Bedeutung* vorliegen und mit dem Binnenmarkt vereinbar sind. Die Verordnung enthält Kriterien darüber

- wann ein *Zusammenschluss* vorliegt (Art. 3 FusKVO)
- wann eine *gemeinschaftsweite Bedeutung* anzunehmen ist (Art. 1 FusVO)
- wann die Kommission *zuständig* ist (Artt. 8, 9 FusKVO)
- welche materiellen *Entscheidungsgesichtspunkte* die Kommission berücksichtigen muss (Art. 2 FusKVO).

80 *(1) Zusammenschluss.* Als Formen des Zusammenschlusses kommen *Fusionen* (Art. 3 Abs. 1 lit. a FusKVO) und *Kontrollerwerbstatbestände* (Art. 3 Abs. 1 lit. b FusKVO) in Betracht. Als *Fusionen* gelten die Aufnahme eines Unternehmens in ein anderes Unternehmen sowie die Verschmelzung von Unternehmen durch Neuordnung. Der *Kontrollerwerb* kennt drei Arten: Kontrollerwerb durch Anteilsübernahme, durch Vertrag oder auf sonstige Weise.

81 Ein besonderer Fall des Kontrollerwerbs durch Vertrag kann in der Gründung eines *Gemeinschaftsunternehmens* liegen. Die Fusionskontrollverordnung differenziert zwischen

- Gemeinschaftsunternehmen, die eine Koordinierung des Wettbewerbsverhaltens voneinander unabhängig bleibender Unternehmen bezwecken (*Kartelle* nach Art. 2 Abs. 4 FusKVO iVm 101 AEUV)
- Gemeinschaftsunternehmen, die auf Dauer alle Funktionen einer selbstständigen wirtschaftlichen Einheit erfüllen und keine Koordination des Wettbewerbsverhaltens der Gründerunternehmen bezwecken (*Teilfusionen* nach Art. 3 Abs. 2 FusKVO).

Beide Formen der Gemeinschaftsunternehmen werden im EU-Kartellrecht als Alternativen behandelt *(„Alternativkontrolle“)*, während das deutsche Kartellrecht fließende Übergänge anerkennt *(„Doppelkontrolle“)*.[90]

82 In der Bekanntmachung der Kommission über den Begriff des Zusammenschlusses[91] werden eine Reihe von Abgrenzungskriterien zwischen beiden Formen von Gemeinschaftsunternehmen genannt, etwa Eigentumsrechte; Marken; Lizenzen; Vetorechte;

90 BGHZ 96, 69 ff. – Mischwerke.
91 ABl. C 385 vom 31.12.1994, S. 5; vgl. auch die Bekanntmachung über ein vereinfachtes Verfahren für bestimmte Zusammenschlüsse gemäß der VO (EG) Nr. 139/2004, ABl. C 56 vom 5.3.2005, S. 32.

personelle und sachliche Ausstattung. Insgesamt kommt es nach EU-Recht viel stärker auf die *wirtschaftliche* als auf die *rechtliche Eigenständigkeit* des Gemeinschaftsunternehmens an.[92] Eine Koordination des Wettbewerbsverhaltens der Gründerunternehmen fehlt, wenn das Gemeinschaftsunternehmen nicht Wettbewerber auf dem Markt der Gründerunternehmen ist.

Kein Zusammenschluss im Sinne der Fusionskontrollverordnung liegt vor (Art. 3 Abs. 5 FusKVO)

- beim Erwerb von Wertpapieren durch Banken und Makler
- bei der Ausübung öffentlicher Mandate (etwa von Vergleichs- und Konkursverwaltern)
- bei der Kontrolle durch Beteiligungsgesellschaften zur Erhaltung von Investitionen.

Die Klassifikation eines Gemeinschaftsunternehmens als *selbstständige wirtschaftliche Einheit* ist für die Gründerunternehmen sehr vorteilhaft, weil die Aufgreifkriterien für ein Fusionsverbot außerordentlich hoch liegen und dem Vorwurf einer Koordination des Wettbewerbsverhaltens durch Marktdifferenzierung begegnet werden kann.

(2) Unionsweite Bedeutung. Ein Zusammenschluss hat dann *unionsweite* Bedeutung, 83
wenn die beteiligten Unternehmen[93] bestimmte *Umsätze*[94] erreichen. Die *Hauptschwelle* liegt bei einem weltweiten Gesamtumsatz aller beteiligten Unternehmen von 5 Mrd. Euro (Art. 1 Abs. 2 lit. a FusKVO). Außerdem müssen mindestens zwei beteiligte Unternehmen jeweils mehr als 250 Mio. Euro *(de minimis-Schwelle)* umsetzen (Art. 1 Abs. 2 lit. b FusKVO). Die unionsweite Bedeutung wird dennoch verneint, wenn die beteiligten Unternehmen jeweils mehr als zwei Drittel ihres unionsweiten Gesamtumsatzes in einem und demselben Mitgliedstaat erzielen (Art. 1 Abs. 2 lit. b S. 2 FusKVO-*Zwei-Drittel-Regel*). Auch unterhalb dieser Schwellenwerte kann ein Zusammenschluss vorliegen, wenn eine bestimmte Umsatzkombination auf Welt-, Unions- und Mitgliedstaatenebene festgestellt ist (Art. 1 Abs. 3 FusKVO).

Die *Umsätze* von Unternehmen lassen sich genauer ermitteln als *Marktanteile*, die nach deutschem Kartellrecht der Fusionskontrolle zugrunde gelegt werden (§ 18 Abs. 3 GWB).

(3) Zuständigkeit der Kommission. Soweit die unionsweite Bedeutung bejaht wird, ist 84
die EU-Kommission grundsätzlich zur Entscheidung berufen. Wenn die Befürchtung besteht, dass der Zusammenschluss den Wettbewerb auf einem Markt eines Mitgliedstaates als gesonderten Markt erheblich beeinträchtigt, kann dieser Mitgliedstaat auch bei Fusionen mit unionsweiter Bedeutung die Verweisung an sich beantragen (Art. 9 FusKVO). Dem Verweisungsantrag muss die Kommission entsprechen, wenn der relevante Markt keinen wesentlichen Teil des Binnenmarktes darstellt. Gleiches gilt unter den genannten Voraussetzungen, wenn die anmeldenden Unternehmen die Verweisung eines Fusionsvorhabens an einen Mitgliedstaat beantragen (Art. 4 Abs. 4 FusKVO). Wird ein Zusammenschlussvorhaben bei einem oder mehreren Mitgliedstaaten angemeldet und droht das Vorhaben den zwischenstaatlichen Handel erheblich zu beeinträchtigen, dann können die betroffenen Mitgliedstaaten den Fall an die EU-Kommission verweisen. Verweisungen kommen insgesamt äußerst selten vor.

---

92 EuGH, Austria Asphalt, C-248/16, ECLI:EU:2017:643.

93 Vgl. Bekanntmachung der Kommission über den Begriff der beteiligten Unternehmen, ABl. C 385 vom 31.12.1994, S. 12.

94 Das Verfahren zur Berechnung des Umsatzes ist in Art. 5 FusKVO geregelt.

85 *(4) Materielle Entscheidungsgesichtspunkte.* In Abwandlung des früher allein maßgebenden Marktbeherrschungskriteriums zur Erfassung nicht-kollusiver Oligopole stellen Art. 2 Abs. 2 und 3 FusKVO 2004 auf die erhebliche Behinderung wirksamen Wettbewerbs[95] ab. Effizienzvorteile hat die Kommission bisher schon im Rahmen von Art. 2 Abs. 1 lit.b FusKVO berücksichtigt. Das Marktbeherrschungskriterium wurde nunmehr zu einem Regelbeispiel herabgestuft. Dadurch wurde in der Fusionskontrolle eine Verknüpfung zum Konzept des „more economic approach" im Kartellrecht geschaffen, weil nun auch die möglichen Effizienzgewinne einer Fusion zum Ausgleich negativer Auswirkungen auf den Wettbewerb und für die Verbraucher berücksichtigt werden können.[96] Umstritten ist, ob die Fusionskontrollverordnung Anhaltspunkte für die Einbeziehung industriepolitischer Effizienzerwägungen bietet, beispielsweise eine Sanierungsfunktion anerkennt.[97]

86 *(5) Rechtsfolgen und Verfahren.* Strukturell bedeutsame, unionsweite Zusammenschlüsse unterliegen *nur* der Fusionskontrollverordnung (Art. 22 Abs. 1 FusKVO). Soweit die dafür geltenden Kriterien (Art. 3 FusKVO) erfüllt sind, müssen diese Zusammenschlüsse vorher angemeldet werden (Art. 4 FusKVO). Das Anmeldeverfahren (Fristen, Formblätter, informelle und vertrauliche Gespräche, Konsultationen mit Dritten) ist ausführlich in der Durchführungsverordnung von 2023 *(Nr. 2 der Liste)* geregelt. Für das gesamte Prüfungsverfahren ist die Kommission ausschließlich zuständig (Art. 21 FusKVO). Die Kommission kann entweder entscheiden, keine Einwände zu erheben (Art. 6 Abs. 1 lit. b FusKVO), oder das Verfahren zu eröffnen (Art. 6 Abs. 1 lit. c FusKVO).

95 „significant impediment of effective competition", sogenannter „SIEC-Test".

96 Vgl. Erwägungsgrund 29 zur FusKVO sowie Rn. 76 und 84 der Leitlinien zur Bewertung horizontaler Zusammenschlüsse gemäß der Ratsverordnung über die Kontrolle von Unternehmenszusammenschlüssen vom 30.1.2004, ABl. C 31 vom 5.2.2004, S. 5.

97 *Ehricke,* in: Festschrift Kilian, 2004, S. 623.

Europäische Fusionskontrolle

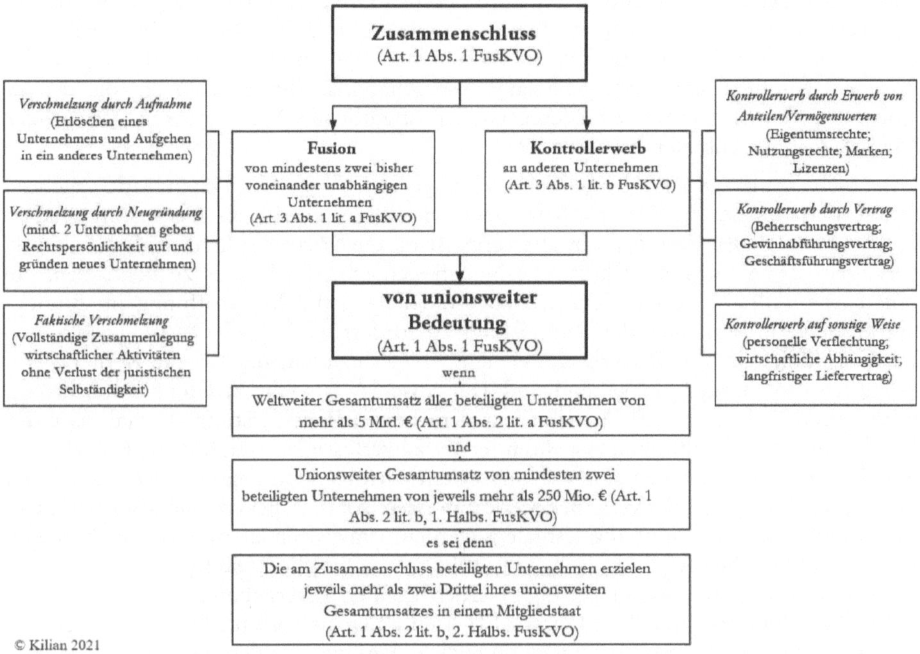

© Kilian 2021

Während des Prüfungsverfahrens durch die Kommission, das nach ähnlichen Grundsätzen wie nach der Kartellverordnung abläuft (Artt. 11 – 15 FusKVO), darf der Zusammenschluss nicht vollzogen werden (Art. 7 Abs. 1 FusKVO).[98] Die endgültige Entscheidung der Kommission kann mit oder ohne Auflagen entweder die Vereinbarkeit des Zusammenschlusses mit dem Binnenmarkt feststellen (Art. 8 Abs. 2 FusKVO) oder den Zusammenschluss für unvereinbar mit dem Binnenmarkt erklären (Artt. 2 Abs. 3; 8 Abs. 3 FusKVO) oder eine Entflechtung anordnen (Art. 8 Abs. 4 FusKVO).[99] Die Mitgliedstaaten dürfen ihr innerstaatliches Kartellrecht nicht auf Zusammenschlüsse von unionsweiter Bedeutung anwenden (Art. 22 Abs. 2 FusKVO). Anderes gilt nur im Fall einer *ausdrücklichen Verweisung* durch die Kommission (Art. 9 FusKVO). 87

Die *zivilrechtlichen Wirkungen* des Verbots eines Zusammenschlusses decken sich mit den Folgen sonstiger wettbewerbsbeschränkender Absprachen nach Artt. 101, 102 AEUV. Wettbewerber, die Anhörungsrechte im Prüfungsverfahren wahrnehmen, können als unmittelbar Betroffene iS von Art. 263 Abs. 2 AEUV iVm 18 Abs. 4 FusKVO klagen.[100] 88

98 Einzelheiten: EuGH, Ernst & Young, C-633/16, ECLI:EU:2018:371.
99 Gegenwärtig fordert die EU-Kommission die Entflechtung der Strom- und Gasübertragungsnetze.
100 EuG, Air France/Kommission, T-2/93, ECLI:EU:T:1994:55, II-327.

d) Kartellvergaberecht

89 Nach ständiger Rechtsprechung des Europäischen Gerichtshofs soll die Koordination der Verfahren zur Vergabe öffentlicher Aufträge auf Unionsebene. Hemmnisse für den freien Dienstleistungs- und Warenverkehr beseitigen und somit die Interessen der in einem Mitgliedstaat niedergelassenen Wirtschaftsteilnehmer schützen, die den in einem anderen Mitgliedstaat niedergelassenen öffentlichen Auftraggebern Waren oder Dienstleistungen anbieten möchten.[101]

Öffentliche Aufträge sind entgeltliche Verträge zwischen öffentlichen Auftraggebern und Unternehmen, die Liefer-, Bau- oder Dienstleistungen zum Gegenstand haben (§ 99 Abs. 1 GWB). Ziel des Vergaberechts ist es, die Wirtschaftlichkeit des Einkaufsverhaltens des Staates zu sichern, die Nachfragemacht des Staates zu begrenzen, die potenzielle Teilhabe von Lieferanten zu ermöglichen, die Marktöffnung im Binnenmarkt zu verbessern und den Mittelstand zu fördern (vgl. § 97 GWB). Fachkunde, Leistungsfähigkeit und Zuverlässigkeit sind die Prinzipien, die für die Vergabe von öffentlichen Aufträgen maßgebend sind. Der Zuschlag, also die Erteilung des Auftrags, muss grundsätzlich für das Angebot mit dem besten Preis-Leistungs-Verhältnis unter Beachtung einer Vielzahl von Aspekten (etwa: Zuverlässigkeit; Lieferfrist; Betriebskosten; Qualität; Kundendienst; Zweckmäßigkeit) erfolgen und hängt also nicht vom niedrigsten Preis ab. Die Vergabekriterien müssen vorab objektiv und transparent in der öffentlichen Ausschreibung festgelegt werden. Umstritten ist zum Teil noch, inwieweit mit öffentlichen Ausschreibungen gesellschaftspolitische Ziele (wie Umweltschutz; Frauenförderung; Tariftreue) verfolgt werden können („vergabefremde Aspekte" als politischer Kampfbegriff).[102] Mehrere EU-Richtlinien in verschiedenen Sektoren haben im nationalen Bereich zu einer erheblichen Verlagerung des Vergabewesens vom Haushaltsrecht in das Wettbewerbsrecht beigetragen und aufgrund einer EuGH-Entscheidung gegen die Art der deutschen Umsetzung früherer Richtlinien[103] nunmehr zu weitreichenden Überprüfungsmöglichkeiten der Vergabeentscheidungen in Deutschland geführt. In der Datenbank VERIS[104] sind mehr als 13000 Entscheidungen von Beschwerdekammern und Gerichten gespeichert (Stand April: 2019).

90 So verstößt es gegen die Warenverkehrsfreiheit, wenn Ausschreibungsbestimmungen die Beachtung nationaler technischer Normen vorschreiben[105] oder weitgehend nationale Baustoffe oder Geräte verwendet werden sollen.[106] Gegen die Dienstleistungsfreiheit verstößt es, wenn wirtschaftliche Ziele, wie der Schutz inländischer Unternehmen verfolgt wird.[107] Ein Verstoß gegen die Freizügigkeitsvorschriften liegt vor, wenn Bieter im Wesentlichen auf inländische Arbeitskräfte zurückgreifen sollen.[108] In Betracht kommt ferner eine Anwendung von Art. 87 EG 107 AEUV, weil in der Vermutung von

101 EuGH, SIAC Construction, C-19/00, ECLI:EU:C:2001:553, I-7743.

102 *Marx*, in: Schwarze (Hrsg.), Die Vergabe öffentlicher Aufträge im Lichte des europäischen Wirtschaftsrechts, S. 77; *Schäfer*, Elektronische Vergabe, in: Kilian/Heussen, Computerrechtshandbuch, Textziffer 190.

103 EuGH, Kommission/Deutschland („Großkotzenburg"), C-431/92, ECLI:EU:C:1995:260, I-2211.

104 Vergaberechtinformationssystem, betrieben von der Reguvis Fachmedien GmbH (ehemals die Fachinformationssparte des Bundesanzeiger Verlags) und entwickelt vom Institut für Rechtsinformatik der Leibniz Universität Hannover (https://login.reguvis.de/veris/).

105 EuGH, Kommission/Irland, C-45/87, ECLI:EU:C:1988:435, 4958.

106 EuGH, Kommission/Dänemark, C-243/89, ECLI:EU:C:1993:257, I-3385.

107 EuGH, Portugaia Construções, C-164/99, ECLI:EU:C:2002:40, I-805.

108 EuGH, Kommission/Dänemark, C-243/89, ECLI:EU:C:1993:257, I-3385.

Belastungen, Steuervergünstigungen und sonstigen Hilfen eine unerlaubte Beihilfe[109] gesehen werden kann. Schließlich kann eine Verletzung der Grundsätze der Gleichbehandlung und der Transparenz vorliegen, auf denen die Vergaberichtlinien beruhen, wenn aufgrund einer nationalen Regelung die Kontrolle der Rechtmäßigkeit des Widerrufs einer Ausschreibung auf Willkürakte beschränkt wird.[110]

Im Jahr 2014 wurden Harmonisierungen des Rechts der Vergabe öffentlicher Aufträge im Binnenmarkt unter Berücksichtigung der EuGH-Rechtsprechung vorgenommen. Dadurch wird auch der völkerrechtliche Rahmen fortentwickelt, der aufgrund des Übereinkommens über das öffentliche Beschaffungswesen der Welthandelsorganisation (WTO-Government Procurement Agreement)[111] sowohl für die Europäische Union als auch für die Mitgliedstaaten bei öffentlichen Aufträgen besteht. 91

Nr.	*Vergaberichtlinien*	*Umsetzung*
1	Richtlinie 2009/81/EG vom 13.7.2009 über die Koordinierung der Verfahren zur Vergabe bestimmter Bau-, Liefer- und Dienstleistungsaufträge in den Bereichen Verteidigung und Sicherheit und zur Änderung der Richtlinien 2004/17/EG und 2004/18/EG *– Militärausrüstungsrichtlinie –* *ABl. L 216 vom 20.8.2009, S. 76*	Vergabeverordnung für Verteidigung und Sicherheit (VSVgV) vom 12.7.2012 BGBl. I S. 1509
2	Richtlinie 2014/23/EU vom 26.2.2014 über die Konzessionsvergabe *– Konzessionsvergaberichtlinie (KVR) –* *ABl. L 94 vom 28.3.2014, S. 1*	Vergaberecht-Modernisierungsgesetz (VergRModG) vom 17.2.2016 BGBl. I S. 203
3	Richtlinie 2014/24/EU vom 26.2.2014 über die öffentliche Auftragsvergabe *– Vergaberichtlinie (VRL) –* *ABl. L 94 vom 28.3.2014, S. 65*	Vergaberecht-Modernisierungsgesetz (VergRModG) vom 17.2.2016 BGBl. I S. 203
4	Richtlinie 2014/25/EU vom 26.2.2014 über die Vergabe öffentlicher Aufträge durch Auftraggeber im Bereich der Wasser-, Energie- und Verkehrsversorgung sowie der Postdienste *– Sektorenrichtlinie (SRL) –* *ABl. L 94 vom 28.3.2014, S. 243*	Vergaberecht-Modernisierungsgesetz (VergRModG) vom 17.2.2016 BGBl. I S. 203
5	Verordnung (EU) 2022/1031 vom 23.6.2022 über den Zugang von Wirtschaftsteilnehmern aus Drittländern zum Unionsmarkt *– IPI-Verordnung –* *ABl. L 173 vom30.6.2022, S. 1*	

109 Etwa: Monetäre Vergünstigungen (wie Landegebühren; Marketingunterstützung) örtlicher Institutionen an Ryanair: Beschluss 2018/1276 vom 22.2.2018 ABl. L 238 vom 21.9.2018, S 94 (Lübeck); Beschluss 2018/628 vom 11.11.2016 ABl. L 107 vom 26.4.2018, S. 1 (Klagenfurt); Beschluss 2018/10 vom 20.2.2014 ABl. L 3 vom 6.1.2018, S. 9 (Aarhus). Ferner: Körperschaftssteuerberechnung für Amazon in Luxemburg von 2006 bis 2014, Beschluss vom 4.10.2018 ABl. L 153, S. 1.

110 EuGH, HI/Stadt Wien, C-92/00, ECLI:EU:C:2002:379, I-5574.

111 http://www.wto.org.

92 Die Richtlinien regeln die Verfahren über die europaweite Vergabe öffentlicher Aufträge und Konzessionen, soweit sie oberhalb bestimmter Schwellenwerte liegen (bei Konzessionen und Bauaufträgen: 5.350.000 Euro; bei Liefer- und Dienstleistungsaufträgen: 431.000 Euro). Unterhalb der Schwellenwerte können die Mitgliedstaaten die Vergabeverfahren anders gestalten.

Während die *Militärausrüstungsrichtlinie (Nr. 1 der Liste)* unverändert fortbesteht, stellen die *Vergaberichtlinie (Nr. 3 der Liste)* und die *Sektorenrichtlinie (Nr. 4 der Liste*) Neufassungen dar. Die *Konzessionsvergaberichtlinie (Nr. 2 der Liste*) ist eine Neuentwicklung. Unter „Konzession" fallen entgeltliche Verträge zwischen öffentlichen Stellen und Wirtschaftsteilnehmern zur Erbringung von Bau- oder Dienstleistungen, wobei die Gegenleistung im Nutzungsrecht – eventuell zusätzlich zu einer Geldzahlung – besteht und das konzessionierte Unternehmen das wirtschaftliche Risiko trägt. Die IPI-Verordnung (*Nr. 5 der Liste*) ermöglicht bestimmten Drittstaaten einen bedingten Zugang zu öffentlichen Ausschreibungsverfahren außerhalb des militärischen Bereichs.

93 Die Richtlinien verfolgen mehrere Ziele; vor allem sollen sie eine Gleichbehandlung aller Bewerber (Bieter) im Binnenmarkt erreichen, den effektiven Wettbewerb stärken, Transparenz und Rechtsschutz im Vergabeverfahren herstellen, Vertraulichkeit der Angebote sichern und elektronische Vergabeverfahren fördern.

Die Vergaberichtlinien präzisieren den Ausschreibungs- und Vergabeprozess, um sekundäre Entscheidungsspielräume der öffentlichen Stellen, zu denen auch gesetzliche Krankenkassen[112] oder öffentliche Stellen in der Rechtsform einer GmbH zählen[113], im Interesse der Transparenz und Nichtdiskriminierung von Anbietern zu minimieren. Werden die Konzessions- und Vergabeverfahren ganz (Auktionen) oder teilweise (Ausschreibungen; Angebote) elektronisch durchgeführt, müssen die elektronischen Mittel allgemein verfügbar sein und dürfen nicht diskriminieren. Das gilt auch für Anforderungen an Verschlüsselungen und Zeitstempelung. Unterschiedliche Qualitätsanforderungen an die elektronische Signatur bilden deshalb bei europaweiten Vergabeverfahren kein Hindernis mehr.

Während nach bisherigem Vergaberecht das „wirtschaftlich günstigste Angebot" den Zuschlag bekommen musste, ist es jetzt das Angebot mit dem „besten Preis-Leistungs-Verhältnis". Mit dieser terminologischen Änderung in den Vergaberichtlinien wird der EuGH-Rechtsprechung Rechnung getragen, die qualitative Eignungskriterien (etwa ökologische) anerkennt.

94 Die öffentlichen Ausschreibungen für *Verteidigungsgüter* unterliegen nach der Militärausrüstungsrichtlinie 2009/81/EG zahlreichen Besonderheiten. Zwar soll auch hier grundsätzlich ein europäischer Markt unter Anwendung der Schwellenwerte für europaweite Ausschreibungen geschaffen werden; wenn jedoch wesentliche Sicherheitsinteressen der Mitgliedstaaten bestehen und es zur Wahrung legitimer Interessen „unbedingt erforderlich" ist (Erwägungsgrund 17), brauchen die Mitgliedstaaten diese Richtlinie nicht anzuwenden. Dies wird für Beschaffungen für Nachrichtendienste ausdrücklich anerkannt (Erwägungsgrund 27). Bauaufträge, die teilweise unter die allgemeine Vergaberichtlinie 2004/18/EG und teilweise unter die Militärausrüstungs-

112 EuGH, Hans & Christophorus Oymanns GbR/AOK Rheinland/Hamburg, C-300/07, ECLI:EU:C:2009:358 = NJW 2009, 2427.

113 EuGH, Ing. Aigner/Fernwärme Wien GmbH, C-393/06, ECLI:EU:C:2008:213.

richtlinie 2009/81/EG fallen, sind gemäß der letztgenannten Richtlinie (Art. 3 Abs. 1) zu vergeben.

Auktionen im Internet sind zivilrechtlich sowie nach § 101 Abs. 6 GWB auch nach allen Vergaberichtlinien für die öffentliche Hand zulässig. Bei öffentlichen Auktionen sind sogenannte Absteigerungsverfahren (reverse auctions) umstritten, bei denen ein Ausgangspreis von der ausschreibenden Stelle genannt wird, der von den Wettbewerbern unterboten werden muss. 95

Europaweite Ausschreibungen erfolgen als Supplement zum Amtsblatt der Europäischen Union im Ausschreibungssystem TED (Tenders Electronic Daily).[114] Es ermöglicht strukturierte Recherchen. Die wichtigsten Informationen für die öffentliche Auftragsvergabe, das gemeinsame Vokabular für öffentliche Aufträge[115] einschließlich der ab 21.12.2009 zu verwendenden Standardformulare[116] finden sich auf der Internet-Plattform SIMAP (System d'Information des Marchés Publics).[117] 96

e) Werbung/Unlautere Geschäftspraktiken

Werbevorschriften und unlautere Geschäftspraktiken in den EU-Mitgliedstaaten können leicht zu Wettbewerbs- und Handelsbeschränkungen führen, Verbraucher benachteiligen und Marktteilnehmer schädigen. 97

▶ **Beispiele:**

In Frankreich, Italien und Portugal ist jegliche Werbung für Tabakerzeugnisse verboten, nach der EU-Fernsehrichtlinie[118] in allen EU-Mitgliedstaaten die Werbung für Tabakerzeugnisse im Fernsehen. Darf der Verkauf von ausländischen Zeitschriften mit Tabakwerbung in Frankreich, Italien und Portugal verboten werden?[119]

Die deutsche Tochtergesellschaft eines französischen Konzerns wirbt in ihren Prospekten blickfangmäßig mit niedrigen Preisen, die sie ihren früher höheren Preisen gegenüberstellt. Liegt darin ein Verstoß gegen den blickfangmäßigen Eigenpreisvergleich nach § 6e Abs. 1 UWG (inzwischen aufgehoben) oder verstößt diese Vorschrift gegen Art. 34 AEUV (vormals Art. 28 EG)?[120] ◀

Im EU-Wettbewerbsrecht sind staatliche Werbevorschriften unter den Gesichtspunkten des freien Waren- und Dienstleistungsverkehrs (Artt. 34, 56 AEUV), der Niederlassungsfreiheit (Art. 62 AEUV), des Verbraucherschutzes (Art. 12, 169 AEUV) sowie vor allem einiger Richtlinien zu prüfen. 98

114 http://ted.europa.eu.
115 VO (EG) Nr. 213/2008 ABl. L 74 vom 15.3.2008, S. 1.
116 VO (EG) Nr. 1150/2009 ABl. L 313 vom 28.11.2009, S. 3.
117 https://simap.ted.europa.eu/de.
118 Richtlinie 89/552/EWG, ABl. L 298 vom 3.10.1989, S. 23.; novelliert durch die Richtlinie über audiovisuelle Mediendienste 2010/13/EU vom 10.3.2010 ABl. L 95 vom 15.4.2010, S. 1.
119 Dazu: *Stein*, in: Gedächtnisschrift Grabitz, S. 777 ff.
120 EuGH GRUR 1993, 747; *Sack*, BB 1994, 225 ff.

Nr.	*Richtlinien zur Werbung*	*Umsetzung*
1	Richtlinie 2006/114/EG vom 12.12.2006 über irreführende und vergleichende Werbung (kodifizierte Fassung) – *Werberichtlinie* – *ABl. L 376 vom 27.12.2006, S. 21*	Neufassung UWG vom 3.3.2010 BGBl. I S. 254
2	Richtlinie 2005/29/EG vom 11.5.2005 über unlautere Geschäftspraktiken – *Unlautere Geschäftspraktiken-Richtlinie* – *ABl. L 149 vom 11.6.2005, S. 22*	Neufassung UWG vom 3.3.2010 BGBl. I S. 254
3	Richtlinie 2003/33/EG vom 26.5.2003 zur Angleichung der Rechts- und Verwaltungsvorschriften der Mitgliedstaaten über Werbung und Sponsoring zugunsten von Tabakerzeugnissen – *Tabakwerberichtlinie* – *ABl. L 152 vom 20.6.2003, S. 16*	Erstes Gesetz zur Änderung des vorläufigen Tabakgesetzes vom 21.12.2006 BGBl. I S. 3365
4	Richtlinie 2000/31/EG vom 8.6.2000 über den elektronischen Geschäftsverkehr – *E-Commerce-Richtlinie* – *ABl. L 178 vom 17.7.2000, S. 1*	§ 312 e BGB vom 26.11.2001 BGBl. I S. 3138 §§ 2 und 3 Unterlassungsklagengesetz vom 27.8.2002, BGBl. I S. 3422 §§ 8–10, 16 Gesetz gegen den unlauteren Wettbewerb vom 3.7.2004, (BGBl. I S. 1414) geändert durch Artikel 165 des Gesetzes vom 19.4.2006 BGBl. I S. 866 Telemediengesetz vom 26.2.2007 BGBl. I S. 179
5	Richtlinie (EU) 2016/943 vom 8.6.2016 über den Schutz vertraulichen Know-hows und vertraulicher Geschäftsinformationen – *Geschäftsgeheimnisrichtlinie* – *ABl. L 157 vom 15.6.2016, S. 1*	Gesetz zum Schutz von Geschäftsgeheimnissen vom 18.4.2019 BGBl. I S. 466 (GeschGehG)
6	Verordnung (EU) 2019/1020 vom 20.6.2019 über Marktüberwachung und der Konformität von Produkten – *Marktdurchsetzungsverordnung* – *ABl. L 169 vom 25.6.2019, S. 1*	Gesetz zur Neuordnung der Marktüberwachung vom 9.6.2021 BGBl. I S. 1723
7	Verordnung (EU) 2022/1925 vom 14.9.2022 über bestreitbare und faire Märkte im digitalen Sektor – *Torwächterverordnung* – ABl. L 265 vom 12.10.2022, S. 1	

Im deutschen Recht werden die Probleme vor allem im Gesetz über den unlauteren Wettbewerb behandelt, das in seiner früheren Fassung nicht nur die vergleichende

Werbung, sondern auch inhaltlich zutreffende Formen der Werbung als angeblich „irreführend“ verbot.

Die *Richtlinie über irreführende und vergleichende Werbung (Nr. 1 der Liste)* verankert objektive Mindestkriterien, nach denen beurteilt werden kann, ob die Werbung „irreführend“ oder in zulässiger Weise „vergleichend“ ist. 99

„Irreführend“ ist danach jede Werbung, die Adressaten täuscht oder zu täuschen geeignet ist und dadurch deren wirtschaftliches Verhalten beeinflussen oder Mitbewerber schädigen kann (Art. 2 lit. b). „Vergleichend“ ist jede Werbung, die einen Mitbewerber oder dessen Erzeugnisse und Dienstleistungen erkennbar macht (Art. 2 lit. c). Die objektiven Kriterien für die Bewertung finden sich in Artt. 3 und 4 der Richtlinie. Die Richtlinie stellt eine Mindestharmonisierung dar, weil die Mitgliedstaaten einen weiterreichenden Schutz der Gewerbetreibenden und Freiberufler (nicht aber der Verbraucher) vorsehen können (Art. 8 Abs. 1 und 4).

Auch die *Richtlinie 2005/29/EG über unlautere Geschäftspraktiken (Nr. 2 der Liste)* spricht die unlautere Werbung an, aber nur insoweit, als Verbraucher betroffen sind (Erwägungsgrund 6). Unlautere und aggressive Werbung sollen verhindert werden. Als „aggressiv“ gilt eine Geschäftspraxis, die durch Belästigung, Nötigung oder körperliche Gewalt geschäftliche Entscheidungen beeinflusst. Als Beispiele dafür werden 31 Verhaltensweisen im Anhang I („schwarze Liste“) detailliert aufgeführt. Dazu zählen Lockvogelangebote, „kostenlose“ Angebote, angeblich „genehmigte“ Produkte oder Schneeballsysteme. Bei den aufgezählten Geschäftspraktiken wird unwiderleglich vermutet (Erwägungsgrund 17), dass sie „per se“ ohne Prüfung des Einflusses auf das Verbraucherverhalten verboten sind und im Verhältnis zwischen Unternehmen Indizwirkung haben. 100

Eine „abschließende Harmonisierung“[121] besteht für die *Etikettierung* und *Verpackung kosmetischer Mittel.*[122]

Stark umstritten war, ob und inwieweit das unionsweite Verbot der *Tabakwerbung und das Sponsoring* sportlicher Großveranstaltungen durch die Tabakindustrie auf den Gesundheitsschutz gestützt werden konnte. Nach Ablehnung der früheren Richtlinie 98/43/EG durch den Gerichtshof[123] beruft sich die Nachfolgerichtlinie 2003/33/EG *(Nr. 3 der Liste)* auf die Rechtsvereinheitlichung (Art. 114 AEUV). Die Richtlinie 2003/33/EG berührt nicht das daneben bestehende Verbot der Fernsehwerbung und des Teleshopping für Tabak und Tabakerzeugnisse[124] und auch nicht die Vorschriften zum Schutz gegen Gefahren des Tabakkonsums[125].

Die Richtlinie über den elektronischen Geschäftsverkehr (Nr. 4 der Liste) enthält Vorschriften über die „kommerzielle Kommunikation“, womit „alle Formen der Kommunikation“ gemeint sind, „die der unmittelbaren oder mittelbaren Förderung des Absatzes von Waren und Dienstleistungen“ dienen (Art. 2 lit. f). Gemeint sind also 101

121 EuGH, Verband Sozialer Wettbewerb/Clinique Laboratories und Estée Lauder, C-315/92, ECLI:EU:C:1994:34, I-330.

122 Richtlinie 76/768/EWG vom 27.7.1976, ABl. L 262 vom 27.9.1976, S. 169 (zuletzt geändert durch Richtlinie 2008/42/EG vom 3.4.2008, ABl. L 93 vom 4.4.2008, S. 13).

123 EuGH, Deutschland/Parlament und Rat, C-376/98, ECLI:EU:C:2000:544, I-8498.

124 Richtlinie 89/552/EWG vom 3.10.1989, ABl. L 298 vom 17.10.1989, S. 23.

125 Richtlinie 2014/40/EU zur Angleichung der Rechts- und Verwaltungsvorschriften der Mitgliedstaaten über die Herstellung, die Aufmachung und den Verkauf von Tabakerzeugnissen und verwandten Erzeugnissen, ABl. L 127 vom 3.4.2014 ABl. L vom 29.4.2014, S. 1 (Umsetzung in Deutschland durch das Tabakerzeugnisgesetz vom 4.4.2016 BGBl. I S. 569).

alle elektronischen Werbe- und Marketingmaßnahmen. Sie unterliegen dem Transparenzgebot (Art. 7 Abs. 1) und dem „opt out“ – Prinzip (Art. 7 Abs. 2), wonach ein Betroffener unerwünschte Werbe- und Marketingmaßnahmen verbieten kann.[126]

102 Die *Richtlinie über den Schutz von Know-how und Geschäftsgeheimnissen* (*Nr. 5 der Liste*) will Investitionen in die wissensbasierte Wirtschaft, die Innovationen und Wettbewerb hervorbringt, auch außerhalb des Systems der Immaterialgüterrechte vor Ausbeutung (etwa Diebstahl; Spionage; unbefugtes Kopieren; Verrat) schützen. Das gestaltet sich in einer global vernetzten Wirtschaft, in der Outsourcing und Lieferketten üblich sind, recht schwierig. Die unterschiedlichen Regelungen in den EU-Mitgliedstaaten sollen durch eine genaue Definition von „Geschäftsgeheimnis“ (Art. 2 Nr. 1) und „rechtsverletzendes Produkt“ (Art. 4) harmonisiert werden. Die Mitgliedstaaten sind aufgerufen, Maßnahmen, Verfahren und Rechtsbehelfe gegen die Nutzung „rechtsverletzender Produkte“ vorzusehen.

103 Nach der Marktdurchsetzungsverordnung *(Liste Nr. 6)* soll die Konformität riskanter Produkte durch umfassende Kontrollmöglichkeiten spezieller Marktüberwachungsbehörden im öffentlichen Interesse gewährleistet werden.

104 Nach Art. 34 AEUV sind folgende nationale Werbevorschriften unzulässig:

- Diskriminierende oder übermäßig strenge Beschränkungen des Zugangs ausländischer Produkte zum inländischen Markt
- Einstufung des Tatbestandes des Parallel- oder Reimports als Unlauterkeit[127]
- Einstufung der Verwendung einer ausländischen Herkunftsbezeichnung als Irreführung der Verbraucher[128]
- Vorschrift, die eine Werbung trotz Wahrheit ihres Inhalts verbietet und dadurch ein Handelshemmnis schafft[129]
- Vorschrift, die für bestimmte Waren oder für bestimmte Stellen die Werbung verbietet[130]
- Vorschrift, die ausländischen Unternehmen bestimmte Werbestrategien vorschreiben oder verbieten.[131]
- Notwendige Anpassungen der Werbung (Übersetzung in die Landessprache; Preisangabe in nationaler Währung) sprechen nicht gegen die Durchführbarkeit einer Werbestrategie.[132]

105 Soweit es sich um die *Werbung für Dienstleistungen* (Medien; Fernsehübertragung von Werbesendungen) handelt, wird die Werbung selbst als Dienstleistung angesehen und nach Art. 56 AEUV bewertet.[133] Die Richtlinie 2000/31/EG über den elektronischen Geschäftsverkehr *(Nr. 4 der Liste)*[134] hat für Werbung, Marketing, Sponsoring, Sales Promotion im Online-Bereich („kommerzielle Kommunikation“) das *Herkunfts-*

126 Zu dieser Richtlinie siehe ausführlicher im Kapitel G VIII „Informationstechnologierecht“.
127 EuGH, Dansk Supermarked, C-58/80, ECLI:EU:C:1981:17, 182 (195).
128 EuGH, Kohl/Ringelhan, C-177/83, ECLI:EU:C:1984:334, 3652.
129 EuGH, Yves Rocher, C-126/91, ECLI:EU:C:1993:191, I-2384.
130 EuGH, Aragonesa de Publicidad Exterior und Publivia/Departamento de Sanidad y Seguridad de Cataluña, C-1/90, ECLI:EU:C:1991:327, I-4179; EuGH, Kommission/Deutschland („Reinheitsgebot für Bier“), C-178/84, ECLI:EU:C:1987:126, 1262.
131 EuGH, Oosthoek, C-286/81, ECLI:EU:C:1982:438, 4576.
132 EuGH, Yves Rocher, C-126/91, ECLI:EU:C:1993:191, I-2384.
133 EuGH, Kommission/Niederlande, C-353/89, ECLI:EU:C:1991:325, I-4088.
134 Die Richtlinie 2000/31/EG wird im Teil „Informationstechnologierecht“ ausführlich behandelt.

landprinzip als Anknüpfung für die Beurteilung der Rechtmäßigkeit eingeführt. Das bedeutet, dass auch die Frage, ob eine irreführende Werbung vorliegt, nach der E-Commerce-Richtlinie dem Herkunftslandprinzip unterliegt. In der Richtlinie über audiovisuelle Mediendienste[135] werden unter anderem auch die Fernsehwerbung und das Sponsoring geregelt. Die Richtlinie folgt ebenfalls dem Herkunftslandprinzip. Das Vorliegen einer irreführenden Werbung kann auf nationaler Ebene überprüft werden, weil die Vorschriften über die irreführende Werbung darin nicht harmonisiert worden sind.[136]

f) Digitale Märkte

Die Art. 101 und 102 AEUV sind nur auf bestimmte Arten von Marktmacht anwendbar. Unabhängig davon und zusätzlich gilt für digitale Märkte die *„Torwächter"-Verordnung (Digital Markets Act- DMA, Nr. 7 der Liste).* Sie will digitale Dienste, insbesondere zentrale Online-Plattformen und andere „Torwächter"- Dienste (wie Online-Suchmaschinen, Online-Dienste sozialer Netzwerke, Video-Sharing, Cloud Computing Dienste, virtuelle Assistenten, Webbrowser oder Online-Werbedienste, Art. 2 Nr. 2) die über große Datenmengen verfügen und deshalb einen funktionsfähigen und fairen Wettbewerb behindern können, von vornherein („ex ante") bestimmten Rahmenbedingungen unterwerfen. Diese digitalen Märkte sollen „bestreitbar und fair" bleiben (Erwägungsgrund 11). 106

Die Besonderheit dieser „Torwächter"-Märkte wird darin gesehen, dass Plattformen direkt zwischen gewerblichen Nutzern und Endnutzern vermitteln und sich diese Dienste nachteilig auf Preise, Qualität, Auswahl und Innovation auswirken können. Mit den großen Datenmengen, die besonders personenbezogene Daten umfassen, lassen sich Netzwerkeffekte, Bindungseffekte und Größenvorteile erreichen oder Teilmengen zu Werbezwecken bilden. 107

Unternehmen treffen als „Torwächter" zahlreiche Pflichten (Art. 5). Insbesondere ist die Zusammenführung personenbezogener Daten mit anderen Plattformdiensten oder eine Monopolisierung der Vertriebskanäle verboten (Art. 5(2)(a) und 5(3)). Einen „Torwächter" treffen ferner technische Verpflichtungen (Art. 7). 108

Die notwendigen Marktanalysen, Klassifikationen und Überwachungsmaßnahmen sind Aufgabe der EU-Kommission. Online-Vermittlungsdienste gelten dann als „Torwächter", wenn sie einen EU-Geschäftsumsatz von jährlich 7,5 Mrd. Euro und eine Marktkapitalisierung von 75 Mrd. Euro haben (Art. 3(2)(a). Plattformdienste gelten dann als „Torwächter", wenn sie 45 Mio. aktive Endnutzer und mindestens 10 000 in der EU niedergelassene aktive gewerbliche Nutzer haben. 109

Die Einhaltung der Verpflichtungen kann die EU-Kommission durch Geldbußen und Zwangsgelder durchsetzen. Geldbußen können bis zu 10 % des weltweit erzielten Gesamtumsatzes, Zwangsgelder 5 % des weltweit täglichen Tagesumsatzes erreichen (Art. 30; 31).

135 Richtlinie (EU) 2018/1808 vom 14.11.2018 ABl. L 303 vom 28.11.2018, S. 69.
136 EuGH, Konsumentenombutsmannen/De Agostini und TV-Shop, C-34/95, ECLI:EU:C:1997:344, I-3875.

g) Staatliche Wettbewerbsbeschränkungen

110 Zahlreiche Maßnahmen *von Mitgliedstaaten* wirken sich im Binnenmarkt wettbewerbsbeschränkend aus.

Unmittelbar wettbewerbsbeschränkende Wirkung haben:

- Staatliche Handelsmonopole

  ▶ **Beispiele:**
  - Einfuhr und Vertrieb von Rohöl
  - Herstellung und Vertrieb von Salz, Branntwein, Schießpulver
  - Vertrieb von Tabak. ◀

- Staatliche Dienstleistungsmonopole

  ▶ **Beispiele:**
  - Herstellung und Verbreitung von Fernsehsendungen
  - Arbeitsvermittlung
  - Rinderbesamung. ◀

Als *mittelbare* staatliche Wettbewerbsbeschränkungen können sich beispielsweise auswirken:

- Qualitätsvorschriften
- Sicherheitsvorschriften
- Steuerrechtliche Vorschriften
- Preisvorschriften
- Subventionen.

111 *Staatliche Handelsmonopole* sind alle Einrichtungen, durch die ein Mitgliedstaat unmittelbar oder mittelbar die Einfuhr oder die Ausfuhr zwischen den Mitgliedstaaten rechtlich oder tatsächlich kontrolliert, lenkt oder merklich beeinflusst (Art. 37 Abs. 1 S. 2). Solche Monopole behindern die Ein- oder Ausfuhr der betroffenen Waren, weil anderen Marktteilnehmern der Zutritt verwehrt wird und Verbraucher nicht überall im Binnenmarkt die Waren ungehindert erwerben können.

Die staatlichen Handelsmonopole mussten an sich für die ursprünglichen sechs Mitgliedstaaten bis zum Jahre 1969 „umgeformt", das heißt in *nichtdiskriminierende Einrichtungen* umgewandelt werden. Dies ist jedoch nicht in allen Bereichen geschehen. Bis heute bestehen staatliche Handels- und Produktionsmonopole im Energie- und Abfallbereich. Für die später hinzugekommenen Mitgliedstaaten gelten zudem Übergangsmaßnahmen. Das Ziel der völligen Umformung der Handels- und Produktionsmonopole besteht jedoch weiterhin.

112 Ein landesweites Monopol, selbst in der Rechtsform einer Anstalt des öffentlichen Rechts, kann eine marktbeherrschende Stellung im Sinne des Art. 102 AEUV missbräuchlich ausnutzen und deshalb verboten sein.

▶ **Beispiel:**

Das Monopol der deutschen Bundesanstalt für Arbeit in Bezug auf die Vermittlung von Führungskräften war unwirksam, weil es nicht in der Lage war, den Marktanforderungen zu genügen und es die Tätigkeit privater Personalberatungsunternehmen behinderte.[137] ◀

Die Liberalisierung von Monopolen ist weit fortgeschritten. Die Richtlinien im Bereich der Telekommunikation[138] haben einen deutlichen Strukturwandel in Richtung Wettbewerb hervorgerufen. Die Deregulierung der Monopole im Energiesektor folgt dem Muster der Deregulierung im Telekommunikationsbereich.[139]

Private Wirtschaftsunternehmen können jedoch von der Kommission kein Tätigwerden in Richtung einer Deregulierung verlangen. Eine Untätigkeitsklage gegen die Kommission ist unzulässig.[140]

Die *indirekten staatlichen Wettbewerbsbeschränkungen* (Qualitäts-, Preis-, Sicherheits-, Steuervorschriften) lassen sich nur im Einzelfall überprüfen. Der Europäische Gerichtshof unterscheidet zwischen Wettbewerbsbeschränkungen, die der Staat ermöglicht, aber das Unternehmen festlegt, von Wettbewerbsbeschränkungen, die der Staat selbst festlegt. Die erstgenannte Fallgruppe prüft der Gerichtshof nach Artt. 101, 102 AEUV,[141] die letztgenannte überhaupt nur dann, wenn sie akzessorisch zu einem Verhalten von Unternehmen ist. Die akzessorischen Wettbewerbsbeschränkungen werden nach Art. 106 AEUV beanstandet, wenn die Gesamtschau der Artt. 4 Abs. 3 EUV, 101, 102 AEUV ergibt, dass die staatliche Maßnahme den Wettbewerbsvorschriften ihre *„praktische Wirksamkeit" (effet utile)* nimmt. 113

Nicht als indirekte staatliche Wettbewerbsbeschränkungen sind Rahmenvorschriften für Produkte anzusehen, die auf den Unionsmarkt gelangen und der staatlichen Marktüberwachung im Hinblick auf ihre Konformität mit harmonisiertem EU-Recht unterliegen *(Liste Nr. 6)*.

4. Leitentscheidungen

Das europäische Wettbewerbsrecht zeichnet sich durch eine hohe Zahl wichtiger Entscheidungen aus. Immer wieder zitiert findet man ua folgende: 114

- *Champagnerbier*[142]

Irreführende Werbung kann auch dann vorliegen, wenn eine Werbeaussage auf eine Warengattung Bezug nimmt, die als Produkt eines bestimmten konkurrierenden Unternehmens angesehen wird.

- *Grundig/Consten*[143]

Voraussetzungen für Vertriebsbindungen.

---

137 EuGH, Höfner & Elser/Macrotron, C-41/90, ECLI:EU:C:1991:161, I-2010.
138 Vgl. die Zusammenstellung Rn. 942.(?).
139 Richtlinie 2003/54/EG vom 26.6.2003, ABl. L 176 vom 15.7.2003, S. 37 (Stromrichtlinie); Richtlinie 2003/55/EG vom 26.6.2003, ABl. L 176 vom 15.7.2003, S. 57 (Gasrichtlinie).
140 EuG, Ladbroke Racing/Kommission, T-32/93, ECLI:EU:T:1994:261, II-1018.
141 EuGH, Gemeente Almelo ua/Energiebedrijf IJsselmij, C-393/92, ECLI:EU:C:1994:171, I-1508.
142 EuGH, De Landtsheer Emmanuel, C-381/05, ECLI:EU:C:2007:230, I-3152.
143 EuGH Grundig und Consten/Kommission der EWG, C-56/64 und C-58/64, ECLI:EU:C:1966:41, 325.

- *Continental Can*[144]

Der Nachweis der Kausalität zwischen marktbeherrschender Stellung und Missbrauch ist nicht erforderlich.

- *British Telecom*[145]

Deregulierung öffentlicher Unternehmen.

- *Rothman/Morris*[146]

Unzulässige Unternehmenskooperation durch Gründung eines Gemeinschaftsunternehmens.

- *RTT/INNO*[147]

Unzulässige Festlegung technischer Normen für Fernsehgeräte durch ein öffentliches Monopolunternehmen.

- *Metro/Saba*[148]

Selektive Vertriebsbindungen.

- *Microsoft*[149]

Missbrauch der marktbeherrschenden Stellung durch fehlende Interoperabilität der Software.

- *Akzo*[150]

Missbräuchliche Verdrängungsstrategie durch Ankündigung von Dumpingpreisen und Sonderrabatten an Stammkunden der Konkurrenz.

- *Flugtarife*[151]

Flugtarife aufgrund bi- oder multilateraler Vereinbarungen können die Ausübung einer marktbeherrschenden Stellung enthalten.

- *Tetra Pak*[152]

Missbrauch nach Art. 86 EGV (= 82 EG, jetzt 102 AEUV) bei feindlicher Übernahme des Wettbewerbers zur Erlangung einer Patentlizenz.

Aérospatiale-Aliena/de Havilland[153]

Erster Fall eines Zusammenschlussverbotes nach EG-Kartellrecht.

- *Keck und Mithouard*[154]

Verkaufsmodalitäten unterliegen mitgliedstaatlichen Regelungen.

---

144 EuGH, Continental Can, C-6/72, ECLI:EU:C:1973:22, 218.
145 EuGH, Italien/Kommission („British Telecom"), C-41/83, ECLI:EU:C:1985:120, 880.
146 EuGH, BAT und Reynolds/Kommission, C-142/84, ECLI:EU:C:1987:490, 4566 (auch „Rothman/Morris" genannt).
147 EuGH, RTT/GB-Inno-BM, C-18/88, ECLI:EU:C:1991:474, I-5973.
148 EuGH, Metro/Kommission, C-75/84, ECLI:EU:C:1986:399, 3074.
149 EuG, Microsoft/Kommission, T-201/04, ECLI:EU:T:2007:289.
150 EuGH, AKZO/Kommission, C-62/86, ECLI:EU:C:1991:286, I-3439.
151 EuGH, Ahmed Saeed Flugreisen ua/Zentrale zur Bekämpfung unlauteren Wettbewerbs, C-66/87, ECLI:EU:C:1989:140, 838.
152 EuG, Tetra Pak/Kommission, T-51/89, ECLI:EU:T:1990:41, II-347.
153 Kommission, Entscheidung vom 2.10.1991 „Aérospatiale-Alenia/de Havilland", ABl. L 334 vom 5.12.1991, S. 42.
154 EuGH, Keck und Mithouard, C-267/91, ECLI:EU:C:1993:905, I-6126.

- *Clinique*[155]

Irreführende oder verbotene Werbung.

- *Airtours/First Choice*[156]

Verbot des Zusammenschlusses.

- *AOL/Time Warner*[157]

Erlaubnis unter Abgabe einer strengen Verpflichtungserklärung.

- *Microsoft*[158]

Bußgeld von 860 Mio. Euro wegen Missbrauchs einer marktbeherrschenden Stellung; Verweigerung von Schnittstelleninformation über das Betriebssystem Windows.

- *Belgian Electronic*[159]

„Werbung" umfasst auch die Nutzung von Metatags in den Metadaten einer Webseite.

- *Eturas*[160]

Übertragung der Voraussetzungen einer abgestimmten Verhaltensweise auf die Verhältnisse eines Internetportals.

- *Deroo-Blanquart*[161]

Alternativlos vorinstallierte Software in einem Computer stellt keine unlautere Geschäftspraxis dar, wenn das wirtschaftliche Verhalten des Durchschnittsverbrauchers nicht wesentlich beeinflusst wird.

- *Toshiba*[162]

(mündliche Vereinbarungen - sogenannte „Gentlemen`s Agreements" - über Marktaufteilungen bezwecken Wettbewerbsbeschränkungen).

- *Akzo Nobel*[163]

Verbotene Absprachen von Tochtergesellschaften sind einer wirtschaftlich beherrschenden Muttergesellschaft zuzurechnen.

- *AGC Glass Europe*[164]

Auswirkungen einer Kronzeugenregelung auf zivilrechtliche Ansprüche des Kartellgeschädigten.

- *Coty*[165]

Verbotsklauseln für den Online-Verkauf von Luxuswaren über Plattformen, die nicht zum selektiven Vertriebssystem gehören, können das Image der Luxusmarke beeinträchtigen und sind zulässig.

155 Verband Sozialer Wettbewerb/Clinique Laboratories und Estée Lauder, C-315/92, ECLI:EU:C:1994:34, I-330.
156 EuG, Airtours/Kommission, T-342/99, ECLI:EU:T:2002:146, II-2592.
157 Kommissionsentscheidung vom 19.6.2000, COMP/M. 1845.
158 EuG, Microsoft/Kommission, T-167/08, ECLI:EU:T:2012:323 = EuZW 2012, 673.
159 EuGH, Belgian Electronic Sorting Technology, C-657/11, ECLI:EU:C:2013:516.
160 EuGH, Eturas ua, C-74/14„ ECLI:EU:C:2016:42.
161 EuGH, Deroo-Blanquart, C-310/15, ECLI:EU:C:2016:633.
162 EuGH, Toshiba Corporation/Kommission, C-373/14, ECLI:EU:C:2016:26.
163 EuGH, Akzo Nobel ua/Kommission, C-516/15, ECLI:EU:C:2017:314.
164 EuGH, AGC Glass Europe ua/Kommission, C-517/15, ECLI: EU: C: 2017: 598.
165 EuGH, Coty Germany, C-230/16, ECLI:EU:2017:941.

- *Budapest Bank*[166]

Bezwecken und Bewirken von Wettbewerbsbeschränkungen (Art. 101 Abs. 1 AEUV) durch Nebenabreden.

- *Abgasreinigung von Dieselmotoren*[167]

Kartellbuße in Höhe von 875 Mio. Euro gegen deutsche Autohersteller.

5. Bezüge zum deutschen Recht

a) Lauterkeitsrecht

115 Nach deutschem Recht ist das Wettbewerbsrecht in zwei Gesetze aufgeteilt: Das Gesetz gegen Wettbewerbsbeschränkungen (GWB; Kartellgesetz) hat die Beschränkung des Wettbewerbs durch den Missbrauch wirtschaftlicher Macht zum Gegenstand, das Gesetz gegen den unlauteren Wettbewerb (UWG) rückt unfaires Wettbewerbsverhalten in den Blickpunkt. Eine scharfe funktionale Aufteilung der Regelungsgegenstände etwa in dem Sinne, dass durch das Kartellgesetz die „Freiheit" des Wettbewerbs und durch das UWG die „Lauterkeit" des Wettbewerbs geschützt werden, lässt sich entgegen der herrschenden Meinung aber nicht feststellen.

116 Wenn beispielsweise das Kartellgesetz wettbewerbsbeschränkende Absprachen untersagt oder die Kartellbehörden unter bestimmten Bedingungen Ein- oder Verkaufsbedingungen prüfen können, dann schützt es nicht nur die Freiheit, sondern auch die Lauterkeit des Wettbewerbs. Umgekehrt beschränkt sich der Regelungsbereich des UWG nicht nur auf Lauterkeitsgesichtspunkte, nachdem neben den Interessen der Mitbewerber auch die Interessen der Verbraucher, der sonstigen Marktteilnehmer und der Allgemeinheit geschützt werden (§ 1 S. 2 UWG), Klagen von Interessenverbänden zulässig sind (§§ 8 Abs. 3 Nr. 2–4 UWG) und einige Vorschriften (§§ 4 Ziff. 10; 5 Abs. 2 Ziff. 3 und Abs. 5 UWG) indirekt Marktstrukturen beeinflussen.[168] Beide deutschen Gesetze markieren deshalb historische Entwicklungen im rechtlichen Verständnis von Marktvorgängen, setzen aber dasselbe Wettbewerbskonzept voraus.

117 Es erscheint deshalb konsequent, wenn der AEUV unter dem Gesichtspunkt des Wettbewerbs im Binnenmarkt das Lauterkeits- und Kartellrecht zusammenfasst. Ein besonderes Lauterkeitsrecht ist in einigen EU-Mitgliedstaaten (Dänemark; Großbritannien; Irland) unbekannt.

Die wichtigsten UWG-Tatbestände mit Binnenmarktbezug sind überwiegend durch Artt. 34, 36, 56 AEUV und mehrere Richtlinien erfasst. Der sittenwidrige Behinderungswettbewerb (§ 1 UWG) fällt bei grenzüberschreitenden Wirkungen unter Artt. 101, 102 AEUV.

Die Zusammenfassung aller Wettbewerbstatbestände im AEUV lässt sich für unlautere Geschäftspraktiken wettbewerbstheoretisch wie folgt rechtfertigen: Wettbewerb hängt ökonomisch von der Informationsgewinnung und der Informationsnutzung ab. Die ursprüngliche Auffassung nach der Theorie des funktionsfähigen Wettbewerbs, wonach wenig Informationen zur Markt*in*transparenz und deshalb zu *höheren* Wettbewerbsanstrengungen führe, wird in jüngerer Zeit zumindest im Verhältnis zwischen Produ-

166 EuGH, Budapest Bank ua, C-228/18, ECLI:EU:C:2020:265.
167 Pressemitteilung der EU-Kommission vom 8.7.2021.
168 Vgl. *Kilian*, Schutz des Verbrauchers oder der Handelsstrukturen?, S. 73 ff. (zu den außer Kraft getretenen Vorschriften der §§ 6 a-c UWG).

zenten/Dienstleistern einerseits im Hinblick auf die Allgemeinheit/Verbraucher andererseits modifiziert. Insoweit gilt *Markttransparenz,* also die Verfügung über möglichst umfassende Informationen, als eine Bedingung des Wettbewerbs zur Erfüllung seiner optimalen Steuerungsfunktion. Gutinformierte Marktteilnehmer entscheiden sich nicht für schlechte oder überteuerte Produkte. Gewonnen werden die notwendigen Verbraucherinformationen über Pflichtangaben der Unternehmen, Produktaussagen oder über unabhängige Markttransparenzstellen (Stiftung Warentest; Qualitätssiegel; wissenschaftliche Veröffentlichungen). Unrichtige oder verschleiernde Werbeaussagen besitzen nicht nur keinen Informationswert, sondern führen zu asymmetrischen Informationsverteilungen und damit zu suboptimalen Marktprozessen. Fehlinvestitionen sind die Folge.

Auch die Informationsgewinnung durch *vergleichende Werbung* ist Bestandteil des 118
Wettbewerbs, nämlich des sogenannten *Werbungswettbewerbs.* Die Angleichung der Qualitätseigenschaften bei weitgehend homogenen Gütern verlagert den Wettbewerb weitgehend auf die Werbung (etwa bei der Waschpulverwerbung). Sind Werbeaussagen unwahr oder irreführend, müssen die Konkurrenten größeren Aufwand treiben, um das falsche Bild zu korrigieren. Dadurch erhöhen sich nicht nur die Informationskosten, sondern auch die Verkaufspreise.

Die Richtlinie 2006/114/EG über irreführende und vergleichende Werbung[169] definiert in Art. 4 die Bedingungen für die zulässige vergleichende Werbung.

Das Problem der Zulässigkeit der vergleichenden Werbung ist kein Problem der Zulässigkeit eines bestimmten *Werbungstyps,* sondern ein Problem des *Werbungsinhalts.* Wenn Markttransparenz im Verhältnis Anbieter – Nachfrager optimale Marktentscheidungen hervorbringen soll, muss die Markttransparenz auf zutreffenden Informationen beruhen. Die *zutreffende* vergleichende Werbung erhöht die Markttransparenz und muss deshalb erlaubt sein.

Die deutsche Rechtsprechung zu § 1 UWG hielt lange im Anschluss an das Reichs- 119
gericht[170] an dem *Verbot der vergleichenden Werbung* wegen der angeblich damit verbundenen Gefahren fest. Allerdings wurden für zutreffende Werbeaussagen zunehmend Ausnahmen zugelassen. Aufgrund der Vollharmonisierung der vergleichenden Werbung durch die Richtlinie 97/55/EG und Art. 8 Abs. 1 Unterabs. 2 der Richtlinie 2006/114/EG hat der Bundesgerichtshof die alte Rechtsprechung schließlich völlig aufgegeben.[171]

Unter den Bedingungen des europäischen Wettbewerbsrechts und der Marktfreihei- 120
ten hat sich nunmehr schrittweise das *Leitbild des Gesetzes gegen den unlauteren Wettbewerb* verändert, soweit die angebliche Gefahr der Irreführung der Verbraucher geregelt wird. An die Stelle der Vorstellung von einem dummen, uninformierten, leicht zu übervorteilenden deutschen Verbraucher, eines scheinbar „pathologischen Schwachkopfs",[172] tritt das Bild des informierten, mündigen, entscheidungsfähigen europäischen Verbrauchers. Die bisherige deutsche Gesetzgebung und Rechtsprechung zum Lauterkeitsrecht, die mehr dem Schutz der Interessenverbände der Anbieter vor lästiger Konkurrenz diente, musste radikal umgestellt werden.

169 ABl. L 376 vom 27.12.2006, S. 21.
170 RG, GRUR 1927, 486 – Preisvergleich.
171 BGHZ 138, 55 – Testpreis-Angebot.
172 *Möschel,* NJW 1994, 429 (430).

▶ **Beispiele:**

- Der Vertrieb des Kosmetikmittels „Clinique", das unbeanstandet in anderen Mitgliedstaaten vertrieben werden darf, kann in Deutschland nicht deshalb wegen Irreführung nach § 3 UWG (aF) verboten werden, weil die deutsche Rechtsprechung meint, der deutsche Verbraucher vermute dann ein klinisch geprüftes Arzneimittel.[173]
- Mit der Bezeichnung „Diätwurst" darf geworben werden, wenn die Wurst weniger Fett als im nationalen Bereich üblich aufweist. Europäische Vorgaben bestehen hier nämlich nicht, und eine enge Definition könnte den Warenverkehr behindern.[174]
- Durch die Werbekampagne eines ausländischen Produzenten von Eiskremriegel, die den Aufdruck „+10 %" tragen und deren Menge tatsächlich entsprechend erhöht ist, wird ein (deutscher) Verbraucher unabhängig vom Preis nicht im Sinne von §§ 1, 3 UWG „irregeführt". Ein Verbot der Werbekampagne würde dem ausländischen Produzenten zusätzliche Kosten für die Ausstattung seines Produkts je nach Vertriebsort aufbürden und deshalb gegen Art. 34 AEUV verstoßen.[175] ◀

121 Welche Bezeichnungen (Etikettierungen) und Werbemaßnahmen für Handelswaren konkret zulässig sind, richtet sich praktisch nicht mehr nach deutschem Lauterkeitsrecht, sondern nach europäischem Binnenmarktrecht. Angeblich „irreführende Werbung" nach deutschem UWG-Recht gilt im grenzüberschreitenden Verkehr überwiegend als *Maßnahme gleicher Wirkung* wie Einfuhrbeschränkungen (Art. 34 AEUV). Die Schwelle für diese Einstufung liegt sehr niedrig. Es reicht aus, dass bei nicht harmonisiertem Recht die Ware im Ursprungsland unbeanstandet vermarktet werden kann. Soweit der Wettbewerb durch Werbemaßnahmen betroffen ist, hatte die EuGH-Rechtsprechung[176] bereits zur Aufhebung der anachronistischen §§ 6 d und 6 e UWG sowie zur Neufassung des § 2 UWG und Ergänzung des § 3 UWG geführt.[177]

122 Weitergehende *Änderungen des Lauterkeitsrechts* waren zu erwarten, denn auf die Dauer konnte ein „UWG mit Binnenmarktbezug" und ein „UWG mit Nationalmarktbezug" nicht aufrechterhalten werden. Außerdem erschien es nicht möglich, Werbemaßnahmen von Unternehmen mit Sitz in Deutschland schlechter zu behandeln als Werbemaßnahmen ausländischer Unternehmen in Deutschland. Der Bundesgerichtshof versuchte zunächst, durch „Weiterführung" seiner Rechtsprechung[178] die Irreführungstatbestände einzuschränken. Gesetzliche Änderungen waren jedoch unausweichlich.

123 Seit der im Jahre 2001 erfolgten Aufhebungen des Rabattgesetzes und des Gesetzes über das Zugabewesen[179] ist zugleich das Verbraucherleitbild auf den *„durchschnittlich informierten und verständigen Verbraucher"* umgestellt worden und damit eine Angleichung des deutschen Lauterkeitsrechts an das europäische Wettbewerbsrecht erfolgt. Die Aufhebung des Rabatt- und des Zugabegesetzes war sinnvoll, weil andernfalls aufgrund von Art. 3 der E-Commerce Richtlinie 2000/31/EG (Herkunftslandprinzip) ausländische Unternehmen Waren und Dienstleistungen über das Internet in

173 Verband Sozialer Wettbewerb/Clinique Laboratories und Estée Lauder, C-315/92, ECLI:EU:C:1994:34, I-330; vgl. auch EuGH NJW 1995, 3243 – Verein gegen Unwesen im Handel und Gewerbe/Mars GmbH.

174 BVerwG, WRP 1993, 16 – Beal.

175 EuGH, Verein gegen Unwesen im Handel und Gewerbe Köln/Mars, C-470/93, ECLI:EU:C:1995:224, I-1936.

176 EuGH, Yves Rocher, C-126/91, ECLI:EU:C:1993:191, I-2384.

177 UWG-Änderungsgesetz; BGBl. I 1994, S. 1738; Gesetz zur vergleichenden Werbung und zur Änderung wettbewerbsrechtlicher Vorschriften, BGBl. I 2000, S. 1374.

178 So BGH, NJW 1994, 2030 – Grand Marnier.

179 Aufhebungsgesetz vom 25.7.2001, BGBl. I S. 1661 und 1663.

Deutschland mit unbeschränkten Rabatten und Zugaben hätten anbieten können, was deutschen Unternehmen verboten gewesen wäre.

Im Jahre 2004 trat schließlich eine Neufassung des UWG in Kraft, die das fast hundert Jahre Gesetz der europäischen Rechtsentwicklung anpasst. Das ursprüngliche UWG enthielt – in den „guten Sitten" verankert – im Wesentlichen Fairnessregeln zwischen Kaufleuten. Die Neufassung stellt auf den Schutz von „Mitbewerbern", „Verbraucherinnen und Verbraucher" und das „Allgemeininteresse" im Sinne eines „unverfälschten Wettbewerbs" (§ 1 UWG n. F.) ab. Die wettbewerbsrechtlich überholten Vorschriften der §§ 6, 6 a, 6 b, 7 und 8 UWG a. F. wurden gestrichen. Soweit die Zulässigkeit von Werbemaßnahmen betroffen ist, die in der Rechtsprechung des Europäischen Gerichtshofs zum grenzüberschreitenden Waren- und Dienstleistungsverkehr breiten Raum einnehmen, synchronisiert das neue UWG diese mit dem innerstaatlichen Recht durch eine Reihe von Beispielstatbeständen in den §§ 4 bis 7 UWG n. F. Mit dem § 4 Nr. 4 und 5 wurden Vorschriften aus der Richtlinie 2000/31/EG über den elektronischen Geschäftsverkehr umgesetzt, mit § 5 Vorschriften aus der Richtlinie 84/450/EWG über irreführende Werbung und mit § 7 Abs. 2 und 3 Vorschriften aus der Kommunikations-Datenschutzrichtlinie 2002/58/EG. Insgesamt sollen „unlautere Wettbewerbshandlungen" (§ 3 UWG), die den Wettbewerb zum Nachteil der Beteiligten beeinträchtigen können, ausgeschlossen werden. 124

Infolge der Umsetzung *der Richtlinie 2005/29/EG über unlautere Geschäftspraktiken* wurde das UWG nochmals novelliert und im Jahre 2010 erneut neu gefasst.[180] Ein Katalog von 30 stets als „unlauter" geltenden Geschäftspraktiken findet sich nun im Anhang zu § 3 Abs. 3 UWG. Dabei kann es sich auch um Verstöße gegen das Datenschutzrecht handeln, denn personenbezogene Daten werden heute oft widerrechtlich (§ 3 a UWG) vermarktet. Darüber hinaus enthält § 4 eine weitere Liste von 11 allgemein verbotenen Geschäftspraktiken. Schließlich können nicht ausdrücklich genannte Geschäftspraktiken „unlauter" sein, wenn sie „irreführend" sind (§§ 5, 5 a UWG), eine „unzumutbare Belästigungen" darstellen (§ 7 UWG) oder bei der vergleichenden Werbung unzulässige Methoden anwenden (§ 6 UWG). Bei Verstößen gegen §§ 3 und 7 können Ansprüche auf Beseitigung, Unterlassung, Schadenersatz und Gewinnabschöpfung geltend gemacht werden. 125

b) Kartellrecht

Die Entwicklung des europäischen Kartellrechts hat faktisch und rechtlich zu einem Bedeutungsschwund des deutschen Kartellrechts geführt: Faktisch ist es bereits in der Vergangenheit deutschen Unternehmen relativ leicht möglich gewesen, durch Kauf, Gründung oder Beteiligung eines Unternehmens in einem anderen Mitgliedstaat die Anwendbarkeit des nationalen Kartellrechts legal zu umgehen, weil dann nach der Zwischenstaatlichkeitsklausel die Anwendbarkeit der großzügigen europäischen Wettbewerbsregeln ausgelöst wurde. Rechtlich hat darüber hinaus Art. 3 der VO(EG) Nr. 1/2003 im Einklang mit dem primären Unionsrecht (Art. 103 Abs. 2 lit.c AEUV) nicht nur richterrechtlich anerkannten Vorrang des Unionsrechts verankert, sondern darüber hinaus auch die Anwendbarkeit des nationalen Kartellrechts eingeschränkt. So geht bei einer Kollision einer unionsrechtlichen Freistellung nach Art. 101 Abs. 3 AEUV oder der Zulässigkeit einer Wettbewerbsbeschränkung nach der VO(EG) 126

180 Neufassung des UWG vom 3.3.2010, BGBl. I S. 254.

Nr. 1/2003 mit einem nationalen Verbot das Unionsrecht – auch in Form einer Entscheidung der EU-Kommission (Art. 16 Abs. 1 und 2 VO(EG) Nr. 1/2003 – vor. Das nationale Kartellrecht darf dann nicht angewandt werden.

127 Die *Kartellnovellen Nr. 7 und 8* haben im Wege einer Neufassung des GWB zu einer weitgehenden Angleichung des deutschen Kartellrechts an die durch sekundäres Unionsrecht reformierten Wettbewerbsregeln des EG-Vertrags bzw. des AEUV geführt. Im Bereich der horizontalen und vertikalen Wettbewerbsbeschränkungen gibt es kein eigenständiges deutsches Kartellrecht mehr, sondern EU-Kartellrecht, das in Deutschland gilt. Von der Möglichkeit, zwischen wettbewerbsbeschränkenden Handlungen mit grenzüberschreitenden Wirkungen sowie innerstaatlichen Wettbewerbsbeschränkungen zu unterscheiden, hat der Gesetzgeber keinen Gebrauch gemacht. Was nach Artt. 101, 102 AEUV verboten ist, verstößt auch gegen § 1 GWB. Gleiches gilt für die §§ 4–18 GWB aF. Sie hatten ihren Sinn verloren und wurden gestrichen, die §§ 1–3 GWB wurden neu gefasst. Lediglich die §§ 3, 19, 20 und 30 GWB enthalten noch bereichsspezifische Einschränkungen des Kartellverbots im Sinne des § 1 GWB. Vertikale Preisempfehlungen unterliegen nicht länger der Missbrauchsaufsicht (§ 16 GWB aF) und sind, soweit sie nicht auf Preisabsprachen beruhen, nun auch ohne Erwähnung der Unverbindlichkeit kartellrechtlich zulässig, können aber weiterhin gegen das Irreführungsverbot (§ 5 Abs. 2 Nr. 2 UWG) verstoßen.

128 Der Vorrang des EU-Kartellrechts besteht nicht hinsichtlich der Missbrauchsaufsicht bei *einseitigen Wettbewerbsbeschränkungen.* Deshalb gelten die bisherigen Vorschriften über das Diskriminierungs- und Behinderungsverbot abhängiger Unternehmen (§§ 18–21 GWB) grundsätzlich weiter. Ergänzungen des GWB haben zur Verschärfung der Missbrauchsaufsicht im Energiesektor und zum Verbot des Verkaufs unter Einstandspreis im Lebensmittelhandel geführt.[181]

129 Das System der *Beseitigungs-, Unterlassungs- und Schadensersatzansprüche* wurde durch die Neufassung des § 33 GWB neu geordnet. § 33 Abs. 1 iVm Abs. 3 S. 1 GWB bietet nunmehr eine einheitliche Anspruchsgrundlage für Unterlassungs- und Schadensersatzansprüche, ohne dass die Voraussetzungen eines Schutzgesetzes (§ 823 Abs. 2 BGB) oder eines allgemeinen Unterlassungsanspruches (§ 1004 BGB) vorliegen müssen. Jeder von Wettbewerbsbeschränkungen „Betroffene“ (Mitbewerber; Marktbeteiligte; rechtsfähiger Verband zur Förderung gewerblicher Interessen; nicht jedoch: Verbraucherschutzverbände) kann ohne Nachweis einer ihn begünstigenden Schutzvorschrift Ansprüche geltend machen. Als „Schaden“ gelten nicht nur tatsächliche, sondern auch hypothetische Einbußen, so dass § 33 GWB neben einer Ausgleichsfunktion auch eine Abschreckungsfunktion hat.

130 Die nationale Kartellbehörde (§ 34 GWB) und subsidiär die rechtsfähigen Verbände (§ 34 a GWB) können schließlich die über Schadensersatz und Geldbußen hinausgehende *wirtschaftliche Vorteile abschöpfen,* soweit diese durch einen Kartellverstoß entstanden sind. Die Feststellung der Höhe der rechtswidrig erlangten wirtschaftlichen Vorteile unterliegt notfalls der Schätzung (§ 33 Abs. 4 GWB).

131 Mit der Anpassung des deutschen Kartellrechts an die europäische Kartellverordnung 1/2003 haben sich auch die sonstigen Befugnisse der deutschen Kartellbehörden erweitert. So können sie beispielsweise bestimmte Maßnahmen anordnen, einstweilige Maß-

181 Gesetz zur Bekämpfung von Preismissbrauch im Bereich der Energieversorgung und des Lebensmittelhandels vom 18.12.2007, BGBl. I S. 2966.

nahmen treffen, Verpflichtungszusagen für verbindlich erklären oder Marktanalysen durchführen (§§ 32 bis 32e GWB).

132 aa) **Zusammenschlusskontrolle.** Die deutsche Fusionskontrolle stützt sich auf eine lange Verwaltungs- und Gerichtspraxis. Darin haben sich die Auslegungsgrundsätze und Verfahren verfestigt. Die deutsche Entwicklung hat die europäische Entwicklung erheblich beeinflusst. Schon die Einfügung der wortgleichen Vorgängerregelungen der Artt. 101 und 102 AEUV geht eindeutig auf deutsche Vorschläge zurück, denn im Zeitpunkt des Inkrafttretens des damaligen EWG-Vertrags verfügte kein anderes Gründungsmitglied über ein Kartellgesetz. Wie die Praxis der EU-Kommission zeigt, traten neben die Anwendung der unterschiedlichen rechtlichen Größenkriterien für die Fusionskontrolle bei der Bewertung der Frage, ob eine Wettbewerbsbeschränkung vorliegt, stark markt- und industriepolitische Überlegungen hinzu. Die Zahl der untersagten Zusammenschlüsse durch das Bundeskartellamt und die EU-Kommission liegen bisher jeweils im unteren zweistelligen Bereich, was auf eine liberale Spruchpraxis hinweist.

133 Die *EG-Fusionskontrollverordnung 139/2004* regelt die Zuständigkeiten der Kommission und der nationalen Kartellbehörden für Zusammenschlusskontrollverfahren auf der Grundlage der Schwellenwerte in Art. 1 Abs. 2 FusKVO.

Für Zusammenschlüsse mit unionsweiter Bedeutung besitzt die EU-Kommission die primäre Kontrollbefugnis (Erwägungsgrund 17 FusKVO). Wenn der Zusammenschluss aber den Wettbewerb innerhalb eines Mitgliedstaates betrifft, der alle Merkmale eines gesonderten Marktes aufweist, kann die Kommission mit Zustimmung eines Mitgliedstaates den Fall an die nationale Kartellbehörde verweisen (Art. 4 Abs. 4 FusKVO). Andererseits können Unternehmen, deren Zusammenschluss keine unionsweite Bedeutung erreicht, der aber in mindestens drei Mitgliedstaaten geprüft werden könnte, die Verweisung ihres Antrags auf Zusammenschluss an die EU-Kommission verlangen, wenn an sich die nationalen Kartellbehörden zuständig wären. Wenn in solchen Fällen einer der beteiligten Mitgliedstaaten der Verweisung widerspricht, unterbleibt sie (Art. 4 Abs. 5 FusKVO).

134 Ein Mitgliedstaat kann die *Verweisung eines Zusammenschlussverfahrens* mit gemeinschaftsweiter Bedeutung an seine nationale Kartellbehörde beantragen, wenn der Zusammenschluss einen nationalen Markt, der alle Merkmale eines gesonderten Marktes aufweist, erheblich zu beeinträchtigen droht. Die Kommission kann, muss aber nicht an diesen Mitgliedstaat verweisen (Art. 9 Abs. 2 und 3 FusKVO).[182] Der Mitgliedstaat wendet, soweit er zuständig ist, sein nationales Zusammenschlussverfahrensrecht an (Artt. 9 Abs. 3 lit. b; 4 Abs. 5 FusKVO), was § 22 Abs. 4 GWB bestätigt.

Die 7. Kartellnovelle hat den *SIEC-Test*[183] nicht als Kriterium zur Feststellung der Zulässigkeit einer Fusion übernommen, sondern am bisherigen Kriterium der „Marktbeherrschung“ festgehalten. Das Bundeskartellamt muss aber bei grenzüberschreitenden Fusionen wegen des Vorrangs des Unionsrechts nach dem SIEC-Test entscheiden und darf nur für innerdeutsche Fusionen den Marktbeherrschungstest anwenden. Die Zweispurigkeit des Prüfungsverfahrens ist suboptimal, hat aber offenbar bisher selten zu Schwierigkeiten geführt.

182 In der Sache Bertelsmann/Springer zog die Kommission die Sache an sich und erklärte den Zusammenschluss für unbedenklich: Entscheidung in der Sache COMP/M. 3178 vom 3.5.2005, ABl. L 61 vom 2.3.2006, S. 17.

183 „substantial impediment of effective competition“-Test, vgl. oben Kap. G I Rn. 86.

135 **bb) Marktbeherrschung.** Der *Missbrauch einer marktbeherrschenden Stellung* im Inland kann für beliebige einzelne Märkte im Wege der Kartellaufsicht beanstandet werden (§ 19 GWB).[184] Geschützt werden soll die wirtschaftliche Bewegungsfreiheit der Marktteilnehmer vor Übervorteilung durch wirtschaftliche Machtstellungen. Die Grundlage für die Überprüfung, ob ein Missbrauch vorliegt, bildet das „Vergleichsmarktkonzept“, bei dem ein hypothetisch funktionierender Markt mit den Verhältnissen auf dem zu prüfenden Markt verglichen wird.[185] Wegen der faktischen Abweichungen von Marktbedingungen und wegen der Bewertungsspielräume[186] gelingt der Missbrauchsnachweis selten. Die 10. Kartellnovelle („GWB-Digitalisierungsgesetz“)[187], mit der unter anderem die Richtlinie (EU) 2019/1 umgesetzt worden ist, ermöglicht deshalb mit dem neuen § 19 a GWB den Kartellbehörden wirksame Maßnahmen gegen missbräuchliches Verhalten von Unternehmen mit überragender Bedeutung für den Wettbewerb zu treffen. Für Meta Platforms Inc., das von 3,5 Mrd. Menschen genutzt wird, stellte das Bundeskartellamt eine „überragende marktübergreifende Bedeutung für den Wettbewerb“ fest, was ex ante-Maßnahmen der Missbrauchsaufsicht erlaubt.[188] Der neue § 19 a GWB nahm Regelungen vorweg, die nach dem EU-Digital Markets Act (DMA) unter die „Gatekeeper“-Regelungen (große Plattformbetreiber; Suchmaschinen) fallen. Großzügige Kronzeugenregelungen (Art. 81 h-n GWB) sollen Anreize zur Aufdeckung geheimer Kartelle schaffen.

136 **cc) Vergaberecht.** Das *Vergaberecht* umfasst die Rechtsvorschriften, die Gebietskörperschaften und juristische Personen des öffentlichen Rechts bei der Vergabe öffentlicher Aufträge zu beachten haben. Früher gab es für öffentliche Ausschreibungen nur nationale haushaltsrechtliche Rahmenvorschriften. Zum Schutz des Wettbewerbs im Binnenmarkt, insbesondere des Marktzuganges, ist der Vergabewettbewerb im Binnenmarkt als Institution entstanden. Bereits die früheren Vergaberichtlinien 2004/17/EG und 2004/18/EG haben in Deutschland zu einer starken Verrechtlichung des Vergaberechts geführt.[189]

137 Das *deutsche Vergaberecht* ist hierarchisch („Kaskadenprinzip“) im 4. Teil des Kartellgesetzes (§§ 97–186 GWB geregelt. Der Umsetzungsprozess für die zwingende elektronische Vergabe ist in Deutschland durch Art. 97 Abs. 5 GWB sowie durch detaillierte Vergabeverordnungen erfolgt (VGV; KonzVgV; SektVO; VSVgV).

Die §§ 97 ff. GWB und die genannten Verordnungen enthalten die Grundsätze für das Vergaberecht. Die Verdingungsordnungen spezifizieren die Vorgaben des Kartellgesetzes. Für öffentliche Vergaben unterhalb der Schwellenwerte können die öffentlichen Stellen die Anwendung dieser Vorschriften beschließen. Neben den Aufsichtsbehörden unterliegen Vergabeentscheidungen der Nachprüfung durch die Vergabekammern (§ 155 GWB).

138 Das *Vergaberecht* ist *zwingendes Recht*, das die Privatautonomie der fiskalisch handelnden öffentlichen Stellen beschränkt. Die Ausschreibungen müssen die Vergabebedingungen nachprüfbar spezifizieren und gewichten. Ausschreibungen sollen möglichst

184 *Immenga/Mestmäcker*, GWB, § 19 Rn. 6.
185 Vgl. § 19 Abs. 4 Nr. 2 und 3 GWB.
186 BGH, NJW 1977, 675- Valium/Librium.
187 BGBl. I 2021, S. 2.
188 BKartA, Pressemitteilung vom 4.5.2022.
189 Die führende, am Institut für Rechtsinformatik der Leibniz Universität Hannover entwickelte, Vergaberechtsdatenbank VERIS, verzeichnete im April 2023 über 14.000 im Volltext recherchierbare Entscheidungen (https://login.reguvis.de/veris/).

elektronisch erfolgen, was zu weiteren Formalisierungen und zu elektronischen Marktplätzen bis hin zu elektronischen Auktionen geführt hat.

Im deutschen Vergaberecht ist noch umstritten, ob die Entscheidung über die Vergabe eines Auftrags einen *Verwaltungsakt,*[190] privatautonomes Handeln oder eine öffentlich-rechtliche Willenserklärung[191] darstellt. Davon hängt ab, ob die Ermessensausübung nach § 40 VwVfG nachprüfbar ist. Darüber hinaus ist streitig, ob auch private Anbieter, soweit auf sie das Vergaberecht Anwendung findet, dem Verwaltungsverfahrensrecht unterliegen.[192]

Umstritten ist auch, ob die Vergabe öffentlicher Aufträge unterhalb der Schwellenwerte gerichtlich überprüft werden können.[193] Das Bundesverfassungsgericht hat die Beschränkung des Primärrechtsschutzes auf Auftragsvergaben oberhalb der Schwellenwerte gebilligt und den Sekundärrechtsschutz für ausreichend gehalten.[194] Oberhalb der Schwellenwerte entscheiden Vergabekammern beim Bundeskartellamt (§§ 155 ff. GWB) und über dagegen eingelegte sofortige Beschwerden, die aufschiebende Wirkung haben (§ 173 Abs. 1 GWB), bestimmte Oberlandesgerichte (§ 171 GWB). Bei der Vergabe von Auftragswerten darf der Auftraggeber nur solche Gründe berücksichtigen, die sich aus der Bekanntmachung der Ausschreibung ergeben.; die Bekanntmachung bindet auch im Unterschwellenbereich.[195] 139

6. Bewertung

Das deutsche Kartellrecht wurde durch zahlreiche Novellierungen ständig dem EU-Kartellrecht angepasst. Die Fusionskontrolle orientiert sich seither an der Terminologie des Art. 101 AEUV sowie die der Fusionskontrollverordnung. Das Recht auf Zugang zu eigenen Netzen oder Infrastruktureinrichtungen wurde als spezieller Missbrauchstatbestand in § 19 Abs. 4 Nr. 4 GWB geregelt; die Vorschrift könnte auch als Ausdruck der Übernahme der „essential facilities“-Doktrin des US-amerikanischen Rechts gesehen werden, die vom Europäischen Gerichtshof in der Magill-Entscheidung[196] anerkannt worden ist. Die 9. (2017) und 10. Kartellnovelle (2021) verschärfen die Eingriffsvoraussetzungen und Sanktionen bei Wettbewerbsverstößen. Kartellbeteiligte müssen auch den Betroffenen in der Lieferkette den Mehrbetrag (Schaden) ersetzen, der wegen der Bildung eines Kartells entstanden ist. Die 10. Kartellnovelle hatte für die EU-Regelungen über digitale Plattformen und soziale Netzwerke eine Vorreiterfunktion übernommen. 140

Das europäische Wettbewerbsrecht überlagert und durchdringt immer stärker das deutsche Wettbewerbsrecht. Je mehr die *Internationalisierung der Wirtschaft* zunimmt, umso mehr Sachverhalte mit grenzüberschreitenden Aspekten führen unter Ausschluss des deutschen zur Anwendung des EU-Wettbewerbsrechts. 141

Die *Bedeutung des EU-Kartellrechts* ist ständig gewachsen, auch wenn die Zahl der Prüfungsfälle sinkt. Die Gründe liegen in der Änderung der Beurteilungsgrundlagen

190 Ablehnend: BVerwGE 14, 65 (68); BGHZ 36, 91.
191 Für letzteres: EuGH, Alcatel Austria ua, C-81/98, ECLI:EU:C:1999:534 = EuZW 1999, 759 mit Anmerkung *Hausmann*; BayVBl 1997, 310 (311).
192 Bejahend: OLG Brandenburg NVwZ 1999, 1142 (1146).
193 *Pietzker*, NJW 2005, 2881; *Krist/Kutscher*, Vergaberecht, S. 823.
194 BVerfG, NJW 2006, 3701.
195 EuGH, Enterprise Focused Solutions, C-278/14, ECLI:EU:C:2015:228.
196 EuGH, RTE und ITP/Kommission, C-241/91, ECLI:EU:C:1995:98, I-808.

und einer Verschiebung der Schwerpunkte der Prüfung von Vertragsklauseln zur Beschränkung des Wettbewerbs hin zur Prüfung von Kooperationen, Zusammenschlüssen und strategischen Marketingkonzepten sehr großer Unternehmen. Die vorrangige wettbewerbsrechtliche Selbsteinschätzung der Unternehmen und die stärkere Berücksichtigung von Kriterien der ökonomischen Effizienz haben den von der EU-Kommission gewünschten Entlastungseffekt erzeugt. In den Bereichen Netzökonomie (Energie; elektronische Kommunikation) und öffentliche Ausschreibungen ist Sonderkartellrecht entstanden.

Im *Lauterkeitsrecht* haben die Rechtsprechung des Europäischen Gerichtshofs und der Ausbau des sekundären Unionsrechts zur Harmonisierung des Rechts der kommerziellen Werbung und des Verbraucherschutzes geführt.

142 Sowohl das *deutsche Kartellrecht* als auch das *Recht des unlauteren Wettbewerbs* konnten sich dieser Entwicklung nicht entziehen. Beide Teile des Wettbewerbsrechts enthalten kaum noch originär deutsches, sondern überwiegend harmonisiertes Binnenmarktrecht. Es hat eine „Re-Regulierung nationaler Regulierungen“[197] am Maßstab des europäischen Wettbewerbsrechts stattgefunden.

143 Im *deutschen Kartellrecht* sind die kartellrechtlichen Freistellungstatbestände (§§ 4–18 GWB) und Ausnahmebereiche (§§ 105 a. F.) bis auf den Landwirtschaftssektor (§ 28 GWB) und die vertikale Preisbindung bei Zeitschriften (§ 30 GWB) entfallen, das Kartellvergabeverfahrensrecht ist eingefügt worden (§§ 97–186 GWB), Freistellungen nach Art. 101 Abs. 3 AEUV können am Maßstab des europäischen Rechts nach dem Subsidiaritätsprinzip von nationalen Behörden vorgenommen werden (§ 22 GWB). Die Bundesnetzagentur nimmt in den Bereichen Energie und elektronische Kommunikation praktisch kartellrechtliche Befugnisse wahr.

144 Im Bereich des *unlauteren Wettbewerbs* hat das Binnenmarktrecht zu erheblichen Veränderungen der deutschen Rechtslage geführt:

- Der Kreis unlauterer Geschäftspraktiken wurde im UWG präzisiert.
- Der informierte und rational handelnde Verbraucher wurde zum Maßstab für die Sittenwidrigkeit von Werbemaßnahmen und Verkaufsmodalitäten.
- Die bisher nach deutschem Recht vorherrschende Absicherung der Handelsstrukturen und Verbandsinteressen wurde durch das europäische Wirtschaftsrecht deutlich zurückgedrängt.
- Mehrere Vorschriften des UWG wurden aufgrund der Rechtsprechung des Europäischen Gerichtshofs aufgehoben oder abgeändert.
- Der Reimport von Waren darf nicht als unlauter bekämpft werden; Parallelimporte sind zulässig.
- Die Lückenlosigkeit einer Vertriebsbindung als Voraussetzung für die Wirksamkeit des Vertriebsbindungssystems entfällt bei grenzüberschreitenden Sachverhalten.
- Dem Verbraucherschutz wird gegenüber Marketingmaßnahmen ein erhöhter Stellenwert zugeordnet.

145 Die Probleme des Wettbewerbsrechts lassen sich nicht nur durch eine Angleichung der Wettbewerbspolitik in den Mitgliedstaaten und in der Europäischen Union lösen.

197 *Joerges*, Markt ohne Staat, S. 225 (239).

Das Wettbewerbsrecht befindet sich aufgrund der *Globalisierung* der Märkte und der vordringenden „*Netzökonomie*“[198] in einem starken Wandel. Die bisherigen Wirtschaftstheorien erfassen hauptsächlich geographisch begrenzte Märkte. Die internationalen Rahmenbedingungen (WTO) müssen weiterentwickelt werden.

146 Global über das *Internet* agierende reale oder virtuelle Unternehmen sind mit den traditionellen Wirtschaftstheorien nur unzureichend erfassbar. Das Potential für Verhaltenskoordinierung in Computernetzen ist sehr hoch und widerspricht klassischen Wettbewerbskonzepten wie dem des funktionsfähigen Wettbewerbs.[199] Die Hauptprobleme bestehen darin, relevante Märkte räumlich und sachlich abzugrenzen, oder neue Angebots- und Nachfrageformen (Suchmaschinen; Vermarktung personenbezogener Daten) rechtlich zu klassifizieren und zu regeln. An der weiteren Integration der „Netzökonomie“ in die Wettbewerbstheorie und in das Wettbewerbsrecht führt kein Weg vorbei.[200]

Das zeigt sich vor allem im Hinblick auf die Internet- Suchmaschinen und Plattformen. Die von den marktstarken US-amerikanischen IT-Konzernen verwendeten Algorithmen für die Informationsverarbeitung können den Zugang zu Daten versperren oder zu wettbewerbsrechtlichen Diskriminierungen führen. Die 10. deutsche Kartellnovelle[201] hat für „mehrseitige Märkte und Netzwerke“ (§ 18 Abs. 3 a GWB) neue Missbrauchstatbestände und Vorab- („ex ante“-) Verhaltensregeln eingeführt (§ 19 a GWB). Sie sanktioniert bereits jetzt einige Sachverhalte, die auf EU-Ebene durch eine Verordnung über digitale Märkte[202] und eine weitere Verordnung über digitale Dienstleistungen[203] geregelt werden sollen. Die 10. Kartellnovelle übersieht allerdings, dass fast alle „wettbewerbsrelevante“ Daten (Art. 19 a Abs. 1 Nr. 4 GWB) der Digitalkonzerne zugleich auch personenbezogen sind. Der Zugang zu und die Portierung von personenbezogenen Daten sowie deren Nutzung auf Sekundärmärkten unterliegt den Voraussetzungen der DSGVO.

7. Wiederholungsfragen

147

1. Welche Bereiche umfasst das Europäische Wettbewerbsrecht?
2. Welche Rechtsgrundlagen sind in diesem Bereich zu beachten?
3. Welche Theorien für die Bewertung wirtschaftlicher Zusammenhänge im Rahmen des Europäischen Wettbewerbsrechts kennen Sie?
4. Was versteht man unter „Kartellverbot“?
5. Wann liegt ein „Missbrauch einer marktbeherrschenden Stellung“ vor?
6. Was ist eine „Fusionskontrolle“?

198 *Zerdick/Picot*, Die Internet-Ökonomie, 3. A. 2001.

199 Beispiele: Tracking von Marktpreisen über Internet-Plattformen, um die Preisbildung zu analysieren und zu beeinflussen, vgl. Bußgeld der EU-Kommission über 111 Mio. Euro gegen Elektronikhersteller im Juli 2018; Kartellbuße über 4,34 Mrd. Euro gegen Google wegen illegaler Förderung der Dominanz von Ergebnissen der Google-Suchmaschine im August 2018.

200 Monopolkommission, Wettbewerbspolitik: Herausforderungen digitaler Märkte (Sondergutachten 68), 2015.

201 GWB-Digitalisierungsgesetz vom 18.1.2021 BGBl. I, S. 2.

202 Vorschlag für eine VO über bestreitbare und faire Märkte im digitalen Sektor, COM(2020) 842 final vom 15.12.2020.

203 Vorschlag für eine VO über einen Binnenmarkt für digitale Dienste, COM(2020) 825 final vom 15.12.2020.

7. Ist bei verbotenen Preisabsprachen eines deutschen Unternehmens in Deutschland deutsches oder europäisches Kartellrecht anwendbar?
8. Kennen Sie Beispiele für einen „unlauteren" Wettbewerb?
9. Was versteht man unter „irreführender Werbung"?
10. Welche Leitentscheidungen zum Europäischen Wettbewerbsrecht kennen Sie?

II. Handelsrecht

Spezialliteratur: *Ballwieser,* Die ökonomischen Wirkungen des Enforcement der Rechnungslegung, in: Kahl/Schmidt/Schwartze, Festschrift zu Ehren von Christian Kirchner, Tübingen 2014, 625; *Bangenberg/Herrmann* (Hrsg.), Die gemeinsame Handelspolitik der Europäischen Union nach Lissabon, Baden-Baden 2011; *Basedow,* Die Unidroit-Prinzipien der Internationalen Handelsverträge und die Übereinkommen des Einheitlichen Privatrechts, in: Basedow (Hrsg.), Festschrift für Ulrich Drobnig zum siebzigsten Geburtstag, 1998, 19; *Bieg/Kußmaul/Petersen/Waschbusch/Zwirner,* Bilanzrechtmodernisierungsgesetz, 2009; Drapinski, Auswirkungen des Bilanzmodernisierungsgesetzes auf die Rechnungslegung im Handelsgesetzbuch, 2009; *Eisenhardt,* Zu den deutschrechtlichen Wurzeln des Handelsrechts oder: Wie deutsch ist das deutsche Handelsrecht? in: Schmidt (Hrsg.), Unternehmen, Recht und Wirtschaftsordnung, 1995, 51; *Grundmann,* Europäisches Handelsrecht – vom Handelsrecht des laissez faire im Kodex des 19. Jahrhunderts zum Handelsrecht der sozialen Verantwortung, ZHR 163 (1999), 635; *Hermeling/Meeh-Bunse/Schomaker,* Aktuelle Aspekte zum Inkrafttreten der CSR-Richtlinie in Deutschland, DStR 2017, 1127; *Hopt,* Handelsvertreterrecht, 6. Aufl. 2019; *Hopt/Merkt,* Bilanzrecht, 2010; *Hopt/Tzouganatos* (Hrsg.), Europäisierung des Handels- und Wirtschaftsrechts, 2006; *Luy,* Grenzüberschreitende Umwandlungen und Brexit, DNotZ 2019, 490; *Magnus,* Die Gestalt eines Europäischen Handelsgesetzbuchs, in: Basedow (Hrsg.), Festschrift für Ulrich Drobnig zum siebzigsten Geburtstag, 1998, 57; *Pöschke/Hennrichs,* Die Pflicht des Aufsichtsrats zur Prüfung des „CSR-Berichts", NZG 2017, 121; *Scholz,* Die Einführung elektronischer Handelsregister im Europarecht, EuZW 2004, 172; *Schweitzer,* Handelsvertreterverträge im europäischen Wettbewerbsrecht, in: Hopt/Tsouganatos (Hrsg.), Europäisierung des Handels- und Wirtschaftsrechts, 195; *Semler,* Europäisches Handelsvertreterrecht, in: Martinek/Semler/Flohr (Hrsg.), Handbuch des Vertriebsrechts, 4. Aufl. 2016; Voigt, Das Recht der Zweigniederlassung, Baden-Baden 2010; *Westphal,* Die Handelsvertreterrichtlinie und deren Umsetzung in den Mitgliedstaaten der Europäischen Union, 1994; *Wörlen/Kokemoor,* Handelsrecht mit Gesellschaftsrecht, 14. A. 2021; *Wymeersch,* The Transfer of the Company's Seat in European Company Law, 2003; *Zimmer,* Grenzüberschreitende Rechtspersönlichkeit, ZHR 168 (2004), 355; *Zwirner,* Reform des HGB durch das BilRUG, DStR 2014, 1784; *Zwirner/Vodermeier/Krauß*: Handelsrechtliche Bilanzierung von Corona-Finanzhilfen, DStR 2021, 933.

1. Bereichsdefinition

148 Das *Europäische Handelsrecht* regelt Rechtsverhältnisse der Unternehmen im Binnenmarkt, soweit eine potenziell grenzüberschreitende Wirkung vorliegt und nicht spezielleres Binnenmarktrecht (insbesondere Gesellschafts-, Bank-, Kapitalmarkt- oder Privatversicherungsrecht) eingreift.[204] Rechtliche Maßnahmen im Handel der Europäischen Union gegenüber Drittstaaten fallen dagegen als Integration nach außen in den Bereich der *Handelspolitik*.[205]

204 Anders *Grundmann,* Europäisches Schuldvertragsrecht, S. 11 f., der unter „europäischem Handelsrecht" das „Schuldvertragsrecht der beruflich Tätigen" versteht. Das deutsche HGB schließt aber die freien Berufe vom Anwendungsbereich aus und enthält (etwa mit dem Firmen-, Handelsregister- und Bilanzrecht) auch Nicht-Schuldvertragsrecht.

205 EuGH, Griechenland/Rat, C-62/88, ECLI:EU:C:1990:153, I-1545 (1550).

Der Vertrag von Lissabon hat zu einer Kompetenzerweiterung der Europäischen Union im Handelsrecht geführt. Nach Art. 3 Abs. 1 lit. e AEUV iVm Art. 207 Abs. 1 AEUV ist die Europäische Union nunmehr auch für Direktinvestitionen im Binnenmarkt, den Handel mit Dienstleistungen und für die Handelsaspekte des geistigen Eigentums ausschließlich zuständig.

2. Regelungsgrundlagen

Um die wirtschaftliche Betätigungsfreiheit der Unternehmen (Artt. 34, 56, 63 AEUV) im Binnenmarkt zu gewährleisten, die innerhalb Deutschlands durch die allgemeine Handlungsfreiheit (Art. 2 Abs. 1 GG) geschützt ist,[206] sind Harmonisierungen der Niederlassungsfreiheit im Hinblick auf die Gründung, Registrierung, Vertretung und Rechnungslegung von Unternehmen erforderlich. Andernfalls lassen sich Wettbewerbsverfälschungen und Diskriminierungen nicht ausschließen. 149

Erhebliche praktische Bedeutung hat das handelsrechtliche „Soft Law" im Binnenmarkt. Dabei handelt es sich um quasi-verbindliche Empfehlungen, die den Charakter von Handelsbräuchen (§ 346 HGB) annehmen können.

▶ **Beispiele:**

- Europäisches Artikelnummerierungssystem (EAN) durch Strichcodes auf den Waren
- Telekommunikationsstandards des Europäischen Instituts für Telekommunikationsnormen (ETSI)
- International Commercial Terms (INCOTERMS) der Internationalen Handelskammer in Paris, gebilligt durch die UN-Wirtschaftskommission für Europa (UN/ECE). ◀

Ein Konzept für ein europäisches Handelsgesetzbuch besteht nicht.[207] Im Gegenteil, das Handelsrecht als Kodex für Handelsverträge, wie es früher in vielen Mitgliedstaaten der Europäischen Union verselbstständigt war, wird zunehmend inhaltsleer[208] und entweder in das allgemeine Zivilrecht integriert (Italien; Niederlande; Polen) oder in Spezialgesetzen geregelt. So ist etwa der Leasingvertrag in Belgien, Frankreich und Portugal sondergesetzlich normiert, für internationale Finanzierungsleasingverträge gilt (nur in Frankreich und Italien) die UNIDROIT-Konvention von Ottawa.[209] 150

Eine Verlagerung der Handelsverträge in das allgemeine Zivilrecht hat die Konsequenz, dass zwischen unternehmens- und verbraucherbezogenen Vorschriften differenziert werden muss; die §§ 13, 14 BGB sind insoweit symptomatisch. Die Integration der Handelsverträge in das allgemeine Zivilrecht führt aber zu dem Problem, ob nicht die Vielzahl spezieller Vertragstypen den allgemeinen Rahmen sprengt.[210] Andererseits muss geklärt werden, wo allgemeine Fragen des Firmen-, Register- und Rechnungslegungsrechts geregelt werden sollen.

Für ein *spezielles Handelsrecht* könnte der wachsende Umfang der international vereinheitlichten Handels- und Dienstleistungsbereiche sprechen. Die Ursache für diese Entwicklung liegt in der Globalisierung der Wirtschaftsbeziehungen (vor allem im Transport-, Finanz- und Versicherungswesen), in den multilateralen und plurilatera- 151

206 BVerfGE 73, 261 (270).
207 Vgl. *Magnus*, S. 70.
208 *Magnus*, S. 70.
209 *Magnus*, S. 72.
210 Vgl. etwa die Vorschriften zum Überweisungsvertrag, Zahlungsvertrag und Girovertrag in §§ 676 a – 676 h BGB.

len Handelsabkommen im Rahmen der Welthandelsorganisation (WTO), im Einsatz der weltweit einheitlichen Informationstechnologie, in der Anwendung internationaler Rechnungslegungsstandards sowie in der Übernahme von Modellgesetzen der United Nations Commission on International Trade Law (UNCITRAL).

Auf Unionsebene ist man bemüht, die Kenntnisse über internationale Übereinkünfte, maßgebliche Unionsgesetzgebungsakte und das Gewohnheitsrecht durch Einrichtung eines Europäischen Justiziellen Netzes für Zivil- und Handelssachen zu stärken.[211]

3. Einzelregelungen

a) Unternehmensgründung

152 Der *Gründung* eines *selbstständigen* Unternehmens *(Tochtergesellschaft; Holdinggesellschaft; Konzernobergesellschaft)* in einem Mitgliedstaat durch ein Unternehmen mit Sitz in einem anderen Mitgliedstaat stehen keine Hindernisse entgegen. Diese ausländischen Personen- oder Kapitalgesellschaften unterliegen hinsichtlich ihrer Gründung und Betätigung dem Recht des jeweiligen Staates, wo die Gründung oder Betätigung stattfinden soll. Die bloße *Beteiligung* einer Gesellschaft an einer anderen Gesellschaft ist gründungsrechtlich irrelevant; eine Kapitalbeteiligung unterliegt der Kapitalverkehrsfreiheit (Art. 63 AEUV) und gilt zumindest umsatzsteuerrechtlich nicht als wirtschaftliche Tätigkeit.[212]

153 Bis heute fehlt im Binnenmarkt die Möglichkeit, den *Sitz* eines Unternehmens von einem Mitgliedstaat in einen anderen Mitgliedstaat zu *verlegen,* ohne vorher das Unternehmen auflösen zu müssen.[213] Kein Mitgliedstaat möchte nämlich die an den Sitz des Unternehmens oder den Ort seiner Hauptverwaltung geknüpfte *Steuerhoheit* verlieren. Andererseits hat die Rechtsprechung des EuGH dafür gesorgt, die Unterschiede zwischen Sitz- und Gründungstheorie einzuebnen und dadurch Beschränkungen grenzüberschreitender Aktivitäten von Unternehmen weiter zu verringern.[214]

154 Einen Ersatz für die fehlende Möglichkeit der grenzüberschreitenden Sitzverlegung bietet neben der Gründung eines selbstständigen Unternehmens in einem anderen Mitgliedstaat die Schaffung einer *unselbstständigen Zweigniederlassung.*[215] Das Recht der *unselbstständigen Zweigniederlassungen* differierte im Binnenmarkt erheblich und bedurfte deshalb der Harmonisierung.

Art. 49 Abs. 1 S. 2 AEUV umfasst auch das Recht, unselbstständige *Zweigniederlassungen, Agenturen, Betriebsstätten oder Vertriebsbüros* in anderen Mitgliedstaaten zu gründen.[216] Einzelheiten enthält die kodifizierte frühere *Zweigniederlassungsrichtlinie.*

---

211 Entscheidung des Rates 2001/470/EG vom 28.5.2001, ABl. L 174 vom 27.6.2001, S. 25 und Ergänzungen durch Entscheidung 568/2009/EG vom 18.8.2009 ABl.L 168 vom 30.6.2009, 35.

212 EuGH, Polysar/Inspecteur, C-60/90, ECLI:EU:C:1991:268, I-3132.

213 EuGH, The Queen/Daily Mail, C-81/87, ECLI:EU:C:1988:456, 5505.

214 EuGH, Centros, C-212/97, ECLI:EU:C:1999:126, I-1484; EuGH, Überseering, C-208/00, ECLI:EU:C:2002:632, I-9943; EuGH, de Lasteyrie du Saillant, C-9/02, ECLI:EU:C:2004:138, I-2431.

215 Zur deutschen Rechtslage (allen voran § 13 HGB): *Preuß,* in: Oetker, § 13 HGB, 7. Aufl. 2021, Rn. 8–13.

216 EuGH, Kommission/Deutschland, C-205/84, ECLI:EU:C:1986:, 3755 (3801); *Korte,* in: Calliess/Ruffert, Art. 49 AEUV, 5. Aufl. 2016, Rn. 29 f.

Richtlinie	*Umsetzung*
Elfte Richtlinie 89/666/EWG vom 21.12.1989 über die Offenlegung von Zweigniederlassungen – *Zweigniederlassungsrichtlinie* – *ABl. L 395 vom 30.12.1989, S. 6* aufgehoben und *kodifiziert durch Richtlinie (EU) 2017/1132, ABl. L 169 vom 30.6.2017, S. 46*	Gesetz zur Durchführung der 11. EG-Richtlinie vom 22.7.1993 BGBl. I S. 1282 (Einführung der §§ 13 d-13 g HGB)

Ziel der Zweigniederlassungsrichtlinie war es, für Gesellschafter und Dritte einen gleichwertigen Schutz zu gewähren, wenn Zweigniederlassungen von Gesellschaften gegründet werden, die dem Recht eines anderen Staates unterliegen. Das Ziel wird im Wesentlichen durch Offenlegungs- und Registrierungsvorschriften erreicht.[217] Mit der Richtlinie (EU) 2017/1132 ist die Zweigniederlassungsrichtlinie kodifiziert und aufgehoben worden.[218] 155

b) Registrierung und Transparenzanforderungen

Europäische Harmonisierungsvorschriften in Bezug auf die *Registrierung und Offenlegung von Unternehmensmerkmalen* finden sich in folgenden Bereichen: 156

- Einrichtung von Unternehmensregistern
- Wirkung von Handelsregistereintragungen
- Registrierung der Europäischen Gesellschaftsformen EWIV, SE und SCE
- Registrierung ausländischer Zweigniederlassungen
- Registerangaben auf Handelsbriefen
- Registrierung von Geschäftszeichen
- Einheitliche europäische Unternehmensstatistiken.

217 Vgl. Kapitel G III (Gesellschaftsrecht).
218 Vgl. Kapitel G III (Gesellschaftsrecht).

Nr.	*Richtlinie*	*Umsetzung*
1	Richtlinie 68/151/EWG – *Publizitätsrichtlinie* – *ABl. L 221 vom 4.9.2003, S. 3)* aufgehoben durch die kodifizierte Fassung: Richtlinie 2009/101/EG zur Koordinierung der Schutzbestimmungen *ABl. L 258 vom 1.10.2009, S. 11*	Gesetz über das elektronische Handelsregister und Genossenschaftsregister sowie das Unternehmensregister (EHUG) vom 10.11.2006 BGBl. I S. 2553 (Änderung und Neufassung der §§ 8–12 HGB, 61 EGHGB, der Handels- und Genossenschaftsregisterverordnungen, des Publizitätsgesetzes und mehrerer anderer Gesetze)
2	Richtlinie 2004/109/EG vom 15.12.2004 zur Harmonisierung der Transparenzanforderungen in Bezug auf Informationen über Emittenten, die zum Handel auf einem geregelten Markt zugelassen sind – *Transparenzrichtlinie* – *ABl. L 390 vom 31.12.2004, S. 38* geändert durch Richtlinie 2013/50/EU vom 22.10.2013 *ABl. L 294 vom 6.11.2013, S. 13*	Transparenzrichtlinie-Umsetzungsgesetz (TUG) vom 5.1.2007 BGBl. I S. 10 (Änderung ua von §§ 8 b, 104 a HGB)
3	Richtlinie 2006/123/EG vom 12.12.2006 über Dienstleistungen im Binnenmarkt – *Dienstleistungsrichtlinie* – *ABl. L 376 vom 27. 12.2006*	Dienstleistungs-Informationspflichten Verordnung (DL-InfV) vom 12.3.2010 BGBl. I S. 267
4	VO (EU) 2019/2152 vom 27. 11. 2019 über europäische Unternehmensstatistiken – *Europäische Unternehmensstatistikverordnung* – *ABl. L 327 vom 17.12.2019, S. 1*	

157 Für den *Inhalt von Registereintragungen* besteht harmonisiertes europäisches Recht vor allem für die drei europäischen Gesellschaftsformen der Europäischen Wirtschaftlichen Interessenvereinigung (EWIV), der Europäischen Aktiengesellschaft *(Societas Europaea – SE)* sowie der Europäischen Genossenschaft *(Societas Cooperativa Europaea – SCE)*. Sie müssen die Akronyme ihrer Firma hinzufügen und in dem Mitgliedstaat registriert werden, wo ihre Hauptverwaltung liegt. Im Übrigen sind die einzelstaatlichen Vorschriften für die jeweils entsprechende nationale Gesellschaftsform anzuwenden. Die Registerdaten aller EU- und EWR-Staaten sind vernetzt und über das Europäische Justizportal zugänglich.[219]

158 Die mehrfach geänderte und deshalb inzwischen kodifizierte[220] *Publizitätsrichtlinie* von 1968[221] (*Nr. 1 der Liste*) schützt das Vertrauen Dritter bei unrichtigem Register-

219 (dazu: Art. 4 a Abs. 1 der Richtlinie 2009/101/EG und § 9 b HGB).
220 Richtlinie 2009/101/EG, ABl. L 258 vom 1.10.2009, S. 11.
221 Vgl. Kapitel G III Gesellschaftsrecht (Rn. 582 ff.).

inhalt *(„positive Publizität“)*. Der Vertrauensschutz geht damit weiter als der bloße Schutz des Vertrauens in die Nichtexistenz einer nicht eingetragenen, aber einzutragenden Tatsache *(„negative Publizität“)*.

Dem EU-weiten Verkehrsschutz dienen auch die verbindlich vorgeschriebenen *Angaben in Geschäftsbriefen* (Art. 5 der kodifizierten Publizitätsrichtlinie), nämlich Firma, Rechtsform, Registergericht, Registernummer, Sitz, Geschäftsführer/Vorstand. Unter *Geschäftsbriefen* sind geschäftliche Informationen an bestimmte Empfänger (Kunden, Lieferanten, Arbeitnehmer) unabhängig vom Inhalt (Bestellung, Rechnung, Kündigung) oder dem Übermittlungsverfahren (Brief, Telefax, E-Mail) zu verstehen.

Modernisierungen der Publizitätsrichtlinie von 1968 haben den Zugang zu Unternehmensinformationen vereinfacht. Die Mitgliedstaaten müssen dafür sorgen, dass die Anträge bei den Registern auch für den grenzüberschreitenden Verkehr elektronisch eingereicht und beantwortet werden können. Hierfür ist die Verwendung zumindest „fortgeschrittener“ elektronischer Signaturen vorgeschrieben (Art. 3 Abs. 3 Unterabs. 3 der kodifizierten Fassung).

Einen europäischen Rahmen für die Entwicklung, Erstellung und Verbreitung von Unternehmensstatistiken über wirtschaftliche Tätigkeiten, Leistungsfähigkeit, Forschung und Entwicklung, Nutzung von IKT sowie über die globalen Wertschöpfungsketten von Unternehmen schafft die *Unternehmensstatistikverordnung (Nr. 4 der Liste)*.

Durch die *Dienstleistungsrichtlinie* (*Nr. 3 der Liste*), die insbesondere für grenzüberschreitende elektronische Dienstleistungen Bedeutung hat, sind weitere Informationspflichten geschaffen worden, etwa über die Umsatzsteueridentifikationsnummer, den Bestand einer Berufshaftpflichtversicherung oder eines Verhaltenskodexes. 159

Die Richtlinie 2004/109/EG (*Nr. 2 der Liste*) verschafft mehr *Transparenz auf den Wertpapiermärkten*. Wertpapieremittenten müssen den Anlegern mehr Transparenz gewährleisten, beispielsweise durch Halbjahresberichte, durch Informationen über bedeutende Beteiligungen, durch Erleichterung des Zugangs zu Unternehmensinformationen und durch Bilanzierung nach den internationalen Rechnungslegungsstandards. Zu beachten sind die mit der Richtlinie 2013/50/EU eingetretenen Änderungen und die Ergänzungen durch delegierte Rechtsakte.[222] 160

c) Firma

Richtlinien über die Firmierung von Unternehmen außerhalb der europäischen Gesellschaftsformen EWIV, SE und SCE gibt es nicht. Jedoch wirkt sich die Niederlassungsfreiheit (Art. 49 AEUV) dahin aus, dass eine Firma, die in einem EU-Mitgliedstaat zulässig verwendet wird, auch in einem anderen Mitgliedstaat verwendet werden darf.[223] 161

222 Delegierte Verordnung (EU) 2016/1437 der Kommission vom 19.5.2016 zur Ergänzung der Richtlinie 2004/109/EG des Europäischen Parlaments und des Rates im Hinblick auf technische Regulierungsstandards für den Zugang zu vorgeschriebenen Informationen auf Unionsebene; ABl. L 234 vom 31.8.2016, S. 1; Delegierte Verordnung (EU) 2018/815 der Kommission vom 17.12.2018 zur Ergänzung der Richtlinie 2004/109/EG des Europäischen Parlaments und des Rates im Hinblick auf technische Regulierungsstandards für die Spezifikation eines einheitlichen elektronischen Berichtsformats, ABl. L 143 vom 29.5.2019, S. 1.

223 EuGH, Kohl/Ringelhan, C-177/83, ECLI:EU:C:1984:334, 3652; EuGH, Kommission/Frankreich, C-270/83, ECLI:EU:C:1986:37, 285.

Einen recht umfassenden *ergänzenden Firmenschutz* hinsichtlich *geschäftlicher Zusatzbezeichnungen* gewährleistet die *markenrechtliche Harmonisierungsrichtlinie.*[224] Unterscheidungskräftige Geschäfts- und Unternehmensbezeichnungen oder Geschäftszeichen dürfen geführt werden und sind als solche markenrechtlich geschützt.

▶ **Beispiele:**

- Löwen-Apotheke
- Rolls Royce-Emblem
- Lufthansa-Kranich. ◀

d) Handelsvertretung

162 Erhebliche wirtschaftliche Bedeutung haben in der Praxis *Handelsvertreter,* die als ständige Absatzförderer eines anderen Unternehmens für dieses Geschäfte vermitteln oder abschließen. Handelsvertreter sind als solche selbstständige Gewerbetreibende (Unternehmer), die ihre Tätigkeit oft grenzüberschreitend für inländische Unternehmen im Ausland oder für ausländische Unternehmen im Inland ausüben.

Eine Rechtsangleichung des Handelsvertreterrechts erfolgte im Binnenmarkt durch die *Handelsvertreterrichtlinie* von 1986.

Richtlinie	*Umsetzung*
Richtlinie 86/653/EWG vom 18.12.1986 *– Handelsvertreterrichtlinie –* *ABl. L 382 vom 31.12.1986, S. 17*	Gesetz zur Durchführung der EG-Richtlinie zur Koordinierung des Rechts der Handelsvertreter, vom 23.10.1989 BGBl. I S. 1910

Die *Handelsvertreterrichtlinie* regelt den Abschluss und die Beendigung des Handelsvertretervertrags, legt die Mindestrechte und Mindestpflichten des Handelsvertreters fest und sichert den Anspruch auf Provisions- und Ausgleichszahlungen. Sonderbestimmungen gelten für Handelsvertreter im Versicherungsbereich.[225]

e) Rechnungslegung

163 Die Rechnungslegung dient dem Schutz der Kapitalgeber von Unternehmen. Dafür sind zuverlässige Informationen über die Vermögens-, Finanz- und Ertragslage eines Unternehmens erforderlich. Zahlreiche Richtlinien haben das *Rechnungslegungsrecht* der Kapitalgesellschaften, Banken und Versicherungen harmonisiert. Die nachfolgenden maßgeblichen vier Richtlinien sowie die Verordnung beruhen auf der Regelungsidee, dass kleine und mittlere Unternehmen von Buchhaltungs- und Berichtspflichten entlastet werden sollen, große Unternehmen dagegen einer hohen Transparenz nach einheitlichen Rechnungslegungsstandards und scharfen externen Kontrollen unterliegen müssen.

---

224 89/104/EWG, ABl. L 40 vom 11.2.1989, S. 1; vgl. Abschnitt Gewerblicher Rechtsschutz/Urheberrecht (Rn. G. 444 ff.).

225 Vgl. Richtlinie (EU) 2016/97 vom 20.1.2016 über Versicherungsvertrieb, ABl. L 26 vom 2.2.2016, S. 19 (weitergehend unten im Kapitel G VI (Privatversicherungsrecht).

Nr.	*Rechtsakte*	*Umsetzung*
1	Richtlinie 2001/65/EG über die im Jahresabschluss bzw. im konsolidierten Abschluss von Gesellschaften bestimmter Rechtsformen und von Banken und von anderen Finanzinstituten zulässigen Wertansätze vom 27.9.2001 *ABl. L 157 vom 9.6.2006, S. 87*	Bilanzrechtsmodernisierungsgesetz (BilMoG) vom 25.5.2009 BGBl. I S. 1102 (umfangreiche Änderungen im HGB-Bilanzrecht sowie kleinere Änderungen im speziellen Gesellschaftsrecht)
2	Richtlinie 2003/51/EG über den Jahresabschluss und den konsolidierten Jahresabschluss von Gesellschaften bestimmter Rechtsformen vom 18.6.2003 *ABl. L 178 vom 17.7.2003, S. 16*	
3	Richtlinie 2006/43/EG über Abschlussprüfungen von Jahresabschlüssen und konsolidierten Abschlüssen vom 17.5.2006 *ABl. L 157 vom 9.6.2006, S. 87* *zuletzt geändert durch Richtlinie 2014/56/EU vom 16.4.2014 ABl. L 158 vom 27.5.2014, S. 196*	
4	Richtlinie 2006/46/EG über die Änderung anderer Richtlinien, ua über Jahresabschlüsse von Banken und Versicherungen vom 14.6.2006 *ABl. L 224 vom 16.8.2006, S. 1*	
5	VO (EG) Nr. 1606/2002 vom 19.7.2002 betreffend die Anwendung internationaler Rechnungslegungsstandards – IAS-VO – *ABl. L 243 vom 11.9.2002, S. 1* *zuletzt geändert durch die VO (EU) Nr. 2015/29 vom 17.12.2014 ABl. L 5 vom 9.1.2015, S. 11*	
6	Richtlinie 2014/95/EU vom 22.10.2014 zur Änderung der Richtlinie 2013/34/EU im Hinblick auf die Angabe nichtfinanzieller und die Diversität betreffender Informationen durch bestimmte große Unternehmen und Gruppen – Non Financial Reporting Directive (NFRD) – *ABl. L 330 vom 15.11.2014, S. 1 und ABl. L 369 vom 24.12.2014, S. 79*	Gesetz zur Stärkung der nichtfinanziellen Berichterstattung der Unternehmen in ihren Lage- und Konzernlageberichten (CSR-Richtlinie-Umsetzungsgesetz) vom 11.4.2017 BGBl. I S. 802

Die Richtlinie 2001/65/EG *(Nr. 1 der Liste)* beruht auf der Tatsache, dass Finanzinstitute nicht mehr nur primäre Finanzinstrumente, wie Aktien und Schuldverschreibungen, sondern zunehmend Derivate (Termingeschäfte; Optionen; Swaps) verwenden. Diese Instrumente sollen nicht zum Anschaffungswert, sondern zum Zeitwert („fair 164 value") nach dem International Accounting Standard (IAS) in die Rechnungslegung eingehen.

165 Die Richtlinie 2003/51/EG *(Nr. 2 der Liste)* schreibt vor, dass der IAS auch bei den Lageberichten über den Geschäftsverlauf zu berücksichtigen sind. Ferner werden strenge Rahmenbedingungen für die Formulierung und den Aufbau des Bestätigungsvermerks festgelegt.

166 Die Abschlussprüferrichtlinie 2006/43/EG *(Nr. 3 der Liste)* bezweckt die Harmonisierung der Anforderungen an die Abschlussprüfung auf hohem Niveau (Erwägungsgrund 5). Die Befähigungsnachweise der Abschlussprüfer und Abschlussprüfergesellschaften sollen als gleichwertig anerkannt und öffentlich registriert werden.

167 Die Richtlinie 2006/46/EG *(Nr. 4 der Liste)* regelt die kollektive Verantwortlichkeit der Mitglieder der Verwaltungs-, Leitungs- und Aufsichtsorgane gegenüber ihrer Gesellschaft für die Aufstellung und Veröffentlichung des Jahresabschlusses und des Lageberichts. Für kleine und mittlere Unternehmen werden Erleichterungen zugelassen.

168 Die *IAS-Verordnung (Nr. 5 der Liste)* erkennt das IAS-Regelwerk als verbindlich an, um die Transparenz und Vergleichbarkeit der Abschlüsse kapitalmarktorientierter Unternehmen im Binnenmarkt zu erreichen. Diese Unternehmen werden verpflichtet, die IAS-Standards anzuwenden. Das Regelwerk wird ständig ergänzt.

169 Inhalt und Umfang der Rechnungslegungspflichten hängen von den *Gesellschaftsformen, Geschäftsgegenständen* und *Unternehmensgrößenklassen* ab. Hinsichtlich der *Gesellschaftsformen* sind alle *Kapitalgesellschaften* erfasst, und zwar einschließlich solcher, die persönlich haftende Gesellschafter einer Personengesellschaft sind. Eine Rechnungslegung der inländischen Zweigniederlassung von Kapitalgesellschaften mit Sitz im Ausland wird nicht verlangt. Vielmehr reicht es aus, dass die Unterlagen der ausländischen Hauptniederlassung dem inländischen Registergericht vorgelegt werden. Für den Inhalt der Publizität ist damit das Recht der Hauptniederlassung im Binnenmarkt maßgeblich.

Der *Geschäftsgegenstand* dient *rechtsformunabhängig* ausschließlich bei *Banken* und *Versicherungen* als Anknüpfung für die Rechnungslegungspflicht.

170 Die *CSR-Richtlinie (Nr. 6 der Liste)* regelt die Angabe nichtfinanzieller und die Diversität betreffender Informationen durch bestimmte große Unternehmen und Konzerne (CSR steht für „*Corporate Social Responsibility*"). Die Richtlinie erweitert die Berichterstattung von Unternehmen. Zum einen haben Unternehmen oder Konzerne von öffentlichem Interesse (insbes. kapitalmarktorientierte Unternehmen) mit mehr als 500 Mitarbeitern eine sog. nichtfinanzielle Erklärung in den Lagebericht aufzunehmen. Hierin sind unter anderem unternehmerische Strategien, Ergebnisse und Risiken bzgl. der Themen Umwelt, Soziales, Arbeitnehmer, Menschenrechte und Korruptionsbekämpfung anzugeben. Zum anderen ist die insbesondere von börsennotierten Aktiengesellschaften abzugebende Erklärung zur Unternehmensführung um Angaben zur Diversitätsstrategie in Bezug auf Leitungs- und Aufsichtsorganen zu erweitern. Hierbei sind Aspekte wie Alter, Geschlecht, Ausbildung und beruflicher Hintergrund der Organmitglieder zu berichten. Damit betritt der Gesetzgeber Neuland. Die neuen Vorschriften waren erstmals auf (Konzern-)Lageberichte anzuwenden, die sich auf ein nach dem 31.12.2016 beginnendes Geschäftsjahr bezogen.

f) Handelsverträge

171 Im Rahmen des gemeinsamen *Mehrwertsteuersystems* waren Anpassungen an die *Rechnungsstellung* im Rahmen von Handelsverträgen erforderlich.

Richtlinie	*Umsetzung*
Richtlinie 2006/112/EG über das gemeinsame Mehrwertsteuersystem – *Mehrwertsteuerrichtlinie* – *ABl. L 347 vom 11.12.2006, S. 1* zuletzt geändert durch Richtlinie (EU) 2017/2455 vom 5.12.2017 ABl. L 348 vom 29.12.2017, S. 7	Umsatzsteuergesetz idF vom 21.2.2005, zuletzt geändert durch Art. 4 des Gesetzes vom 3.6.2021 BGBl. S. 1498 (Fondsstandortgesetz)

Die *Mehrwertsteuerrichtlinie*[226] regelt den Erwerb von Gegenständen und die Erbringung von Dienstleistungen sowie Lieferungen über Verteilnetze aus der Sicht der Mehrwertsteuer. Die Steuerbemessungsgrundlage, die Struktur und Höhe der Steuersätze, die Steuerbefreiungen, der Vorsteuerabzug, die Aufbewahrungspflichten sowie die Ausstellung der Rechnung (Art. 220 ff.) werden harmonisiert. Bei elektronischen Dokumenten ist mindestens die Verwendung einer fortgeschrittenen Signatur vorgeschrieben.

Bemerkenswert ist die Möglichkeit, dass Behörden des Heimatstaates eines Unternehmens zu Kontrollzwecken einen Online-Zugriff auf die Rechnungsdaten dieses Unternehmens in einem anderen Mitgliedstaat haben.

172 Eine andere Richtlinie regelt die Höhe der Zinsen bei Zahlungsverzug im Geschäftsverkehr.

Richtlinie	*Umsetzung*
Richtlinie 2000/35/EG vom 29.6.2000 zur Bekämpfung von Zahlungsverzug im Geschäftsverkehr – *Zahlungsverzugsrichtlinie* – *ABl. L 200 vom 8.8.2000, S. 35 konsolidierte Fassung: ABl. C 27 vom 26.1.1998, S. 3*, grundlegend geändert durch Richtlinie 2011/7/EU vom 16.2.2011, *ABl. L 48 vom 23.2.2011, S. 1*	§§ 286; 288 BGB; Gesetz zur Bekämpfung des Zahlungsverzugs im Geschäftsverkehr vom 22.7.2014, BGBl. I 2014, 1218

Die Richtlinie vereinheitlicht Rechtsvorschriften der Mitgliedstaaten zur Bekämpfung von Zahlungsverzug im Geschäftsverkehr. Zinsen sind ab dem ersten Tag des Verzugs zu zahlen.[227] Sie betragen in Deutschland für Handelsgeschäfte 9 % über dem Basissatz (§ 288 Abs. 2 BGB). Der Bezugszinssatz ist der Hauptrefinanzierungssatz der Europäischen Zentralbank.

g) Soft Law

173 Das europäische und zunehmend internationale „Soft Law" im Handelsbereich hat große Bedeutung. Es handelt sich dabei nicht um rechtlich verbindliche Vorschriften, sondern um faktisch wirksame Empfehlungen. Internationale Gremien, wie COMPRO

226 Ergänzende Richtlinien: 2008/9/EG; 2009/132/EG; DVO (EU) Nr. 282/2011.
227 EuGH, 01051 Telecom, C-306/06, ECLI:EU:C:2008:187, I-1939.

(Committees for the Simplification of Trade Procedures in Europe, die ICC (International Chamber of Commerce) oder die ISO (International Standardization Organisation) arbeiten an der Vereinheitlichung von Handelsverfahren, Dokumenten, Kommunikationsprozessen oder technischen Standards.

174 Die EU-Kommission versucht, für bestimmte Produktgruppen Harmonisierungshindernisse technischer Art auf eine Ebene unterhalb konkreter Richtlinien abzubauen. Durch besondere europäische *Normungsorganisationen* (ETSI; CEN; CENELEC), *Zertifizierungsinstanzen* und *Konformitätsbewertungsverfahren* werden Empfehlungen ausgesprochen und diese zugleich kontrollfähig gemacht.[228]

Auch wenn die Empfehlungen der genannten Institutionen keinen rechtsverbindlichen Charakter haben, erzeugen sie doch einen erheblichen Wettbewerbsdruck. Die Nichtbeachtung von Soft Law kann ein Indiz für die Verletzung der *Sorgfalt eines ordentlichen Kaufmanns* darstellen (§ 347 Abs. 1 HGB). Empfehlungen können sich auch zu *Handelsbräuchen* (§ 346 HGB) verdichten.

4. Leitentscheidungen

175 Zu den angesprochenen handelsrechtlichen Fragen gibt es eine Fülle von Entscheidungen des Europäischen Gerichtshofs.

a) Unternehmensgründung

176
- Die Marktfreiheiten umfassen das Recht, Zweigniederlassungen oder Betriebsstätten in einem anderen Mitgliedstaat zu gründen.[229] Dies gilt auch für selbstständige oder angestellte Ärzte, Rechtsanwälte und Wirtschaftsprüfer.[230]

b) Registrierung

177
- Die internationale Marke „Plus“ als Geschäftsbezeichnung kann nach nationalem Recht als Unternehmensbezeichnung wegen Verwechslungsgefahr durch nationales Recht verboten werden, ohne dass Artt. 34 und 49 AEUV entgegenstehen.[231]
- Eine grenzüberschreitende Verschmelzung von zwei Gesellschaften kann im Sitzstaat der neuen Gesellschaft registriert werden.[232]
- Die Gebühr für eine Handelsregistereintragung kann nach Gesellschaftsformen differenziert erhoben werden, muss aber in angemessenem Verhältnis zu den Kosten der Dienstleistung stehen.[233]
- Auf das Recht zur Anonymisierung nach der Datenschutzrichtlinie 95/46/EG kann sich der Geschäftsführer und Liquidator einer 1992 insolvent und 2005 gelöschten Gesellschaft nicht berufen.[234]

228 Vgl. Entscheidung des Rates 93/465/EWG vom 22.7.1993 über Konformitätsbewertungsverfahren und die Verwendung des CE – Kennzeichens („certified“), ABl. L 220 vom 30.8.1993, S. 23.
229 EuGH, Kommission/Deutschland, C-205/84, ECLI:EU:C:1986:463, 3793 (3801).
230 EuGH, Kommission/Luxemburg, C-351/90, ECLI:EU:C:1992:266, I-3958.
231 EuGH, Pfeiffer Großhandel/Löwa Warenhandel GmbH, C-255/97, ECLI:EU:C:1999:240, I-2853.
232 EuGH, SEVIC Systems, C-411/03, ECLI:EU:C:2005:762, I-10825.
233 EuGH, Ponente Carni/Amministrazione delle Finanze dello Stato, C-71/91 und C-178/91, ECLI:EU:C:1993:140, I-1947.
234 EuGH, Manni, C-398/15, ECLI:EU:C:2017:197.

c) Handelsvertretung

- Bei starkem Unionsbezug eines Sachverhalts haben die zwingenden Regelungen über den Ausgleichsanspruch des Handelsvertreters (Artt. 17–19 der Richtlinie 86/653/EG) auch dann Vorrang vor einer privatautonomen Vereinbarung, wenn der Handelsvertretervertrag mit einem Unternehmen aus einem Drittstaat abgeschlossen wird.[235] 178
- Der Ausgleichsanspruch nach der genannten Richtlinie ist ein Mindestanspruch, dessen Höhe vertraglich nicht unterschritten werden darf.[236]
- Mit der genannten Richtlinie ist es auch unvereinbar, den Ausgleichsanspruch von vornherein auf Provisionsverluste zu begrenzen.[237]
- Ein Bezirksvertreter hat keinen Provisionsanspruch für ein Geschäft, das ein Kunde mit einem Dritten ohne Beteiligung des Handelsvertreters abschließt.[238]
- Eine Ausgleichszahlung für einen „neuen Kunden" ist auch dann fällig, wenn bereits Geschäftsbeziehungen mit diesem Kunden in einem anderen Bereich bestanden.[239]
- Ein Ausgleichs- oder Schadenersatzanspruch des Handelsvertreters besteht auch bei Kündigung während der Probezeit.[240]

d) Handelsbilanzrecht

- Die Offenlegung von Jahresabschlüssen soll der Unterrichtung „Dritter" dienen. Die Beschränkung der Offenlegung auf Gesellschafter, Gläubiger und den Betriebsrat nach deutschem Recht verstößt gegen die Publizitätsrichtlinie 68/151/EWG.[241] 179

e) Gewohnheitsrecht

- In einem Geschäftszweig des internationalen Handelsverkehrs besteht ein Handelsbrauch namentlich dann, wenn ein bestimmtes Verhalten von den dort tätigen Kaufleuten beim Abschluss einer bestimmten Art von Verträgen allgemein und regelmäßig befolgt wird, so dass es als ständige Übung angesehen werden kann.[242] 180

5. Bezüge zum deutschen Recht

a) Unternehmensgründung

Hinsichtlich der *Gründung* von Unternehmen hat die Zweigniederlassungsrichtlinie die Einfügung der §§ 13 bis 13h HGB verursacht. Dadurch wurden die bisher überwiegend in Spezialgesetzen enthaltenen Handelsregistervorschriften zusammengeführt (Ausnahme: Genossenschaftsgesetz). Einheitliche Vorschriften bestehen nunmehr für inländische Zweigniederlassungen von Unternehmen mit Sitz im Ausland. 181

235 EuGH, Ingmar GB, C-381/98, ECLI:EU:C:2000:605, I-9325.
236 EuGH, Honyvem Informazioni Commerciali, C-465/04, ECLI:EU:C:2006:199, I-2899.
237 EuGH, Semen, C-348/07, ECLI:EU:C:2009:195 = EuZW 2009, 309.
238 EuGH, Chevassus-Marche, C-19/07, ECLI:EU:C:2008:23 = EuZW 2008, 215.
239 EuGH, Marchon Germany, C-315/14, ECLI:EU:C:2016:211.
240 EuGH, CMR, C-645/16, ECLI:EU:C:2018:262.
241 EuGH, Verband deutscher Daihatsu-Händler/Daihatsu Deutschland, C-97/96, ECLI:EU:C:1997:581, I-6858.
242 EuGH, MSG/Les Gravières Rhénanes, C-106/95, ECLI:EU:C:1997:70, I-932.

Beim Registergericht für inländische Zweigniederlassungen von Kapitalgesellschaften mit Sitz im Ausland sind Unterlagen der Rechnungslegung der Hauptniederlassung einzureichen (§§ 325 a Abs. 1 S. 3 HGB). Diese Unterlagen können auch in ausländischer Sprache abgefasst sein (§ 325 a Abs. 1 S. 3 HGB).

Der BGH akzeptiert ausdrücklich die Rechtsprechung des Europäischen Gerichtshofs zur Sitz- und Gründungstheorie,[243] was die Anwendbarkeit der bisher zu Grunde gelegten Sitztheorie auf das Verhältnis zu Nicht-EU-Mitgliedstaaten (Drittstaaten) beschränkt.

182 Wichtig ist die Einfügung des § 15 Abs. 3 HGB aufgrund der Publizitätsrichtlinie von 1968. Dadurch erhielt die früher richterrechtlich anerkannte *Rechtsscheinhaftung* in ihrem Kernbereich eine gesetzliche Grundlage *(„positive Publizität“)*. Der neue § 15 Abs. 4 HGB erklärt für den Geschäftsverkehr mit der Zweigniederlassung die Eintragungen durch das Gericht der Zweigniederlassung für verbindlich. EU-Richtlinien haben darüber hinaus die Publizität handelsrechtlich relevanter Verhältnisse durch *Angaben in Geschäftsbriefen* und durch *Rechnungslegungsvorschriften* beträchtlich erhöht. Für Geschäftsbriefe von Kapitalgesellschaften schreiben nunmehr die §§ 38 a, 177 a HGB; 80 AktG; 35 a GmbHG mindestens die Angabe von Firma, Rechtsform, Registergericht, Registernummer und gesetzlicher Vertretung vor.

b) Registrierung

183 Die Probleme der unter Beteiligung ausländischer Unternehmen in das deutsche Handelsregister einzutragenden Firma sind grundsätzlich *binnenmarktfreundlich* zu entscheiden. Im Ausland zulässige Phantasienamen oder zwingend vorgeschriebene Zusätze („Limited“ bei der GmbH[244]; „Société Anonyme“ bei der AG) müssen für Zweigniederlassungen solcher Unternehmen in Deutschland auch in das deutsche Handelsregister eingetragen werden.[245] Der deutsche ordre public (Art. 6 S. 1 EGBGB) steht nicht entgegen, da kein zwingender Grundsatz verletzt wird. Für deutsche Tochtergesellschaften ausländischer Unternehmen müssen aus Gründen der Firmenwahrheit die deutschen Zusatzbezeichnungen gewählt werden.[246]

c) Publizität

184 Die *Auswirkungen* der *Publizitätsrichtlinie* im deutschen Handels- und Gesellschaftsrecht beschränkten sich zunächst auf wenige Punkte. Neu eingeführt wurde beispielsweise die Pflicht, bestimmte Angaben über die Gesellschaft auf Geschäftspapieren jeweils offenzulegen (§§ 37 a, 125 a, 177 a HGB; §§ 80, 268 Abs. 4 AktG; §§ 25 a GenG; § 125 a GmbHG). Die Änderungsrichtlinien haben zur Organisation elektronischer Handels- und Unternehmensregister und Folgeregelungen in vielen Gesetzen geführt.

Das EHUG von 2006 hat ab 1.1.2007 zur grundsätzlichen Umstellung auf ein elektronisches Handelsregister und Genossenschaftsregister geführt, das bei den Amtsgerichten angesiedelt ist, aber auf Bundesebene verknüpft werden kann. Außerdem wurde das zentrale Unternehmensregister beim Bundesminister der Justiz eingerichtet.

243 BGH BB 2003, 810.
244 Zur künftigen Rechtsstellung englischer Gesellschaften in Deutschland: *Teichmann/Knaier*: Auswirkungen des Brexit auf das Gesellschaftsrecht, EuZW-Sonderausgabe 1/2020, 17 f.
245 BGH, NJW 1987, 571; *Bokelmann*, ZGR 1994, 325 (337).
246 *Bokelmann*, ZGR 1994, 325 (331).

Heute können alle publizitätspflichtigen Unternehmensdaten elektronisch abgefragt werden.[247] Die Dienstleistungs-Informationspflichten Verordnung erweitert darüber hinaus die Gegenstände für Informationspflichten, die ein Dienstleister mit Sitz im Inland für Dienstleistungen im In- oder Ausland vor Abschluss eines Vertrages erfüllen muss.

d) Handelsvertretung

Im deutschen *Handelsvertreterrecht* hat die EG-Rechtsangleichung zu einer grundlegenden Reform geführt. Seit dem Jahre 1994 unterliegen sämtliche Handelsvertreterverträge (einschließlich der Altverträge) verstärkt *zwingendem Recht* (§ 86 Abs. 4; § 86 a Abs. 4; § 89 b Abs. 1 Nr. 2 HGB). Die Rechtsstellung des Handelsvertreters wurde erheblich verbessert durch 185

- sofortige Informationspflichten des Unternehmens über Provisionsansprüche (§ 86 a Abs. 2 S. 2, 3 HGB)
- Verbesserung des Kündigungsschutzes (§ 89 HGB)
- Verbesserung des Provisionsanspruchs (§ 87 Abs. 1–3; § 87 a Abs. 1 S. 3 HGB)
- Verbesserung des Ausgleichsanspruchs (§ 89 b Abs. 1 Nr. 2 HGB)
- Befristung der Wettbewerbsabrede nach Ausscheiden auf zwei Jahre (§ 90 a Abs. 1 S. 2 HGB)
- freie Rechtswahl für Tätigkeiten außerhalb des Europäischen Wirtschaftsraums (§ 92 c Abs. 1 HGB).

e) Rechnungslegung

Das deutsche *Rechnungslegungsrecht* wurde in mehreren Schritten aufgrund von EG-Richtlinien *völlig umgestaltet.* Die Bedeutung des Handelsgesetzbuchs, dessen Regelungen unter dem wirtschaftlichen Wandel (sinkende Relevanz des Einzelkaufmanns) und gesellschaftsrechtlicher Auszehrung (Ausgliederung des Aktienrechts; Vielzahl von Nebengesetzen) litt, stieg durch die systematische Zusammenfassung des Rechnungslegungsrechts von Unternehmen in rund 150 neuen Vorschriften wieder an. 186

Das Dritte Buch (§§ 238–342 a HGB) bildet nunmehr das *Grundgesetz des Bilanzrechts*[248] der Unternehmen. Es ist hierarchisch aufgebaut und enthält

- Vorschriften für alle Kaufleute (1. Abschnitt)
- Ergänzende Vorschriften für Kapitalgesellschaften (2. Abschnitt)
- Ergänzende Vorschriften für eingetragene Genossenschaften (3. Abschnitt)
- Ergänzende Vorschriften für Banken und Versicherungen (4. Abschnitt)
- Privates Rechnungslegungsgremium; Rechnungslegungsbeirat (5. Abschnitt)

Die ursprünglich bewusst privilegierte Rechnungslegung bei der Rechtsform der Kapitalgesellschaft & Co KG wurde vom Europäischen Gerichtshof für unzulässig erklärt.[249] Die daraufhin erlassene Richtlinie führte bei der Umsetzung durch das Kapitalgesellschaften- und Co-Richtlinien-Gesetz (KapCoRiLiG)[250] zu den neuen §§ 264 a-c HGB. Einige Vorschriften über die Rechnungslegung von Finanz-

247 http://www.unternehmensregister.de.
248 *Baumbach/Hopt,* HGB, Einl. 2 vor § 238.
249 EuGH, Kommission/Deutschland, C-191/95, ECLI:EU:C:1998:441, I-5485.
250 Vom 24.2.2000, BGBl. I S. 154.

dienstleistungsinstituten (§§ 340 ff. HGB) wurden aufgrund der Bankbilanzrichtlinie 86/635/EWG eingeführt.

Aufgrund der Corona-Pandemie wurden Erleichterungen für die Rechnungslegung zugelassen.[251]

187 Das *Gesetz zur Modernisierung des Bilanzrechts (BilMoG)* nutzt die Spielräume der EG-Richtlinie zu einer Differenzierung der Rechnungslegungsstandards zwischen großen Unternehmen sowie kleinen und mittleren Unternehmen aus, um letzteren einfachere, aber effektive HGB-Regeln zur Verfügung zu stellen. Dadurch wurden ab 1.1.2010 die meisten deutschen Unternehmen von hohem Dokumentationsaufwand entlastet. Einzelkaufleute mit einem Umsatz unter 500 000 EUR und 50 000 EUR Gewinn brauchen dann überhaupt keine Buchführung und Bilanzierung nach handelsrechtlichen Vorschriften mehr durchzuführen. Mittelständische Unternehmen brauchen nur noch eine Einheitsbilanz zu erstellen, die als Grundlage für die steuerliche Gewinnermittlung und für die Ausschüttungsbemessung dient.

188 Mit dem Gesetz zur Stärkung der nichtfinanziellen Berichterstattung der Unternehmen in ihren Lage- und Konzernlageberichten (CSR-Richtlinie-Umsetzungsgesetz) vom 11.4.2017 setzt der deutsche Gesetzgeber die Vorgaben der CSR-Richtlinie um. Damit werden die für große kapitalmarktorientierte Kapitalgesellschaften oder haftungsbeschränkte Personenhandelsgesellschaften sowie Konzerne mit mehr als 500 Arbeitnehmern vorgesehenen Berichtspflichten bezüglich wesentlicher nichtfinanzieller Aspekte (Umwelt-, Arbeitnehmer- und Sozialbelange, Achtung der Menschenrechte und Bekämpfung von Korruption und Bestechung) im deutschen Recht verankert.[252] Wenn ein vom Gesetz erfasstes Unternehmen keine Strategie zu nichtfinanziellen Aspekten vorhält, hat es dies unter Angabe von Gründen zu erläutern *(„comply or explain")*. Dieser Mechanismus ist bereits im Gesellschaftsrecht verankert (DCGK). Das CSR-Richtlinie-Umsetzungsgesetz sieht zudem vor, dass insbesondere große börsennotierte Aktiengesellschaften Angaben zum Diversitätskonzept hinsichtlich ihrer Leitungs- und Kontrollorgane zu machen haben. Die Berichtspflichten werden durch erweiterte Straf- und Bußgeldvorschriften flankiert. Der nationale Gesetzgeber sieht – über die Vorgaben der CSR-Richtlinie hinaus – punktuelle Anpassungen des nationalen Handelsrechts vor, etwa bzgl. der Angaben zu Finanzinstrumenten.

f) Handelsverträge

189 Die Verbraucherrechterichtlinie[253] hat die Rechtsstellung des Verbrauchers im Fracht-, Speditions- und Lagergeschäft gestärkt. Die *elektronische Form* (§ 126 a BGB) hält nicht nur massiv Einzug ins Handelsgesetzbuch (etwa in §§ 8, 8 a, 9, 12, 100, 239 HGB; Art. 61 EGHGB; § 7 HRegVO), sondern wurde zur Grundlage für die gesamte Justizkommunikation.

---

251 Zwirner/Vodermeier/Krauß, DStR 2021, 933 (Bilanzierung von Finanzhilfen); MüKoHGB/Poelzig, 4. A. 2020, § 285 HGB, Rn. 487–489 (Angabepflichten).

252 Vgl. auch *Hermeling/Meeh-Bunse/Schomaker*, DStR 2017, 1127; zu den damit verbundenen erweiterten Pflichten des Aufsichtsrats vgl. *Pöschke/Hennrichs*, NZG 2017, 121.

253 Zur Verbraucherrechterichtlinie siehe Kapitel G X (Allgemeines Privatrecht).

6. Bewertung

Das europäische Handelsrecht hat stark zur Modernisierung des deutschen Handels- 190
rechts beigetragen. Insbesondere die Schaffung höherer Publizität durch Rechtsangleichung im Kapitalgesellschaftsrecht wirkt Wettbewerbsverfälschungen entgegen und verbessert die öffentliche Informationsgrundlage. Darüber hinaus beruht die heute gut abgesicherte Rechtsstellung des Handelsvertreters auf zwingendem EU-Recht. Regelungslücken bestehen noch im Personengesellschaftsrecht. Moderne tatsächliche Entwicklungen, wie Kooperationen in elektronischen Netzwerken („virtuelle Unternehmen"), haben bisher weder in der Union noch in Deutschland zu rechtlichen Regelungen geführt. Mit den Vorgaben zur *Corporate Social Responsibility* rücken die Legislativorgane die soziale Verantwortung unternehmerischer Aktivitäten in den Blickpunkt.

7. Wiederholungsfragen

1. Welche Bereiche umfasst das Europäische Handelsrecht? 191
2. Welche Rechtsgrundlagen sind in diesem Bereich zu beachten?
3. Welche Einzelregelungen zum Europäischen Handelsrecht sind Ihnen bekannt?
4. Was versteht man unter der „Publizität" des Handelsregisters?
5. Welche Leitentscheidungen zum Europäischen Handelsrecht kennen Sie?
6. Welche Bezüge zum nationalen Recht gibt es?

III. Gesellschaftsrecht

Spezialliteratur: *Baums/Cahn* (Hrsg.), Die Umsetzung der Übernahmerichtlinie in Europa, 2006; *Behrens*, Gesellschaftsrecht, in: Dauses (Hrsg.), Handbuch des EG-Wirtschaftsrechts, 52. A. 2021, E III; *Bezzenberger*, Die Europäische Aktiengesellschaft, Jura 2003, 229; *Bittner*, Die Struktur der Unternehmensgruppe im deutschen und europäischen Recht, 2009; *Böttcher/Kraft*, Grenzüberschreitender Formwechsel und tatsächliche Sitzverlegung, NJW 2012, 2701; *Bungert*, Grenzüberschreitendes Umwandlungsrecht: Gesamtrechtsnachfolge für im Ausland belegene Immobilien bei Verschmelzung deutscher Gesellschaften, in: Lorenz/Trunk/Eidenmüller (Hrsg.), FS Heldrich, 2005, 527; *Butterstein*, Modernisierung des EU-Gesellschaftsrecht zur Stärkung der grenzüberschreitenden Mobilität von Gesellschaften, EuZW 2018, 838; *Eidenmüller*, Wettbewerb der Gesellschaftsrechte in Europa, ZIP 2002, 2233; *Forsthoff*, Abschied von der Sitztheorie, BB 2002, 318; *Geibel Mauracher*, Entwurf zum Personengesellschaftsrecht, ZRP 2020, 137; *Grundmann*, Europäisches Gesellschaftsrecht, ZHR 2013, 702; *Grundmann*, Europäisches Schuldvertragsrecht: Das europäische Recht der Unternehmensgeschäfte, 1999; *Grundmann*, Europäisches Gesellschaftsrecht, 3. A. 2024; *Habersack/Verse*, Europäisches Gesellschaftsrecht, 5. Aufl. 2019; *Hasselbach/Peters*, Entwicklung des Übernahmerechts 2016/2017, BB 2017, 1347; *Heinze*, Die Europäische Aktiengesellschaft, ZGR 2002, 66; *Hemeling*, Die Societas Europaea (SE) in der praktischen Anwendung, 2008; *Hirte*, Die Entwicklung des Unternehmens- und Gesellschaftsrechts im Jahr 2018, NJW 2019, 1187; *Hommelhoff/Schubel/Teichmann* (Hrsg.), Societas Privata Europaea – die europäische Kapitalgesellschaft für mittelständische Unternehmen, 2014; *Hopt*; Gestaltungsfreiheit im Gesellschaftsrecht in Europa, in: Lutter/Wiedemann (Hrsg.): Gestaltungsfreiheit im Gesellschaftsrecht, 1998, 123; *Hopt*, Konzernrecht für Europa. Zur Diskussion um die Vorschläge des Forum Europaeum Konzernrecht, in: Basedow u. a. (Hrsg.): Aufbruch nach Europa, 2001, 17–38; *Hopt*, Europäisches Gesellschaftsrecht, ZIP 1998, 96; *Jaecks*, Die europäische Aktiengesellschaft, das internationale und das deutsche Konzernrecht, RIW 2003, 254; *Kalle*, Das Schichtwerk des Europäischen Gesellschaftsrechts, EuZW 2015, 252; *Kalss/Klampfl*, Gesellschaftsrecht, in: Dauses/Ludwig (Hrsg.), Handbuch des EG-Wirtschaftsrechts, 46. Aufl.

2019; *Kilian,* Vom sinkenden Wert der „goldenen Aktien“, NJW 2003, 2653; *Kilian,* Vereinbarkeit des VW-Gesetzes mit Europarecht, NJW 2007, 3469; *Kulenkamp,* Die grenzüberschreitende Verschmelzung von Kapitalgesellschaften in der EU, 2009; *Kumpan/Pauschinger*, Entwicklung des europäischen Gesellschaftsrechts 2022, EuZW 2023, 446; *Kumpan/Pauschinger*, Entwicklung des europäischen Gesellschaftsrechts 2018, EuZW 2019, 357; *Lieder*, Modernisierung des Personengesellschaftsrechts, ZRP 2021, 34; *Mann,* Auswirkungen des britischen EU-Austritts auf Private Companies Limited by Shares mit Verwaltungssitz in Deutschland und deren Gestaltungsmöglichkeiten, 2019; *Müller-Graff/Teichmann*, Europäisches Gesellschaftsrecht auf neuen Wegen, 2010; *Roth,* Vorgaben der Niederlassungsfreiheit für das Kapitalgesellschaftsrecht, 2010; *Schollmeyer*, Von der Niederlassungsfreiheit zur Rechtswahlfreiheit? ZGR 2018, 186; *Schulteis*, Gesellschaftsrecht in Zeiten des „Coronavirus“: Änderungen zur Abmilderung der Folgen der COVID-19-Pandemie im GmbH-Recht, Genossenschaftsrecht, Umwandlungsrecht, Vereins- und Stiftungsrecht sowie WEG-Recht, GWR 2020, 169; *Siemes*, Die Whistleblowing-Richtlinie in der EU – Perspektiven für die Rechtsdurchsetzung, 2021; *Steiner*, Societas Privata Europaea, 2009; *Terner*, Abschied vom Europäischen Verein? EuZP 1/2007, 96; *Windbichler*, Gesellschaftsrecht, 24. Aufl. 2017; *Zimmer*, Grenzüberschreitende Rechtspersönlichkeit, ZHR 168 (2004), 355; *Zimmer*, Das Cartesio-Urteil des EuGH: Rück- oder Fortschritt für das internationale Gesellschaftsrecht? NJW 2009, 545; *Zwirner*, Reform des HGB durch das BilRUG, DStR 2014, 1784.

1. Bereichsdefinition

192 Das *Europäische Gesellschaftsrecht* befasst sich mit den allgemeinen Rahmenbedingungen für Unternehmen nationalen oder europäischen Ursprungs im Binnenmarkt. Insbesondere für Kreditinstitute, Versicherungen und Wertpapierdienstleiter existieren zum Teil weitere spezielle unternehmensrechtliche Vorgaben. Diese werden in den Kapiteln G. V. und G VI. behandelt.

Ein großer Teil des Waren-, Dienstleistungs- und Kapitalverkehrs im Binnenmarkt wird heute durch Kapital- und Personengesellschaften grenzüberschreitend abgewickelt. Auch die Produktion vollzieht sich in beachtlichem Umfang arbeitsteilig über mitgliedstaatliche Grenzen hinweg.

▶ **Beispiele:**

Airbus-Industries

Kooperation VW/Ford in Spanien/Portugal

Telekom Deutschland/Frankreich ◀

Rund zwei Drittel aller in der Europäischen Union erzeugten Waren werden auch im Binnenmarkt abgesetzt. Dabei stellen sich in rechtlicher Hinsicht Fragen danach, wie eine Gesellschaft mit Sitz in einem Mitgliedstaat in Bezug auf *Zulassung, Niederlassung, Unternehmensverfassung, Firmierung, Mindestkapitalausstattung, Haftung, Offenlegung, Gläubiger- und Verbraucherschutz, Abspaltung, Verschmelzung oder Besteuerung* im Binnenmarkt zu behandeln ist. Außerdem wird es für notwendig gehalten, Interessen an wirtschaftlicher Betätigung, die gleichzeitig in verschiedenen Mitgliedstaaten entstehen, schon bei der Gründung einer Gesellschaft zu berücksichtigen und dafür gesonderte *europäische Gesellschaftsformen* zur Verfügung zu stellen. Schließlich hat auch das *Unternehmenssteuerrecht* erheblichen Einfluss auf die Gründung und die grenzüberschreitende Betätigung von Unternehmen. Die unterschiedlichen Besteuerungssysteme in den Mitgliedstaaten beeinflussen die *Standortwahl* und die *Investitionstätigkeit* der Unternehmen. Insgesamt entsteht ein Europäisches Gesellschaftsrecht von strategischer Bedeutung, um die Vorteile des Binnenmarktes besser nutzen zu können.

2. Regelungsgrundlagen

Der AEUV sieht für die Entwicklung eines europäischen Gesellschaftsrechts folgende 193 Rechtsgrundlagen vor: Art. 54 AEUV stellt - im Abschnitt über die Niederlassungsfreiheit - die in einem Mitgliedstaat gegründete Gesellschaft, die ihren Sitz innerhalb der Europäischen Union hat, den natürlichen Personen gleich (Art. 54 Abs. 1 AEUV). Wie natürliche Personen dürfen sich Gesellschaften überall in der Union niederlassen (Artt. 49, 51 AEUV). Unter *Gesellschaften* versteht der AEUV alle erwerbswirtschaftlich tätigen Kapital- und Personengesellschaften einschließlich der juristischen Personen des öffentlichen Rechts (Art. 54 Abs. 2 AEUV). Für die genannten Gesellschaften ermöglicht es Art. 50 Abs. 2 lit. g AEUV, im ordentlichen Gesetzgebungsverfahren (Art. 50 Abs. 1 AEUV) Richtlinien zu erlassen, um die für Gläubiger der Gesellschaften und für Dritte bestehenden Schutzbestimmungen gleichwertig zu gestalten.

Die ökonomisch und juristisch gesehen wichtigste Steuerungsebene für eine Rechts- 194 vereinheitlichung im Gesellschaftsrecht bildet die Entscheidung, ob die *Sitztheorie* oder die *Gründungstheorie* als *Kollisionsregel für die Niederlassungsfreiheit* von Gesellschaften in der Union maßgebend sein soll. Die Sitztheorie (die beispielsweise in Deutschland[254] und in Frankreich Anerkennung findet) verlangt die Anwendung des Rechts des Staates, in dem das Unternehmen seinen tatsächlichen Sitz hat. Daher kann die Verlegung des Unternehmenssitzes eine Auflösung der Gesellschaft und eine Neugründung in dem neuen Sitzstaat erforderlich machen. Die Gründungstheorie (ist zB in Großbritannien, den Niederlanden und Dänemark anerkannt) lässt dagegen für ein Unternehmen, dessen effektiver Verwaltungssitz im Inland liegt, die Wahl eines ausländischen Gesellschaftsrechts zu. Die Gründungstheorie ermöglicht also nicht nur einen Rechtsformwechsel ohne vorherige Auflösung,[255] sondern auch die gezielte Wahl einer ausländischen Rechtsordnung unter Gesichtspunkten wie Gründungsaufwand, Gründungskapital, Steuerbelastung, System der Unternehmensleitung, Durchgriffshaftung oder Mitbestimmung. Die Gründungstheorie erweitert den Regulierungswettbewerb zwischen Gesellschaftssystemen. Aus ökonomischer Sicht ist streitig, ob dadurch ein „race to the bottom“ entsteht, bei denen Gesellschafter und Gläubiger mit immer geringerem gesellschaftsrechtlichem Schutz auskommen müssen, oder umgekehrt ein „race to the top“, weil bei der Wahl eines ineffizienten Gesellschaftsrechts die Investoren ausbleiben.

Schon im *Centros*-Urteil des EuGH[256] wurde die Frage, welche kollisionsrechtliche 195 Regel (Sitztheorie; Gründungstheorie) am ehesten mit der in Artt. 49 und 54 AEUV garantierten Freiheit der Gründung und Leitung von Unternehmen vereinbar sei, zugunsten der Gründungstheorie entschieden. Diese Tendenz hat sich in den Urteilen des EuGH „*Überseering*“[257], „*Inspire Art*“[258] und „*Cartesio*“[259] fortgesetzt. Auch die Statuten der Europäischen Gesellschaft (SE), der Europäischen Genossenschaft (SCE)

254 BGH, NJW 2009, 289.

255 Von der Notwendigkeit einer Auflösung ging der EuGH noch in der Daily Mail-Entscheidung (C-81/87, ECLI:EU:C:1988:456, 5505) aus.

256 EuGH, Centros, C-212/97, ECLI:EU:C:1999:126, I-1484.

257 EuGH, Überseering, C-208/00, ECLI:EU:C:2002:632, I-9943 = NJW 2002, 3614.

258 EuGH, Inspire Art, C-167/01, ECLI:EU:C:2003:512, I-10195.

259 EuGH, Cartesio, C-210/06, ECLI:EU:C:2008:723.

und der Europäischen Wirtschaftlichen Interessenvereinigung (EWIV) sehen die Möglichkeit einer Sitzverlegung ohne vorherige Auflösung der jeweiligen Gesellschaft vor.

196 Ungeklärt ist allerdings noch die Frage, ob die in jedem Mitgliedstaat aufgrund der unterschiedlichen Rechtstraditionen vorhandenen gesellschafts- und verwaltungsrechtlichen Rahmenregelungen beliebig kombinierbar sind oder nicht vielmehr aus Gemeinwohlinteresse institutionelle Restriktionen bestehen. Da ein grenzüberschreitender Wechsel der Gesellschaftsform auch ohne Verlagerung der tatsächlichen Tätigkeit aus Gründen der Niederlassungsfreiheit zulässig ist, besteht praktisch in der Union für Gesellschaften Rechtswahlfreiheit.[260]

197 Im Hinblick auf das Subsidiaritätsprinzip muss auch im Unionsrecht geprüft werden, ob nicht Fragen der Sitzverlegung oder der Übernahme einer Gesellschaft besser auf der Ebene der Mitgliedstaaten ausreichend gelöst werden könnten. Der EuGH hat in der *Daily Mail-Entscheidung*[261] auf Art. 293 EG verwiesen, der dies ermöglicht hätte, der aber mit dem Lissabon-Vertrag aufgehoben worden ist. In der genannten *Cartesio-Entscheidung* knüpft das Gericht wieder an *Daily Mail* an und bestätigt, dass eine Sitzverlegung in einen anderen Mitgliedstaat unter Beibehaltung der Rechtsform nicht möglich sei, eine Sitzverlegung dagegen bei einer Umwandlung in eine Rechtsform des Zielstaates in Betracht komme.

Im Bereich des *Steuerwesens* erkennt die Kommission inzwischen an, dass sie angesichts dessen Bedeutung für die nationale Souveränität und das Subsidiaritätsprinzip nur eingeschränkt tätig werden kann. Sie konzentriert sich jetzt auf die Beseitigung der Doppelbesteuerung und auf die Auswirkungen von Steuervergünstigungen für ausländisches Kapital.

3. Einzelregelungen

198 Die zahlreichen gesellschaftsrechtlichen Richtlinien, die ursprünglich durchnummeriert, dann aber teilweise nicht in Kraft getreten, geändert, neu gefasst oder aufgehoben worden sind, betreffen drei Gruppen von Maßnahmen:

- Harmonisierung des nationalen Gesellschaftsrechts der Mitgliedstaaten
- Rechnungslegung
- Unternehmensbesteuerung
- Schaffung europäischer Gesellschaftsformen

260 EuGH, POLBUD - WYKONAWSTWO, C-106/16, ECLI:EU:2017:804.
261 EuGH, The Queen/Daily Mail, C-81/87, ECLI:EU:C:1988:456, 5505.

Nr.	*Rechtsakt*	*Deutsche Umsetzung*
1	Verordnung (EWG) 2137/85 des Rates vom 25.7.1985 *– EWIV-VO –* *ABl. L 199 vom 31.7.1985, S. 1*	EWIV-Ausführungsgesetz vom 14.4.1988 BGBl. I S. 514
2	Richtlinie 90/605/EWG vom 8.11.1990 *– GmbH & Co KG-Richtlinie –* *ABl. L 317 vom 16.11.1990, S. 60, aufgehoben durch Richtlinie 2013/34/EU, ABl. L 182* vom 26.6.2013, S: 19 (*Bilanz-Richtlinie); zuletzt geändert durch* Richtlinie 2014/102/EU, *ABl. L 334 vom 21.11.2014, S. 86*	Bilanzrichtlinie-Umsetzungsgesetz (BilRUG) vom 17.7.2015 BGBl. I S. 1245
3	Verordnung (EG) 2157/2001 vom 8.10.2001 *– SE-VO –* *ABl. L 294 vom 10.11.2001, S. 1*; zuletzt geändert durch Verordnung (EU) Nr. 517/2013, *ABl. L 158 vom 10.6.2013, S. 1*	Gesetz zur Einführung der Europäischen Gesellschaft (SEEG), BGBl. I 2004 S. 3675
4	Verordnung (EG) Nr. 1606/2002 vom 19.7.2002 *– IAS-Verordnung –* *ABl. L 243 vom 11.9.2002, S. 1; grundsätzliche Umsetzung durch VO (EG) Nr. 1126/2008 vom 3.11.2008 ABl. L 320 vom 29.11.2008, S. 1; zuletzt geändert durch VO (EU) 2016/2067 vom 22.11.2016 ABl. L 323 vom 29.11.2016, S. 1*	Bilanzrechtsreformgesetz (BilReG) vom 4.12.2004 BGBl. I S. 3166
5	Verordnung (EG) Nr. 1435/2003 vom 22.7.2003 über das Statut der Europäischen Genossenschaft (SCE) *– SCE-VO –* *Richtlinie 2003/72/EG vom 22.7.2003 zur Ergänzung des Statuts hinsichtlich der Beteiligung der Arbeitnehmer* *ABl. L 207 vom 18.8.2003, S. 1 und 25*	Neufassung des Genossenschaftsgesetzes vom 16.10.2006 BGBl. I S. 2230
6	Richtlinie 2004/25/EG vom 21.4.2004 betreffend Übernahmeangebote *– Übernahmerichtlinie –* *ABl. L 142 vom 30.4.2004, S. 12; zuletzt geändert durch Richtlinie 2014/59/EU, ABl. L 173 vom 12.6.2014, S. 190*	Übernahmerichtlinien-Umsetzungsgesetz vom 8.7.2006 BGBl. I S. 1426; BRRD-Umsetzungsgesetz vom 10.12.2014 BGBl. I S. 2091

Nr.	*Rechtsakt*	*Deutsche Umsetzung*
7	Richtlinie 2006/43/EG vom 17.5.2006 über Abschlussprüfungen von Jahresabschlüssen und konsolidierten Abschlüssen – *Abschlussprüferrichtlinie* – *ABl. L 157 vom 6.9.2006, S. 87 zuletzt geändert durch Richtlinie 2014/56/EU vom 16.4.2014 ABl. L 158 vom 27.5.2014, S. 196*	ursprüngliche Richtlinie: BGBl. I 1985 S. 2355; Bilanzrechtmodernisierungsgesetz (BilMoG) vom 25.5.2009 BGBl. I S. 1102
8	Richtlinie 2007/36/EG vom 11.7.2007 über die Ausübung bestimmter Rechte von Aktionären in börsennotierten Gesellschaften – *Aktionärsrechterichtlinie* – *ABl. L 184 vom 14.7.2007, S. 17; zuletzt geändert durch Richtlinie 2017/828/EU vom 17.5.2017 zur Änderung der Richtlinie 2007/36/EG, ABl. L 132 vom 20.5.2017, S. 1*	Gesetz zur Umsetzung der Aktionärsrechterichtlinie (ARUG) vom 30.7.2009 BGBl. I S. 2479
9	Richtlinie 2008/7/EG vom 12.2.2008 betreffend die indirekten Steuern auf die Ansammlung von Kapital – *Gesellschaftssteuerrichtlinie* – *ABl. L 46 vom 21.2.2008, S. 11*	
10	Richtlinie 2009/102/EG vom 16.9.2009 betreffend Gesellschaften mit beschränkter Haftung – *Einpersonengesellschaftsrichtlinie* – *ABl. L 258 vom 1.10.2009, S. 20, zuletzt geändert durch Richtlinie 2013/24/EU vom 13.5.2013, ABl. L 158 vom 10.6.2013, S. 365*	Gesetz für kleine Aktiengesellschaften und zur Deregulierung des Aktienrechts vom 2.8.1994 BGBl. I 1994 S. 1961
11	Richtlinie 2009/133/EG vom 19.10.2009 – *Fusionsbesteuerungsrichtlinie* – *ABl. L 310 vom 25.11.2009, S. 34, zuletzt geändert durch Richtlinie 2013/13/EU vom 13.5.2013, ABl. L 141 vom 28.5.2013, S. 30*	BGBl. I 1992 S. 297; Umwandlungssteuergesetz vom 30.7.2014 BGBl. I S. 1266
12	Richtlinie 2011/96 /EU vom 30.11.2011 über das gemeinsame Steuersystem der Mutter- und Tochtergesellschaften verschiedener Mitgliedstaaten – *Mutter-Tochter-Richtlinie / Konzernbesteuerungsrichtlinie* – *ABl. L 345 vom 29.12.2011, S. 8 zuletzt geändert durch Richtlinie 2015/121/EU vom 27.1.2015, ABl. L 21 vom 28.1.2015, S. 1*	ursprüngliche Umsetzung: BGBl. I 1992 S. 297; Jahressteuergesetz 2015

Nr.	*Rechtsakt*	*Deutsche Umsetzung*
13	Richtlinie 2013/34/EU vom 26.6.2013 über den Jahresabschluss, den konsolidierten Abschluss und damit verbundene Berichte von Unternehmen bestimmter Rechtsformen *– Bilanzrichtlinie –* *ABl. L 182 vom 29.6.2013, S. 19, zuletzt geändert durch Richtlinie 2014/102/EU, ABl. L 334 vom 21.11.2014, S. 86*	ursprüngliche Richtlinie: Bilanzrechtsreformgesetz (BilReG), BGBl. I 2004 S. 3166; Bilanzrechtrichtlinie-Umsetzungsgesetz (BilRUG) vom 17.7.2015 BGBl. I S. 1245
14	Richtlinie (EU) 2017/1132 vom 14.6.2017 über bestimmte Aspekte des Gesellschaftsrechts *– Kodifizierungsrichtlinie Gesellschaftsrecht –* *ABl. L 169 vom 30.6.2017, S. 46*	(zu den früheren, nun kodifizierten Richtlinien ua: BilMoG; BilReg; BilRUG; UmwG)
15	Richtlinie (EU) 2019/1023 vom 20.6.2019 über präventive Restrukturierungsverfahren *– Richtlinie über Restrukturierung und Insolvenz –* *ABl. L 172 26.6.2019, S. 18*	Gesetz zur Fortentwicklung des Sanierungs- und Insolvenzrechts (SanInsFog) vom 29.12.2020 BGBl. I S. 3256
16	Richtlinie (EU) 2019/1151 vom 20.6.2019 zur Änderung der Richtlinie (EU) 2017/1132 im Hinblick auf den Einsatz digitaler Werkzeuge und Verfahren im Gesellschaftsrecht *– Digitalisierungsrichtlinie –* *ABL. L 186 vom 11.7.2019, S. 80*	Gesetz zur Umsetzung der Digitalisierungsrichtlinie (DiRUG) vom 5.7.2021 BGBl. I S. 3338;
17	Richtlinie (EU) 2019/1937 vom 23.10.2019 zum Schutz von Personen, die Verstöße gegen das Unionsrecht melden *– Whistleblower-Richtlinie –* *ABl. L 305 vom 26.11.2019, S. 17*	Hinweisgeberschutzgesetz (HinSchG) BGBl. I vom 2.6.2023 Nr. 140
18	Richtlinie (EU) 2019/2121 vom 27.11.2019 zur Änderung der Richtlinie (EU) 2017/1132 in Bezug auf grenzüberschreitende Umwandlungen, Verschmelzungen und Spaltungen *– Umwandlungsrichtlinie –* *ABL. L 321 vom 12.12.2019, S. 1*	Gesetz zur Umsetzung der Umwandlungsrichtlinie und zur Änderung weiterer Gesetze vom 28.2.2023 BGBl. I Nr. 51

a) Harmonisierung des Gesellschaftsrechts

Die Rechtssetzungstätigkeit der Europäischen Union hat nicht das Ziel, das nationale Gesellschaftsrecht zu vereinheitlichen. Dazu fehlt der Union die Rechtssetzungskompetenz. Es geht vielmehr darum, die *grenzüberschreitende Unternehmenskooperation im Binnenmarkt* durch rechtliche Anpassungsmaßnahmen zu erleichtern. Die Unternehmen sollen frei entscheiden können, wo und in welcher Form sie sich im Binnenmarkt betätigen wollen. Die Existenz einer nationalen Rechtsordnung für das jeweilige Terri- 199 torium darf nicht dazu führen, dass die Binnenmarktaktivitäten der Unternehmen beschränkt werden. Für Produktionsunternehmen bringt dies geringere Schwierigkeiten mit sich als für Dienstleistungsunternehmen (Banken; Versicherungen).

200 Der Schwerpunkt der gesellschaftsrechtlichen Richtlinien liegt in der *Angleichung einzelstaatlicher Rechtsvorschriften.* Sie soll einen gleichwertigen Schutz der Anteilseigner und Dritter sicherstellen, die Rechnungslegung harmonisieren und die Niederlassungsfreiheit der Gesellschaften fördern. Die Einführung originär europäischer Gesellschaftsrechtsformen ist mit Ausnahme der Rechtsformen der Europäischen Wirtschaftlichen Interessenvereinigung (EWIV), der Europäischen Aktiengesellschaft (SE) und der europäischen Genossenschaft (SCE) bisher nicht weiter vorangekommen.

201 Die *Kodifizierungsrichtlinie Gesellschaftsrecht (Nr. 14 der Liste)* fasst sechs frühere, mehrfach geänderte Richtlinien[262] (insgesamt 19 Richtlinien) zusammen und systematisiert bestimmte Aspekte des Kapitalgesellschaftsrechts in der Europäischen Union. In Deutschland sind die gesellschaftsrechtlichen Formen der AG, der GmbH und der KGaA betroffen. Für diese Gesellschaftsformen werden allgemeine Bestimmungen über die Gründung, Publizität, Kapitalschutz, Funktionsweise, Verschmelzung, Spaltung und Zweigniederlassung harmonisiert. Andere rechtliche Gesichtspunkte (etwa Arbeitnehmerrechte; Liquidationsverfahren; Marktmissbrauch) sind in speziellen Richtlinien geregelt. Die Mitgliedstaaten können die Regeln der Kodifikationsrichtlinie auch auf Genossenschaften und Investmentgesellschaften übertragen.

Die Änderungsrichtlinie 2019/1151 modernisiert die Kodifizierung des Gesellschaftsrechts durch die Möglichkeit von Online-Verfahren bei der Gründung und Eintragung von Gesellschaften, der Einreichung von Unterlagen und der Kommunikation mit Registern. Entsprechende Formulare finden sich im Anhang zur Änderungsrichtlinie.

202 aa) ***Gründung.*** Die *Kodifizierungsrichtlinie* regelt nicht den Gründungsvorgang einer Kapitalgesellschaft an sich, sondern nur die wichtigsten Aspekte unter dem Gesichtspunkt des Schutzes Dritter. Die Satzung muss demnach Vorschriften enthalten über die Rechtsform der Gesellschaft, die Firma, den Gegenstand des Unternehmens, die Höhe des genehmigten oder gezeichneten Kapitals, die Zahl und die Bestellung der Vertretungs- und Kontrollorgane, die Dauer der Gesellschaft, den Sitz sowie Einzelheiten über die Zahl, die Form und den Nennbetrag der Aktien.

203 bb) **Publizität.** Die Handlungen der Organe sind Dritten gegenüber grundsätzlich bindend, soweit sie zum Gegenstand des Unternehmens gehören. Eine Ausnahme besteht dann, wenn Dritten die Überschreitung der Befugnisse bekannt war (Art. 9(1)). Ferner sind die möglichen Nichtigkeitsgründe einer Gesellschaft aufgezählt (Art. 11), die zur Liquidation führen (Art. 12). Auf Geschäftsbriefen und Bestellscheinen ist die Rechtsform des Unternehmens, der Sitz und die Registernummer anzugeben (Art. 26).

In jedem Mitgliedstaat muss ein zentrales Handelsregister bestehen, das alle wichtigen Informationen über ein Unternehmen in elektronischer Form öffentlich zugänglich enthält. Eingereichte Papierdokumente müssen vom Register digitalisiert werden (Art. 16(3)). Elektronische Dokumente sind mit einer zumindest fortgeschrittenen elektronischen Signatur zu versehen (Art. 16(4)). Die mitgliedstaatlichen Register sowie die Register von Island, Liechtenstein und Norwegen werden seit Juni 2017 durch das

262 Richtlinien 82/891/EWG vom 17.12.1982 ABl. L 378, S. 47; 89/666/EWG vom 21.12.1989 ABl. L 395, S. 6; 2005/56/EG vom 26.10.2005 ABl. L 310, S. 1; 2009/101/EG vom 16.9.2009 ABl. L 258, S. 11; 2011/35/EU vom 5.4.2011 ABl. 110, S. 1; 2012/30/EU vom 25.10.2012 ABl. L 315, S. 74.

Business Registers Interconnection System (BRIS) als Plattform vernetzt (siehe auch Artt. 22–25).

cc) ***Zweigniederlassungen in anderen Mitgliedstaaten.*** Die Zweigniederlassung eines Unternehmens in einem anderen Mitgliedstaat unterliegt den Register- und Offenlegungsvorschriften des Mitgliedstaates der Zweigniederlassung. Für die Zweigniederlassung besteht die Verpflichtung zu vergleichbaren Angaben wie für die Hauptniederlassung (Artt. 37, 39). Es können beglaubigte Übersetzungen der Urkunden verlangt werden (Art. 32). Für die Rechnungslegung bestehen Besonderheiten (Artt. 31, 38, 42). 204

dd) Kapitalerhaltung und Kapitaländerung. Die Kodifizierungsrichtlinie Gesellschaftsrecht legt für alle Kapitalgesellschaften – damit auch für die GmbH – ein Mindestkapital in Höhe von 25 000,00 Euro fest (Art. 45(1)). Aktien dürfen nicht unter ihrem Nennwert ausgegeben werden (Art. 47). 205

Die Einlagen sind bei der Gründung oder bei der Geschäftsaufnahme mindestens zu 25 % und innerhalb von fünf Jahren voll zu leisten (Artt. 48; 53). Der Wert von Sacheinlagen ist in der Regel zuvor durch einen unabhängigen Sachverständigen zu ermitteln und zu bestätigen (Artt. 49–51).

Außerdem bestehen Vorschriften über die Ausschüttung von Gewinnen (Art. 56) und über den Erwerb eigener Aktien. Eigene Aktien dürfen nicht gezeichnet, können aber nachträglich erworben werden (Art. 82) und stehen unter besonderen Transparenzbedingungen (Artt. 59–67). Kapitalerhöhungen und Kapitalherabsetzungen müssen von der Hauptversammlung beschlossen werden (Artt. 68, 73, 74, 77). Die Kodifikationsrichtlinie berücksichtigt die Rechtsprechung des EuGH zu Insidergeschäften, Meldepflichten und Rückkaufprogrammen.

ee) ***Verschmelzung und Spaltung von Kapitalgesellschaften.*** Unter „Verschmelzung" ist die Aufnahme einer oder mehrerer Gesellschaften in eine bestehende Gesellschaft oder die Gründung einer neuen Gesellschaft durch bestehende Gesellschaften zu verstehen (Artt. 88–90, 109). Die übertragende Gesellschaft erlischt (Art. 105). Der Verschmelzungsprozess ist in der Kodifikationsrichtlinie detailliert geregelt (Verschmelzungsplan; Beschlussfassung; Offenlegung; Durchführung; Haftung; Nichtigkeitsgründe (Artt. 91–98). Dabei sind die Interessen der Arbeitnehmer (Art. 98), der Gläubiger (Art. 99) und der Anteilseigner (Artt. 100, 101) zu wahren. Bei grenzüberschreitenden Verschmelzungen von Kapitalgesellschaften müssen die Verschmelzungspläne übereinstimmen und im Register offengelegt werden (Artt. 118–132). Für die Arbeitnehmermitbestimmung gilt das Recht des Mitgliedstaates, in dem die neue Gesellschaft ihren Sitz hat (Art. 133). 206

Der Verschmelzung sind andere Vorgänge der Vermögensübertragung gleichgestellt, insbesondere die Spaltung von Aktiengesellschaften (Artt. 135–159).

Aufbauend auf den bestehenden Regelungen zur innerstaatlichen und grenzüberschreitenden Verschmelzung sowie zur innerstaatlichen Spaltung soll das Company Law Package, das die Europäische Kommission am 25.4.2018 veröffentlichte, zusätzliche Bestimmungen zur grenzüberschreitenden Spaltung und zur grenzüberschreitenden Umwandlung einführen. Konkret sollen die Änderungen in die Richtlinie über bestimmte Aspekte des Gesellschaftsrechts (Kodifizierungsrichtlinie Gesellschaftsrecht) integriert werden. Erforderlich geworden war die Überarbeitung der Regelungen durch die Rechtsprechung des EuGH in der Sache Polbud[263] zur Niederlassungsfreiheit.

207 **ff) Aktionärsrechte-Richtlinie.** Die ursprüngliche *Aktionärsrechterichtlinie (Nr. 8 der Liste)* diente der Harmonisierung und Modernisierung des Gesellschaftsrechts und der Verbesserung der „Corporate Governance" in der Europäischen Union im Zusammenhang mit der *Stimmrechtsausübung von Aktionären* börsennotierter Gesellschaften im Ausland. Die Aktionäre sollten in die Lage versetzt werden, unabhängig von ihrem Wohnsitz ihre Fragerechte und Stimmrechte wahrzunehmen.

Die Änderungsrichtlinie sieht vor, dass personenbezogene Daten aller stimmberechtigten Aktionäre über die Intermediäre (Banken; Wertpapierunternehmen) an die Gesellschaft gelangen. Dadurch soll eine wirksame und nachhaltige Mitwirkung der Aktionäre gefördert werden. Eine Möglichkeit zu einem „Opt-out" der Aktionäre ist nicht vorgesehen. Institutionelle Anleger müssen die Hauptelemente ihrer Anlagenstrategien öffentlich bekannt machen (Art. 3 h (1)).

Ein wichtiges Thema der Änderungsrichtlinie sind Vorgaben zur Vergütungspolitik, die sich auf börsennotierte Aktiengesellschaften beschränken. Sie beinhalten die Festlegung einer Vergütungspolitik durch die Gesellschaft, die Einbeziehung der Aktionäre entweder mit zustimmendem oder empfehlendem Charakter („say on pay") und das Transparentmachen der Vergütungskriterien.

Die umstrittensten Regelungen der Änderungsrichtlinie betreffen allerdings die Transparenz von und die Zustimmung zu Geschäften mit der Gesellschaft nahestehenden Personen bzw. Unternehmen (related party transactions). Die Änderungsrichtlinie bleibt bei der verbindlichen Offenlegung von wesentlichen Geschäften, spätestens zum Zeitpunkt des Abschlusses. Allerdings muss nicht zwingend die Hauptversammlung zustimmen, ein Votum des Aufsichtsrats genügt.

208 **gg) *Bilanzrichtlinie.*** Große praktische Bedeutung hat die *Bilanzrichtlinie (Nr. 13 der Liste)*. Sie harmonisiert die einzelstaatlichen Vorschriften für Kapital- und Personengesellschaften (in Deutschland einschließlich der GmbH & Co KG) sowie Unternehmensgruppen (Konzerne) und erleichtert die Finanzberichterstattung und den Verwaltungsaufwand für kleinere und mittlere Unternehmen (KMU).

Die Bilanzrichtlinie enthält Rahmenvorschriften über die Gewinn- und Verlustrechnung, die Berücksichtigung bestimmter Positionen in der Bilanz (etwa Warenkontrakte; Derivate; Wertberichtigungen), den Lagebericht und den Jahresbericht. Die Rahmenvorschriften können durch eine Vielzahl von Optionen auf mitgliedstaatlicher Ebene modifiziert werden.

263 EuGH, POLBUD - WYKONAWSTWO, C-106/16, ECLI:EU:2017:804.

Kriterien	Unternehmen und Unternehmensgruppen			
	Kleinstunternehmen	**Kleinunternehmen**	**mittlere Unternehmen**	**große Unternehmen**
Bilanzsumme	bis 350 000 €	bis 4 Mio €	bis 20 Mio €	über 20 Mio €
Nettoumsatzerlöse	bis 700 000 €	bis 8 Mio €	bis 40 Mio €	über 40 Mio €
Zahl der Beschäftigten	bis 10	bis 50	bis 250	mindestens 250

© Kilian 2021

Die Bilanzrichtlinie differenziert die Rechnungslegungsanforderungen nach der Größe des Unternehmens. Je größer ein Unternehmen ist, desto größer sind die Transparenzanforderungen im Interesse der Aktionäre, der Geschäftspartner und der Öffentlichkeit. Als Kriterien für die Größe eines Unternehmens gelten die Bilanzsumme, der Nettoumsatzerlös sowie die Zahl der Beschäftigten. Das Vorliegen von zwei der drei Kriterien entscheidet über die Klassifikation als Kleinstunternehmen, kleines, mittleres oder großes Unternehmen.

Die Bilanzrichtlinie betrifft den Jahresabschluss von Einzelunternehmen und zusammengeschlossen Unternehmen (Konzernen). Sie enthält Vorschriften über die Bilanz, die Gewinn- und Verlustrechnung sowie den Anhang und stellt allgemeine Grundsätze für die Rechnungslegung und die Bewertungsgrundlagen auf. Große Unternehmen und Konzerne haben zusätzliche Angaben zu machen, für kleinere Unternehmen gibt es Erleichterungen. Von Mutterunternehmen werden konsolidierte Abschlüsse und Berichte verlangt.

Ergänzend zur Bilanzrichtlinie schreibt die CSR- (Corporate Social Responsibility-) Richtlinie (*Nr. 14 der Liste*) für Unternehmen mit mehr als 500 Arbeitnehmern vor, im Lagebericht Angaben zu Umwelt-, Sozial- und Arbeitnehmerbelangen sowie zu weiteren nichtfinanziellen Leistungsindikatoren zu machen.

hh) IAS-Verordnung. Durch die *IAS-Verordnung (Nr. 4 der Liste)* werden kapitalmarktorientierte Unternehmen verpflichtet, bei der Aufstellung ihrer konsolidierten Abschlüsse seit dem Jahr 2005 das einheitliche Regelwerk IFRS (International Financial Reporting Standards) anzuwenden, um eine Effizienzsteigerung im Binnenmarkt und eine international anerkannte Rechnungslegung zu erreichen (Erwägungsgrund 2). Durch IFRS sollen bessere Kapitalmarktinformationen verfügbar gemacht werden. Die IFRS gelten zwingend für Konzernabschlüsse, nicht aber für Jahresabschlüsse einzelner Gesellschaften. Für letztere ist in Deutschland das modernisierte[264] „HBG-Bilanzrecht" anzuwenden, das auf den Ausweis unsicherer Vermögensvermehrungen 209

264 Bilanzrechtsmodernisierungsgesetz (BilMoG) vom 25.5.2009, BGBl. I S. 1102.

aufgrund selbstgeschaffener immaterieller Werte im Interesse des Gläubigerschutzes und der Kapitalerhaltung verzichtet.

210 ii) ***Abschlussprüferrichtlinie.*** In der allgemeinen Bilanz- und in der Konzernbilanzrichtlinie ist die Notwendigkeit der Bilanzprüfung durch geeignete Personen festgelegt. Mit der *Abschlussprüferrichtlinie (Nr. 8 der Liste)* werden die Mindestvoraussetzungen festgelegt, die Prüfer für ihre Tätigkeit erfüllen müssen.

Die Pflichtprüfungen können nach dem Recht der Mitgliedstaaten durch natürliche und juristische Personen oder durch Personenvereinigungen durchgeführt werden. Die tatsächlich prüfenden Personen müssen entweder die Hochschulreife, eine theoretische und praktische Ausbildung mit Eignungsprüfung auf dem Niveau eines Hochschulabschlusses nachweisen oder übergangsweise eine langjährige berufliche Tätigkeit im Bereich des Finanzwesens und der Buchführung ausgeübt und eine berufliche Eignungsprüfung abgelegt haben. Die Namen und Anschriften der zur Pflichtprüfung zugelassenen Prüfer sind der Öffentlichkeit zur Verfügung zu stellen.

211 jj) **Einpersonengesellschaftsrichtlinie.** Die Errichtung von *Einpersonengesellschaften* wurde schon in der zwölften gesellschaftsrechtlichen Richtlinie (89/667/EWG) geregelt, die 2009 in die *RL 2009/102/EG* überführt worden ist *(Nr. 10 der Liste)*. Diese Richtlinie stellt sicher, dass in jedem Mitgliedstaat eine Ein-Personen-Gründung zulässig ist. Dies war zuvor nicht überall der Fall. Zudem enthält die Richtlinie Verfahrensregeln für Gesellschaften mit nur einem Gesellschafter.

Die Identität des einzigen Gesellschafters muss offengelegt werden. Der Gesellschafter übt die Befugnisse der Gesellschafterversammlung aus. Die Beschlüsse der Gesellschaft sowie Verträge zwischen dem Gesellschafter und seiner Gesellschaft sind zu protokollieren oder schriftlich abzufassen.

Die Richtlinie 2009/102/EG wurde seit 2014 bis 2018 in dem Vorschlag der Europäischen Kommission für eine Richtlinie über Gesellschaften mit beschränkter Haftung mit einem einzigen Gesellschafter – der sogenannten SUP-Richtlinie – weiterentwickelt.[265]

212 kk) **GmbH & Co-Richtlinie.** Für die Bundesrepublik Deutschland bedeutsam ist vor allem die *GmbH & Co KG-Richtlinie (Nr. 2 der Liste)*. Diese Rechtsform war in anderen EU-Mitgliedstaaten unbekannt.

In der ursprünglichen Bilanzrichtlinie war die GmbH & Co KG nicht als publizitätspflichtige Gesellschaftsform aufgeführt worden. Auch bei der deutschen Umsetzung der Richtlinie[266] blieb die GmbH & Co KG unerwähnt. Deshalb bezog die GmbH & Co KG-Richtlinie als Ergänzungsrichtlinie zur Bilanzrichtlinie diese Gesellschaftsform ausdrücklich in den Geltungsbereich der Bilanzrichtlinie mit ein.

213 ll) **Übernahmerichtlinie.** Diese heiß umkämpfte *Übernahmerichtlinie (Nr. 6 der Liste)* enthält eine Teilharmonisierung von Regelungen zur Übernahme börsennotierter Unternehmen.

Die Übernahmerichtlinie will den Übernahmeprozess transparent gestalten, Wertpapierinhaber mit Minderheitsbeteiligung schützen und Insidergeschäfte verhindern. Während des Übernahme-Entscheidungsprozesses sollen bestimmte Fristen gelten, die Funktionen der Leitungsorgane geregelt und die Ausübung von Stimmrechten wäh-

265 Vgl. KOM(2014) 212 final. Siehe ausführlicher hierzu Randnummer 245.
266 BilanzrichtlinienG vom 19.12.1985, BGBl. I S. 2355.

rend des Angebots beschränkt werden. Die Festlegung zahlreicher Einzelheiten (etwa: Arbeitnehmerbeteiligung in der Bieter- und Zielgesellschaft; Wertpapierübernahmeverpflichtungen; Abwicklung der Übernahme) wurde den Mitgliedstaaten zur Regelung überlassen.

Die ursprünglich geplanten Verbote von Höchst- und von Mehrfachstimmrechten sowie die Durchsetzung des Prinzips „one share, one vote" konnten wegen der heterogenen Ausgangssituation in den Mitgliedstaaten nicht durchgesetzt werden und ist inzwischen aus der Diskussion verschwunden.

b) Harmonisierung des Gesellschaftssteuerrechts

aa) Gesellschaftssteuerrichtlinie. Die älteste *Besteuerungsrichtlinie (Liste Nr. 9)* 214 stammt aus dem Jahre 2008 und betrifft die Harmonisierung von Rechtsvorschriften über indirekte Gesellschaftssteuern auf die Kapitalansammlung. Ziel dieser Richtlinie ist es, die *Abgaben* auf Kapitalzuführungen an Kapitalgesellschaften schrittweise *anzugleichen* sowie die Steuern auf Wertpapiere, Aktien und Schuldverschreibungen abzuschaffen. Dadurch soll der Kapitalverkehr erleichtert und die unterschiedliche steuerliche Behandlung von Gesellschaften vermieden werden. Die Angleichung erfolgte durch Definition der steuerpflichtigen Vorgänge (Gründung einer Gesellschaft; Erhöhung des Kapitals; Umwandlung der Gesellschaft) und der Besteuerungsgrundlage.

bb) Fusionsbesteuerungsrichtlinie. Um die grenzüberschreitende Unternehmenskoope- 215 ration zu fördern, will die *Fusionsbesteuerungsrichtlinie (Nr. 11 der Liste)* bei Fusionen und Spaltungen von Kapitalgesellschaften, bei der Einbringung von Vermögenswerten oder bei dem *Austausch* von Unternehmensanteilen eine einheitliche Besteuerung durchsetzen. In der Regel hat der Staat der übertragenden Gesellschaft auf eine Besteuerung der Kapitalgewinne zu verzichten, soweit der Vorgang nicht als Steuerverkürzung einzuschätzen ist.

Die Fusionsbesteuerungsrichtlinie hat die Einführung eines gemeinsamen Steuersystems für grenzüberschreitende Umstrukturierungstätigkeiten zum Gegenstand. Als Umstrukturierung eines Unternehmens gelten *Fusionen* und *Spaltungen* sowie die Einbringung und der Austausch von Unternehmensanteilen zwischen Gesellschaften verschiedener Mitgliedstaaten. Derartige Vorgänge dürfen keine Körperschaftssteuer im Hinblick auf den Unterschied zwischen dem tatsächlichen Wert des übertragenen Aktiv- und Passivvermögens im Zeitpunkt der Transaktion auslösen. Eine Besteuerung ist erst dann zulässig, wenn ein Mehrwert tatsächlich realisiert worden ist. Wird eine Betriebsstätte eingebracht, so verzichtet der hierfür zuständige Staat auf die Besteuerung.

Die Richtlinie findet auch auf alle Transaktionen von konzernverbundenen Unternehmen Anwendung, die der Körperschaftssteuer unterliegen. Das sind in Deutschland sämtliche Kapitalgesellschaften (also insbesondere die AG, GmbH, KGaA, eGen).

cc) Konzernbesteuerungsrichtlinie. Wenn Mutter- und Tochtergesellschaft in verschie- 216 denen Mitgliedstaaten ihren Sitz haben, kann es zu einer Besteuerung der von der Tochtergesellschaft ausgeschütteten Gewinne sowohl im Staat des Sitzes der Tochtergesellschaft als auch im Staat des Sitzes der Muttergesellschaft kommen, weil die Gewinne der Tochtergesellschaft auch der Muttergesellschaft zugerechnet werden. Zur Vermeidung der Doppelbesteuerung führte die *Konzernbesteuerungsrichtlinie (Nr. 12 der Liste)* das sogenannte „Schachtelprivileg" ein: Gewinne von Tochtergesellschaften, die in einem Mitgliedstaat erzielt wurden, brauchen im Staat der Muttergesellschaft nicht oder nur unter Anrechnung der im anderen Staat entrichteten Steuer besteuert werden.

Der Status einer Muttergesellschaft steht jedem Unternehmen zu, das mindestens 25 % des Kapitals einer ausländischen Tochtergesellschaft hält. Beim Anrechenprinzip werden Gewinne, die einer Gesellschaft von einer in einem anderen Mitgliedstaat ansässigen Gesellschaft zufließen, nur in Anrechnung der dort bereits auf den Gewinn entrichteten Steuern besteuert. Beim Steuerfreiheitsprinzip befreit der Mitgliedstaat der Muttergesellschaft die ausgeschütteten Gewinne (Dividenden) von der Steuer.

Aufgrund von Inkongruenzen der nationalen Steuersysteme konnte es zu doppelten Nichtbesteuerungen kommen. Dieses Schlupfloch wurde inzwischen beseitigt. Die Änderungsrichtlinie 2015/121/EU verbietet „unangemessene Gestaltungen“, überlässt aber den Mitgliedstaaten die Klassifizierung als „Missbrauch“.

217 **dd) Restrukturierungs- und Insolvenzrichtlinie.** Kerninhalt der Restrukturierungs- und Insolvenzrichtlinie *(Liste Nr. 15)* ist die Einführung eines verpflichtend einzuführenden vor-insolvenzlichen Sanierungsverfahrens, das bereits an die Gefahr einer Insolvenzreife („likelyhood of insolvency“) anknüpfen soll. Diese Richtlinie hat wegen der COVID-19-Pandemie aktuelle Bedeutung gewonnen.

218 **ee) Whistleblower-Richtlinie.** Die *Whistleblower-Richtlinie (Liste Nr. 17)* schützt Personen, die gesellschaftsinterne Verstöße gegen Unionsrecht melden. Strittig war insbesondere die Frage, ob sich ein Hinweisgeber zunächst an eine gesellschaftsinterne Stelle wenden muss, bevor er Externe informieren darf. Die Richtlinie erlaubt unmittelbar externe Meldungen, belässt aber den Mitgliedstaaten die Möglichkeit, Anreize zur vorrangigen Nutzung interner Meldesysteme zu schaffen.[267]

c) Europäische Gesellschaftsformen

aa) Europäische Wirtschaftliche Interessenvereinigung

Spezialliteratur: *Abmeier*, Die Europäische wirtschaftliche Interessenvereinigung und nationales Recht, NJW 1986, 2987; *Althoff*, Die EWIV als Kooperationsinstrument des Mittelstandes. Das Verhältnis von EWIV und deutschem und europäischem Kartellrecht, Diss. 1994; *Behrens*, Europäische Wirtschaftliche Interessenvereinigung (EWIV), in: Dauses (Hrsg.), Handbuch des EU-Wirtschaftsrechts, 41. Aufl. 2017, E III; *Burkhalter*, Die Europäische wirtschaftliche Interessenvereinigung (EWIV) und ihre konzernrechtlichen Beziehungen, 1998; *Fritz*, Die Europäische Wirtschaftliche Interessenvereinigung – Praxiskommentar, 1997; *Funkat*, Die praktische Akzeptanz der EWIV als Gesellschaftsform, EWS 1998, 122; *Ganske*, Die Europäische wirtschaftliche Interessenvereinigung (EWIV), DB 1985 Beilage 20 zu Heft 35, 1; *Gleichmann*, Europäische Wirtschaftliche Interessenvereinigung, ZHR 149 (1985), 633; *Kollhosser*, Die Europäische Wirtschaftliche Interessenvereinigung (EWIV), JA 1988, 10; *Meyer-Landrut*, Die Europäische Wirtschaftliche Interessenvereinigung, RIW 1986, 107; *Müller-Gugenberger*, EWIV-Die neue europäische Gesellschaftsform, NJW 1989, 1449; *Scriba*, Die Europäische Wirtschaftliche Interessenvereinigung, 1988; *Zahorka*, Europäische Wirtschaftliche Interessenvereinigung (EWIV), die einzige transnationale Unternehmensform für Kooperationen in Europa, 1999.

219 **(1) Entstehungsgeschichte und Motive.** Als erste *originäre europäische Gesellschaftsform* wurde im Jahre 1989 die *Europäische Wirtschaftliche Interessenvereinigung*

267 Siehe auch Kap. G IV (Arbeitsrecht).

(EWIV) eingeführt *(Nr. 1 der Liste)*. Es handelt sich um eine Gesellschaftsform, die in Anlehnung an das französische „Groupment d'intérêt économique" in der Union entstand, aber unter deutschem und englischem Einfluss zu einer eigenständigen Rechtsform weiterentwickelt wurde.

Nach Auffassung der Europäischen Kommission setzt die Verwirklichung des europäischen Binnenmarktes nicht nur voraus, dass Tochtergesellschaften, Niederlassungen und Gemeinschaftsunternehmen in einem anderen Mitgliedstaat gegründet werden können, sondern auch, dass vor allem kleineren und mittleren Unternehmen ohne großen Aufwand die Betätigung im gesamten Binnenmarkt offen steht. Ziel der neuen Gesellschaftsform ist es, durch Bildung und Registrierung der EWIV in *einem* Mitgliedstaat EU-weite geschäftliche Aktivitäten ohne weitere Registrierung zu ermöglichen. Juristische oder natürliche Personen aus Drittstaaten dürfen sich an der EWIV nicht beteiligen.

(2) **Rechtsgrundlage.** Auf der Grundlage der Generalklausel des Art. 352 Abs. 1 AEUV hat der Ministerrat eine Verordnung über die EWIV erlassen.[268] Da eine EG-Verordnung nach Art. 288 AEUV in allen Teilen unmittelbar verbindlich ist, blieb den Mitgliedstaaten nur Spielraum für klarstellende oder lückenfüllende Regelungen. Das deutsche EWIV-Ausführungsgesetz[269] enthält 18 Paragrafen. 220

(3) **Rechtsnatur.** Die EWIV ist eine eigenständige Gesellschaftsform. Die EWIV hat nach Art. 1 Abs. 2 EWIV-VO „die Fähigkeit, im eigenen Namen[270] Träger von Rechten und Pflichten zu sein, Verträge zu schließen oder andere Rechtshandlungen vorzunehmen und vor Gericht zu stehen". Diese Formulierung lässt offen, ob die EWIV eine juristische Person ist. Eine *EWIV* mit Sitz in Deutschland hat keine Rechtspersönlichkeit, weil § 1 des deutschen EWIV-Ausführungsgesetzes auf das OHG-Recht verweist. In einigen anderen EU-Mitgliedstaaten wird die EWIV als juristische Person eingestuft. Die deutsche Lösung hat steuerrechtliche Gründe. Der Gesetzgeber wollte die Körperschaftssteuerpflicht vermeiden und die Gewinne der EWIV als Gewinne der Gesellschafter (Mitunternehmer) nach § 15 Abs. 1 Nr. 2 EStG behandeln. Man hätte die EWIV dennoch in Deutschland als juristische Person behandeln können, da sie bereits nach Art. 3 Abs. 1 EWIV-VO die Gewinne nicht für sich selbst, sondern für die EWIV-Gesellschafter erzielt. 221

(4) **Zweck.** Nach Art. 3 Abs. 1 EWIV-VO bezweckt die EWIV, „die wirtschaftliche Tätigkeit ihrer Mitglieder zu erleichtern oder zu entwickeln sowie die Ergebnisse dieser Tätigkeit zu verbessern oder zu steigern." Die Tätigkeit des EWIV muss also im Zusammenhang mit der wirtschaftlichen Tätigkeit ihrer Mitglieder stehen und darf nur eine Hilfstätigkeit hierzu bilden (Art. 3 Abs. 1 S. 2 EWIV-VO). 222

Mitglied einer EWIV können alle natürlichen und juristischen Personen des Privatrechts sowie Einrichtungen des öffentlichen Rechts werden, soweit sie Erwerbszwecke verfolgen (Art. 4 Abs. 1 lit. a und b EWIV-VO). Die Erwerbszwecke sind nicht beschränkt und können deshalb gewerblicher, kaufmännischer, handwerklicher oder

---

268 VO (EWG) Nr. 2137/85 vom 25.7.1985, ABl. L 199 vom 31.7.1985, S. 1; berichtigt ABl. L 247 vom 14.9.1985, S. 21 sowie ABl. L 124 vom 15.5.1990, S. 52.

269 Vom 14.4.1988, BGBl. I S. 514.

270 Die Firmenbezeichnung muss den Zusatz „EWIV" oder die Worte „Europäische Wirtschaftliche Interessenvereinigung" enthalten (EuGH, European Information Technology Observatory, C-402/96, ECLI:EU:C:1997:634, I-7521).

freiberuflicher Art sein. Es müssen sich mindestens zwei Mitglieder aus zwei Mitgliedstaaten an einer EWIV beteiligen.

▶ **Beispiel:**

Die Rechtsanwaltssozietät A in Deutschland schließt sich mit der Rechtsanwaltssozietät B in Belgien zu einer EWIV zusammen. Diese Rechtsanwalts – EWIV erleichtert die Kooperation bei der Rechtsberatung. Die Gewinne aus dieser Kooperation werden nach Vereinbarung zwischen A und B aufgeteilt. ◀

223 Als Hauptanwendungsbereiche neben der freiberuflichen Tätigkeit kommen Forschungskooperationen, Arbeitsgemeinschaften für Großprojekte (ARGE-Gedanke), Vertriebsgesellschaften oder Werbegesellschaften in Betracht.[271]

Nicht ausdrücklich geregelt ist das Verhältnis der EWIV als grenzüberschreitende Organisationsform zum nationalen oder europäischen Kartellrecht. Im Erwägungsgrund 15 der EWIV-VO ist jedoch das Wettbewerbsrecht ausdrücklich ausgenommen worden. Art. 3 Abs. 2 lit. a EWIV-VO verbietet die Ausübung von Leitungsmacht *(Konzernleitungsverbot)*. Ferner ist nach Art. 3 Abs. 2 lit. b EWIV-VO der Erwerb von Anteilen an den Mitgliedsunternehmen der EWIV nicht zulässig *(Holdingverbot)*. Auch darf eine EWIV nach Art. 3 Abs. 2 lit. c EWIV-VO nicht mehr als 500 Arbeitnehmer beschäftigen *(Mitbestimmungs-Umgehungsverbot)*. Schließlich kann eine EWIV sich nach Art. 3 Abs. 2 lit. e EWIV-VO nicht an einer anderen EWIV beteiligen *(Schachtelverbot)*.

224 Von den Erwägungsgründen zur EWIV-VO aus gesehen soll die EWIV für kleine und mittlere Unternehmen als Kooperationsform dienen, und zwar im Hinblick auf Hilfstätigkeiten (Art. 3 Abs. 1 S. 2 EWIV-VO). Im Regelfall greift deshalb die Bekanntmachung der Europäischen Kommission über wettbewerbsrechtlich zulässige Kooperationen[272] oder über Vereinbarungen von geringer Bedeutung[273] ein. Bedenken nach europäischem Wettbewerbsrecht bestehen deshalb regelmäßig nicht, zumal die EWIV-VO gleichen Rang wie eine Gruppenfreistellungsverordnung nach Art. 101 Abs. 3 AEUV besitzt.

225 (5) **Gründung.** Zur Gründung einer EWIV ist ein schriftlicher Vertrag zwischen den Mitgliedern (Art. 5 EWIV-VO) sowie die Eintragung in ein Register (Art. 1 Abs. 2 EWIV-VO; §§ 2–4 EWIV-AusfG) erforderlich. Da es in der Union kein zentrales Handelsregister gibt, wird die EWIV in dem für den Sitzort zuständigen nationalen Handelsregister registriert (Artt. 6, 39 EWIV-VO; § 4 EWIV-AusfG). Aufgrund der Meldungen der nationalen Handelsregister werden die Registrierungen zusätzlich im Amtsblatt C der Union veröffentlicht. Die Wirkung der Eintragung ist umstritten.[274] Art. 1 Abs. 2 der EWIV-VO legt eine konstitutive Wirkung nahe.

226 (6) **Innere Verfassung.** Für die Ausgestaltung der EWIV als personenrechtliches Kooperationsinstrument besteht weitgehende Gestaltungsfreiheit. Zwingend schreibt die Verordnung zwei Organe vor (Art. 16 Abs. 1 EWIV-VO):

271 Statistische Auswertungen bei *Funkat*, EWS 1998, 122 ff.
272 ABl. C 3 vom 6.1.2001, S. 2.
273 ABl. C 368 vom 22.12.2001, S. 13.
274 *Kollhosser*, JA 1989, 10 (13); *Müller-Gugenberger*, NJW 1989, 1449 (1453).

- gemeinschaftlich handelnde Mitglieder
- Geschäftsführer (mit Vertretungsmacht).

Weitere Organe können im Gründungsvertrag festgelegt werden.

Für die Funktion des Geschäftsführers kommen Mitglieder und Außenstehende in Betracht, und zwar natürliche und juristische Personen. Letzteres muss allerdings nach dem Recht des Sitzstaates zulässig sein (Art. 19 Abs. 2 EWIV-VO). 227

Die Rechte und Pflichten der Mitglieder einer EWIV sind in Artt. 17 und 18 EWIV-VO ganz ähnlich wie diejenigen der Gesellschafter einer OHG geregelt. Die EWIV-Mitglieder haben

- grundsätzlich eine Stimme
- Auskunftsrechte
- Einsichtsrechte
- Gewinnbeteiligungsrechte.

In Fällen von besonderer Bedeutung ist Einstimmigkeit erforderlich (Artt. 17 Abs. 2, 26 Abs. 1, 27 Abs. 1, 28 Abs. 2, 31 EWIV-VO).

Ein Mitgliederwechsel in der EWIV tritt ein bei

- Neuaufnahme eines Mitglieds (einstimmiger Beschluss, Art. 26 Abs. 1 EWIV-VO)
- Kündigung (Art. 27 Abs. 1 EWIV-VO)
- gerichtlicher Entscheidung (Art. 27 Abs. 2 EWIV-VO)
- Tod eines Mitglieds (Art. 28 Abs. 1 EWIV-VO).

Durch Tod oder Ausscheiden eines Mitglieds wird die EWIV nicht aufgelöst. Eine Auflösung ist nur durch einstimmigen Beschluss (Art. 31 EWIV-VO) oder Insolvenz (Art. 36 EWIV-VO) möglich.

(7) **Haftung.** Die EWIV selbst besitzt kein Kapital, sondern ist nur Trägerin von Vermögenswerten der Mitglieder. Die Rechte der Mitglieder daran sind in der Verordnung nicht geregelt und bestimmen sich in Deutschland aufgrund der generellen Verweisung im EWIV-Ausführungsgesetz nach §§ 105 Abs. 3 HGB, §§ 718, 719 BGB. Die Mitglieder einer EWIV haften unbeschränkt und gesamtschuldnerisch (Art. 24 EWIV-VO). 228

bb) Europäische Aktiengesellschaft (SE)

Spezialliteratur: *Götz,* Ist die Europäische Aktiengesellschaft eine überzeugende Option für die Praxis?, ZIP 2003, 1067; *Hommelhoff,* Einige Bemerkungen zur Organisationsverfassung der Europäischen Aktiengesellschaft, AG 2001, 279; *Jaeger,* Die Europäische Aktiengesellschaft – europäischen oder nationalen Rechts, 1994; *Köstler/Jaeger,* Die Europäische Aktiengesellschaft, 2002; *Lange,* Überlegungen zur Umwandlung einer deutschen in eine Europäische Aktiengesellschaft, EuZW 2003, 301; *Leupold,* Die Europäische Aktiengesellschaft unter besonderer Berücksichtigung des deutschen Rechts, 1993; *Lutter,* Europäische Aktiengesellschaft – Rechtsfigur mit Zukunft?, BB 2002, 1; *Lutter,* Die Europäische Aktiengesellschaft, 1976; *Manz/Mayer/Schröder (Hrsg.),* Europäische Aktiengesellschaft SE, 2. Aufl. 2010; *Thoma,* Die Europäische Aktiengesellschaft – Societas Europaea, NJW 2002, 203.

(1) **Entstehungsgeschichte und Motive.** Schon seit dem Jahre 1970 wurde immer wieder versucht, eine *Verordnung über das Statut der Europäischen Aktiengesellschaft* zu erlassen. Das Vorhaben scheiterte nicht nur an der Frage der Form der Mitbestimmung 229

der Arbeitnehmer, sondern auch an der ursprünglich beabsichtigten Einbeziehung des Konzernrechts. Erst in der Regierungskonferenz von Nizza gelang der Durchbruch. Das Statut wurde dann im Jahre 2001 durch die VO(EG) Nr. 2157/2001 *(Nr. 3 der Liste)* in einer stark gekürzten Fassung ohne konzernrechtliche Regelungen zusammen mit einer Richtlinie 2001/86/EG zur Beteiligung der Arbeitnehmer erlassen und trat am 8.10.2004 in Kraft (Art. 70).

Begründet wurde die Maßnahme mit der Notwendigkeit einer „gemeinschaftsweiten Reorganisation der Produktionsfaktoren", die es erforderlich machen, „bereits bestehende Unternehmen mehrerer Mitgliedstaaten durch Konzentrations- und Fusionsmaßnahmen zusammenzufassen" (Erwägungsgründe 1 und 2). Man hoffte damit, rechtliche, steuerliche und psychologische Schwierigkeiten überwinden zu können, die bei der Wahl einer Gesellschaftsform nationalen Rechts einer Binnenmarktbetätigung entgegenstehen. Diese Erwartungen haben sich bisher nicht erfüllt.

230 (2) **Rechtsgrundlage.** Als einzige Rechtsgrundlage für den Erlass der Verordnung und der Richtlinie dient die Generalklausel des Art. 352 Abs. 1 AEUV, die Regelungskompetenz für unvorhergesehene Fälle.

231 (3) **Rechtsnatur.** Die Europäische Aktiengesellschaft (*Societas Europaea,* abgekürzt „SE") ist eine Gesellschaft, deren Kapital in Aktien zerlegt ist. Sie besitzt Rechtspersönlichkeit (Art. 1 Abs. 3). Die Beteiligung der Arbeitnehmer wird durch die parallel erlassene, am 14.11.2001 in Kraft getretene und gleichzeitig anzuwendende Richtlinie 2001/86/EG sichergestellt. Die Eintragung einer SE in das Handelsregister[275] des Sitzstaates, die konstitutive Wirkung hat (Art. 16 Abs. 1), darf erst erfolgen, wenn eine Vereinbarung über die Beteiligung der Arbeitnehmer nach der Richtlinie 2001/86/EG geschlossen worden ist (Art. 12 Abs. 2).

Das Mindestkapital einer SE beträgt 120 000 Euro (Art. 4 Abs. 1). Die Sitzverlegung in einen anderen Mitgliedstaat führt weder zur Auflösung der SE noch zur Gründung einer neuen juristischen Person (Art. 8 Abs. 1).

232 (4) **Zweck.** Über den Zweck der SE wird in der Verordnung lediglich festgelegt, dass sie „Handelsgesellschaften" sind (Art. 1 Abs. 1). Im Übrigen gelten die mitgliedstaatlichen Vorschriften für Aktiengesellschaften (Art. 9 Abs. 3).

233 (5) **Gründung.** Die Verordnung sieht vier Gründungsformen vor: Die Verschmelzungs-SE, die Holding-SE, die Tochter-SE sowie die Umwandlungs-SE.

Die *Verschmelzungs-SE* setzt die Existenz von Aktiengesellschaften voraus, von denen mindestens zwei dem Recht verschiedener Mitgliedstaaten unterliegen (Art. 2 Abs. 1). Auch für die übrigen SE-Formen sind mindestens zwei Gesellschaften mit Sitz in verschiedenen Mitgliedstaaten erforderlich, wobei allerdings eine Tochtergesellschaft in einem anderen Mitgliedstaat ausreichend ist (Artt. 2 Abs. 2 lit. b, Abs. 3 lit. b, Abs. 4). In einer Holding-SE kann sich auch eine Gesellschaft mit beschränkter Haftung beteiligen (Art. 2 Abs. 2). Eine Tochter-SE kann von allen Gesellschaften im Sinne des Art. 54 Abs. 2 AEUV gegründet werden, also auch von Gesellschaften des Bürgerlichen Rechts, des Handelsrechts sowie der sonstige Personen des Öffentlichen und Privaten Rechts, soweit sie Erwerbszwecke verfolgen (Art. 2 Abs. 3 VO 2157/2001 iVm Art. 54 Abs. 2 AEUV).

275 Am 18.10.2021 waren in Europa 4528 SE registriert (https://papers.ssrn.com/sol3/papers.cfm?abstract_id=3960618, besucht am 1.7.2023).

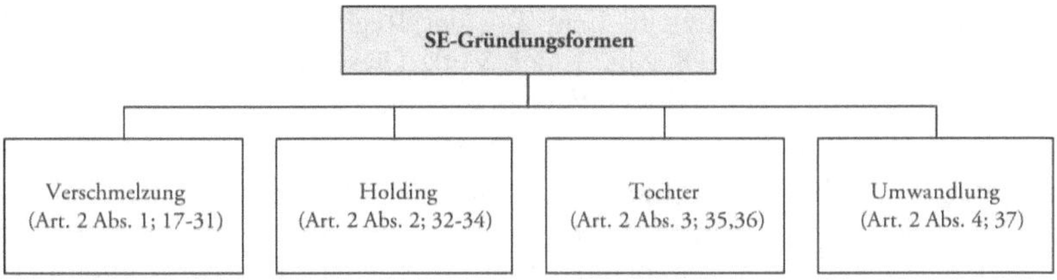

© Kilian 2023

(6) **Innere Verfassung.** Eine SE muss über eine Hauptversammlung sowie entweder 234 über ein Verwaltungsorgan *(„monistisches System“)* oder ein Aufsichtsorgan zusätzlich zu einem Leitungsorgan *(„dualistisches System“)* verfügen (Art. 38). Diese Regelung enthält einen Kompromiss zwischen dem angloamerikanischen und dem kontinentaleuropäischen Aufbau einer Aktiengesellschaft. Bei dem monistischen System führt das Verwaltungsorgan (Art. 43 Abs. 1), bei dem dualistischen System das Leitungsorgan (Art. 39 Abs. 1) die Geschäfte der SE. Für Einzelheiten wird auf das Recht des jeweiligen Mitgliedstaates sowie auf die Satzung der SE verwiesen. Für die Beteiligungsrechte der Arbeitnehmer stehen verschiedene Modelle zur Verfügung, wovon jedoch eine Alternative ausgewählt werden muss.[276]

(7) **Haftung.** Da die SE eine juristische Person ist, haftet sie mit ihrem Vermögen, was 235 jedoch in der Verordnung nicht ausdrücklich erwähnt ist. Jeder Aktionär haftet nur bis zur Höhe des von ihm gezeichneten Kapitals (Art. 1 Abs. 2 S. 2). Für Geschäfte im Namen der SE vor ihrer Eintragung haften die Handelnden (Art. 16 Abs. 2).

cc) Europäische Genossenschaft (SCE)

Spezialliteratur: *Beuthin,* Die Europäische Genossenschaft als gesellschaftliche Herausforderung, ZgG 2007, 3; *Geschwandtner/Helios,* Genossenschaftsrecht: Das neue Genossenschaftsrecht und die Einführung der Europäischen Genossenschaft, 2006; *Korts,* Die Europäische Genossenschaft, 2007; *Münkner,* Europäische Genossenschaft (SCE) und europäische Gesellschaftstradition, 2006; *Schulze (Hrsg.),* Europäische Genossenschaft SCE, 2004;

(1) **Entstehungsgeschichte und Motive.** Der Vorschlag, eine *Europäische Genossenschaft* als Gesellschaftsform vorzusehen, geht bis in das Jahr 1983 zurück. Die Be- 236 gründung weicht nur unerheblich von den Begründungen für die EWIV und SE ab. Spezifisch für die SCE ist, dass sie eine demokratische Struktur und Kontrolle aufweist und die Verletzung des Nettojahresüberschusses nach dem Billigkeitsgrundsatz erfolgt (Erwägungsgrund 7). Insgesamt wird die SCE vom Prinzip „des Vorrangs der Person gegenüber dem Kapital“ beherrscht (Erwägungsgrund 8). Sie dient dem Zweck, den Bedarf ihrer Mitglieder zu decken und/oder deren wirtschaftliche oder soziale Tätigkeiten zu fördern (Art. 1 Abs. 3 der VO).

(2) **Rechtsgrundlage.** Auf der Grundlage der Generalklausel des Art. 352 Abs. 1 AEUV 237 wurde im Jahre 2003 die Verordnung über das Statut der Europäischen Genossenschaft erlassen. Die Verordnung, die seit 18.8.2006 gilt, umfasst 80 Artikel.

276 Einzelheiten im Abschnitt Arbeitsrecht, Rn. G. 275 ff.

238 (3) **Rechtsnatur.** Die SCE besitzt ab dem Tag der Registrierung im Sitzstaat Rechtspersönlichkeit (Art. 1 Abs. 5; 18 Abs. 1 der VO). Dies gilt sowohl für den Fall der Umwandlung als auch für den Fall der Verschmelzung.

239 (4) **Zweck.** Der Zweck der SCE wird in Art. 1 Abs. 3 der VO ausführlich beschrieben. Er besteht darin, durch Vereinbarungen mit ihren Mitgliedern über die Lieferung von Waren oder die Erbringung von Dienstleistungen oder die Durchführung von Arbeiten im Rahmen der Tätigkeiten den Bedarf ihrer Mitglieder zu decken und/oder deren wirtschaftliche und/oder soziale Tätigkeiten zu fördern. Nichtmitglieder der SCE können nicht an den Tätigkeiten beteiligt werden.

240 (5) **Gründung.** Die Gründung einer SCE kann sich in mehreren Formen vollziehen: Durch Gründung von mindestens fünf natürlichen Personen in mindestens zwei Mitgliedstaaten, durch natürliche und juristische Personen des privaten oder öffentlichen Rechts in mindestens zwei Mitgliedstaaten, durch Gesellschaften in mindestens zwei Mitgliedstaaten oder durch Umwandlung oder Verschmelzungen von bestehenden Genossenschaften aus mindestens zwei Mitgliedstaaten (Art. 2 Abs. 1). Während die Verschmelzung detailliert geregelt ist (Artt. 19 bis 34), reicht für die Umwandlung eine Vorschrift aus (Art. 35). Insgesamt wird für die Gründung hilfsweise auf das Genossenschaftsrecht des Mitgliedstaates verwiesen, in dem die SCE ihren Sitz nimmt (Art. 17 Abs. 1).

241 (6) **Innere Verfassung.** Ähnlich wie bei der SE verfügt die SCE über ein demokratisches Hauptorgan, die Generalversammlung (Art. 36 lit. a) sowie entweder über ein Verwaltungsorgan (monistisches System nach angloamerikanischem Vorbild) oder ein Aufsichtsorgan neben einem Leitungsorgan (dualistisches System nach kontinentaleuropäischem Recht). Die Aufgabenverteilung ist ausführlich geregelt. Für die Beteiligungsrechte der Arbeitnehmer wird auf die Richtlinie 2003/72/EG verwiesen (Art. 1 Abs. 6).

242 (7) **Haftung.** Wenn die Satzung der SCE nichts anderes vorsieht, haftet ein Genosse nur bis zur Höhe seines eingezahlten Geschäftsanteils. Andernfalls muss die Firma den Zusatz „mit beschränkter Haftung“ tragen (Art. 1 Abs. 2 Unterabs. 3). Da die SCE eine juristische Person ist, kann mit dieser Regelung nur die Binnenhaftung, nicht aber die Außenhaftung gemeint sein. Auf die Geschäftsanteile einer SCE müssen mindestens 30 000 EUR eingezahlt sein (Art. 3 Abs. 2). Das Grundkapital kann durch die alten oder durch den Beitritt neuer Mitglieder erhöht werden. Bemerkenswert ist, dass Änderungen des Grundkapitals weder eine Satzungsänderung noch eine Bekanntmachung voraussetzen (Art. 3 Abs. 5 Unterabs. 2).

d) Geplante oder verworfene Gesellschaftsformen

Spezialliteratur: *Jung*, Die Europäische Stiftung als Innovationsfeld des Europäischen Gesellschaftsrechts, BB 2012, 1743; *Lutter/Koch* (Hrsg.), Societas Unius Personae (SUP), ZGR Schriftenreihe 2015; *Teichmann*, Europäische Harmonisierung des GmbH-Rechts, NJW 2014, 3561.

243 Nach Abschluss des Vertrags von Maastricht war zunächst eine deutliche Zurückhaltung sowohl bei der Harmonisierung des Gesellschafts- und Steuerrechts als auch bei der Entwicklung besonderer europäischer Gesellschaftsformen zu spüren. Dennoch gab oder gibt es Pläne zur Schaffung anderer originär europäischer Rechtsformen für Gesellschaften.

aa) Europäische Privatgesellschaft (SPE). Die *Europäische Privatgesellschaft* (European Private Company; *Societas Privata Europaea – SPE*)[277] sollte den kleinen und mittleren Unternehmen (KMU) in Europa eine Rechtsform für grenzüberschreitende Tätigkeit zur Verfügung stellen. Das Statut wollte Verweise auf nationales Recht vermeiden und originäres Binnenmarktrecht schaffen. Eine politische Einigung ist zunächst aber gescheitert. Die Europäische Kommission hat ihren Vorschlag im Jahr 2014 zurückgezogen;[278] die Bundesregierung setzte sich jedoch in den Jahren 2017 bis 2021 für eine Wiederbelebung des Projektes ein.[279] 244

bb) Europäische Stiftung/Fondation Europaea (FE). Als Rechtsform für grenzüberschreitende gemeinnützige Stiftungen sollte eine eigene europäische Rechtsform geschaffen werden.[280] Sie war als Mantelgesellschaft oder Holding für natürliche und juristische Personen bei Verschmelzung gemeinnütziger Einrichtungen vorgesehen. Das Vorhaben ist am Einstimmigkeitsprinzip gescheitert und wurde von der Vorhabensliste der Europäischen Kommission gestrichen.[281] 245

cc) Europäische Gegenseitigkeitsgesellschaft (ME). Der geänderte Entwurf für eine Verordnung über die *Europäische Gegenseitigkeitsgesellschaft* (EU-GGES /European Provident Mutual Society-ME) stammt aus dem Jahr 2008.[282] Das Europäische Parlament hat 2013 Empfehlungen zum Statut verabschiedet.[283]Als spezifisches Motiv für die Schaffung dieser Gesellschaftsform wird vor allem die Notwendigkeit angeführt, Vorsorge- und Versicherungsaktivitäten auf Gegenseitigkeit leichter grenzüberschreitend betreiben zu können. Gleichzeitig wird betont, dass die Möglichkeit zur Schaffung Europäischer Gegenseitigkeitsgesellschaften nicht die Existenz der sozialen Pflichtversicherungssysteme berühren solle. Jeder Mitgliedstaat könne aber Europäische Gegenseitigkeitsgesellschaften mit solchen Aufgaben betrauen. 246

Die Europäische Gegenseitigkeitsgesellschaft wird als Personenvereinigung definiert, die ihren Mitgliedern gegen Entrichtung eines Beitrags die vollständige Erfüllung der im Rahmen der satzungsmäßigen Tätigkeiten eingegangenen vertraglichen Verbindlichkeiten garantiert. Für Deutschland ist das der Aufgabenbereich der Versicherungsvereine auf Gegenseitigkeit (Kranken- und Unfallversicherung). Das Europäische Parlament wünscht eine entsprechende Rechtssetzung.[284]

dd) Einpersonengesellschaft/Societas Unius Personae (SUP). Im Jahr 2014 hat die Europäische Kommission einen Entwurf für eine Richtlinie für eine unionsweit harmonisierte Einpersonengesellschaft mit beschränkter Haftung (Societas Unius Personae 247

277 Vorschlag für eine VO des Rates über das Statut der Europäischen Privatgesellschaft vom 25.6.2008, KOM (2008) 396 endgültig.

278 ABl. EU C 153 vom 21.5.2014, S. 3.

279 Koalitionsvertrag zwischen der CDU, CSU und SPD für die 19. Legislaturperiode (https://www.bundestag.de/resource/blob/543200/9f9f21a92a618c77aa330f00ed21e308/kw49_koalition_koalitionsvertrag-data.pdf).

280 Vorschlag für eine Verordnung über das Statut der Europäischen Stiftung (FE), COM(2012)35 final vom 28.2.2012.

281 COM(2014) 910 final vom 16.12.2014 (Annex 2, Nr. 61).

282 Mitteilung der Kommission vom 27.9.2005, KOM (2005) 462 endgültig; *Theis*, Die Europäische Gegenseitigkeitsgesellschaft, 2005.

283 Entschließung vom 14.3.2013 mit Empfehlungen an die Kommission zum Statut der Europäischen Gegenseitigkeitsgesellschaft (2012/2039(INL)).

284 Europäisches Parlament, Ausschuss für Wirtschaft und Währung, Dokument PE 388.661 v 01–00 vom 10.5.2007.

[SUP]) vorgelegt.[285] Diesen Vorschlag zog sie im Juli 2018 offiziell zurück.[286]Unter Umständen eröffnet sich durch diesen Schritt neuer Raum für den bereits 2008 von der Europäischen Kommission veröffentlichten und 2014 wieder zurückgenommenen[287] Entwurf einer Societas Privata Europaea (SPE).[288]

4. Leitentscheidungen

248 ■ *Marleasing*[289]

Zur ersten gesellschaftlichen Richtlinie (68/151/EWG) hatte der EuGH über die Nichtigkeit von Gesellschaftsverträgen zu entscheiden. Er hielt die Aufzählung der ex-tunc-Nichtigkeit einer Gesellschaft nach Art. 11 der Richtlinie für abschließend und verbot zusätzliche Nichtigkeitsgründe im nationalen Recht.

■ *Karella*[290]

Zwangsweise Kapitalerhöhungen bei Aktiengesellschaften durch *staatliche Akte* sind unzulässig, weil in die *Kompetenzen der Hauptversammlung* eingegriffen wird. Nach der Zweiten gesellschaftlichen Richtlinie (77/91/EWG) ist ausschließlich die Hauptversammlung für Kapitalerhöhungen zuständig. Eine Kapitalerhöhung kann für Aktionäre nachteilig sein, weil sich ihr Stimmrecht relativ mindert, wenn sie nicht Kapital nachschießen.

■ *Factortame II*[291]

Die *Niederlassungsfreiheit einer Gesellschaft* nach Art. 54 AEUV darf nicht von der Staatsangehörigkeit oder dem Wohnsitz des Geschäftsführers oder der Gesellschafter abhängig gemacht werden. Art. 49 AEUV verbietet indirekte Diskriminierungen von EU-Ausländern. Dies gilt auch, wenn eine Gesellschaft eines anderen Mitgliedstaates von Fischereilizenzen und dem Betreiben eines rechtmäßig im Inland registrierten Schiffes ausgeschlossen wird.[292]

■ *Daily Mail*[293]

Im Streit zwischen der kontinentaleuropäischen *Sitztheorie* und der angloamerikanischen *Gründungstheorie* hat der EuGH zugunsten der Sitztheorie entschieden: Ein Unternehmen kann sich nicht unter Berufung auf Art. 49 und 54 AEUV sowie auf seine ordnungsgemäße Gründung in einem Mitgliedstaat auch in einem anderen Mitgliedstaat den Sitz begründen.

Auch die bisherigen Richtlinien sichern den Unternehmen nicht das Recht zur identitätswahrenden Sitzverlegung zu, sondern nur die Betätigungsfreiheit über die Staatsgrenzen des Heimatstaates hinaus sowie das Recht zur Gründung von Tochtergesellschaften und Zweigniederlassungen. Da die Besteuerung eines Unternehmens an des-

285 KOM (2014) 212 vom 9.4.2014. – Zur Gesellschaftsform vgl. *Lutter/Koch (Hrsg.)*, Societas Unius Personae, 2015.
286 ABl. 2018 C 233, 6.
287 ABl. 2014 C 153, 3.
288 *Kumpan/Pauschinger*, Entwicklung des Europäischen Gesellschaftsrechts 2018, EuZW 2019, 357 (364); vgl. auch Rn. 242.
289 EuGH, Marleasing/Comercial Internacional de Alimentación, C-106/89, ECLI:EU:C:1990:395, I-4156.
290 EuGH, Karella ua/Ypourgou, C-19/90, ECLI:EU:C:1991:229, I-2710.
291 EuGH, The Queen/Secretary of State (Factortame II), C-221/89, ECLI:EU:C:1991:230, I-3956.
292 EuGH, Kommission/Großbritannien, C-246/89, ECLI:EU:C:1991:375, I-4607.
293 EuGH, The Queen/Daily Mail, C-81/87, ECLI:EU:C:1988:456, 5505.

sen Sitz anknüpft, hätte eine freie Sitzverlegung erhebliche steuerliche Konsequenzen. Nationale Vorschriften, die der identitätswahrenden Sitzverlegung entgegenstehen, verstoßen nicht gegen die Art. 49 und 54 AEUV.

- *Ponente Carni*[294]

Eintragungen von Gesellschaften ins Handelsregister dürfen von *rechtsformspezifischen Gebühren* abhängig gemacht werden. Die Gebühr muss aber in angemessenem Verhältnis zu den behördlichen Dienstleistungen stehen.

- *Viessmann*[295]

In zahlreichen Urteilen zu *Unternehmensbesteuerungen* musste der EuGH über Vorlagen deutscher Steuergerichte ebenfalls auf der Grundlage der Richtlinie 69/335/EWG entscheiden: Die *Übertragung von Anteilen* eines Komplementärs auf einen Kommanditisten unterliegt regelmäßig *nicht der Gesellschaftssteuer;* die Übertragung stellt keine Einlage, keine Kapitalerhöhung und auch keine sonstige kapitalerhöhende Leistung dar. In anderen Fällen ging es um *Gesellschaftssteuern auf Gewinnabführungen* innerhalb einer Unternehmensgruppe,[296] um *Gesellschaftssteuer auf einen Forderungsverzicht* der Muttergesellschaft[297] oder um die *Gesellschaftssteuer* auf *zinslose Darlehen* von Gesellschaftern einer Kapitalgesellschaft.[298]

- *Daihatsu*[299]

Rechtsvorschriften, die das Antragsrecht auf Verhängung von Maßnahmen wegen Nichtveröffentlichung von Jahresbilanzen einschränken, sind nicht mit der Richtlinie 68/151/EWG vereinbar.[300]

- *Lease Plan Luxembourg SA*[301]

Das Leasen oder Vermieten einer Reihe von Fahrzeugen an Kunden, die in einem anderen Mitgliedsstaat ansässig sind, führt umsatzsteuerrechtlich nicht zu einer „festen Niederlassung" nach Art. 9 Abs. 1 der Richtlinie 77/388/EWG.

- *Centros*[302]

Die Verweigerung der Eintragung einer Zweigniederlassung einer Gesellschaft mit der Begründung, dass die Gesellschaft in einem anderen Mitgliedstaat, in dem sie ihren Sitz hat, errichtet worden sei, weil dort geringere Anforderungen an die Einzahlung des Mindestgesellschaftskapitals bestünden, aber ihre Geschäftstätigkeit im Staat der Zweitniederlassung ausüben wolle, verstößt gegen Art. 59 und 65 AEUV (früher Art. 52 und 58 EG).

- *Überseering*[303]

Eine Gesellschaft, die nach dem Recht eines Mitgliedstaates gegründet worden ist, in dessen Hoheitsgebiet sie ihren satzungsmäßigen Sitz hat, und die sich in einem anderen Mitgliedstaat niederlässt, muss von dem Niederlassungsstaat in ihrer Partei-

294 EuGH, Ponente Carni/Amministrazione delle finanze dello Stato, C-71/91, ECLI:EU:C:1993:140, I-1947.
295 EuGH, Viessmann, C-280/91, ECLI:EU:C:1993:103, I-983.
296 EuGH, Weber Haus, C-49/91, ECLI:EU:C:1992:385, I-5219.
297 EuGH, Deltakabel, C-15/89, ECLI:EU:C:1991:38, I-250.
298 EuGH, Trave, C-249/89, ECLI:EU:C:1991:39, I-266.
299 EuGH, Verband deutscher Daihatsu-Händler/Daihatsu Deutschland, C-97/96, ECLI:EU:C:1997:581, I-6858.
300 Deutschland musste § 335 HGB ändern.
301 EuGH, Lease Plan Luxembourg/Belgischer Staat, C-390/96, ECLI:EU:C:1998:206, I-2571.
302 EuGH, Centros, C-212/97, ECLI:EU:C:1999:126, I-1484.
303 EuGH, Überseering, C-208/00, ECLI:EU:C:2002:632, I-9943 = NJW 2002, 3614.

und Rechtsfähigkeit anerkannt werden, die sie in ihrem Gründungsstaat besitzt. Der Niederlassungsstaat verstößt gegen das Verbot der Beschränkung der Niederlassungsfreiheit (Art. 49, 54 AEUV), wenn er die Neugründung der Gesellschaft nach seinem Recht zur Voraussetzung der Rechtsfähigkeit macht.

- *Inspire Art*[304]

Das primäre Unionsrecht steht der Regelung eines Mitgliedstaats entgegen, die die Ausübung der Freiheit zur Errichtung einer Zweitniederlassung in diesem Staat durch eine nach dem Recht eines anderen Mitgliedstaats gegründete Gesellschaft von bestimmten Voraussetzungen abhängig macht, die im innerstaatlichen Recht für die Gründung von Gesellschaften bezüglich des Mindestkapitals und der Haftung der Geschäftsführer vorgesehen sind. Die Gründe, aus denen die Gesellschaft in dem anderen Mitgliedstaat errichtet wurde, sowie der Umstand, dass sie ihre Tätigkeit ausschließlich oder nahezu ausschließlich im Mitgliedstaat der Niederlassung ausübt, nehmen ihr nicht das Recht, sich auf die Niederlassungsfreiheit zu berufen, es sei denn, im konkreten Fall wird ein Missbrauch nachgewiesen.

- *Cartesio*[305]

Das primäre Unionsrecht ist beim gegenwärtigen Stand des Gemeinschaftsrechts dahin auszulegen, dass sie Rechtsvorschriften eines Mitgliedstaats nicht entgegenstehen, die es einer nach dem nationalen Recht dieses Mitgliedstaats gegründeten Gesellschaft verwehren, ihren Sitz in einen anderen Mitgliedstaat zu verlegen und dabei ihre Eigenschaft als Gesellschaft des nationalen Rechts des Mitgliedstaats, nach dessen Recht sie gegründet wurde, zu behalten.

- *Marks&Spencer*[306]

EU-Mitgliedstaaten dürfen es grenzüberschreitend tätigen Konzernen nicht generell verbieten, Verluste ihrer Auslandstöchter in der Heimat anzurechnen.

- *Amurta*[307]

Die Verlegung des Ortes der tatsächlichen Geschäftsleitung einer Kapitalgesellschaft von einem Mitgliedstaat, der die Gesellschaftssteuer abgeschafft hat, in einen Mitgliedstaat, der sie weiterhin erhebt, unterliegt nur in Missbrauchsfällen der Gesellschaftssteuer.

- *VW-Gesetz*[308]

Der EuGH sah in der Kombination von Höchststimmrecht, Entsenderecht und Sperrminorität, die für das Land Niedersachsen bei der Volkswagen AG nach dem Volkswagengesetz bestanden, eine Verletzung der Kapitalverkehrsfreiheit, weil die Kombination dieser Instrumente potenzielle Investoren abschrecke. Die Folgeentscheidung des EuGH bestätigte die Auffassung, dass die alleinige Beibehaltung der Regelung über die Sperrminorität die Kapitalverkehrsfreiheit nicht verletze[309].

304 EuGH, Inspire Art, C-167/01, ECLI:EU:C:2003:512, I-10195.
305 EuGH, Cartesio, C-210/06, ECLI:EU:C:2008:723.
306 EuGH, Marks & Spencer, C-446/03, ECLI:EU:C:2005:763, I-10866.
307 EuGH, Amurta, C-379/05, ECLI:EU:C:2007:655, I-9594.
308 EuGH, Kommission/Deutschland, C-112/05, ECLI:EU:C:2007:623, I-9020.
309 EuGH, Kommission/Deutschland, C-95/12, ECLI:EU:C:2013:676 = NJW 2014, 290.

■ *Erzberger/TUI*[310]

Die Entscheidung des EuGH hat die Aufmerksamkeit einer breiteren Öffentlichkeit auf sich gezogen, weil sich der Gerichtshof mit dem hochemotionalen und politisch brisanten deutschen Mitbestimmungsrecht zu befassen hatte. Der Antragsteller vertrat in dem vor dem Kammergericht Berlin anhängigen Verfahren die Ansicht, dass der Aufsichtsrat der TUI AG fehlerhaft zusammengesetzt sei. Als maßgebliches Argument führte er aus, die deutsche Regelung der Arbeitnehmermitbestimmung sei unionsrechtswidrig, weil sie das aktive sowie passive Wahlrecht auf im Inland beschäftigte Mitarbeiter begrenze. Dies sah der EuGH anders. Er entschied, dass die Regelung weder gegen das allgemeine Diskriminierungsverbot des Art. 18 AEUV verstößt, noch eine ungerechtfertigte Beschränkung der Arbeitnehmerfreizügigkeit nach Art. 45 AEUV darstellt. Dies gelte selbst dann, wenn zunächst in Deutschland Beschäftigte ihre Stelle aufgeben, um bei einer in einem anderen Mitgliedstaat ansässigen Tochtergesellschaft der TUI AG zu arbeiten. Das Unionsrecht gebiete es nicht, dass der Umzug in einen anderen Mitgliedstaat in sozialer Hinsicht neutral sein müsse.[311]

■ *Polbud*[312]

Mit der Entscheidung in der Rechtssache Polbud hat der EuGH die Rechtsprechungsreihe zur Niederlassungsfreiheit von Gesellschaften um eine weitere Entscheidung ergänzt. Ausgangspunkt war der grenzüberschreitende Formwechsel einer polnischen Gesellschaft nach Luxemburg, ohne dass auch die wirtschaftliche Tätigkeit verlegt werden sollte. Das polnische Registergericht verweigerte die hierfür erforderliche Löschung mit dem Argument, dass zunächst ein Liquidationsverfahren durchgeführt werden müsse. Der EuGH machte deutlich, dass eine isolierte Satzungssitzverlegung nicht per se als rechtsmissbräuchlich angesehen werden darf, da sie lediglich eine Inanspruchnahme der durch die Rechtsprechung des EuGH geschaffenen Möglichkeiten darstellt.

5. Bezüge zum deutschen Recht

a) Strukturen

Das deutsche Gesellschaftsrecht ist durch das Europäische Gesellschaftsrecht nachhal- 249
tig beeinflusst worden. Dies gilt vor allem für die kapitalmarktorientierten und grenzüberschreitend tätigen Kapitalgesellschaften, für das Rechnungslegungsrecht, die Publizitätsvorschriften, den Aktionärs- und Gläubigerschutz sowie für das Gesellschaftssteuerrecht. Allein im deutschen Aktienrecht sind bisher mehr als 100 Änderungen durch EU-Richtlinien bedingt.[313]

Anpassungen in den organisatorischen Strukturen der in Deutschland bekannten Ge- 250
sellschaftsformen waren dagegen bisher nicht erforderlich. Das lässt sich mit der hohen rechtsformbezogenen Systematisierung des deutschen Gesellschaftsrechts und der Flexibilität seiner Rechtsformen erklären. Da die deutschen Rechtsformen für Gesellschaften mit Ausnahme der Kapitalgesellschaft & Co. KG auch in den anderen Mitgliedstaaten bekannt sind und die Richtlinien Wahlfreiheit zwischen einem monis-

310 EuGH, Erzberger, C-566/15, ECLI:EU:C:2017:562.
311 *Kumpan/Pauschinger,* Entwicklung des europäischen Gesellschaftsrechts 2017, EuZW 2018, 353.
312 EuGH, POLBUD - WYKONAWSTWO, C-106/16, ECLI:EU:2017:804.
313 *Lutter,* Europäisches Unternehmensrecht, S. 26.

tischen oder dualistischen System der Unternehmensleitung lassen, entfielen insoweit strukturelle Anpassungsmaßnahmen im deutschen Gesellschaftsrecht.

251 Die *Europäische Wirtschaftliche Interessenvereinigung* (EWIV) ist als OHG-nahe Gesellschaftsform neu hinzugekommen. Sie wird vor allem von Angehörigen der freien Berufe (Rechtsanwälte; Steuerberater) für grenzüberschreitende Kooperationen genutzt. Die neue Gesellschaftsform hat zur *Auflockerung* starrer *berufsrechtlicher Vorschriften* beigetragen, aber bisher keine dominante Position erringen können.

b) Einzelheiten

252 aa) **Rechnungslegungs- und Publizitätsvorschriften.** Die EG-Bilanzrichtlinie hat im *deutschen Recht* zu den *umfassendsten systematischen* und *inhaltlichen Änderungen* im Gesellschaftsrecht (Rechnungslegungsrecht) geführt. Mehr als 100 neue Paragrafen wurden durch das Bilanzrichtliniengesetz[314] aus dem Jahre 1985 in das Handelsgesetzbuch eingefügt oder dort geändert. Dadurch wurde ein völlig neues, in sich hierarchisch aufgebautes Buch im Handelsgesetzbuch geschaffen. Andere Gesetze (AktG, GmbHG) konnten entsprechend entlastet werden. Seit Ausgliederung des Aktienrechts aus dem Handelsgesetzbuch im Jahre 1937 war diese Modernisierung die größte systematische und inhaltliche Änderung des Handelsgesetzbuches seit seinem Inkrafttreten im Jahre 1900.

Durch Änderungsverordnungen teils erzwungen, teils angeregt, kam es im Jahre 2004 durch das Bilanzrechtsreformgesetz (BilReG)[315] und im Jahre 2009 durch das Bilanzrechtsmodernisierungsgesetz (BilMoG)[316] zu erneut weit reichenden Neustrukturierungen des gesamten Rechnungslegungsrechts unter Einschluss der Personengesellschaften. Neu ist, dass der Umfang der Rechnungslegungspflicht nach der *Größe der Unternehmen* (kleine, mittlere, große) intensiver abgestuft wird (§§ 266 Abs. 1, 267, 316 Abs. 1, 326, 327 HGB). Einzelkaufleute, kleine und mittlere Unternehmen genießen erhebliche Erleichterungen bei den handelsrechtlichen Buchführungs-, Inventar- und Bilanzierungspflichten. Die Publizitätspflichten der Gesellschaft mit beschränkter Haftung und der Genossenschaft hat der Gesetzgeber so gering wie möglich gehalten (§§ 266 Abs. 1; 316 Abs. 1; 326; 336 Abs. 2 HGB; 42 a Abs. 2 S. 1 GmbHG). Nur etwa 20 000 mittlere und große Gesellschaften mbH unterfallen der Publizität und Pflichtprüfung.[317] Die Prüfung der Unternehmen durch Wirtschaftsprüfer und Prüfungsgesellschaften wurden verschärft und Haftungsregeln an den Prüfungsvermerk geknüpft.

253 *Missglückt* ist der deutsche Versuch, die *GmbH & Co. KG* aus dem Bilanzrichtliniengesetz *auszuklammern.* Diese nur in Deutschland vorkommende Gesellschaftsform war in der Bilanzrichtlinie nicht ausdrücklich genannt worden, sollte aber dem Sinn nach einbezogen sein.[318] Mit der gegen die Stimmen Deutschlands mit qualifizierter Mehrheit (Art. 95 EG, jetzt Art. 114 AEUV) angenommenen Ergänzungsrichtlinie (GmbH & Co KG-Richtlinie, *Nr. 2 der Liste*) wurde die Bundesrepublik zur Einbeziehung dieser Gesellschaftsform verpflichtet.

314 Vom 19.12.1985, BGBl. I S. 2355.
315 Vom 4.12.2004 BGBl. I S. 3166 (Änderungen in 24 deutschen Gesetzen).
316 Vom 25.5.2009, BGBl. I S. 1102.
317 *Lutter,* Europäisches Unternehmensrecht, S. 140.
318 EuGH, Kommission/Deutschland, C-191/95, ECLI:EU:C:1998:441, I-5485.

Die Konzernbilanzrichtlinie *(Nr. 12 der Liste)* folgt dem englischen System der Rechnungslegung. Maßgebend ist *nicht* die *einheitliche Leitung* einer Unternehmensgruppe, sondern die *Beherrschungsmöglichkeit.* Für die Konsolidierungspflicht im Konzern musste das deutsche Recht strukturell auf dieses System umgestellt werden (§ 290 HGB), konnte aber daneben noch an die einheitliche Leitung zulässigerweise anknüpfen.

Im deutschen Recht wurde von der Wahlmöglichkeit Gebrauch gemacht, die *Konsolidierungspflicht* auf die AG, KGaA und GmbH zu beschränken. Auch in anderen Fällen wurde nach Möglichkeit die *Rechnungslegungspflicht eingeengt* (§§ 291; 293 HGB). Dies hat Bedeutung für kleinere und mittlere Unternehmen sowie für mehrstufig verbundene Unternehmen (Unternehmenshierarchien). 254

Die Vorschriften zur Rechnungslegung und Publizität haben zu einer erheblichen *Zusatzbelastung der Handelsregister* geführt, weil mehr Angaben meldepflichtig sind. Nach Umstellung auf elektronische Register aufgrund des EHUG von 2006 dürften dennoch Effizienzvorteile entstehen.

Der deutsche Gesetzgeber hat die Umsetzung der Restrukturierungs- und Insolvenzrichtlinie *(Liste Nr. 15)* durch das Artikelgesetz zur Fortentwicklung des Sanierungs- und Insolvenzrechts (SanInsFoG)[319] vorgenommen. Das darin enthaltene Gesetz über Stabilisierungs- und Restrukturierungsmaßnahmen für Unternehmen (StaRUG) ist bereits am 1.1.2021 in Kraft getreten. Damit soll sichergestellt werden, dass Unternehmen, die wegen der COVID-19-Pandemie rechnerisch überschuldet, aber nicht zahlungsunfähig sind, erhalten werden können. 255

bb) Schutz von Beteiligten. Die frühere Kapitalschutzrichtlinie verpflichtete (jetzt: Kodifikationsrichtlinie Gesellschaftsrecht, *Nr. 14 der Liste)* den deutschen Gesetzgeber, den *Erwerb eigener Aktien* durch die Aktiengesellschaft zu *erschweren.* Außerdem muss nun eine Aktiengesellschaft beim Erwerb eigener Aktien *Sonderrücklagen* bilden und die *Hauptversammlung* über Einzelheiten *unterrichten.* Zugunsten der Gesellschaftsgläubiger wurde die *Aufbringung* des *Realkapitals verbessert,* beispielsweise durch Prüfung der Sacheinlagen. 256

In einigen Punkten geht das deutsche Richterrecht (beispielsweise bei verdeckten Sacheinlagen) zugunsten der Gläubiger in der Haftung der Gesellschafter über die Richtlinie hinaus.[320] Ob die Richtlinie einem besseren Gläubigerschutz entgegensteht und Sperrwirkung entfaltet, ist noch nicht abschließend geklärt. Da der Gläubigerschutz aber ein erklärtes Ziel der Richtlinie ist, kann keine Sperrwirkung, sondern nur eine Mindestsicherung angenommen werden.

Durch das Aktionärsrichtlinienumsetzungsgesetz (ARUG) wurden die Rechte der Aktionäre an börsennotierten Kapitalgesellschaften im Ausland gestärkt.

Die frühere Verschmelzungsrichtlinie (jetzt *Kodifikationsrichtlinie Gesellschaftsrecht, Nr. 14 der Liste)* gab Anlass, über die Verpflichtungen der Richtlinie hinaus den Schutz der Aktionäre – vor allem der Minderheitsaktionäre – zu verbessern. Neu eingeführt wurden ein *vorbeugender Schutz* (Verschmelzungsbericht des Vorstandes; Prüfung durch Sachverständige; tatsächliche Angaben über die Bewertung des Vermögens)[321] und eine *nachträgliche Kontrolle* durch Sachverständige und Gerichte. Neu 257

319 SanInsFoG vom 29.12.2020 BGBl. I S. 3256.
320 Dazu: *Hopt,* ZGR 1992, 265 (284 f.).
321 Vgl. dazu BGHZ 107, 296.

ins deutsche Recht eingeführt wurde die Möglichkeit der *gleichzeitigen Fusion mehrerer Gesellschaften.*

258 Das Übernahmerichtlinie-Umsetzungsgesetz sieht im Wesentlichen Änderungen des Wertpapiererwerbs- und Übernahmegesetzes vor. Die Umsetzung verlagerte zahlreiche optionale Abwehrmaßnahmen auf die Ebene der Satzung der Zielgesellschaft (etwa: Übertragungsbeschränkungen für Aktien; Stimmbindungsverträge; Mehrfachstimmrechte).

259 Die *Einpersonengesellschaftsrichtlinie (Nr. 10 der Liste)* hat neben der *Offenlegung* und *Registrierung* dieser Gesellschaft im deutschen Recht den *Schutz der Gläubiger* verbessert, weil eine *Protokollierungspflicht* für *Verträge* des *einzigen Gesellschafters mit seiner Gesellschaft* (In-sich-Verträge) eingeführt wurde.

260 Bemerkenswert ist, dass Art. 11 Abs. 1 lit. b der *Fusionsbesteuerungsrichtlinie (Nr. 11 der Liste)* indirekt die *Arbeitnehmer* fusionierender Unternehmen schützt, weil die Richtlinie nicht angewendet werden muss, wenn aufgrund von Unternehmensanteilsübertragungen und Unternehmensbeteiligungen bestehende *Mitbestimmungsregeln unterlaufen* werden könnten. Dem Mitbestimmungsrecht wird dadurch praktisch Vorrang vor dem Steuerrecht eingeräumt.

261 **cc) Gesellschaftssteuerrecht.** Die Steuerungsfunktion des Besteuerungssystems für die Wahl der Gesellschaftsform und den Ort der Niederlassung ist unbestritten. Die Richtlinien der Union versuchen deshalb die Wirksamkeit von Steuergrenzen im Binnenmarkt abzubauen. Im deutschen Recht wirken sich die Richtlinien nachhaltig aus und verändern das System der Gesellschaftsbesteuerung in Richtung des Abbaus der Steuern nach Umfang und Betrag.

262 **dd) Sitzverlegung.** Aufgrund der richterlichen Festlegung auf die Gründungstheorie durch die Plenarentscheidung des EuGH im Überseering-Urteil[322] musste die im Deutschland seit dem Jahre 1873[323] zugrunde gelegte Sitztheorie für EU-Unternehmen als Grundsatz aufgegeben werden.[324] Deshalb kann es in Deutschland aufgrund der im Vergleich zu anderen Mitgliedstaaten der Union teilweise ungünstiger eingeschätzten ökonomischen Bedingungen für die Unternehmen (Steuerrecht; Arbeitsrecht; Mitbestimmung) zu Verlegungen von Unternehmenssitzen kommen. Ein nach der Sitztheorie in Deutschland gegründetes und registriertes Unternehmen muss dann im Fall seiner Sitzverlegung in einem anderen Mitgliedsstaat ohne vorherige Auflösung des Unternehmens in Deutschland grundsätzlich als Auslandsgesellschaft in Deutschland nach dem Recht des ausländischen Sitzstaates behandelt werden. Die Bezeichnung „Scheinauslandsgesellschaft“[325] ist dafür irreführend, weil die Gesellschaft in Deutschland nicht wie eine deutsche GbR oder OHG wegen Rechtsformverfehlung behandelt werden darf, sondern als echte Auslandsgesellschaft. Das kann zu zahlreichen rechtlichen und praktischen Schwierigkeiten führen, insbesondere in öffentlich-rechtlicher Hinsicht.

Als Reaktion auf die Gründungswelle englischer „Limited“ mit tatsächlichem Sitz in Deutschland wurde eine GmbH-Reform durchgeführt, die eine vereinfachte Form

322 EuGH, Überseering, C-208/00, ECLI:EU:C:2002:632, I-9943 = NJW 2002, 3614.

323 *Kindler*, NJW 1999, 1993 (1998).

324 BGHZ 154, 185 (189) und 164, 148 (151).

325 So *Randelzhofer/Forsthoff* in: Grabitz/Hilf zu Art. 48 Rn. 47; ähnlich BGH, NJW 2001, 1056.

der GmbH-Gründung in Deutschland zulässt.[326] Aktuell sind in Deutschland noch knapp 10.000 Scheinauslandsgesellschaften in der Rechtsform der Limited registriert. Mit dem Brexit sind neue gesellschaftsrechtliche Fragen entstanden. Das Vereinigte Königreich garantiert nicht länger die unionsrechtlich gesicherten Grundfreiheiten, v. a. die Niederlassungsfreiheit, so dass die in Deutschland tätigen Limiteds nach den Grundsätzen der Trabrennbahn-Entscheidung[327] behandelt werden. Dies führt dazu, dass nach der Rechtsprechung des BGH die Sitztheorie zur Anwendung kommt. Den Limiteds steht die Umqualifizierung als GbR oder OHG ua mit der Rechtsfolge der unbeschränkten Haftung der Gesellschafter bevor. Hierauf hat die Bundesregierung zwar zum 1.1.2019 mit einer Änderung des Umwandlungsgesetzes[328] reagiert, das Gesetz geht an der Zielsetzung, einen unkomplizierten geordneten Wechsel ins deutsche Gesellschaftsrecht zu ermöglichen, allerdings vorbei.[329] In der Literatur wird den betroffenen Limiteds stattdessen die Umwandlung mittels Statutenwechsel empfohlen, die auch als grenzüberschreitendes Anwachsungsmodell bezeichnet wird. Der besondere Reiz dieser Gestaltungsoption besteht darin, dass die kollisionsrechtlichen Wirkungen des Brexit gezielt ausgenutzt werden, um die vom Austritt betroffenen deutschen Limiteds in deutsche Kapitalgesellschaften umzuwandeln. In gleicher Weise sind die Limited Liability Partnerships sowie Kommanditgesellschaften, deren Komplementärin eine Limited ist, betroffen.

ee) VW-Gesetz. Die Reichweite der Kapitalverkehrsfreiheit wurde im Verfahren der 263
Europäischen Kommission gegen die Bundesrepublik Deutschland wegen einiger Bestimmungen des (ursprünglichen) VW-Gesetzes[330] getestet. Das VW-Gesetz regelte auf der Grundlage eines Staatsvertrages zwischen der Bundesrepublik Deutschland und dem Land Niedersachsen ungeklärte Vermögensverhältnisse an den VW-Werken nach dem 2. Weltkrieg.[331] Das VW-Gesetz sah das Recht des Bundes und des Landes auf Entsendung von je zwei Aufsichtsratsmitgliedern in den Aufsichtsrat der VW AG, die Beschränkung des Stimmrechts auf 20 % des Grundkapitals sowie eine Mehrheit von 80 % der Stimmen in der Hauptversammlung für wichtige Beschlüsse vor. Der Bund hatte schon viele Jahre vor dem Verfahren seine Beteiligung an VW verkauft, also auch kein Entsenderecht mehr, und den Erlös an die VolkswagenStiftung abgeführt. Das Land Niedersachsen überweist die Dividenden aus dem größten Teil seines VW-Aktienbesitzes gemäß den Bestimmungen des Staatsvertrages und des VW-Überleitungsgesetzes an die VolkswagenStiftung.[332]

Nach der Rechtsprechung des EuGH zu den sogenannten „goldenen Aktien"[333] gelten 264
Sonderrechte eines Staates an Aktien als ein Verstoß gegen die Kapitalverkehrsfreiheit (Art. 63 Abs. 1 AEUV). Obwohl die drei umstrittenen Regelungen des VW-Gesetzes (Entsenderecht; Höchststimmrecht; Quorum) auch vom EuGH grundsätzlich als gängige gesellschaftsrechtliche Instrumente anerkannt wurden, sah er in der Kumulierung dieser Instrumente eine staatliche Maßnahme, die Anleger aus anderen Mitgliedstaaten

326 Gesetz zur Modernisierung des GmbH-Rechts und zur Bekämpfung von Missbräuchen (MoMiG) vom 23.10.2008, BGBl. I S. 2026.
327 BGH vom 27.10.2008, BGH II ZR 158/06.
328 Viertes Gesetz zur Änderung des Umwandlungsgesetzes vom 19.12.2018, BGBl. 2018 I 2694.
329 *Mann*, Auswirkungen des britischen EU-Austritts auf britische Private Companies Limited by Shares mit Verwaltungssitz in Deutschland und deren Gestaltungsmöglichkeiten, 2019.
330 BGBl. I 1960, S. 585 und BGBl. I 1970, S. 1149.
331 *Nicolaysen*, Der lange Weg zur VolkswagenStiftung, 2002.
332 BGBl. I 1960, S. 301 und 302.
333 *Kilian*, NJW 2002, 3599 und NJW 2003, 2653.

von Direktinvestitionen in das Kapital der VW AG abhalte und deren Möglichkeiten einschränke, sich effektiv an der Verwaltung und Kontrolle der Gesellschaft zu beteiligen.[334] Die in dem VW-Verfahren von der Bundesrepublik geltend gemachten „zwingenden Gründe des Allgemeininteresses“ (Arbeitnehmerinteressen; Schutz der Minderheitsaktionäre; drohende Arbeitsplatzverluste) wurden abgelehnt, der denkbare Rechtfertigungsgrund der Wissenschaftsförderung (VolkswagenStiftung),[335] nicht vorgetragen und deshalb nicht erörtert. Wegen der Konnexität von Staatsvertrag, VW-Gesetz und Satzung der VW AG wurde als Folge des Urteils auch die Satzung der VW AG geändert, obwohl sie wohl kaum eine staatliche Maßnahme darstellt. Der über die paritätische Mitbestimmung des Mitbestimmungsgesetzes hinausgehende § 4 Abs. 2 VW-Gesetz, der eine Zweidrittelmehrheit des Aufsichtsrats für Beschlüsse über die Errichtung oder Verlegung von Produktionsstätten vorsieht, war nicht Gegenstand des Verfahrens vor dem EuGH.

Durch Änderung des VW-Gesetzes[336] wurde das Entsenderecht des Landes für Aufsichtsratsmitglieder sowie die Stimmrechtsbeschränkung auf 20 % der Stammaktien gestrichen, die Sperrminorität von 20 % in der Hauptversammlung jedoch beibehalten. Dadurch wurde das vom EuGH beanstandete „Zusammenspiel“ und die „Verbindung“ der genannten Vorschriften beseitigt. Das hat der EuGH im 2. VW-Urteil dann bestätigt[337]. Die auf die völlige Aufhebung des VW-Gesetzes gestützte Finanzmarktspekulation der Porsche Automobil Holding SE mit dem Ziel, den aufgenommenen Milliardenkredit für den Kauf der erforderlichen Zahl von Stammaktien für die geplante Übernahme der VW AG sich anschließend durch den Abschluss eines Gewinnabführungsvertrages mit der VW AG refinanzieren zu lassen, brach in sich zusammen Die Porsche AG wurde anschließend zu 49,9 % von der VW AG übernommen.

265 ff) **Covid-19-Erleichterungen im Gesellschaftsrecht.** Die Pandemie und die damit einhergehenden Kontaktbeschränkungen wirken sich auch auf das deutsche Gesellschaftsrecht aus, insbesondere auf jene Unternehmen, für die die Gesellschafterversammlungen unabdinglich sind. Auf Reaktion auf die Covid-19-Beschränkungen hat der Bundestag am 25.3.2020 das „Gesetz zur Abmilderung der Folgen der COVID-19-Pandemie im Zivil-, Insolvenz- und Strafverfahrensrecht“ beschlossen.[338] Das Gesetz dient in erster Linie dazu, die Handlungsfähigkeit der Gesellschaften auch während der Pandemie sicherstellen. Daneben sollen auch weitere Erleichterungen zur Unterstützung der Wirtschaft und zur Abhaltung von Gesellschafterversammlungen geschaffen werden. Diese Regelungen gelten bis zum 31.12.2021, vgl. Art. 2 § 8 des COVID-19-Gesetzes.

Das Covid-19-Gesetz sieht in Art. 2 § 1 II für Aktiengesellschaften Kommanditgesellschaften auf Aktien, Europäische Gesellschaften (SE) sowie Versicherungsvereine auf Gegenseitigkeit die Möglichkeit einer virtuellen Hauptversammlung vor. Virtuelle Hauptversammlungen können auch ohne Satzungsgrundlage abgehalten werden unter der Voraussetzung, dass der Aufsichtsrat zustimmt und die Stimmrechtsausübung, Vollmachtserteilungen sowie Fragen der Aktionäre über elektronische Kommunikationsmittel oder auf anderem Wege gewährleistet werden, Art. 2 § 1 II Covid-19-Gesetz.

334 EuGH, Kommission/Deutschland, C-112/05, ECLI:EU:C:2007:623, I-9020 (Ziff. 52, 54, 56).
335 *Kilian*, NJW 2007, 3469.
336 Gesetz zur Änderung des VW-Gesetzes vom 10.12.2008, BGBl. I S. 2369.
337 EuGH, Kommission/Deutschland, C-95/12, ECLI:EU:C:2013:676 = NJW 2014, 290.
338 BGBl. 2020 I S. 569.

Gem. Art. 2 § 1 III des Covid-19-Gesetzes können digitale Hauptverhandlungen innerhalb der verkürzten Frist von drei Wochen einberufen werden.

Für Gesellschaften mit beschränkter Haftung regelt Art. 2 § 2 Covid-19-Gesetz, dass abweichend von § 48 Absatz 2 GmbHG Beschlüsse der Gesellschafter in Textform oder durch schriftliche Abgabe der Stimmen auch ohne Einverständnis sämtlicher Gesellschafter gefasst werden können.

Das Covid-19-Gesetz sieht ferner auch Erleichterung für umwandlungsfähige Rechtsträger, Genossenschaften und Vereine vor (Art. 2). Sonderregelungen zur Gesellschafterversammlungen von Personengesellschaften, wie die BGB-Gesellschaft, oHG, KG, GmbH & Co. KG sowie EWiV bestehen nicht. Bei den Personengesellschaften kommt es ausschließlich auf die Ausgestaltung des Gesellschaftsvertrags an. Wenn die Möglichkeit einer digitalen Gesellschafterversammlung im Gesellschaftsvertrag vorgesehen ist, können sie auf digitalem Wege abgehalten werden.

Schließlich hat das Gesetz über den Stabilisierungs- und Restrukturierungsrahmen für Unternehmen[339] Erleichterungen für solche Unternehmen geschaffen, die wegen der Covid-19-Pandemie in wirtschaftliche Schwierigkeiten geraten.

6. Bewertung

a) Neues Rechtsgebiet

Das *Europäische Gesellschaftsrecht* – einschließlich des Gesellschaftsbesteuerungsrechts – lässt sich als relativ homogenes Rechtsgebiet im Europäischen Wirtschaftsrecht abgrenzen. Entgegen eher pessimistischen Prognosen[340] hat es sich als Rechtsgebiet sogar verfestigt. Der Grund dafür liegt darin, dass von vornherein trotz der systematischen Stellung von Art. 50 Abs. 2 lit. g AEUV keine Beschränkung auf den Problemkreis der *Niederlassungsfreiheit* erfolgte. Vielmehr wurden unter Berücksichtigung der weiteren Binnenmarktziele auch die *Unternehmensstrukturen* einbezogen. Diese stimmen in den Mitgliedstaaten erheblich überein: Überall gibt es Regelungen über Anleger, die einem Management Kapital zur Verfolgung wirtschaftlicher Zwecke zur Verfügung stellen, über Gründungsverfahren, über die Organisation und Kontrolle von Entscheidungsprozessen sowie über den Gläubigerschutz. Die Europäische Kommission hat aber klar ausgesprochen, dass sie nicht nur die bloße Angleichung der innerstaatlichen Rechtsvorschriften anstrebt, sondern ein *„echtes europäisches Gesellschaftsrecht"*.[341] 266

b) Theoretische Grundlage

Als theoretische Grundlagen für die Rechtssetzungsaktivitäten werden in den Erwägungsgründen der Richtlinien stets die *Effizienzsteigerung im Binnenmarkt* und die *Förderung der grenzüberschreitenden Betätigung* von Unternehmen hervorgehoben. Diese abstrakten Anknüpfungsgesichtspunkte sind durch das Binnenmarktkonzept gedeckt. Viele Richtlinien zielen in ihrer juristischen Form (Zweigniederlassungen, Tochtergesellschaften; Besteuerung) darauf ab, ökonomisch den *Marktzugang* zu eröffnen und die *Kosten* der Unternehmen *zu senken*, die bei entfernter Produktion oder 267

339 Art. 1 des SanInsFoG vom 29.12.2020 BGBl. I S. 3256.

340 *Buxbaum/Hopt*, Legal Harmonization, S. 193; optimistischer: *Hopt*, ZGR 1992, 265 (292 ff.).

341 *Europäische Kommission (Hrsg.)*, Bedingungen für die Unternehmenskooperation, Brüssel/Luxemburg 1994, S. 5.

Angeboten entstünden (Transport- und Kommunikationskosten). Daneben tauchen aber auch weitere Aspekte auf: Die Harmonisierung des *Schutzes* der *Gesellschafter* und *Dritter* wird ausdrücklich in Art. 50 Abs. 2 lit. g AEUV zur Aufgabe erklärt. Der *Schutz* der *Öffentlichkeit,* die *Förderung transnationaler Organisationsstrukturen* sowie die *Erleichterung der wirtschaftlichen Betätigung* (Errichtung von Zweigniederlassungen; Sitzverlegungen; Umgründungen; Besteuerungen) lassen sich dagegen so konkret als Aufgaben dem AEU-Vertrag nicht entnehmen. Sie sind aber mit dem Ziel vereinbar, das *Funktionieren des Binnenmarktes* zu gewährleisten (Art. 3 Abs. 1 lit. b AEUV). Die Erwägungsgründe für die Richtlinien setzen diese Anknüpfungsmöglichkeiten voraus, weisen den Zusammenhang aber nicht konkret nach. Darin wird – wie auch in anderen Bereichen – der starke *instrumentale Charakter der europäischen Rechtssetzung* sichtbar. Ökonomisch-politischen Ziele werden mit den Mitteln des Rechts verwirklicht. Es steht deshalb außer Zweifel, dass dem Europäischen Gesellschaftsrecht *strategische Bedeutung* zukommt, um die Vorteile des Binnenmarktes besser nutzen zu können.[342]

c) Methodische Grundlage

268 Als methodischer Weg zur Schaffung eines Europäischen Gesellschaftsrechts dient hauptsächlich das Konzept der *Rechtsangleichung.* Hierfür gelten keine speziellen Kriterien, wie etwa die Rechtsform oder die Größe des Unternehmens. Die neueren Richtlinien enthalten zunehmend Kompromisse zwischen verschiedenen Rechtsordnungen und eröffnen den Mitgliedstaaten Wahlmöglichkeiten, unter denen sich dann oft auch die bereits vorhandene nationale Lösung wiederfindet. Der Umsetzungsbedarf wird inzwischen geringer, aber auch die Intensität der Rechtsangleichung nimmt ab.

d) Gegenstand

269 Das Europäische Gesellschaftsrecht betrifft bisher sechs Problemkreise:

- Harmonisierung des mitgliedstaatlichen Gesellschaftsrechts
- gegenseitige Anerkennung der mitgliedstaatlichen Gesellschaftsformen
- Erleichterung grenzüberschreitender Aktivitäten (Sitzverlegung; Gesellschaftsgründung; Fusion; Errichtung einer Zweigniederlassung)
- Schaffung originär-europäischer Rechtsformen für Gesellschaften
- Besteuerung von Unternehmen
- Beteiligung von Arbeitnehmern an Unternehmensentscheidungen.[343]

270 Im Mittelpunkt des Europäischen Gesellschaftsrechts steht das Recht für Unternehmen mit Sitz in einem Mitgliedstaat, in einem anderen Mitgliedstaat investieren, sich niederlassen sowie Tochtergesellschaften und Zweigniederlassungen gründen zu können. Große Bedeutung hat ferner das Rechnungslegungsrecht von Kapitalgesellschaften und Konzernen gewonnen. Daneben ist die Vermeidung von Doppelbesteuerung von grenzüberschreitend tätigen Unternehmensgruppen Gegenstand der Harmonisierung.

Die meisten Richtlinien beziehen sich auf die Rechtsform der Aktiengesellschaft. Diese weist dadurch schon heute in Europa eine relativ einheitliche Struktur auf. Zuneh-

342 *Padoa-Schioppa,* Efficiency, Stability and Equity, S. 65 f.

343 Der letztgenannte Problembereich ragt zugleich in das Arbeitsrecht hinein und wird in Kap. G IV behandelt.

mend konzentriert sich das Europäische Gesellschaftsrecht dabei auf börsennotierte Aktiengesellschaften. Für diesen besonderen Typus bildet sich ein eigenes europäisches Börsenaktienrecht heraus. Pfeiler des Regelungsmodells sind Empfehlungen für die Leitung und Kontrolle (Corporate Governance-Grundsätze) sowie die Aktionärsrechte-Richtlinie *(Liste Nr. 8)*. Die europäischen Maßnahmen stellen insgesamt „Rutenschläge“ zur Entwicklung eines eigenständigen Sonderrechts der börsennotierten Aktiengesellschaft dar.[344]

An zweiter Stelle der Regelungsintensität folgt die Gesellschaft mit beschränkter Haftung. Hier stehen Fragen der Publizität und Rechnungslegung im Vordergrund. Die Akzeptanz der europäischen Gesellschaftsformen (EWIV; SE; SCE) nimmt stetig zu, befindet sich aber noch immer auf einem ausbaufähigen Niveau.

Ein Verbot von *Satzungsbestimmungen* von Gesellschaften des Privatrechts am Maßstab des Unionsrechts dürfte jedenfalls dann nicht in Betracht kommen, wenn der Staat die Satzungsbestimmungen aufgrund einer hohen kapitalmäßigen Beteiligung durchsetzen konnte, denn das Handeln wie ein privater Investor ist ihm nicht verwehrt und kann nicht schon als Beschränkung des freien Kapitalverkehrs und der Niederlassungsfreiheit angesehen werden. Die Frage, wer die Beweislast für das Vorliegen privaten oder öffentlichen Handelns trägt, ist allerdings noch offen. 271

Die Vorschriften der Übernahmerichtlinie (*Nr. 6 der Liste*) stellt eine Mischform zwischen Harmonisierung und Schaffung originär-europäischen Gesellschaftsrechts dar, weil nur in Frankreich, Spanien und Portugal überhaupt gesetzliche Regelungen auf diesem Gebiet bestanden. Gleiches gilt für die Spaltung von Aktiengesellschaften. Die Möglichkeit dazu besteht seit der früheren Spaltungsrichtlinie (jetzt: Kodifikationsrichtlinie Gesellschaftsrecht, *Nr. 14 der Liste*) und wirkt wie ein Verbot, im nationalen Recht künftig strukturelle Abweichungen vorzusehen.

Die gesellschaftsrechtlichen Richtlinien haben zu einem einheitlichen System großer und kleiner Kapitalgesellschaften geführt, zur Anerkennung der Gesellschaftsformen in allen Mitgliedstaaten beigetragen, den nationalen Gesellschaften den Zugang zum Binnenmarkt eröffnet, die Vergleichbarkeit der Jahresabschlüsse in Europa herbeigeführt und den Gläubigerschutz verbessert. Insgesamt sollte deshalb eine positive Einschätzung überwiegen.[345] Die frühere Vernachlässigung des Europäischen Gesellschaftsrechts im deutschen Gesellschaftsrecht hängt wohl auch damit zusammen, dass nicht die Voraussetzungen, Ziele und Inhalte der Richtlinien, sondern nur das Umsetzungsergebnis zur Kenntnis genommen werden. 272

Als ein erhebliches Defizit des europäischen Gesellschaftsrechts muss das Fehlen eines Konzernrechts angesehen werden. Trotz der wachsenden Größe und der zunehmenden Binnenmarkttätigkeiten vieler Unternehmen hat man sich weder auf die Verabschiedung vorliegenden Entwurfs einer Konzernrichtlinie[346] noch auf eine rechtsformenspezifisch beschränkte (etwa aktienrechtliche) Konzernregelung verständigen können. Zu groß sind die unterschiedlichen Auffassungen in der rechtlichen Bewertung der Leitungsmacht eines Unternehmens gegenüber verbundenen Unternehmen in den ein- 273

344 *Kalss/Klampfl*, in Dauses/Ludwigs, Handbuch des EU-Wirtschaftsrechts, Rn. 20.
345 Vgl. auch *Lutter*, Europäisches Unternehmensrecht, S. 96.
346 Neunte gesellschaftsrechtliche Richtlinie, Kom. III/1639/84.

zelnen Mitgliedstaaten.[347] Lediglich bei den Auswirkungen bestehender Konzerne sind unter zwei Gesichtspunkten Harmonisierungen erfolgt: Herstellung von Publizität (Bilanzrichtlinie, *Nr. 13 der Liste*) und Besteuerung der verbundenen Unternehmen (Fusions- sowie Konzernbesteuerungsrichtlinien, *Nr. 11 und 12 der Liste*).

274 Die Schaffung weiterer originär *europäischer Gesellschaftsformen* steht vor Problemen. Umfangreiche Verweisungen in den Richtlinienentwürfen auf das Recht der Einzelstaaten oder auf Wahlmöglichkeiten machen ihren Charakter als wirklich europäische Gesellschaftsformen zweifelhaft. Folgende Fragen sind noch ungeklärt:

- Anwendbares Firmenrecht
- Gewinnbeteiligung der Arbeitnehmer
- Beteiligungsrechte der Arbeitnehmer
- Aufsichtsregelungen
- Betriebsrenten
- Gruppen europäischer Unternehmen.

Nach dem jetzigen Stand handelt es sich bei den europäischen Gesellschaftsformen um Sockellösungen, die das Rechtsgefälle kaum beseitigen. Die praktische Akzeptanz ist daher eher bescheiden.

275 Im Recht der *Unternehmensbesteuerung* hat die Europäische Kommission ihr Programm unter Bezugnahme auf das Subsidiaritätsprinzip reduziert. Künftig will sie nur noch steuerrechtliche Rahmenregelungen für kleine und mittlere Unternehmen (KMU) festlegen. Im Übrigen soll das Verfahren der gegenseitigen Anerkennung von Steuersystemen gefördert werden.

Längerfristig wird im Europäischen Gesellschaftsrecht mit einer weiter zunehmenden Europäisierung des Gesellschafterschutzrechts gerechnet. Auch scheint die Klagemöglichkeit von Gesellschaftern und Gläubigern nicht mehr ausgeschlossen zu sein. Ein europäisches Konzernrecht ist nach Verabschiedung des SE-Statuts und wegen geringen Interesses in anderen Mitgliedstaaten[348] in weite Ferne gerückt.

276 Herausforderungen bei der Weiterentwicklung des Europäischen Gesellschaftsrechts zeigen sich in mehrfacher Hinsicht:

- Das *Kapitalgesellschaftsrecht* steht im Europäischen Gesellschaftsrecht im Vordergrund, das Recht der Personengesellschaften (Ausnahme: EWIV) wird bisher stark vernachlässigt.
- Die Umsetzung gesellschaftsrechtlicher Richtlinien in nationales Recht führt wegen oft zahlreicher Wahlmöglichkeiten zu *formal gleichwertigem*, aber *inhaltlich divergierendem* Recht.
- Defizite bestehen bei der Angleichung des Steuerrechts, insbesondere bei der europaweiten Gewinn- und Verlustausgleichsmöglichkeit.

Mit neuen Organisationsstrukturen, wie virtuellen Unternehmen und Unternehmensnetzwerken, befasst sich die Europäische Kommission bisher aus gesellschaftsrechtli-

347 Vgl. *Lutter*, Europäisches Unternehmensrecht, S. 240; *Lutter* (Hrsg.), Konzernrecht im Ausland, 1994; Hopt, Konzernrecht für Europa. Zur Diskussion um die Vorschläge des Forum Europaeum Konzernrecht, in: Basedow ua (Hrsg.): Aufbruch nach Europa, 2001, S. 17–38.

348 Nur Deutschland, Portugal und Belgien verfügen über entsprechende Regelungen, vgl. *Hopt*, Konzernrecht für Europa, in: Basedow ua (Hrsg.): Aufbruch nach Europa, 2001, S. 33; *Blaurock*, ZEuP 1998, 479.

cher Sicht erst zögerlich. Das oben bereits angesprochene Company Law Package sieht in seinem zweiten Teil allerdings zumindest den Einsatz digitaler Werkzeuge und Verfahren im Gesellschaftsrecht vor. Damit könnte ein wichtiger Meilenstein auf dem Weg zur Digitalisierung des Europäischen Gesellschaftsrechts erreicht werden. Ziel des Pakets ist es, die digitale Gründung von Gesellschaften zu ermöglichen und die Kommunikation mit den Registern zu modernisieren: Über den gesamten Lebenszyklus einer Gesellschaft hinweg sollen Informationen und Dokumente europaweit online eingereicht werden können.[349]

7. Wiederholungsfragen

1. Welche Bereiche umfasst das Europäische Gesellschaftsrecht? 277
2. Welche Rechtsgrundlagen sind in diesem Bereich zu beachten?
3. Welche Einzelregelungen zum Europäischen Gesellschaftsrecht sind Ihnen bekannt?
4. Was hat der EuGH in den Fällen Daily Mail, Centros, Überseering und Cartesio entschieden?
5. Welche weiteren Leitentscheidungen zum Europäischen Gesellschaftsrecht kennen Sie?
6. Welche Bezüge zum nationalen Recht gibt es?
7. Hat das Brexit Auswirkungen auf das Gesellschaftsrecht?

IV. Arbeitsrecht

Spezialliteratur: *Abt,* Zur effektiven Durchsetzung des Rechts auf Gleichbehandlung von Mann und Frau in der Europäischen Union, in: *Kreuzer* (Hrsg.), Frauen im Recht – Entwicklung und Perspektiven, 2001, 132; *Blanke/Hayen/Kunz/Sick,* Europäisches Betriebsrätegesetz, 3. Aufl. 2019; *Boerner,* Anpassung des Arbeitszeitgesetzes an das Gemeinschaftsrecht, NJW 2004, 1559; *Däubler/Klebe,* Der Euro-Betriebsrat, AiB 1995, 558; *Eichenhofer,* D. III. Arbeitsrecht, in: *Dauses/Ludwigs* (Hrsg.) Handbuch des EG-Wirtschaftsrechts, 47 EL. 2019; *Franzen,* Die geänderte Arbeitnehmer-Entsenderichtlinie, EuZA 2019, 3–23; *Funk,* Mitbestimmung in EU-Auslandsgesellschaften nach „Inspire Art", 2007; *Fuchs/Janda (Hrsg.),* Europäisches Sozialrecht, 8. Aufl. 2022; *Fuchs/Marhold/Friedrich,* Europäisches Arbeitsrecht, 6. Aufl. 2020; *Grill,* Immer am Ball – der Fall Bosman und seine Folgen, ZeuS 1999, 519; *Junker,* Der identitätswahrende Übergang einer wirtschaftlichen Einheit als Voraussetzung des Betriebsübergangs, EuZA 2019, 45–61; *Kilian/Borsum/Hoffmeister,* Telearbeit und Arbeitsrecht. Forschungsbericht 139, hrsg. vom Bundesminister für Arbeit und Sozialordnung, 1987; *Kocher,* Europäisches Arbeitsrecht, 2. A. 2020; *Kokott,* Die Auslegung der Entsenderichtlinie durch den EuGH in den Entscheidungen Laval und Rüffert, in: Scholz/Becker (Hrsg.), Die Auswirkungen der Rechtsprechung des Europäischen Gerichtshofs auf das Arbeitsrecht der Mitgliedstaaten, 2009, 25; *Kolvenbach,* Europäische Betriebsräte. Umsetzung, Anwendung und Vorbildfunktion der Richtlinie 94/95/EG, NZA 2000, 518; *Krause,* Arbeitsrecht, 4. A. 2020; *Krebber,* Die arbeitsrechtliche Bedeutung der Arbeitnehmerfreizügigkeit des Unionsrechts, EuZA 2019, 62–80; *Ludwig,* Mitbestimmung im europäischen Konzern, Baden-Baden 2014; *Schiek,* Europäisches Arbeitsrecht, 4. A. 2023; *Schlachter,* Die europäische Dimension betrieblicher Arbeitnehmerbeteiligung, EuZA 2015, 149; *Schlachter/Heinig* (Hrsg.), Europäisches Arbeits- und Sozialrecht, 2. A. 2021; *Schrader,* Arbeitsrecht, in: Langenbucher (Hrsg.), Europäisches Privat- und Wirtschaftsrecht, 5. Aufl. 2022; *Siemes,* Die Whistleblowing-Richtlinie in der EU – Perspektiven für die Rechtsdurchsetzung, 2021; *Springer,* Virtuelle

349 Vorschlag für eine Richtlinie des Europäischen Parlaments und des Rates zur Änderung der Richtlinie (EU) 2017/1132 im Hinblick auf den Einsatz digitaler Werkzeuge und Verfahren im Gesellschaftsrecht, COM 2018 (239).

Wanderarbeit. Das Internationale Arbeits- und Sozialversicherungsrecht der grenzüberschreitenden Telearbeit, 2002; *Thüsing*, European Labour Law, 2013

1. Bereichsdefinition

278 *Europäisches Arbeitsrecht* umfasst die in der Europäischen Union geltenden Rahmenbedingungen und Spezialregelungen für Arbeitsverhältnisse, die entweder einen grenzüberschreitenden Bezug aufweisen oder aus Gründen des sozialen Schutzes oder des Wettbewerbs im Binnenmarkt harmonisiert werden sollen.

Während im deutschen Rechtssystem das Arbeits- und Sozialrecht zwei eigenständige Rechtsgebiete darstellen, wird im europäischen Wirtschaftsrecht das Arbeitsrecht als Unterfall der „Sozialpolitik" (*Politique Social; Social Policy)* betrachtet (vgl. Kapitelüberschrift zu den Artt. 151–161 AEUV.). Die französische Rechtsterminologie und Industriepolitik hatten sich gegenüber den deutschen Klassifikationen[350] im Vertrag von Lissabon durchgesetzt. Die Bezeichnung *Arbeitsrecht* kommt im primären Unionsrecht nur in Art. 156 Abs. 1 AEUV vor, die Bezeichnung *Arbeitnehmer* in Artt. 45, 46, 48 und 153 AEUV sowie in den Artt. 27 bis 31 der EU-Grundrechtecharta.

Im Folgenden wird von „Arbeitsrecht" gesprochen, wenn eine klare Zuordnung von Rechtsmaterien zum Arbeitsrecht im Sinne der deutschen Systematik (Individualarbeitsrecht; Kollektives Arbeitsrecht; Betriebsverfassungsrecht; Mitbestimmung) vorliegt.

279 Ein eigenständiges *europäisches Sozialrecht* im Sinne des deutschen Sozialrechts neben dem Arbeitsrecht zeichnet sich ansatzweise ab. Die „Verwirklichung sozialer Gerechtigkeit und sozialer Sicherheit", wie es das Ziel des deutschen Sozialrechts ist (§ 1 Abs. 1 SGB I), wird bisher als europäisches Problem nur rudimentär aufgegriffen, und zwar im Zusammenhang mit Leistungsansprüchen ausländischer Arbeitnehmer (Art. 48 AEUV). Der Aufbau eines europäischen Sozialversicherungssystems (etwa Kranken-, Unfall-, Renten-, Pflegeversicherung) lässt sich dem AEUV nicht als Ziel entnehmen. Vielmehr beschränkt sich die Gesetzgebung auf verwaltungstechnische Kooperationsmaßnahmen.[351]

Allerdings besteht mit der Errichtung des europäischen Sozialfonds (Artt. 162–164 AEUV), der die berufliche Verwendbarkeit sowie die örtliche und berufliche Mobilität der Arbeitskräfte fördern soll, eine entwicklungsfähige Institution, die Teilaufgaben einer Sozialversicherung erfüllen könnte.

Nach den Artt. 153 Abs. 3 S. 1, 155 Abs. 2 S. 2 AEUV können bei Einstimmigkeit im Rat Richtlinien zur sozialen Sicherheit und dem sozialen Schutz der Arbeitnehmer erlassen werden.

280 Die ***Corona-Pandemie*** hat die sozialen Aspekte der Arbeitswelt stärker in den Blickpunkt gerückt. Gestützt auf die Querschnittsklauseln der Artt. 9, 153, 168, 174 und 175 AEUV wurden die gemeinsamen EU-Fonds finanziell aufgestockt und thematisch ergänzt. Ein zusätzliches thematisches Ziel im Europäischen Sozialfonds, im Kohäsionsfonds oder im Fonds über die territoriale Zusammenarbeit bildet nunmehr die „Unterstützung der Krisenbewältigung im Zusammenhang mit der COVID-19-Pande-

---

350 Vgl. *Windbichler*, RdA 1992, 74 (75).

351 ZB die VO (EG) Nr. 987/2009 vom 16.9.2009 zur Festlegung von Modalitäten für die Durchführung der VO (EG) Nr. 883/2004 über die Koordinierung der Systeme der sozialen Sicherheit, ABl. L 284 vom 30.10.2009, S. 1.

mie und ihrer sozialen Folgen und Vorbereitung einer grünen, digitalen und stabilen Erholung der Wirtschaft"[352]. Bereits im Mai 2020 versprach die Union durch die Verordnung (EU) 2020/672[353] jedem Mitgliedstaat, der infolge der COVID-Pandemie von gravierenden wirtschaftlichen Störungen betroffen ist, die Finanzierung insbesondere von Kurzarbeitsregelungen zum Schutz von Beschäftigten und Selbständigen. Der Haushaltstitel beträgt bis zu 100 Mrd. Euro.[354] Die Kommission förderte unter anderem Maßnahmen wie Kurzarbeitergeld, kurzfristige Arbeitsmarktmaßnahmen oder andere Maßnahmen zur Verminderung von Arbeitslosigkeitsrisiken infolge COVID-19[355]. Ferner sicherte die Union die Qualität von Gesichtsmasken[356], unterstützte Investitionen in Wachstum und Beschäftigung[357] und stellt allen Mitgliedstaaten aus dem Europäischen Hilfsfonds zur Verstärkung der „Europäischen Säule sozialer Rechte" zusätzliche Finanzmittel für organisatorische-, technische und Verwaltungsmaßnahmen zur Verfügung[358]. Außerdem hat die EU-Kommission unter COVID-Solidaritätsgesichtspunkten medizinische Soforthilfemaßnahmen getroffen[359], Verträge über die Lieferung von 800 Mio. Dosen Impfstoff geschlossen[360] und ein Aktionsprogramm „EU4Health" für den öffentlichen Gesundheitsschutz mit 2,44 Mrd. Euro für die Zeit von 2021 bis 2027 eingerichtet.[361]

2. Regelungsgrundlagen

Regelungsgrundlagen des Europäischen Arbeitsrechts bilden: 281

- Artt. 45–48 AEUV (Arbeitnehmerfreizügigkeit)
- Artt. 151–161 AEUV (Sozialpolitik)
- Artt. 20–34 EU-Grundrechtecharta
- Verordnungen
- Richtlinien.

Die *Grundlagen* des europäischen Arbeitsrechts beruhen auf den Artt. 151–164 AEUV und dem Abkommen über die Sozialpolitik, das durch Umsetzung der Europäischen Sozialcharta von 1989 entstanden war. Das Arbeitsrecht der Mitgliedstaaten wurde durch Verordnungen und Richtlinien in zahlreichen Aspekten harmonisiert.

Bedeutsam sind die Gewährleistungen in der Charta der Grundrecht der EU (GrCH), 282
die aufgrund des Verweises in Art. 6 Abs. 1 Unterabs. 1 EUV den Rang von Europäischem Primärrecht haben.[362] Die GrCH manifestiert die Kollektivrechte der Arbeitnehmer auf Unterrichtung, Anhörung und Kollektivverhandlungen (Artt. 27 und 28). Zudem regelt sie Individualrechte, insbesondere auf „gesunde, sichere und würdige Arbeitsbedingungen" (Art. 31 Abs. 1) sowie auf Begrenzung der Höchstarbeitszeit,

352 DVO (EU) 2021/435 vom 3.3.2021 ABl. L 85 vom 12.3.2021, S. 1.
353 Vom 19.5.2020 ABl. L 159 vom 20.5.2020, S. 1 (Programm SURE).
354 VO (EU) 2020/672 vom 19.5.2020 ABl. L 159 vom 20.5.2020, S. 1.
355 Etwa durch Notfallunterstützungen an 18 Mitgliedstaaten in Milliardenhöhe (Durchführungsbeschlüsse 2020/1340–1358 vom 25.9.2020 ABl. L 314 vom 29.9.2020.
356 Empfehlung (EU) 2020/403 vom 13.3.2020 ABl. L 79 I vom 16.3.2020, S. 1.
357 DVO (EU) 2021/435 vom 3.3.2021 L 85 vom 12.3.2021, S. 1.
358 VO (EU) 2021/177 vom 10.2.2021 ABl. L 53 vom 10.2.2021, S. 1.
359 VO (EU) 2020/521 vom 14.4.2020 ABl. L 117 vom 14.4.2020, S. 3.
360 Ref. Ares(2020)4440071–26/08/2020 Sante/2020/C3/049 (die Lieferverträge wurden in Vertretung der 27 Mitgliedstaaten und im eigenen Namen geschlossen).
361 VO (EU) 2021/522 vom 24.3.2021 Abl. L 107 vom 26.3.2021, S. 1.
362 *Schrader*, Arbeitsrecht, in: Langenbucher (Hrsg.), Europäisches Privat- und Wirtschaftsrecht, Rn. 7.

auf tägliche und wöchentliche Ruhezeiten sowie auf bezahlten Jahresurlaub (Art. 31 Abs. 2). Bemerkenswert ist, dass die Charta keine Aussagen zu den Problemen Arbeitsentgelt, Mindestlohn, atypische Arbeitsverhältnisse oder Fürsorgepflicht des Arbeitgebers enthält.[363]

283 Das europäische Arbeitsrecht hat sich aufgrund der Rechtsprechung des EuGH auf zunächst schmaler Kompetenzgrundlage allmählich zu einem bedeutenden Rechtsgebiet entwickelt. Betroffen ist vor allem das Individualarbeitsrecht, dagegen kaum das kollektive Arbeitsrecht.

284 Die weitgefassten Ziele der Sozialpolitik (Art. 151 Abs. 1 AEUV) ermöglichen europäische Regelungen in folgenden Bereichen:

- Förderung der Beschäftigung
- Verbesserung der Lebens- und Arbeitsbedingungen
- angemessener sozialer Schutz
- sozialer Dialog
- Entwicklung des Arbeitskräftepotentials im Hinblick auf ein dauerhaft hohes Beschäftigungsniveau.[364]
- Bekämpfung von Ausgrenzungen.

Dieses Zielebündel wird allerdings durch Rücksichtnahmegebote auf die Vielfalt einzelstaatlicher Gepflogenheiten und die Wettbewerbsfähigkeit der Wirtschaft der Union grundsätzlich eingeschränkt (Art. 151 Abs. 2 AEUV) und durch Gesetzgebungskompetenzen (Art. 153 Abs. 2 und 3 AEUV) präzisiert.

285 Durch Richtlinien kann der Rat auf folgenden Gebieten Mindestvorschriften erlassen (Art. 153 Abs. 1 iVm Abs. 2 S. 2 und 3 sowie Abs. 3 AEUV):

- Verbesserung der Arbeitsumwelt zum Schutz der Gesundheit und der Sicherheit der Arbeitnehmer
- Arbeitsbedingungen
- Unterrichtung und Anhörung der Arbeitnehmer
- Berufliche Eingliederung
- Chancengleichheit von Männern und Frauen auf dem Arbeitsmarkt und Gleichbehandlung am Arbeitsplatz.

286 Durch einstimmige Beschlüsse (Art. 153 Abs. 2 S. 3 AEUV) darf der Rat gemäß dem besonderen Gesetzgebungsverfahren Richtlinien auf folgenden Gebieten (Art. 156 Abs. 1 lit. c, d, f. und g AEUV) beschließen:

- Soziale Sicherheit und sozialer Schutz des Arbeitnehmers
- Schutz der Arbeitnehmer bei Beendigung des Arbeitsvertrags
- Vertretung und kollektive Wahrnehmung der Arbeitnehmer- und Arbeitgeberinteressen, einschließlich der Mitbestimmung
- Beschäftigungsbedingungen der Staatsangehörigen dritter Länder
- Finanzielle Beiträge zur Förderung der Beschäftigung und zur Schaffung von Arbeitsplätzen.

---

363 *Rebhahn*, Entwicklungen im Arbeitsrecht de EU, S. 2.

364 Etwa: Europäisches Netz der Arbeitsvermittlung (EURES), dazu: Durchführungsbeschluss (EU) 2018/170 vom 2.2.2018 ABl. 2018 L 31 vom 3.2.2018, S. 14.

Darüber hinaus bestätigt das primäre Unionsrecht anerkannte Institutionen, wie den sozialen Dialog zwischen den Sozialpartnern[365] (Art. 155 AEUV), wodurch Sozialpartner auch auf Unionsebene rechtsvereinheitlichend tätig werden dürfen. Weitere primärrechtliche Normen verpflichten die Kommission zu zweckdienlichen Maßnahmen zur Verbesserung der Arbeitsumwelt (Art. 154 AEUV) und zu Fördermaßnahmen auf den Gebieten der sozialen Sicherheit, der Verhütung von Berufsunfällen und Berufskrankheiten, des Gesundheitsschutzes bei der Arbeit sowie des Koalitionsrechts und der Kollektivverhandlungen zwischen Arbeitgebern und Arbeitnehmern (Art. 156 Abs. 1 AEUV). Schließlich enthält Art. 157 AEUV die Kompetenz zur Sicherung des Grundsatzes der Lohngleichheit für Männer und Frauen (unter Einschluss sonstiger Benachteiligungen wegen des Geschlechts, Art. 19 AEUV). Art. 158 AEUV drückt das Bestreben aus, die bestehenden Ordnungen über bezahlte Freizeit beizubehalten. 287

Der existierende Katalog abgestufter arbeitsrechtlicher Kompetenzen deckt fast alle Bereiche des klassischen Arbeitsrechts ab. Nicht zuständig ist die Union allerdings für (Art. 153 Abs. 5 AEUV) 288

- die Höhe des Arbeitsentgelts
- das Koalitionsrecht
- das Streikrecht
- das Aussperrungsrecht.

Insgesamt *beeinflusst* das Arbeitsrecht der Union die Bedingungen des Arbeitsmarktes, *schützt* die Arbeitnehmer vor wirtschaftlichen Risiken und *korrigiert* die wettbewerbsabhängige Verteilung der Einkommen.[366]

3. Einzelregelungen

a) Gleichbehandlung von Männern und Frauen

Größte Bedeutung hat der Grundsatz der Nichtdiskriminierung wegen des Geschlechts und anderer persönlichen Merkmale (Art. 21 GrCH) und der Gleichheit von Männern und Frauen im Beschäftigungsbereich (Art. 23 GrCH). Dies bedeutet auch *Chancengleichheit von Männern und Frauen* bei gleicher Arbeit (Art. 157 AEUV). Eine Differenzierung des Entgelts zwischen Männern und Frauen sowie aller sonstigen unmittelbaren oder mittelbaren Bar- oder Sachleistungen ist bei gleichwertiger Arbeit verboten (Art. 157 Abs. 1 und 2 AEUV). Bei gleichem Arbeitsplatz, gleicher Arbeit und gleichem Arbeitsverfahren muss auch das Entgelt gleich sein (Art. 157 Abs. 2 S. 2 AEUV). Wenn die Festlegung des Entgelts auf einem System beruflicher Einstufung beruht, hat dieses System für männliche und weibliche Arbeitnehmer gemeinsame Kriterien vorzusehen. Mehrere Richtlinien betreffen den gleichberechtigten Zugang zum Beruf, die soziale Sicherheit sowie den Mutterschutz. 289

365 Das sind vor allem der Europäische Gewerkschaftsbund (EGB), die Union der Industrie- und Arbeitgeberverbände Europas (UNICE) sowie der Europäische Zentralverband der öffentlichen Wirtschaft (CEEP), vgl. *Schmidt*, Das Arbeitsrecht, Rn. 57; *Calliess/Ruffert*, Art. 138 Rn. 20.

366 *Mestmäcker*, RabelsZ 54 (1990), 409 (418).

Nr.	*Richtlinie*	*Umsetzung*
1	Richtlinie 79/7/EWG vom 19.12.1978 zur schrittweisen Verwirklichung der Gleichbehandlung von Männern und Frauen im Bereich der sozialen Sicherheit – *Sozialleistungsrichtlinie* – *ABl. L 6 vom 10.1.1979, S. 24*	Gesetz zur Durchsetzung der Gleichstellung von Frauen und Männern, BGBl. I 2001 S. 3234
2	Richtlinie 92/85/EWG vom 19.10.1992 zur Verbesserung der Sicherheit und des Gesundheitsschutzes von schwangeren Arbeitnehmerinnen – *Mutterschutzrichtlinie* – *ABl. L 348 vom 28.11.1992, S. 1* zuletzt geändert durch Richtlinie 2014/27/EU *ABl. L 65 vom 5.3.2014, S. 1*	Mutterschutzgesetz vom 23.5.2017 BGBl. I S. 1228
3	Richtlinie 96/71/EG vom 16.12.1996 über die Entsendung von Arbeitnehmern im Rahmen der Erbringung von Dienstleistungen – *Entsenderichtlinie* – *ABl. L 18 vom 21.1.1997, S. 1* geändert durch 2014/67/EU Richtlinie 2014/67/EU vom 15.5.2014 *ABl. L 159 vom 28.5.2014, S. 11.* geändert durch Richtlinie (EU) 2018/957 vom 28.6.2018 *über die Entsendung von Arbeitnehmern im Rahmen der Erbringung von Dienstleistungen* *ABl. L 173 vom 9.7.2018, S. 16*	Arbeitnehmerentsendegesetz (AEntG) vom 26.2.1996 BGBl. I S. 227; Neufassung vom 20.4.2009 BGBl. I S. 799 nach Auffassung der BReg. umgesetzt (ohne besonderen deutschen Gesetzgebungsakt), vgl. BT-Drs. 18/9597 vom 9.9.2016, S. 3 Art. 1 Gesetz vom 10.7.2020 BGBl. I S. 1657
4	Richtlinie 2000/43/EG zur Anwendung des Gleichbehandlungsgrundsatzes ohne Unterschied der Rasse oder der ethnischen Herkunft – *Antirassismusrichtlinie* – *ABl. L 180 vom 19.7.2000, S. 22*	Gesetz zur Umsetzung europäischer Richtlinien zur Verwirklichung des Grundsatzes der Gleichbehandlung (AGG) vom 14.8.2006 BGBl. I S. 1897.
5	Richtlinie 2000/78/EG zur Festlegung eines allgemeinen Rahmens für die Verwirklichung der Gleichbehandlung in Beschäftigung und Beruf – *Gleichbehandlungsrahmenrichtlinie* – *ABl. Nr. L 303 vom 2.12.2000, S. 16*	

Nr.	Richtlinie	Umsetzung
6	Richtlinie 2004/113/EG vom 13.12.2004 zur Verwirklichung des Grundsatzes der Gleichbehandlung von Männern und Frauen beim Zugang zu einer Versorgung mit Gütern und Dienstleistungen *– Zugangs-Gleichbehandlungsrichtlinie –* *ABl. L 373 vom 21.12.2004, S. 37*	Gesetz zur Umsetzung europäischer Richtlinien zur Verwirklichung der Gleichbehandlung (AGG) vom 14.8.2006 BGBl. I S. 1897.
7	Richtlinie 2006/54/EG vom 5.7.2006 zur Verwirklichung der Chancengleichheit und Gleichbehandlung von Männern und Frauen in Arbeits- und Beschäftigungsfragen (Neufassung) *– Gleichbehandlungsrichtlinie –* *ABl. L 204 vom 26.7.2006, S. 23*	Gesetz zur Umsetzung europäischer Richtlinien zur Verwirklichung der Gleichbehandlung (AGG) vom 14.8.2006 BGBl. I S. 1897.
8	Richtlinie 2010/41EU vom 7.7.2010 zur Verwirklichung des Grundsatzes der Gleichbehandlung von Männern und Frauen, die eine selbstständige Erwerbstätigkeit ausüben *– Selbstständigenrichtlinie –* *ABl. L 180 vom 15.7.2010, S. 1*	nach Auffassung der BReg. besteht wegen §§ 199, 200 RVO kein Umsetzungsbedarf (BT-Drs. 17/9615 vom 11.5.2012)
9	Richtlinie (EU) 2019/1158 vom 20.6.2019 zur Vereinbarkeit von Beruf und Privatleben für Eltern und pflegende Angehörige *– Elternteil-Urlaubsrichtlinie –* *ABl. L 188 vom 12.7.2019, S. 79*	Umsetzungsgesetz vom 19.12.2022 BGBl. I S. 2510
10	Richtlinie 2023/970 vom 10.5.2023 zur Stärkung des Grundsatzes des gleichen Entgelts für Männer und Frauen *– Gleichbehandlungsrichtlinie II –* *ABl. L 132 vom 17.5.2023, S. 21*	

290 Die *Gleichbehandlungsrichtlinie (Nr. 7 der Liste)* zur Verwirklichung des Grundsatzes der Chancengleichheit und Gleichbehandlung von Männern und Frauen in Arbeits- und Beschäftigungsfragen hat als „Mantelrichtlinie“ vier frühere Richtlinien sowie drei Ergänzungsrichtlinien aufgehoben und in einem Text zusammengefasst. Zahlreiche Entscheidungen des EuGH zu den früheren Richtlinien behalten deshalb ihre Bedeutung.

291 Die *Gleichbehandlungsrichtlinie* erfasst unmittelbare wie mittelbare Diskriminierungen wegen des Geschlechts im Hinblick auf den Zugang zur Beschäftigung, zur Berufsausbildung, zum beruflichen Aufstieg sowie die Arbeitsbedingungen. Unter „Beschäftigung“ fallen alle privatrechtlichen und öffentlich-rechtlichen Arbeitsverhältnisse und die freien Berufe. Keine Anwendung findet die Richtlinie auf den Bereich der sozialen Sicherheit, wenn dies der eigentliche Zweck der Regelung ist. Dagegen ist der Schutz gegen Krankheit, Alter, Arbeitsunfall und Berufskrankheit von der Richtlinie umfasst.

Auch der Zugang zum freiwilligen Dienst in den Streitkräften der Mitgliedstaaten wird von der Richtlinie garantiert, da keine Ausnahmen für den Bereich der öffentlichen Sicherheit gemacht werden.[367]

292 Das *Entgelt* (Art. 157 Abs. 1 AEUV) muss auf einem System beruhen, das für die berufliche Einstufung von männlichen und weiblichen Arbeitnehmern gemeinsame Kriterien vorsieht.[368] Jede Diskriminierung aufgrund des Geschlechts im Hinblick auf Entgeltbestandteile und Entgeltbedingungen hat zu unterbleiben. Ein Einstufungssystem ist aber nicht schon deshalb diskriminierend, weil Männer die Eigenschaften eher besitzen.[369] Was mit „Entgelt" im Einzelnen umfasst ist, definieren Art. 157 Abs. 2 AEUV und Art. 2 Abs. 1 lit. e der Richtlinie.

293 Von den weit über 50 Urteilen zu Gleichbehandlungsrichtlinien betreffen die meisten Fälle die *mittelbare Diskriminierung* wegen des Geschlechts. Eine mittelbare Diskriminierung (eine Definition enthält Art. 2 Abs. 1 lit. b der Richtlinie) liegt vor, wenn eine geschlechtsneutral formulierte Regelung faktisch ein Geschlecht stärker betrifft als nach objektiven Gesichtspunkten gerechtfertigt wäre.[370] Das kann bei der Nichtgewährung von Vergütungen an Teilzeitbeschäftigte der Fall sein.[371] Allerdings dürfen geschlechtsspezifisch unterschiedliche versicherungsmathematische Faktoren im Rahmen des betrieblichen Versicherungssystems und damit beim Entgelt berücksichtigt werden.[372] Zulässig sind sachnotwendige Differenzierungen, wie Chefaufseher in Haftanstalten[373] oder der Beruf der Hebamme.[374] Bei Verletzung der Gleichbehandlungsrichtlinie muss Schadenersatz geleistet werden.[375]

294 Die *Gleichbehandlungsrichtlinie II (Nr. 10 der Liste)* präzisiert und aktualisiert die ältere Gleichberechtigungsrichtlinie unter Berücksichtigung der seitherigen Rechtsprechung. Ziel ist die Beseitigung des „geschlechtsspezifischen Entgeltgefälles" durch verbindliche Maßnahmen zur Entgelttransparenz. Die Entgeltkriterien müssen offengelegt werden (Art. 6), Arbeitnehmer haben Auskunftsrechte (Art. 7), Arbeitgeber Informations- und Berichtspflichten (Art. 9). Prekäre Beschäftigungsverhältnisse (Hausangestellte; Praktikanten; Leiharbeitnehmer) sind in den Geltungsbereich der Richtlinie einbezogen. Benachteiligte Personen können Schadenersatz unter Umkehr der Beweislast verlangen (Artt. 16; 18).

295 Auch bei *betrieblichen Sozialleistungen* muss die Gleichbehandlung von Männern und Frauen beachtet werden. Betriebliche Systeme der sozialen Sicherheit treten an die Stelle der gesetzlichen Sozialversicherung oder ergänzen diese. Es geht um Absicherungen gegen Krankheit, Invalidität, Vorruhestand, Arbeitsunfälle oder Arbeitslosigkeit. Die Richtlinie enthält einen Katalog verbotener Diskriminierungen.

367 EuGH, Kreil, C-285/98, ECLI:EU:C:2000:2, I-95.

368 EuGH, Danfoss, C-109/88, ECLI:EU:C:1989:383, 3220.

369 EuGH, Rummler/Dato-Druck, C-237/85, ECLI:EU:C:1986:277, 2110. Zu Beweislastfragen: EuGH, Brunnhofer, C-381/99, ECLI:EU:C:2001:358, I-4977.

370 EuGH, Rinner–Kühn/FWW Spezial-Gebäudereinigung, C-171/88, ECLI:EU:C:1989:328, 2757; EuGH, Scholz/Opera Universitaria di Cagliari, C-419/92, ECLI:EU:C:1994:62, I-517; EuGH, Kachelmann, C-322/98, ECLI:EU:C:2000:495, I-7519.

371 EuGH, Kowalska/Hansestadt Hamburg, C-33/89, ECLI:EU:C:1990:265, I-2607.

372 EuGH, Coloroll Pension Trustees/Russell ua, C-200/91, ECLI:EU:C:1994:348, I-4397.

373 EuGH, Kommission/Frankreich, C-318/86, ECLI:EU:C:1988:352, 3575.

374 EuGH, Kommission/Vereinigtes Königreich, C-165/82, ECLI:EU:C:1983:311, 3432.

375 EuGH, Marshall II/Southampton Health Authority, C-271/91, ECLI:EU:C:1993:335, I-4400.

Berühmt geworden ist das *Barber-Urteil* des EuGH,[376] in dem der Gerichtshof in der Festsetzung eines höheren Leistungsbezugsalters im Rahmen der betrieblichen Altersversorgung eine unzulässige Diskriminierung sah und den Entgeltcharakter der Rentenzahlungen bejahte. Der weite Entgeltbegriff wurde später in Art. 141 Abs. 2 S. 1 EG (jetzt Art. 157 Abs. 2 S. 1 AEUV) verankert.

Diskriminierungen lassen sich oft schwer beweisen. Deshalb sieht die Gleichbehandlungsrichtlinie 2023/970 eine modifizierte *Umkehr der Beweislast* vor (Art. 19). Außerdem müssen die Mitgliedstaaten Möglichkeiten zur Geltendmachung von *Schadenersatz- oder Entschädigungsansprüchen* vorsehen (Art. 18). 296

Mütter haben nach der Gleichberechtigungsrichtlinie einen *Anspruch auf Wiederbeschäftigung* am früheren oder einem gleichwertigen Arbeitsplatz (Art. 15). Die Mitgliedstaaten können ein Recht auf Elternzeit für Väter vorsehen (Art. 16). 297

b) Weitere Antidiskriminierungsrichtlinien

Die *Sozialleistungsrichtlinie* 79/7/EWG (*Nr. 1 der Liste*) betrifft die Gleichbehandlung von Männern und Frauen bei Sozialleistungen für Krankheit, Invalidität, Alter, Arbeitsunfall, Berufskrankheit, Arbeitslosigkeit und sonstige Unterstützungsmaßnahmen. 298

Die *Mutterschutzrichtlinie* 92/85/EWG (*Nr. 2 der Liste*) erfasst alle privaten und öffentlichen Tätigkeitsbereiche. Sie betrifft Frauen (auch Praktikantinnen, Lehrlinge, auch eine schwangere Geschäftsführerin einer Kapitalgesellschaft[377], nicht aber Hausangestellte), die von einem Arbeitgeber beschäftigt werden. Die Richtlinie schreibt Schutzmaßnahmen im Hinblick auf Stoffe vor, denen die Schwangere ausgesetzt ist und die Schäden für Sicherheit, Gesundheit und Schwangerschaft hervorrufen könnten. Die entsprechenden Stoffe sind im Anhang I der Richtlinie aufgeführt. In bestimmten Fällen muss der Arbeitgeber die Schwangere umsetzen oder beurlauben und darf sie nicht mit Nachtarbeit beschäftigen. 299

Ferner enthält die Richtlinie einen Anspruch auf Schwangerschaftsvorsorgeuntersuchungen (Art. 9) und auf 14 Wochen ununterbrochenen Mutterschaftsurlaub (Art. 8). Die Höhe der weiterzuzahlenden Bezüge oder Sozialleistungen muss angemessen sein.[378] Der EuGH hat eine Pflicht zur Einstellung von Schwangeren bejaht.[379]

Die *Entsenderichtlinie 96/71/EG* (*Nr. 3 der Liste*) betrifft das internationale Arbeitsrecht; nämlich kollisionsrechtliche Bestimmungen für Arbeitnehmer, die Dienstleistungen im Ausland erbringen. Es handelt sich also um eine Richtlinie zur Erleichterung der Dienstleistungsfreiheit. Als „entsandt" gilt ein Arbeitnehmer, der während eines begrenzten Zeitraums seine Arbeitsleistung im Hoheitsgebiet eines anderen Mitgliedstaates erbringt, in dessen Hoheitsgebiet er normalerweise arbeitet (Art. 2 Abs. 1). Als Entsendung gilt auch die grenzüberschreitende konzerninterne Leiharbeit (Art. 1 Abs. 3 lit. b). Für entsandte Arbeitnehmer wird ein Mindestkatalog an Arbeits- und Beschäftigungsbedingungen garantiert (Art. 3), wodurch die kollisionsrechtliche Wahlfreiheit beschränkt wird. Ausnahmen gelten für kurzzeitige Entsendungsfälle. 300

Heftig umstritten ist die Lösung von Zielkonflikten zwischen Dienst- und Niederlassungsfreiheit im Binnenmarkt, den in der EU-Grundrechtecharta garantierten Kollek-

376 EuGH, Barber/Guardian Royal Exchange Assurance Group, C-262/88, ECLI:EU:C:1990:209, I-1944.
377 EuGH, Danosa, C-232/09, ECLI:EU:C:2010:674 = NJW 2011, 2343.
378 EuGH, Boyle ua, C-411/96, ECLI:EU:C:1998:506, I-6441.
379 EuGH, Dekker/Stichting, C-177/88, ECLI:EU:C:1990:383, I-3968.

tivmaßnahmen (Art. 28: Tarifvertrag; Streikrecht) sowie der mitgliedstaatlichen Ausgestaltung der Koalitionsfreiheit. Insbesondere im Zusammenhang mit der Beschäftigung von „Billiglohnarbeitern" ist von Gewerkschaftsseite von „Sozialdumping" die Rede, dem mit Tariftreueklauseln entgegengewirkt werden soll. Der EuGH hat in den bisherigen, vor Inkrafttreten der EU-Grundrechtecharta getroffenen Entscheidungen den Marktfreiheiten grundsätzlich Vorrang eingeräumt.[380]

Die beiden Ergänzungsrichtlinien 2014/67/EU und (EU) 2018/957 haben zwingende Vorschriften über zahlreiche Arbeitsbedingungen dieser Arbeitnehmer eingeführt.

Die *Entsende-Ergänzungsrichtlinie 2014/67/EU* will eine bessere und einheitliche Anwendung der Entsenderichtlinie sicherstellen und Missbräuche bei der Entsendung bekämpfen. Deshalb stellt sie Anforderungen an die Kontrolle der Dienstleistungserbringer (Vertragsdokumentation; Schutzmaßnahmen; Nachzahlungen; Sanktionen; Informationsaustausch).

Zu erheblichen Verschärfungen führte die *Ergänzungsrichtlinie (EU) 2018/957.* Sie enthält zwingende Arbeitsbedingungen für entsandte Arbeitnehmer in zahlreichen Branchen im Hinblick auf Entlohnung, Mindesturlaub, Höchstarbeitszeit Mindestruhezeiten, Überlassungsbedingungen bei Leiharbeit, Sicherheit, Gesundheitsschutz, Hygiene am Arbeitsplatz, Gleichbehandlung der Geschlechter, Zulagen sowie Kostenerstattung.

301 Die auf Art. 19 AEUV gestützte *Antirassismusrichtlinie* 2000/43/EG (*Nr. 4 der Liste*) überträgt den Gleichbehandlungsgrundsatz ohne Unterschied der Rasse oder der ethnischen Herkunft und will damit die Fremdenfeindlichkeit bekämpfen. Sie gilt für den privatwirtschaftlichen und öffentlichen Bereich.

302 Die *Antidiskriminierungsrichtlinie* 2000/78/EG (*Nr. 5 der Liste*) stützt sich ebenfalls auf Art. 19 AEUV und legt einen allgemeinen Rahmen für die Verwirklichung der Gleichbehandlung in Beschäftigung und Beruf fest. Der Begriff der „mittelbaren Diskriminierung" wird präzisiert; eine solche liegt vor, wenn dem Anschein nach neutrale Vorschriften, Kriterien oder Verfahren Personen mit einer bestimmten Religion, Weltanschauung, Behinderung oder sexuellen Ausrichtung gegenüber anderen Personen in besonderer Weise benachteiligt, es sei denn, es liegt eine sachliche Rechtfertigung vor, die mit angemessenen Mitteln verfolgt wird (Art. 2 Abs. 2 lit. b). Altersgrenzen in Tarifverträgen sind zulässig, wenn sie objektiv und angemessen und durch einen legitimen Zweck gerechtfertigt sind.[381]

303 Die *Zugangs-Gleichberechtigungsrichtlinie* (*Liste Nr. 6*) soll die geschlechtsspezifische Diskriminierung bei der Versorgung mit Gütern und Dienstleistungen verhindern.

304 Die *Selbstständigenrichtlinie* 2010/41/EU (*Nr. 8 der Liste*) erweitert den Anwendungsbereich der Entgeltrichtlinie auf Lohnunternehmer in der Landwirtschaft und auf Selbstständige. Sie soll Erschwernisse für Frauen bei der Gründung, dem Betreiben oder der Erweiterung eines Unternehmens (auch in der Landwirtschaft) abbauen helfen.

305 Ziel der *Elternteil – Urlaubsrichtlinie (Liste Nr. 9)* ist die Gleichbehandlung von Männern und Frauen „sowie gleichgestellten zweiten Elternteilen" (Art. 3(1)(a)) auf dem

380 EuGH, Laval un Partneri, C-341/05, ECLI:EU:C:2007:809, I-11845; EuGH, Viking, C-438/05, ECLI:EU:C:2007:772, I-10806; EuGH, Rüffert, C-346/06, ECLI:EU:C:2008:189, I-2024.

381 EuGH, Palacios de la Villa/, C-411/05, ECLI:EU:C:2007:604, I-8566.

Arbeitsmarkt zu erleichtern, die Erwerbstätigkeit von Frauen zu fördern sowie Anreize für Väter zu setzen, Betreuungs- und Pflegeaufgaben zu übernehmen. Im Hinblick darauf werden Mindestvorschriften für Elternurlaub, Vaterschaftsurlaub und flexible Arbeitsbedingungen geschaffen.

Keine Regelungen gibt es bisher für die immer häufiger anzutreffenden – auch grenzüberschreitenden – elektronischen Arbeitnehmertätigkeiten *(früher „Telearbeit"; heute „Homeoffice")*. Die Corona 19-Pandemie hat diese Entwicklung erheblich verstärkt. Alle arbeitsrechtlichen Fragen, die früher unter „Telearbeit" diskutiert, aber nicht geregelt worden sind, liegen wieder auf dem Tisch (zB Arbeitnehmerbegriff; Arbeitszeitkontrolle; Pausenregelungen; Nachtarbeit; Mitbestimmung; Mutterschutz).[382] Der faktische Arbeitsort und das konkrete Direktionsrecht verlieren an Bedeutung für die Definition „Arbeitnehmer". Für das Arbeitsstatut kann nicht der Ort des Computers oder Servers maßgebend sein, sondern nur der Ort der organisatorischen Integration der Arbeit.[383]

Die *Gleichberechtigungsrichtlinie II (Nr. 10 der Liste)* erweitert je nach Unternehmens- 306
größe die Transparenzanforderungen in Bezug auf gleiches Entgelt, Vergütungsstrukturen und Gleichbehandlung. Geschlechtsneutrale Kriterien bei der Auswahl von Beschäftigten sollen auch registrierte geschlechtsumgewandelte Personen arbeitsrechtlich schützen (Erwägungsgrund 5) und generell mittelbaren Diskriminierungen entgegenwirken.

c) Arbeitsvertragsrecht

Arbeitnehmer im Sinne des europäischen *Arbeitsvertragsrechts* sind alle Beschäftigten 307
außerhalb des öffentlichen Dienstes, die während einer bestimmten Zeit für einen anderen nach dessen Weisung Leistungen gegen Entgelt erbringen.[384] Arbeitnehmerin im Sinne der Mutterschutzrichtlinie ist auch die schwangere Geschäftsführerin einer Kapitalgesellschaft, wenn die Geschäftsführerin ihre Tätigkeit nach Weisung oder unter Aufsicht eines anderen Organs der Gesellschaft ausübt.[385] Arbeitnehmerin im Sinne des sozialen Sicherheit ist eine Mutter in der verlängerten Elternzeit, wenn sie in dieser Zeit mindestens gegen ein spezielles Risiko versichert ist.[386] Arbeitnehmer im Sinne der Freizügigkeitsregelungen (Art. 45 AEUV) kann auch eine Person sein, die nach dem Recht eines Mitgliedstaates kein Arbeitnehmer ist; der Arbeitnehmerbegriff nach Art. 45 AEUV hat unionsrechtliche Bedeutung und bezieht sich auf die speziellen Vorschriften, weil sonst jeder Mitgliedstaat bestimmte Personengruppen nach Belieben dem Schutz des Vertrages entziehen könnte.[387] Wenn Arbeitnehmer und leitende Angestellte nach nationalem Recht gleichgestellt sind, darf auch bei der Umsetzung von Richtlinien in diesem Staat nicht differenziert werden.[388]

---

382 *Kilian/Borsum/Hoffmeister*, Telearbeit und Arbeitsrecht. Forschungsbericht 139 des Bundesministers für Arbeit und Sozialordnung, Bonn 1987.

383 *Springer*, Virtuelle Wanderarbeit, 2002; zum „Sozialdumping" durch Unterlaufen des Tariflohns: EuGH, Portugaia Construções, C-164/99, ECLI:EU:C:2002:40, I-805.

384 EuGH, Raulin/Minister van Onderwijs en Wetenschappen, C-357/89, ECLI:EU:C:1992:87, I-1054; EuGH, Lehtonen und Castors Braine, C-176/96, ECLI:EU:C:2000:201, I-2714.

385 EuGH, Danosa, C-232/09, ECLI:EU:C:2010:674 = NJW 2011, 2343.

386 EuGH, Borger, C-516/09, ECLI:EU:C:2011:136 = NJW 2011, 2191.

387 EuGH, Unger, C-75/63, ECLI:EU:C:1964:19, 385.

388 EuGH, Wagner Miret/Fondo de garantía salarial, C-334/92, I-6926 = NJW 1994, 921.

308 Die *Eingehung eines Arbeitsverhältnisses* ist im europäischen Arbeitsrecht nur hinsichtlich grenzüberschreitender Beschäftigungen ausdrücklich geregelt (Artt. 45–48 AEUV). Diese Vorschriften verhindern Beschränkungen der Arbeitsplatzwahl, Beschäftigung, Entlohnung oder der Leistungsansprüche von Arbeitnehmern aus EU-Mitgliedstaaten, nicht jedoch für solche aus Drittstaaten.[389]

Nr.	*Richtlinie*	*Umsetzung*
11	Richtlinie 2014/50/EU vom 16.4.2014 über Mindestvorschriften zur Erhöhung der Mobilität von Arbeitnehmern zwischen Mitgliedstaaten durch Verbesserung des Erwerbs und der Wahrung von Zusatzrentenansprüchen – *Mobilitäts-Richtlinie* – *ABl. L 128 vom 30.4.2014, S. 1.*	Gesetz zur Umsetzung der EU-Mobilitäts-Richtlinie vom 21.12.2015 BGBl., I, S. 2553
12	Richtlinie (EU) 2019/1152 vom 20.6.2019 über transparente und vorhersehbare Arbeitsbedingungen – *Nachweisrichtlinie* – *ABl. L 186 vom 11.7.2019, S. 105*	(noch offen am 1.7.2021)

309 Die *Mobilitäts-Richtlinie (Nr. 11 der Liste)* will Mobilitätshindernisse abbauen, die sich aus Regelungen zur betrieblichen Altersversorgung ergeben können. So soll die Freizügigkeit von Arbeitnehmern zwischen den Mitgliedstaaten beim Wechsel des Beschäftigungsstaates im Hinblick auf Zusatzrentensysteme verbessert werden, weil die Bedingungen für den Erwerb und die Wahrung von Rentenansprüchen immer höhere Bedeutung erlangen.

310 Die *Nachweisrichtlinie (Nr. 12 der Liste)* erweitert aufgrund der EuGH-Rechtsprechung die Aspekte, über die ein Arbeitnehmer schriftlich (auch elektronisch, falls ausdruckbar) zu informieren ist. Dazu zählen Informationen über Ruhepausen, Überstunden, Entgeltbestandteile oder „Arbeitsmuster", worunter wohl auch Einzelheiten über die Organisation eines „Homeoffice" zählen dürfte. Tarifverträge oder Kollektivvereinbarungen können weitere Einzelheiten vorsehen (Art. 14).

311 Hinsichtlich der *Durchführung eines Arbeitsverhältnisses* macht das Unionsrecht keine Vorgaben über die *Höhe des Arbeitsentgelts.* Im Gegenteil, Art. 153 Abs. 5 AEUV verbietet sogar ausdrücklich Regelungen über das Arbeitsentgelt auf Unionsebene. Die wirtschaftlichen Bedingungen in den Mitgliedstaaten sind dafür zu unterschiedlich. Dagegen legen mehrere Richtlinien allgemeine Schutzstandards für alle Arbeitsverhältnisse sowie andere Richtlinien besondere Richtlinien für spezielle Arbeitnehmergruppen (Jugendliche; werdende Mütter; Eltern) fest. Die speziellen Schutzvorschriften zugunsten bestimmter Arbeitnehmergruppen bleiben im Folgenden außer Betracht.[390]

389 EuGH, Sloman Neptun/Bodo Ziesemer, C-72/91 und C-73/91, ECLI:EU:C:1993:97, I-927 = NZA 1993, 799; EuGH, Fremdsprachenlektoren, C-272/92, ECLI:EU:C:1993:848, I-5202 = JZ 1994, 94.

390 Vgl. Richtlinien 92/85/EWG (Mutterschutzrichtlinie); 94/33/EWG (Jugendarbeitsrichtlinie); 96/34/EG (Elternurlaubrichtlinie).

Nr.	*Richtlinie*	*Umsetzung*
13	Richtlinie 97/81/EG vom 15.12.1997 zu der von UNICE, CEEP und EGB geschlossenen Rahmenvereinigung über Teilzeitarbeit – Anhang: Rahmenvereinbarung über Teilzeitarbeit – *Teilzeitarbeitsrichtlinie* – *ABl. Nr. L 14 vom 20.1.1998, S. 9*	Gesetz über Teilzeitarbeit und befristete Arbeitsverhältnisse (TzBfG) v. 21.12.2000 BGBl. I 1966
14	Richtlinie 99/70/EG vom 28.6.1999 zu der Vereinbarung der EGB-UNICE-CEEP-Rahmenvereinbarung über befristete Arbeitsverträge – *Arbeitsvertragsbefristungsrichtlinie* – *ABl. Nr. L 175 vom 10.7.1999, S. 43*	Gesetz über Teilzeitarbeit und befristete Arbeitsverhältnisse (TzBfG) v. 21.12.2000 BGBl. I S. 1966
15	Richtlinie 2003/88/EG vom 4.11.2003 über bestimmte Aspekte der Arbeitszeitgestaltung – *Arbeitszeitrichtlinie* – *ABl. L 299 vom 18.11.2003, S. 9*	Arbeitszeitgesetz vom 6.6.1994 BGBl. I S. 1170 (zur Vorläuferrichtlinie 93/104/EG)
16	Richtlinie (EU) 2019/1937 vom 23.10.2019 zum Schutz von Personen, die Verstöße gegen das Unionsrecht melden – *Whistleblower-Richtlinie* – ABl. L 305 vom 26.11.2019, S. 17	Hinweisgeberschutzgesetz (HinSchG) vom 31.5.2023 BGBl. I Nr. 140 vom 2.6.2023

Die *Teilzeitarbeitsrichtlinie* 97/81/EG (*Nr. 13 der Liste*) stützt sich auf eine Rahmen- 312
vereinbarung, die von den Spitzenverbänden der Sozialpartner auf europäischer Ebene (Union der Industrie- und Arbeitgeberverbänden Europas (UNICE), dem Europäischen Zentralverband der öffentlichen Wirtschaft (CEEP) und dem Europäischen Gewerkschaftsbund (EGB)) getroffen worden ist. Rechtsgrundlage für die Rahmenvereinbarung war Art. 4 Abs. 2 des Abkommens über die Sozialpolitik (jetzt Art. 154 AEUV, vormals Art. 138 EG).

Mit der Richtlinie wird die Rahmenvereinbarung zu einer verbindlichen Vorgabe für die Mitgliedstaaten. Inhaltlich soll die Richtlinie Diskriminierungen von Teilzeitbeschäftigten beseitigen, die Qualität der Teilzeitarbeit verbessern, die Entwicklung der Teilzeitarbeit auf freiwilliger Basis fördern und zu einer flexiblen Organisation der Arbeitszeit beitragen.

Grundlage der *Richtlinie über befristete Arbeitsverträge* (*Nr. 14 der Liste*) ist eine 313
weitere Rahmenvereinbarung der Spitzenverbände der Sozialpartner. Ziel der Richtlinie ist die Qualität befristeter Arbeitsverhältnisse durch Anwendung des Grundsatzes der Nichtdiskriminierung zu verbessern und einen Rahmen zu schaffen, der den Missbrauch durch aufeinander folgende befristete Arbeitsverträge oder Arbeitsverhältnisse verhindert (Erwägungsgrund Nr. 14).

Zur *Arbeitszeitrichtlinie* 2003/88/EG *(Nr. 15 der Liste)* und ihren Vorgängerregelun- 314
gen liegen über 90 Urteile des EuGH vor. Folgende Mindestbedingungen sind im Interesse von Sicherheit und Gesundheitsschutz der Arbeitnehmer kodifiziert:

- Pro Vierundzwanzigstundenzeitraum ist eine Mindestruhezeit von elf zusammenhängenden Stunden vorgeschrieben (Art. 3), pro Siebentagezeitraum zuzüglich eine Mindestruhezeit von 24 Stunden (Art. 5)

- Bei einer täglichen Arbeitszeit von mehr als sechs Stunden ist eine Ruhepause zu gewähren (Art. 4)
- Die durchschnittliche Höchstarbeitszeit pro Siebentagezeitraum beträgt 48 Stunden einschließlich der Überstunden (Art. 6 lit. b)
- Jeder Arbeitnehmer hat Anspruch auf mindestens vier Wochen bezahlten Jahresurlaub, der nicht durch Vergütung ersetzt werden darf (Art. 7).

Die Arbeitszeitrichtlinie lässt von einigen Regelungen *Ausnahmen* durch mitgliedstaatliche Vorschriften in Fällen zu, in denen die Arbeitszeit wegen der besonderen Merkmale der ausgeübten Tätigkeit nicht gemessen oder vorab festgelegt werden kann (etwa für Personal von Flughäfen, Presse, Rundfunk, Forschungs- und Entwicklungseinrichtungen oder Wach- und Schließgesellschaften (Art. 17)). Aufgrund einer Entscheidung des EuGH[391] wurden nunmehr auch Ärzte im öffentlichen Gesundheitsdienst ausdrücklich der Arbeitszeitrichtlinie unterworfen (Art. 17 lit. c i). Grundsätzlich muss jeder Arbeitgeber ein System einführen, mit dem die tägliche Arbeitszeit eines Arbeitnehmers gemessen werden kann.[392]

315 Die *„Whistleblower"-Richtlinie (Nr. 16 der Liste)* will einen „effizienten Hinweisgeberschutz" für Personen sicherstellen, die in öffentlichen oder privaten Organisationen von Verstößen gegen Unionsrecht erfahren (etwa Verstöße gegen Produktsicherheit, gegen Herstellungs-, Einfuhr- oder Vertriebsvorschriften) und dadurch öffentliche Interessen gefährden oder schädigen. Die Offenlegung entsprechender Informationen unterbleibt häufig, weil hinweiswillige Personen Repressalien befürchten müssen (Kündigung; Aufgabenveränderung; Nichtbeförderung; negative Leistungsbeurteilung; Nötigung).

Die Richtlinie verbietet solche Repressalien. Sie schreibt für alle größere Organisationen die Einrichtung interner Meldekanäle vor, in denen die Vertraulichkeit der Meldung und die Identität des Hinweisgebers geschützt werden müssen. Hinweisgeber können sich unabhängig von internen Meldungen auch an die zuständigen Behörden wenden (Art. 10). Die Mitgliedstaaten können anonyme Hinweise in ihren Hinweisgeberschutz einbeziehen.

391 EuGH, Simap, C-303/98, ECLI:EU:C:2000:528, I-7997.
392 EuGH, CCOO, C-55/18, ECLI:EU:C:2019:402.

Hinsichtlich der *Beendigung von Arbeitsverhältnissen* sind drei EG-Richtlinien relevant: 316

Nr.	*Richtlinie*	*Umsetzung*
17	Richtlinie 80/987/EWG 20.10.1980 zur Angleichung der Rechtsvorschriften der Mitgliedstaaten über den Schutz der Arbeitnehmer bei Zahlungsunfähigkeit des Arbeitgebers *ABl. L 283, S. 23 vom 28.10.1980* Geändert durch Richtlinie 2002/74/EG vom 23.9.2002 *– Entgeltsicherungsrichtlinie –* *ABl. L 270, vom 8.10.2002, S. 10*	kein Umsetzungsbedarf wegen §§ 141 a AFG und 7 ff. BetrAVG
18	Richtlinie 98/59/EG zur Angleichung der Rechtsvorschriften der Mitgliedstaaten über Massenentlassungen *– Massenentlassungsrichtlinie –* *ABl. L 225, vom 12.8.1998, S. 16*	Art. 5 Gesetz zur Anpassung arbeitsrechtlicher Bestimmungen an das EG-Recht vom 20.7.1995 BGBl. I 946 (diente der Umsetzung der ersetzten RL 92/56)
19	Richtlinie 2001/23/EWG zur Angleichung der Rechtsvorschriften der Mitgliedstaaten über die Wahrung von Ansprüchen der Arbeitnehmer beim Übergang von Unternehmen, Betrieben oder Unternehmens- oder Betriebsteilen *– Betriebsübergangsrichtlinie –* *Abl. L 82 vom 22.3.2001, S. 16*	ÄnderungsG zum BetrVG v. 23.7.2001 BGBl. I S. 1852

Die *Entgeltsicherungsrichtlinie* (*Nr. 17 der Liste*) schützt die Arbeitnehmer vor Zahlungsunfähigkeit des Arbeitgebers durch die Verpflichtung zur Schaffung von Garantieeinrichtungen. Wegen verspäteter Umsetzung dieser Richtlinie wurden Schadensersatzansprüche von Arbeitnehmern gegen den italienischen Staat grundsätzlich zugelassen.[393] Die Entgeltsicherungsrichtlinie gilt aber nicht für Arbeitnehmer solcher Unternehmen, die das nationale Recht vom Entgeltausfallsicherungsverfahren ausgenommen hat. Begründet wird das – wenig überzeugend – mit der nur schrittweisen Harmonisierung der Folgen der Zahlungsunfähigkeit.[394] 317

Die *Massenentlassungsrichtlinie* (*Nr. 18 der Liste*) beschränkt sich auf verfahrensrechtliche Bestimmungen. Massenentlassungen sind Beendigungen von Arbeitsverhältnissen durch den Arbeitgeber (mindestens 20) innerhalb einer kurzen Zeit (30 bis 90 Tage) in großem Umfang (bezogen auf die Betriebsgröße). Ausgenommen von der Richtlinie sind Zeitarbeitnehmer sowie öffentliche Bedienstete. 318

Verfahrensrechtlich sind Konsultationsverfahren und Informationsverfahren vorgeschrieben. Der Arbeitgeber hat der zuständigen Behörde beabsichtigte Massenentlassungen schriftlich anzuzeigen (Art. 3 Abs. 1).

Die *Betriebsübergangsrichtlinie* 2001/23/EG (*Nr. 19 der Liste*) sichert zwingend den Übergang der Arbeitsverhältnisse auf den Erwerber eines Unternehmens, Betriebsteils oder Betriebs. Ein Betriebsübergang kann durch Vertrag, Verschmelzung oder Insolvenz zu Stande kommen. Wesentlich ist nur, dass eine „wirtschaftliche Einheit“ auf einen anderen Träger übergeht. 319

393 EuGH, Francovich und Bonifaci/Italienische (Francovich I), C-6/90 und C-9/90, ECLI:EU:C:1991:428, I-5403.
394 EuGH, Francovich/Italienische (Francovich II), C-479/93, ECLI:EU:C:1995:372, I-3861 = EuGRZ 1996, 32.

Die *Kriterien für den Übergang* einer wirtschaftlichen Einheit auf einen anderen Träger sind in der Richtlinie nicht definiert. Als „wirtschaftliche Einheit" bezeichnet der EuGH eine „organisierte Gesamtheit von Personen und Sachen zur Ausübung einer wirtschaftlichen Tätigkeit mit eigener Zielsetzung".[395] Der „Übergang" hängt davon ab, ob die betreffende Einheit ihre „Identität" bewahrt. Dies ist der Fall, wenn unter Berücksichtigung aller den Vorgang kennzeichnenden Tatsachen der Betrieb von dem neuen Inhaber mit derselben oder gleichartigen Geschäftstätigkeit tatsächlich weitergeführt oder wiederaufgenommen wird.[396]

Nach den EuGH-Urteilen Abler[397] und Güney-Görres[398] kommt es nicht mehr als notwendige Voraussetzung für einen Betriebsübergang darauf an, dass der Auftragsnachfolger überhaupt Personal übernimmt oder „eigenwirtschaftliche" Verfügungsmacht über Betriebsmittel besitzt. In einer jüngeren Entscheidung vom 27.2.2020 hat der EuGH entschieden, ein Betriebsübergang auch dann vorliegen kann, wenn wesentliche Teile der Betriebsmittel nicht übernommen werden. Werden die Arbeitnehmer in ihrer Gesamtheit übernommen, so genüge dies für die Annahme eines Betriebsübergangs.[399]

Nach der jetzt geltenden Fassung der Betriebsübergangsrichtlinie haben die Arbeitnehmer bei einem Betriebsübergang ein Unterrichtungs- und Widerspruchsrecht (Art. 7 Abs. 2). Der Widerspruch führt dazu, dass der Arbeitsvertrag nicht fortgesetzt wird.

Für *Streitigkeiten aus individuellen Arbeitsverträgen* im Binnenmarkt ist das Gericht des Ortes zuständig, an dem der Arbeitnehmer gewöhnlich seine Arbeitsleistung erbringt (Art. 19 Nr. 2 lit. a EuGVVO).

d) Kollektives Arbeitsrecht

320 *Koalitions-, Streik- und Aussperrungsrecht* sind nach Art. 28 der EU-Grundrechtecharta zwar garantiert, aber nach Art. 153 Abs. 5 AEUV ausdrücklich von europäischen Regelungen ausgenommen. Durch einstimmige Beschlüsse des Rates können die Vertretung und die kollektive Wahrnehmung der Interessen der Arbeitnehmer und Arbeitgeber einschließlich der Mitbestimmung in Richtlinien geregelt werden (Art. 153 Abs. 3 S. 1 AEUV). Einstimmige Beschlüsse waren in der Vergangenheit allerdings nicht zu erzielen. Erstmals mit der Einführung des Europäischen Betriebsrats und der Europäischen Aktiengesellschaft (SE) wurden Richtlinien über Beteiligungsrechte von Arbeitnehmern in Kraft gesetzt.

In einigen Richtlinien werden die in einem *Kollektivvertrag* ausgehandelten Arbeitsbedingungen vorab für verbindlich erklärt (etwa in Art. 3 Abs. 3 Betriebsübergangsrichtlinie, *Nr. 19 der Liste*). Vereinbarungen der Sozialpartner auf Unionsebene sind zu ihrer Gültigkeit allerdings von einem zustimmenden Beschluss des Rates abhängig (Art. 155 Abs. 2 AEUV).

---

395 EuGH, Ayse Süzen, C-13/95, ECLI:EU:C:1997:141, I-1268.

396 EuGH, Redmond Stichting/Bartol ua, C-29/91, ECLI:EU:C:1992:220, I-3212; EuGH, Grafe und Pohle, C-298/18, ECLI: EU:C:2020:121.

397 EuGH, Abler ua, C-340/01, ECLI:EU:C:2003:629, I-14046.

398 EuGH, Güney-Görres und Gul Demir, C-232/04 und C-233/04, ECLI:EU:C:2005:778, I-11255.

399 EuGH, ISS Facility Services, C-344/18, ECLI:EU:C:2020:239.

e) Beteiligungsrechte/Mitbestimmung

Beteiligungs- oder gar Mitbestimmungsrechte waren in einigen EU-Mitgliedstaaten nahezu unbekannt (Griechenland; Großbritannien), in anderen Mitgliedstaaten hochentwickelt (Deutschland; Schweden). Bis zur ersten *Betriebsübergangsrichtlinie* von 1977 gab es keine verbindliche *europäische Vorschrift* über Beteiligungsrechte der Arbeitnehmervertretung. Erst seither müssen für größere grenzüberschreitend tätige Unternehmen unabhängig von der Zustimmung des Arbeitgebers Arbeitnehmervertretungen bestellt und bei wichtigen Entscheidungen beteiligt werden.[400] Die Eurobetriebsräterichtlinie sowie die SE- und SCE-Arbeitnehmerbeteiligungsrichtlinie enthalten vorsichtige Schritte in Richtung einer allgemeinen Arbeitnehmerbeteiligung an Unternehmensentscheidungen. 321

Nr.	*Richtlinie*	*Umsetzung*
20	Richtlinie 2001/86/EG vom 8.10.2001 *– SE-Arbeitnehmerbeteiligungsrichtlinie –* *ABl. L 294 vom 10.11.2001, S. 22*	SE-Beteiligungsgesetz (SEBG) vom 22.12.2004 BGBl. I S. 3686
21	Richtlinie 2002/14/EG vom 11.3.2002 zur Festlegung eines allgemeinen Rahmens für die Unterrichtung und Anhörung der Arbeitnehmer in der Europäischen Gemeinschaft *– Rahmenrichtlinie Arbeitnehmerbeteiligung –* *ABl. L 80 vom 23.3.2002, S. 29*	ohne konkrete Umsetzung; Betriebsverfassungsgesetz und Bundespersonalvertretungsgesetz entsprechen der Richtlinie
22	Richtlinie 2003/72/EG zur Ergänzung des Statuts der Europäischen Genossenschaft hinsichtlich der Beteiligung der Arbeitnehmer *– SCE-Beteiligungsrichtlinie –* *ABl. L 207 vom 18.8.2003, S. 338*	SCE-Beteiligungsgesetz (SCEBG) vom 14.8.2006 BGBl. I S. 1917
23	Richtlinie 2009/38/EG vom 6.5.2009 über die Einsetzung eines Europäischen Betriebsrats oder die Schaffung eines Verfahrens zur Unterrichtung und Anhörung der Arbeitnehmer in gemeinschaftsweit operierenden Unternehmen und Unternehmensgruppen *– Eurobetriebsräterichtlinie –* *ABl. L 122 vom 16.5.2009, S. 28*; zuletzt geändert durch Richtlinie (EU) 2015/1794, *ABl. L 263 vom 8.10.2015, S. 1*	Neufassung des Europäischen Betriebsräte-Gesetzes vom 15.12.2011 BGBl. I S. 2650
24	Richtlinie 2017/1132 vom 14.6.2017 über bestimmte Aspekte des Gesellschaftsrechts *– Umwandlungsrichtlinie Mitbestimmung –* *ABl. L 169 vom 30.6.2017, S. 46*	Gesetz zur Umsetzung der Bestimmungen der Umwandlungsrichtlinie über die Mitbestimmung der Arbeitnehmer bei grenzüberschreitenden Umwandlungen, Verschmelzungen und Spaltungen vom 4.1.2023, BGBl. I Nr. 10 vom 13.1.2023

400 EuGH, Kommission/Vereinigtes Königreich, C-383/92, ECLI:EU:C:1994:234, I-2483.

322 In der Verordnung (EG) Nr. 2157/2001 über das Statut der Europäischen (Aktien-) Gesellschaft (SE), die sich als Kompetenzgrundlage auf die Ermächtigung der Gemeinschaft zum Tätigwerden in unvorhergesehenen Fällen (Art. 352 AEUV) stützt, werden an verschiedenen Stellen Vorgaben für die Beteiligung der Arbeitnehmer gemacht (Artt. 1 Abs. 4; 12 Abs. 2–4; 40 Abs. 2; 43 Abs. 3; 45; 50 Abs. 3). Die Einzelheiten sind in der zeitgleich erlassenen *Richtlinie 2001/86/EG* zur Ergänzung des Statuts der Europäischen Gesellschaft *hinsichtlich der Beteiligung der Arbeitnehmer* geregelt (*Nr. 20 der Liste*). Eine SE kann erst dann in das Handelsregister eingetragen werden, wenn eine der Alternativen für die Arbeitnehmerbeteiligung eingreift.

Ziel der *SE-Arbeitnehmerbeteiligungsrichtlinie* ist es, die Arbeitnehmerbeteiligung derjenigen Gesellschaften zu sichern, die sich an einer SE beteiligen (Erwägungsgrund 3). Da in den Mitgliedstaaten eine „Vielfalt an Regelungen und Gepflogenheiten für die Beteiligung der Arbeitnehmervertreter an der Beschlussfassung in Gesellschaften“ bestehe (Erwägungsgrund 5), werden verschiedene Modelle zur Auswahl vorgeschlagen, die jeweils mindestens Unterrichtungs- und Anhörungsrecht umfassen müssen, aber auch echte Mitbestimmungsrechte einschließen können (Art. 2 lit. h).

Vorrang soll das Modell der Beteiligung haben, das auf Verhandlungen eines besonderen Gremiums als Vertretung der Arbeitnehmer beruht (Art. 3 Abs. 2). Kommt keine Vereinbarung zu Stande, dann greift eine komplexe, vom jeweiligen Mitgliedstaat festzulegende „Auffangregelung“ (Art. 7) ein, die unter Berücksichtigung zumindest der im Anhang zu Art. 7 in Teil 1 und 2 aufgeführten Punkte zu einer Vereinbarungslösung (Art. 7 Abs. 1 S. 2 lit. a) oder zu einer gesetzlichen Geltung der Auffanglösung führen kann (Art. 7 Abs. 1 S. 2 lit. b). Im letztgenannten Fall können die Mitgliedstaaten die Einführung eines echten Mitbestimmungsrechts ausschließen (Art. 7 Abs. 3).

Durch die SE-Arbeitnehmerbeteiligungsrichtlinie werden keine Arbeitnehmerbeteiligungsvorschriften in den Mitgliedstaaten geändert oder harmonisiert (Art. 13). Unabhängig vom Sitz der SE müssen die Mitgliedstaaten dafür sorgen, dass die Leitungs- und Verwaltungsorgane der SE die Vorschriften der SE-Arbeitnehmerbeteiligungsrichtlinie einhalten.

323 Die *Rahmenrichtlinie über die Arbeitnehmerbeteiligung* (*Nr. 21 der Liste*) ist nach Anhörung der Sozialpartner auf Unionsebene vom Europäischen Parlament und vom Rat für erforderlich gehalten worden. Sie soll Umstrukturierungsprozesse und Anpassungen von Unternehmen im Zuge der Globalisierung erleichtern (Erwägungsgrund 9) und die wirtschaftlichen Implikationen von Entscheidungen durch eine Antizipation der Beschäftigungsentwicklung in Unternehmen im Wege von Unterrichtungs- und Anhörungsmaßnahmen deutlich machen (Erwägungsgrund 13). Der EuGH hat die Umsetzung dieser Richtlinie durch Tarifvertrag mit Bindungswirkung für tarifungebundene Arbeitnehmer zugelassen.[401]

Die Richtlinie gilt für Unternehmen ab 40 Arbeitnehmern in einem Mitgliedstaat. Die Unterrichtung und Anhörung betrifft Informationen über die wirtschaftliche Situation des Unternehmens und die Beschäftigungsorganisation (Art. 4 Abs. 2). Die den Arbeitnehmervertretern als vertraulich bezeichneten Informationen dürfen nicht weitergegeben werden (Art. 6 Abs. 1). Könnten Unterrichtungs- und Anhörungsrechte nach objektiven Kriterien die Tätigkeit des Unternehmens erheblich beeinträchtigen, brauchen diese Verfahren nicht durchgeführt zu werden (Art. 6 Abs. 2). Die Festlegung

401 EuGH, Kommission/Spanien, C-523/08, ECLI:EU:C:2010:73.

der Vertraulichkeit sowie das Vorliegen objektiver Kriterien zur Verweigerung von Informationen muss auf dem Verwaltungsweg oder vor Gericht nachprüfbar sein (Art. 6 Abs. 3).

Die *SCE-Beteiligungsrichtlinie (Nr. 22 der Liste)* überträgt das Beteiligungsverfahren der Arbeitnehmer nach der SE-Arbeitnehmerbeteiligungsrichtlinie im Wesentlichen in der Begründung und nach dem Inhalt auf die Rechtsform der SCE. 324

Gegenstand der *Eurobetriebsräterichtlinie (Nr. 23 der Liste)* ist die Schaffung eines europäischen Gremiums zur Vertretung der Arbeitnehmerinteressen in grenzüberschreitend tätigen Unternehmen und Unternehmensgruppen. Sobald ein unionsweit operierendes Unternehmen insgesamt mindestens 1000 Arbeitnehmer und jeweils mindestens 150 Arbeitnehmer in mindestens zwei Mitgliedstaaten hat, muss ein Eurobetriebsrat gebildet werden. Die Modalitäten der Zusammenarbeit zwischen einem Eurobetriebsrat und den Betriebsräten in einem Mitgliedstaat werden mit der zentralen Stelle ausgehandelt (Artt. 6 und 12). Die Richtlinie räumt dem Eurobetriebsrat Unterrichtungs- und Anhörungsrechte, aber keine Mitbestimmungsrechte ein. Mitbestimmungsrechte werden nicht erwähnt. Der Eurobetriebsrat entspricht deshalb funktional wohl dem Wirtschaftsausschuss nach dem deutschen Betriebsverfassungsgesetz.[402] 325

Die neue *Eurobetriebsräterichtlinie*, die unter Beteiligung der Regierungen, Verbände und Sozialpartner zustande gekommen ist, modernisiert die Vorschriften der früheren Richtlinie 94/45/EWG, hält aber an deren Regelungsumfang fest.

Derzeit sind 1208 Eurobetriebsräte beim Europäischen Gewerkschaftsinstitut registriert.[403]

Die *Umwandlungsrichtlinie Mitbestimmung (Nr. 24 der Liste)* regelt unter anderem die Mitbestimmung bei grenzüberschreitenden Umwandlungen, Verschmelzungen und Spaltungen, indem es die jeweiligen Mitbestimmungsregelungen des Sitzstaates des Unternehmens für maßgeblich erklärt. 326

Der EuGH erkennt die *mitgliedstaatliche* Ausstattung der Arbeitnehmervertretungen mit Rechten an. Er räumt national errichteten Arbeitnehmervertretungen in europäischen Fusionskontrollfällen das Recht auf Information und Stellungnahme im Verwaltungsverfahren ein. 327

▶ **Beispiel:**

Die Betriebsräte der von der Unternehmensfusion Nestlé/Perrier betroffenen Unternehmen versuchten, den Personalbestand durch ihre Beteiligung am Fusionskontrollverfahren abzusichern. Die Information und Anhörung der Betriebsräte wurde zugebilligt, ein Anspruch auf Geltendmachung des Fortbestandes der Unternehmensstruktur jedoch abgelehnt, weil derartige Rechte den Betriebsräten nicht übertragen worden seien.[404] ◀

f) Arbeitssicherheitsrecht

Grundlage des Arbeitssicherheitsrechts ist Art. 153 Abs. 1 lit. a AEUV. Danach kann der Rat durch Richtlinien *Mindestvorschriften* festlegen, um die Arbeitsumwelt, die Sicherheit und die Gesundheit der Arbeitnehmer zu schützen. 328

402 *Hromadka*, DB 1995, 1125 (1128).
403 https://ewcdb.eu/stats-and-graphs (aufgesucht am 05.4.2023).
404 EuG, CCE de la Société générale des grandes sources ua/Kommission, T-96/92, ECLI:EU:T:1995:77, II-1216.

Nr.	Richtlinie	Umsetzung
25	Richtlinie 89/391/EWG vom 30.11.1989 über Mindestvorschriften für Sicherheit und Gesundheitsschutz bei Benutzung von Arbeitsmitteln durch Arbeitnehmer bei der Arbeit *– Rahmenrichtlinie Arbeitsschutz –* *ABl. L 393 vom 30.12.1989, S. 13*	Gesetz zur Umsetzung der EG-Rahmenrichtlinie Arbeitsschutz und weiterer Arbeitsschutz-Richtlinien vom 7.8.1996 BGBl. I S. 1246

Die *Rahmenrichtlinie Arbeitsschutz (Nr. 25 der Liste)* enthält als „Grundgesetz des betrieblichen Arbeitsschutzes“[405] die allgemeinen Vorgaben über die Rechte und Pflichten von Arbeitnehmer und Arbeitgeber.

Der Arbeitgeber muss folgende Grundsätze beachten (Art. 6):

- Vermeidung von Risiken
- Abschätzung nicht vermeidbarer Risiken
- Gefahrenbekämpfung an der Quelle
- Berücksichtigung des Faktors „Mensch“ bei der Arbeit
- Berücksichtigung des Stands der Technik
- Ausschaltung oder Verringerung von Gefahrenmomenten
- Planung der Gefahrenverhütung
- Vorrang des kollektiven Gefahrenschutzes
- Erteilung geeigneter Anweisungen an die Arbeitnehmer.

329 In Ausführung dieser Rahmenrichtlinie sind bisher mehr als zwanzig *Einzelrichtlinien* über Arbeitsstätten und Arbeitsklassen mit besonderen Risiken ergangen.[406] Sie betreffen ua Gesundheitsschutz, Arbeitsmittel, Schutzausrüstung, Ergonomie, Grenzwerte, Lärm, Transportmittel, Bildschirmarbeit, Bergbau oder Fischerei. Darüber hinaus bestehen weitere Richtlinien über die medizinische Versorgung oder Gefährdungen durch chemische, physikalische und biologische Arbeitsstoffe (Asbest, Blei, Karzinogene). Schließlich regelt die Richtlinie 94/33/EG[407] den Erlass von Mindestvorschriften zum *Jugendarbeitsschutz.*

4. Leitentscheidungen

330 Neben den bereits erwähnten Entscheidungen des EuGH zur Gleichbehandlung von Männern und Frauen (insbesondere dem *Barber-Fall*), zum Arbeitsvertragsrecht *(Fremdsprachenlektorin-Fall)* und zum Betriebsübergang *(Abler; Güney-Görres)* sind noch folgende Leitentscheidungen zu erwähnen:

- *Habermann-Beltermann*[408]

Nationale Vorschriften, die ein Beschäftigungsverbot für schwangere und stillende Frauen vorschreiben, verstoßen gegen den Gleichbehandlungsgrundsatz, wenn sie die

405 *Wlotzke*, NZA 1990, 419.
406 Beispielsweise betrifft die Richtlinie (EU) 2019/1831 vom 24.10.2019 ABl. L 279 vom 31.10.2019, S. 31 Arbeitsplatz-Richtgrenzwerte zum Schutz der Arbeitnehmer vor den Risiken gefährlicher Chemikalien.
407 Vom 22.6.1994, ABl. L 216 vom 20.8.1994, S. 12.
408 EuGH, Habermann-Beltermann/Arbeiterwohlfahrt, C-421/92, ECLI:EU:C:1994:187, I-1668.

Nichtigkeit oder Anfechtbarkeit eines in Unkenntnis der Schwangerschaft geschlossenen Arbeitsvertrags zulassen.

- *Melgar*[409]

Die Kündigung eines befristeten Arbeitsvertrages mit einer Schwangeren ist auch dann unzulässig, wenn sie den Arbeitgeber nicht über ihre Schwangerschaft unterrichtet hat, obwohl ihr dies bei Vertragsabschluss bekannt war und wenn feststand, dass sie aufgrund der Schwangerschaft während eines wesentlichen Teils der Vertragszeit nicht würde arbeiten können.

- *Arbeiterwohlfahrt/Bötel*[410]

Eine mittelbare Diskriminierung der Frauen und ein Verstoß gegen Art. 157 AEUV (vormals Art. 141 EG bzw. Art. 119 EGV) liegt vor, wenn teilzeitbeschäftigten Betriebsratsmitgliedern für Schulungszeiten außerhalb ihrer individuellen Arbeitszeit ein Lohnanspruch oder Freizeitausgleich verweigert wird.

- *Bosman*[411]

Fußballprofis üben eine unselbstständige Tätigkeit aus und sind deshalb Arbeitnehmer. Auf die Unternehmenseigenschaft des Arbeitgebers kommt es nicht an.

- *Specialarbejderforbundet*[412]

Beweislastumkehr zulasten des Arbeitgebers, dass das niedrigere Durchschnittsentgelt einer Arbeitnehmergruppe, die überwiegend aus Frauen besteht, nicht auf geschlechtsspezifischer Diskriminierung beruht.

- *Tanja Kreil*[413]

Es stellt einen Verstoß gegen den Grundsatz der Gleichbehandlung von Männern und Frauen hinsichtlich des Zugangs zur Beschäftigung dar, wenn Frauen generell vom Dienst mit der Waffe ausgeschlossen werden.

- *Mangold*[414]

Aus Gründen der Beschäftigungsförderung kann das Alter gesenkt werden, ab dem uneingeschränkt befristete Arbeitsverträge geschlossen werden können. Das gilt auch für die Arbeitnehmer, die das 52. Lebensjahr vollendet haben, soweit sie nicht mit demselben Arbeitgeber bereits vorher einen unbefristeten Arbeitsvertrag haben. Der deutsche § 14 III 4 TzBfG verstoße gegen Gemeinschaftsrecht.[415]

- *Viking*[416]

Art. 49 AEUV (früher 43 EG) findet auch auf Tariftreueklauseln Anwendung, die ein „Sozialdumping" verhindern wollen. Das in der EU-Grundrechtecharta verankerte Recht auf Kollektivmaßnahmen kann in seiner Ausübung beschränkt werden.

409 EuGH, iménez Melgar, C-438/99, ECLI:EU:C:2001:509, I-6938.

410 EuGH, Arbeiterwohlfahrt/Bötel, C-360/90, ECLI:EU:C:1992:246, I-3607 = DB 1992, 1481.

411 EuGH, ASBL ua/Bosman ua, C-415/93, ECLI:EU:C:1995:463, I-5040 = JZ 1996, 248 (250, 252).

412 EuGH, Specialarbejderforbundet/Dansk Industri, C-400/93, ECLI:EU:C:1995:155, I-1295.

413 EuGH, Kreil, C-285/98, ECLI:EU:C:2000:2, I-95.

414 EuGH, Mangold, C-144/04, ECLI:EU:C:2005:709, I-10013; das Urteil nennt *Rüthers* „einen vorläufigen Gipfel beschäftigungsfeindlicher Regulierung", NJW 2006, 1640 (1641).

415 Das BVerfG (NJW 2010, 3422) konnte in der Mangold-Entscheidung „keinen hinreichend qualifizierten Verstoß des EuGH gegen das Prinzip der begrenzten Einzelermächtigung" feststellen.

416 EuGH, International Transport Workers' Federation/Viking, C-438/05, ECLI:EU:C:2007:772, I-10806.

- *Laval*[417]

Die Entsenderichtlinie führt nicht dazu, dass ein Entsendeunternehmen seine Arbeitnehmer über die günstigeren Arbeits- und Beschäftigungsbedingungen am ausländischen Arbeitsort aufklären muss.

- *Rüffert*[418]

Art. 49 AEUV verbietet es einem Mitgliedstaat, die Vergabe öffentlicher Aufträge an ein Entsendeunternehmen in einem anderen Mitgliedstaat von der Einhaltung von nicht für allgemein verbindlich erklärten Tarifbestimmungen abhängig zu machen.

- *Schultz-Hoff*[419]

Das Erlöschen des Urlaubs- und Urlaubsentgeltanspruchs bei Arbeitsunfähigkeit nach § 7 Abs. 3 BUrlG ist mit der Arbeitszeitrichtlinie 2003/88/EG unvereinbar.

- *Kücükdeveci*[420]

Gegen das Diskriminierungsverbot wird verstoßen, wenn Beschäftigungszeiten, die vor der Vollendung des 25. Lebensjahres liegen, bei der Berechnung der Kündigungsfrist unberücksichtigt bleiben.

- *Rosenbladt*[421]

Die Beendigung des Arbeitsvertrages bei Erreichen des Rentenalters stellt keine Arbeitsdiskriminierung dar.

- *Test-Achats*[422]

Eine geschlechtsspezifische Differenzierung von Versicherungsprämien verstößt gegen das Diskriminierungsverbot der EU-Charta der Grundrechte.

- *Meister*[423]

Ein abgelehnter Stellenbewerber hat nur einen begrenzten Auskunftsanspruch über die Auswahlentscheidung.

- *Kaltoft*[424]

Fettleibigkeit (Adipositas) eines Arbeitnehmers kann eine Behinderung darstellen. Eine Kündigung wegen beeinträchtigter Leistungsfähigkeit kann deshalb diskriminierend sein.

- *Balkaya*[425]

„Arbeitnehmer" iS der Massenentlassungsrichtlinie 98/59/EG ist auch ein Praktikant, der ohne Vergütung arbeitet.

- *Tyko*[426]

417 EuGH, Laval un Partneri, C-341/05, ECLI:EU:C:2007:809, I-11845.
418 EuGH, Rüffert, C-346/06, ECLI:EU:C:2008:189, I-2024.
419 EuGH, Schultz-Hoff ua, C-350/06, ECLI:EU:C:2009:18 = NJW 2009, 495.
420 EuGH, Kücükdeveci, C-555/07, ECLI:EU:C:201021 = NJW 2010, 427.
421 EuGH, Rosenbladt, C-45/09, ECLI:EU:C:2010:601.
422 EuGH, Association Belge des Consommateurs Test-Achats ua, C-236/09, ECLI:EU:C:2011:100 = NJW 2011, 907.
423 EuGH, Meister, C-415/10, ECLI:EU:C:2012:217 = NJW 2012, 2497.
424 EuGH, FOA, C-354/13, ECLI:EU:C:2014:2463 = NJW 2015, 391.
425 EuGH, Balkaya, C-229/14, ECLI:EU:C:2015:455 = NJW 2015, 2481.
426 EuGH, Federación de Servicios Privados del sindicato Comisiones obreras, C-266/14, ECLI:EU:2015:578 = NJW 2016, 145.

Zur „Arbeitszeit" gehören auch Fahrten zwischen Wohnort eines Arbeitnehmers und wechselndem Einsatzort.

- *Arjona Camacho*[427]

Strafschadenersatz bei diskriminierender Entlassung wegen des Geschlechts muss äquivalent und effektiv sein.

- *Sobczyszyn*[428]

Genesungsurlaub während der geplanten Urlaubszeit führt nicht zum Erlöschen des Anspruchs auf bezahlten Urlaub.

- *Aget Iraklis*[429]

Massenentlassungen wegen Fabrikschließungen können aufgrund von Art. 49 AEUV gerechtfertigt sein, wenn Konsultationsverfahren beim Arbeitgeber und bei staatlichen Stellen ergebnislos geblieben sind.

- *Almega*[430]

Bei Kündigung eines Arbeitnehmers nach Betriebsübergang müssen die früheren Beschäftigungszeiten berücksichtigt werden.

- *Erzberger/TUI*[431]

Es verstößt nicht gegen die Arbeitnehmerfreizügigkeit oder das Diskriminierungsverbot, wenn Mitgliedstaaten die Ausübung des aktiven oder passiven Wahlrechts für Arbeitnehmer im Aufsichtsrat nur für Arbeitnehmer im Inland vorsehen.

- *IR / IQ*[432]

Die Kündigung eines katholischen Chefarztes eines katholischen Krankenhauses nach Scheidung und neuer Eheschließung verstößt gegen die Gleichbehandlungsrichtlinie 2000/78/EG und gegen das Diskriminierungsverbot nach Art. 21 GRCh.

- *Jadran Dodic*[433]

Der Übergang eines Kundenstamms führt als alleiniges Kriterium nicht zum Betriebsübergang.

- *CCOO / Deutsche Bank*[434]

Ein Arbeitgeber muss regelmäßig ein System einführen, mit dem die tägliche Arbeitszeit gemessen werden kann.

- *JH/KG*[435]

Aufeinanderfolgende Leiharbeitsverträge zwischen denselben Personen müssen den vorübergehenden Charakter der Leiharbeit wahren.

427 EuGH, Arjona Camacho, C-407/14, ECLI:EU:C:2015:831 = NJW 2016, 1080.
428 EuGH, Sobczyszyn, C-178/15, ECLI:EU:C:2016:502 = EuZW 2016, 599.
429 EuGH, AGET Iraklis, C-201/15, ECLI:EU:C:2016:972 = NJW 2017, 1723.
430 EuGH, Unionen, C-336/15, ECLI:EU:2017:276 = ZIP 2017, 1038.
431 EuGH, Erzberger/TUI, C-566/15, ECLI:EU:C:2017:562.
432 EuGH, IR/IQ, C-68/17, ECLI:EU:C:2018:696 = EuZW 2018, 853.
433 EuGH, Dodic, C-194/18, ECLI:EU:C:2019:385.
434 EuGH, CCOO, C-55/18, ECLI:EU:2019:402.
435 EuGH, KG, C-681/18, ECLI:EU:C:2020:823.

- *IG Metall und Verdi / SAP*[436]
- Bei einer durch Umwandlung geschaffenen SE gilt das nationale Mitbestimmungsrecht weiterhin.

5. Bezüge zum deutschen Recht

a) Nichtdiskriminierung

331 Kein anderes Gebiet ist bisher so stark vom europäischen Recht beeinflusst worden wie die arbeitsrechtliche *Gleichstellung von Mann und Frau* aufgrund von Art. 157 AEUV. Sowohl die Voraussetzungen der Gleichbehandlung als auch die Folgen der Ungleichbehandlung haben sich im deutschen Recht nachhaltig verändert. Nachweisbare Diskriminierungen bei Stellenbewertungen führen nicht länger nur zum Ersatz der Portokosten für die Bewerbung, wie es § 611 a Abs. 2 BGB a. F. (Ersatz des Vertrauensschadens) vorsah.[437] Das erlittene Unrecht ist auszugleichen. Durch das 2. Gleichberechtigungsgesetz von 1994 wurden §§ 611 a, 611 b BGB geändert. Art. 3 Abs. 2 GG wird inzwischen als *Gleichbehandlungsgebot* interpretiert.[438] Überkommene Rollenverteilungen zum Nachteil der Frau *(Nachtarbeitsverbot; freiwilliger Militärdienst)* sind damit überholt. Auch verstieß § 1 Abs. 3 Nr. 2 LFZG gegen Art. 141 EG (jetzt Art. 157 AEUV).[439] Sogar das Grundgesetz (Art. 12 a) musste geändert werden, weil der EuGH die Bundesrepublik Deutschland verpflichtete, Frauen den freiwilligen Dienst in der Bundeswehr zu ermöglichen.[440]

332 Das Gesetz zur Umsetzung europäischer Richtlinien zur Verwirklichung des Grundsatzes der Gleichbehandlung[441] hat als Artikelgesetz in Art. 1 das neue Allgemeine Gleichbehandlungsgesetz (AGG) eingeführt und mehrere andere gesetzliche Regelungen geschaffen oder aufgehoben. Das Artikelgesetz setzt die in den vier Gleichbehandlungsrichtlinien 2000/43/EG, 2000/78/EG, 2002/73/EG sowie 2004/113/EG behandelten Diskriminierungsformen in deutsches Recht um. Die unterschiedlichen Gegenstandsbereiche der Richtlinien werden in den Zentralvorschriften der §§ 1 und 2 AGG zusammengefasst. Danach ist es unzulässig, Benachteiligungen von Personen aus Gründen der Rasse, der ethnischen Herkunft, des Geschlechts, der Religion oder Weltanschauung, einer Behinderung, des Alters oder der sexuellen Identität vorzunehmen. Arbeitsrechtlich relevant sind vor allem die Auswahl-, Einstellungs-, Beschäftigungs-, Arbeits- und Entlassungsbedingungen, die neben anderen Bedingungen zu Diskriminierungen führen können.

Das AGG versucht die Diskriminierungen näher zu umschreiben und von zulässigen unterschiedlichen Behandlungen abzugrenzen. Der Arbeitgeber muss die entsprechenden organisatorischen Maßnahmen treffen (§ 12 AGG). Zu Unrecht ungleich Behandelte haben ein Beschwerderecht (§ 13 AGG), ein Leistungsverweigerungsrecht (§ 14 AGG) und können bei schuldhaften Verstößen Schadensersatz fordern (§ 15 AGG).

---

436 EuGH, IG Metall und Verdi, C-677/20, ECLI:EU:C:2022:800.
437 EuGH, v. Colson und Kamann/Land Nordrhein-Westfalen, C-14/83, ECLI:EU:C:1984:153, 1892 = NJW 1984, 2021.
438 BVerfGE 85, 191.
439 BAG, SAE 1992, 367.
440 EuGH, Kreil, C-285/98, ECLI:EU:C:2000:2, I-95.
441 Vom 14.8.2006, BGBl. I S. 1897.

Bemerkenswert ist, dass die Vorschriften auch für den öffentlichen Bereich gelten (§ 24 AGG) und die Möglichkeit für Gruppenklagen durch Antidiskriminierungsverbände eröffnen (§ 23 AGG).

Aufgrund der Rechtsprechung des EuGH zur Gleichberechtigungsrahmenrichtlinie 2000/78/EG und zu Art. 21 der EU-Charta der Grundrechte mussten deutsche Arbeitsgerichte (und muss das Bundesverfassungsgericht) ihre Rechtsprechung zum Verhältnis der Grundrechte des Grundgesetzes und dem kirchlichen Arbeitsrecht anpassen. Dem Diskriminierungsverbot des Art. 21 EU-Charta ist nunmehr ein struktureller Vorrang vor dem kirchlichen Arbeitsrecht einzuräumen.[442]

Die *Rechtsstellung schwangerer Frauen* hat sich verbessert. Während das Bundesverfassungsgericht[443] ursprünglich vieles nicht unter Art. 3 Abs. 3 GG subsumierte, betrachtet der EuGH 333

- die Nichteinstellung Schwangerer als unzulässig[444]
- Differenzierung bei der Arbeitsaufnahme oder Arbeitstätigkeit Schwangerer und die Kündigung einer schwangeren Schwangerschaftsvertretung für unzulässig[445]
- Vergütungsverkürzung wegen schwangerschaftsbedingter Krankheit für zulässig[446]
- Quotenregelungen, die bis zur Schwelle von 50 % einer jeden Vergütungsgruppe Frauen bei gleicher Qualifikation wie Männer absoluten Vorrang bei der Stellenbesetzung einräumen, gehen über das Ziel der Förderung der Chancengleichheit hinaus.[447]

b) Arbeitsvertragsrecht

Im deutschen *Arbeitsvertragsrecht* waren mit dem *Nachweisgesetz* (1995) und dem *Arbeitszeitgesetz* (1994) nur geringe Anpassungen erforderlich. Schon vor dem Nachweisgesetz wurden 84 % aller Arbeitsverträge in Deutschland schriftlich abgeschlossen.[448] 334

Fortdauernder *Anpassungszwang* erzeugt die Rechtsprechung des EuGH zur *Betriebsübergangsrichtlinie* im deutschen Arbeitsvertragsrecht. Insbesondere nach dem Fall *Christel Schmidt*[449] (es ging um die Kündigung der einzigen Putzhilfe einer Sparkassenfiliale wegen Übertragung der Reinigungsarbeiten an ein Reinigungsunternehmen), in dem weder materielle noch immaterielle Betriebsmittel übertragen wurden, entbrannte ein Streit über die Kriterien eines Betriebsübergangs.[450] Während der EuGH bei einer *funktionalen Betrachtung* einen Betriebsübergang annahm, stellte der Bundesgerichtshof lange Zeit auf den Übergang von Betriebsmitteln ab *(gegenständliche Betrachtung)*, wodurch ein Arbeitnehmer grundsätzlich nicht zum Betrieb zählte.[451] Erst im Jahre 1997 übernahm das Bundesarbeitsgericht die Rechtsprechung des EuGH 335

442 EuGH, Egenberger, C-414/16, ECLI:EU:C:2018:257;EuGH, IR/IQ, C-68/17, ECLI:EU:C:2018:696.
443 BVerfGE 6, 389 (423).
444 EuGH, Dekker/Stichting, C-177/88, ECLI:EU:C:1990:383, I-3968.
445 EuGH, Habermann-Beltermann/Arbeiterwohlfahrt, C-421/92, ECLI:EU:C:1994:187, I-1668; EuGH, Webb/EMO Air Cargo, C-32/93, ECLI:EU:C:1994:300, I-3578 = NJW 1995, 123.
446 EuGH, McKenna, C-191/03, ECLI:EU:C:2005:513, I-7659.
447 EuGH, Kalanke/Freie Hansestadt Bremen, C-450/93, ECLI:EU:C:1995:322 = NJW 1995, 3109.
448 BT-Drs. 12/7630, S. 9.
449 EuGH, Schmidt/Spar- und Leihkasse. C-392/92, ECLI:EU:C:1994:134, I-1321.
450 *Junker*, NJW 1994, 2527; *Wendeling-Schröder*, ArbuR 1995, 126 (132).
451 Ausnahme: Know-how-Träger, vgl. BAG ArbuR 1995, 156 (157).

und ging nunmehr davon aus, dass in Branchen, in denen es in erster Linie auf die menschliche Arbeitskraft ankommt, eine Gesamtheit von Arbeitnehmern, die durch ihre gemeinsame Tätigkeit verbunden sind, eine wirtschaftliche Einheit darstellen kann. Wird von dieser Belegschaft ein wesentlicher Teil übernommen, lag hierin ein Betriebsübergang iS von § 613 a BGB, ohne dass es noch auf die zusätzliche Übertragung wesentlicher Sachmittel ankam.[452]

Den Kriterien des EuGH für das Vorliegen eines *„Betriebsübergangs"* hat sich das Bundesarbeitsgericht allmählich angepasst. Vor allem bei Kündigungen von Arbeitsverträgen im Fall der Neuvergabe von Aufträgen herrscht jedoch weiterhin Unsicherheit, weil das Bundesarbeitsgericht zunehmend das frühere Kriterium der „eigenwirtschaftlichen Nutzung" oder „eigentlicher Kern des zur Wertschöpfung erforderlichen Funktionszusammenhangs"[453] durch das vage Kriterium der „Wesentlichkeit" ersetzt hat. Praktisch dürfte bei fast jeder Neuvergabe eines Auftrages ein Betriebsübergang vorliegen.

336 Entscheidungen des EuGH können eine 27 Jahre in Deutschland bestehende Rechtslage zugunsten von Arbeitnehmern verändern: Ein Urlaubsanspruch darf aufgrund von Krankheiten nicht entfallen.[454] Auch verstößt die Nichtberücksichtigung von Beschäftigungszeiten vor Vollendung des 25. Lebensjahres bei Kündigungen (§ 622 Abs. 2. S. 2 BGB) gegen die Antidiskriminierungsrichtlinie (*Nr. 5 der Liste*).[455]

Deutsche Arbeitgeber müssen bei „unionskonformem Anlass" ein System der Zeiterfassung aufgrund der einschlägigen EuGH-Entscheidung[456] einführen. Ein Beteiligungsrecht des Betriebsrats bei der Einführung nach § 87 Abs. 1 BetrVG besteht nicht.[457] Vertrauensarbeitszeiten in verbeamteten Berufen (Richter; Hochschullehrer) dürften weiterhin zulässig sein. Ein vom Arbeitnehmer erklärter Verzicht auf ein Zeitkontrollsystem würde wohl gegen Art. 31 Abs. 2 GrCH verstoßen.

c) Kollektives Arbeitsrecht

337 Die deutschen Regelungen zur Höhe des Arbeitsentgelts, zum Koalitions-, Streik- und Aussperrungsrecht gelten grundsätzlich weiter. Die Dienstleistungsfreiheit im Binnenmarkt führt allerdings dazu, dass die Einhaltung von nicht für allgemein verbindlich erklärten Tarifverträgen nicht von Entsendeunternehmen mit Sitz in einem anderen Mitgliedstaat für deren Arbeitnehmer verlangt werden kann („Tariftreueklausel"). Die Reichweite des in Art. 28 der EU-Grundrechtecharta verankerten Rechts auf Kollektivmaßnahmen gegenüber den Marktfreiheiten des AEUV wird noch weiter zu klären sein. Strengere Arbeitsschutzmaßnahmen zugunsten der Arbeitnehmer dürfen nach internationalem Recht beibehalten oder getroffen werden.

Auch im Arbeitskampfrecht ist gegenwärtig streitig, wie das Verhältnis zwischen der im Grundgesetz, der GrCH und nach der Rechtsprechung des Europäischen Gerichtshofs für Menschenrechte garantierten Koalitionsfreiheit im Hinblick auf die Arbeitnehmerfreizügigkeit, die Niederlassungsfreiheit und die Dienstleistungsfreiheit

452 BAG, NJW 1997, 3188.
453 BAG, NJW 2007, 3371.
454 EuGH, Schultz-Hoff ua/Deutsche Rentenversicherung ua, C-350/06 und C-520/06, ECLI:EU:C:2009:18 = NJW 2009, 495.
455 EuGH, Kücükdeveci, C-555/07, ECLI:EU:C:201021 = NJW 2010, 427.
456 EuGH, CCOO, C-55/18, ECLI:EU:2019:402.
457 BAG NJW 2023, 383.

zu sehen ist. Art. 56 AEUV gilt nicht nur gegenüber staatlichen Maßnahmen, sondern auch gegenüber Maßnahmen, „die zur kollektiven Regelung unselbständiger Arbeit und der Erbringung von Dienstleistungen dienen".[458] Einen „Fuß in die Tür zum kollektiven Arbeitsrecht"[459] wurde durch die Rom II-Verordnung[460] zum internationalen Deliktsrecht gesetzt; nach deren Art. 9 gilt für Schäden aus Arbeitskampfmaßnahmen das Recht des Staates, in dem die Arbeitskampfmaßnahme erfolgen soll oder erfolgt ist.

Die Möglichkeit eines Dialogs der Dachverbände der Sozialpartner auf europäischer Ebene stärkt die Autonomie und Organisation der nationalen Spitzenorganisationen von Arbeitgebern und Gewerkschaften. In grenzüberschreitenden Angelegenheiten können sich die Verhandlungen und Vereinbarungen auf Unionsebene verlagern, so dass den nationalen Interessenverbänden nur noch die Durchführung der Vereinbarungen verbleibt. Allerdings ist es entgegen den Erwartungen[461] bisher noch nicht zu einer erheblichen Stärkung der Gewerkschafts- und Arbeitgeberdachverbände auf europäischer Ebene gekommen.

Die Wirksamkeit von Vereinbarungen der Sozialpartner auf Binnenmarktebene hängt in wichtigen Bereichen – anders als bei Tarifverträgen nach deutschem Recht – zudem von der Zustimmung des Rates ab (Art. 155 AEUV).

d) Beteiligungsrechte/Mitbestimmung

Im Betriebsverfassungs- und Mitbestimmungsrecht kann der in Deutschland erreichte höhere Entwicklungsstand beibehalten werden. In Deutschland errichtete Gesellschaften müssen bei Sitzverlegung ins EU-Ausland das schärfere deutsche Mitbestimmungsrecht beachten.[462] Im Ausland gegründete, aber in Deutschland tätige Unternehmen, unterliegen jedoch nach dem Herkunftslandprinzip[463] dessen Rechtsordnung und damit nicht der deutschen Mitbestimmung. Die deutsche Unternehmensmitbestimmung erstreckt sich nicht auf Arbeitnehmer einer ausländischen Tochtergesellschaft eines inländischen Konzerns.[464] Damit erklärt sich die führende Position deutscher Unternehmen bei der Gründung der Europäischen Aktiengesellschaft (SE). Die Euro-Betriebsräte der von Deutschland aus im Binnenmarkt tätigen Konzerne besitzen keine echten Mitbestimmungsrechte. Euro-Betriebsräte gibt es in zahlreichen deutschen Großunternehmen (Bayer; Continental; Schmalbach-Lubeca; VW). Insgesamt liegen auf europäischer Ebene rund 600 freiwillige Vereinbarungen über Unterrichtungs- und Anhörungsansprüche sowie 100 Vereinbarungen zur Einrichtung Europäischer Betriebsräte vor.[465] 338

Das BVerfG hat in einem Urteil dem Bundesarbeitsgericht eine Verletzung von Art. 101 Abs. 1 S. 2 GG vorgeworfen, weil es eine Massenentlassung gebilligt hatte, obwohl das Unternehmen die entsprechende Meldung an die Arbeitsagenturen ohne vorherige 339

458 Generalanwalt Mengozzi im „Laval-Fall", EuGH, Laval un Partneri, C-341/05, ECLI:EU:C:2007:809, I-11845.
459 *Junker*, NJW 2007, 3675 (3680).
460 VO(EG) Nr. 864/2007 vom 11.7.2007, ABl. L 199/40 vom 31.7.2007, S. 40.
461 *Heinze*, ZfA 1992, 331 (336); *Junker*, JZ 1994, 277 (280); a. A. *Simitis*, Europäisierung, S. 1097 (1112).
462 BayObLG, JZ 1993, 372.
463 EuGH, Konsumentombudsmannen/De Agostini und TV-Shop, C-34/95, ECLI:EU:C:1997:344, I-3875.
464 EuGH, Erzberger/TUI, C-566/15, ECLI:EU:C:2017:562.
465 Vgl. auch: *Clauwaert/Schömann/Warneck*, European social dialogue and implementation, in: Benchmarking working Europe, 2007, S. 114–132.

Konsultation des Betriebsrats abgegeben hatte. Diese Streitfrage hätte wohl der EuGH zuvor auf der Grundlage der Massenentlassungsrichtlinie entscheiden müssen.[466]

e) Arbeitsschutzrecht

340 Die EG-Rahmenrichtlinie Arbeitsschutz 89/391/EWG ist zusammen mit mehreren Arbeitsschutzrichtlinien durch ein Artikelgesetz[467] in deutsches Recht umgesetzt worden. Die Umsetzung der anderen Arbeitsschutzrichtlinien erfolgte durch Verordnungen zum Arbeitsschutzgesetz, durch Gesetzesänderungen (Mutterschutzgesetz) oder Verordnungsänderungen.[468] Die traditionelle Anknüpfung im deutschen Recht an *Institutionen* (Berufsgenossenschaften) wurde weitgehend durch Anknüpfungen an *persönliche Geltungsbereiche* oder *Gefahrenquellen* aufgegeben.

6. Bewertung

341 Das deutsche Arbeitsrecht wird durch das europäische Arbeits- und Sozialrecht von wenigen Angelpunkten aus (Artt. 153; 154; 157 AEUV; grenzüberschreitende Effekte des Arbeitsmarktes) erheblich umstrukturiert. Dadurch ergeben sich notwendig Systembrüche in der deutschen Arbeitsrechtsdogmatik, was immer wieder beklagt wird.[469] Eine Schwächung des Arbeitnehmerschutzes ist mit der Europäisierung jedoch nicht verbunden, wohl aber eine indirekte Einschränkung über Art, Inhalt und Organisation von Arbeits- und Sozialleistungen.[470]

Zurückhaltung besteht in der Europäischen Union gegenüber den deutschen Mitbestimmungsrechten von Arbeitnehmervertretungen und gegenüber einem autonomen Tarifvertragssystem. Eine Erstreckung auf die Union hat aus Wettbewerbs- und Arbeitsmarktgründen gegenwärtig wenige Chancen.

7. Wiederholungsfragen

342
1. Welche Bereiche umfasst das Europäische Arbeitsrecht?
2. Welche Rechtsgrundlagen sind in diesem Bereich zu beachten?
3. Welche Einzelregelungen zum Europäischen Arbeitsrecht sind Ihnen bekannt?
4. Kennen Sie Beispiele für unerlaubte Diskriminierungen im Arbeitsbereich?
5. Was versteht man unter „Eurobetriebsräten"?
6. Welche Leitentscheidungen zum Europäischen Arbeitsrecht kennen Sie?
7. Welche Bezüge zum nationalen Recht gibt es?

V. Bank- und Kapitalmarktrecht

Spezialliteratur: *Assmann,* Die Europäisierung des Kapitalmarktrechts, in: Graf Vitzthum/Pena (Hrsg.), Die Identität Europas, 2002, 251–256; *Assmann/Schneider/Mülbert* (Hrsg.), Wertpapierhandelsrecht, 8. Aufl. 2022; *Blanke/Pilz* (Hrsg.), Die Fiskalunion, 2014; *Buck-Heeb,* Kapital-

466 BVerfG vom 25.2.2010,1 BvR 230/09.
467 Vom 21.8.1996, BGBl. I S. 1246.
468 Nachweise bei *Wlotzke,* NJW 1997, 1469 (1470); *Bundesministerium für Arbeit und Soziales (Hrsg.),* Übersicht über das Arbeitsrecht/Arbeitsschutzrecht, 2008.
469 Beispiele: *Sowka,* DB 1992, 2030 (2052); *Junker,* NJW 1994, 2527; *Kokott,* in: Scholz/Becker (Hrsg.), Die Auswirkungen der Rechtsprechung des Europäischen Gerichtshofs auf das Arbeitsrecht der Mitgliedstaaten, S. 25 ff.
470 *Majone,* Journal of Common Market Studies, 1993 Nr. 2, S. 153 ff.

marktrecht, 12. Aufl. 2022; *Bultmann/Hoepner/Lischke*, Anlegerschutzrecht, 2009; *Claussen/Erne*, Bank- und Börsenrecht, 6. Aufl. 2023; *Derleder*, Die vollharmonisierende Europäisierung des Rechts der Zahlungsdienste und des Verbraucherkredits, NJE 2009, 3195; *Dicke*, Kapitalmarktgeschäfte mit Verbrauchern unter der ROM I-VO, 2015; *Felke/Jordans*, Umsetzung der Fernabsatz-Richtlinie für Finanzdienstleistungen, NJW 2005, 710; *Fleischer*, Informationspflichten im Europäischen Kapitalmarkt- und Verbraucherschutzrecht, in: Schulte-Nölke/Schulze (Hrsg.), Europäisches Vertragsrecht im Gemeinschaftsrecht, 2002, 171; *Fleischer/Kalss*, Das neue Wertpapiererwerbs- und Übernahmegesetz, 2002, 411; *Groß*, Kapitalmarktrecht, 8. Aufl. 2022; *Follak*, F. II., Kapital- und Zahlungsverkehr, in: Dauses/Ludwigs (Hrsg.), Handbuch des EU-Wirtschaftsrechts, 47. EL 2019; *Hahn/Rößler*, Grenzüberschreitende Bankdienstleistungen in der EU, 2009; *Hirte/Möllers* (Hrsg.), Kölner Kommentar zum WpHG, 2. Aufl. 2014; *Hoger*, Bankfinanzaufsicht in der EU im Wandel, WM 2007, 1053; *Hopt*, Gemeinsame Grundsätze der Corporate Governance in Europa?, ZGR 2000, 779; *Kadelbach* (Hrsg.), Nach der Finanzkrise, 2012; *Kiel*, Internationales Kapitalanlegerschutzrecht, 1994; *Kilian*, Verstößt das VW-Gesetz gegen die Kapitalverkehrsfreiheit?, NJW 2007, 1508; *Knieper*, Elemente des internationalen Rechts grenzüberschreitenden Kapital- und Zahlungsverkehrs, WiRO 2001, 353; *Koch/Maurer*, Rechtsfragen des Online-Vertriebs von Bankprodukten, WM 2002, 2443; *Langenbucher* (Hrsg.), Europäisches Privat- und Wirtschaftsrecht, 5. Aufl. 2022; *Langenbucher*, Aktien- und Kapitalmarktrecht, 5. A. 2022; *Laitenberger*, Das Einzugsermächtigungsverfahren nach Umsetzung der Richtlinie über Zahlungsdienste im Binnenmarkt, NJW 2010, 192; *Löbig/Wendt*, Brexit und der Finanzmarkt – Die rechtlichen Auswirkungen auf grenzüberschreitende Finanzdienstleistungen, 2019; *Luckey*, Der europarechtliche Rahmen für elektronisches Geld, WM 2002, 1529; *Manzei*, Einzelne Aspekte der Prospektpflicht am Grauen Kapitalmarkt, WM 2006, 845; *Möllers/Zeitler* (Hrsg.), Europa als Rechtsgemeinschaft – Währungsunion und Schuldenkrise, 2013; *Neumann*, Die Zukunft der Europäischen Wirtschafts- und Währungsunion, in: Zentrum für Europäisches Wirtschaftsrecht, Nr. 200/3, 2013; *Ohler*, Europäische Kapital- und Zahlungsverkehrsfreiheit, 2002; *Pilz*, Die „Fiskalunion", 2014; *Spindler*, Elektronische Finanzmärkte und Internet-Börsen, WM 2002, 1365; *Vaubel*, The Breakdown of the Rule of Law at the EU-Level, in: Kaal/Schmidt/Schwartze (Hrsg.), FS Kirchner, 2014, 1353; *Veil* (Hrsg.), Europäisches Kapitalmarktrecht, 3. Aufl. 2022; *Weber*, Die Entwicklung des Kapitalmarktrechts 2018/2019, NJW 2019, 968; *Wendt/Read*, Die Kapitalmarktunion – Erste Maßnahmen zu Kreditverbriefungen und Infrastrukturprojekten, ZFR 2016, 419.

1. Bereichsdefinition

Das *Bank- und Kapitalmarktrecht* ist ein weites Feld. Das *Bankrecht* befasst sich 343
insbesondere mit Rechtsgeschäften im Kreditwesen, Kreditinstituten und deren Beaufsichtigung. Das *Kapitalmarktrecht*[471] erfasst unter anderem börsen- und wertpapierrechtliche Bestimmungen. Die ehemals getrennten Teilbereiche können wegen funktionaler und institutioneller Verflechtungen (etwa Tochtergesellschaften von Banken als Investmentgesellschaften) heute als Einheit angesehen werden. Aus der Sicht des europäischen Wirtschaftsrechts handelt es sich um einen Dienstleistungsbereich. Unter *Europäischem Bank- und Kapitalmarktrecht versteht man demnach Rechtsvorschriften, welche die Rahmenbedingungen für den Finanz- und Wertpapierverkehr im Binnenmarkt* festlegen. Gemeinsam mit dem Europäischen Privatversicherungsrecht bildet das Europäische Bank- und Kapitalmarktrecht das *Europäische Finanzmarktrecht.*

Der europäische Binnenmarkt, auf dem Güter und Dienstleistungen hervorgebracht und angeboten werden, setzt zu seinem Funktionieren die *Verfügbarkeit von Kapital* voraus. Da Unternehmen weit überwiegend mit Fremdkapital arbeiten, muss dieses

471 *Hopt*, ZHR 140 (1976), 215 ff; *Weber*, in: Dauses (Hrsg.), Handbuch des EU-Wirtschaftsrechts, F III Rn. 6.

Kapital unter Wettbewerbsbedingungen *frei zugänglich* sein. Die *Kapitalverkehrsfreiheit* ist deshalb eine wichtige Säule des Binnenmarktes.

344 Innerhalb der Europäischen Wirtschafts- und Währungsunion haben 19 der 28 EU-Mitgliedstaaten den EURO als Währung eingeführt („EURO-Raum"). Auf der primärrechtlichen Grundlage der Artt. 120–144, 219, 283, 284 AEUV ergingen drei Verordnungen, wovon die EURO-VO II[472] die währungsrechtlichen Bestimmungen zur Einführung des EURO enthält. Ein „Stabilitäts- und Wachstumspakt"[473] soll die Stabilität des EURO sichern. Zwei Verordnungen[474] legen das Verfahren für die haushaltspolitische Überwachung sowie das Verfahren bei übermäßigen Haushaltsdefiziten fest. Beide Verordnungen sind aber im Jahre 2005 durch Änderungsverordnungen „aufgeweicht" worden.

345 Die *Finanzmarktkrise* des Jahres 2008 hat zu der Einsicht geführt, dass eine Vielzahl intransparenter Finanzinstrumente und riskanter Großkreditvergaben zu Systemrisiken führt, die vielfach aus Steuergeldern aufgefangen werden müssen. Deshalb sind auf der Ebene der Europäischen Union rechtliche Gegenmaßnahmen entwickelt worden, um die Eigenkapitaldecke der Finanzdienstleister zu sichern, das „Umverpacken"[475] von Krediten in handelbare Wertpapiere und in andere Finanzinstrumente zulasten der Anleger zu erschweren und die Aufsicht über die Finanzdienstleister erheblich zu verstärken. Im öffentlichen Interesse werden dadurch der Kapitalverkehrsfreiheit stärkere Schranken gesetzt.[476]

346 Die *Finanzmarktkrise* hinterlässt bis heute tiefe Spuren auf den globalen Währungs- und Finanzmärkten. Die Staatsschulden haben sich vervielfacht. Zahlreiche „Rettungsschirme"[477] für unterschiedliche Bereiche (Staatsschulden; Bankschulden; Einlagen; EUR) wurden auf EU-Ebene aufgespannt, um Zusammenbrüche möglichst zu verhindern. Um die Stabilität im EURO-Raum zu sichern, wurde im Jahr 2011 Art. 136 AEUV um einen Absatz 3 ergänzt, wonach Finanzhilfen unter strengen Auflagen nach Zustimmung der Mitgliedstaaten möglich sind. Von 2008 bis 2011 stellten die EU-Mitgliedstaaten den Banken 3,2 Billionen EUR vor allem in Form von Garantien und zusätzlichem Eigenkapital zur Verfügung.

347 Um die Eigenkapitaldecke der Banken zu stärken, wurden im Baseler Ausschuss für Bankenaufsicht – der aus Vertretern der Zentralbanken der G-10 Staaten besteht – Vorschriften entwickelt („Basel I-III"), die sukzessiv in mehrere EU-Eigenkapitalrichtlinien (Capital Requirements Directives – CRD) Eingang gefunden haben.[478] Die gegenwärtig geltenden Eigenkapital- und Aufsichtsvorschriften finden sich in der Kapitaladäquanzverordnung (CRR)[479] und in der Kapitaladäquanzrichtlinie (CRD IV).[480]

348 Die ursprünglich aufgespannten „Rettungsschirme" sind im Jahr 2012 durch zwei Nachfolgeregelungen abgelöst worden: Durch den Europäischen Stabilitätsmechanis-

472 VO (EG) Nr. 974/98 vom 3.5.1998, ABl. L 139 vom 11.5.1998, S. 1.
473 ABl. C 236 vom 2.8.1997, S. 1.
474 VO (EG) Nr. 1466/97, ABl. L 209 vom 2.8.1997, S. 1; VO (EG) Nr. 1467/97, ABl. L 209 vom 2.8.1997, S. 6.
475 So wörtlich Erwägungsgrund 24 der Richtlinie 2009/111/EG vom 16.9.2009 ABl. L 302 vom 17.11.2009, S. 97.
476 Vgl. Mitteilung der Kommission „Europäische Finanzaufsicht" vom 27.5.2009, KOM (2009) 252 endgültig.
477 Den historischen Ablauf der Entfaltung von Rettungsschirmen schildert das Urteil des Bundesverfassungsgerichts zum Europäischen Stabilitätsmechanismus (ESM) vom 12.9.2012.
478 Richtlinien 2006/48/EG; 2006/49/EG; 2009/111/EG; 2010/76/EU.
479 VO (EU) Nr. 575/2013 (siehe anschließende Liste mit Beschreibung und Umsetzung).
480 Richtlinie 2013/36/EU (siehe anschließende Liste mit Beschreibung und Umsetzung).

mus (*ESM-Vertrag*)[481], der zwischen den 19 EU-Mitgliedstaaten gilt, die dem EURO-Raum angehören, sowie durch den Vertrag über Stabilität, Koordinierung und Steuerung der Wirtschafts- und Währungsunion (European Fiscal Compact – SKS/Fiskalpakt)[482], der für alle EU-Mitgliedstaaten außer Tschechien gilt. Auch das zwischenzeitlich aus der EU ausgetretene Großbritannien war kein Mitglied des Fiskalpakts. ESM-Vertrag und Fiskalpakt stellen völkerrechtliche Verträge auf der Grundlage des neu eingeführten Art. 136 Abs. 3 AEUV sowie des Art. 4 Abs. 3 EUV dar. Zudem wurden das Mandat der Europäischen Zentralbank (EZB) erheblich erweitert und neue Strukturen für die Finanzmarktaufsicht geschaffen.

Der *ESM-Vertrag* hat die Finanzstabilität des EURO-Währungsgebietes zum Ziel. Sie 349
soll dadurch verwirklicht werden, dass den Teilnehmerstaaten bei Bedarf Finanzhilfen unter strengen Auflagen bereitgestellt werden. Zu diesem Zweck haben die ESM-Mitglieder den *ESM (European Stability Mechanism)* als originäre juristische Person des Öffentlichen Rechts mit Sitz in Luxemburg gegründet. Diese Internationale Finanzinstitution (IFI) genießt Immunität gegenüber Beschlagnahme, Einziehung, Enteignung oder dem Zugriff durch vollziehende, gerichtliche, administrative oder gesetzgeberische Maßnahmen. Das Stammkapital des ESM beträgt knapp 705 Milliarden EUR, es teilt sich auf in circa 80,5 Milliarden EUR einzuzahlendes Kapital, das gewissermaßen als Sicherungsreserve vorhanden sein muss, und weitere rund 624,3 Milliarden Euro abrufbares Kapital. Das Stammkapital wird nach einem festgelegten Schlüssel von den EURO-Staaten aufgebracht. Der deutsche Finanzierungsanteil am ESM beträgt entsprechend dem EZB-Schlüssel etwa 27 %. Dies entspricht circa 21,7 Milliarden EUR an eingezahltem und rund 168,3 Milliarden EUR an abrufbarem Kapital. Der ESM kann in Not befindlichen Staaten des EURO-Währungsgebiets durch verschiedene Maßnahmen helfen, etwa durch Kreditvergabe, an die Praxis des IWF angelehnte vorsorgliche Programme, Rekapitalisierung von Finanzinstituten oder Primär- und Sekundärmarktkäufe. Dadurch soll eine makroökonomische Stabilisierung der Wirtschafts- und Währungsunion erreicht werden.

Der ESM-Vertrag ist mit dem Fiskalvertrag („Vertrag über Stabilität, Koordinierung 350
und Steuerung in der Wirtschafts- und Währungsunion“) verknüpft. Der Fiskalvertrag verpflichtet die teilnehmenden EURO-Staaten zur Einführung nationaler Schuldenbremsen, die sicherstellen, dass der jährliche strukturelle gesamtstaatliche Finanzierungssaldo dem länderspezifischen mittelfristigen Haushaltsziel mit einer Obergrenze von einem strukturellen Defizit von 0,5 % des nominalen BIP entspricht. Die Gewährung von Finanzhilfen durch den ESM setzt die Ratifizierung des Fiskalvertrags voraus. Darüber hinaus erhält ein betroffenes Mitgliedsland des EURO-Raums nur Hilfe durch den ESM, wenn dies zur Wahrung der Finanzstabilität in der EURO-Zone insgesamt und seiner Mitgliedstaaten unabdingbar ist, die Staatsverschuldung als tragfähig angesehen wird und Auflagen im Rahmen eines wirtschafts- und finanzpolitischen Reformprogramms eingehalten werden. Zudem ist generell eine einstimmige Entscheidung der EURO-Staaten vorgesehen. Allein für besonders dringliche Entscheidungen über die Gewährung von Finanzhilfen ist ein Eilabstimmungsverfahren mit einer qualifizierten Mehrheit von 85 % der Kapitalanteile vorgesehen.

---

481 http://europa.eu/rapid/press-release_DOC-12-3_de.htm.

482 Vertrag über Stabilität, Koordinierung und Steuerung in der Wirtschafts- und Währungsunion, http://eur-lex.europa.eu/legal-content/DE/TXT/HTML/?uri=LEGISSUM:1403_3&from=DE (in Kraft seit 1.1.2013).; Gesetz zur innerstaatlichen Umsetzung des Fiskalvertrages vom 15.7.2013, BGBl. 2013 I, S. 2398.

Im Januar 2021 haben die Mitgliedstaaten des ESM ein Reformübereinkommen zur Änderung des Vertrags vom 2.2.2012 zur Einrichtung des Europäischen Stabilitätsmechanismus („ESM-Änderungsübereinkommen“) unterzeichnet.[483] Die wesentlichen Elemente der Reform sind die Stärkung der Wirksamkeit der vorsorglichen Finanzhilfeinstrumente für Euro-Mitgliedstaaten mit soliden wirtschaftlichen Eckdaten, die unverschuldet in Not geraten sind. Zum anderen wird eine ESM-Letztsicherungsfazilität für den Einheitlichen Abwicklungsfonds (Single Resolution Fund – SRF) eingeführt, um das Funktionieren der Europäischen Bankenunion zu verbessern und damit auch einen weiteren Schutzmechanismus zur Wahrung der Finanzstabilität der Währungsunion in einer Krise bereitzustellen. Die Grundsätze, dass die ESM-Stabilitätshilfen mit strikten Auflagen verbunden werden und nur dann geleistet werden dürfen, wenn dies zur Wahrung der Finanzstabilität des Euro-Währungsgebietes insgesamt und seiner Mitgliedstaaten unabdingbar ist, werden durch die Reform nicht angetastet.

351 Alle EU-Mitgliedstaaten sind nach dem Lissabon-Vertrag zu einer *Wirtschafts- und Währungsunion* zusammengeschlossen (Art. 3 Abs. 4 EUV; Titel VIII AEUV) und müssen bestimmte Stabilitätskriterien einhalten, sogenannte *Konvergenzkriterien* (Art. 140 AEUV). Bei Naturkatastrophen und außergewöhnlichen Ereignissen kann die Union Beistand leisten (Art. 122 Abs. 2 AEUV). Eine Haftungsübernahme der Union für einzelne Mitgliedstaaten ist jedoch verboten (Artt. 123 und 125 AEUV / „no-bail-out“). Der Fall der Insolvenz eines Mitgliedstaates ist nicht geregelt, sondern unterliegt dem internationalen Umschuldungsrecht.

352 Einer „*Bankenkrise*“ folgte bald eine „*Eurokrise*“. Letztere beruht vor allem auf der hohen Verschuldung einiger EURO-Staaten (Frankreich; Griechenland; Irland; Italien; Portugal; Spanien). Das Wirtschaftswachstum war dort künstlich durch hohe Neuverschuldungen erzeugt worden und führte zu Spekulationsblasen. Durch die „Rettungsschirme“ wurde die Situation verschleiert. Haushaltskonsolidierungen kommen nur sehr zögerlich voran.

353 Im Jahr 2010 wurde ein Ausschuss für Systemrisiken (European Systemic Risk Board – ESRB) eingesetzt[484] und bei der Europäischen Zentralbank (EZB) angelagert.[485] Eingerichtet wurden außerdem drei Aufsichtsbehörden: eine für Banken (European Banking Authority – EBA)[486] eine für das Versicherungswesen und die betriebliche Altersvorsorge (European Insurance and Occupational Pensions Authority – EIOPA)[487] und eine für die Wertpapiere- und Marktaufsicht (European Securities and Markets Authority – ESMA)[488]. Der ESRB führt auf dieser Grundlage die Makroaufsicht über das Finanzsystem auf EU-Ebene und soll Risiken identifizieren, Warnungen aussprechen und Empfehlungen geben.

483 Die Umsetzung in Deutschland soll durch das Zweite Gesetz zur Änderung des Bundesschuldenwesengesetzes und anderer Gesetze, BT-Drs. 19/29572 vom 11.5.2021 erfolgen.

484 VO (EU) Nr. 1092/2010, ABl. L 331 vom 15.12.2010, S. 1.

485 VO (EU) Nr. 1096/2010, ABl. L 331 vom 15.12.2010, S. 162.

486 VO (EU) Nr. 1093/2010, ABl. L 331 vom 15.12.2010, S. 12.

487 VO (EU) Nr. 1094/2010, ABl. L 331 vom 15.12.2010, S. 48; geändert durch Richtlinie 2014/51/EU vom 16.4.2014, ABl. L 153 vom 22.5.2014, S. 1.

488 VO (EU) Nr. 1095/2010, ABl. L 331 vom 15.12.2010, S. 84; geändert durch Richtlinie 2014/51/EU vom 16.4.2014, ABl. L 153 vom 22.5.2014, S. 1.

Europäisches Finanzmarktaufsichtssystem (EFAS)
-angesiedelt bei der EZB-

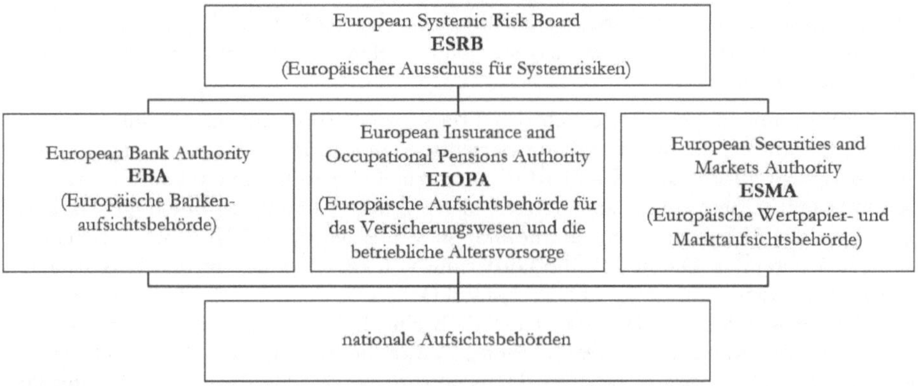

© Kilian 2021

Zur Bekämpfung der Finanzmarktkrise wurden der EZB im Jahr 2013 zusätzlich besondere Aufgaben für den EURO-Raum übertragen.[489] Der ihr zugeordnete *einheitliche Aufsichtsmechanismus (Single Supervisory Mechanism – SSM)* bildet die erste Säule einer *Europäischen Bankenunion* und umfasst die Aufsicht über die 120 „systemrelevanten“ Großbanken des EURO-Raums, darunter 21 deutsche Großbanken. Die zweite Säule der Bankenunion betrifft seit 1.1.2016[490] das einheitliche Abwicklungsregime (Single Resolution Mechanism – SRM); für überschuldete Großbanken haften dann primär deren Eigentümer, Gläubiger und Manager, nicht die Steuerzahler. Als dritte Säule der Bankenunion ist die Setzung einheitlicher Standards für die Kapitalausstattung und für die Einlagensicherung geplant. 354

Die Abgrenzung des SSM der EZB für den EURO-Raum gegenüber den allgemeinen Aufsichtsaufgaben der EBA regelt die VO 1022/2013.[491]

Durch die Finanzmarktkrise ist in den EU-Mitgliedstaaten das Wirtschaftswachstum gesunken und das Haushaltsdefizit gestiegen. Für Mitgliedstaaten des EURO-Raums, die nicht bereits den Verordnungen 1466/97 und 1467/97 unterliegen, hat die Verordnung 472/2013 über den Ausbau der wirtschafts- und haushaltspolitischen Überwachung von Mitgliedstaaten im EURO-Raum, die von gravierenden Schwierigkeiten in Bezug auf ihre finanzielle Stabilität betroffen oder bedroht sind, strenge Maßnahmen eingeführt (verschärfte Kontrollen, Informationspflichten, makroökonomische Aktivitäten, Steuerpolitik). Solche Maßnahmen werden vom Rat auf Vorschlag der Kommission im Einvernehmen mit den Spitzenorganen (EZB, ESM, ESF, ESRB) mit qualifizierter Mehrheit getroffen (Art. 238 (3)(a) AEUV). 355

Wenn keine verschärften Überwachungsmaßnahmen eingeleitet werden, greift die Verordnung 473/2013 über gemeinsame Bestimmungen für die Überwachung und Bewertung der Übersichten über die Haushaltsplanung und für die Gewährleistung und Korrektur übermäßiger Defizite. 356

489 VO (EU) Nr. 1024/2013, ABl. L 287 vom 29.10.2013, S. 63; in Deutschland durch die Sammelnovelle BGBl. I 2014, 59 an BörsG, FMABG u. a. angepasst.
490 VO (EU) Nr. 806/2014 ABl. L 225 vom 30.7.2014, S. 1.
491 VO (EU) Nr. 1022/2013, ABl. L 287 vom 29.10.2013, S. 63.

357 Für die Geldpolitik ist die EZB zuständig. Ihr „vorrangiges Ziel“ soll nach Art. 127 Abs. 1 S. 1 AEUV die Preisstabilität sein. Infolge der Finanzmarkt-, Banken- und Eurosowie jüngst der Coronakrise, ist das Mandat der EZB aber durch Verordnungen erheblich erweitert worden, so dass sie heute eher als finanzpolitische Institution in Erscheinung tritt.[492]

358 Die EZB nimmt ihr Mandat durch den Erlass von Verordnungen, Leitlinien und Beschlüssen wahr[493], die nur durch den Gerichtshof überprüft werden können. Um überschuldeten Mitgliedstaaten des EURO-Raums zur Hilfe zu kommen, kauft sie auf dem Sekundärmarkt Staatsanleihen auf und bietet Banken kaum zinspflichtige Darlehen gegen geringe Sicherheiten an (als Bonitätsschwellenwert gilt BBB-; für Griechenland auch schlechter[494]). Damit soll die Förderung von Investitionen in den Krisenstaaten angeregt werden. Statt aber die Preisstabilität als „vorrangiges“ Ziel zu verfolgen (Art. 127 Abs. 1 S. 1 AEUV), strebt die EZB eine Inflationsrate von annähernd 2 % für den EURO-Raum an.[495] Das verringert zwar die Zinslast für Hilfskredite in den Krisenstaaten, löst aber nicht deren Haushaltsprobleme. Das Risiko für uneinbringliche Kredite tragen die EURO-Staaten nach einem festgelegten Schlüssel (TARGET2-System)[496], was in der Konsequenz zu einer verbotenen Transferunion (vgl. Art. 125 Abs. 1 S. 2 AEUV) führen könnte. Im Frühjahr 2019 betrug die Inflationsrate im EURO-Raum 1,4 %, im Frühjahr 2023 betrug sie 7.0 %.

359 Im Hinblick auf zahlreiche Maßnahmen der EZB ist umstritten, ob Art. 125 Abs. 1 AEUV derzeit offen oder verdeckt umgangen wird.

Die EZB hatte 2012 unbegrenzte Aufkäufe („to do whatever it takes“) von Staatsanleihen auf dem Sekundärmarkt (sogenannte „Outright Monetary Transactions“/ OMT) angekündigt und diese im November 2014 auf schwach gesicherte Bankdarlehen erweitert. Seit 2015 läuft das sogenannte Staatsanleihenkaufprogramm (*public sector purchase programme*, PSPP), das im Mai 2020 schließlich vom BVerfG gerügt wurde. Im Dezember 2016 hatte die EZB zunächst mitgeteilt, das Ankaufprogramm mit etwas geringerem Umfang auch im Jahr 2017 fortzusetzen: Anstelle der bisherigen 80 Milliarden EURO sollten nur mehr 60 Milliarden EURO pro Monat in den Markt fließen. Nachdem die EZB das Anleihevolumen ab 2018 zunächst nicht weiter erhöht hatte, machte die Coronakrise jüngst eine erneute Aufstockung erforderlich.

Die Tätigkeit der EZB geht insoweit auf den im Jahr 2011 geänderten Art. 136 Abs. 3 AEUV und auf die Verordnung über den Europäischen Finanzstabilisierungsmechanismus (EFSM)[497] zurück. Obwohl Art. 123 Abs. 1 AEUV und Art. 21.1 der EZB-Satzung die Staatsfinanzierung durch den unmittelbaren Erwerb von Schuldtiteln durch die EZB verbieten, halten Befürworter das OMT-Programm für einen genialen Einfall zur Krisenbewältigung, Gegner das Programm aber für einen ordnungspolitischen Fehlgriff. Der EuGH, den das Bundesverfassungsgericht (zum ersten Mal in seiner

492 Vgl. etwa das Pandemic Emergency Purchase Programme, PEPP, Decision (EU) 2020/440 of the European Central Bank of 24 March 2020 on a temporary pandemic emergency purchase programme.

493 Alle EZB-Regulierungen finden sich auf www.ecb.europa.eu sowie im Amtsblatt der EU.

494 Beschluss vom 15.10.2014, ABl. L 335 vom 22.11.2014, S. 22; Leitlinie vom 19.11.2014 ABl. L 348 vom 4.12.2014, S. 27.

495 https://www.ecb.europa.eu/ecb/tasks/monpol/html/index.de.html.

496 Leitlinie der EZB über TARGET2-Securities, ABl. L 215 vom 11.8.2012, S. 19; Beschluss EZB/2014/35 ABl. L 245 vom 20.8.2014, S. 5 (TARGET2 ist ein „systemrelevantes Zahlungsverkehrssystem“).

497 VO (EU) Nr. 407/2010 (ABl. EU Nr. L 118 vom 12.5.2010, S. 1).

Geschichte) um eine Vorabentscheidung gebeten hatte[498], hat inzwischen den Ankauf zwar grundsätzlich gebilligt, aber ihm zugleich enge Grenzen wegen des Verbots der Staatsfinanzierung gesetzt[499]. In einer jüngeren Entscheidung hat der EuGH jedoch festgestellt, dass die EZB auch mit einem massiven Kauf von Staatsanleihen nicht gegen das Verbot der Staatsfinanzierung verstoße[500]. Diese Entscheidung wurde vom BVerfG in einer Entscheidung aus Mai 2020 scharf kritisiert. Das BVerfG sah die Tätigkeit der EZB insoweit als ultra vires an.[501]

Festzuhalten bleibt damit, dass sich die EZB zu einem so nicht vorgesehenen politischen Organ entwickelt hat, das finanztechnische Maßnahmen durchführt, die indirekt eine gemeinschaftliche Haftung von EU-Mitgliedstaaten zur Folge haben.

In der öffentlichen Debatte wird die „*Eurokrise*" oft mit einer Krise der Europäischen Union gleichgesetzt. Rechtlich ist das unzutreffend, denn es liegen jeweils unterschiedliche *völkerrechtliche Verträge mit unterschiedlicher Beteiligung von EU-Mitgliedstaaten* zugrunde. Die Europäische Union könnte auch ohne oder mit einem kleineren EURO-Raum weiter bestehen, wenn auch politisch geschwächt. Die geforderte monetäre „Transferunion" dient den Befürwortern als Instrument zur Bewältigung der Finanzmarktkrise. Nur einige von ihnen möchten über eine Strukturreform zugleich auch die Europäische Union politisch stärken. 360

Die internationale Wettbewerbsfähigkeit innerhalb und außerhalb des Binnenmarktes hängt von der Funktionsfähigkeit der Finanzmärkte ab. Die Finanzmärkte tragen zu einer effizienten Ressourcenallokation bei und fördern dadurch den Strukturwandel. Angesichts der hohen Kapitalmobilität und der Nutzung der Informations- und Kommunikationstechnik müssen europäische und nationale rechtliche Rahmenbedingungen gesetzt werden, um die Freiheit des Kapitalverkehrs zu sichern, die Finanzierungsbedürfnisse der Marktteilnehmer zu befriedigen und das Vertrauen der Anleger zu schützen. 361

Als *Prinzipien für das Kapitalmarktrecht* sind heute anerkannt:

- Sicherung der Funktionsfähigkeit des Kapitalmarktes als Institution
- Gleichbehandlung der Teilnehmer am Primär- und Sekundärmarkt
- Schaffung von Rahmenbedingungen für quantitative und qualitative Rationalität für optimale Transaktionskostenentscheidungen
- Gleichwertige Informationsstandards
- Kollektiver und – in Grenzen – auch individueller Anlegerschutz[502]
- Kontrollfähige Transparenz.

2. Regelungsgrundlagen

In Artt. 63–66 AEUV sind viele der früheren Regelungen zum Kapital- und Zahlungsverkehr zusammengefasst. 362

498 Beschluss vom 14.1.2014, BvR 2728/13 u. a.; Beschluss vom 18. 7.2017 – 2 BvR 859/15.

499 EuGH, Gauweiler/Deutscher Bundestag, C-62/14, ECLI:EU:2015:400.

500 EuGH, Weiss u. a., C-493/17, ECLI:EU:C:2018:1000.

501 BVerfG vom 5.5.2020, BvR 859/15, BVerfGE 154.

502 Einige jüngere europäische Rechtsakte des Kapitalmarktrechts nennen auch den Verbraucherschutz als Ziel; dass damit ein vom Anlegerschutz zu unterscheidender Zweck gemeint ist, lässt sich bislang jedoch nicht erkennen, vgl. auch *Klöhn* in: Langenbucher (Hrsg.), Europäisches Privat- und Wirtschaftsrecht, § 6 Rn. 18.

Was unter „Kapitalverkehr" im Einzelnen zu verstehen ist, definiert die bis heute vom Europäischen Gerichtshof als relevant angesehene[503] Kapitalverkehrsrichtlinie 88/361/EWG[504] im Anhang ausführlich. Folgende Klassen von Transaktionen fallen darunter:

- *Direktinvestitionen* (z. B. Gründung sowie Beteiligung an Unternehmen; Darlehen)
- *Grundstücksverkehrsgeschäfte* (z. B. von Inländern im Ausland oder von Ausländern im Inland)
- *Wertpapiergeschäfte* (z. B. Kauf und Verkauf von Wertpapieren; Zulassung zur Börse; Wertpapierhandel)
- Anleihen
- *Bankgeschäfte* (z. B. Giro- und Sparverkehr von Inländern im Ausland oder von Ausländern im Inland)
- Kreditgeschäfte
- Sicherheiten und Garantien
- Durchführung von Finanztransaktionen im Zusammenhang mit Versicherungsverträgen
- Individueller Zahlungsverkehr
- Physikalische Geldtransporte
- *Andere Kapitalbewegungen* (z. B. Honorare; Tantiemen; Provisionen)

363 Der freie Kapital- und Zahlungsverkehr in der Europäischen Union schafft einen *europäischen Finanzraum*, der aus einem integrierten Wertpapier-, Banken- und Versicherungsmarkt besteht.[505] Dadurch kann jedes Unternehmen Wertpapiere an jeder Börse in Europa platzieren, Privatpersonen können Wertpapiere überall erwerben. Banken und Versicherungen dürfen ihre Produkte prinzipiell überall im Binnenmarkt anbieten, ohne eine Tochtergesellschaft oder Zweigniederlassung errichten zu müssen. Ausnahmen zum Schutz des Vertrauens der Kapitalanleger in nationale Finanzmärkte sind allerdings zulässig.[506] Die europäischen Regelungen betreffen also die klassischen deutschen juristischen Fächer Bank- und Kapitalmarktrecht mit Überschneidungen zum Gesellschaftsrecht.

364 Für die Anwendbarkeit des europäischen oder nationalen Kapitalmarktrechts ist die Konkretisierung des Binnenmarktbegriffs erforderlich. Gerade ein *Kapitalbinnenmarkt* lässt sich unter den heutigen globalen informationstechnischen Transaktionsbedingungen geographisch kaum festlegen. Nachfrage- und vertriebsbezogene Dienstleistungen müssen ergänzend herangezogen werden. Entscheidend ist, wo sich die *Vertriebstätigkeit* (Werbung; Vertragsangebot) auswirkt oder wo die *Vertragsabwicklung* stattfindet (Börsenort).[507]

3. Einzelregelungen

a) Bankrecht

365 Nach der Liberalisierung des Binnenmarktes für Kreditinstitute steht es diesen frei, sich auch in einem anderen Mitgliedstaat der Union niederzulassen. Ohne besonde-

503 EuGH, Kommission/Vereinigtes Königreich, C-98/01, ECLI:EU:C:2003:273, I-4644.
504 ABl. L 178 vom 8.7.1988, S. 5.
505 Europäische Kommission, Binnenmarkt, Bd. 1, Juli 1994, S. 3.
506 EuGH, Alpine Investment/Minister van Financiën, C-384/93, I-1167.
507 Vgl. *Kiel*, Internationales Kapitalanlegerschutzrecht, S. 302 ff.

re Zulassung, Genehmigung oder Registrierung können Tochtergesellschaften oder Zweigniederlassungen im Bereich des Binnenmarktes begründet und *umfassende Dienstleistungen* im Sinne des Universalbankenmodells *angeboten werden*.

Zahlreiche für Banken relevante Richtlinien und Verordnungen befassen sich mit Einzelheiten der *Harmonisierung* und regeln den Zugang zum Markt, die Höhe der Eigenmittel zur Abdeckung der Kredit- und Marktrisiken, den Gläubigerschutz, die Aufgaben der Bankenaufsicht, Form und Inhalt der Rechnungslegung sowie einige Spezialfragen (wie Geldwäsche; Rahmenbedingungen für die Einschätzung von Kreditrisiken).

Übersicht über Rechtsakte für Banken 366

Nr.	*Gesetzgebungsakt*	*Umsetzung*
1	Richtlinie 86/635/EWG vom 8.12.1986 über den Jahresabschluss und den konsolidierten Abschluss von Banken und anderen Finanzinstituten – *Bankbilanzrichtlinie* – *ABl. Nr. L 372 vom 30.12.1986, S. 1* Zuletzt geändert durch Richtlinie 2006/46/EG vom 14.6.2006 *ABl. L 224 vom 16.8.2006, S. 1*	Bankbilanzrichtliniengesetz vom 30.11.1990 BGBl. I S. 2570 §§ 340–340 l HGB sowie IFRS
2	Richtlinie 88/361/EWG vom 24.6.1988 zur Durchführung von Artikel 67 des Vertrages – *Durchführungsrichtlinie (EG-Kapitalverkehrs-Richtlinie)* – *ABl. Nr. L 178 vom 8.7.1988, S. 5*	Außenwirtschaftsgesetz (AWG) vom 6.6.2013 BGBl. I S. 1482
3	Richtlinie 89/117/EWG vom 13.2.1989 über die Pflichten der in einem Mitgliedstaat eingerichteten Zweigniederlassungen von Kreditinstituten und Finanzinstituten mit Sitz außerhalb dieses Mitgliedstaates zur Offenlegung von Jahresabschlussunterlagen – *Bankenzweigniederlassungsrichtlinie* – *ABl. Nr. L 44 vom 16.2.1989, S. 40*	Bankbilanzrichtliniengesetz vom 30.11.1990 BGBl. I S. 2570
4	Richtlinie 2001/24/EG vom 4.4.2001 über die Sanierung und Liquidation von Kreditinstituten – *Sanierungsrichtlinie* – *ABl. L 125 vom 5.5.2001, S. 15*, zuletzt geändert durch Richtlinie 2014/59/EU (Abwicklungsrichtlinie, BRRD, Bank Recovery and Resolution Directive) vom 15.5.2014, *ABl. L 173 vom 12.6.2014, S. 190*	Gesetz zur Umsetzung aufsichtsrechtlicher Bestimmungen zur Sanierung und Liquidation von Versicherungsunternehmen und Kreditinstituten vom 10.12.2003 BGBl. I S. 2478

Nr.	*Gesetzgebungsakt*	*Umsetzung*
5	Richtlinie 2009/110/EG vom 16.9.2009 über die Aufnahme, Ausübung und Beaufsichtigung von E-Geld-Instituten vom 16.9.2009 *– Zweite E-Geld-Richtlinie –* *ABl. L 267 vom 10.10.2009, S. 7*, geändert durch Richtlinie 2015/2366/EU (PSD II, ZDR II, Zahlungsdiensterichtlinie II, zweite Zahlungsdiensterichtlinie) vom 25.11.2015 *ABl. L 337 vom 23.12.2015, S. 35*, ber. *ABl. 2016 L 169, S. 18*	2. E-Geld-Umsetzungsgesetz vom 8.3.2011 BGBl. I S. 288 Gesetz zur Umsetzung der Zweiten Zahlungsdiensterichtlinie vom 17.7.2017 BGBl. I S. 2446
6	Richtlinie 2009/65/EG vom 13.7.2009 zur Koordinierung der Rechts- und Verwaltungsvorschriften betreffend Organismen für gemeinsame Anlagen in Wertpapieren *– OGAW-IV – Richtlinie –* *ABl. L 302 vom 17.11.2009, S. 32* *zuletzt geändert durch* Richtlinie (EU) 2019/1160 vom 20.6.2019 *– Fondsstandort-Richtlinie –* *ABl. L 188/106 vom 12.7.2019*	OGAW-IV-Umsetzungsgesetz vom 22.6.2011 BGBl. I S. 1126 OGAW-V-Umsetzungsgesetz vom 3.3.2016 BGBl. I S. 348 Fondsstandortgesetz (FoStoG) vom 3.6.2021 BGBl. I S. 1498
7	Richtlinie 2009/111/EG vom 16.9.2009 hinsichtlich Zentralorganisationen zugeordneter Banken, bestimmter Eigenmittelbestandteile, Großkredite, Aufsichtsregelungen und Krisenmanagement *– CRD II-Richtlinie –* *ABl. L 302 vom 17.11.2009, S. 97*	Gesetz zur Umsetzung der geänderten Bankenrichtlinie und der geänderten Kapitaladäquanzrichtlinie vom 19.11.2010 BGBl. I S. 1592
8	Verordnung (EG) Nr. 1060/2009 vom 16.9.2009 über Ratingagenturen *– Ratingagenturen VO –* *ABl. L 302 vom 17.11.2009, S. 1* zuletzt geändert durch Verordnung (EU) 2017/2402, *ABl. L 347 vom 28.12.2017, S. 35*	Ausführungsgesetz zur Verordnung (EG) Nr. 1060/2009 vom 14.6.2010 BGBl. I S. 786
9	Verordnung (EU) Nr. 575/2013 über Aufsichtsanforderungen an Kreditinstitute und Wertpapierfirmen vom 26.6.2013 *– Kapitaladäquanzverordnung/Capital Requirements Regulation (CRR) –* *ABl. L 176 vom 27.6.2013, S. 1*, zuletzt geändert durch Delegierte Verordnung (EU) 2015/62 vom 10.10.2014, ABl. L 11 vom 17.1.2015, S. 37	CRD IV – Umsetzungsgesetz vom 28.8.2013 BGBl. I S. 3395; Großkredit- und Millionenkreditverordnung (GroKMiKV) vom 26.6.2013, BGBl. I S. 4183; Gesetz zur Anpassung von Gesetzen auf dem Gebiet des Finanzmarktes vom 15.7.2014 BGBl. I S. 934

Nr.	*Gesetzgebungsakt*	*Umsetzung*
10	Richtlinie 2013/36/EU über den Zugang zur Tätigkeit von Kreditinstituten und die Beaufsichtigung von Kreditinstituten und Wertpapierfirmen vom 26.6.2013 *– CRD IV-Richtlinie –* *ABl. L 176 vom 27.6.2013, S. 338*, geändert durch Richtlinie 2015/2366/EU vom 25.11.2015, *ABl. L 337 vom 23.12.2015, S. 35*; zuletzt geändert durch Richtlinie (EU) 2018/843, *ABl. L 156 vom 19.6.2018, S. 43*	CRD IV – Umsetzungsgesetz vom 28.8.2013, BGBl. I S. 3395 Gesetz zur Umsetzung der Zweiten Zahlungsdiensterichtlinie vom 17.7.2017, BGBl I S. 2446 Die Richtlinie (EU) 2018/843 (Änderungsrichtlinie) wurde mit dem novellierten Geldwäschegesetz (GwG) vom 1.1.2020 in nationales Recht umgesetzt; Artikel 1 G. v. 23.6.2017 BGBl. I S. 1822 (Nr. 39); G. v. 12.12.2019 BGBl. I S. 2602 (Nr. 50; zuletzt geändert durch Artikel 7 G. v. 12.5.2021 BGBl. I S. 990
11	Richtlinie 2014/49/EU vom 16.4.2014 über Einlagensicherungssysteme *– Einlagensicherungssystemrichtlinie –* *ABl. L 173 vom 12.6.2014, S. 149*	Gesetz zur Umsetzung der Richtlinie 2014/49/EU über Einlagensicherungssysteme (DGSD-Umsetzungsgesetz) vom 28.5.2015 BGBl. I S. 786
12	Verordnung (EU) 2015/847 vom 20.5.2015 über die Übermittlung von Angaben bei Geldtransfers *– Geldtransferverordnung –* *ABL. L 141 vom 5.6.2015, S. 1*	Gesetz zur Umsetzung der Vierten EU-Geldwäscherichtlinie, zur Ausführung der EU-Geldtransferverordnung und zur Neuorganisation der Zentralstelle für Finanztransaktionsuntersuchungen vom 23.6.2017 BGBl I S. 1822
13	Richtlinie 2015/849/EU vom 20.5.2015 zur Verhinderung der Nutzung des Finanzsystems zum Zwecke der Geldwäsche und der Terrorismusfinanzierung *– Vierte Geldwäscherichtlinie –* *ABl. L 141 vom 5.6.2015, S. 73*; zuletzt geändert durch Richtlinie (EU) 2018/843 *ABl. L 156 vom 19.6.2018, S. 43* (Fünfte Geldwäscherichtlinie),	Gesetz zur Umsetzung der Vierten EU-Geldwäscherichtlinie, zur Ausführung der EU-Geldtransferverordnung und zur Neuorganisation der Zentralstelle für Finanztransaktionsuntersuchungen vom 23.6.2017 BGBl I S. 1822 Gesetz zur Umsetzung der Änderungsrichtlinie zur Vierten EU-Geldwäscherichtlinie vom 12.12.2019 BGBl. I S. 2602
14	Richtlinie 2015/2366/EU vom 25.11.2015 *– Zweite Zahlungsdiensterichtlinie –* *ABl. L 337 vom 23.12.2015, S. 35*	Gesetz zur Umsetzung der Zweiten Zahlungsdiensterichtlinie vom 17.7.2017 BGBl I S. 2466
15	Richtlinie (EU) 2019/713 vom 17.4.2019 zur Bekämpfung von Betrug und Fälschung im Zusammenhang mit unbaren Zahlungsmitteln *– Betrugsrichtlinie –* *ABl. L 123 vom 10.5.2019, S. 18*	61. StGB-Änderungsgesetz vom 10.3.2021 BGBl. I S. 333
16	Verordnung (EU) 2019/2088 vom 27.11.2019 über nachhaltigkeitsbezogene Offenlegungspflichten im Finanzdienstleistungssektor *– Offenlegungsverordnung –* ABl L 317, vom 9.12.2019, S. 1	

Nr.	*Gesetzgebungsakt*	*Umsetzung*
17	Verordnung (EU) 2020/852 vom 18. Juni 2020 über die Einrichtung eines Rahmens zur Erleichterung nachhaltiger Investitionen – *Taxonomie-VO* – ABl. L 198 vom 22.6.2020, S. 13, zuletzt ergänzt durch Delegierte Verordnung EU 2021/2139 vom 4. Juni 2021, ABl. L 442 vom 9.12.2021, S. 1	
18	Verordnung (EU) 2021/1230 vom 14.7.2021 über grenzüberschreitende Zahlungen in der Union – *Zahlungsdiensteverordnung* – ABl. L 274 vom 30.7.2021, S. 20	

367 **aa) Bankbilanzrichtlinie.** Die *Bankbilanzrichtlinie* (*Nr. 1 der Liste*) regelt branchenspezifische Besonderheiten der Rechnungslegung unter Einbeziehung von verbundenen Unternehmen. *Abweichungen* ergeben sich in *formaler Hinsicht* durch Änderungen in der Gliederung und im Inhalt der Bilanz, in *materieller Hinsicht* durch teilweise andere Bewertungsvorschriften. So dürfen in der Gewinn- und Verlustrechnung Verluste in einigen Geschäftsbereichen nicht mehr mit Gewinnen in anderen Geschäftsbereichen verrechnet werden (etwa Erträge aus der Veräußerung von Wertpapieren mit Verlusten im Kreditgeschäft). Die Möglichkeit zur Bildung stiller Reserven wird eingeschränkt.

Neu für das deutsche Recht war, dass auch Kreditinstitute den Jahresabschluss um einen *Anhang* zu erweitern haben, der zusätzliche Informationen für die Öffentlichkeit enthält. Soweit mehrere Kreditinstitute einer *einheitlichen Leitung* unterliegen, müssen sie unabhängig von Mehrheits- und Beherrschungsverhältnissen einen gemeinsamen *(konsolidierten) Jahresabschluss* vorlegen.

Die Bankbilanzrichtlinie ist durch das Bankbilanzrichtliniengesetz von 1990 in deutsches Recht umgesetzt worden. Vor allem wurden die §§ 238 bis 340o HGB neu eingefügt.

368 **bb) Durchführungsrichtlinie.** Die *Durchführungsrichtlinie* 88/361/EWG (*Nr. 2 der Liste*) hat deshalb besondere Bedeutung, weil ihr Anhang die bereits erwähnte Liste von Geschäften enthält, die unter die Kapitalverkehrsfreiheit fallen. Diese Aufzählung wird vom Europäischen Gerichtshof wie eine Legaldefinition herangezogen.[508]

369 **cc) Bankenzweigniederlassungsrichtlinie.** Zweigniederlassungen von Kreditinstituten in Mitgliedstaaten der Union sind weithin üblich. Die *Bankenzweigniederlassungsrichtlinie* (*Nr. 3 der Liste*) betrifft Zweigniederlassungen von Kreditinstituten in einem Mitgliedstaat, deren Muttergesellschaft in einem anderen Mitgliedstaat ihren Hauptsitz hat. Die bisherige *Verpflichtung* der Zweigniederlassung, *getrennte Jahresabschlüsse* zu veröffentlichen, wird *abgeschafft.* Vielmehr müssen die *Jahresabschlüsse* der Zweigniederlassungen in die Jahresabschlüsse der *Muttergesellschaft* nach dem Recht des Heimatstaates der Muttergesellschaft *einbezogen* werden. Bei Zweigniederlassun-

508 Vgl. EuGH, Kommission/Spanien, C-463/00, ECLI:EU:C:2003:272 = NJW 2003, 2663; EuGH, Kommission/Vereinigtes Königreich, C-98/01, ECLI:EU:C:2003:273 = NJW 2003, 2666; EuGH, Kommission/Portugal, C-367/98, ECLI:EU:C:2002:326, I-4756; EuGH, Kommission/Frankreich, C-483/99, ECLI:EU:C:2002:327, I-4785; EuGH, Kommission/Belgien, C-503/99, ECLI:EU:C:2002:328, I-4812.

gen von Kreditinstituten, deren Hauptsitz sich in einem Drittstaat befindet, können die Mitgliedstaaten die Veröffentlichung selbstständiger Jahresabschlüsse der Zweigniederlassungen verlangen, wenn die Jahresabschlüsse sonst nicht gleichwertig wären.

dd) Sanierungsrichtlinie. Die *Sanierungsrichtlinie* (*Nr. 4 der Liste*) will Maßnahmen, 370
die von Behörden des Herkunftsmitgliedsstaates eines Kreditinstituts zur Sanierung, Aussetzung von Zahlungen und Vollstreckungsmaßnahmen oder der Kürzung von Rechten Dritter getroffen werden, auch in anderen Mitgliedstaaten, in denen Zweigstellen oder Niederlassungen bestehen, im Wege der wechselseitigen Anerkennung Wirksamkeit verschaffen. Zweigniederlassungen werden wie selbstständige Unternehmen behandelt. Für die Wirkungen der Sanierungsmaßnahmen oder des Liquidationsverfahrens auf einen anhängigen Rechtsstreit ist abweichend von der „lex concursus" das Recht des Mitgliedstaates maßgeblich, in dem der Rechtsstreit anhängig ist (Art. 10). Allerdings werden dingliche Rechte von Gläubigern an körperlichen und unkörperlichen Gegenständen des Kreditinstituts in einem anderen Mitgliedstaat von Sanierungs- und Liquidationsmaßnahmen nicht erfasst (Art. 21). Entscheidungen über Sanierungsmaßnahmen mit grenzüberschreitenden Wirkungen sind im Amtsblatt der Europäischen Union zu veröffentlichen (Art. 6 Abs. 1).

ee) E-Geld-Richtlinie. Die *Zweite E-Geld Richtlinie* 2009/110/EG (*Liste Nr. 5*) de- 371
finiert als „E-Geld" jeden elektronisch gespeicherten monetären Wert, der gegen Zahlung eines Geldbetrages ausgestellt und von anderen als dem E-Geld-Emittenten angenommen wird (Art. 2). Die Speicherung kann auf Kundenkarten, Tankkarten, Mitgliedskarten, Fahrkarten, Essensgutscheinen oder Gutscheinen im Sozial- und Dienstleistungsbereich erfolgen. E-Geld-Emittenten gelten als „E-Geld-Institute", die ein Zahlungssystem betreiben, nicht aber als „Kreditinstitute", obwohl solche Zahlungsdienste die Gewährung von Krediten einschließen können (Art. 6 Abs. 1 lit.b).

Die modernisierte E-Geld-Richtlinie legt Aufsichtsregeln fest, schreibt ein Mindestkapital von 350.000 EUR für den E-Geld-Emittenten vor (Art. 4), stellt Sicherungsanforderungen (Art. 7) und schreibt die Rücktauschbarkeit des E-Geldes in den entgegengenommenen Betrag vor (Art. 11).

ff) OGAW-Richtlinie. Die *OGAW-Richtlinie (Nr. 6 der Liste)* betrifft die Zulassung, 372
Tätigkeit, Vergütungspolitik und das Risikomanagement von Investmentfonds. Den nachteiligen Auswirkungen einer schädlichen Vergütungsstruktur soll durch Aufsichtsregelungen und Haftungsansprüche von Anlegern entgegengewirkt werden. Mit der OGAW-V-Richtlinie werden insbesondere die Bestimmungen über die Vergütungspolitik, die Aufgaben und die Haftung der Verwahrstellen und die Sanktionen harmonisiert.

gg) CRD II-Richtlinie. Aufgrund der Finanzmarktkrise kam es im Jahr 2009 zu einer 373
grundlegenden Erweiterung der Tätigkeitsrichtlinie durch die *CRD II-Richtlinie* (*Nr. 7 der Liste*):[509] Großkredite wurden Beschränkungen und der Aufsicht unterworfen. Die Aufsichtsbehörden erhalten nunmehr Informations- und Interventionsrechte bei der Kündigung und der Rückzahlung von Krediten, soweit dadurch die Eigenkapitalausstattung gefährdet ist. Sogenannte „Zweckgesellschaften" wurden in den Kreis der Kreditinstitute einbezogen. Für bestimmte Kredite wurden besondere Insolvenzregelungen eingeführt. Es wurde eine „konsolidierende Aufsichtsbehörde" geschaffen, die zu einem besseren Krisenmanagement in der Union durch eine systematische Zu-

509 Die Richtlinie 2009/111/EG enthält u. a. allein 18 Seiten Textänderungen für die Tätigkeitsrichtlinie.

sammenarbeit der einzelnen Aufsichtsbehörden führen soll. Die neue Spitzenaufsichtsbehörde ist insbesondere für „bedeutende Zweigniederlassungen" von Unternehmen und Holdinggesellschaften sowie für „EU-Mutterfinanzholdinggesellschaften" und „EU-Mutterkreditinstitute" zuständig.

374 **hh) Ratingagenturen-Verordnung.** Die Verordnung über *Ratingagenturen (Nr. 8 der Liste)* will sicherstellen, dass Ratingaktivitäten nach dem Grundsatz der Integrität, Transparenz, Rechenschaftspflicht und guten Unternehmensführung durchgeführt werden.

Die Bedeutung von Ratingagenturen ist in der Finanzmarktkrise deutlich geworden. Fast alle Ratingagenturen haben ihren Sitz außerhalb der Europäischen Union und unterliegen fast keinen rechtlichen Vorschriften. Soweit sich Ratingagenturen in der Union registrieren lassen, werden sie einer Qualitätskontrolle unterworfen. Alle Kreditinstitute, Wertpapierfirmen, Versicherungsunternehmen, Lebensversicherungen, Rückversicherungsunternehmen, Fonds und Einrichtungen der betrieblichen Altersversorgung dürfen nur Ratings von Ratingunternehmen übernehmen, die ihren Sitz in der Union haben und hier registriert sind (Art. 4 Abs. 1). Ratingagenturen aus Drittländern müssen von der Kommission als gleichwertig anerkannt und zertifiziert werden (Art. 5 Abs. 1). Die Registrierungen und Zertifizierungen erfolgen im Herkunftsmitgliedstaat und gelten für die gesamte Union.

375 **ii) Kapitaladäquanzverordnung (CRR).** Vor dem Hintergrund der allgemeinen Finanzmarktkrise und auf Empfehlung einer hochrangigen Expertengruppe[510] beschlossen die EU-Mitgliedstaaten eine Reorganisation der Bankenaufsicht. Ziel war es, die Finanzstabilität der Banken und Wertpapierfirmen zu sichern und einen hohen Grad an Anleger- und Einlegerschutz zu gewährleisten. Deshalb wurde auf der Makroebene ein umfassendes Regelwerk[511] aus einer Verordnung (CRR) und einer Richtlinie (CRD) geschaffen.

Die *CRR-Verordnung (Nr. 9 der Liste)* enthält Zusammenfassungen und Weiterentwicklungen früherer Richtlinien sowie technische Standards, mit denen einheitliche Bedingungen, Transparenz und eine effektive Aufsicht gewährleistet werden sollen.

Die Verordnung enthält sehr detaillierte Vorgaben unter anderem im Hinblick auf:

- Eigenmittelanforderungen
- Begrenzung von Großkrediten
- Kontrolle von Kreditrisiken
- Liquidationsanforderungen
- Berichtigungspflichten
- Offenlegungspflichten
- Absicherung von Risikopositionen
- Formeln zur Berechnung von Kreditrisiken und Ausfallwahrscheinlichkeiten.

Die nationalen und europäischen Aufsichtsbehörden erhielten weitgehende Kontrollbefugnisse.

376 **jj) CRD IV-Richtlinie.** Die *CRD IV-Richtlinie (Nr. 10 der Liste)* gilt zusammen mit der CRR-Verordnung sowohl für Kreditinstitute als auch für Wertpapierfirmen. Die

510 The High Level Group on Financial Supervision in the EU, chaired by Jaques de Larosière, Brussels 2009.
511 CRR-Verordnung und CRD IV-Richtlinie umfassen zusammen 436 Seiten.

Richtlinie koordiniert die Bestimmungen der Mitgliedstaaten über die Zulassung solcher Unternehmen, den Erwerb qualifizierter Beteiligungen, die Wahrnehmung der Niederlassungs- und Dienstleistungsfreiheit, das erforderliche Anfangskapital, die Zusammenarbeit mit den Aufsichtsbehörden, Informationspflichten sowie Verwaltungssanktionen.

Die Eigenmittelanforderungen für das Kredit- und Marktrisiko müssen sich auf externe Bonitätsbeurteilungen („ratings") stützen und behördlich überwacht werden, um die Insolvenz- und Systemrisiken zu reduzieren. Zusätzlich werden strenge Kapitalerhaltungs- und Systemrisikopuffer eingeführt. Das Geschäft der sogenannten „Schattenbanken" soll unter Kontrolle gebracht werden. Schließlich enthält die Richtlinie Regelungen, um die Vergütungspraxis zum Bestandteil des Risikomanagements zu machen und in ein Verhältnis zu den laufenden Geschäften zu setzen.

Die CRD IV-Richtlinie ist bereits mehrfach geändert worden (insbesondere durch die zweite Zahlungsdiensterichtlinie und durch die Fünfte Geldwäscherichtlinie).

kk) Einlagensicherungssystemrichtlinie. Die Sicherung von Einlagen (Guthaben) soll 377
vor allem die privaten Gläubiger schützen und das *Vertrauen der Öffentlichkeit in das Bankensystem* stärken. Einlagen von Kreditinstitutionen, Versicherungen, öffentlichen Stellen oder in Fremdwährungen werden nicht geschützt. *Die Einlagensicherungssystemrichtlinie (Nr. 11 der Liste)* setzt fest, dass Einlagen bis zu einem Betrag in Höhe von 100.000 EUR durch ein nationales Einlagensicherungssystem gedeckt sein müssen.[512] Gegen den Widerstand Deutschlands wurde ein Einlagensicherungssystem mit Pflichtmitgliedschaft eingeführt. Die Risikoabdeckung erfasst auch Einlagen bei Zweigstellen einer Bank in einem anderen Mitgliedstaat. Damit wird dem Umstand Rechnung getragen, dass Zahlungsfähigkeit der Zweigstelle der Bank eines Mitgliedsstaates in einem anderen Mitgliedstaat der Kontrolle durch Behörden des Heimatstaates unterliegt. Einlagensicherungssysteme auf mitgliedstaatlicher Ebene lassen nationale Einlagensicherungssysteme (etwa durch Risikoversicherungen) unberührt.

ll) Geldtransferangaben-Übermittlungsverordnung. Die gleichzeitig mit der Geldwä- 378
scherichtlinie verkündete Verordnung 2015/847 (*Nr. 12 der Liste*) koordiniert die zur Bekämpfung notwendigen Meldeverfahren bei Transfers von mindestens 1000 EUR. Die Verordnung übernimmt die internationalen Standards der FATF-Empfehlungen insbesondere zum elektronischen Zahlungsverkehr. Die Verordnung richtet sich an Zahlungsdienstleister, die Angaben über Auftraggeber und Begünstigte zuverlässig erfassen müssen.

mm) Geldwäsche- und Betrugsrichtlinien. Mit der Vierten Geldwäscherichtlinie 379
(*Nr. 13 der Liste*) reagierte der europäische Gesetzgeber auf neue Formen der Bedrohung durch Geldwäsche und Terrorismusfinanzierung. Insbesondere schuf die Richtlinie einen eindeutigen Mechanismus für die Identifizierung des wirtschaftlich Berechtigten. Unternehmen müssen Aufzeichnungen über die Identität jener Personen führen, die effektiv hinter einem Unternehmen stehen. Auch die Bestimmungen über politisch exponierte Personen wurden erweitert. Mit der zwischenzeitlich erlassenen Fünften Geldwäscherichtlinie[513] werden die bestehenden Regelungen in verschiedenen Bereichen verschärft.

512 Die Deckungssumme wurde durch die Änderungsrichtlinie 2009/14/ EG festgelegt, „um das Vertrauen der Anleger zu erhalten" (Erwägungsgrund 3).

513 Richtlinie (EU) 2018/843, *ABl. L 156 vom 19.6.2018, S. 43.*

Durch die Betrugsrichtlinie *(Nr. 15 der Liste)* sollen Betrug und andere Straftaten im Zusammenhang mit unbaren Zahlungsmitteln, die im digitalen Tauschhandel wie Geld dienen, bekämpft werden.

380 **nn) Zahlungsdiensterichtlinien.** Die *Zahlungsdiensterichtlinie* 2007/64/EG wurde im Januar 2016 durch die Zweite Zahlungsdiensterichtlinie (*Nr. 14 der Liste*) ersetzt. Die neue Zahlungsdiensterichtlinie passt die Vorschriften der früheren Richtlinie an innovative Bezahlsysteme im Internet und per Mobilfunk an und entwickelt so den europäischen Binnenmarkt für elektronische Zahlungen weiter. Zudem sollen neue Informations- und Haftungsbestimmungen den Verbraucherschutz vor allem bei nichtautorisierten Zahlvorgängen stärken.

Neu ist die Möglichkeit eines SEPA-Beweislastschriftverfahrens. Im Gegensatz zum Einzugsermächtigungsverfahren erteilt der Zahler hierbei sowohl eine Anweisung an den Zahlungsdienstleister als auch an den Zahlungsempfänger („Doppelanweisung"), wodurch die Widerspruchmöglichkeit des Lastschriftschuldners gegen die Belastungsbuchung entfällt.

381 **oo) Offenlegungsverordnung und Taxonomie-VO.** Mit der Offenlegungsverordnung (*Nr. 16 der Liste*) werden Finanzmarktakteure und Finanzberater verpflichtet, spezifische Informationen über ihre Ansätze für die Integration von Nachhaltigkeitsrisiken und die Berücksichtigung nachteiliger Nachhaltigkeitsauswirkungen offenzulegen.

Die Taxonomie-VO (*Nr. 17 der Liste*) legt fest, ob eine Wirtschaftstätigkeit als ökologisch nachhaltig einzustufen ist. Auf diese Weise soll festgelegt werden können, in welchem Maße eine Investition ökologisch nachhaltig ist. Die Taxonomie-VO gilt für von der EU oder den Mitgliedstaaten verabschiedete Maßnahmen zur Festlegung von Anforderungen an Finanzmarktteilnehmer oder Emittenten im Zusammenhang mit Finanzprodukten oder Unternehmensanleihen, die als ökologisch nachhaltig bereitgestellt werden sowie u.a. für Finanzmarktteilnehmer, die Finanzprodukte bereitstellen.

382 **pp) Zahlungsdiensteverordnung.** Die ursprüngliche Zahlungsdiensteverordung (EG) 924/2009 ist mehrfach erheblich geändert worden. Aus Gründen der Klarheit und Übersichtlichkeit hat der EU-Gesetzgeber die Zahlungsdiensteverordung (Nr. 17 der Liste) daher neu aufgesetzt. Auch die neue Verordnung schreibt für alle grenzüberschreitenden Zahlungen wie Überweisungen und elektronischen Zahlungsvorgänge im Grundsatz einheitliche Entgelte vor (Grundsatz der Gleichheit der Entgelte).

b) Kapitalmarktrecht

383 Der Binnenmarkt für *Wertpapiergeschäfte* differiert in den Mitgliedstaaten im Hinblick auf Marktzugang und Aufsicht erheblich. In den Motiven zu allen Wertpapierrichtlinien wird deshalb ihr Beitrag zum *Aufbau eines europäischen Kapital- oder Finanzmarktes* erwähnt (Ausnahme: Insiderrichtlinie). Bei der Insiderrichtlinie steht stattdessen die Bedeutung des Sekundärmarktes mit Wertpapieren im Vordergrund. *Primärmarkt* (Emissionsmarkt) und *Sekundärmarkt* (Zirkulationsmarkt) bilden also zusammen den Kapitalmarkt, der in Europa trotz erheblicher Unterschiede harmonisiert, aber durchaus nicht vereinheitlicht werden soll. Es geht vielmehr um

- die Beseitigung von Strukturunterschieden,
- *die Setzung von Minimalbedingungen für die Kapitalausstattung* (Bankrechtsrichtlinie; Wertpapierzulassungsrichtlinie; Finanzsicherheitsrichtlinie),

- die Transparenz von Transaktionen (Prospektrichtlinie),
- *den Anlegerschutz* (Prospektrichtlinie; Abrechnungsrichtlinie; Finanzsicherheitsrichtlinie),
- *angemessene Eigenkapitalausstattung* (Wertpapier-Kapitaladäquanzrichtlinie),
- gleiche Investitionsbedingungen im Binnenmarkt (MiFID-Richtlinie),
- das Prinzip der gegenseitigen Anerkennung der Heimatstaat-Aufsicht über Wertpapierhandelsunternehmen (Bankrechtsrichtlinie),
- die Unterbindung des grenzüberschreitenden Insiderhandels (Insiderrichtlinie).

Die Erstreckung der Grundsätze auf Wertpapiergesellschaften aus Drittstaaten liegt zwar jenseits der Reichweite von Art. 54 AEUV, gilt jedoch als eine Funktionsbedingung des Binnenmarktes nach Art. 115 AEUV.

Der Einfluss der Wertpapiermärkte auf Unternehmen und ihre Regulierung ist erheb- 384
lich.[514] Das Problem besteht hier vor allem in der Harmonisierung unterschiedlicher Traditionen im angloamerikanischen und im kontinentaleuropäischen Bereich im Hinblick auf Aspekte wie feindliche Übernahmen, Transparenz, Rechnungslegung, Corporate Governance, Insider- und Outsider-Kontrollsysteme.

Die Gesetzgebung für den Börsen- und Wertpapierbereich unterliegt einer hohen Dynamik an Änderungen und Neufassungen.

Übersicht: 385

Nr.	*Gegenstand*	*Umsetzung*
1	(Richtlinie 85/611/EWG vom 20.12.1985 zur Koordinierung der Rechts- und Verwaltungsvorschriften betreffend bestimmte Unternehmen für gemeinsame Anlagen in Wertpapieren *– OGAW- I -Richtlinie –* ABl. L 375 vom 31.12.1985, S. 3), aufgehoben durch die Neufassung: Richtlinie 2009/65/EG vom 13.7.2009 zur Koordinierung der Rechts- und Verwaltungsvorschriften betreffend bestimmte Organismen für gemeinsame Anlagen in Wertpapieren *– OGAW- IV -Richtlinie –* *ABl. L 302 vom 17.11.2009, S. 32* zuletzt geändert durch Richtlinie 2014/91/EU vom 23.7.2014 *ABl. L 257 vom 28.8.2014, S. 186.*	Finanzmarktförderungsgesetz vom 22.2.1989 BGBl. I.S. 266; Änderungen u. a. im WpHG (durch Gesetz vom 21.12.2007 BGBl. I S. 3198), im KAGB und KWG (Gesetz vom 3.3.2016 BGBl. I S. 348)
2	Richtlinie 97/9/EG vom 3.3.1997 über Systeme für die Entschädigung der Anleger *– Anlegerentschädigungsrichtlinie –* *ABl. Nr. L 84 vom 26.3.1997, S. 22*	Anlegerentschädigungsgesetz v. 16.7.1998 BGBl. I S. 1842

514 Vgl. *Hopt*, ZGR 2000, 779ff.

Nr.	*Gegenstand*	*Umsetzung*
3	Richtlinie 98/26/EG vom 19.5.1998 über die Wirksamkeit von Abrechnungen in Zahlungs- sowie Wertpapierliefer- und Abrechnungssystemen *– Abrechnungsrichtlinie –* *ABl. Nr. L 166 vom 11.6.1998, S. 45,* zuletzt geändert durch VO (EU) Nr. 909/2014 (CSDR) vom 23.7.2014, *ABl. L 257 vom 28.8.2014, S. 1*	• Überweisungsgesetz v. 21.7.1999 BGBl. I S. 1642 (§§ 116 S. 2 InsO; 676 S. 3, 676 a Abs. 3 S. 2, 676 d Abs. 2 S. 2 BGB • Gesetz zur Änderung insolvenzrechtlicher und kreditwesenrechtlicher Vorschriften v. 8.12.1999 BGBl. I S. 2384.
4	Richtlinie 2001/34/EG vom 28.5.2001 über die Zulassung von Wertpapieren zur amtlichen Börsennotierung und über die hinsichtlich dieser Wertpapiere zu veröffentlichenden Informationen *– Wertpapierzulassungsrichtlinie –* *ABl. Nr. L 184 vom 6.7.2001, S. 1* zuletzt geändert durch Richtlinie 2005/1/EG vom 9.3.2005, *ABl. L 79 vom 24.3.2005, S. 9*	Wertpapierprospektgesetz (WpPG) vom 22.6.2005 BGBl. I S. 786
5	Richtlinie 2002/47/EG vom 6.6.2002 über Finanzsicherheiten *– Finanzsicherheitenrichtlinie –* *ABl. Nr. L 168 vom 27.6.2002, S. 43* zuletzt geändert durch Richtlinie 2014/59/EU vom 15.5.2014, *ABl. L 173 vom 12.6.2014, S. 190*	Gesetz vom 5.4.2004 zur Umsetzung der Richtlinie 2002/47/EG vom 6.6.2002 über Finanzsicherheiten und zur Änderung des Hypothekenbankgesetzes und anderer Gesetze BGBl. I S. 502
6	Richtlinie 2004/109/EG vom 15.12.2004 zur Harmonisierung der Transparenzanforderungen in Bezug auf Informationen über Emittenten, deren Wertpapiere zum Handel auf einem geregelten Markt zugelassen sind *– Transparenzrichtlinie –* *ABl. L 390 vom 31.12.2004, S. 38* Durchführungsrichtlinie 2007/14/EG vom 8.3.2007, *ABl. L 69 vom 9.33.2007, S. 27* zuletzt geändert durch Richtlinie 2013/50/EU vom 22.10.2013, *ABl. L 294 vom 6.11.2013, S. 13*, ergänzt durch Delegierte Verordnung (EU) 2015/761 vom 17.12.2014, *ABl. L 120 vom 13.5.2015, S. 2*	1. Transparenzrichtlinie-Umsetzungsgesetz (TUG) vom 5.1.2007 BGBl. I S. 10; 2. Gesetz über elektronische Handelsregister und Genossenschaftsregister sowie das Unternehmensregister (EHUG) vom 10.11.2006 BGBl. I S. 2553
7	Richtlinie 2011/61/EU über die Verwalter alternativer Investmentfonds vom 8.6.2011 *– Investmentfondsrichtlinie (AIFM) –* *ABl. L 174 vom 1.7.2011, S. 1*, zuletzt geändert durch Richtlinie (EU) 2019/2034 vom 27.11.2019, *ABl. L 314 vom 5.12.2019 S. 64*	Gesetz zur Umsetzung der Richtlinie 2011/61/EU vom 4.7.2013 BGBl. I S. 1981; Gesetz zur Anpassung von Gesetzen auf dem Gebiet des Finanzmarktes vom 15.7.2014 BGBl. I S. 934

Nr.	*Gegenstand*	*Umsetzung*
8	Verordnung (EU) Nr. 236/2012 vom 14.3.2012 über Leerverkäufe und bestimmte Aspekte von Credit Default Swaps *– Leerverkaufsverordnung –* *ABl. L 86 vom 24.3.2012, S. 1*, geändert durch Verordnung (EU) Nr. 909/2014 (CSD-Verordnung) vom 23.7.2014, *ABl. L 257 vom 28.8.2014, S. 1*	EU-Leerverkaufs-Ausführungsgesetz vom 6.11.2012 BGBl. I S. 2286
9	Verordnung (EU) Nr. 648/2012 vom 4.7.2012 über OTC-Derivate, zentrale Gegenparteien und Transaktionsregister *– OTC-Verordnung (EMIR) –* *ABl. L 201 vom 27.7.2012, S. 1*, zuletzt geändert durch Delegierte Verordnung (EU) 2021/962 vom 6.5.2021, *ABl. L 213 vom 16.6.2021, S. 1*	EMIR-Ausführungsgesetz vom 13.2.2013 BGBl. 2013 I S. 174; Gegenpartei-Prüfungsbescheinigungsverordnung vom 19.3.2014 BGBl. I S. 322
10	Verordnung (EU) Nr. 345/2013 vom 17.4.2013 über Europäische Risikokapitalfonds *– EuVECA-Verordnung –* *ABl. L 115 vom 25.4.2013, S. 1; zuletzt geändert durch* Verordnung (EU) 2019/1156 vom 20.6.2019, *ABl. L 188 vom 12.7.2019, S. 55*	Kapitalanlagegesetzbuch (KAGB) vom 4.7.2013 BGBl. I S. 1981; zuletzt geändert durch Artikel 3 des Gesetzes vom 12.5.2021 BGBl. I S. 1063
11	Verordnung (EU) Nr. 346/2013 vom 17.4.2013 über Europäische Fonds für soziales Unternehmertum *– EuSEF-Verordnung –* *ABl. L 115 vom 25.4.2013, S. 18; zuletzt geändert durch* Verordnung (EU) 2019/1156 vom 20.6.2019, *ABl. L 188 vom 12.7.2019, S. 5*	Kapitalanlagegesetzbuch (KAGB) vom 4.7.2013 BGBl. I S. 1981; zuletzt geändert durch Artikel 3 des Gesetzes vom 12.5.2021 BGBl. I S. 1063
12	Richtlinie 2013/36/EU vom 26.6.2013 über den Zugang zur Tätigkeit von Kreditinstituten und die Beaufsichtigung von Kreditinstituten und Wertpapierfirmen *– CRD IV-Richtlinie –* *ABl. L 176 vom 27.6.2013, S. 338*, zuletzt geändert durch Richtlinie (EU) 2021/338 vom 16.2.2021, *ABl. L 68 vom 26.2.2021, S. 14*	VO zur Anpassung von aufsichtsrechtlichen Verordnungen an das CRD IV-Umsetzungsgesetz vom 30.1.2014 BGBl. I S. 322

Nr.	*Gegenstand*	*Umsetzung*
13	Verordnung (EU) Nr. 575/2013 vom 26.6.2013 über Aufsichtsanforderungen an Kreditinstitute und Wertpapierfirmen und zur Änderung der Verordnung (EU) Nr. 646/2012 – *Aufsichtsverordnung (CRR Verordnung)* – *ABl. L 176 vom 27.6.2013, S. 1*, zuletzt geändert durch Verordnung (EU) 2021/558 vom 31.3.2021, *ABl. L 116 vom 6.4.2021, S. 25*	Wertpapierhandelsgesetz (WpHG) vom 9.9.1998 BGBl. I S. 2708; zuletzt geändert durch Artikel 7 Absatz 4 des Gesetzes vom 12.5.2021 BGBl. I S. 990
14	Verordnung (EU) Nr. 596/2014 vom 16.4.2014 über Marktmissbrauch – *Marktmissbrauchsverordnung (MAR)* – *ABl. L 173 vom 12.6.2014, S. 1*, zuletzt geändert durch Verordnung (EU) 2019/2115 vom 27.11.2019, *ABl. L 320 vom 11.12.2019, S. 1*	Erstes Gesetz zur Novellierung von Finanzmarktvorschriften aufgrund europäischer Rechtsakte (Erstes Finanzmarktnovellierungsgesetz [1. FiMaNoG]) vom 30.6.2016 BGBl. I S. 1514.
15	Richtlinie 2014/49/EU vom 16.4.2014 über Einlagesicherungssysteme – *Einlagensicherungsrichtlinie (DGSD)* – *ABl. L 173 vom 12.6.2014, S. 149*	Gesetz zur Umsetzung der Richtlinie 2014/49/EU vom 16.4.2014 über Einlagensicherungssysteme (DGSD-Umsetzungsgesetz vom 28.5.2015 BGBl. I S. 786.
16	Richtlinie 2014/57/EU vom 16.4.2014 über strafrechtliche Sanktionen bei Marktmanipulationen – *Strafsanktionsrichtlinie/CRIM-MAD* – *ABl. L 173 vom 12.6.2014, S. 179*	Erstes Gesetz zur Novellierung von Finanzmarktvorschriften aufgrund europäischer Rechtsakte (Erstes Finanzmarktnovellierungsgesetz [1. FiMaNoG]) vom 30.6.2016 BGBl. I S. 1514.
17	Richtlinie 2014/65/EU vom 15.5.2014 über Märkte für Finanzinstrumente sowie zur Änderung der Richtlinien 2002/92/EG und 2011/61/EU – MiFID II – *ABl. L 173 vom 12.6.2014, S. 349*; zuletzt geändert durch Richtlinie (EU) 2021/338, *ABl. L 68 vom 26.2.2021, S. 14*	Zum Teil bereits vorab umgesetzt im Kleinanlegerschutzgesetz vom 3.7.2015 BGBl. I S. 1114 Zweites Gesetz zur Novellierung von Finanzmarktvorschriften aufgrund europäischer Rechtsakte (Zweites Finanzmarktnovellierungsgesetz – 2. FiMaNoG) vom 23.6.2017 BGBl. I S. 1693
18	Verordnung (EU) Nr. 600/2014 vom 15.5.2014 über Märkte für Finanzinstrumente – *Finanzmarktverordnung/MiFIR* – *ABl. L 173 vom 12.6.2014, S. 84*, zuletzt geändert durch Verordnung (EU) 2021/23 vom 16.12.2020, *ABl. L 22 vom 22.1.2021, S. 1*	Geltung seit dem 3.1.2018 Zum Teil bereits vorab umgesetzt im Kleinanlegerschutzgesetz vom 3.7.2015 BGBl. I S. 1114 Zweites Gesetz zur Novellierung von Finanzmarktvorschriften aufgrund europäischer Rechtsakte (Zweites Finanzmarktnovellierungsgesetz – 2. FiMaNoG) vom 23.6.2017 BGBl. I S. 1693

Nr.	*Gegenstand*	*Umsetzung*
19	Richtlinie 2014/59/EU vom 15.5.2014 zur Festlegung eines Rahmens für die Sanierung und Abwicklung von Kreditinstituten und Wertpapierfirmen *– Finanzinstituts-Abwicklungsrichtlinie / BRRD –* *ABl. L 173 vom 12.6.2014, S. 190, zuletzt geändert durch* Verordnung (EU) 2021/23 vom 16.12.2020, *ABl. L 22 vom 22.1.2021, S. 1*	BRRD-Umsetzungsgesetz vom 10.12.2014 BGBl. I S. 2091
20	Verordnung (EU) Nr. 909/2014 vom 23.7.2014 zur Verbesserung der Wertpapierlieferungen und -abrechnungen in der Europäischen Union – *Wertpapierlieferungsverordnung (CSDR)* – *ABl. L 257 vom 28.8.2014, S. 73*, geändert durch Verordnung (EU) 2016/1033 vom 23.6.2016, *Abl. L 175 vom 30.6.2016, S. 1*	Gesetz zur Umsetzung der Transparenzrichtlinie-Änderungsrichtlinie vom 20.11.2015 BGBl. I S. 2029 Erstes Gesetz zur Novellierung von Finanzmarktvorschriften aufgrund europäischer Rechtsakte (Erstes Finanzmarktnovellierungsgesetz [1. FiMaNoG]) vom 30.6.2016 BGBl. I S. 1514
21	Verordnung (EU) Nr. 1286/2014 vom 26.11.2014 über Basisinformationsblätter für verpackte Anlagenprodukte für Kleinanleger und Versicherungsanlageprodukte (PRIIP) *– PRIIP-Verordnung –* *ABl. L 352 vom 9.12.2014, S. 1, zuletzt geändert durch* Verordnung (EU) 2019/1156 vom 20.6.2019, *ABl. L 188 vom 12.7.2019, S. 55*	Geltungsbeginn am 1.1.2018 Erstes Gesetz zur Novellierung von Finanzmarktvorschriften aufgrund europäischer Rechtsakte (Erstes Finanzmarktnovellierungsgesetz [1. FiMaNoG]) vom 30.6.2016 BGBl. I S. 1514
22	Verordnung (EU) 2017/1129 vom 14.6.2017 über den Prospekt, der beim öffentlichen Angebot von Wertpapieren oder bei deren Zulassung zum Handel an einem geregelten Markt zu veröffentlichen ist und zur Aufhebung der Richtlinie 2003/71/EG *– ProspVO 2017 –* *ABl. L 168 vom 30.6.2017, S. 12, zuletzt geändert durch* Verordnung (EU) 2021/337 vom 16.2.2021, *ABl. L 68 vom 26.2.2021, S. 1*	Gesetz zur Ausübung von Optionen der EU-Prospektverordnung und zur Anpassung weiterer Finanzmarktgesetze (Optionsgesetz) vom 21.7.2018, BGBl. I 2018, S. 1102; Gesetz zur weiteren Ausführung der EU-Prospektverordnung und zur Änderung von Finanzmarktgesetzen vom 8.7.2019 BGBl. I S. 1002; Gesetz zur Einführung von elektronischen Wertpapieren (eWpG) vom 3.6.2021 BGBl. I S. 1423
23	Verordnung (EU) 2019/1238 vom 20.6.2019 über ein Paneuropäisches Privates Pensionsprodukt (PEPP) – PEPP-Verordnung – *ABl. L 198 vom 25.7.2019, S. 1*	

Nr.	*Gegenstand*	*Umsetzung*
24	Richtlinie (EU) 2019/2034 vom 27.11.2019 über die Beaufsichtigung von Wertpapierfirmen und zur Änderung der Richtlinien 2002/87/EG, 2009/65/EG, 2011/61/EU, 2013/36/EU, 2014/59/EU und 2014/65/EU *– Investment Firm Directive – IFD –* *ABL. L 314 vom 3.12.2019, S. 64*	Gesetz zur Umsetzung der Richtlinie (EU) 2019/2034 über die Beaufsichtigung von Wertpapierinstituten vom 12.5.2021 BGBl. I S. 990
25	Verordnung (EU) 2020/1503 vom 7.10.2020 über Europäische Schwarmfinanzierungsdienstleister für Unternehmen und zur Änderung der Verordnung (EU) 2017/1129 und der Richtlinie (EU) 2019/1937, ABl. EU L 347/1 v. 10.10.2020; *– Schwarmfinanzierungsverordnung –* *ABl. L 347 vom 20.10.2020, S. 1*	Schwarmfinanzierungs-Begleitgesetz vom 3.6.2021 BGBl. S. 1568 Schwarmfinanzierungsdienstleister-Prüfungsverordnung (SchwarmfdPV) vom 17.5.2022 BGBl. I S. 852
26	Verordnung (EU) 2023/1114 vom 31.5.2023 Märkte für Kryptowerte und zur Änderung der Verordnungen (EU) 1093/2010 und EU 1995/2010 sowie der Richtlinien 2013/36/EU und (EU) 2019/1937 *– MICAR –* ABl. L 150 vom 9.6.2023, S. 40	

386 aa) **OGAW-Richtlinie.** In den Mitgliedstaaten sind *Investmentgesellschaften* weit verbreitet. Diese Gesellschaften legen das von Anlegern beschaffte Geld für gemeinsame Rechnung in Wertpapieren an. Die im Jahr 2009 neu gefasste und modernisierte *OGAW-IV-Richtlinie (Nr. 1 der Liste)* stellt Anforderungen an die Zulassung, die Struktur, die Sondervermögensnutzung sowie an Informationspflichten der Investmentgesellschaften.

„OGAW" (Organismen für die gemeinsame Anlage von Wertpapieren) haben die Aufgabe, „beim Publikum beschaffte Gelder für gemeinsame Rechnung nach dem Grundsatz der Risikostreuung in Wertpapiere und/oder in andere bestimmte Finanzinstrumente zu investieren" (Art. 1 Abs. 2 lit. a). Die Richtlinie sowie die Durchführungsverordnung und die Durchführungsrichtlinie vom Juli 2010 regeln ausführlich die Zulassung, die Bedingungen für die Aufnahme und Ausübung der Tätigkeit eines OGAW, die Beziehungen zu Drittländern, Verschmelzungen, Verpflichtungen betreffend die Anlagepolitik, die Verwaltung von Investmentfonds und die Informationen der Anleger in Prospekten, auf Webseiten oder auf dauerhaften Datenträgern.

An den vorgenannten Vorschriften und den Bestimmungen der Investmentfondsrichtlinie (*Nr. 9 der Liste*) knüpfen die Regelungen für Geldmarktfonds an, die im Wege einer Verordnung erlassen worden sind.[515] Geldmarkfonds sind Investmentfonds, die in Bankguthaben und liquide Geldmarktinstrumente investieren (wie z. B. Anleihen, festverzinsliche Wertpapiere mit kurzer Restlaufzeit und Schuldscheindarlehen). Die

515 Verordnung (EU) 2017/1131 vom 14.6.2017 über Geldmarktfonds, ABl. L 168 vom 30.6.2017, S. 8 ff.

Rendite richtet sich im Wesentlichen nach der Zinsentwicklung am Geldmarkt. Die Verordnungsvorgaben sollen die Widerstandsfähigkeit von Geldmarktfonds gegenüber negativen Markttrends stärken, indem sie Regelungen zur Liquidität und Diversifikation der Fonds vorsehen.

bb) Anlegerentschädigungsrichtlinie. Die *Anlegerentschädigungsrichtlinie* (*Nr. 2 der Liste*) will den Schutz der Anleger und die Erhaltung des Vertrauens in das Finanzsystem als wichtigen Aspekt des reibungslosen Funktionierens des Binnenmarktes dadurch fördern, dass sie in den Mitgliedstaaten *Anlegerentschädigungssysteme* verpflichtend vorschreibt. Sie sollen insbesondere für Kleinanleger einen harmonisierten Mindestschutz gewährleisten, wenn ein Wertpapierunternehmen seine Verpflichtungen gegenüber seinen Anleger-Kunden im grenzüberschreitenden Verkehr nicht mehr erfüllen kann. Dieser Mindestschutz beträgt 20.000 EUR je Anleger und muss mindestens 90 % des Verlustes bis zu dieser Höhe decken (Art. 4). Bemerkenswert ist die Absicht, die Höhe und den Umfang der Deckung, die von Entschädigungssystemen angeboten werden, nicht zu einem Instrument des Wettbewerbs werden zu lassen (Erwägungsgrund 16). 387

cc) Abrechnungsrichtlinie. Die *Abrechnungsrichtlinie* über die Wirksamkeit von Abrechnungen in Zahlungs- sowie Wertpapierliefer- und -abrechnungssystemen (*Nr. 3 der Liste*) hat das Ziel, im Fall des Zusammenbruchs eines Teilnehmers an Zahlungs- und Wertpapierliefersystemen andere Systemteilnehmer zu schützen. Insofern wurden die nationalen *Insolvenzrechte materiell harmonisiert* und *neue Kollisionsregeln* geschaffen. Im Nachgang zu der Finanzmarktkrise wurde die Abrechnungsrichtlinie durch die Verordnung über Wertpapierzentralverwahrer (CSDR) geändert. Die CSDR soll das europäische Abwicklungsumfeld reformieren und eine Nachhandelsinfrastruktur schaffen, die auf harmonisierter Basis eine zentrale Stelle für die Verwahrung von Finanzinstrumenten vorsieht. 388

dd) Wertpapierzulassungsrichtlinie. Die Richtlinie über die *Zulassung von Wertpapieren zur amtlichen Börsennotierung (Nr. 4 der Liste)* koordiniert die Bedingungen für die Zulassung von Wertpapieren zur Notierung an den in den Mitgliedstaaten ansässigen Wertpapierbörsen. Sie will den Anlegerschutz auf Unionsebene einheitlich gestalten. Vorgeschrieben wird die Veröffentlichung eines im Anhang zu der Richtlinie detailliert beschriebenen Prospekts über die Merkmale des Wertpapiers und über die Finanzlage des Emittenten (Jahresabschluss; Lagebericht). Die Unterlagen müssen zuvor einer zuständigen Stelle des Mitgliedstaates, in dem die Zulassung zur Notierung am regulierten Markt beantragt wird, zur Prüfung vorgelegt werden. Bei Schuldverschreibungen des Staates oder eines Bundeslandes gelten vereinfachte Voraussetzungen (Art. 34 Abs. 1). Spätestens zum Zeitpunkt der Zulassung zur Börsennotierung muss eine ausreichende Streuung der Aktien im Publikum eines oder mehrerer Mitgliedstaaten erreicht sein (Art. 48 Abs. 1). 389

Gesellschaften aus Drittstaaten außerhalb der Union, deren Aktien an einer Wertpapierbörse der Union gehandelt werden, unterliegen den Anlegerschutzvorschriften. In einer einzigen Vorschrift (Art. 65) werden auch Rechte der Aktionäre auf Gleichbehandlung sowie die Ansprüche auf Informationen über die Abhaltung der Hauptversammlung und die Ausübung der Aktionärsrechte festgelegt.

ee) Finanzsicherheitenrichtlinie. Die Richtlinie über *Finanzsicherheiten* (*Nr. 5 der Liste*) will eine unionsweite Regelung für die Bereitstellung von Wertpapieren, Schuldverschreibungen und Barguthaben in Form eines beschränkten dinglichen Sicherungs- 390 rechts oder im Wege der Vollrechtsübertragung einschließlich Wertpapierpensionsgeschäften schaffen. Ziel der Richtlinie ist es, die Integration des Finanzmarktes, die Kostenwirksamkeit und die Stabilität des Finanzsystems zu fördern sowie den freien Dienstleistungs- und Kapitalverkehr zu unterstützen. Die Änderungsrichtlinie 2009/44/EG will die Operabilität zwischen der wachsenden Zahl von Systemen Rechnung tragen.

Zu diesem Zweck werden Finanzsicherheiten von bestimmten Vorschriften des Insolvenzrechts sowie Aufstockungen von Finanzsicherheiten, die zur Risikobegrenzung vorgenommen worden sind, von bestimmten Anfechtungs- und Nichtigkeitsregeln ausgenommen. Die Richtlinie sieht ein Verfügungsrecht über Finanzsicherheiten in Form eines beschränkten dinglichen Sicherungsrechts vor, das die Liquidität des Finanzmarktes erhöht, weil die verpfändeten Wertpapiere auf diese Weise weiterverwendet werden können (Erwägungsgrund 19). Als anwendbares Recht hinsichtlich der Bestimmung der Rechtsnatur der dinglichen Wirkung übertragener Wertpapiere, der Wirksamkeit der Bestellung dinglicher Sicherheiten, des Gutglaubenserwerbs und der Verwertung wird im Wege der Sachnormverweisung das Recht des Staates festgelegt, in dem das maßgebliche Konto geführt wird (Art. 9).

391 ff) **Transparenzrichtlinie.** Um sowohl den Anlegerschutz als auch die Markteffizienz zu erhöhen, schreibt die *Transparenzrichtlinie* (*Nr. 6 der Liste*) den Wertpapieremittenten laufende und regelmäßige Informationen für die Anleger sowie umfassende Halbjahresberichte vor. Der Herkunftsmitgliedstaat des Emittenten soll die qualitativen Mindestanforderungen an die Informationen überwachen. Die Durchführungsrichtlinie 2007/14/EG präzisiert Einzelheiten.

392 gg) **Investmentfondsrichtlinie.** Die *Investmentfondsrichtlinie (Nr. 7 der Liste)* enthält Anforderungen für die Zulassung von Institutionen, die alternative Investmentfonds an gewerbliche und private Nachfrager anbieten, und setzt Mindestbedingungen für deren Zulassung sowie Aufsicht fest. An den Bestimmungen der Investmentfondsrichtlinie und denen der OGAW IV-Richtlinie (*Nr. 1 der Liste*) knüpfen die Regelungen für Verordnung über Geldmarktfonds an[516] (vgl. hierzu Rn. 781).

393 hh) **Leerverkaufsverordnung.** Die *Leerverkaufsverordnung (Nr. 8 der Liste)* ist einer der wenigen Rechtsakte, die sich mit Handelspraktiken befassen.[517] Die Verordnung über Leerverkäufe und bestimmte Aspekte von Credit Default Swaps führt durch Verbote, Melde- und Offenlegungspflichten Beschränkungen für Wertpapierverkäufe sowie für bestimmte Derivatkontrakte ein. *„Leerverkäufe“* sind Verkäufe von Wertpapieren, „die sich im Zeitpunkt des Verkaufs noch nicht im Eigentum des Verkäufers befinden“ (Art. 2 (1)(b)). Bei ihnen wird vermutet, dass sie bei Instabilitäten der Finanzmärkte eine Abwärtsspirale der Aktienkurse verstärken, wodurch systemische Risiken entstehen. Die Verordnung enthält beschränkende Rahmenbedingungen und überträgt die Überwachung ihrer Einhaltung der ESMA.

Gleiches gilt für *Credit Default Swaps*. Das sind Derivatkontrakte, bei denen „eine Partei einer anderen Partei eine Prämie zahlt als Gegenleistung für eine Zahlung oder einen anderen Vorteil im Fall eines Kreditereignisses mit Bezug auf einen Referenzschuldner“ (Art. 2(1)(c)). Credit Default Swaps wurden in großem Umfang zur

516 Verordnung (EU) 2017/1131 vom 14.6.2017 über Geldmarktfonds, ABl. L 168 vom 30.6.2017, S. 8 ff.
517 *Klöhn*, in: Langenbucher, Europäisches Privat- und Wirtschaftsrecht, § 6 Rn. 81.

Absicherung gegen das Risiko eines Wertverfalls öffentlicher Schuldtitel eingesetzt und sollen dadurch das Vertrauen in öffentliche Schuldtitel untergraben haben.

ii) OTC-Verordnung. Für Derivate, die außerhalb der Börse „over the counter" (OTC) gehandelt werden, will die *OTC-Verordnung*, die häufig auch als European Market Infrastructure Regulation EMIR bezeichnet wird, (*Nr. 9 der Liste*) mehr Transparenz durch „Clearing" (Risikoabsicherung) und durch ein Transparenzregister bei der ESMA schaffen. 394

jj) Risikokapitalfondsverordnung EuVECA. Risikokapitalfonds, die in einem Mitgliedstaat registriert und europaweit tätig sind, dürfen die geschützte Bezeichnung „EuVECA" (European venture capital funds) führen, wenn sie eine bestimmte Geschäfts- und Informationspolitik verfolgen. Nach der *EuVECA-Verordnung (Nr. 10 der Liste)* muss etwa Transparenz über die Zusammensetzung des Portfolios des Fonds, die Identität des Verwalters, die Anlageobjekte, die Kategorien von Investoren oder die Rechnungsprüfung bestehen und schwerpunktmäßig in kleine und mittlere Unternehmen investiert werden. Nicht registrierte alternative Investmentfonds fallen bisher noch unter die Richtlinie 2011/61/EU.[518] 395

kk) Risikokapitalverordnung EuSEF. Als weiterer Risikokapitalfonds (*Nr. 11 der Liste)* wurde unter der Bezeichnung „EuSEF" (European social entrepreneurship funds) die Tätigkeit eines Unternehmens („Organismus") qualifiziert, das Anlagestrategien im Markt für Sozialinvestitionen (etwa: Arbeitsplatzqualität; Gleichbehandlung; öffentliche Gesundheit; Zugang zu Bildungssystemen) verfolgt. Die Bezeichnung „EuSEF" dürfen nur solche Fonds führen, die ähnliche Transparenzkriterien wie die Fonds nach der EuVECA-Verordnung aufweisen. Solche nicht in erster Linie auf Gewinnmaximierung zielende Fonds kommen in den Genuss eines unionsweiten Vertriebsrechts. 396

ll) Tätigkeitsrichtlinie und Aufsichtsverordnung. Im Zusammenhang mit der Finanzmarktkrise wurden qualitative und quantitative Verbesserungen des Finanzsystems eingeführt, um das Ausmaß der Verschuldungen einzudämmen. Eine stärkere Regulierung der Aufsicht über die Finanzmärkte war die Folge. Die bisherigen Richtlinien 2006/48/EG und 2006/49/EG wurden aufgehoben und durch die *CRD IV-Richtlinie (Nr. 12 der Liste)* und die *Aufsichtsverordnung (Nr. 13 der Liste)* ersetzt. 397

Gegenstand der *CRD IV-Richtlinie* ist die Koordinierung der nationalen Vorschriften über den Zugang zur Tätigkeit von Kreditinstituten und Wertpapierunternehmen, über die Modalitäten der Unternehmensführung sowie den Aufsichtsrahmen. Zusammen mit der *Aufsichtsverordnung* zielen die Regelungen darauf ab, die Solvenz durch ausreichende Eigenmittel und Kapitalpuffer der Institute zu sichern. Kontrolldefizite hatten in der Vergangenheit zu übermäßigen Risiken, zur Insolvenz einiger Institute und zur Instabilität des weltweiten Finanzsystems geführt. Sanierungs- und Abwicklungspläne unterliegen jetzt der Bankenaufsicht. Diese hat Ermittlungsbefugnisse, um Verstöße aufzudecken. Zu externen Bonitätsbeurteilungen treten nun kontrollfähige interne Beurteilungen hinzu.

mm) Marktmissbrauchsverordnung. Die *Marktmissbrauchsverordnung (MAR*; *Nr. 14 der Liste)* fasst Verbote des Insiderhandels und der Marktmanipulation zu einem einheitlichen Marktmissbrauchsrecht zusammen. Zudem regelt sie Publizitätspflichten, etwa zur Ad-hoc Publizitat, der Fuhrung von Insiderverzeichnissen und zur Bekanntgabe sog. Directors' Dealings. Sie löste die frühere *Marktmissbrauchsrichtlinie 2003/6/* 398

518 ABl. L 174 vom 1.7.2011, S. 1.

EG[519] sowie deren Durchführungsrechtsakte ab und zog insofern Schlussfolgerungen aus dem Expertenbericht der „De-Larosière-Gruppe".

Die Umsetzung der MAR wies in Deutschland eine Besonderheit auf: Obwohl die Verordnung erst seit dem 3.7.2016 galt, hat der deutsche Gesetzgeber die vorherigen Vorschriften im WpHG bereits am 2.7.2016 aufgehoben und durch einen Verweis auf die MAR ersetzt. Seitdem diskutiert das Schrifttum, ob dieser Verweis ins Leere führte.[520]

399 **nn) Einlagensicherungsrichtlinie.** Die *Einlagensicherungsrichtlinie* (*Nr. 15 der Liste*) verfolgt den Zweck, die Niederlassungs- und Dienstleistungsfreiheit für Kreditinstitute zu konkretisieren und den Schutz von Anlegern zu harmonisieren. Ein gemeinsames Schutzniveau (Deckungssumme: 100.000 EUR) soll das Vertrauen der Anleger in die Finanzstabilität fördern. Einlagesicherungssysteme sollen auch zur Finanzierung der Abwicklung von Kreditinstituten herangezogen werden.

400 **oo) Strafsanktionsrichtlinie (MAD II).** Die *Strafsanktionsrichtlinie (Nr. 16 der Liste)* sieht zur wirksamen Verhinderung von Marktmissbräuchen Strafsanktionen bei schweren Verstößen vor. Dafür werden Straftatbestände und Strafrahmen beschrieben.

401 **pp) MiFID II-Richtlinie.** Die Neufassung der MiFID-Richtlinie, der sog. MiFID II-Richtlinie *(Nr. 17 der Liste)* gilt seit dem 3.1.2018 und richtet sich an Wertpapierunternehmen, geregelte Märkte, Datenbereitstellungsdienste und Drittlandfirmen, die Wertpapierdienstleistungen in der Europäischen Union erbringen. Die Richtlinie enthält Bestimmungen über die Zulassung der Geschäftstätigkeit, den Erwerb von Beteiligungen, die Ausübung der Niederlassungsfreiheit, den Anlegerschutz und die Auferlegung von Sanktionen. Die Richtlinie nimmt auch eine Definition des „algorithmischen Handels" vor (Art. 4 Nr. 39 und 40) und stellt Anforderungen für dessen System und Risikokontrolle. Die MiFID II-Richtlinie wird durch die MiFIR-Verordnung ergänzt.

402 **qq) Finanzinstituts-Märkteverordnung (MiFIR).** Die *Finanzinstituts-Märkteverordnung (Nr. 18 der Liste)* gilt für zugelassene Wertpapierunternehmen und will für Transparenz im Aktienhandel sorgen. Sie formuliert den Rechtsrahmen für Anforderungen, die Wertpapierunternehmen, Börsen und Datenübermittlungsdienstleister erfüllen müssen. Als neue Kategorie von Handelsplätzen wird das „organisierte Handelssystem" (organised trading facility/OTF) eingeführt, das Schuldverschreibungen, strukturierte Finanzprodukte (einschließlich durch Forderungen unterlegte Wertpapiere und besicherte Schuldtitel), Emissionszertifikate sowie Derivate erfasst. Alle Finanzprodukte sind anhand ihrer Wertpapierkennnummer (ISIN) beschreibbar.

403 **rr) Finanzinstituts-Abwicklungsrichtlinie (BRRD).** Die umfangreiche *Finanzinstituts-Abwicklungsrichtlinie* (*Bank Recovery and Resolution Directive/BRRD, Nr. 19 der Liste*) regelt in 132 Artikeln das Insolvenzverfahren von Kreditinstituten und Wertpapierunternehmen. Sie ermöglicht eine schnelle Intervention der Aufsichtsbehörden, sieht Wiederherstellungsmaßnahmen für das Kapital („bail-in") und angemessene Sanierungspläne vor und will eine Liquidation ohne Schlechterstellung der Gläubiger erreichen. Dafür werden zahlreiche Kriterien berücksichtigt (Erwägungsgrund 14).

404 **ss) Wertpapierlieferungsverordnung.** Die *Wertpapierlieferungsverordnung (Nr. 20 der Liste*) regelt die Pflichten von „Zentralverwahrern" bei Wertpapierlieferungs- und -ab-

519 Vom 28.2.2003 ABl. L 96 vom 12.4.2003, S. 16.
520 Vgl. ausf. *Klöhn*, in: Langenbucher, Europäisches Privat- und Wirtschaftsrecht, § 6 Rn. 83 m. w.N.

rechnungssystemen. „Zentralverwahrer" sind juristische Personen, die solche Systeme betreiben.

tt) PRIIP-Verordnung. Die seit dem 1.1.2018 geltende *PRIIP-Verordnung (Nr. 21 der Liste)* verfolgt einen horizontalen Ansatz. In ihren Anwendungsbereich fallen sogenannte verpackte Anlageprodukte und Versicherungsanlageprodukte (packaged retail and insurance-based products – PRIIP). Diese Finanzprodukte eint, dass das Geld der Anleger indirekt am Kapitalmarkt angelegt wird oder dass der Rückzahlungsanspruch in sonstiger Weise an die Wertentwicklung bestimmter Papiere oder Referenzwerte gekoppelt ist. Die Verordnung schreibt vor, dass Anbieter solcher Produkte detaillierte Informationen in einem Key Information Document (KID) bereitzustellen haben. Das Verfahren wird von der Aufsichtsbehörde überwacht. 405

uu) Prospektverordnung. Die Prospektverordnung 2017 (*Nr. 22 der Liste*) gilt als eine Maßnahme zur Schaffung der Europäischen Kapitalmarktunion. Seit dem 21.7.2019 findet sie in den Mitgliedstaaten unmittelbar Anwendung. Sie bezieht sich auf Prospekte, die beim öffentlichen Angebot von Wertpapieren oder bei deren Zulassung zum Handel an einem geregelten Markt zu veröffentlichen sind. Insbesondere harmonisiert die Verordnung die Prospektpflichtschwellen, das Prospektbilligungsverfahren (mittels Rahmenregistrierung) und den Prospektinhalt. Folglich ersetzt die Verordnung die Prospektrichtlinie 2003/71/EG einschließlich der auf ihr beruhenden nationalen Umsetzung und hebt somit das Wertpapierprospektgesetz (WpPG) in weiten Teilen auf. Lediglich in jenen Bereichen, in denen die Verordnung dem nationalen Gesetzgeber ein Ermessen zugesteht, behält das WpPG Gültigkeit. Der deutsche Gesetzgeber hat den Ermessensspielraum vor allem mit dem am 21.8.2018 in Kraft getretenen Gesetz zur Ausübung von Optionen der EU-Prospektverordnung und zur Anpassung weiterer Finanzmarktgesetze genutzt.[521] 406

vv) PEPP-Verordnung. Mit der Verordnung (EU) 2019/1238 über ein Paneuropäisches Privates Pensionsprodukt (PEPP) (*Nr. 23 der Liste*) soll ein Rahmen für einfache, transparente und sichere Zukunftsvorsorgeprodukte geschaffen werden. Beim PEPP handelt es sich um ein Produkt der privaten Altersvorsorge, also der sog. dritten Säule. Es soll auf freiwilliger Basis die staatliche und betriebliche Altersvorsorge (erste und zweite Säule) ergänzen. Mit der Öffnung des Marktes für Altersvorsorgeprodukte der dritten Säule für eine Reihe konzessionierter Finanzunternehmen und die Möglichkeit zum grenzüberschreitenden Vertrieb des PEPP möchte der europäische Gesetzgeber den Wettbewerb zwischen den Anbietern stärken und das Angebot attraktiver und kostengünstiger gestalten. Als Anbieter von PEPP kommen neben den Lebensversicherungsunternehmen auch Kapitalanlagegesellschaften, Kreditinstitute, Wertpapierfirmen, die die Portfolioverwaltung anbieten, sowie Verwalter alternativer Investmentfonds mit Sitz in der EU in Betracht. 407

ww) Investment Firm Directive (IFD). Die IFD-Richtlinie *(Liste Nr. 24)* will eine solide Beaufsichtigung von Wertpapierinstituten sicherstellen, etwa durch die Festlegung von erforderlichem Mindestkapital, Aufzeichnungspflichten der Unternehmen und umfangreiche Prüfungsbefugnisse der zuständigen Behörden. 408

xx) Schwarmfinanzierungsverordnung. Die EU-Verordnung zur Regelung von *Schwarmfinanzierungsdienstleistern (Nr. 25 der Liste)*, die über ihre Plattformen Kredite vermitteln, führt neben einer Haftung für die Angaben im Anlageninformations- 409

521 Vgl. das Gesetz zur Einführung von elektronischen Wertpapieren (eWpG) vom 3.6.2021 BGBl. I S. 1423.

blatt Bußgeldtatbestände ein, die zum Tragen kommen, wenn gegen die inhaltlichen Vorgaben der Verordnung verstoßen wird.

410 yy) **MICAR.** Mit der *MICAR (Nr. 26 der Liste)* möchte die EU auch ihr politisches Interesse an der Entwicklung und Förderung der Einführung transformativer Technologien im Finanzsektor dokumentieren, zu der die EU beispielsweise die Distributed-Ledger-Technologie (DLT) einschließlich der Blockchain-Technologie zählt. Aus Sicht der EU zählen Kryptowerte in diesem Bereich zu den wichtigsten Anwendungen, die Marktteilnehmern erheblichen Nutzen bringen könnten. Die MICAR soll für bislang noch nicht erfasste Kryptowerte einen regulatorischen Rahmen setzen, insb. mit Blick auf folgende Aspekte: Bereitstellung von Dienstleistungen im Zusammenhang mit bislang unregulierten Kryptowerten (Betrieb von Handelsplattformen für Kryptowerte, Tausch von Kryptowerten gegen einen Geldbetrag oder gegen andere Kryptowerte und Verwahrung und Verwaltung von Kryptowerten für Kunden). Hierdurch sollen Inhaber von Kryptowerten vor Risiken (Marktmissbrauch und Finanzkriminalität) geschützt werden.

4. Leitentscheidungen

411 ■ *OMT*[522]

Der Erwerb von Staatsanleihen auf Sekundärmärkten durch die EZB stellt eine währungspolitische Maßnahme dar, auch wenn diese Auswirkungen auf die Währungspolitik hat. Die Grenze zu einer monetären Finanzierung von Mitgliedstaaten ist nur dann überschritten, wenn Staatsanleihenkäufer auf dem Primärmarkt mit Gewissheit damit rechnen könnten, dass die EZB diese Anleihen anschließend ankaufen würde. Die EZB muss eine (nicht näher definierte) „Mindestfrist" einhalten.

■ *Markus Geltl / Daimler AG*[523]

Ad hoc-Mitteilungen sind auch über Zwischenschritte eines kursrelevanten Vorgangs erforderlich. Sie können Insider-Informationen darstellen, über die die Finanzmärkte informiert werden müssen. Als Ereignis, das mit hinreichender Wahrscheinlichkeit eintreten wird, ist auch das Ausscheiden des Vorstandsvorsitzenden anzusehen.

■ *Bagnasco*[524]

Einheitliche Bankbedingungen enthalten keine Wettbewerbsbeschränkung i. S. von Art. 101 AEUV, wenn der Zinssatz für einen Kontokorrentkredit stets der Entwicklung auf dem Geldmarkt angepasst und die jeweilige Änderung durch Aushang bekannt gemacht wird.

■ *Konle*[525]

Die Erbringung von Wertpapierdienstleistungen (Verwaltung eines Portefeuilles) muss im Rahmen eines Mandats individuell und auf Ermessensbasis erfolgen und die vom Anleger getroffenen strategischen Entscheidungen beachten.

---

522 EuGH, Gauweiler/Deutscher Bundestag, C-62/14, ECLI:EU:2015:400.
523 EuGH, Markus Geltl / Daimler AG, C-19/11, ECLI:EU:C:2012:397 = EuZW 2012, 708.
524 EuGH, Carlo Bagnasco u. a., -215/96 und C-216/96, ECLI:EU:C:1999:12, I-161 = EuZW 1999, 212.
525 EuGH, Klaus Konle/Republik Österreich, C-302/97, ECLI:EU:C:1999:271, I-3122.

- *Alpine Investments*[526]

Die Aufrechterhaltung des guten Rufes des nationalen Finanzsektors stellt einen zwingenden Grund des Allgemeininteresses zur Beschränkung des freien Finanzdienstleistungsverkehrs dar.

Eine Privatperson, die im Allgemeinen durch das „*cold calling*" (unberechtigte Telefonwerbung) überrascht wird, ist nicht in der Lage, sich über die Risiken, die sich aus der Art der ihr vorgeschlagenen Transaktionen ergeben, zu informieren oder die Qualität und den Preis der Dienstleistungen des Anrufers mit den Angeboten der Konkurrenten zu vergleichen. Da der Warenterminmarkt äußerst spekulativ und für wenig erfahrene Kapitalanleger schwer durchschaubar ist, ist es erforderlich, sie vor den aggressivsten Methoden der Kundenwerbung zu schützen.

- *Coty Germany*[527]

Eine nationale Regelung, die es einem Bankinstitut unbegrenzt und bedingungslos gestattet, eine Auskunft über Namen und Anschrift eines Kontoinhabers unter Berufung auf das Bankgeheimnis zu verweigern verstößt gegen Art. 8 Abs. 3 Buchst. e der Richtlinie 2004/48/EG zur Durchsetzung der Rechte des geistigen Eigentums.

- *Hedqvist*[528]

Art. 2 Abs. 1 Buchst. c der Richtlinie 2006/112/EG vom 28.11.2006 über das gemeinsame Mehrwertsteuersystem ist dahin auszulegen, dass Umsätze, die im Umtausch konventioneller Währungen in Einheiten der virtuellen Währung „Bitcoin" und umgekehrt bestehen und die gegen Zahlung eines Betrags ausgeführt werden, der der Spanne entspricht, die durch die Differenz zwischen dem Preis, zu dem der betreffende Wirtschaftsteilnehmer die Währungen ankauft, und dem Preis, zu dem er sie seinen Kunden verkauft, gebildet wird, gegen Entgelt erbrachte Dienstleistungen im Sinne dieser Bestimmung darstellen.

- *Safe Interenvíos SA*[529]

Auch wenn eine nationale Regelung, die der Bekämpfung der Geldwäsche und der Terrorismusfinanzierung dienen soll, ein legitimes Ziel verfolgt, das eine Beschränkung der Grundfreiheiten (Marktfreiheiten) rechtfertigen kann, und die Aufstellung der Vermutung, dass Überweisungen von Geldern durch ein dieser Richtlinie unterliegendes Institut in andere Mitgliedstaaten als seinen Sitzstaat stets ein erhöhtes Risiko der Geldwäsche oder der Terrorismusfinanzierung aufweisen, die Erreichung dieses Ziels zu gewährleisten vermag, geht diese Regelung doch über das zur Erreichung des mit ihr verfolgten Ziels Erforderliche hinaus, weil die durch sie aufgestellte Vermutung für jede Überweisung von Geldern gilt, ohne dass die Möglichkeit vorgesehen wäre, diese Vermutung zu widerlegen.

- *Ledra Advertising / Kommission und EZB*[530]

Aus der Erklärung der Euro-Gruppe vom 27.6.2012 ergibt sich, dass die Europäische Kommission und die EZB damit beauftragt wurden, mit den zyprischen Behörden ein makroökonomisches Anpassungsprogramm auszuhandeln. Mit der Teilnahme an

526 EuGH, Alpine Investment/Minister van Financiën, C-384/93, I-1167.
527 EuGH, Coty Germany, C-580/13, ECLI:EU:C:2015:485 = NJW 2015, 3158.
528 EuGH, Hedqvist, C-264/14, ECLI:EU:C:2015:718 = DB 2015, 2611.
529 EuGH, Safe Interenvios, C-235/14, ECLI:EU:C:2016:154.
530 EuGH, Ledra Advertising/Kommission und EZB, C-8/15, ECLI:EU:C:2016:701 = NJW 2016, 3291.

den Verhandlungen mit den zyprischen Behörden, der Einbringung ihres technischen Fachwissens, der Beratung und Begleitung handelten die Europäische Kommission und die EZB in den Grenzen ihrer Befugnisse nach Art. 13 Abs. 3 des ESM-Vertrags.

5. Bezüge zum deutschen Recht

412 Die EU-Richtlinien zum Bank- und Kapitalmarktrecht wurden in Deutschland vor der Finanzmarktkrise vor allem durch vier Finanzmarktförderungsgesetze umgesetzt, die zahlreiche neue Einzelgesetze oder Änderungen in bestehenden Gesetzen zur Folge hatten. Gegenstand waren etwa die Börsenzulassung, der Wertpapierhandel, Änderungen im Aktien-, Depot- und Börsengesetz, im Handelsgesetzbuch und Bürgerlichen Gesetzbuch, die Zulassung von Kapitalanlagengesellschaften, Dachfonds und derivativen Finanzinstrumenten sowie organisatorische Regelungen.

413 Die Finanzmarktkrise hat jedoch strukturelle Defizite im Bank- und Kapitalmarktrecht aufgedeckt. Dies hat zur Entstehung einer neuen Generation grundlegender inhaltlicher und organisatorischer Regelungen zur Finanzmarktstabilisierung (drei Finanzmarktstabilisierungsgesetze[531]; Gesetz zur Stärkung der deutschen Finanzaufsicht[532]; ESM-Finanzierungsgesetz[533]) geführt.

414 Im deutschen *Bankrecht* wurde in großem Umfang zwingendes Recht eingefügt. Die Rettung systemrelevanter, aber unterkapitalisierter Banken, hat die Einsicht gefördert, dass die zu Tage getretenen Risiken im Interesse der Finanzmärkte, der Anleger und der Allgemeinheit besser unter Kontrolle gebracht werden müssen. Wegen der supranationalen Vernetzung der Banken im Binnenmarkt lagen die Gesetzesinitiativen bei der Europäischen Union.

415 Die Umsetzung der marktstabilisierenden Verordnungen und Richtlinien in deutsches Recht erfolgte regelmäßig durch begleitende innerstaatliche Rechtsakte, auch wenn es sich oft um unmittelbar geltende EU-Verordnungen handelte. Die deutschen Umsetzungs-, Begleit- und Ausführungsgesetze sowie Durchführungsverordnungen führten erneut zur Änderung und Ergänzung bestehender oder zum Erlass neuer Gesetze. Dieser Prozess ist noch nicht abgeschlossen.

Im Kern geht es dabei um die Verwirklichung folgender Prinzipien für einen funktionsfähigen Finanzmarkt:

- Transparenz
- Rechnungslegungsstandards
- Eigenkapitalquote
- standardisierte Risikoberechnungen
- Selbstkontrolle
- Anlegerschutz
- Einlagensicherungssysteme
- Aufsicht

531 3. Finanzmarktstabilisierungsgesetz (3. FMStG) vom 20.2.2012, BGBl. I S. 2777.
532 Vom 28.11.2012 BGBl. I S. 2369.
533 ESMFinG vom 13.9.2012 BGBl. I S. 1918.

Die Umsetzung der europäischen Vorgaben zur Finanzmarktsicherung erfolgten in Deutschland durch drei Finanzmarkstabilisierungsgesetze (FMStG). Das *1. FMStG*[534] hatte die Rettung „systemrelevanter Banken" unter anderem durch Gründung eines Stabilisierungsfonds zum Ziel. Durch ein *Fortentwicklungsgesetz*[535] wurde eine Bundesanstalt für Finanzmarktstabilisierung (FSMA) und eine verbesserte Bankenaufsicht geschaffen. Die Anforderungen an die Eigenkapitalausstattung der Banken wurden erhöht und eine Aufsicht über Ratingagenturen eingeführt. Das Investmentgesetz wurde durch ein umfassendes *Kapitalanlagegesetzbuch*[536] (KAGB) ersetzt; es enthält die Rechtsgrundlagen für geschlossene und offene Fonds, Hedgefonds, Investment- und Kapitalverwaltungsgesellschaften und die staatlichen Aufsichtsbefugnisse. 416

Das *2. FMStG*[537] führte zu Änderungen früherer Gesetze, etwa des KWG, und zur Verbesserung des Anlegerschutzes[538]. Durch das *3. FMStG*[539] erfolgte eine stärkere Beteiligung der Banken am Stabilisierungsfonds, um staatliche Haushaltsmittel zu reduzieren. Das Gesetz zur Anpassung von Gesetzen auf dem Gebiet des Finanzmarktes aus dem Jahr 2014[540] führte zur Änderung des KAGB und zahlreicher Spezialgesetze (etwa: BörsG; KWG; WpHG; VAAG). Darüber hinaus plant die Bundesregierung nach dem Wirecard-Skandal ein Gesetz zur Stärkung der Finanzmarktintegrität.[541] 417

Die rechtlichen Vorgaben im Bereich des *Wertpapierhandels* folgen grundsätzlich dem gleichen Muster. Zahlreiche Regelungen auf EU-Ebene richten sich ohnehin gleichzeitig an Banken und Wertpapierunternehmen. Im Wertpapierrecht spiegelt sich jedoch stärker die informationstechnische Entwicklung wider: Das „Wertpapier" (§ 2 Abs. 1 WpHG) hat sich zu einem digitalisierten „Wertrecht" entwickelt. Das *„Papier" ist überflüssig* geworden, es werden vielmehr *Wertrechte* oder *Rechte an Wertrechten* gehandelt. Das Gesetz über missbräuchliche Wertpapier- und Derivategeschäfte[542] steht in diesem Kontext. Das zeigt sich auch deutlich an der *Art der Dokumentation* (Datenbanken), der *Verwaltung* (elektronische Sammelverwahrung), der *Transaktionsform* (elektronische Handelssysteme) und dem *Meldeverfahren* (elektronische Mitteilungen, § 7 Abs. 2 Nr. 2 WpHG). 418

Mit Verkündung des ersten Finanzmarktnovellierungsgesetzes (1. FiMaNoG) im Bundesgesetzblatt wurden die verbindlichen europäischen Bestimmungen der Marktmissbrauchsverordnung (MAR), der Verordnung über Wertpapierzentralverwahrer (CSDR) und der PRIIP-Verordnung sowie die Vorgaben der Marktmissbrauchsrichtlinie in nationales Recht eingebunden bzw. umgesetzt. Die Regelungen sollen die Stabilität der Märkte und den Schutz der Anleger stärken (vgl. Rn. 780 ff.). Änderungen ergeben sich insb. im KWG und WpHG, zudem etwa im BörsG, DepotG und Kleinanlegerschutzgesetz. Das zweite Finanzmarktnovellierungsgesetz (2. FiMaNoG) setzt insb. die Vorgaben der MiFID II-Richtlinie und der MiFIR-Verordnung (vgl. Rn. 787) in

534 BGBl. 2008 I S. 1982.
535 BGBl. 2009 I, S. 1980.
536 Vom 4.7.2013 BGBl. I S. 1981.
537 BGBl. 2012 I, S. 206.
538 BGBl. 2011 I, S. 538; 2010 I, S. 1900.
539 BGBl. 2012 I, S. 2777.
540 BGBl. 2014 I, S. 934.
541 Regierungsentwurf vom 16.12.2020 zu einem Finanzmarktintegritätsstärkungsgesetz (FISG).
542 BGBl. 2010 I, S. 945.

das deutsche Recht um[543] und sieht hierfür zahlreiche Anpassungen des WpHG vor. Zudem sind etwa auch Änderungen des KWG, des BörsG und des KAGB vorgesehen.

419 Ferner ist die Präsenzbörse weitgehend durch den elektronischen Handel über Plattformen verdrängt worden (§§ 26 c, 26 d, 48 b BörsG). Das erleichtert die Kommunikation, die Entwicklung alternativer Anlageformen (Risikokapital; Investmentfonds; Hedgefonds), neue Handelsobjekte (Optionsrechte; Finanzterminkontrakte; Wertpapierindex-Optionsrechte), aber auch neue Marktstrategien (Leerverkäufe; Insiderhandel; algorithmischer Handel). Im Jahr 2013 wurde in Deutschland das weltweit erste Gesetz zur Kontrolle des Hochfrequenzhandels mit Finanzinstrumenten[544] (High Frequency Trading; algorithmischer Handel) eingeführt (vgl. auch §§ 2 Abs. 8 Nr. 2 d), 135 Nr. 3 WpHG; 1 Abs. 1 a Nr. 4 lit. d), 64 p KWG), noch bevor die Europäische Union das Problem in der MiFID II-Richtlinie[545], die erst 2018 wirksam wurde, aufgegriffen hat.

420 Die organisatorischen Vorkehrungen gegen Marktmissbrauch durch Einlagensicherung sowie durch Setzung von Zulassungs- und Abwicklungsbestimmungen für Wertpapierunternehmen erforderte schließlich auch eine Reorganisation der Aufsichtsbehörden in Deutschland. Mit der *Bundesanstalt für Finanzdienstleistungsaufsicht (BaFin)* ist eine integrierte Finanzdienstleistungsaufsicht[546] durch Zusammenlegung der Bundesaufsichtsämter für das Kreditwesen (BAKred), den Wertpapierhandel (BAWe) und das Versicherungswesen (BAV) geschaffen worden, die auch der Verflechtung im Kapitalmarkt Rechnung getragen hat. Seit dem 1. Januar 2018 ist die BaFin zudem die Nationale Abwicklungsbehörde (NAB) in Deutschland.

6. Bewertung

421 Der deutsche Gesetzgeber versucht stets, die thematisch ausgerichteten Richtlinien und Verordnungen in das System der in Deutschland bestehenden Spezialgesetze zu integrieren. Deshalb ist es für die Umsetzung üblich, Rahmengesetze („Artikelgesetze") zu erlassen (etwa: TUG; FRUG; ZUG), die Ergänzungen und Änderungen bestehender Gesetze enthalten oder neue Gesetze schaffen (etwa das KAGB).

422 Die Widerspruchsfreiheit des Regelungssystems kann nur unter Beachtung der Normenhierarchie vom europäischen zum deutschen Recht gewährleistet werden. Als Herausforderung erweist sich insoweit das komplexe mehrstufige Rechtssetzungsverfahren (*Lamfalussy-Verfahren*). Auf der ersten Stufe (Level 1) steht die Rahmengesetzgebung durch die EU-Organe. Auf der zweiten Stufe (Level 2) erfolgt die Regulierung über eine Delegierte Verordnung. Auf der nächsten Stufe (Level 2,5) werden technische Regulierungs- und Durchführungsstandards („technisches Recht") durch die Europäische Kommission erarbeitet. Sie wird insbesondere durch Vorarbeiten der Europäischen Aufsichtsbehörden (ESAs) unterstützt. Auf der dritten Stufe (Level 3) erarbeiten die ESAs Leitlinien und Empfehlungen zur Auslegung der Durchführungsverordnungen. Auf der letzten Stufe (Level 4) findet die Überwachung der einheitlichen Umsetzung durch die Kommission in intensiver Zusammenarbeit mit den Mitgliedstaaten, den Behörden und dem privaten Sektor statt.

---

543 Daneben werden die Verordnung (EU) Nr. 2015/2365 und die Verordnung (EU) Nr. 2016/1011 im nationalen Recht verankert.

544 Hochfrequenzhandelsgesetz vom 7.5.2013 BGBl. I S. 1162.

545 ABl. L 173 vom 12.6.2014, S. 349 (vgl. oben Nr. 8 in der Liste der wertpapierrelevanten Rechtsakte).

546 Finanzdienstleistungsaufsichtsgesetz (FinDAG) vom 22.4.2002, BGBl. I S. 1310.

Der Finanzmarktkrise liegen Marktaktivitäten zugrunde, die auf dem Zusammenspiel von Investmentbanken, Hedgefonds, Ratingagenturen sowie auf der Konstruktion und dem Vertrieb synthetischer Wertpapierderivate („*Hybridkapital*“) mit intransparentem Wert beruhen. Diese Marktaktivitäten sind von der Realwirtschaft losgelöst und deshalb mit den klassischen Ansätzen des Vertrags-, Gesellschafts-, Bank-, Börsen- oder Wertpapierrechts kaum angemessen zu erfassen. Benötigt werden dafür internationale rechtliche Aufsichts- und Kontrollmechanismen für den globalen Kapitalmarkt. Die rechtlichen Maßnahmen im Europäischen Bank- und Kapitalmarktrecht und insbesondere für die Mitgliedstaaten des EURO-Raums reduzieren die Gefahren einer neuen Krise, ohne sie allerdings verhindern zu können. 423

Für alle kapitalmarktrechtlichen Richtlinien im Primärmarkt (Emissionsmarkt) und im Sekundärmarkt (Zirkulationsmarkt) sind immer strengere *Informationspflichten vorgeschrieben.* Sie dienen dem *Anlegerschutz* in doppelter Weise: Erstens wird „eine angemessene und möglichst objektive Information der gegenwärtigen und potenziellen Inhaber von Wertpapieren“ angestrebt,[547] also ein *Schutz des individuellen Vertrauens.* Zweitens kommt der *Schutz der Marktintegrität* hinzu. Informationen müssen aber auch als Mittel der Stärkung des Vertrauens in Wertpapieranlagen dienen. Auch für komplexe Derivate sollten *neutrale Bewertungsinstanzen* geschaffen werden, die mit Gütesiegel mehr Transparenz herstellen könnten als die Beschreibungen eines Emittenten. 424

Insgesamt sind langfristig *einheitliche Strukturen im Binnenmarkt geschaffen* worden, die nur wenig auf nationaler Ebene verändert werden können. Die Verflechtung der internationalen Finanzmärkte ist dafür bereits zu weit fortgeschritten. Entgegen den ursprünglichen Erwartungen[548] ist es gelungen, das Aufsichtsrecht im Binnenmarkt zu harmonisieren und den Zugang zum Kapitalmarkt zu verbessern. Nationale Spielräume bestehen vor allem noch dann, wenn der nationale Gesetzgeber verschärfte Sanktionen für institutionelle Missbräuche und Insiderverstöße vorsehen möchte. 425

Die kapitalmarktrechtlichen Richtlinien haben in Deutschland einen *rechtlichen Modernisierungsschub* bewirkt. Dies gilt nicht nur im Hinblick auf die *Einführung eines funktionalen Wertpapierbegriffs* (Entmaterialisierung; Urkundenunabhängigkeit) und die Anerkennung von Finanzderivaten (Rechte an Wertrechten), sondern auch für die *Organisation des Kapitalmarkts* selbst (Börsenreform; Marktaufsicht; Insiderregulierungen). 426

Im deutschen *Bankrecht* ist mehr Transparenz für alle Zahlungsdienstleistungen im Binnenmarkt im Hinblick auf die Rechte und Pflichten der Vertragspartner sowie der Gebühren entstanden. Die höhere Eigenmittelausstattung der Banken, die bessere Einlagensicherung (Deckungssumme 100.000 EUR) sowie die Kontrolle von Großkrediten könnte die Stabilität des Finanzsystems erhöhen und das Vertrauen von Anlegern stärken. Bemerkenswert sind zudem die im Finanzmarktrecht anknüpfenden Initiativen des EU-Gesetzgebers im Themenfeld Environmental Social Governance (ESG). Die aktuellen regulatorischen Anforderungen für eine nachhaltigere Wirtschaft insb. im Finanzmarkt zu etablieren, hat aufgrund der hohen wirtschaftlichen Bedeutung dieses Sektors große Auswirkungen auf die Gesellschaft. Zugleich wird der Finanzsektor 427

547 Richtlinie 80/390/EWG, 2. Erwägungsgrund.
548 *Hopt*, in: Buxbaum/Hopt, Legal Harmonization, S. 193.

durch die stetig steigende Regulierungsdichte erneut gefordert, auch in diesem Feld hohe Kompetenzen auszubilden.

428 Die Regelungen über elektronische Transaktionen (Wertrechtehandel über Internetplattformen; e-Geld; Anonymisierung des Zahlungsverkehrs; Zahlungsauthentifizierung) bergen technische Risiken. Schon zwei Drittel des Wertpapierhandels werden heute weltweit durch Hochleistungsrechner auf der Grundlage immer effizienterer Algorithmen vollautomatisch abgewickelt. Cyberattacken bergen neue Gefahren für die Marktteilnehmer. Die neu hinzugekommenen Verordnungsbestimmungen zu Kryptowerten sollen Anleger vor damit verbundenen Risiken schützen. Zuvor auf nationaler Ebene durch Aufsichtsbehörden und Gesetzgeber erfolgte Initiativen müssen sich hieran ausrichten.

429 Eine zentrale Initiative der Europäischen Kommission im Europäischen Bank- und Kapitalmarktrecht ist die sogenannte Kapitalmarktunion.[549] Sie soll Finanzierungsmöglichkeiten der Wirtschaft erweitern und die Kosten der Kapitalaufnahme senken. Hierfür soll ein Kapitalbinnenmarkt für alle Mitgliedstaaten geschaffen werden, der europaweit inaktives Kapital freisetzt und zugleich einen wirksamen Verbraucher- und Anlegerschutz gewährleistet. Die Kapitalmarktunion soll zudem dazu beitragen, Investitionen aus aller Welt anzuziehen und die Wettbewerbsfähigkeit der Europäischen Union zu steigern. Als jüngster Baustein der Kapitalmarktunion hat die Kommission am 24.9.2020 einen neuen Aktionsplan 2020 formuliert.[550]

7. Wiederholungsfragen

430

1. Welche Bereiche umfasst das Europäische Bank- und Kapitalmarktrecht?
2. Nennen Sie einige Rechtsgrundlagen zum Bank- und Kapitalmarktrecht.
3. Nennen Sie rechtliche Maßnahmen, durch die auf europäischer Ebene die Banken- und Finanzmarktkrise bewältigt werden soll.
4. Welche Einzelregelungen zum Bankrecht sind Ihnen bekannt?
5. Welche Einzelregelungen zum Kapitalmarktrecht sind Ihnen bekannt?
6. Was ist unter dem Begriff „Bankenunion“ zu verstehen?
7. Was ist unter dem Begriff „Kapitalmarktunion“ zu verstehen?
8. Welche regulatorischen Entwicklungen zum Thema Nachhaltigkeit sind Ihnen mit Blick auf den Finanzsektor bekannt?
9. Welche Leitentscheidungen zum Europäischen Bank- und Kapitalmarktrecht kennen Sie?
10. Können Sie einige deutsche Gesetze nennen, durch die EU-Richtlinien umgesetzt worden sind?

VI. Privatversicherungsrecht

Spezialliteratur: *Armbrüster*, Privatversicherungsrecht, 2. A. 2019; *Armbrüster*, Das Versicherungsrecht im Common Frame of Reference, ZEuP 2008, 775; *Armbrüster*, Das IPR der Versicherungsverträge in der Rom I-Verordnung, in: FS für von Hoffmann, 2011, S. 23; *Basedow*, Der Gemeinsame Referenzrahmen und das Versicherungsvertragsrecht, ZEuP 2007, 280; *Ba-*

549 Vgl. Grünbuch Schaffung einer Kapitalmarktunion, KOM/2015/063 final; vgl. hierzu auch *Wendt/Read*, ZFR 2016, 419 ff.

550 COM(2020) 590 final.

sedow/Fock (Hrsg.), Europäisches Versicherungsvertragsrecht, Bd. I und II, 2002; *Baumann*, Versicherungsrecht nach der Deregulierung, VersR 1996, 1; *Beckmann*, Auswirkungen des EG-Rechts auf das Versicherungsvertragsrecht, ZEuP 1999, 809; *Beckmann/Matusche-Beckmann*, E. VI. Versicherungsrecht, in: Dauses/Ludwigs, Handbuch des EU-Wirtschaftsrechts, 47. EL Januar 2019; *Bergold/Wendt*, Technisches Durchführungsstandards im Finanzmarktrecht – Fortschrittliche Rechtsetzung oder Demokratiedefizit –, EuR 2019, 86; *Brand*, Heininger Revisited – Zur Europarechtskonformität von § 5 a VVG a. F., VersR 2013, 1; *Dörner/Hoffmann*, Der Abschluss von Versicherungsverträgen nach § 5 a VVG, NJW 1996, 153; *Dreher*, Versicherungsaufsichtsrecht und Verbraucherschutz im Solvency-II- und EIOPA-System, VersR 2013, 401; *Heiss*, Europäischer Versicherungsvertrag, VersR 2005, 1; *Heiss*, Optionales Europäisches Versicherungsvertragsrecht, RabelsZ 76 (2012), 316; *Heiss*, From Contract Certainty to Legal Certainty for Reinsurance Transactions: The Principles of Reinsurance Contract Law (PRICL), Scandinavian Studies of Law, Vol. 64 (2018), S. 91 ff.; *Heiss/Mönnich*, Versicherungsanlageprodukte im PRIPs-Vorschlag – Basisinformationsblatt statt information overload?, VR 7–8/2013, 32; *Loacker*, Einführung in das Europäische Versicherungsvertragsrecht, in: Looschelders/Pohlmann (Hrsg.), VVG Kommentar, 3. Aufl. 2016; *Looschelders*, Europäisches Privatrecht und deutsches Versicherungsvertragsrecht – aktuelle Problemfelder, Entwicklungen und Perspektiven, VersR 2013, 653; *Looschelders*, Aktuelle Entwicklungen des EU-Rechts auf das deutsche Versicherungsvertragsrecht unter besonderer Berücksichtigung der geschlechtsspezifischen Tarifierung, VersR 2011, 421; *Looschelders/Michael*, Europäisches Versicherungsrecht in: Ruffert (Hrsg.), Enzyklopädie Europarecht, Bd. 5, 2. Aufl. 2020, § 11; *Looschelders/Smarowos*, Das Internationale Versicherungsvertragsrecht nach Inkrafttreten der Rom I-Verordnung, VersR 2010, 1; *Lüttringhaus*, Solvency II – Grundlagen der Reform des europäischen Versicherungsaufsichtsrechts und Auswirkungen der neuen Eigenmittelvorschriften, EuZW 2011, 822; *Lüttringhaus*, Neue Governance- und Aufsichtsregeln für die europäische Versicherungswirtschaft nach Solvency II, EuZW 2011, 856; *Lüttringhaus*, Europaweit Unisex-Tarife für Versicherungen!, EuZW 2011, 296; *Mönnich*, Europäisierung des Privatversicherungsrechts, in: Beckmann/Matusche-Beckmann (Hrsg.), Versicherungsrechts-Handbuch, 3. Aufl. 2015; *Mönnich*, Unisex: Die EuGH-Entscheidung vom 1.3.2011 und die möglichen Folgen, VersR 2011, 1092; *Müller*, Versicherungsbinnenmarkt – die europäische Integration im Versicherungswesen, 1995; *Präve*, Die VVG-Informationspflichtenverordnung, VersR 2008, 183; *Prölss/Armbrüster*, Europäisierung des deutschen Privatversicherungsrechts I und II, DZWir 1993, 397, 449; *Püttgen*, Europäisiertes Versicherungsvertragsschlussrecht, Baden-Baden 2011; *Reichert-Facilides*, Europäisches Versicherungsvertragsrecht?, in: Basedow (Hrsg.), Festschrift für Ulrich Drobnig, 1998, 119; *Reichert-Facilides*, Verbraucherschutz – Versicherungsnehmerschutz: Überlegungen mit Blick auf das Projekt „Restatement des Europäischen Versicherungsvertragsrechts“, in: *Eccher/Nemeth/Tangl* (Hrsg.), Verbraucherschutz in Europa, in: FS Mayrhofer, 2002, S. 180; *Reichert-Facilides*, Gesetzgebung in Versicherungsvertragsrechtssachen: Stand und Ausblick, in: *Reichert-Facilides/Schnyder* (Hrsg.), Versicherungsrecht in Europa, ZSR 2000, Beiheft 34, 1; *Reiff*, Die Umsetzung der Versicherungsvertriebsrichtlinie (IDD) in das deutsche Recht, VersR 2016, 1533; *Reiff*, Die Richtlinie 2016/97 über Versicherungsvertrieb, r+s 2016, 593; *Reiff*, Aktuelle Rechtsfragen der Versicherungsvermittlung, VersR 2015, 649; *Reiff*, Das Gesetz zur Neuregelung des Versicherungsvermittlerrechts, VersR 2007, 717; *Reiff*, Die Auswirkungen der Versicherungsvermittlungsrichtlinie auf die Kreditwirtschaft, WM 2006, 1701; *Reiff*, Versicherungsvermittlerrecht im Umbruch, 2006; *Reiff*, Die Umsetzung der Versicherungsvermittlerrichtlinie in das deutsche Recht, VersR 2004, 142; *Reiff*, Die Auswirkungen des Gemeinschaftsrechts auf das deutsche Versicherungsvertragsrecht, VersR 1997, 267; *Römer*, Reformbedarf des Versicherungsvertragsrechts aus höchstrichterlicher Sicht, in: VersR 2000, 661; *Römer*, Die Umsetzung der EG-Richtlinien im Versicherungsrecht, in: Geiß/Nehm/Brandner/Hagen (Hrsg.), FS aus Anlass des fünfzigjährigen Bestehens von Bundesgerichtshof, Bundesanwaltschaft und Rechtsanwaltschaft beim Bundesgerichtshof, 2000, 375; *Rühl*, Obliegenheiten im Versicherungsvertragsrecht. Auf dem Weg zum europäischen Binnenmarkt für Versicherungen, 2004; *Rühl*, Die vorvertragliche Anzeigepflicht: Empfehlungen für ein harmonisiertes europäisches Versicherungsvertragsrecht, in: ZVersWiss 94 (2005), 479; *Sas-*

serath-Alberti/Hartig, EIOPA-Verordnung: Rechtliche Herausforderungen für die Praxis, VersR 2012, 524; *Stanke*, Stand und Perspektiven des Versicherungskartellrechts nach Auslaufen der GVO Versicherungswirtschaft, VersR 2017, 518; *Staudinger*, Internationales Versicherungsvertragsrecht, in: Staudinger/Halm/Wendt (Hrsg.), Versicherungsrecht Kommentar, 3. Aufl. 2023; *Wandt*, Versicherungsrecht, 6. Aufl. 2016; *Wendt*, Zum Widerruf im Versicherungsvertragsrecht, 2013; *Wendt*, Art. 7 Rom I-Verordnung, in: Rauscher (Hrsg.), Europäisches Zivilprozess- und Kollisionsrecht (Rom I-VO und Rom II-VO), 5. Aufl. 2023; *Wendt*, Versicherungsaufsichtsrecht, in: Staudinger/Halm/Wendt (Hrsg.), Versicherungsrecht Kommentar, 3. Aufl. 2023; *Wendt*, Internationales Versicherungsrecht, in: Staudinger/Halm/Wendt (Hrsg.), Versicherungsrecht Kommentar, 3. Aufl., 2023; *Wendt*, Neue Kapitalanlagevorschriften für die Versicherungswirtschaft – Mit Anmerkungen zur Solvency II-RL und zur VAG-Novelle –, VersR 2015, 539; *Wendt*, „Naming and Shaming" im Privatversicherungsrecht, VersR 2016, 1277; *Wendt*, Das neue Versicherungsvertriebsrecht – zu Beratungspflichten und Interessenkonflikten –, VersR 2019, 257; *Werber*, Die Adressaten der IDD im Gesetzentwurf zur Umsetzung der Richtlinie und neue Pflichten, VersR 2017, 513.

1. Bereichsdefinition

431 Das *europäische Privatversicherungsrecht* betrifft die unionsrechtlichen Rahmenbedingungen für Unternehmen, die Personen- oder Sachrisiken gegen Zahlung von Prämien versichern oder rückversichern.

432 *Versicherungsmarkt* und *Kapitalmarkt* sind eng verflochten. Belege hierfür sind etwa die Durchführung von Allfinanzgeschäften und die Existenz von Finanzkonglomeraten sowie Zweckgesellschaften.[551] Die Versicherungswirtschaft zählt zudem zu den größten institutionellen Anlegern.[552] Im Unterschied zu Kreditinstituten gehen von Versicherungsunternehmen jedoch keine systemischen Risiken aus, weil ihr Geschäftsmodell auf fest vereinbarten Prämien und langfristigen Verpflichtungen mit geringem Finanzierungsbedarf beruht.

2. Regelungsgrundlagen

433 *Wettbewerbs-, Niederlassungs- und Dienstleistungsrecht* der Europäischen Union sollen dafür sorgen, dass sich Versicherungsunternehmen im Binnenmarkt grundsätzlich frei betätigen können[553] und jeder Versicherungsnehmer „Zugang zu einer möglichst weiten Palette von in der Union angebotenen Versicherungsprodukten hat, um aus ihnen das nach seinen Bedürfnissen am besten geeignete Angebot auswählen zu können".[554] Mitgliedstaatliche Beschränkungen oder kartellrechtliche Ausnahmen für Versicherungstätigkeiten sind entfallen. Die *Liberalisierung* der mit dem Kapitalverkehr verbundenen Dienstleistungen der Versicherungen (Art. 58 Abs. 2 AEUV) ist aufgrund von Richtlinien mehrerer Generationen[555] weitgehend verwirklicht. Für das *Versicherungsvertragsrecht* besteht nur eine Teilharmonisierung im Hinblick auf das anwendbare Recht (Art. 7 ROM I-VO[556]) und den Versicherungsnehmer- bzw. Ver-

551 Vgl. auch *Armbrüster*, Privatversicherungsrecht, Rn. 130.
552 *Wendt*, VersR 2015, 539.
553 Vgl. hierzu auch *Mönnich* in: Beckmann/Matusche-Beckmann, 2015, Rn. 3 ff.
554 Erwägungsgrund 46 der Lebensversicherungsrichtlinie 2002/83/EG, ABl. L 345 vom 19.12.2002, S. 1.
555 Vgl. die (6.) Richtlinie über die KFZ-Haftpflichtversicherung 2009/103/EG (kodifizierte Fassung), ABl. L 263 vom 7.10.2009, S. 11.
556 Hierzu *Staudinger*, Internationales Versicherungsvertragsrecht, in: Staudinger/Halm/Wendt (Hrsg.),Versicherungsrecht Kommentar, 3. Aufl. 2023, 3073 ff; *Wendt*, in: Rauscher (Hrsg.), Europäisches Zivilprozess- und Kollisionsrecht (Rom I-VO und Rom II-VO), 2023, S. 300 ff.

braucherschutz (Beratungs- und Informationspflichten sowie Widerrufsrechte)[557]. Für Pflichtversicherungen kann jeder Mitgliedstaat die Anwendbarkeit des eigenen Rechts vorschreiben.[558] Das *Versicherungsaufsichtsrecht* ist im Hinblick auf Zulassung, Registrierung, Überwachung, Rechnungslegung, Solvabilität, Sanierung und Liquidierung von Versicherungsunternehmen weitgehend harmonisiert.

Der Unionsgesetzgeber unterscheidet grundsätzlich *funktional* zwischen Direktversicherungen und Rückversicherungen sowie *produktbezogen* zwischen Lebens- und Nichtlebensversicherungen („life" und „non-life").[559] In Deutschland wird bisher eher zwischen Personenversicherungen (Versicherungen, die auf das Leben, die Gesundheit und die körperliche Integrität von natürlichen Personen bezogen sind, z. B. Lebens- und Krankenversicherung) und Kompositversicherungen (Versicherungen, die auf Sachwerte oder Haftpflichtrisiken bezogen sind) unterschieden.[560] Differenzieren lässt sich ferner nach Schadenversicherungen (Versicherungen, die im Versicherungsfall den Ersatz des konkret entstehenden Vermögensschadens vorsehen) und Summenversicherungen (Versicherungen, die im Versicherungsfall die Zahlung einer festgelegten Versicherungssumme vorsehen). 434

Der europäische Regelungsansatz nach Versicherungsbranchen wird zunehmend zugunsten eines einheitlichen mehr oder weniger *harmonisierten europäischen Rechtsrahmens* aufgegeben. So wurden durch die Richtlinie 2009/138/EG betreffend die Aufnahme und Ausübung der Versicherungs- und Rückversicherungstätigkeit (Solvabilität II), die sog. Solvency II-Richtlinie, neun ältere Richtlinien erheblich abgeändert und neu gefasst, ferner 13 Richtlinien aufgehoben[561] sowie etliche rechtliche Differenzierungen zwischen Versicherungen und Rückversicherungen beseitigt.[562] Diese Richtlinie gilt nicht für kleine Versicherungen, die unter 5 Mio. EUR Bruttoprämieneinnahmen erzielen; sie gilt ebensowenig für öffentlich-rechtliche Versicherungen. 435

3. Einzelregelungen

Versicherungsunternehmen sind im primären Unionsrecht nicht gesondert erwähnt, so dass die allgemeinen Vorschriften für Unternehmen Anwendung finden. Wegen der Ausdifferenzierung der Versicherungszweige entstanden im sekundären Unionsrecht im Laufe der Zeit weit mehr als 50 Richtlinien. Soweit diese Richtlinien Bestimmungen über die Aufnahme und Ausübung der Tätigkeit, Solvenz und Aufsicht enthielten, sind sie inzwischen aufgehoben, geändert oder zusammengefasst.[563] 436

557 Vgl. *Mönnich* in: Beckmann/Matusche-Beckmann, 2015, Rn. 103 ff; *Präve*, VersR 2008, 183 ff.; *Wendt*, Zum Widerruf im Versicherungsvertragsrecht, 2013, S. 6 ff.

558 Kritisch hierzu etwa *Basedow*, Versicherungsbinnenmarkt, S. 1654 (1656 f.).

559 Vgl. Anhang 1 der Richtlinie 2009/138/EG, in dem 18 Zweige in der Nichtlebensversicherung und 9 Zweige in der Lebensversicherung aufgelistet sind.

560 Vgl. auch *Armbrüster*, Privatversicherungsrecht, Rn. 76 ff.

561 Nach Art. 310 der Richtlinie 2009/138/EG wurden folgende Richtlinien mit Wirkung zum 1.12.2012 aufgehoben: 64/225/EWG; 73/239/EWG; 73/240/EWG; 76/580/EWG; 78/473/EWG; 84/641/EWG; 87/444/EWG; 88/357/EWG; 92/49/EWG; 98/78/EG; 2001/17/EG; 2002/83/EG; 2005/68/EG.

562 Vgl. Erwägungsgründe 1, 2, 7 und Art. 310 der Richtlinie 2009/138/EG, die 312 Artikel und 7 Anhänge auf insgesamt 155 Seiten umfasst.

563 Vgl. Richtlinie 2009/138/EG, ABl. L 335 vom 17.12.2009, S. 1.

a) Niederlassungs- und Dienstleistungsrecht

437 Ursprünglich war im Binnenmarkt streitig, ob die Ausübung der Versicherungstätigkeit in einem Mitgliedstaat der Europäischen Union von der Begründung einer Niederlassung in diesem Staat abhängig gemacht werden kann. Der EuGH hat in seinem DLF-Urteil[564] Klarheit geschaffen und der Dienstleistungsfreiheit zum Durchbruch verholfen. Dieses Urteil hat den Weg für den freien Vertrieb von Versicherungsprodukten im Binnenmarkt geebnet, ohne den elektronische Angebote oder moderne Marketingmethoden[565] heute nicht möglich wären. Das Gericht hielt eine Überwachung der Tätigkeit nur bei Vorliegen von zwingenden Gründen des Allgemeininteresses für zulässig.[566]

Allerdings ist bis heute für Erst- und Rückversicherer eine behördliche Zulassung vorgeschrieben, die dann jedoch jeweils für die gesamte EU gilt.[567] Versicherungsunternehmen, die in einem anderen Mitgliedstaat ihre Dienstleistungen anbieten, müssen die Aufsichtsbehörde des Herkunftsmitgliedstaates unterrichten, damit diese die Erfüllung der Solvenzkapitalanforderung bestätigen kann.[568]

b) Wettbewerbsrecht

438 Der Versicherungsmarkt in der EU und in den EWR-Staaten ist liberalisiert („dereguliert“).[569] Die Versicherungsmärkte sind offen für den Wettbewerb, müssen aber vor Verfälschungen und vor zu starker Konzentration geschützt werden (Artt. 101, 102 AEUV).

Die frühere Gruppenfreistellungsverordnung für den Versicherungssektor[570] sollte den effektiven Schutz des Wettbewerbs gewährleisten, gleichzeitig nutzbringend für die Verbraucher sein und Unternehmen ausreichende Rechtssicherheit bieten.

Mit dem Auslaufen dieser Gruppenfreistellungsverordnung im Jahre 2017 ist die letzte versicherungsspezifische Regelung des Kartellrechts weggefallen. Es bleiben aber kartellrechtliche Bewertungen erforderlich, etwa im Hinblick auf neue Kooperationsformen für sich entwickelnde versicherungsbetriebliche Technologien.[571]

c) Versicherungsvertragsrecht

439 Ob die EU für eine vollständige Harmonisierung des materiellen Vertragsrechts als Teil des privaten Wirtschaftsrechts die erforderliche Gesetzgebungskompetenz innehat, ist nicht unumstritten.[572] Das Europäische Parlament spricht sich bereits seit längerer Zeit für eine Harmonisierung der versicherungsvertragsrechtlichen Bestimmungen aus.[573] Im Schrifttum wurde insbesondere über ein mögliches Optionales Europäisches Versi-

564 EuGH, Kommission/Deutschland, C-205/84, ECLI:EU:C:1986:463, 3793.
565 Vgl. Art. 156 Richtlinie 2009/138/EG, ABl. L 335 vom 17.12.2009, S. 1.
566 EuGH, Kommission/Deutschland, C-205/84, ECLI:EU:C:1986:463, 3793.
567 Artt. 14, 15 Richtlinie 2009/138/EG, ABl. L 335 vom 17.12.2009, S. 1.
568 Art. 147, 148 Richtlinie 2009/138/EG, ABl. L 335 vom 17.12.2009, S. 1.
569 Vgl. hierzu etwa *Müller*, Versicherungsbinnenmarkt – die europäische Integration im Versicherungswesen, 1995; *Baumann*, VersR 1996, 1 ff.
570 Verordnung (EU) 267/2010 der Kommission vom 24.3.2010 über die Anwendung von Artikel 101 Absatz 3 des Vertrags über die Arbeitsweise der Europäischen Union auf Gruppen von Vereinbarungen, Beschlüssen und abgestimmten Verhaltensweisen im Versicherungssektor, ABl L 83 vom 30.3.2010, S. 1.
571 Vgl. *Stanke*, VersR 2017, 518.
572 Vgl. etwa *Herresthal*, in: Langenbucher (Hrsg.), Europäisches Privat- und Wirtschaftsrecht, S. 89 ff, m. w.N.
573 ABl. C 158 (E) vom 26.6.1989, S. 400; ABl. C 20 (E) vom 25.7.1994, S. 518.

cherungsvertragsrecht diskutiert.[574] Im Jahr 2007 hat die Project Group Restatement of European Insurance Contract Law die *Principles of European Contract Law* (PEICL)[575] vorgelegt. Die EU- Kommission hat im Jahr 2013[576] eine Expertengruppe für ein Europäisches Versicherungsvertragsrecht (Commission Expert Group on European Insurance Contract Law) eingesetzt. Sie sollte eruieren, ob Unterschiede in nationalen Versicherungsvertragsrechten grenzüberschreitende Versicherungsgeschäfte erschweren und diese gegebenenfalls benennen.[577] Zuletzt hat eine renommierte Forschergruppe Principles of Reinsurance Contract Law (PRICL) erarbeitet.[578]

Einheitliche Regelungen bestehen für das Internationale Privatrecht für Versicherungsverträge (sog. Internationale Versicherungsvertragsrecht[579]), das Verbraucherschutzrecht, das Handelsvertreterrecht sowie für einige Spezialbereiche, wie die Vertragsgestaltung bei der Exportkreditversicherung. Die allgemeinen und besonderen Versicherungsbedingungen und Tarife unterliegen der Privatautonomie sowie einer eventuellen nachträglichen kartellrechtlichen Missbrauchskontrolle (Artt. 21, 181, 182 der Solvency II-Richtlinie). Erhebliche Bedeutung haben die Informationspflichten gegenüber Versicherungsnehmern erlangt. 440

Nr.	*Gegenstand*	*Umsetzung*
1	Richtlinie 2002/65/EG über den Fernabsatz von Finanzdienstleistungen an Verbraucher – *Fernabsatzrichtlinie Finanzdienstleistungen* – *ABl. L 271 vom 9.10.2002, S. 16*; zuletzt geändert durch Richtlinie (EU) 2015/2366 vom 25.11.2015, *ABl. L 337 vom 23.12.2015, S. 35* → *Einzelheiten im Kapitel G VIII*	Versicherungsvertragsgesetz vom 23.11.2007 (BGBl. I S. 2631) und VVG-Informationspflichtenverordnung (VVG-InfoV) vom 18.12.2007 BGBl. I S. 3004
2	VO (EG) Nr. 593/2008 über das auf vertragliche Schuldverhältnisse anwendbare Recht (ROM I) – *ROM I-VO* – *ABl. L 177 vom 4.7.2008, S. 6*	Gesetz zur Anpassung der Vorschriften des Internationalen Privatrechts an die VO (EG) Nr. 593/2008 vom 25.6.2009 BGBl. I S. 1574

574 Vgl. *Heiss*, RabelsZ 76 (2012) 316 ff, m. w.N.

575 Vgl. *Basedow/Birds/Reichert-Facilides* Principles of European Insurance Contract Law – PEICL (2009); hierzu etwa *Armbrüster* ZEuP 2008, 775 ff.; *ders*, Privatversicherungsrecht (2013), Rn. 2032 ff.; *Heiss*, RabelsZ 76 (2012) 316 ff.; ferner *Basedow*, ZEuP 2007, 280.

576 ABl. EU C 16 vom 19.1.2013, S. 6.

577 Vgl. zu den Einzelheiten https://ec.europa.eu/info/business-economy-euro/doing-business-eu/contract-rules/insurance-contracts/expert-group-european-insurance-contract-law_en#finalreport (abgerufen am 1.7.2023).

578 Principles of Reinsurance Contract Law (PRICL), 2019; vgl. hierzu etwa *Heiss*, From Contract Certainty to Legal Certainty for Reinsurance Transactions: The Principles of Reinsurance Contract Law (PRICL), Scandinavian Studies of Law, Vol. 64 (2018), S. 91 ff.

579 *Staudinger*, Internationales Versicherungsvertragsrecht, in: Staudinger/Halm/Wendt (Hrsg.), Versicherungsrecht Kommentar, 3. Aufl. 2023, S. 3073 ff.; vgl. insb. auch *Armbrüster* in: FS von Hoffmann, 2011, S. 23 ff.; *Looschelders/Smarowos*, VersR 2010, 1 ff.

Nr.	*Gegenstand*	*Umsetzung*
3	Richtlinie 2009/138/EG vom 25.11.2009 betreffend die Aufnahme und Ausübung der Versicherungs- und der Rückversicherungstätigkeit *– Solvency II-Richtlinie –* *ABl. L 335 vom 17.12.2009, S. 1*; zuletzt geändert durch Richtlinie (EU) 2019/2177 vom 18.12.2019, *ABl. L 334 vom 27.12.2019, S. 155*	Gesetz zur Modernisierung der Finanzaufsicht über Versicherungen (VAG) vom 1.4.2015 BGBl. I S. 434
4	VO (EU) Nr. 1286/2014 vom 26.11.2014 über Basisinformationsblätter für verpackte Anlageprodukte für Kleinanleger und Versicherungsanlageprodukte (PRIIP) *– PRIIP-Verordnung –* *ABl. L 352 vom 9.12.2014, S. 1;* zuletzt geändert durch Verordnung (EU) 1286/2014, *ABl. 455, 20.12.2021, S. 1*	Gesetz zur Novellierung von Finanzmarktvorschriften aufgrund europäischer Rechtsakte (Erstes Finanzmarktnovellierungsgesetz – 1. FiMaNoG), vom 30.6.2016 BGBl. I S. 1514 (Anpassungen im VAG)
5	Richtlinie (EU) 2016/97 vom 20.1.2016 über Versicherungsvertrieb (Neufassung) *– Versicherungsvertriebsrichtlinie –* *ABl. L 26 vom 2.2.2016, S. 19; zuletzt geändert durch* Delegierte Verordnung (EU) 2019/1935, *ABl. L 301 vom 22.11.2019, S. 3*	Gesetz zur Umsetzung der Richtlinie (EU) 2016/97 über Versicherungsvertrieb und zur Änderung des Außenwirtschaftsgesetzes vom 20.7.2017, BGBl I S. 2789

441 **aa) ROM I-Verordnung.** Die unmittelbar anwendbare *ROM I-Verordnung (Nr. 2 der Liste)* harmonisiert das *Internationale Versicherungsvertragsrecht.*[580] Großrisiken unterliegen primär der freien Rechtswahl und mangels Rechtswahl dem Recht des Staates, in dem der Versicherer seinen Sitz hat, soweit nicht eine engere Verbindung zu einem anderen Staat besteht. Für alle anderen Versicherungsrisiken (Rückversicherungsverträge werden von der Verordnung nicht erfasst) findet die Verordnung nur dann Anwendung, wenn das Risiko in einem Mitgliedstaat belegen ist (Art. 7 Abs. 1 und 2). Insoweit gibt es allerdings nach Versicherungstyp und Anknüpfungsgesichtspunkt eingeschränkte Möglichkeiten der Rechtswahl (Art. 7 Abs. 3), es sei denn, der betreffende Mitgliedstaat räumt weitergehende Wahlrechte ein. Bei Pflichtversicherungen hat im Konfliktfall das Recht des Staates Vorrang, der die Versicherungspflicht vorschreibt (Art. 7 Abs. 4 lit. a).

442 **bb) Solvency II-Richtlinie.** Die Solvency II – Richtlinie (Liste Nr. 3) enthält allgemeine Vorschriften über die Aufnahme und Ausübung von Tätigkeiten der Direktversicherer und Rückversicherer (Titel I) sowie über das anwendbare Recht, die Versicherungsbedingungen und die Tarife. Ausführlich sind die an Versicherungsnehmer in der Lebensversicherung und in der Nichtlebensversicherung zu gebenden Informationen geregelt (Artt. 183–186). Die europäischen Vorgaben sehen zum Teil die Möglichkeit einer bedingungslosen Auflösung des Versicherungsvertrages vor.[581] Die Richtlinie enthält

580 Vgl. hierzu ausführlich *Staudinger*, Internationales Versicherungsvertragsrecht, in: Staudinger/Halm/Wendt (Hrsg.), Versicherungsrecht Kommentar, 3. Aufl. 2023, S. 3076, Rn. 12 ff; *Wendt*, in: Rauscher (Hrsg.), Europäisches Zivilprozess- und Kollisionsrecht (Rom I-VO und Rom II-VO), 5. Aufl. 2023, S. 300 ff.

581 *Wendt*, Zum Widerruf im Versicherungsvertragsrecht, 2013, S. 6 ff.

auch Vorschriften über die Aufsicht, Sanierung und Liquidation von Versicherungen. Die Richtlinie befindet sich aktuell in der Review.

cc) PRIIP-Verordnung. Die *PRIIP-Verordnung (Nr. 4 der Liste)* verfolgt einen horizontalen Regulierungsansatz. In ihren Anwendungsbereich fallen auch Versicherungsprodukte. Erfasst werden sogenannte verpackte Anlageprodukte für Kleinanleger und Versicherungsanlageprodukte (packaged retail and insurance-based products – PRIIP).[582] Diese Finanzprodukte eint, dass das Geld der Anleger indirekt am Kapitalmarkt angelegt wird oder dass der Rückzahlungsanspruch in sonstiger Weise an die Wertentwicklung bestimmter Papiere oder Referenzwerte gekoppelt ist. Die Verordnung verpflichtet Anbieter solcher Produkte, detaillierte Informationen auf einem Key Information Document (KID) bereitzustellen. Das Verfahren wird von der Aufsichtsbehörde überwacht. Zudem werden eine zivilrechtliche Haftung sowie aufsichtsrechtliche Sanktionen geregelt. Von der Verordnung zu Recht ausgenommen sind zertifizierte Riester-Produkte. 443

dd) Versicherungsvertriebsrichtlinie. Die *Versicherungsvertriebsrichtlinie (Nr. 5 der Liste)* löst die frühere Versicherungsvermittlerrichtlinie ab.[583] Diese garantierte jedem Versicherungsvermittler, der über spezielle Kenntnisse verfügen und in einem Mitgliedstaat registriert sein muss, die freie Ausübung seiner Berufstätigkeit im Binnenmarkt und sah zugleich besondere Informations-, Beratungs- und Dokumentationspflichten vor.[584] Die Novellierung der Vorschriften für die Vermittlung von Versicherungsprodukten (Insurance Mediation Directive II – IMD II[585], später Insurance Distribution Directive – IDD) war lange in der politischen Diskussion.[586] Mitte 2015 einigte man sich auf die Versicherungsvertriebsrichtlinie, die Mindeststandards festlegt und somit dem nationalen Gesetzgeber inhaltlichen Spielraum bei der Umsetzung bot. Die Versicherungsvertriebsrichtlinie erfasst – anders als die Versicherungsvermittlerrichtlinie – alle Versicherungssparten und Vertriebswege.[587] Die Richtlinie sieht zum Teil neue Informations- und Beratungspflichten vor, etwa zu Versicherungsanlageprodukten. Zudem enthält sie Regeln zur Vermeidung von Interessenkonflikten[588] sowie Weiterbildungsverpflichtungen für Vermittler. 444

582 *Heiss/Mönnich,* VR 7–8/2013, 32; *Loacker,* Basisinformation als Entscheidungshilfe, in: Wandt/Reiff/Looschelders/Bayer (Hrsg.), Versicherungsrecht, Haftungs- und Schadenrecht, FS für Egon Lorenz, S. 259.
583 Richtlinie 2002/92/EG, ABl. L 9 vom 15.1.2003, S. 3.
584 Hierzu eingehend *Reiff,* VersR 2007, 717; *ders.* WM 2006, 1701; *ders,* VersR 2004, 142.
585 KOM(2012) 360 endg.
586 Vgl. auch *Reiff,* VersR 2015, 649.
587 Zu den Einzelheiten vgl. *Reiff,* VersR 2016, 1533; *Werber,* VersR 2017, 513.
588 Vgl. hierzu *Wendt,* VersR 2019, 257.

d) Versicherungsaufsichtsrecht

445

Nr.	*Gegenstand*	*Umsetzung*
1	Richtlinie 2009/138/EG vom 25.11.2009 betreffend die Aufnahme und Ausübung der Versicherungs- und der Rückversicherungstätigkeit *– Solvency II-Richtlinie –* *ABl. L 335 vom 17.12.2009, S. 1;* zuletzt geändert durch Richtlinie (EU) 2022/2556, ABl. L 333 vom *27.12.2022, S. 153*	Gesetz zur Modernisierung der Finanzaufsicht über Versicherungen (VAG) vom 1.04.2015 BGBl. I S. 434
2	Richtlinie 2014/51/EU vom 16.4.2014 zur Änderung u. a. von Richtlinie 2009/138/EG *– Omnibus II –* *ABl. L 153 vom 22.5.2014, S. 1*	
3	Delegierte VO (EU) Nr. 2015/35 vom 10.10.2014 zur Ergänzung der Richtlinie 2009/138/EG *ABl. L 12 vom 17.1.2015, S. 1; zuletzt* geändert durch die Delegierte Verordnung (EU) 2021/526, *ABl. L 106 vom 26.3.2021, S. 29*	
4	Verordnung (EU) 2019/2088 vom 27.11.2019 über nachhaltigkeitsbezogene Offenlegungspflichten im Finanzdienstleistungssektor *– Offenlegungsverordnung –* ABl L 317, vom 9.12.2019, S. 1	
5	Verordnung (EU) 2020/852 vom 18. Juni 2020 über die Einrichtung eines Rahmens zur Erleichterung nachhaltiger Investitionen *– Taxonomie-VO –* ABl. L 198 vom 22.6.2020, S. 13, zuletzt ergänzt durch Delegierte Verordnung EU 2021/2139 vom 4. Juni 2021, ABl. L 442 vom 9.12.2021, S. 1	

446 aa) **Solvency II-Richtlinie.** Die Solvency II-Richtlinie (*Nr. 1 der Liste*) und deren Umsetzung in das VAG bildet auch die wichtigste Grundlage für die Versicherungsaufsicht. Die Regelungen werden üblicherweise funktional als drei „Säulen" beschrieben:[589] Säule I trifft quantitative Regelungen, wie Kapitalanforderungen und Eigenmittelanforderungen. Säule II sieht Governance-Vorschriften vor – betreffend Risikocontrolling, Compliance, interne Revision und versicherungsmathematische Funktionen. Säule III betrifft Berichts- und Offenlegungspflichten gegenüber der Aufsichtsbehörde und der Öffentlichkeit.

Die Solvency II-Richtlinie vereinheitlicht zunächst zahlreiche Definitionen (etwa: „Marktrisiko"; „Kreditrisiko"; „Großrisiko"; „Rückversicherungsunternehmen"; „Zweckgesellschaft"). Zudem trifft sie Regelungen sowohl für Versicherungen als auch für Rückversicherungen. Vor allem aber legt die Richtlinie Transparenz- und

589 Vgl. *Wendt*, Versicherungsaufsichtsrecht, in: Staudinger/Halm/Wendt (Hrsg.), Versicherungsrecht Kommentar, 3. Aufl. 2023, S. 2972, Rn. 10 ff.

Governanceregelungen sowie eine Standardformel mit Untermodulen zur Berechnung der Solvenzkapitalanforderungen fest. Die komplexe und lange umstrittene Standardformel[590] beruht auf einem risikobasierten Ansatz (Artt. 100–111).

Die Richtlinie regelt außerdem den Beteiligungserwerb, nicht jedoch die Vermögensanlagen der Versicherungsunternehmen. Zweckgesellschaften, die Versicherungsrisiken übernehmen, werden mit den auslagernden Unternehmen in einen Risikozusammenhang gebracht.

Die Sanierungs- und Liquidationsvorschriften sind im Binnenmarkt bisher nicht harmonisiert. Die Solvency II-Richtlinie legt deshalb Rahmenbedingungen fest und verweist im Übrigen auf den Grundsatz der gegenseitigen Anerkennung mitgliedstaatlicher Maßnahmen (Artt. 267 ff.). Der Herkunftsstaat des Versicherungsunternehmens ist für die Eröffnung des Sanierungs- oder Liquidationsverfahrens zuständig (Artt. 269 und 273).

Weil es sich bei der Solvency II-Richtlinie um eine Richtlinie handelt, die im Sinne des Lamfalussy-Verfahrens beschlossen wurde, erfolgt die weitere Rechtssetzung stufenweise mithilfe von delegierten Durchführungsrichtlinien und Durchführungsverordnungen (Level 2 bzw. Level 2,5), Leitlinien und Empfehlungen (Level 3) und durch Überwachung der Umsetzung durch die Kommission (Level 4).[591]

bb) Omnibus II-Richtlinie. Die *Omnibus II-Richtlinie (Nr. 2 der Liste)* ordnet die Stel- 447
lung der neu gegründeten europäischen Aufsichtsbehörde für das Versicherungswesen und die betriebliche Altersvorsorge (European Insurance and Occupational Pensions Authority – EIOPA)[592] in die Solvency II-Richtlinie ein, enthält Regelungen zur Bewertung langfristiger Garantien und präzisiert Informationspflichten.

cc) Delegierte VO (EU) Nr. 2015/35 und Leitlinien. Auf Level 2 erging die delegierte 448
Verordnung zur Solvency II-Richtlinie (*Nr. 3 der Liste*). Sie enthält unter anderem Vorschriften über die Aufnahme und Ausübung der Versicherungs- und Rückversicherungstätigkeit. Im Gefüge des angesprochenen mehrgliedrigen Rechtsetzungsverfahrens werden diese Rechtsakte Level 2 bzw. Level 2,5 zugeordnet. Die EU-Kommission kann nach Maßgabe der Artt. 290 bzw. 291 AEUV weitere Detailregelungen erlassen, etwa mittels einer EU-Verordnung. Im Privatversicherungsrecht werden die Durchführungsakte regelmäßig von der European Insurance and Occupational Pensions Authority (EIOPA) vorbereitet. Sie entwickelt technische Durchführungs- oder Regulierungsstandards, die in einem weiteren Schritt von der Europäischen Kommission als Rechtsakte erlassen werden. Auf Grundlage der Solvency II-Richtlinie sind eine Vielzahl von technischen Durchführungsstandards erlassen worden.[593]

dd) EIOPA-Leitlinien. Die EIOPA bereitet die Umsetzung der Richtlinienvorgaben in 449
nationales Recht insbesondere durch die Veröffentlichung von Leitlinien vor.[594] Hierdurch soll eine einheitliche Aufsichtspraxis in Europa gesichert werden.

590 *Rühl*, ZVersWiss 2005, 479.

591 Vgl. *Wendt*, Versicherungsaufsichtsrecht, in: Staudinger/Halm/Wendt (Hrsg.), Versicherungsrecht Kommentar, 3. Aufl. 2023, S. 2969, Rn. 2; vgl. ferner *Bergold/Wendt*, EuR 2019, 86.

592 *Mönnich*, in: Beckmann/Matusche-Beckmann (Hrsg.), Versicherungsrechts-Handbuch, 3. Aufl. 2015, Rn. 97; *Sasseruth-Albertl/Hartig*, VersR 2012, 524.

593 Für einen Überblick vgl. *Wendt*, Versicherungsaufsichtsrecht, in: Staudinger/Halm/Wendt (Hrsg.), Versicherungsrecht Kommentar, 2. Aufl. 2023, S. 2973, Rn. 16 ff.; vgl. zu den Anforderungen an die Rechtsetzung mittels technischer Durchführungsstandards *Bergold/Wendt*, EuR 2019, 86.

594 Vgl. etwa die EIOPA-Leitlinien zum Governance-System, EIOPA-BoS-14/253 vom 14.1.2014.

450 ee) **Offenlegungsverordnung und Taxonomie-VO.** Mit der Offenlegungsverordnung (*Nr. 4 der Liste*) werden Finanzmarktakteure wie Privatversicherungen verpflichtet, spezifische Informationen über ihre Ansätze für die Integration von Nachhaltigkeitsrisiken und die Berücksichtigung nachteiliger Nachhaltigkeitsauswirkungen offenzulegen.

Die Taxonomie-VO (*Nr. 5 der Liste*) legt fest, ob eine Wirtschaftstätigkeit als ökologisch nachhaltig einzustufen ist. Die Taxonomie-VO gilt für von der EU oder den Mitgliedstaaten verabschiedete Maßnahmen zur Festlegung von Anforderungen an Finanzmarktteilnehmer oder Emittenten im Zusammenhang mit Finanzprodukten oder Unternehmensanleihen, die als ökologisch nachhaltig bereitgestellt werden sowie u.a. für Finanzmarktteilnehmer, die Finanzprodukte bereitstellen. Damit dient sie auch Versicherungsunternehmen in der EU als wichtiger Orientierungsmaßstab bei der Unternehmensorganisation und der Produkterstellung. Versicherer müssen die Vorgaben damit zum einen als institutionelle Kapitalanleger beachten. Zum anderen müssen Versicherer erfassen, inwieweit versicherte Risiken nachhaltig sind.

e) Sonderrecht für Versicherungssparten

451 Die Solvency II-Richtlinie hat 13 frühere Richtlinien für zahlreiche Versicherungssparten aufgehoben und vereinheitlicht. Für die *Kfz-Haftpflichtversicherung* existieren allerdings Sonderregelungen.

452

Gegenstand	*Umsetzung*
Richtlinie 2009/103/EG vom 16.9.2009 über die Kraftfahrzeug-Haftpflichtversicherung und die Kontrolle der entsprechenden Versicherungspflicht – *Kfz-Haftpflichtversicherungsrichtlinie* – *ABl. L 263 vom 7.10.2009, S. 11*	(entspricht bereits der deutschen Rechtslage)

Die Richtlinie enthält Vorschriften über die Haftpflichtversicherung, die am Standort der Fahrzeuge bestehen muss (Art. 3). Bei Fahrzeugen aus einem Mitgliedstaat wird nicht mehr kontrolliert, ob eine Haftpflichtversicherung abgeschlossen worden ist (Art. 4), während für Fahrzeuge aus Drittstaaten eine grüne Versicherungskarte vorgelegt werden muss (Art. 87). Die Richtlinie sieht Mindestdeckungsgrenzen vor (Art. 9) und räumt einem Geschädigten einen Direktanspruch gegen die Versicherung ein (Art. 18).

4. Leitentscheidungen

453 ■ *Dienstleistungsfreiheit (DLF) im Versicherungsbereich*[595]

Die Dienstleistungsfreiheit darf nur durch das Allgemeininteresse und nur insoweit beschränkt werden, wie dies für alle in diesem Staat ansässigen Versicherungsunternehmen gilt. Die Anforderungen müssen sachlich geboten und geeignet sein, dem Schutz der Interessen zu dienen.

595 EuGH, Kommission/Deutschland, C-205/84, ECLI:EU:C:1986:463, 3793.

- *Freie Anwaltswahl bei Masseschäden*[596]

Die freie Anwaltswahl durch einen Versicherungsnehmer besteht auch bei Masseschadensfällen; eine entgegenstehende Versicherungsklausel ist unwirksam.

- *Freie Anwaltswahl auch bei rechtlichem Beistand durch den Rechtsschutzversicherer*[597]

Rechtsschutzversicherungsverträge müssen Versicherungsnehmern für den Fall der Einleitung eines Gerichtsverfahrens stets das Recht der freien Anwaltswahl einräumen. Ein Rechtsschutzversicherer darf sich nicht ausbedingen, dass die Kosten für rechtlichen Beistand durch einen vom Versicherungsnehmer frei gewählten Rechtsanwalt nur dann erstatten werden, wenn der Versicherer der Ansicht ist, dass die Bearbeitung der Angelegenheit einem externen Rechtsvertreter übertragen werden muss.[598]

- *Riester Rente*[599]

Personen, die in Deutschland arbeiten und rentenversichert sind, aber in einem anderen Mitgliedstaat leben, haben auch dann Anspruch auf die staatliche Zulage, wenn sie dieses Kapital zum Erwerb von Wohnungseigentum im anderen Mitgliedstaat verwenden.

- *Versicherungskontakt per Telefon*[600]

Versicherer, die ihre Dienste ausschließlich über das Internet anbieten, müssen Kunden, die keine E-Mail-Adresse besitzen, den Kontakt per Telefon oder einem anderen effizienten Kommunikationsweg ermöglichen.

- *Klage am Wohnort des Verbrauchers*[601]

Bei einem Autounfall eines EU-Bürgers innerhalb der Europäischen Union kann der Verbraucher an seinem Wohnort gegen die Versicherung klagen

- *Niederlassungserfordernis verstößt gegen Dienstleistungsfreiheit*[602]

Das Erfordernis zur Begründung einer Niederlassung als Voraussetzung zur Erbringung von Versicherungsdienstleistungen ist mit der Dienstleistungsfreiheit (Art. 56 AEUV) unvereinbar.

- *Versicherungsprämien und -leistungen sind geschlechterneutral festzulegen*[603]

Eine Richtlinienvorschrift, die es Mitgliedstaaten gestattet, eine Ausnahme von der Regel geschlechtsneutraler Prämien und Leistungen unbefristet aufrechtzuerhalten, läuft der Verwirklichung des Ziels der Gleichbehandlung von Frauen und Männern zuwider und ist mit den Artt. 21 und 23 der Charta der Grundrechte der Europäischen Union unvereinbar. Die Bestimmung ist daher mit Wirkung vom 21.12.2012 ungültig.[604]

596 EuGH, Eschig, C-199/08, ECLI:EU:C:2009:538 = NJW 2010, 355.
597 EuGH, Sneller, C-442/12, ECLI:EU:C:2013:717 = EuZW 2013, 959.
598 Vgl. hierzu *Armbrüster*, EuZW 2013, 686 f., m. w.N.
599 EuGH, Kommission/Deutschland, C-269/07, ECLI:EU:C:2009:527 = DB 2009, 2019.
600 EuGH, deutsche internet versicherung, C-298/07, ECLI:EU:C:2008:572 = NJW 2008, 3553.
601 EuGH, FBTO Schadeverzekeringen, C-463/06, ECLI:EU:C:2007:792, I-11323.
602 EuGH, Kommission/Deutschland, C-205/84, ECLI:EU:C:1986:463, 3793 („DLF-Urteil"); EuGH, FBTO Schadeverzekeringen, C-463/06, ECLI:EU:C:2007:792, I-11323.
603 EuGH, Association Belge des Consommateurs Test-Achats u. a., C-236/09, ECLI:EU:C:2011:100 = ABl. C 130 vom 30.4.2011, S. 4.
604 Vgl. hierzu etwa *Armbrüster*, EuZW 2013, 686; *Looschelders*, VersR 2011, 421; *Lüttringhaus*, EuZW 2011, 296; *Mönnich*, VersR 2011, 1092.

- *Zur Befristung des Widerspruchsrechts auf ein Jahr bei unterbliebener Belehrung*[605]

Der zum 1.1.2008 außer Kraft getretene § 5a VVG a. F. sah vor, dass ein Widerspruchsrecht des Versicherungsnehmers spätestens ein Jahr nach Zahlung der ersten Versicherungsprämie erlischt, wenn der Versicherungsnehmer nicht über das Recht zum Widerspruch belehrt worden ist. Auf Vorlage des BGH stellte der EuGH fest, dass diese Vorschrift unionsrechtswidrig ist.[606]

- *Zu den Angaben in Lebensversicherungsverträgen*[607]

Art. 31 der dritten Lebensversicherungsrichtlinie[608] sieht bestimmte Informationspflichten für Lebensversicherungsunternehmen vor. Nach Abschluss des Versicherungsvertrags war zwischen den Vertragsparteien Streit über verrechnete Kosten und Risikoprämien sowie darüber entstanden, ob der Versicherungsnehmer vor Vertragsabschluss eine Übersicht über die konkreten und/oder absoluten Kosten und deren Zusammensetzung erhalten hatte. Diese Informationen sind in der Lebensversicherungsrichtlinie nicht vorgesehen. Das vorlegende niederländische Gericht war jedoch der Auffassung, dass durch die Nichterteilung dieser Informationen gegen allgemeine Grundsätze des niederländischen Rechts verstoßen worden sei. Nach Auffassung des EuGH stehen die Richtlinienbestimmungen keinen Informationspflichten auf Grundlage allgemeiner Grundsätze des nationalen Rechts entgegen. Verlangte Angaben müssen jedoch klar, genau und für das tatsächliche Verständnis der wesentlichen Bestandteile der Versicherungspolice durch den Versicherungsnehmer notwendig sein und eine ausreichende Rechtssicherheit bieten. Welche Auswirkungen die Nichterteilung dieser Auskünfte nach innerstaatlichem Recht hat, ist für die Vereinbarkeit der Mitteilungspflicht mit Art. 31 der dritten Lebensversicherungsrichtlinie aus Sicht des EuGH grundsätzlich unerheblich.

- *Zum Gruppenversicherungsvertrag*[609]

In einem Gruppenversicherungsvertrag kann die Gruppenspitze, also der Versicherungsnehmer eines Gruppenversicherungsvertrags, als Versicherungsvermittler gelten, wenn sie Dritte gegen Vergütung unter ihrem Versicherungsvertrag mitversichert. Das Angebot zum Beitritt in eine Gruppenversicherung stellt aus Sicht des EuGH eine Versicherungsvermittlung dar. Unternehmen, die ihren Arbeitnehmern Gruppenversicherungen anbieten, fallen daher unter die Anforderungen der Versicherungsvertriebsrichtlinie.

5. Bezüge zum deutschen Recht

454 Die verschiedenen versicherungsrechtlichen Richtlinien wurden in der Regel durch Änderungen und Ergänzungen des Versicherungsvertragsgesetzes (VVG) und des Versicherungsaufsichtsgesetzes (VAG) umgesetzt. Eine VVG-Informationspflichtenverordnung (VVG-InfoV) wurde geschaffen, die den erheblichen Katalog an Informationspflichten der Versicherer gegenüber den Versicherungsnehmern festschreibt.[610] Für die

---

605 EuGH, Endress, C-209/12, ECLI:EU:C:2013:864 = EuZW 2014, 235.

606 Vgl. zu der dem Verfahren zu Grunde liegenden Rechtsfrage etwa *Brand*, VersR 2013, 1; *Dörner/Hoffmann*, NJW 1996, 153.

607 EuGH, Nationale-Nederlanden Levensverzekering Mij, C-51/13, ECLI:EU:C:2015:286 = NJW 2015, 2479.

608 Richtlinie 92/96/EWG, ABl. L 360, S. 1 (Vorgängerregelung zu Richtlinie 2002/83/EG über Lebensversicherungen).

609 EuGH, TC Medical Air Ambulance Agency, C-633/20, ECLI:EU:C:2022:733 = NJW 2022, 3407.

610 *Präve*, VersR 2008, 183.

Belehrung über den Widerruf genügt es nach deutschem Recht, wenn ein Muster beigefügt wird, das nunmehr in der Anlage zum VVG enthalten ist.[611]

Das im Versicherungssektor maßgebliche europäische Vertriebsrecht ist im VAG, in der GewO, in der VersVermV und im VVG umgesetzt.[612] Die Bestimmungen der Versicherungsvertriebsrichtlinie haben einige Anpassungen der nationalen Regelungen erforderlich gemacht. Ein bemerkenswerter Regulierungsansatz ist dabei insbesondere das auf europäischer und nationaler Ebene nunmehr vorgeschriebene „Handeln in bestmöglichem Interesse" des Versicherungsnehmers.[613]

Die Vorgaben der Solvency II-Richtlinie haben das deutsche Recht erheblich geändert: Das novellierte VAG sieht neue Eigenmittel- und Kapitalanforderungen vor, erfordert eine Neuausrichtung der Geschäftsorganisation und erhöht die Berichtspflichten gegenüber Aufsicht und Öffentlichkeit. Dabei wurde der auf europäischer Ebene angelegte prinzipienorientierte Regulierungsansatz auch auf nationaler Ebene verankert. Detailfragen werden in Durchführungsrechtsakten und von der BaFin geklärt. Die BaFin hat dabei die Leitlinienvorgaben der europäischen Aufsichtsbehörde EIOPA zu beachten.

6. Bewertung

Das *Versicherungsaufsichtsrecht* der Europäischen Union ist im Hinblick auf die Aspekte Niederlassungsfreiheit, Dienstleistungsangebot, Rechnungslegung, Solvabilität sowie hinsichtlich der Grundsätze der Sanierung und Liquidation weitgehend harmonisiert. Die Solvency II-Richtlinie trägt zu einer Bereinigung und Weiterentwicklung der Rechtslage bei. Der neue prinzipienorientierte Regulierungsansatz bringt aber auch Herausforderungen mit sich, nicht zuletzt für die Praxis.[614] Aktuell sind die Vorschriften der Solvency II-Richtlinie Gegenstand eines Reviewprozesses. Bemerkenswert sind die auch im Versicherungssektor greifenden Initiativen des EU-Gesetzgebers im Themenfeld Environmental Social Governance (ESG). Die aktuellen regulatorischen Anforderungen für eine nachhaltigere Wirtschaft haben aufgrund der hohen wirtschaftlichen Bedeutung dies Versicherungssektors große Auswirkungen auf die Gesellschaft. Durch die steigende Regulierungsdichte müssen auch Versicherungen im Themenfeld ESG hohe Kompetenzen auszubilden. 455

Die Harmonisierung im *Versicherungsvertragsrecht* beschränkt sich auf Gesichtspunkte des Kollisionsrechts, das Verbot der Vorabgenehmigung von Versicherungsbedingungen und den Versicherungsnehmer- bzw. Verbraucherschutz (Informations-, Widerrufs- und Rücktrittsrechte) zum Ausgleich von Informationsasymmetrien. Die Solvency II-Richtlinie führt die bestehenden Informationspflichten der Versicherungsunternehmen gegenüber Versicherungsnehmern fort. Sie werden ergänzt durch die Informationspflichten der PRIIP-Verordnung. In diesem Zusammenhang sind auch die rechtlichen Anforderungen an den *Versicherungsvertrieb* zu beachten. Die aktuellen Diskussionen über ein Optionales Europäisches Versicherungsvertragsrecht sind nicht nur aus wissenschaftlicher Perspektive interessant. Für die weiteren Entwicklungen

611 Hierzu *Wendt*, Zum Widerrufsrecht im Versicherungsvertragsrecht, S. 85.

612 Vgl. *Wendt*, VersR 2019, 257 ff.

613 Vgl. hierzu etwa *Wendt*, VersR 2019, 257 ff.

614 *Armbrüster*, EuZW 2013, 686; *Dreher*, VersR 2013, 401; *Lüttringhaus*, EuZW 2011, 822; *ders.*, EuZW 2011, 856; *Wendt*, VersR 2015, 539, vgl. hierzu auch die Ausführungen unter V. Bank- und Kapitalmarktrecht, Rn. 813.

dürfte insbesondere die Frage nach dem praktischen Nutzen dieses Instruments von Bedeutung sein.

7. Wiederholungsfragen

456
1. Welche Bereiche umfasst das Europäische Privatversicherungsrecht?
2. Welche Versicherungssparten kennen Sie?
3. Welche Richtlinienvorgaben zum Versicherungsvertragsrecht sind Ihnen bekannt und wie werden sie auf nationaler Ebene umgesetzt?
4. Was regelt das „Internationale Versicherungsvertragsrecht"?
5. Welche wesentlichen Regelungen trifft die PRIIP-Verordnung?
6. Welche Richtlinienvorgaben zum Versicherungsaufsichtsrecht sind Ihnen bekannt und wie werden sie auf nationaler Ebene umgesetzt?
7. Was versteht man unter dem Drei-Säulen-Modell der Solvency II-Richtlinie?
8. Welche regulatorischen Vorgaben im Themenfeld ESG sind im Versicherungssektor zu beachten?
9. Welche wesentlichen Regelungen sieht die Versicherungsvertriebsrichtlinie vor?
10. Welche Leitentscheidungen zum Europäischen Privatversicherungsrecht kennen Sie?

VII. Gewerblicher Rechtsschutz/Urheberrecht

Spezialliteratur: *Becker/Dreier* (Hrsg.), Urheberrecht und digitale Technologie, 1994; *Beier,* Die Vereinheitlichung des gewerblichen Rechtsschutzes und der freie Warenverkehr, in: FS Steindorff 1990, 1109–1127; *Benkard*, Europäisches Patentübereinkommen, 4. A. 2023; *Bing,* Die Verwertung von Urheberrechten. Eine ökonomische Analyse unter besonderer Berücksichtigung der Lizenzvergabe durch Verwertungsgesellschaften, 2002; *Bock,* Gütezeichen als Qualitätsaussage im digitalen Informationsmarkt, 2000; *Christof*, Der Schutzumfang von eingetragenem Design und Gemeinschaftsgeschmackmuster, 2017; *Drexl,* Nach „GATT und WIPO": Das TRIPS-Abkommen und seine Anwendung in der Europäischen Gemeinschaft, GRUR Int. 1994, 777–788; *Fechner*, Medienrecht, 22. A. 2023; *Götting*, Gewerblicher Rechtsschutz, 11. A. 2020; *Heinze*, Patentverletzung durch Entwicklung, Anwendung und Verbreitung künstlich neuronaler Netze, in: Festschrift für Jürgen Taeger, 2020, 663–690; *Heinze*, Einstweiliger Rechtsschutz im europäischen Immaterialgüterrecht, 2007; *Heinze/Roffael*, Internationale Zuständigkeit für Entscheidungen über die Gültigkeit ausländischer Immaterialgüterrechte, in: GRUR Int. 2006, 787–798; *Jaeger/Metzger,* Open Source Software. Rechtliche Rahmenbedingungen der Freien Software, 5. A. 2020; *Klaka/Schulz,* Die europäische Gemeinschaftsmarke, 1996; *Knaak,* Die Kennzeichnungskraft im Gemeinschaftsrecht, GRURInt 2007, 801–807; *Kolle/Strebel,* Europäisches Patentübereinkommen, 1998; *Kreutzer,* Schutz technischer Maßnahmen und Durchsetzung von Schrankenbestimmungen bei Computerprogrammen, CR 2006, 804–810; *Landes/Posner,* The Economic Structure of Intellectual Property Law, 2003; *Leistner* (Hrsg.), Europäische Perspektiven des geistigen Eigentums, 2010; *v. Lewinski,* Die Umsetzung der Richtlinie zum Vermiet- und Verleihrecht, ZUM 1995, 442–450; *Luigenbühl*, Das europäische Patent mit einheitlicher Wirkung (Einheitspatent), in: GRUR Int. 2013, 305–309; *Maly/Wirz*, Die Weiterverbreitung digitaler Inhalte, EuZW 2017, 16–19; *Metzger/Kreutzer,* Richtlinie zum Urheberrecht in der „Informationsgesellschaft". Privatkopie trotz technischer Schutzmaßnahmen? in: MMR 2002, 139–142; *Ntouvas*, Patentierbarkeit computerimplementierter Geschäftsmethoden, 2010; *Paal*, Medienrecht, 2023; *Papastefanou*, DALL.E2 – Ist das Urheberrecht noch zeitgemäß, in: CR 2023, S. 1-8; *Peukert*, Vereinheitlichung des Immaterialgüterrechts: Strukturen, Akteure, Zwecke, in: RabelsZ 81 (2017), 158; *Rehbinder/Peukert,* Urheberrecht 19. A. 2023; *Reinbothe,* Die EG-Richtlinie zum Urheberrecht in der Informationsgesellschaft, in: GRUR Int. 2001, 733–745;

Ring, Gewerblicher Rechtsschutz, 2021; *Russlies*, EU-Patentschutz auf der Zielegraden, in: CR 2023, S. 209-217; *Schack*, Urheber- und Urhebervertragsrecht, 9. A. 2019; *Singer/Stauder/Luginbühl*, Europäisches Patentübereinkommen, 9. A. 2022; *Specht-Riemenschneider*, Urheberrechtlicher Schutz für Algorithmuserzeugnisse, in: Festschrift für Jürgen Taeger, 2020, S. 711–724; *Spindler/Schuster*, Recht der elektronischen Medien, 4. A. 2019; *Taeger*, Außervertragliche Haftung für fehlerhafte Computerprogramme, 1995; *Tilmann*, Das EU-Patent und das einheitliche Patentgericht – Meilensteine in der Entwicklung des Europäischen Rechts des geistigen Eigentums, 2014; *Wiebe*, Rechtsschutz für Datenbanken und europäische Harmonisierung, CR 1996, 198–204; *Wiebe*, Grundzüge des Immaterialgüterrechts im Bereich der Informationstechnologie, in: Leupold/Glossner (Hrsg.), Münchner Anwalts-Handbuch IT-Recht, 3. A. 2013, S. 106–151; *Zwanzger*, Das Gemeinschaftsgeschmacksmuster zwischen Gemeinschaftsrecht und nationalem Recht, 2010.

1. Bereichsdefinition

Das *Europäische Immaterialgüterrecht* umfasst die im Binnenmarkt geltenden interna- 457
tionalen, die originär EU-weiten und die harmonisierten nationalen Regelungen zum Patent-, Gebrauchsmuster-, Geschmacksmuster-, Marken- und Urheberrecht sowie zu sonstigen Leistungsschutzrechten. Immaterialgüterrechte verleihen dem Berechtigten Ausschließlichkeitsrechte (property rights) an seinen geistigen Leistungen. Diese Ausschließlichkeitsrechte bilden die Voraussetzung für die Vermarktungsmöglichkeit dieser Leistungen. Geistige Leistungen, für die kein Ausschließlichkeitsrecht besteht, können kostenlos genutzt oder nachgeahmt werden. Dadurch vermindert sich aber der Anreiz, solche geistigen Leistungen zu erbringen.

Immaterialgüterrechte erzeugen oft *grenzüberschreitende Wirkungen*, obwohl die 458
meisten nationalen Regelungen dem Territorialprinzip folgen, also die Wirkungen auf den nationalen Bereich beschränken. Dennoch können geistige Leistungen im Ausland nachgefragt, vermarktet oder nachgeahmt werden. Die daraus entstehenden Konflikte kann man durch internationale Abkommen[615], durch Harmonisierungen oder durch gegenseitige Anerkennungen nationaler Regelungen verringern.

Durch den Vertrag von Lissabon wurde der Art. 118 AEUV neu eingefügt, der es im Rahmen der Verwirklichung oder des Funktionierens des Binnenmarktes ermöglicht, im ordentlichen Gesetzgebungsverfahren „Maßnahmen zur Schaffung europäischer Rechtstitel über einen einheitlichen Schutz der Rechte des geistigen Eigentums in der Union sowie zur Einführung von zentralisierten Zulassungs-, Koordinierungs- und Kontrollregelungen auf Unionsebene" zu treffen (Art. 118 Abs. 1 AEUV).

2. Regelungsgrundlagen

Die Gestaltung der europäischen Eigentumsordnung, zu der die Immaterialgüterrechte 459
zählen, ist grundsätzlich Angelegenheit der Mitgliedstaaten (Art. 345 AEUV). Allerdings können die territorial wirkenden und begrenzten Immaterialgüterrechte zu einer Abschottung nationaler Märkte führen und dadurch mit den Marktfreiheiten im Binnenmarkt in Konflikt geraten.

615 Eine Übersicht über die wichtigsten internationalen Rechtsquellen des Immaterialgüterrechts findet sich bei Peuker, RabelsZ 81 (2017), 158 (190 ff.).

▶ **Beispiel:**

Das Urheberrecht an einem Werk wird dazu genutzt, den Billigimport dieses Werkes aus einem anderen Mitgliedstaat zu verhindern. ◀

Zum Schutz des kommerziellen und geistigen Eigentums dürfen nationale Ein- und Ausfuhrbeschränkungen getroffen werden (Art. 36 S. 1 AEUV), soweit sie keine willkürliche Diskriminierung oder eine verschleierte Beschränkung des Handels darstellen (Art. 36 S. 2 AEUV).

460 Der Europäische Gerichtshof hat allerdings in zahlreichen Entscheidungen der *Ausübung* von Immaterialgüterrechten im Interesse eines wirksamen Wettbewerbs Grenzen gesetzt. Parallel dazu wurde die Schaffung von *grenzüberschreitenden* Schutzrechtssystemen im Patent-, Marken-, Muster- und Urheberrecht sowie die Harmonisierung nationaler Schutzrechtssysteme vorangetrieben.

Mit Wirkung für den gesamten Binnenmarkt sind in Kraft:

- vier völkerrechtliche Konventionen (Europäisches Patentübereinkommen (EPÜ); WTO-TRIPS-Übereinkommen über den Schutz des geistigen Eigentums; Berner Übereinkunft zum Urheberrecht; Madrider Übereinkommen über die Registrierung von Marken)
- neun EU-Verordnungen und Durchführungsverordnungen (Marken- und Musterrecht; Produktpiraterie)
- dreizehn EU-Richtlinien (u. a. Biopatent-, Urheber-, Marken,- Datenbank-, Halbleiter- und Multimediaschutz).

3. Einzelregelungen

a) Patentrecht

461 Eine Harmonisierung nationaler Patentvorschriften in den Mitgliedstaaten ist mit Ausnahme der Biopatentrichtlinie bisher nicht erfolgt. Es besteht aber die Möglichkeit, für Erfindungen ein *Europäisches Patent* nach der *Europäischen Patentübereinkommen* (EPÜ)[616] zu bekommen. Die Anmeldung und Anerkennung einer Erfindung beim Europäischen Patentamt (EPA) bewirkt, dass sich *Parallelanmeldungen* für die technische Erfindung bei den Patentämtern der einzelnen Mitgliedstaaten erübrigen. Nach deutschem Recht ist ein nationales Patent neben einem europaweit geltenden Patent wirkungslos.

Durch die Anmeldung beim Europäischen Patentamt entsteht allerdings *kein originär europäisches Patent,* sondern es entstehen *europaweit identische nationale Patente.* Die Rechtswirkungen und die Rechtsbeständigkeit richten sich mit einigen Ausnahmen nach nationalem Recht.

462 Das Prüfungsverfahren vor dem Europäischen Patentamt kann von den nationalen Prüfungsverfahren differieren. So erlauben die Prüfungsrichtlinien des Europäischen Patentamts in Abweichung vom Deutschen Patentamt auch die Patentierung solcher Datenverarbeitungsprogramme, die notwendige Bestandteile programmgesteuerter Geräte oder Steuerungsverfahren darstellen.

---

616 BGBl. II 1976 S. 826.

▶ **Beispiel:**

Ein Röntgengerät, bei dem die Bildqualität durch einen Mikroprozessor optimiert wird, ist nach den EPA-Richtlinien, nicht aber ohne Weiteres nach DPA-Richtlinien patentfähig. Die Mischung von technischen und nicht technischen Merkmalen (mathematisches Verfahren der Programmierung des Mikroprozessors) stehen der Patentfähigkeit nicht entgegen.[617] ◀

Ein so erteiltes europäisches Patent ist auch in Deutschland als deutsches Patent rechts- 463
beständig, weil nur die Nichtigkeitsgründe nach Art. 138 EPÜ von den nationalen Gerichten berücksichtigt werden dürfen. Das Schicksal des noch nicht in Kraft getretenen *Gemeinschaftspatentübereinkommens* (GPÜ), das zu einem originär europäischen Gemeinschaftsstatut führen soll, ist noch ungewiss.[618] Alternative Zwischenschritte sind jedoch erreicht:

464

<table>
<tr><th>Nr.</th><th>Rechtsakt</th><th>Durchführungsvorschriften</th></tr>
<tr><td>1</td><td>Richtlinie 98/44/EG vom 6.7.1998 über den rechtlichen Schutz biotechnologischer Erfindungen
– Biopatentrichtlinie –
ABl. L 213 vom 30.7.1998, S. 13</td><td>Biopatentgesetz vom 21.1.2005 BGBl. I S. 146</td></tr>
<tr><td>2</td><td>Verordnung (EU) Nr. 1257/2012 vom 17.12.2012 über die Umsetzung der verstärkten Zusammenarbeit im Bereich der Schaffung eines einheitlichen Patentschutzes
– EU-Einheitspatentverordnung (EPatV) –
ABl. L 361 vom 31.12.2012, S. 1</td><td rowspan="2">Gesetz zur Anpassung patentrechtlicher Vorschriften aufgrund der europäischen Patentreform vom 20.8.2021 BGBl. I S. 3914; Bekanntmachung über das Inkrafttreten des Gesetzes zur Anpassung patent-rechtlicher Vorschriften auf Grund der europäischen Patentreform vom 27.6.2023 BGBl. I Nr. 175 vom 4.7.2023</td></tr>
<tr><td>3</td><td>Verordnung (EU) Nr. 1260/2012 vom 17.12.2012 über die Umsetzung der verstärkten Zusammenarbeit im Bereich der Schaffung eines einheitlichen Patentschutzes im Hinblick auf die anzuwendenden Übersetzungsregelungen
– EU-Einheitspatent-Übersetzungsverordnung –
ABl. L 361 vom 31.12.2012, S. 89</td></tr>
</table>

Im Bereich *biotechnischer Erfindungen* besteht mit der Richtlinie 98/44/EG über den 465
rechtlichen Schutz biotechnologischer Erfindungen eine patentrechtliche Harmonisierung eines Gegenstandsbereiches (*Nr. 1* der *Liste*). Weil der Biotechnologie und der Gentechnologie eine hohe Bedeutung für die wirtschaftliche Entwicklung der Union beigemessen wird, soll durch die Richtlinie ein harmonisiertes Rechtsschutzsystem für die erforderlichen Forschungsinvestitionen entstehen (Erwägungsgrund 2).

Die Biopatentrichtlinie will das nationale Patentrecht nicht verdrängen, sondern in bestimmten Punkten anpassen oder ergänzen (Erwägungsgrund 8). Unsicherheiten bestanden vor allem bisher darüber, ob und wann Pflanzensorten und Tierrassen von der Patentierbarkeit ausgeschlossen sind. Die Richtlinie stellt Grundsätze für die Unterscheidung von Erfindungen und Entdeckungen hinsichtlich der Patentierbarkeit bestimmter Bestandteile menschlichen Ursprungs auf. Diese sollen unter Wahrung der Würde und Unversehrtheit des Menschen angewandt werden.

617 EPA vom 21.5.1987, CR 1987, 671.

618 Der EU-Wettbewerbsfähigkeitsrat hat am 4.12.2009 eine „politische Willenserklärung" für ein Gemeinschaftspatent und ein zentrales Patentgericht verabschiedet.

466 Zunächst definiert die Biopatentrichtlinie den Bereich der biotechnischen Erfindungen, die durch das Patentrecht der Mitgliedstaaten geschützt werden sollen. Erfasst wird „biologisches Material“, das gentechnische Informationen enthält und sich selbst reproduzieren oder in einem biologischen System reproduziert werden kann, sowie „mikrobiologische Verfahren“, worunter Vorgehensweisen fallen, bei denen mikrobiologisches Material verwendet, ein Eingriff in solches Material durchgeführt oder solches Material hervorgebracht wird (Art. 2 Abs. 1). Ein Verfahren zur Züchtung von Pflanzen oder Tieren ist im Wesentlichen biologisch, wenn es vollständig auf natürlichen Phänomenen wie Kreuzung oder Selektion beruht (Art. 2 Abs. 2).

467 Patentierbar sind Erfindungen, die neu und gewerblich nutzbar sind und aus biologischem Material bestehen oder dieses enthalten, sowie Verfahren, mit dem biologisches Material hergestellt, bearbeitet oder verwendet wird (Art. 3 Abs. 1). Patentierbar ist auch ein *isolierter Bestandteil* des menschlichen Körpers oder ein auf anderer Weise durch ein technisches Verfahren gewonnener Bestandteil, einschließlich der Sequenz oder Teilsequenz eines Gens (Art. 5 Abs. 2). Jedoch können weder der *menschliche Körper* in den einzelnen Phasen seiner Entstehung und Entwicklung noch Pflanzensorten oder Tierrassen patentiert werden (Artt. 4 Abs. 1; 5 Abs. 1). Damit sind weder Verfahren zum *Klonen* von menschlichen Lebewesen, noch Verfahren zur Veränderung der *genetischen Identität*, noch die Verwendung von menschlichen Embryonen zu industriellen oder kommerziellen Zwecken patentierbar (Art. 6 Abs. 2).

Der Patentschutz für biologisches Material und Verfahren umfasst biologisches Material, was durch generative oder vegetative Vermehrung mit gleichen Eigenschaften gewonnen wird (Art. 8). Zwangspatente sind eingeschränkt möglich (Art. 12), dürften aber nicht auch nicht analog auf mRNA-Impfstoffe Anwendung finden, weil eine Lizensierung nicht verweigert wird und keine marktbeherrschende Position der Patentinhaber erkennbar ist.

468 Auf der Grundlage der *EU-Einheitspatentverordnung* (*Nr. 2* der *Liste*) ist ein *„Einheitspatent“* (auch *„Unionspatent“* genannt*)* durch Vereinbarung eines *Europäischen Patentübereinkommens (EPÜ)* beschlossen worden. Dieser völkerrechtliche Vertrag[619] ist inzwischen von allen EU-Mitgliedstaaten außer Kroatien und Spanien ratifiziert worden. Er wurde mit Errichtung des Europäischen Patentgerichts im Juni 2023 voll wirksam.

Eine patentfähige Erfindung konnte schon bisher bei dem seit 1978 bestehenden Europäischen Patentamt (EPA) in einer der drei Amtssprachen Deutsch, Englisch und Französisch eingereicht werden *(Übersetzungsverordnung; Nr. 3 der Liste)*. Zwei Nichtigkeitsklagen Spaniens gegen die beiden Verordnungen *(Nr. 2 und 3 der Liste*) wegen fehlender Rechtsgrundlage und sprachlicher Diskriminierung wurden vom Gerichtshof zurückgewiesen.[620] Vom EPA anerkannte patentierte Erfindungen wurden aber nur in solchen EU-Staaten geschützt, in denen die Gebühren bezahlt wurden („Bündelpatent“). Die einheitliche Patentwirkung zwischen den Signatarstaaten fehlte. Erst seit der Errichtung des Europäischen Patentgerichts im Juni 2023 kann nunmehr unter den EU-Signatarstaaten der EPÜ auch ein einheitlicher Patentschutz mit gleicher Wirkung erreicht werden. Das Einheitspatent kann nur einheitlich beschränkt, übertragen oder

619 Übereinkommen über die Erteilung der Patente, 17.A. 2020 (https://documents.epo.org); Übereinkommen über ein einheitliches Patentgericht (EPGÜ), ABl. EU C 175 vom 20.6.2013, S. 1.
620 EuGH, Spanien/Rat, C-146/13 und C-147/13, ECLI:EU:C:2015:298 = GRUR 2015, 562.

für nichtig erklärt werden.[621] Für die Auslegung des EPÜ ist das Europäische Patentgericht als internationales (nicht EU-) Gericht allein zuständig.

b) Markenrecht

469 **aa) Einheitliches Binnenmarktrecht.** Durch EU-Verordnungen wurden unionsweit einheitliche markenrechtliche Regelungen getroffen.

1	Verordnung (EU) 2017/1001 über die Unionsmarke vom 14.6.2017 (kodifizierter Text) – *Unionsmarkenverordnung* – *ABl. L 154 vom 16.6.2017, S. 1* Durchführungsverordnung (EU) 2017/1431 vom 18.5.2017 *ABl. L 205 vom 8.8.2017, S. 39* Delegierte Verordnung (EU) 2018/625 zur Ergänzung der VO (EU) 2017/1001 *ABl. L 104 vom 24.4.2018, S. 1*	direkt anwendbar
2	Verordnung (EU) Nr. 1151/2012 vom 21.11. 2012 über Qualitätsregelungen für Agrarerzeugnisse und Lebensmittel – *Qualitätsregelungsverordnung* – *ABl. L 343 vom 14.12.2012, S. 1*	Erstes Gesetz zur Änderung des Lebensmittelspezialitäten-gesetzes (LSpG) vom 16.1.2016 BGBl. I S. 50
3	Verordnung (EU) Nr. 608/2013 vom 12.6.2013 zur Durchsetzung der Rechte des geistigen Eigentums durch die Zollbehörden – *Produktpiraterieverordnung* – *ABl. L 181 vom 29.6.2013, S. 15*	Produktpirateriegesetz (PrPG) vom 7.3.1990 BGBl. I S. 422

470 Mit der *Unionsmarke* (*Nr. 1 der Liste*) hat die Europäische Union ein spezielles Markenrechtsschutzsystem geschaffen, das parallel zu dem auf mitgliedstaatlicher Ebene verfügbaren Markenschutz besteht. Die Unionsmarke führt in einem einzigen Verfahren zu einem einheitlichen Schutz im gesamten EU-Binnenmarkt. Für den internationalen Schutz von Marken ist der Beitritt der zur Genfer Akte des Lissabonner Abkommens über Ursprungsbezeichnungen und geografische Angaben bedeutsam.[622]

Eine Unionsmarke kann für alle Zeichen erworben werden, die sich grafisch oder unter Verwendung einer allgemein zugänglichen Technologie darstellen lassen, soweit die Darstellung „eindeutig, präzise, in sich abgeschlossen, leicht zugänglich, verständlich, dauerhaft und objektiv" ist.[623]

▶ **Beispiele:**

- Bezeichnung von Waren und Dienstleistungen[624]
- Farbkombinationen

621 VO (EU) Nr. 1257/2012 vom 17.12.2012 ABl. L 361 vom 31.12.2012, S. 1.
622 Beschluss (EU) 2019/1754 vom 7.10.2019 ABl. L 271 vom 24.10.2019, S. 12.
623 Erwägungsgrund 10.
624 „Chianti Classico" (DVO (EU) 2018/1786 vom 19.11.2018 L 293 vom 20.11.2018, S. 8); „Wein für Profis" ist nicht eintragungsfähig (EuG, T-57/18, ECLI:EU:2019:313).

- Hörzeichen (Sonogramme)
- Wort-/Ziffern-/Buchstabenkombinationen
- dreidimensionale Gestaltungen
- Bildmarken.[625] ◀

Die Unionsmarke entsteht durch Registrierung beim *„Amt der Europäischen Union für geistiges Eigentum“* (Art. 2 der VO). Das Register wird elektronisch geführt. Die gebührenpflichtige[626] Registrierung bewirkt einen EU-weiten Schutz, soweit sie nicht im Widerspruch zum Kennzeichnungsrecht in einem EU-Mitgliedstaat oder beim Europäischen Markenamt steht. Vor der Eintragung prüft das Amt, ob die angemeldete Marke hinreichende Unterscheidungskraft besitzt. Der Zweck der Registrierung einer Marke besteht darin, die Herkunftsfunktion der Marke zu gewährleisten und damit die Originalität und Qualität eines wirtschaftlichen Guts zu kennzeichnen.

Es bestehen absolute Eintragungshindernisse (etwa: mangelnde Unterscheidungskraft; Täuschungsgefahr) und relative Eintragungshindernisse (etwa: Vorliegen einer älteren nationalen oder Unionsmarke). Wird ein Zeichen als Marke eingetragen, erwirbt der Anmelder ein ausschließliches Recht an der Marke. Der Berechtigte kann sie als Zeichen auf Verpackungen nutzen, unter dem Zeichen Waren oder Dienstleistungen anbieten oder damit werben (Art. 9). Er kann andere von der Nutzung ausschließen. Eine Unionsmarke kann übertragen oder vererbt werden und Gegenstand eines dinglichen Rechts sein (Artt. 20; 22).

Die Durchführungsverordnung (EU) 2017/1431 enthält genauere Bestimmungen über das Anmeldeverfahren, die Delegierte Verordnung (EU) 2018/625 klärt verfahrensrechtliche Einzelheiten, wie die Einreichung und Prüfung von Widersprüchen gegen die Eintragung, die Änderung einer Unionsmarkenanmeldung, die Erklärung der Nichtigkeit sowie weitere prozessuale Fragen.

Mehr als ein Drittel aller Verfahren vor dem Europäischen Gerichtshof beruhen auf markenrechtlichen Streitigkeiten, was für die hohe wirtschaftliche Bedeutung einer Unionsmarke spricht.

471 Als Unionsmarke kann auch eine *Unionskollektivmarke* durch eine Institution registriert werden, soweit die Bedingungen für die Benutzung der Marke zuvor in der Satzung der Institution verankert worden sind. Diese Möglichkeit hat Bedeutung für europäische Qualitäts- und Gütezeichen.

▶ **Beispiel:**

Der Verband der Teppichhersteller könnte in einer Satzung Qualitätsanforderungen für Teppiche definieren, dafür ein Zeichen als Unionskollektivmarke registrieren lassen und sie an solche Unternehmen verleihen, welche die Qualitätsanforderungen erfüllen. ◀

472 Neben dieser Unionsmarke besteht auch die Möglichkeit, eine Marke beim Internationalen Büro der World Intellectual Property Organization (WIPO) zu hinterlegen und entsprechend dem *Madrider Markenabkommen*[627] ein Bündel von Schutzrechten zu

625 EuGH, Adidas und adidas Benelux, C-102/07, ECLI:EU:C:2008:217 = GRUR 2008, 503 (Schutz der Drei-Streifen-Bildmarke nach Art. 5 der VO).
626 Die Gebühren setzen sich aus einer Grundgebühr (850,00 € bei elektronischer Registrierung, sonst 1000,00 €) und Gebühren in Höhe von 50,00 € bis 150,00 € für jede Waren- und Dienstleistungsklasse zusammen (Anhang zur UnionsmarkenVO).
627 MMA vom 14.4.1891 in der Stockholmer Fassung vom 14.7.1967, BGBl. II 1970 S. 391, 418.

erwerben. Der Erwerb und die Durchsetzung hängen allerdings von der jeweiligen Schutzrechtsgewährung durch die Signatarstaaten des Madrider Markenabkommens ab.

Um die Erzeugung und Vermarktung von Agrarerzeugnissen und Lebensmitteln zu erleichtern und die Qualität auch im Verbraucherinteresse zu sichern, können durch öffentlich registrierte und kontrollierte *Unionszeichen* geografische Angaben und Ursprungsbezeichnungen („Thüringer Rostbratwurst“) geschützt werden (*Verordnung Nr. 2 der Liste).* 473

Zur Durchsetzung berechtigter Immaterialgüterrechte wurde die *Produktpiraterie-Verordnung* erlassen (*Nr. 3 der Liste*). Sie will die Überführung nachgeahmter Waren und unerlaubt hergestellter Vervielfältigungsstücke oder Nachbildungen in den Binnenmarkt verhindern und gibt dem Schutzrechtsinhaber ein Zurückverfolgungsrecht bei Importen nachgeahmter Waren.[628] Die Zollbehörden sollen Immaterialgüterrechte an der Grenze durch Kontrollen durchsetzen helfen. Sie können gefälschte Waren vernichten, sofern der Anmelder oder Besitzer zustimmt oder der Mitgliedstaat eine Vernichtung ohne Zustimmung vorsieht. Alle notwendigen Informationen werden über eine zentrale europäische Datenbank zwischen den Zollbehörden ausgetauscht. Das deutsche Produktpirateriegesetz von 1990 hatte gleichlautende Bestimmungen für alle gewerblichen Schutzrechte und für das Urheberrecht eingeführt, und zwar Auskunfts-, Schadensersatz- und Beseitigungsansprüche. 474

bb) Harmonisiertes Binnenmarktrecht. Erhebliche Bedeutung kommt der *Markenrecht-Harmonisierungsrichtlinie* von 2015 (ergänzte Neufassung von 1988) zu. 475

Richtlinie	*Umsetzung*
Richtlinie (EU) 2015/2436 vom 16.12.2015 zur Angleichung der Rechtsvorschriften der Mitgliedstaaten über die Marken (Neufassung) – *Markenrecht-Harmonisierungsrichtlinie* – *ABl. L 336 vom 23.12.2015, S. 1*	Markenrechtsmodernisierungsgesetz (MaMoG) vom 14.12.2018 BGBl. I S. 2357

Um einen Binnenmarkt für die Rechte des geistigen Eigentums zu schaffen, harmonisiert diese Richtlinie die Markengesetze der EU-Mitgliedstaaten. Es sollen gleiche Bedingungen für den Erwerb und die Aufrechterhaltung einer Marke gelten, um die Rechtssicherheit und eine bessere Verwaltung zu ermöglichen. Dadurch werden positive Effekte für den Wettbewerb im Binnenmarkt erwartet. 476

Eine nationale Marke wird ebenso definiert wie in der Verordnung zur Unionsmarke. Wenn der Inhaber einer eingetragenen Marke diese nicht innerhalb von fünf Jahren nach Eintragung selbst ernsthaft benutzt, wird die Marke für verfallen erklärt. Letzteres gilt auch für irreführende, verwechslungsfähige oder anstößige Marken.

Re- oder Parallelimport unverpackter markenrechtlich geschützter Arzneimittel ist nach der Rechtsprechung des EuGH[629] zu Art. 7 der Markenrechtsharmonisierungsrichtlinie und darauf bezugnehmend der BGH zu § 24 MarkenG[630] wegen Erschöp- 477

628 EuGH, Adidas, C-223/98, ECLI:EU:C:1999:500, I-7099 (zur Vorgängerverordnung 3294/94).

629 EuGH, Bristol-Myers Squibb u. a./Paranova, C-427/93, C-429/93 und C-436/93, ECLI:EU:C:1996:282 = NJW 1997, 1627.

630 BGH, NJW 2002, 221 (222) – Adalat.

fung des Markenrechts dann zulässig, wenn kumulativ folgende fünf Bedingungen erfüllt sind:

- die Geltendmachung der Rechte aus der Marke dient erwiesenermaßen nicht einer künstlichen Marktabschottung
- der Originalzustand des Arzneimittels, zum Beispiel in der Blisterpackung, wird von den Veränderungen des Importeurs oder Lieferanten nicht berührt
- auf der Verpackung müssen sowohl das die Umverpackung vornehmende Unternehmen als auch der Hersteller genannt sein
- das unverpackte Arzneimittel darf nicht so aufgemacht sein, dass der Ruf der Marke geschädigt wird
- der Importeur muss den Markeninhaber vorab vom Feilhalten des unverpackten Arzneimittels unterrichten und ihm auf Verlangen ein Muster liefern.

Schon bei unvollständigen oder unrichtigen Beipackzetteln infolge von Übersetzungen können berechtigte Gründe i. S. von § 24 Abs. 2 MarkenG des Markenrechtsinhabers zur Abwehr des Re- oder Parallelimports bestehen.

c) Geschmacksmusterrecht

478 Im Geschmacksmusterrecht wurde im Jahre 2002 ein unionsweites einheitliches *Gemeinschaftsgeschmacksmuster (*eigentlich jetzt: *Unionsgeschmacksmuster)* geschaffen. Die Registrierung erfolgt beim Amt der Europäischen Union für geistiges Eigentum in Alicante. Dadurch erlangt der Anmelder aufgrund eines einzigen Verfahrens ein Geschmacksmusterrecht für das Gebiet aller Mitgliedstaaten.

Nr.	*Rechtsakt*	*Durchführungsvorschriften*
1	Verordnung (EG) Nr. 6/2002 vom 12.12.2001 über das Gemeinschaftsgeschmackmuster – *Gemeinschaftsgeschmackmusterverordnung* – *ABl. L 3 vom 5.1.2002, S. 1* Zuletzt geändert durch Verordnung (EG) Nr. 1891/2006 vom 18.12.2006 *ABl. L 386 vom 29.12.2006, S. 14*	Designgesetz i. d.F. vom 24.2.2014 BGBl. I S. 122 (analog anwendbar gemäß § 62 DesignG)
2	Verordnung (EG) Nr. 2245/2002 vom 21.10.2002 zur Durchführung der Verordnung 6/2002/EG – *Gemeinschaftsgeschmackmuster-Durchführungsverordnung* – *ABl. L 341 vom 17.12.2002, S. 28;* geändert durch Verordnung (EG) Nr. 876/2007 vom 24.7.2007 *ABl. L 193 vom 25.7.2007 S. 13*	Designgesetz i. d.F. vom 24.2.2014 BGBl. I S. 122; DesignVO vom 2.1.2014 BGBl. I S. 18
3	Verordnung (EG) Nr. 2246/2002 vom 16.12.2002 über die an das Harmonisierungsamt für den Binnenmarkt (Marken, Muster und Modelle) zu entrichtenden Gebühren für die Eintragung von Gemeinschaftsgeschmacksmustern – *Gemeinschaftsgeschmackmuster-Gebührenverordnung* – *ABl. L 341 vom 17.12.2002, S. 54;* geändert durch Verordnung (EG) Nr. 877/2007 vom 24.7.2007 *ABl. L 193 vom 25.7.2007 S. 16*	Designgesetz i. d.F. vom 24.2.2014 BGBl. I S. 122; DesignVO vom 2.1.2014 BGBl. I S. 18

Nr.	*Rechtsakt*	*Durchführungsvorschriften*
4	Richtlinie 98/71/EG vom 13.10.1998 über den rechtlichen Schutz von Mustern und Modellen – *Muster- und Modelle-Richtlinie* – *ABl. L 289 vom 28.10.1998, S. 28*	Geschmacksmusterreformgesetz vom 12.3.2004 BGBl. I S. 390; (heute: DesignG und DesignVO)

aa) Gemeinschaftsgeschmacksmusterverordnung. „Geschmacksmuster" hat nichts mit Lebensmitteln zu tun, sondern ist eine alte Bezeichnung für ästhetische Ausdrucksformen. In Deutschland wurde die Bezeichnung seit dem Jahre 2004 durch „Design" ersetzt. 479

Die *Gemeinschaftsgeschmacksmusterverordnung (Nr. 1 der Liste)* will Erscheinungsformen eines Erzeugnisses oder eines Teils davon schützen, die sich insbesondere den Merkmalen der Linien, Konturen, Farben, der Gestalt, Oberflächenstruktur und/ oder der Wirkstoffe selbst und/oder seiner Verzierung ergibt (Art. 3 lit. a). Der Schutz kann nur erlangt werden, wenn dem Erzeugnis Neuheit und Eigenart (Artt. 5; 6) zukommt. Durch technische Funktionen bedingte Geschmacksmuster können nicht geschützt werden, ebenso nicht anstößige (Artt. 8; 9). Das Recht auf das Geschmacksmuster steht dem Entwerfer oder seinem Rechtsnachfolger zu (Art. 14 Abs. 1). Das Geschmacksmuster kann übertragen oder verpfändet werden (Artt. 28; 29). Die Nutzung kann durch eine ausschließliche oder nicht ausschließliche Lizenz gestattet werden (Art. 32). Die Änderungsverordnung 876/2007 (Nr. 2 der Liste) ergänzt die Ausgangsverordnung 2245/2002 im Hinblick auf die mögliche internationale Anmeldung beim Internationalen Büro der Welthandelsorganisation für geistiges Eigentum (WIPO).

bb) Muster- und Modelle-Richtlinie. Die Richtlinie über den rechtlichen *Schutz von Mustern und Modellen (Nr. 4 der Liste)* harmonisiert – mit Ausnahme der Sanktionen, Rechtsbehelfe und Vollzugsbestimmungen – die Rechte des Inhabers eines eingetragenen Musters. 480

„Muster" oder „Modelle" sind Erscheinungsformen eines Erzeugnisses oder Teile davon, die sich insbesondere an den Merkmalen der Linien, Konturen, Farben, Gestalt, Oberflächenstruktur und/oder Werkstoffe und/oder Verzierung ergibt (Art. 1 lit. a). Schutzvoraussetzung für die Entstehung eines ausschließlichen Rechts („Musterrechts") ist, dass ein Muster neu ist und Eigenart hat (Art. 3). Neuheit setzt das Fehlen eines identischen Musters an dem Prioritätstag voraus, die Eigenart erfordert Unterscheidungskraft aus der Sicht eines informierten Benutzers (Artt. 4; 5 Abs. 1). Soweit Erscheinungsmerkmale eines Erzeugnisses ausschließlich durch dessen technische Funktion bedingt sind, besteht kein Musterschutz (Art. 7 Abs. 1). Der Designschutz ist in der Richtlinie noch nicht erfasst.

Die Schutzdauer beträgt fünf Jahre oder ein Mehrfaches davon. Beschränkungen der Rechte aus dem Muster bestehen bei privaten Handlungen zu nichtgewerblichen Zwecken (Art. 13 Abs. 1). Die Richtlinie lässt eine Kumulation des Musterschutzes mit dem Urheberrechtsschutz zu (Erwägungsgrund 8).

d) Urheberrecht

aa) Grundsätze. Im Bereich des Urheberrechts besteht innerhalb der Europäischen Union ein grundsätzlich einheitlicher Schutzstandard, weil alle EU-Mitgliedstaaten die *Berner Übereinkunft* zum Schutz von Werken der Literatur und Kunst anerken- 481 nen, wenn auch nicht alle in den jüngsten Fassungen (Paris 1971; Brüssel 1975).[631] Darüber hinaus schafft das *WTO-TRIPS-Abkommen*[632] von 1994 eine gemeinsame Rechtsschutzbasis im Verhältnis zu Staaten außerhalb der Berner Übereinkunft.

482 Außerdem bestehen konzeptionelle Unterschiede zwischen dem *kontinentaleuropäischen Urheberrechtssystem* (droit d'auteur-System) und dem *anglo-amerikanischen Urheberrechtssystem* (Copyright-System): Das *droit d'auteur-System* erkennt nur den tatsächlichen Schöpfer des Werkes als Inhaber der Ausschließlichkeitsrechte an; das *Copyright-System* stellt das vermarktbare Wirtschaftsgut in den Mittelpunkt und vernachlässigt das Urheberpersönlichkeitsrecht (droit moral). Als Konsequenz wird die *Übertragbarkeit* des Urheberrechts im Copyright-System zugelassen, während im droit d'auteur-System *Rechtsausübungsvereinbarungen* (Lizenzverträge; Arbeitsverträge) oder gesetzliche Regelungen notwendig sind.

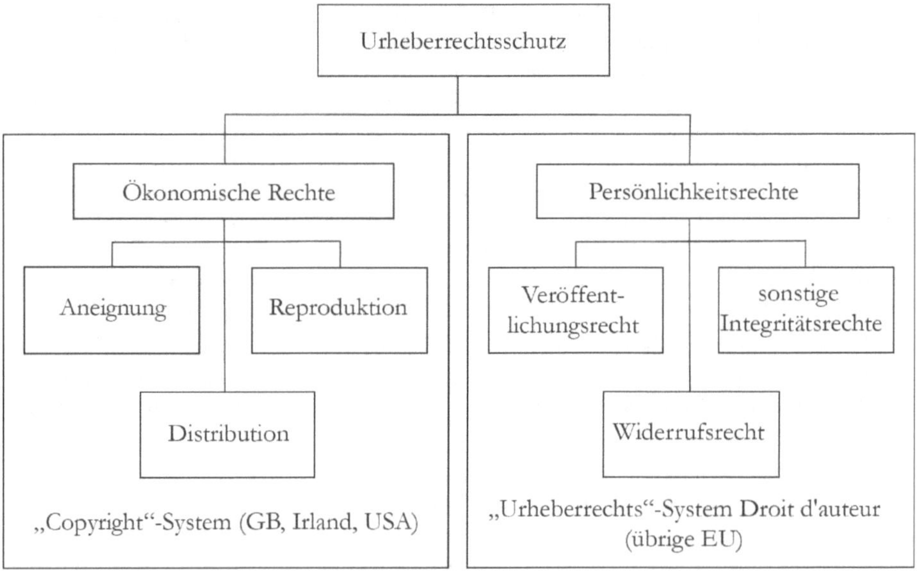

© Kilian 2021

483 Das europäische Urheberrecht verfolgt sechs Ziele:

- Vereinheitlichung der geschützten Werkarten
- Vereinheitlichung der Schutzrechtsvoraussetzungen
- Vereinheitlichung der Ausschließlichkeitsrechte des Urhebers
- Vereinheitlichung der Schutzfristen
- Einführung technischer Schutzmechanismen bei digitalisierten Werken
- Harmonisierung der Anforderungen an Wahrnehmungsgesellschaften.

631 Eine aktuelle Liste (Juni 2023) der 193 Staaten mit der Angabe, welcher Stand ratifiziert wurde, kann abgerufen werden unter: http://www.wipo.org.

632 Auf der Internetseite der WTO finden sich eine Fülle von Materialien und Dokumenten zum TRIPS-Abkommen: http://www.wto.org/english/tratop_e/trips_e/trips_e.htm.

bb) Richtlinien

484

Nr.	*Richtlinie*	*Umsetzung in deutsches Recht*
1	Richtlinie 87/54/EWG vom 16.12.1986 über den Rechtsschutz der Topographien von Halbleitererzeugnissen – *Halbleiterschutzrichtlinie* – *ABl. L 24 vom 27.1.1987, S. 36*	Halbleiterschutzgesetz vom 22.10.1987 BGBl. I S. 2294
2	Richtlinie 93/83/EWG vom 27.9.1993 zur Koordinierung bestimmter urheberrechtlicher und verwandter Vorschriften betreffend Satellitenrundfunk und Kabelweiterverbreitung – *Satellit- und Kabelrichtlinie* – *ABl. L 248 vom 6.10.1993, S. 15*	Viertes Gesetz zur Änderung des Urheberrechtsgesetzes vom 8.5.1998 BGBl. I S. 902
3	Richtlinie 96/9/EG vom 11.3.1996 über den rechtlichen Schutz von Datenbanken – *Datenbankrichtlinie* – *ABl. Nr. L 77 vom 27.3.1996 S. 20*	Gesetz zur Regelung der Rahmenbedingungen für Informations- und Kommunikationsdienste (Informations- und Kommunikationsdienste-Gesetz-IuKDG) vom 22.7.1997 BGBl. I S. 1870
4	Richtlinie 2001/29/EG vom 22.5.2001 zur Harmonisierung bestimmter Aspekte des Urheberrechts und der verwandten Schutzrechte in der Informationsgesellschaft – *InfoSoc-Richtlinie* – *ABl. L 167 vom 22.6.2001, S. 10*	Gesetz zur Regelung des Urheberrechts in der Informationsgesellschaft vom 10.9.2003 BGBl. I S. 1774
5	Richtlinie 2001/84/EG vom 27.9.2001 über das Folgerecht des Urhebers des Originals eines Kunstwerks – *Kunsturheber-Folgerechtsrichtlinie* – *ABl. L 272 vom 13.10.2001, S. 32*	Fünftes Gesetz zur Änderung des Urheberrechtsgesetzes vom 10.11.2006 BGBl. I S. 2587
6	Richtlinie 2006/115/EG vom 12.12.2006 zum Vermietrecht und Verleihrecht sowie zu bestimmten dem Urheberrecht verwandten Schutzrechten im Bereich des geistigen Eigentums – *Vermiet- und Verleihrichtlinie* – *ABl. L 376 vom 27.12.2006, S. 28*	Zweites Gesetz zu Regelung des Urheberrechts in der Informationsgesellschaft vom 26.10.2007 BGBl. I S. 2513
7	Richtlinie 2006/116/EG des Europäischen Parlaments und des Rates vom 12.12.2006 über die Schutzdauer des Urheberrechts und bestimmter verwandter Schutzrechte (kodifizierte Fassung) – *Schutzdauerrichtlinie* – *ABl. L 372 vom 27.12.2006, S. 12*	Drittes Gesetz zur Änderung des Urheberrechtsgesetzes vom 23.6.1995 BGBl. I S. 842 (Umsetzung der Richtlinie 93/98/EWG)
8	Richtlinie 2009/24/EG vom 23.4.2009 über den Rechtsschutz von Computerprogrammen – *Computerprogrammrichtlinie* – *ABl. L 111 vom 5.5.2009, S. 16*	zuletzt: Gesetz zur Anpassung des Urheberrechts an die Erfordernisse des digitalen Binnenmarktes vom 31.5.2021 BGBl. I S. 1204

Nr.	*Richtlinie*	*Umsetzung in deutsches Recht*
9	Richtlinie 2012/28/EU vom 25.10.2012 über bestimmte Formen der Nutzung verwaister Werke – *Verwaiste Werke-Richtlinie* – *ABl. L 299 vom 27.10.2012, S. 5*	Gesetz zur Nutzung verwaister und vergriffener Werke vom 1.10.2013 BGBl. I S. 3728 (betr. § 137 n UrHG)
10	Richtlinie 2014/26/EU vom 26.2.2014 über die kollektive Wahrnehmung von Urheber- und verwandten Schutzrechten und die Vergabe von Mehrgebietslizenzen für Rechte an Musikwerken für die Online-Nutzung im Binnenmarkt – *VG-Richtlinie* – *ABl. L 84 vom 20.3.2014, S. 72*	VG-Richtlinie-Umsetzungsgesetz vom 31.5.2016 BGBl. I S. 1190
11	Richtlinie (EU) 2019/790 vom 17.4.2019 über das Urheberrecht und die verwandten Schutzrechte im digitalen Binnenmarkt – *Urheberrechtsrichtlinie digitaler Binnenmarkt* – *ABl. L 130 vom 17.5.2019, S. 92*	Gesetz zur Anpassung des Urheberrechts an die Erfordernisse des digitalen Binnenmarktes vom 31.5.2021, BGBl. I S. 1204; Art. 3 dieses Artikelgesetzes: Urheberrechts-Diensteanbietergesetz (UrhDaG)

485 (1) **Halbleiterschutzrichtlinie.** Die *Halbleiterschutzrichtlinie* (*Nr. 1 der Liste*) begründet einen zehnjährigen Schutz für Halbleiter (Microchips). Geschützt wird die dreidimensionale Struktur des Microchips, auf denen die elektronischen Schaltmuster aufgebracht sind, vor allem gegen unrechtmäßiges Kopieren. Staatsangehörige dritter Staaten können für ihre Microchips den Rechtsschutz beanspruchen, wenn diese Staaten EU-Bürgern vergleichbare Rechte gewähren. Die ist für alle Unterzeichnerstaaten des WTO-TRIPS-Abkommens der Fall.

486 (2) **Satellit- und Kabelrichtlinie.** Bei der *Satellit- und Kabelrichtlinie* (*Nr. 2 der Liste*) geht es um spezielle Probleme, die das *Senderecht des Urhebers* im grenzüberschreitenden Verkehr erschweren. Dies kann durch wettbewerbs- und öffentlich-rechtliche Vorschriften geschehen. Nach der Richtlinie soll die Ausnutzung eines Schutzgefälles zulasten des Urhebers dadurch verhindert werden, dass die Mitgliedstaaten Verträge über die öffentliche Wiedergabe von Sendungen über Satelliten oder Kabel zulassen müssen. Die grenzüberschreitende Einspeisung und Weiterverbreitung von Rundfunkprogrammen werden gewährleistet.

487 (3) **Datenbankrichtlinie.** Die *Datenbankrichtlinie* (*Nr. 3 der Liste*) sieht zunächst einen urheberrechtlichen Schutz von Investitionen für die Beschaffung, Überprüfung und Darstellung der Inhalte einer elektronischen Datenbank vor. Daneben wird ein wettbewerbsrechtlich geprägter sui-generis-Schutz des Datenbankinhalts eingeführt. Dieser zweigleisige Schutz ist nicht nur zukunftsweisend für den angemessenen Schutz von Investitionen im Hinblick auf Informationen, sondern hat auch Modellcharakter für einen Ausgleich zwischen dem kontinentaleuropäischen Urheberrechtssystem und dem angloamerikanischen Copyright-System.[633] Ob eine unzulässige „Entnahme“ (Art. 7 Abs. 2 lit. a) aus einer Datenbank vorliegt, hängt von einem Vergleich der Volumina

633 Vgl. *Wiebe*, CR 1996, 198.

des Gesamtinhalts einer selbstständigen Untergruppe von Elementen und den entnommenen Elementen ab.[634]

(4) **Multimediarichtlinie.** Die *„InfoSoc"-Richtlinie* 2001/29/EG *(Nr. 4 der Liste)* zur Harmonisierung bestimmter Aspekte des Urheberrechts und der verwandten Schutzrechte in der Informationsgesellschaft (*Nr. 5 der Liste*) will einen harmonisierten Rechtsrahmen bei dem Vertrieb digitalisierter Produkte und Dienstleistungen schaffen. Das Internet vor allem hat zu neuen Formen der Verwertung von Werken beigetragen. Um Produkte wie Tonträger, Filme oder Multimediawerke anbieten zu können, sind beträchtliche Investitionen erforderlich, die nur bei angemessener Vergütung der Rechtsinhaber sichergestellt werden können (Erwägungsgrund 10). Im Hinblick auf die Informationstechnologie sollen die Verwertungsgesellschaften ihre Tätigkeit rationalisieren und transparenter gestalten (Erwägungsgrund 17). 488

Der Schutz *digitalisierter Werke* und deren Kombination zu *Multimedia-Werken* führen zu zahlreichen Problemen. Vor allem erleichtern sie die Anfertigung von Raubkopien urheberrechtlich geschützter Werke. Technische Kopierschutzverfahren, spezielle grenzüberschreitende Vertriebssysteme, neue Formen der Ausübung der Urheberrechte sowie die Einführung von Digital-Rights-Managementsystemen stehen europaweit zur Diskussion. 489

Versteht man unter *„Multimedia"* die Digitalisierung, Kombination und Interaktion bisher meist getrennter Ausdrucksformen – etwa eine sprachlich, grafisch und musikalisch gestaltete Internet-Website – dann führt die Digitalisierung zu einer einheitlichen Formatierung, Speicherung, Übermittlung und Wiedergabe von Informationen über bisher selbstständig geschützte Einzelwerke. Diese Einzelwerke können zeitunabhängig geschaffen, kombiniert, interaktiv gesteuert, inhaltlich ausgewählt, festgelegt und verändert werden. Die Website ist nicht mit dem Computerprogramm identisch oder schützbar, das die Aktivitäten für die Präsentation der Inhalte der Website steuert, denn der HTML- oder JAVA-Quellcode ist lediglich das Instrument zur Umsetzung bereits festgelegter Gestaltungs- und Kommunikationsformen. 490

Wirtschaftsrechtlich besonders interessant ist die Frage, wie die Rechte erlangt werden können, die zur Herstellung eines Multimediaproduktes erforderlich sind. Benötigt werden in der Regel Verwertungsrechte an Musikwerken, Schriftwerken, Fotografien, Filmen oder Kunstwerken. Originärer Inhaber der Verwertungsrechte an einem Werk ist der Urheber. Er überträgt die verschiedenen Formen seiner Verwertungsrechte einem Verlag oder einer gemeinsamen Rechteverwertungsgesellschaft. 491

Bei der Herstellung eines Multimediawerkes kann die Ermittlung und Übertragung von Verwertungsrechten hohe Kosten verursachen. 492

▶ **Beispiel:**

Für die Herstellung einer CD-ROM zum 100. Geburtstag von Carl Orff musste der deutsche Schott-Musikverlag mehrere hundert Urheber- und Leistungsschutzrechte erwerben.[635] ◀

Die Freiheit des Dienstleistungsverkehrs im Binnenmarkt erfordert den freien Zugang zu Informationen über Verwertungsrechte sowie den Handel mit ihnen. Da in den EU-Mitgliedstaaten nationale Urheberrechte-Verwertungsgesellschaften bestehen, die sektoral unterschiedlich aufgespaltene private Monopole darstellen, müssen wettbe-

634 EuGH, Apis-Hristovich, C-545/07, ECLI:EU:C:2009:132.
635 *Kreile/Becker*, in: Hoeren/Sieber (Hrsg.) Handbuch Multimedia Recht, 2003, Kap. 7.7 Rn. 30.

werbskompatible Verfahren zur einheitlichen Kennzeichnung von Werken (etwa für Zwecke der Zuordnung; Feststellung der Urheberschaft; Entstehungszeitpunkt; Spurenverfolgung bei teilweiser Verwertung; Dokumentation) sowie für das Management der Verwertungsrechte (Lizenzierung; Inkasso; Honorarausschüttung) auf Unionsebene und darüber hinausgehend gefunden werden.

493 Bereits im Grünbuch der Kommission von 1995 über „Urheberrechte und verwandte Schutzrechte in der Informationsgesellschaft“[636] wurde die Schaffung gemeinsamer Organisationen oder Clearingstellen auf europäischer Ebene angeregt. Seither sind in Mitgliedstaaten auch zahlreiche zentrale nationale Clearinggesellschaften entstanden,[637] die als nationale Informations- und Lizenzvermittlungsstelle fungieren. Ferner sind internationale Dachorganisationen als Interessengemeinschaften der nationalen Verwertungsgesellschaften gegründet worden.[638]

494 Europäische Clearingstellen[639] stellen Kooperationen nationaler Clearingstellen dar. Daneben werden zur individuellen Unterstützung der Urheber elektronische Urheberrechts-Managementsysteme (ECMS)[640] und Digital Rights Management -Systeme (DRMS) angeboten[641], die auf der Zuordnung von Zeichencodes („digitalen Wasserzeichen“) und elektronischen Signaturen zu urheberrechtlich relevanten Werken beruhen und die durch digitale Agentenprogramme die individuelle Rechtewahrnehmung an Multimediaprodukten unterstützen.

495 Die Richtlinie 2001/29/EG hat ein neues *Vervielfältigungsrecht* für Urheber, Künstler, Tonträgerhersteller, Filmhersteller und Sendeunternehmen geschaffen (Art. 2). Diesem Berechtigtenkreis wird das Recht der öffentlichen Wiedergabe von Werken und das Recht der *öffentlichen Zugänglichmachung* eingeräumt (Art. 3). Schließlich ist im digitalen Umfeld (Internet) die Zuerkennung des *Verbreitungsrechts* in Bezug auf das Original des Werks oder auf Vervielfältigungsstücke davon bedeutsam (Art. 4). Das Verbreitungsrecht erschöpft sich *(Erschöpfungsgrundsatz)* in der Union in Bezug auf das Original oder Vervielfältigungsstücke nur, wenn der Erstverkauf oder eine andere Eigentumsübertragung mit Zustimmung des Urhebers erfolgt (Art. 4). Geklärt ist, inwieweit der Erschöpfungsgrundsatz bei digitalen Inhalten (etwa E-Books) eingreift.[642]

496 In Art. 5 der Richtlinie werden zahlreiche Ausnahmen im öffentlichen Interesse oder für private Interessen vorgesehen. Besonders stark umstritten sind die 21 Ausnahmen und Beschränkungen des Vervielfältigungsrechts in Art. 5 Abs. 3, von denen nur eine verbindlich ist. Die Vielzahl der eröffneten Optionen und die Vagheit des sogenannten „Drei-Stufen-Tests“ in Art. 5 Abs. 5 der Richtlinie haben zu höchst unterschiedlichen Umsetzungen in den EU-Mitgliedstaaten geführt.[643] Von einer Harmonisierung des Vervielfältigungsrechts in der Union kann daher kaum gesprochen werden. Allerdings ist offen, ob Alternativvorschläge, wie die Einführung einer „fair use“-Klausel oder

636 KOM(95) 382 endg.

637 In Deutschland wurde 1996 die Clearingstelle Multimedia für Verwertungsgesellschaften von Urheber- und Leistungsschutzrechten GmbH (CMMV) in München von neun deutschen Verwertungsgesellschaften gegründet.

638 Etwa die „Conféderation Internationale des Societés d`Auteurs et Compositeurs“.

639 Etwa das EU-Forschungsprojekt „VERDI“ – Very Extensive Rights Data Information“.

640 ECMS – Electronic Copyright Management System.

641 *Höhne*, Digital Rights Management Systeme aus Verbrauchersicht, 2007.

642 EuGH, Nederlands Uitgeversverbond und Groep Algemene Uitgevers, C-263/18, ECLI:EU:C:2019:1111.

643 Beispielsweise sind nur in Belgien und Portugal die Nutzung des Vervielfältigungsrechts zugunsten von Behinderten (Art. 5 Abs. 3 lit. b) zur verbindlichen Grenze erklärt worden, nur in Irland und im Vereinigten Königreich sind Privatkopien verboten.

eine enumerative Aufzählung von verbindlichen Grenzen des Vervielfältigungsrechtsrechts zu besseren Lösungen führen würden. Im Kern geht es um die prinzipielle rechtpolitische Frage, wie die Verfügungsrechte an Werken zugunsten der Werkschöpfer, der Nutzer, der Wettbewerber und der Dienstleister verteilt werden sollen. Die Anwendung von Artt. 17 Abs. 2 und 52 Abs. 1 der EU – Grundrechtecharta könnten in Zukunft als Abwägungsmaßstäbe Bedeutung gewinnen.

(5) **Kunsturheber-Folgerechtsrichtlinie.** Durch die Richtlinie 2001/84/EG über das Fol- 497
gerecht des Urhebers des Originals eines Kunstwerks (*Nr. 5 der Liste*) wurde durch die Schaffung eines Folgerechts dem Urheber/Künstler ein vermögenswertes Recht eingeräumt, für jede Weiterveräußerung seines Werkes eine Vergütung zu verlangen. Gegenstand des Folgerechts ist das materielle Werkstück. Durch die Konstruktion des Folgerechts erhält der Urheber eine Erlösbeteiligung an jeder Weiterveräußerung seines Werkes.

Die Richtlinie 2001/84/EG legt den Kreis der erfassten Kunstwerke (Art. 2) und die relevanten Mindestverkaufspreise fest (Artt. 2; 3). Anspruchsberechtigte sind nach dem Tod des Urhebers seine Rechtsnachfolger (Art. 6). Die Anspruchsberechtigten haben Auskunftsansprüche gegen die Vertreter des Kunsthandels (Art. 9).

(6) **Vermiet- und Verleihrichtlinie.** Bei der (kodifizierten) *Vermiet- und Verleihrichtlinie* 498
(*Nr. 6 der Liste*) geht es um die Schaffung neuer Rechte in Bezug auf Originale und Vervielfältigungsstücke urheberrechtlich geschützter Werke, insbesondere für Filme, Videoaufnahmen und Tonträger. Das Vermieten und Verleihen sind in der Berner Übereinkunft noch nicht als Ausschließlichkeitsrecht ausgestaltet. Das Vermietrecht war aber bereits für Computerprogramme in der Computerprogrammrichtlinie vorgesehen (Art. 4 lit. c) und ist nunmehr auch in dem WTO-TRIPS-Übereinkommen (Artt. 11; 14 Abs. 4 S. 1) anerkannt. Von der Ausgestaltung des Verleihrechts als *Ausschließlichkeitsrecht* können die Mitgliedstaaten zugunsten öffentlicher Einrichtungen (Bibliotheken) absehen, etwa durch Einräumung eines bloßen Vergütungsanspruchs. Davon hat auch der deutsche Gesetzgeber Gebrauch gemacht.

(7) **Schutzdauerrichtlinie.** Die (kodifizierte) *Schutzdauerrichtlinie* (*Nr. 7 der Liste*) legt 499
eine urheberrechtliche Mindestschutzdauer von 70 Jahren nach dem Tod des Urhebers im Binnenmarkt fest. Für verwandte Schutzrechte (etwa Aufführungsrechte; Senderechte; Rechte ausübender Künstler) beträgt die Schutzdauer grundsätzlich[644] 50 Jahre. Unveröffentlichte Werke genießen einen Schutz von 25 Jahren ab der Erstveröffentlichung.

(8) **Computerprogrammrichtlinie.** Die *Computerprogrammrichtlinie* (*Nr. 8 der Liste*) 500
schafft einen urheberrechtlichen Sonderrechtsschutz für die Ausdrucksformen eines Computerprogramms einschließlich des Entwurfmaterials und der Ideen und Grundsätze, die irgendeinem Element eines Computerprogramms zu Grunde liegen. Computerprogramme haben einen hohen wirtschaftlichen Wert und können zugleich technisch einfach beliebig oft kopiert werden. Deshalb ist die ganze oder teilweise Vervielfältigung (Art. 4 lit. a) unabhängig von der Art und Weise (Laden; Anzeigen; Ablaufen; Übertragen; Speichern) vom Ausschließlichkeitsrecht des Urhebers erfasst. Sowohl die Halbleiterschutzrichtlinie als auch die Computerprogrammrichtlinie haben die rechtli-

644 Für Musikkompositionen 70 Jahre: Änderungsrichtlinie 2011/77/EU vom 27.9.2011 ABl. L 265 vom 11.10.2011, S. 1.

che Schwelle für das Entstehen von Ausschließlichkeitsrechten der Produktschöpfer bewusst niedrig festgelegt.

Die Abgrenzung zwischen einem Computerprogramm, das auf einem Mikrochip gespeichert und als Bauteil einer Maschine verwendet und mit ihr patentiert wird, und einem nicht hardwaremäßig gespeicherten Programmcode, der urheberrechtlich geschützt ist, überzeugt nicht immer. Auch computerimplementierte Geschäftsmethoden sind nicht leicht einzuordnen.[645]

Für Programme der Künstlichen Intelligenz liegt noch keine EuGH-Entscheidung vor. Da jedoch Netze allgemein und neuronale Netze insbesondere als potenzielle Weiterentwicklungen mit konzipiert sind, dürften selbst untrainierte Netze als Computerprogramme einzuordnen sein.

501 (9) **Verwaiste Werke-Richtlinie.** Bibliotheken und Archive digitalisieren und verknüpfen ihre Bestände, um Online-Recherchen zu ermöglichen. Viele Rechteinhaber geschützter Werke sind unbekannt oder unauffindbar. Die Richtlinie *(Liste Nr. 9)* regelt die Nutzung solcher Werke.

502 (10) **Wahrnehmungsgesellschaften-Richtlinie.** Die *Richtlinie über Wahrnehmungsgesellschaften (Nr. 10 der Liste)* stellt Anforderungen an den Aufbau und die Tätigkeit der Wahrnehmungsorganisationen (Leistungsstruktur; Finanzierung; Transparenz; Lizenzvergabe; Streitbeilegung). Außerdem enthält sie besondere Regelungen über die kollektive Rechtewahrnehmung bei Mehrgebietslizenzen sowie Online-Rechten an Musikwerken.

503 Von Interessengruppen hart umkämpft war der Urheberrechtsrahmen für digitale Verarbeitungsprozesse. Die *Urheberrechtsrichtlinie digitaler Binnenmarkt* (*Liste Nr. 11*) stellt einen Interessenausgleich her zwischen den an sozialen Netzwerken Beteiligten (Netzwerkbetreibern; Nutzern) einerseits und Schutzrechtsinhabern (Werkschöpfern; Verlagen). Neben bestimmten Anpassungen von Ausnahmen und Beschränkungen des Urheberrechts werden Kontrollverfahren zur Beachtung von Urheberrechten sowie Lizenzierungsverfahren vorgeschrieben.

Das Teilen von geschützten Inhalten stellt eine Handlung der öffentlichen Wiedergabe oder der Zugänglichmachung dar, die einer Erlaubnis durch den Rechteinhaber bedarf. Große Diensteanbieter, wie YouTube oder Facebook, haben besondere Sorgfaltspflichten und haften bei Verletzungen (Art. 33-44 des Gesetzes über digitale Dienste (Digital Services Act – DSA)).

Bei der ungeheuren Menge von elektronischen Data Mining-Prozessen in der heutigen Praxis kann die Wahrung bestehender Urheberrechte nur mithilfe des Einsatzes von Computerprogrammen erfolgen. Der Befürchtung, dass durch eine automatisierte Uploadkontrolle die Meinungsfreiheit beschnitten und eine allgemeine Überwachung eingeführt werde („Uploadfilter"), sollte bei entsprechendem Verdacht durch eine Kontrolle der Filterprogramme begegnet werden können. Die Richtlinie verbietet eine generelle Überwachung (Art. 17(8)) und nimmt Kritiken, Rezensionen, Zitate sowie die Nutzung zum Zwecke von Karikaturen oder Parodien vom Anwendungsbereich aus.

Die Richtlinie ist auf Werke und Schutzgegenstände anwendbar, die ab dem 7.6.2021 geschützt sind (Art. 26(1)).

645 *Ntouvas*, Patentierbarkeit computerimplementierter Geschäftsmethoden, 2010.

e) Sonstige Immaterialgüterrechte

Im *Gebrauchsmusterrecht* hat im Binnenmarkt noch keine Rechtsangleichung stattgefunden. Für das Gemeinschaftsgeschmacksmuster gilt eine Verordnung aus dem Jahr 2001.[646] 504

4. Leitentscheidungen

Die Einräumung von Ausschließlichkeitsrechten bringt die Gefahr mit sich, dass die Berechtigten ihre Monopolstellung ausnutzen. Auch besteht die Gefahr, dass sie den grenzüberschreitenden Handel mit Waren und Dienstleistungen zu erschweren oder den Wettbewerb zu verfälschen. 505

▶ **Beispiele:**

- Nichterteilung von Lizenzen
- Erlangung von Schutzrechten in anderen Mitgliedstaaten, um durch Lizenzvertragsgestaltung den Import und Export zu steuern oder künstliche Preisdifferenzierungen abzusichern ◀

Deshalb liegen besonders im Bereich des gewerblichen Rechtsschutzes und des Urheberrechts zahlreiche wichtige Entscheidungen des Europäischen Gerichtshofs vor.

a) Allgemeines

Für alle Immaterialgüterrechte gelten zwei Grundsätze: 506

- Unterscheidung zwischen dem *Bestand* und der *Ausübung* eines Rechts
- Erschöpfungsgrundsatz.

Die Unterscheidung zwischen *Bestand* und der *Ausübung* von Immaterialgüterrechten hat das Zusammenwirken der Artt. 345, 34 und 36 AEUV zur Grundlage: Wären die Immaterialgüterrechte als Eigentumssplitter nach Art. 345 AEUV grenzenlos geschützt, dann könnten der Wettbewerb und der Warenverkehr beschränkt werden. Dies ist jedoch, wie Art. 36 AEUV zeigt, nur ausnahmsweise und nur dann zulässig, wenn eine willkürliche Diskriminierung oder eine verschleierte Beschränkung des Handels vermieden wird (Art. 36 S. 2 AEUV). Handelsbeschränkungen aufgrund von Immaterialgüterrechten sind deshalb nur dann nach Art. 36 S. 1 AEUV gerechtfertigt, soweit sie zur Wahrung der Rechte dienen, die den *spezifischen Gegenstand* dieses Eigentums ausmachen.[647] Der *Bestand* der aufgrund nationaler Schutzrechte gewährten Rechtspositionen wird durch die Verbotsnormen des AEUV nicht berührt, wohl aber die *Ausübung*.[648] Den spezifischen Gegenstand der einzelnen Schutzrechte hat der Gerichtshof in vielen Entscheidungen jeweils präzisiert.[649]

Der *Erschöpfungsgrundsatz* (Grundsatz der unionsweiten Erschöpfung nationaler Schutzrechte) besagt, dass der Inhaber eines nationalen gewerblichen Schutzrechts sich auf dieses Schutzrecht nicht berufen kann, „um sich der Einfuhr oder dem Vertrieb eines Erzeugnisses zu widersetzen, das auf dem Markt eines anderen Mitgliedstaates von 507

646 VO (EG) Nr. 6/2002 vom 12.12.2001 ABl. vom 5.1.2002 L 3 S. 1; zur VO: EuGH, Mast-Jägermeister/EUIPO, C-217/17 P, ECLI:EU:C:2018:534.

647 EuGH, Centrafarm BV u. a./Sterling Drug, C-15/74, ECLI:EU:C:1974:114, 1148.

648 EuGH, van Zuylen Freres/HAG AG, C-192/73, ECLI:EU:C:1974:72, 732.

649 Nachweise bei: *Ullrich/Konrad*, in Dauses: Handbuch des EU-Wirtschaftsrechts, C III Rn. 8.

ihm selbst, mit seiner Zustimmung oder von einer rechtlich oder wirtschaftlich von ihm abhängigen Person rechtmäßig in Verkehr gebracht worden ist".[650] Der Grund für dieses Prinzip liegt darin, dass der Schutzrechtsinhaber Gelegenheit hatte, seine Vermarktungschancen zu nutzen. Der Erschöpfungsgrundsatz findet nur auf Waren, nicht auf Dienstleistungen Anwendung. Eine territoriale Begrenzung der Zustimmung zur Vermarktung auf den Binnenmarkt wird nicht zugelassen.

b) Einzelfälle

aa) Patentrecht

508 ■ *Centrafarm/Sterling Drug*[651]

Unterschiede im Umfang des nationalen *Patentrechtsschutzes* geben nicht die Möglichkeit, Parallelimporte abzuwehren.

■ *Pharmon/Hoechst*[652]

Ausnahmsweise kann sich ein Patentrechtsinhaber gegen den Parallelimport dann wehren, wenn für seine in einem anderen Mitgliedstaat patentierte Erfindung dort eine *Zwangslizenz* erteilt worden ist. Eine freie Vermarktungschance bestand insoweit dann nämlich nicht.

■ *Monsanto*[653]

Voraussetzungen für die Erteilung eines Patents zum Schutz eines verarbeiteten Erzeugnisses (DNA-Sequenz im Sojamehl)

■ *Brüstle/Greenpeace*[654]

Verfahren, bei denen embryonale Stammzellen des Menschen im Blastozytenstadium verwendet werden, dürfen nicht patentiert werden. Die „Verwendung zu industriellen und kommerziellen Zwecken" umfasst auch die wissenschaftliche Forschung.

■ *International Stem Cell Corporation*[655]

Menschliche Stammzellen können zu industriellen und kommerziellen Zwecken patentiert werden, soweit sie aus der künstlichen Teilung unbefruchteter Eizellen gewonnen werden. Ein Organismus, der sich nicht zu einem Menschen entwickeln kann, ist kein menschlicher Embryo.

bb) Warenzeichenrecht/Markenrecht

509 ■ *Kommission/Italien*[656]

Bei *Warenzeichen* gehört die Kennzeichnung der Ursprungsidentität zum spezifischen Gegenstand des Schutzrechts. Gegen Importe von vergleichbaren Erzeugnissen mit vergleichbaren Warenzeichen eines anderen Inhabers kann sich ein Warenzeicheninhaber wehren, ohne dass ein Verstoß gegen die Warenverkehrsfreiheit vorliegt.

650 EuGH, Deutsche Grammophon/Metro SB, C-78/70, ECLI:EU:C:1971:59, 488; EuGH, Keurkoop/Nancy Kean Gifts, C-144/81, ECLI:EU:C:1982:289, 2854; EuGH, Laserdisken, C-479/04, ECLI:EU:C:2006:549, I-8113.
651 EuGH, Centrafarm BV u. a./Sterling Drug, C-15/74, ECLI:EU:C:1974:114, 1148.
652 EuGH, Pharmon/Hoechst, C-19/84, ECLI:EU:C:1985:304, 2291.
653 EuGH, Monsanto Technology, C-428/08, ECLI:EU:C:2010:402 = GRUR 2010, 627.
654 EuGH, Brüstle, C-34/10, ECLI:EU:C:2011:669 = GRUR 2011, 1104.
655 EuGH, International Stem Cell, C-364/13, ECLI:EU:C:2014:2451 = GRUR 2015, 156.
656 EuGH, Kommission/Italien, C-235/89, ECLI:EU:C:1992:73, I-818.

- *Pfizer/Eurim Pharm*[657]

Wenn jedoch ein Produkt mit Zustimmung des Inhabers eines Warenzeichens in einem anderen Mitgliedstaat durch eine Tochtergesellschaft auf den Markt gebracht worden ist, dann kann sich der Inhaber nicht gegen den Import des Produkts durch Dritte wehren, solange diese das Warenzeichen unberührt lassen und nur die Packungsgrößen verändern.

- *IHT/Ideal Standard*[658]

Der *Erschöpfungsgrundsatz* greift ein, wenn es sich beim Zeicheninhaber im Ausfuhrstaat um dieselbe Person handelt oder aber verschiedene Personen, die wirtschaftlich verbunden sind, wie Lizenznehmer, Alleinvertriebshändler, Tochtergesellschaften.

- *Louis Vouitton*[659]

In der Werbung durch Dritte, die Schlüsselwörter benutzen, die *markenrechtlich* geschützt sind, liegt noch keine Beeinträchtigung der Werbefunktion der Marke, so lange der Waren- und Dienstleistungsanbieter erkennbar bleibt. Deshalb haftet ein Internetprovider (hier: Google Adwords), der markenrechtlich geschützte Begriffe als Suchbegriffe verkauft, nicht grundsätzlich für Markenrechtsverstöße seiner Kunden.

- *Silhouette*[660]

Der Silhouette-Fall betrifft die Frage der internationalen *Erschöpfung des Markenrechts* (hier: Reimport von Originalbrillen der oberen Preisklasse mit Markenschutz in den meisten Staaten der Welt). Der Inhaber einer Marke kann nicht allein aufgrund von Art. 7 Abs. 1 der Markenrechts-Harmonisierungsrichtlinie 89/104/EWG begehren, dass ein Dritter die Benutzung seiner Marke für Waren unterlässt, die unter dieser Marke vom Markeninhaber oder mit dessen Zustimmung außerhalb des Europäischen Wirtschaftsraums in den Verkehr gebracht worden sind.

657 EuGH, Pfizer/Eurim-Pharm, C-1/81, ECLI:EU:C:1981:291, 2914; EuGH, Hoffmann-La Roche/Centrafarm, C-102/77, ECLI:EU:C:1978:108, 1140.

658 EuGH, IHT Internationale Heiztechnik/Ideal-Standard, C-9/93, ECLI:EU:C:1994:261, I-2836 = GRUR Int. 1994, 614.

659 EuGH, Google France SARL/Louis Vouitton Malletier SA, C-236/08 bis C-238/08, ECLI:EU:C:2010:159 = NJW 2010, 2029.

660 EuGH, Silhouette International Schmied/Hartlauer Handelsgesellschaft, C-355/96, ECLI:EU:C:1998:374, I-4822.

■ *Hubert*[661]

Die Anmeldung einer *Gemeinschaftsmarke* „Hubert“ erzeugt keine Verwechslungsgefahr mit der eingetragenen Wortmarke „Saint Hubert 41“ zur Bezeichnung von Butter, Speisefetten, Käse und Milcherzeugnissen, wenn die angesprochenen Verkehrskreise schon wegen der bildlichen, klanglichen und begrifflichen Divergenzen Unterschiede wahrnehmen, selbst wenn zwischen den von den kollidierenden Marken erfassten Waren Identität oder Ähnlichkeit besteht.

■ *L'Oréal SA*[662]

Bei gesponserten Weblinks zu einer Markenware ist der Betreiber der Internetplattform Werbender und der Kunde Benutzer der Marke. Der Markenrechtsinhaber kann sich gegen die Werbung und gegen ein Umverpacken der Ware wenden.

■ *Coty Germany*[663]

Die internationale Zuständigkeit bei Markenverletzungen bei Behauptung einer unzulässigen vergleichenden Werbung oder einer unlauteren Nachahmung eines durch eine Gemeinschaftsmarke geschützten Zeichens richtet sich nicht nach dem Deliktsort, sondern nach dem Ort der Verwirklichung der Schadensfolgen.

■ *Nestlé/Cadbury*[664]

Eintragungsfähigkeit des Kitkat-Riegels als dreidimensionales Zeichen in Form eines vierfach gerippten, mit Schokolade überzogenen Waffelriegels.

■ *Rote Socken*[665]

Betreibt ein Online-Marktplatz (hier: Amazon) zugleich selbst eine Verkaufsplattform im eigenen Namen und auf eigene Rechnung, ist er auch für Markenrechtsverletzungen verantwortlich.

661 EuG, Vedial/OHMI - France Distribution (HUBERT), T-110/01, ECLI:EU:T:2002:318, II-5278.
662 EuGH, L'Oréal u. a., C-324/09, ECLI:EU:C:2011:474.
663 EuGH, Coty Germany, C-360/12, ECLI:EU:C:2014:1318 = EuZW 2014, 664.
664 EuGH, Société des Produits Nestlé, C-215/14, ECLI:EU:C:2015:604.
665 EuGH, C-148/21 und C-184/21, ECLI:EU:2022:1016.

cc) Urheberrecht

■ *Coditel I*[666] 510

Wenn ein Immaterialgüterrecht aufgrund öffentlich-rechtlicher Bestimmungen nur national wahrgenommen werden kann, dann greift der europäische *Erschöpfungsgrundsatz* nicht ein. Der Inhaber eines Filmvorführerrechts kann sich deshalb gegen die Kabeleinspeisung auch dann wehren, wenn der Film in einem anderen Mitgliedstaat mit seiner Zustimmung ausgestrahlt worden ist.

■ *Phil Collins*[667]

Das Urheberrecht und verwandte Schutzrechte unterliegen dem allgemeinen Diskriminierungsverbot (Art. 18 AEUV, vormals Art. 12 EG bzw. Art. 7 EGV). *Künstler* anderer Mitgliedstaaten können deshalb für Aufnahmen im Ausland in Deutschland den gleichen Schutz wie deutsche Künstler beanspruchen.

■ *Infopaq*[668]

Die urheberrechtliche Verwertung von Textbestandteilen (Speicherung und Ausdruck von 11 Wörtern aus einem geschützten Werk) kann eine teilweise *Vervielfältigung* darstellen, wenn diese eine geistige Schöpfung des Urhebers zum Ausdruck bringen.

■ *Gebührendifferenz II*[669]

Eine *Verwertungsgesellschaft* kann nicht die Gebührendifferenz verlangen, die zwischen der Lizenzgebühr für in einem anderen Mitgliedstaat in Verkehr gebrachte Werke und der im Inland für diese Werke erhobenen Lizenzgebühr besteht.

■ *Grundig/Consten*[670]

Sind Immaterialgüterrechte *Gegenstand, Mittel* oder *Folge* einer *Kartellabsprache*, die der Marktabschottung dient, dann ist ihre Ausübung nach Art. 101 AEUV verboten.

■ *Sirena/Novimpex*[671]

Die Übertragung oder Abtretung von Immaterialgüterrechten durch Vertrag (*Lizenz*) unterliegt nicht dem Erschöpfungsgrundsatz, sondern den Wettbewerbsregeln (Artt. 101, 102 AEUV), weil die Parallelität zwischen dem überlassenen und dem verbliebenen Schutzrecht des Veräußerers fehlt.

■ *RTE/ITP*[672]

Die Verweigerung einer *Urheberrechtslizenz* zum Abdruck eines Wochenprogramms durch einen dominierenden Fernsehsender ist ein missbräuchliches Verhalten nach Art. 102 AEUV.

666 EuGH, Coditel/Ciné Vog Films, C-62/79, ECLI:EU:C:1980:84, 882.
667 EuGH, Collins und Patricia Im- und Export/Imtrat und EMI Electrola, C-92/92 und C-326/92, ECLI:EU:C:1993:847, I-5171 = NJW 1994, 375.
668 EuGH, Infopaq International, C-5/08, ECLI:EU:C:2009:465 = GRUR Int 2010, 35.
669 EuGH, Musik-Vertrieb Membran GmbH/GEMA, C-55/80 und C-57/80, ECLI:EU:C:1981:10, 148 = GRUR Int. 1981, 229.
670 EuGH, Consten und Grundig/Kommission der EWG, C-56/64 und C-58/64, ECLI:EU:C:1966:41, 325; EuGH, Sirena/Eda, C-40/70, ECLI:EU:C:1979:236, 3169; EuGH, SABAM III, C-127/73, ECLI:EU:C:1974:25, 314.
671 EuGH, Sirena/Eda, C-40/70, ECLI:EU:C:1979:236, 3169.
672 EuGH, RTE und ITP/Kommission, C-241/91 und C-242/91, I-808 = CR 1995, 647.

- *Football Association*[673]

Fußballspiele sind keine urheberrechtlich geschützten Werke. Gebietsabhängige exklusive Lizenzen für Fernsehübertragungen verstoßen gegen das Wettbewerbsrecht. Nationale Vorschriften, welche die Einfuhr, den Verkauf oder die Verwendung ausländischer Decoderkarten untersagen, verstoßen gegen die Dienstleistungsrichtlinie.

- *Scarlet/SABAM*[674]

Die Installation eines elektronischen Filtersystems, um die Verantwortlichen unrechtmäßiger Downloads urheberrechtlich geschützter Werke zu verhindern, verstößt gegen Artt. 7 und 8 der EU-Grundrechtecharta (Kommunikationsfreiheit; Datenschutz).

- *Football Dataco*[675]

Die Originalität bei der Auswahl oder Anordnung der Daten in einer Datenbank ist entscheidend, ob ein Datenbankwerk vorliegt. Unerheblich sind die geistigen Anstrengungen, die Sachkenntnis und der Arbeitsaufwand.

- *SAS Institute*[676]

Weder die Funktionalität eines Computerprogramms noch die Programmiersprache oder das Dateiformat sind Ausdrucksformen eines Computerprogramms und unterfallen deshalb nicht dem urheberrechtlichen Schutz der Computerprogrammrichtlinie 2001/29/EG.

- *UsedSoft*[677]

Die digitale Vermarktung gebrauchter Lizenzen ist zulässig, wenn der Inhaber des Urheberrechts das Herunterladen einer Programmkopie gegen Entgelt zugestimmt hat. Der Erwerber der Programmkopie kann von seinem Verbreitungsrecht Gebrauch machen.

- *Bonnier*[678]

Die nationale Gesetzgebung kann (gestützt auf Art. 8 der Enforcement-Richtlinie 2004/48/EC) einen Internetdienstleister verpflichten, einem Urheberrechtsinhaber die IP-Adresse eines Kunden zu geben, die angeblich für eine Urheberrechtsverletzung genutzt wurde.

- *Bestwater*[679]

Die Einbettung eines auf einer Webseite öffentlich zugänglich gemachten urheberrechtlich geschützten Werkes mittels eines Links in eine andere Webseite („Framing“) stellt keine erlaubnispflichtige öffentliche Wiedergabe dar.

---

673 EuGH, Football Association Premier League u. a., C-403/08 und C-429/08, ECLI:EU:C:2011:631 = NJW 2012, 213.

674 EuGH, Scarlet Extended/SABAM, C-70/10, ECLI:EU:C:2011:771 = GRUR 2012, 265.

675 EuGH, Football Dataco u. a., C-604/10, ECLI:EU:C:2012:115 NJW 2012, 1783.

676 EuGH, SAS Institute, C-406/10, ECLI:EU:C:2012:259 = CR 2012, 428.

677 EuGH, UsedSoft, C-128/11, ECLI:EU:C:2012:407 = NJW 2012, 2565.

678 EuGH, Bonnier Audio u. a., C-461/10, ECLI:EU:C:2012:219.

679 EuGH, BestWater International, C-348/13, ECLI:EU:C:2014:2315.

■ *TU Darmstadt*[680]

Öffentliche Bibliotheken dürfen urheberrechtlich geschützte Werke ohne Lizenzen digitalisieren und Nutzern auf eigenen Terminals zugänglich machen. Eine Speicherung oder ein Ausdrucken durch Nutzer ist jedoch verboten.

■ *Svensson*[681]

Das Setzen von Hyperlinks auf frei zugängliche Werke verletzt nicht das Recht auf öffentliche Wiedergabe im Sinne von Art. 3 Abs. 1 der Info-Soc Richtlinie 2001/29/EG.

■ *Copydan*[682]

Eine Privatkopieabgabe auf Speicherkarten von Mobiltelefonen ist grundsätzlich mit EU-Recht vereinbar. Bei geringem Schaden für den Urheberrechteinhaber kann die Abgabe entfallen.

■ *Stichting Brein*[683]

Gewerbliche Anbieter von Geräten, die Nutzern das illegale Streaming bewusst erleichtern, führen zu einer unrechtmäßigen Nutzung. „Öffentliche Wiedergabe" (Art. 3(1) InfoSoc-Richtlinie) umfasst auch multimediale Medienabspieler sowie die Online-Überlassung gebrauchter E-Books[684].

■ *Bastei Lübbe*[685]

Der Inhaber eines Internetanschlusses haftet für eine Urheberrechtsverletzung durch Filesharing, wenn er keinen alternativen Nutzer konkret benennen kann.

■ *VG Bild-Kunst*[686]

In der Einbettung eines Werkes in die Webseite eines Dritten („framing") liegt eine Zugänglichmachung für die Öffentlichkeit, wenn der Urheberrechtsinhaber dagegen beschränkende Maßnahmen getroffen hat.

■ *Pelham*[687]

Gegen die unerlaubte Nutzung auch eines sehr kurzen Audiofragment eines Tonträgers auf einem anderen Tonträger *(„sampling")* kann sich der Tonträgerhersteller wehren, soweit der Ausschnitt trotz veränderter Form wiedererkannt werden kann.

■ *Austro-Mechana*[688]

Cloud-Computing von geschützten Werken führt beim Upload sowie Download zu einer Vervielfältigung. Ob für Privatkopien Nutzungsgebühren anfallen, richtet sich nach nationalem Recht.

---

680 EuGH, Eugen Ulmer, C-117/13, ECLI:EU:C:2014:2196.

681 EuGH, Svensson u. a., C-466/12, ECLI:EU:C:2014:76 = CR 2014, 258; EuGH, GS MediaC-160/15, ECLI:EU:2016:644 (Hyperlink zu unberechtigt veröffentlichten Fotos).

682 EuGH, Copydan Båndkopi, C-463/12, ECLI:EU:C:2015:144 = GRUR Int. 2015, 367.

683 EuGH, Stichting Brein, C-527/15, ECLI:EU:C:2017:300.

684 EuGH, Nederlands Uitgeversverbond und Groep Algemene Uitgevers, C-263/18, ECLI:EU:C:2019:1111.

685 EuGH, Bastei Lübbe, C-149/17, ECLI:EU:C:2018:841.

686 EuGH, VG Bild-Kunst, C-392/19, ECLI:EU:C:2021:181.

687 EuGH, Pelham u. a., C-476/17, ECLI:EU:2019:624.

688 EuGH, Austro-Mechana, C-433/20, ECLI:EU:C:2022:217.

5. Bezüge zum deutschen Recht

511 Kein anderes Rechtsgebiet ist durch europäisches Recht so nachhaltig inhaltlich fortentwickelt worden wie das Immaterialgüterrecht. Dies betrifft vor allem das Urheberrecht und das Markenrecht.

a) Urheberrecht

512 Alle Änderungen des deutschen Urheberrechtsgesetzes seit dem Jahre 1965 gehen auf EU-Richtlinien oder auf EuGH-Entscheidungen zurück.

Der *Rechtsschutz von Computerprogrammen* wurde als Sonderrechtsschutz innerhalb des Urheberrechts eingefügt (§§ 69 a-69 g). Damit verbunden war die Herabsetzung der Schutzrechtsschwelle für die Annahme einer „persönlichen geistigen Schöpfung" (§ 2 Abs. 2 UrhG). Letztere muss sich nicht mehr auf dem früher hohen oder überdurchschnittlichen Niveau[689] befinden. Es reicht jetzt *Originalität* aus, um den Urheberrechtsschutz herbeizuführen.[690]

513 Noch immer nicht endgültig geklärt ist die *Sacheigenschaft von Computerprogrammen*. Zutreffend hat der Bundesgerichtshof die Sicherungsübereignung von Computerprogrammen für unzulässig erklärt, weil es nicht um das Nutzungsrecht an einer Sache, sondern um Nutzungsrechte am Urheberrecht gehe.[691] Die durch das Schuldrechtsmodernisierungsgesetz 2001 neu eingeführte Formulierung „Gegenstände" in § 453 Abs. 1 BGB hat diese Streitfrage[692] noch nicht entschieden.

514 Die Zweitverwertung von Computersoftware war früher überwiegend abgelehnt worden, weil der sogenannte „Erschöpfungsgrundsatz" sich nur auf verkörperte Werke (§ 17 Abs. 2 UrhG) beziehe. Nachdem der EuGH in der UsedSoft-Entscheidung aufgrund ökonomischer Überlegungen grundsätzlich die Gleichwertigkeit der digitalen Überlassung festgestellt hatte[693], bestätigte der Bundesgerichtshof[694], dass auch im Rahmen von Volumenverträgen erworbene Lizenzen, für die nur eine einzige Lizenznummer vergeben worden ist, einzeln weiterverkauft werden dürfen, da kein „Aufspaltungsverbot" bestehe.

Irreal und überzogen ist die Konsequenz der Einordnung von Computerprogrammen in den allgemeinen Urheberrechtsschutz, der zu Folge der Computerprogrammrechtsschutz – wie nach der Schutzdauerrichtlinie 2006/116 zwingend vorgegeben – bis 70 Jahre nach dem Tod des Urhebers reicht (§§ 69 a i. V. m. 64 UrhG).

515 Wichtige Neuerungen ergeben sich aufgrund der *Vermiet- und Verleihrichtlinie:* Es handelt sich – zumindest beim Vermietrecht – um neugeschaffene Ausschließlichkeitsrechte, die bisher unter das Verbreitungsrecht fielen. Die Definition der Vermietung als „zeitlich begrenzte Gebrauchsüberlassung" in der Richtlinie wurde im deutschen Text als „Erwerbszwecken dienende Gebrauchsüberlassung" umgesetzt (§ 17 Abs. 3 S. 1 UrhG). Hierunter fallen alle Formen der entgeltlichen Gebrauchsüberlassung körperlicher Gegenstände (Bücher; Bild- und Tonträger; CD-ROM). Ausgenommen sind lediglich Gebrauchsüberlassungen von Werken der bildenden Kunst, von Bauwerken

689 BGH GRUR 1985, 1041 – Inkassoprogramm; BGH GRUR 1991, 441 – Betriebssystem.
690 BGH GRUR 1994, 39 – Buchhaltungsprogramm.
691 BGH CR 1994, 279.
692 BGHZ 102, 135.
693 EuGH, UsedSoft, C-128/11, ECLI:EU:C:2012:407 = NJW 2012, 2565.
694 BGH NJW 2014, 777.

sowie von Werken im Rahmen von Arbeits- und Dienstverhältnissen (§ 17 Abs. 3 S. 2 UrhG).

Fraglich ist, ob die *digitale Vermietung* („on demand services") unter § 17 UrhG fällt. 516
Die weite Fassung von § 17 Abs. 3 S. 1 UrhG spricht dafür. Eine Ungleichbehandlung desjenigen, der digitalisierte Werke körperlich erwirbt (CD-ROM; Diskette) gegenüber demjenigen, der geschützte digitalisierte Werke aus einer Datenbank abruft, leuchtet nicht ein. Die EG-Datenbankrichtlinie kann hier klärende Bedeutung gewinnen. Nach deren Erwägungsgrund 33 greift eine europäische Erschöpfung nicht ein.

Schließlich erforderte es die Vermiet- und Verleihrichtlinie, in Deutschland ein aus- 517
schließliches Verbreitungsrecht für ausübende Künstler sowie für Funk- und Fernsehunternehmen einzuführen (§§ 75 Abs. 2; 87 Abs. 1 Nr. 2, 3 UrhG). Kabelsendeunternehmen, die nur Sendungen anderer Sendeunternehmen weiterleiten, steht dagegen kein eigenes Leistungsschutzrecht zu. Aufgrund der Schutzdauer-Richtlinie 2006/116 wurden die Leistungsschutzrechte der Tonträgerhersteller, Sendeunternehmen und Filmhersteller auf 50 Jahre heraufgesetzt (§§ 85, 87 94 UrhG).

Das *Verleihen* von Werken dient *urheberrechtlich* keinen Erwerbszwecken und unter- 518
scheidet sich nur dadurch vom Vermieten (§§ 17 Abs. 3 S. 1; 27 Abs. 2 S. 2 UrhG). Das Verleihen in diesem Sinne wird von öffentlichen Einrichtungen (Bibliotheken; Museen) genutzt. Ein ausschließliches Verleihverbot für Computerprogramme wurde nicht eingeführt, weil die Bibliotheken eine Selbstverpflichtungserklärung zum Schutz dieser Programme abgegeben haben.[695]

Der Urheber eines Werkes hat für das Vermieten und das Verleihen einen unverzichtbaren Vergütungsanspruch (Art. 4 Abs. 2 der Richtlinie 2006/115). Nach deutschem Recht ist der Vermieter/Verleiher Gläubiger des Vergütungsanspruchs. Die Wahrnehmung der Vergütungsansprüche kann Verwertungsgesellschaften übertragen werden (§ 27 Abs. 3 UrhG).

Das Dritte Urheberrechtsänderungsgesetz von 1995 hat klargestellt, dass eine Veräuße- 519
rung eines urheberrechtlich geschützten Werkes das Verbreitungsrecht (mit Ausnahme der Vermietung) innerhalb des Binnenmarktes und im Europäischen Wirtschaftsraum *erschöpft* (§ 17 Abs. 2 UrhG). Auf diese Weise wurden die Konsequenzen aus der ständigen Rechtsprechung des Europäischen Gerichtshofs zum *Erschöpfungsgrundsatz* gezogen.

Ebenfalls auf die EuGH-Rechtsprechung geht die wichtige Neufassung des § 120 UrhG zurück: Nach der Phil Collins-Entscheidung[696] fallen das Urheberrecht und verwandte Leistungsschutzrechte in den Anwendungsbereich von Art. 18 Abs. 1 AEUV. Während nach der Revidierten Berner Übereinkunft (RBÜ) zwischen dem urheberrechtlichen Schutz von In- und Ausländern unterschieden werden darf, müssen alle Urheber im Binnenmarkt gleichbehandelt werden. Deutschland musste deshalb alle EU-Urheber den Inländern gleichstellen, was über den von ihr in der Berner Übereinkunft anerkannten Gegenseitigkeitsgrundsatz hinausgeht.

Das zweite Gesetz zur Regelung des Urheberrechts in der Informationsgesellschaft 520
(„Zweiter Korb") hat Optionen der Vermiet- und Verleihrichtlinie 2006/115 ausgeübt und einige Streitfragen geklärt. Sie betreffen etwa Verträge über unbekannte Nutzungs-

695 Vgl. *v. Lewinski*, ZUM 1995, 442 (448).

696 EuGH, Collins und Patricia Im- und Export/Imtrat und EMI Electrola, C-92/92 und C-326/92, ECLI:EU:C:1993:847, I-5171 = NJW 1994, 375.

arten, die Vergütung für die Wiedergabe von Werken an elektronischen Leseplätzen, die digitale Privatkopie oder zusätzliche Aufgaben von Verwertungsgesellschaften.

521 Einen Modernisierungsschub hat das deutsche Urheberrecht durch das Artikelgesetz zur Anpassung des Urheberrechts an die Erfordernisse des digitalen Binnenmarktes im Jahre 2021 erhalten. In Umsetzung mehrerer Richtlinien, insbesondere der Richtlinie 2019/789 *(Liste Nr. 11)*, betreffen die Neuregelungen im Urheberrechtsgesetz unter anderem die gesetzlichen Vergütungsansprüche (§ 63 a), die Nutzung von Computerprogrammen für Text und Data Mining (§§ 60 d, 68) und den Schutz von Presseverlagen (§ 87 f).

In einem Nebengesetz zum Urheberrechtsgesetz, dem Urheberrechts-Diensteanbietergesetz (UrhDaG), wurden die hart umkämpften Regelungen über Plattform-Diensteanbieter und über die Nutzung der Dienste festgelegt.

Upload-Plattformen müssen grundsätzlich für Inhalte Lizenzen erwerben, deren monetärer Wert Künstlern, Kreativen und Verlagen zu Gute kommt und zugleich die Meinungsfreiheit der Nutzer wahrt. Das Vorliegen einer Lizenz wird bei geringfügiger Nutzung widerruflich vermutet. Als „geringfügig" gelten bis zu 15 Sekunden eines Videos oder Musikstücks, 160 Zeilen Text und 125 kB Mitschnitte.

Unionsrechtlich nicht gefordert, aber begrüßenswert, ist § 19 Abs. 3 S. 1 UrhDaG, wonach Wissenschaftler Zugang zu Daten über die Wirkung von Algorithmen verlangen können, die der Steuerung von Nachrichten dienen.

Online-Marktplätze und Clouddienste sind vom UrhDaG nicht erfasst (§ 3 UrhDaG).

b) Markenrecht

522 Die Markenrechts-Harmonisierungsrichtlinie ist durch Überführung, Änderung und Erweiterung des bisherigen Warenzeichengesetzes in das *Markengesetz* von 1994 umgesetzt worden. Das Markengesetz weist folgende Besonderheiten auf:

- Erweiterung der Formen geschützter Marken
- Regelung der Wirkung fehlender Unterscheidungskraft
- Ausdehnung der sachlichen Reichweite des Markenschutzes
- Verlagerung des Schutzes geschäftlicher Bezeichnungen von § 16 UWG nach §§ 5, 15 MarkenG.

Das Markengesetz unterscheidet drei Arten geschäftlicher Kennzeichen: Marken, geschäftliche Bezeichnungen und geografische Herkunftsangaben (§ 1).

523 Im Mittelpunkt steht die *Marke*. Entsprechend den Vorgaben der EG-Richtlinie wird der bisher engere deutsche Sprachgebrauch[697] auf alle Zeichen erweitert, die sich grafisch darstellen lassen. Dazu gehören auch Hörzeichen, die sich technisch beispielsweise durch Notenschrift oder Sonogramm aufzeichnen lassen, dreidimensionale Gestaltungen, die als Abbildungen registriert werden können, sowie unterscheidungsfähige Wort/Buchstaben-Kombinationen und farbliche Gestaltungen. Diese Erweiterung entspricht modernen Marketingkonzepten. Im Zeitalter des Wettbewerbs durch Werbung („Werbungswettbewerb") werden die Präsentation der Ware, die Unterscheidung von Konkurrenzprodukten, Qualitätsaussagen und Herkunftsangaben oft wichtiger als die Produkte oder die Produktverbesserungen.

697 BGH, GRUR 1982, 373: Zahl 17; BGH NJW 1993, 3139: DOS.

Anders als nach dem alten Warenzeichengesetz steht es jedem frei – auch ohne Bestehen eines Geschäftsbetriebs – eine Marke anzumelden. Die Marke selbst wird dadurch zu einer absolut geschützten vermögenswerten Position, die abtretbar, pfändbar oder lizenzierbar ist. Die Ausgestaltung des Markenrechts eröffnet Anwälten, Ärzten oder Holdinggesellschaften die Möglichkeit, unter einer Marke aufzutreten. Geschäftstüchtigen Markenerfindern, die den Wettbewerb behindern könnten, wird die Vorratsbildung an Marken allerdings dadurch erschwert, dass neben der Gebührenpflicht für die Registrierung auch eine Benutzungspflicht für die Marke besteht. Die Registrierung unterbleibt, soweit die angemeldete Marke im Vergleich zu einer anderen identisch, verwechslungsfähig oder nachahmend ist (§§ 9, 14). Damit entfallen §§ 1, 16 UWG und § 823 BGB als bisherige Anspruchsgrundlagen außerhalb des früheren Warenzeichengesetzes für Tatbestände wie *sittenwidrige Rufausbeutung,*[698] *wettbewerbsbehindernde Rufschädigung*[699] oder *Verwässerung berühmter Marken.*[700] Lediglich *geographische Herkunftsangaben* genießen keinen absoluten Schutz, sondern unterliegen weiterhin dem Wettbewerbsrecht (§§ 2, 126 MarkenG). 524

Die durch das Markengesetz geschützten geschäftlichen Bezeichnungen (§§ 5, 15) umfassen alle mit einem Unternehmen in Zusammenhang stehenden wettbewerbsrelevanten Kennzeichen, wie Name, Firma, besondere Geschäfts- und Unternehmensbezeichnungen (früher: „Etablissementbezeichnungen"), sonstige Geschäftsabzeichen mit Verkehrsgeltung (z. B. Mercedes-Stern, Audi-Ringe) sowie Werktitel (Bezeichnungen für Druckschriften, Filmwerke, Tonwerke, Bühnenwerke). Der § 16 UWG verlor damit seinen Anwendungsbereich und wurde aufgehoben. 525

Der Erschöpfungsgrundsatz des Europäischen Gerichtshofs wurde erstmals ausdrücklich im nationalen Markenrecht verankert (§ 24 MarkenG). Ob die Beschränkung auf den Binnenmarkt und den Europäischen Wirtschaftsraum und die damit verbundene Abschottung gegenüber Reimporten aus Drittstaaten angesichts des WTO-TRIPS-Abkommens Bestand haben wird, erscheint sehr zweifelhaft.[701] 526

Der im deutschen Markenrecht verankerte Schutz von geografischen Herkunftsangaben ist mit Europarecht vereinbar.[702] Allerdings verstieß die Vergabe des Gütezeichens „Markenqualität aus deutschen Landen" an 2538 deutsche Betriebe für 11 633 verschiedene Erzeugnisse durch die „Centrale Marketing-Gesellschaft der deutschen Agrarwirtschaft (CMA)" – eine aus dem deutschen Absatzfondgesetz geförderte GmbH – gegen Art. 34 AEUV, weil sie den Handel zwischen den Mitgliedstaaten potenziell beschränkt; der Verbraucher werde veranlasst, anstelle importierter Erzeugnisse die mit dem CMA-Gütezeichen versehenen Erzeugnisse zu kaufen.[703] Ursprungsbezeichnungen oder geografische Angaben („Parmaschinken"; „Thüringer Leberwurst"[704]; „Hessischer Handkäs"[705]; „Oktoberfestbier"[706]) können als Qualitätsangaben EU-weit anerkannt und registriert werden.[707] 527

698 BGH, NJW 1986, 379 – Dimple.
699 BGH, NJW 1991, 3214 – SL.
700 BGH, NJW 1991, 3218 – Avon.
701 Ebenso *Schmieder,* NJW 1994, 1241 (1245).
702 EuGH, Haus Cramer, C-312/98, ECLI:EU:C:2000:599, I-9209.
703 EuGH, Kommission/Deutschland, C-325/00, ECLI:EU:C:2002:633, I-9993.
704 ABl. L 233 vom 3.9.2010, S. 4.
705 ABl. L 234 vom 4.9.2010, S. 5.
706 DVO (EU)2022/2075 vom 21.10.2022 ABl. L 280 vom 28.1.2022, S. 6.
707 VO (EU) Nr. 1151/2012 vom 21.11.2012 über Qualitätsregelungen für Agrarerzeugnisse und Lebensmittel, ABl. L 343 vom 14.12.2012, S. 1.

6. Bewertung

528 Immaterialgüterrechte haben wegen der Verknüpfung mit dem Waren- und Dienstleistungsverkehr große wirtschaftliche Bedeutung. Ständige technische Innovationen im Informations- und Telekommunikationsbereich verlangen Anpassungen im Immaterialgüterrecht. Neben der noch ausstehenden Einführung eines Gemeinschaftspatents sowie eines Gemeinschaftsgebrauchsmusters sind vor allem noch weiterzuentwickeln:

- Ausschließlichkeitsrechte in einem Computernetz (Lizenzbedingungen; Kontrolle; anwendbares Recht)
- Harmonisierungsmöglichkeiten zwischen Urheber-, Kommunikations- und Medienrecht
- Recht der Online-Dienste
- Internationales Privatrecht.

529 Mit Abschluss des *WTO-TRIPS-Übereinkommens* ist auch für die europäischen Immaterialgüterrechte eine neue Situation entstanden: Das WTO-TRIPS-Übereinkommen verlangt von der Europäischen Union als Vertragspartner eine Gleichbehandlung der Angehörigen aller Vertragsstaaten hinsichtlich aller gewerblichen Schutzrechte und des Urheberrechts (Art. 3 TRIPS). Deshalb mussten verschiedene EU-Richtlinien ergänzt und beispielsweise die Produktpiraterieverordnung[708] erlassen werden.

530 Die Schutzstandards des WTO-TRIPS-Übereinkommens umfassen *Individualrechte*. Nach Umsetzung des WTO-TRIPS-Übereinkommens im Unionsrecht dürften deshalb Individualklagen gegen die Rechtmäßigkeit des Unionsrechts vor dem Europäischen Gerichtshof möglich sein.[709] Da aber auch alle EU-Mitgliedstaaten das WTO-TRIPS-Übereinkommen neben der Europäischen Union ratifiziert haben, können nationale Gerichte eine eigenständige Auslegung der nationalen Vorschriften des Immaterialgüterrechts auf der Grundlage des WTO-TRIPS-Abkommens vornehmen.[710]

7. Wiederholungsfragen

531
1. Was versteht man unter „Immaterialgüterrecht"?
2. Was ist zu den Rechtgrundlagen des Europäischen Immaterialgüterrechts zu sagen?
3. Was versteht man unter „Unionsmarke"?
4. Was ist die Europäische Gemeinschaftsmarke?
5. Was ist das Gemeinschaftsgeschmacksmuster?
6. Gibt es ein europäisches Urheberrecht?
7. Welche konzeptionellen Unterschiede bestehen zwischen dem kontinentaleuropäischen und dem anglo-amerikanischen Urheberrechtssystem?
8. Welche Leitentscheidungen zum Europäischen Immaterialgüterrecht kennen Sie?
9. Welche Bezüge bestehen zwischen dem europäischen und dem nationalen Immaterialgüterrecht?

---

708 VO (EU) Nr. 508/2013 ABl. L 181 vom 29.6.2013, S. 15.

709 Vgl. *Drexl*, GRUR Int. 1994, 777 (784); a. A. EuGH, Dior, C-300/98 und C-392/98, ECLI:EU:C:2000:688, I-11344 = GRUR Int. 2001, 327; EuGH, Schieving-Nijstad u. a. (Route 66), C-89/99, ECLI:EU:C:2001:438, I-5874 = GRUR Int. 2002, 41.

710 Vgl. BGH, NJW 1999, 1953 (1956) – Kopienversand durch öffentliche Bibliotheken.

VIII. Informations- und Kommunikationstechnologierecht

Spezialliteratur: *Albrecht/Jotzo*, Das neue Datenschutzrecht der EU, Baden-Baden 2017; *Becker*, Consent Management Platforms und Targeted Advertising zwischen DSGVO und ePrivacy-Gesetzgebung, CR 2021, 87–98; *Bull*, Freiheit und Rechtsschutz im Internet, 2013; *Dörner*, Big Data und Dateneigentum, in: CR 2014, 119; *Druey*, Information als Gegenstand des Rechts, 1995; *Falkhofen*, Car Data Platforms and the EU Acquis for Digital Services, CRi 2018, 165–174; *Fechner*, Medienrecht, 17. A. 2022; *Feiler/Forgó*, EU-DSGVO, Wien 2017; *Forgó*, Die europäische Dimension des Datenschutzes, in: Forgó/Helfrich/Schneider (Hrsg.), Betrieblicher Datenschutz. Rechtshandbuch, 2. A. 2017, S. 50–73; 1053–1060; *Heinze*, Surf global, sue local. Der europäische Klägergerichtsstand bei Persönlichkeitsverletzungen im Internet, EuZW 2011, 947–950; *Hilgendorf/Feldle (Hrsg.)*, Digitization and the Law, 2018; *Hoeren*, Internetrecht. Ein Grundriss, 4. A. 2021; *Katsh*, Law in a Digital World, 1995; *Kilian*, Property Rights und Datenschutz. Strukturwandel der Privatheit durch elektronische Märkte, in: Kaal/Schmidt/Schwartze, Festschrift Christian Kirchner, 2014, 901–916; *Kilian*, Der Binnenmarkt und die digitale Wirtschaft. Deutscher Landesbericht für den XXVIII. FIDE-Kongress 2018, in: EuR Beiheft 1, 2019, S. 7–26; *Kilian*, Personenbezogene Daten als schuldrechtliche Gegenleistung, in: Stiftung Datenschutz (Hrsg.), Dateneigentum und Datenhandel, Berlin 2019, 191–207; *Kilian*, Idee und Wirklichkeit der Rechtsinformatik in Deutschland, CR 2017, 202–212; *Lessig*, Code und andere Gesetze des Cyberspace, 2001; *Monopolkommission (Hrsg.)*, Wettbewerbspolitik: Herausforderung digitale Märkte. Sondergutachten Nr. 68, 2015; *Monti*, Eine neue Strategie für den Binnenmarkt im Dienste der Wirtschaft und Gesellschaft Europas, 2010; *Monopolkommission (Hrsg.)*, Wettbewerbspolitik: Herausforderungen digitaler Märkte, 2015; *Oppermann/Stender-Vorwachs (Hrsg.)*, Autonomes Fahren. Rechtsfolgen, Rechtsprobleme, technische Grundlagen, 2017; *Reidenberg*, Lex Informatica: The Formulation of Information Policy Rules Through Technology, in: Texas Law Review Vol. 76 No. 3, February 1998, pp. 553–548; *Schiedermair*, Der Schutz des Privaten als internationales Grundrecht, 2012; *Schulze/Staudenmayer (Hrsg.)*, EU Digital Law, 2020; *Steinmüller*, Informationswissenschaftliche und technische Voraussetzungen einer neuen Informationsordnung, in: NfD 44 (1993), 215–236; *Taeger/Kremer*, Recht im E-Commerce und Internet, 2. A. 2021; *Vesting*, Zur Entwicklung einer „Informationsordnung", in: Badura/Dreier (Hrsg.), Festschrift 50 Jahre Bundesverfassungsgericht, 2001, Bd. II, 219–240; *Wiebe*, Die elektronische Willenserklärung, 2002; *Wiebe*, Von Datenrechten zu Datenzugang. Ein rechtlicher Rahmen für die europäische Datenwirtschaft, CR 2017, 138–345; *World Intellectual Property Organization (WIPO)*, Intellectual Property on the Internet: A Survey of Issues, WIPO/INT/02, 2002; *Zech*, Information als Schutzgegenstand, 2012.

1. Bereichsdefinition

Das *Informations- und Kommunikationstechnologierecht* (kurz: IT-Recht) der Europäischen Union umfasst als Spezialgebiet die Regelungen zum „digitalen Binnenmarkt"[711] im „digitalen Europa"[712] einschließlich der globalen Bezüge. Inhaltlich geht es um die Erfassung neuer Marktstrukturen, neuer Dienstleistungen und neuen Marktverhaltens. Um einen fairen Wettbewerb zu ermöglichen, sind Rahmenvorschriften erforderlich über die Datenwirtschaft (Verfügungsbefugnis über Daten; Zugangsbefugnis zu Daten; Kontrolle von gefährlichen Algorithmen), den Datenschutz (Schutz personenbezogener Daten), die technischen Voraussetzungen der digitalen Kommunikation (Normung; Frequenzordnung; Datensicherheit; elektronische Identifizierungen), die Kommunikationsmittel (Geräte; Netze; Plattformen), die Kommunikationsformen 532

711 Die Bezeichnung „digitaler Binnenmarkt" wurde erstmals im „Monti-Bericht" verwendet (Mitteilung der Kommission KOM (2010) 608 vom 27.10.2010, S. 11).

712 VO (EU) 2021/694 vom 29.4.2021 zur Aufstellung des Programms „Digitales Europa", ABl. L 166 vom 11.5.2021, S. 1.

(elektronische Verträge; elektronische Auktionen; soziale Netzwerke) sowie über den Umgang mit bestimmten Kommunikationsinhalten („fake news“; Hassreden).

533 Die Maßstäbe für das IT-Recht müsste eine Theorie liefern, die nicht nur ökonomische Markttheorien auf das IT-Recht überträgt, sondern auch die immateriellen Werte für eine gerechte Informationsordnung einschließt. Eine solche Theorie ist noch nicht in Sicht, kann aber am ehesten von einer umfassend verstandenen *Rechtsinformatik* erwartet werden, soweit man letztere als Wissenschaft von den Voraussetzungen, Anwendungen und Folgen der Informationstechnologie für das Recht definiert.[713]

534 Im Hinblick auf die theoretischen Voraussetzungen zur *Bewertung der Informationstechnologie für das Recht* gilt es zu klären, welche Werte verwirklicht werden sollen, welche Eigenschaften, Objekte und Funktionen Informationen haben und welche elementaren juristischen Kategorien als Anknüpfungsgesichtspunkte für Rechtsvorschriften in Frage kommen. Aus soziologischer Sicht lassen sich *Informationen* als Macht zur Alternativenwahl („selection power“) beschreiben. Die Macht zur Alternativenwahl beruht darauf, dass Informationen als Modelle für Ausschnitte der Welt (Institutionen; Organisationen; Personen; Lebensbereiche; Verfahren; Teilsysteme) für bestimmte Zwecke nutzbar gemacht werden können. Fehlender Zugang zu Informationen verhindert Partizipation, imperfekte Information führt zu Ungewissheiten und Risiken, asymmetrische Informationsverteilung verursacht ungleiche Verhandlungsmacht. Eine gerechte Informationsordnung müsste dazu beitragen, das Wissen über die Zusammenhänge zwischen elektronischen Kommunikationsnetzen, Dienstleistungen, Produkten, Verfahren sowie den Verfügungsrechten an und die Nutzung von Informationen zu strukturieren und zu bewerten.

535 Durch die digitale Erfassung von Sprache, Musik, Bildern, Verhaltensweisen, Zuständen oder Produktionsprozessen entstehen Hierarchien von Daten, die unter den Bedingungen der elektronischen Datenverarbeitung grundsätzlich für viele Zwecke genutzt werden können. Wenn diese Daten durch Programme gespeichert, selektiert, kombiniert und zweckbezogen ausgewertet werden, können daraus wirtschaftlich verwertbare Informationen und neue Geschäftsmodelle entstehen. Da die Nutzungsmöglichkeiten für Daten nicht voraussehbar sind, sondern durch Programme der Künstlichen Intelligenz innovativ genutzt werden können, stellt sich die Frage, ob Daten grundsätzlich frei zugänglich sein sollten oder welche eigentumsähnliche („proprietäre“) Rechte anerkannt werden sollten.

536 Aus ökonomischer Sicht können Informationen/Daten entweder als öffentliche Güter (public goods) angesehen werden, die frei zugänglich sind, oder als private Güter, an denen eigentumsähnliche Rechte (property rights) bestehen. Als Abgrenzungskriterium dient der Aspekt, ob es möglich ist, Dritte von der Nutzung auszuschließen. Davon hängt die Vermarktbarkeit eines Gutes ab, denn niemand wäre bereit, ein Gut zu erwerben, das auch kostenlos genutzt werden könnte.

2. Regelungsgrundlagen

537 Die *Nutzung der Informationstechnologie* setzt die Produktion von Geräten und Software, Dienstleistungsangeboten, Übertragungsnetzen und technischen Normen voraus. Die Fortschritte in der Mikroprozessoren-, Sensor-, Glasfaser-, Laser-, Lidar-, Satelliten- und Netzwerktechnik haben neue Produkte sowie neue Vermittlungs- und sonsti-

713 Kilian, Warum Rechtsinformatik? CR 2001, S. 132.

ge grenzüberschreitende Dienstleistungen hervorgebracht. „Digitale Ökosysteme" sind entstanden. Entsprechend ihrer Kompetenzen hat die Union vor allem Regelungen für die Kommunikationsinfrastruktur, den elektronischen Waren- und Güterverkehr, das Wettbewerbsrecht sowie für den Verbraucher- und Datenschutz erlassen.

In technischer Hinsicht ist eine *Konvergenz der Medien* erfolgt und es sind *elektronische (digitale) Märkte* entstanden. Unter *Konvergenz* versteht man die Vereinheitlichung der technischen Grundlagen, die zu Überschneidungen früher getrennter Medien geführt hat, etwa bei Rundfunk/Mobilfunk/Fernsehen/Telefon. Die alten Abgrenzungskriterien, wie Individual-/Massenkommunikation oder Sprach-/Datenkommunikation greifen nicht mehr. So entzieht sich die zeitgleiche Versendung einer E-Mail an Tausende von Empfängern den früheren rechtlichen Klassifikationen. Unter *digitalem Markt* ist ein Informationsraum ohne geografische Begrenzung zu verstehen, der durch Computernetze gebildet wird, die aufgrund technischer Regeln („Protokolle") die elektronische Kommunikation zwischen Marktteilnehmern und den digitalen Austausch von Gütern und Leistungen ermöglicht. 538

Zahlreiche *elektronische Märkte* sind inzwischen entstanden: Elektronische Bankgeschäfte; Online-Dienste; Cloud Computing; elektronische Auktionen; elektronischer Wertpapierhandel; soziale Netzwerke; Bezahlfernsehen oder Multimedia-Angebote liefern Beispiele dafür. Die Kommunikationsbeteiligten treten sich nicht mehr persönlich gegenüber, sind aber technisch durch Identifikations- und Authentifizierungsverfahren eindeutig feststellbar. Digitalisierte Informationen müssen trotz globaler Vernetzung möglichst sicher sein. 539

Die ökonomische Theorie der „natürlichen" Monopole ist im Bereich der elektronischen Kommunikation überholt, da genügend Funkfrequenzen und Übertragungswege zur Verfügung stehen. Die Erstreckung und Weiterentwicklung der Wettbewerbsprinzipien auf die elektronische Kommunikation könnte somit zu funktionsfähigen Märkten für die Informationsgesellschaft führen.[714] Da elektronische Märkte oft globale Informationsräume darstellen, tauchen nicht nur technische Fragen der Infrastruktur[715] und der Kompatibilität auf, sondern auch juristische Fragen des Zugangs und des Austausches von Informationen, des Verbraucherschutzes, des Datenschutzes, der Datensicherheit sowie des Schutzes des Vertrauens in die elektronische Kommunikation. 540

Als Hemmnisse für eine *europäische Informationsgesellschaft* und einen digitalen Binnenmarkt gelten: 541

- staatliche Monopole
- monopolartige private Dienstleister auf elektronischen Märkten
- unterschiedliche technische Standards (Industrienormen)
- protektionistisches Verhalten von Staaten
- Wettbewerbsbeschränkungen
- divergierende nationale Rechtsvorschriften.

Die im AEUV verankerten Marktfreiheiten sowie die darauf gestützten Verordnungen, Richtlinien und Entscheidungen des sekundären Unionsrechts haben im Zuge 542

714 So auch: Monopolkommission (Hrsg.), Wettbewerbspolitik: Herausforderung digitale Märkte. Sondergutachten Nr. 68, 2015.

715 Zum letzteren *Hermes*, Staatliche Infrastrukturverantwortung, 1998; *Jochimsen*, Theorie der Infrastruktur, 1966.

der computergestützten Kommunikationstechnik und der Globalisierung des Informationsverkehrs zu einer *Liberalisierung* (Deregulierung) der staatlichen Fernmeldemonopole sowie zu einer *wettbewerbsmäßigen Strukturierung der Märkte* für elektronische Kommunikationsgeräte, Kommunikationsnetze und Kommunikationsdienstleistungen in der Europäischen Union geführt.

543 Die Grenze zwischen der Anwendbarkeit der Vorschriften über den freien *Warenverkehr* und den Vorschriften über den *Dienstleistungsverkehr* ist nicht immer einfach zu ziehen.[716] Der Europäische Gerichtshof wendet bei *verkörperten Leistungen* (Tonträgern; Filmen; technischen Ausrüstungen) die Vorschriften des Warenverkehrs, bei *nichtverkörperten Leistungen* die Vorschriften über den Dienstleistungsverkehr an.[717] Die Dienstleistungsvorschriften kommen dabei nur subsidiär zum Zuge.[718]

544 Nachfolgend wird keine umfassende Darstellung der rechtlichen Folgen der Informationstechnologie angestrebt, da kein klassisches Rechtsgebiet davon mehr unberührt bleibt. Vielmehr sollen nur diejenigen *eigenständigen neuen Regelungskomplexe* analysiert werden, die ausschließlich auf die Informationstechnologie zurückzuführen sind.[719]

Zu den eigenständigen neuen IT-rechtlichen Regelungskomplexen zählen gegenwärtig:

- Rahmenrecht der elektronischen Kommunikation
- Recht der elektronischen Verträge
- Recht der Datensicherheit
- Datenschutzrecht
- Datenwirtschaftsrecht

3. Einzelregelungen

a) Rahmenrecht der elektronischen Kommunikation

Spezialliteratur: *Ellinghaus*, Das Telekom-Reformpaket der EU, CR 2010, S. 20–24; *European Commission (ed.)*, Intermediary Service Providers of non-hosting nature, Final report 2020; *van Hoboken et al.*, Hosting Intermediary Services and Illegal Content Online, 2019; *Mestmäcker*, Medienkonzentration im Internet, in: Basedow (Hrsg.), Aufbruch nach Europa: 75 Jahre Max-Planck-Institut für Privatrecht, 2001, 249–264; *Monopolkommission (Hrsg.)*, Wettbewerbspolitik: Herausforderung digitale Märkte. Sondergutachten Nr. 68, 2015; *van Schewick*, Architecture and Innovation: The Role of the End-to-End Arguments in the Original Internet, Diss. TU Berlin 2004; *van Schewick*, Towards an Economic Framework for Network Neutrality Regulation, in: Journal on Telecommunications and High Technology Law, 5 (2), 329; *Spindler/Schuster*, Recht der elektronischen Medien, 4. A. 2019.

545 aa) **Bereichsdefinition.** Unter „elektronischer Kommunikation" sind alle Formen der elektronischen Interaktion zwischen Rechtssubjekten/Institutionen in Form digitalisierter Daten, Texte, Sprache oder Bilder mithilfe elektromagnetischer Energie über elektronische Kommunikationsnetze zu verstehen.

---

716 *Otto*, Entmonopolisierung der Telekommunikation, 1989.

717 EuGH, Elleniki Radiophonia, C-260/89, ECLI:EU:C:1991:254, 2951.

718 EuGH, Sacchi, C-155/73, ECLI:EU:C:1974:40, 411.

719 Einige wirtschaftsrechtlich besonders relevante Teilregelungen (zB elektronische Ausschreibungen; Softwareschutz) sind im Kontext ihrer klassischen Rechtsgebiete (Kartellrecht; Urheberrecht) dargestellt.

▶ **Beispiele:**

E-Mail; Online-Angebote; Online-Bestellungen; Online-Abrufe; elektronische Abrufe; elektronische Auktionen; digitale Rundfunk-, Mobilfunk- und Fernsehangebote. ◀

Ein elektronisches Kommunikationsnetz ist als Übertragungssystem definiert, das zur Übertragung von Signalen über Kabel, Funk, optische oder elektromagnetische Einrichtungen oder Satelliten dient.[720] Die elektronische Kommunikation setzt Internetzugangsdienste oder interpersonelle Kommunikationsdienste (Internetplattformen) oder Signalübertragungsdienste (Maschine-Maschine – Kommunikation; Rundfunk) voraus (Art. 2 Nr. 4 EECC-Richtlinie, *unten Nr. 12 der Liste).*

Das *elektronische Kommunikationsverfahren* hat viele Elemente:[721] ein „Sender" („Teilnehmer"; „Nutzer"; „Verbraucher") von „elektronischen Signalen" (Text; Sprache; Bild; Ton) benötigt ein genormtes, durch eine Adresse (Nummer) eindeutig identifizierbares „Endgerät" (Computer; Telefon; Smartphone; Mobilfunkgerät; Rundfunk- oder Fernsehgerät; Set-Top-Box), um elektronische Signale über ein „öffentliches elektronisches Kommunikationsnetz" (Kabel; Funk; Satellit) unter Einschaltung von „interpersonellen Kommunikationsdiensten" (Zugangs-, Übertragungs-, Codierungs-, Decodierungs- und Zertifizierungsdienste) mit einem „Betreiber" (Nutzer; Datenbankbetreiber; Rundfunk- und Fernsehanbieter) direkt (online) oder indirekt (offline) über einen „Teilnehmeranschluss" austauschen, elektronische Abfragen durchführen oder elektronische Signale (Sendungen) empfangen zu können. 546

Die *elektronische Kommunikation* kann nur funktionieren, wenn leistungsfähige Kommunikationsnetze, Kommunikationsdienste und Kommunikationsgeräte zu erschwinglichen Preisen zur Verfügung stehen. In einer Informationsgesellschaft sollen Unternehmen und Bürger, insbesondere auch behinderte Personen, Zugang zu elektronischen Diensten besitzen. Da die Übertragung der Daten unabhängig von ihrem Inhalt dematerialisiert sowie raum- und zeitunabhängig erfolgt, ergeben sich vor allem über das „Netz der Netze" – das Internet – leicht grenzüberschreitende Effekte, was europäische Regelungsansätze erleichtert. 547

Die *Telekommunikation* bildete früher einen wichtigen, auf bestimmte Medien bezogenen *Ausschnitt* der elektronischen Kommunikation. Schon die inzwischen aufgehobene Rahmenrichtlinie 2002/21/EG hatte ganz auf die Bezeichnung „Tele"-Kommunikation verzichtet, um der Konvergenz der Medien Rechnung zu tragen. 548

Von der elektronischen Kommunikation und einer digitalen, wissensbasierten Wirtschaft gehen starke Impulse für Wachstum, Wettbewerbsfähigkeit und Beschäftigungsmöglichkeiten aus. Voraussetzung dafür ist eine kostengünstige *Kommunikationsinfrastruktur*. Unter „Infrastruktur" werden die technischen und rechtlichen Vorkehrungen verstanden, um bei netz- und leitungsgebundenen Dienstleistungen eine gleichmäßige flächendeckende Versorgung zu sozial verträglichen Bedingungen gewährleisten zu können.[722] 549

Früher war das staatliche Engagement in der Wirtschaft mit *staatlichen Monopolen* verbunden (Straßen; Schienen; Elektrizität; Wasser; Post; Bahn; Telegrafie). Die verwalteten Bereiche wurden als öffentliche Güter (public goods) ähnlich wie Luft oder 550

720 Art. 2 (1) der Richtlinie (EU) 2018/1972 vom 11.12.2018, ABl. L 321 vom 17.12.2018, S. 36.

721 Die in diesem Absatz in Anführungsstriche gesetzten Bezeichnungen sind in Art. 2 der Richtlinie 2018/1972 (EECC-Richtlinie) näher definiert.

722 *Hermes*, Staatliche Infrastrukturverantwortung, 1998, S. 166 f.; *Jochimsen*, Theorie der Infrastruktur, 1966.

Meeresstrand und als *res extra commercium (nicht marktfähige Güter)* angesehen. Die „Post Royale" gab es in Frankreich seit dem Jahr 1507. In Deutschland war die Familie Thurn und Taxis seit dem Mittelalter bis 1867 staatlich beliehener Unternehmer. Das Telegrafenwesen folgte im 19. Jahrhundert dem Postmodell. Das Gesetz über das Telegrafenwesen in Deutschland von 1892 ordnete „das Recht, Telegrafenanlagen für die Vermittlung von Nachrichten zu errichten und zu betreten" (§ 1) ausschließlich dem Deutschen Reich zu. Ähnliche Situationen bestanden in den meisten Staaten, etwa in Frankreich („sérvice publique"), in den U.S.A. („common carrier") oder in Großbritannien („public corporation").

Die Zeit dieser wettbewerbsfreien Ausnahmebereiche geht aber zu Ende. Die Informationstechnologie erübrigt aufgrund der Digitalisierung, der Erweiterung der Frequenzbänder, dem Entstehen von Computernetzen und der Satellitentechnik weitgehend eine hoheitliche Verwaltung. Nach bereits früher erfolgter Marktöffnung für den Endgerätebereich werden heute auch der Netzbereich und die netzgebundenen Dienstleistungen für den Wettbewerb geöffnet.

551 **bb) Regelungsgrundlagen.** Die elektronische Kommunikation ist als „Korrespondenz" im Sinne von Art. 8 Abs. 1 EMRK, als Freiheit der Meinung und Freiheit zum Empfang und zur Mitteilung von Nachrichten und Ideen ohne Rücksicht auf Landesgrenzen durch Art. 10 Abs. 1 EMRK sowie als Meinungsäußerungs- und Informationsfreiheit durch Artt. 11 und 42 der EU – Grundrechtecharta geschützt. Gewisse Einschränkungen müssen aus öffentlichem Interesse allerdings hingenommen werden (Art. 10 Abs. 1 S. 2 und Abs. 2 EMRK).

Als Regelungsgrundlagen im primären Unionsrecht kommen in Betracht:

- Warenverkehrsfreiheit (Artt. 34–37 AEUV)
- Dienstleistungsfreiheit (Artt. 56–62 AEUV)
- Kapitalverkehrsfreiheit (Artt. 63–66 AEUV)
- Durchsetzung der Grundsätze einer offenen Marktwirtschaft mit freiem Wettbewerb (Artt. 119 Abs. 1, 101, 102, 106 AEUV)
- Rechtsangleichung (Artt. 114, 115 AEUV)
- Verbraucherschutz (Artt. 12 und 169 AEUV)
- Auf- und Ausbau transeuropäischer (Telekommunikations-)Netze (Artt. 4 Abs. 2 lit. h; 170–172 AEUV).

552 In einem Urteil, bei dem es um das Inverkehrbringen von Decodern für digitale Übermittlung und den Empfang von Fernsehsignalen über Satellit sowie über die Erbringung der damit verbundenen Dienste mit Zugangsberechtigung ging, hat der Europäische Gerichtshof entschieden, dass ein *vorheriges Genehmigungsverfahren* sowohl den freien Warenverkehr *als auch* den freien Dienstleistungsverkehr beschränke; um im Hinblick auf die Grundfreiheiten gerechtfertigt zu sein, müsse das Genehmigungsverfahren einen im Gemeinschaftsinteresse anerkannten und im Allgemeininteresse liegenden Grund haben und das Prinzip der Verhältnismäßigkeit beachten.[723]

553 **cc) Einzelregelungen.** Der Rechtsrahmen für informationstechnische Fragen der elektronischen Kommunikation und audiovisuellen Medien umfasst derzeit 13 EU-Richtlinien und 4 EU-Verordnungen. Die Richtlinie (EU) 2018/1972[724] hat das Bündel

723 EuGH, Canal Satélite Digital/Administración General del Estado, C-390/99, ECLI:EU:C:2002:34, I-635.
724 Vom 11.12.2018 ABl. L 321 vom 17.12.2018, S. 36.

von Kommunikationsrichtlinien aus dem Jahre 2002 einschließlich deren spätere Änderungen aufgehoben[725] und als „Europäischer Kodex für die elektronische Kommunikation" (European Electronic Communication Code – EECC) neu gefasst und modernisiert. Der Kodex *(Nr. 12 der nachfolgenden Liste)* umfasst auf 178 Seiten Text insgesamt 326 Erwägungsgründe, 127 Artikel und 13 Anhänge. Der Kodex war bis zum 21.12.2020 in mitgliedstaatliches Recht umzusetzen oder ist jedenfalls seither unmittelbar anzuwenden. Anhang XIII der EECC- Richtlinie enthält eine Entsprechungstabelle der alten und neuen Vorschriften.

Richtlinien

Nr.	*Gegenstand*	*Umsetzung in deutsches Recht*
1	Richtlinie 87/372/EWG vom 25.6.1987 über die Frequenzbänder, die für die koordinierte Einführung eines europaweiten öffentlichen zellulären digitalen terrestrischen Mobilfunkdienstes in der Gemeinschaft bereitzustellen sind *– GSM-Richtlinie –* *ABl. L 196 vom 17.7.1987, S. 85*	Frequenzzuweisungsplan der Bundesnetzagentur (www.bundesnetzagentur.de)
	geändert durch Richtlinie 2009/114/EG vom 16.9.2009 *ABl. 274 vom 20.10.2009, S. 25*	Verfügung Nr. 59 der Bundesnetzagentur vom 21.10.2009 (Amtsblatt der Bundesnetzagentur)
2	Richtlinie 91/287/EWG vom 3.6.1991 über das Frequenzband, das für die koordinierte Einführung europäischer schnurloser Digital-Kommunikation (DECT) in der Gemeinschaft vorgesehen ist *– DECT-Richtlinie –* *ABl. L 144 vom 8.6.1991, S. 45*	Umsetzung nicht erforderlich (VO-Funk, Genf 1979, Ausgabe 1982, maßgebend)
3	Richtlinie 93/68/EWG vom 22.7.1993 ua zur Änderung der Richtlinie 91/263/EWG *– Betriebsmittel-Kennzeichnungsrichtlinie –* *ABl. L 220 vom 30.8.1993, S. 1*	PTNeuOG vom 14.9.1994, BGBl. I S. 2325
4	Richtlinie 98/84/EG vom 20.11.1998 über den rechtlichen Schutz von zugangskontrollierten Diensten und von Zugangskontrolldiensten *– Zugangskontrolldiensterichtlinie –* *ABl. L 320 vom 28.11.1998, S. 54*	Zugangskontrolldiensteschutzgesetz (ZKDSG) vom 19.3. 2002 BGBl. I S. 1090; geändert durch Gesetz vom 26.2.2007 BGBl. I S. 179

725 Richtlinie 2002/19/EG (Zugangsrichtlinie); 2002/20/EG (Genehmigungsrichtlinie); 2002/21/EG (Rahmenrichtlinie); 2002/22/EG (Universaldiensterichtlinie) sowie 2009/140/EG (TK-Änderungsrichtlinie).

Nr.	*Gegenstand*	*Umsetzung in deutsches Recht*
5	Richtlinie 2002/58/EG vom 12.7.2002 über die Verarbeitung personenbezogener Daten und den Schutz der Privatsphäre in der elektronischen Kommunikation *– Datenschutzrichtlinie für elektronische Kommunikation –* *ABl. L 201 vom 31.7.2002, S. 37* *→ Einzelheiten im Abschnitt Datenschutzrecht, Rn. 687* geändert durch *Richtlinie 2006/24/EG vom 15.3.2006 ABl. L 105 vom 13.4.2006, S. 54*	Gesetz gegen den unlauteren Wettbewerb (UWG) vom 3.7.2004 BGBl. I S. 1414 Telekommunikationsgesetz (TKG) vom 22.6.2004 BGBl. I S. 1190 Gesetz zur Neuregelung der Telekommunikationsüberwachung vom 21.12.2007 BGBl. I S. 3198
6	Richtlinie 2002/77/EG vom 16.9.2002 über den Wettbewerb auf den Märkten für elektronische Kommunikationsnetze und -dienste *– Wettbewerbsrichtlinie –* *ABl. L 249 vom 17.9.2002, S. 21*	Telekommunikationsgesetz (TKG) vom 22.6.2004 BGBl. I S. 1190
7	Richtlinie 2008/63/EG vom 20.6.2008 über den Wettbewerb auf dem Markt für Telekommunikations-Endeinrichtungen *– TK-Endgeräterichtlinie –* *ABl. L 162 vom 21.6.2008, S. 20*	Funkanlagengesetz (FuAG) vom 27.6.2017 BGBl. I S. 1947
8	Richtlinie 2010/13/EU vom 10.3.2010 über audiovisuelle Mediendienste *– Audiovisuelle Mediendienste-Richtlinie –* *ABl. L 95 vom 15.4.2010, S. 1* geändert durch *Richtlinie 2018/1808 vom 14.11.2018, ABl. L 303 vom 28.11.2018, S. 69*	1. Telemedienänderungsgesetz vom 31.5.2010 BGBl. I S. 692; Änderung des Telemediengesetzes vom 19.11.2020 BGBl. I S. 2456; Netzwerkdurchsetzungsgesetz vom 1.9.2017 BGBl. I S. 3352; Änderungsgesetz vom 3.6.2021 BGBl. I S. 1436
9	Richtlinie 2014/30/EU zur Harmonisierung der Rechtsvorschriften der Mitgliedstaaten über die elektromagnetische Verträglichkeit vom 26.2.2014 *– EMV-Richtlinie –* *ABl. L 96 vom 29.3.2014, S. 79*	Elektromagnetische-Verträglichkeit-Gesetz (EMVG) vom 14.12.2016 BGBl. I S. 2879
10	Richtlinie 2014/35/EU vom 26.2.2014 zur Harmonisierung der Rechtsvorschriften der Mitgliedstaaten über die Bereitstellung elektrischer Betriebsmittel *– elektrische Betriebsmittel-Richtlinie –* *ABl. L 96 vom 29.3.2014, S. 357*	Elektromagnetische-Verträglichkeit-Gesetz (EMVG) vom 14.12.2016 BGBl. I S. 2829

Nr.	*Gegenstand*	*Umsetzung in deutsches Recht*
11	Richtlinie 2014/53/EU vom 16.4.2014 über die Harmonisierung der Rechtsvorschriften der Mitgliedstaaten über die Bereitstellung von Funkanlagen *– Mobilfunk-Konformitätsrichtlinie –* *ABl. L 153 vom 22.5.2014, S. 62* *geändert durch Richtlinie (EU) 2022/2380 vom 28.11.2022 ABl. L 315 vom 7.12.2022, S. 30*	Funkanlagengesetz (FuAG) vom 27.6.2017 BGBl. I S. 1947
12	Richtlinie (EU) 2018/1972 vom 11.12.2018 über einen europäischen Kodex für die elektronische Kommunikation *– EECC-Richtlinie –* *ABl. L 321 vom 17.12.2018, S. 36*	6. TK-Änderungsgesetz vom 6.2.2020 BGBl. I S. 146; Gesetz zur Umsetzung der Richtlinie (EU) 2018/1972 (TK-Modernisierungsgesetz) vom 28.6.2021 BGBl. I S. 1858; Telekommunikationsmindestversorgungsver-ordnung (TKMV) vom 14.6.2022 BGBl. I S. 880
13	Richtlinie (EU) 2019/789 vom 17.4.2019 über Online-Übertragungen von Sendeunternehmen und die Weiterverbreitung von Fernseh- und Rundfunkprogrammen *– Online-Sendungen-Richtlinie –* *ABl. L 130 vom 17.5.2019, S. 82*	Artt. 1 und 2 Gesetz zur Anpassung des Urheberrechts an die Erfordernisse des digitalen Binnenmarktes vom 31.5.2021 BGBl. I S. 1204

Verordnungen 554

Nr.	*Gegenstand*	*Umsetzung in deutsches Recht*
14	VO (EG) 765/2008 vom 9.7.2008 über die Akkreditierung und die Marktüberwachung im Zusammenhang mit der Vermarktung von Produkten aus Drittländern *– CE-Konformitätsverordnung –* *ABl. L 218 vom 13.8.2008, S. 30*	Produktsicherheitsgesetz (ProdSG) vom 8.11.2011 BGBl. I S. 2178, 2179; 2012 I S. 131
15	VO (EU) Nr. 1025/2012 vom 25.10.2012 zur Europäischen Normung *– Normungsverordnung –* *ABl. L 316 vom 14.11.2012, S. 12*	Mess- und Eichverordnung (MessEV) vom 11.12.2014 BGBl. I 2011
16	VO (EU) 2017/1128 vom 14.6.2017 zur grenzüberschreitenden Portabilität von Online-Inhaltsdiensten im Binnenmarkt *– Online-Inhaltsdienste-Verordnung –* ABl. L 168 vom 30.6.2017, S. 1	
17	Verordnung (EU) 2022/612 vom 06.4.2022 über das Roaming in öffentlichen Mobilfunknetzen der Union (Neufassung). *– Roaming Verordnung* *ABl. L 115 vom 13.4.2022, S. 1*	

555 **(1) Liberalisierung des Marktes der elektronischen Kommunikation.** Die *wichtigste Grundlage* für die Liberalisierung des Telekommunikationsbereichs bildet Art. 106 AEUV. Danach sind staatliche Rundfunk- und Fernsehmonopole zwar nicht verboten;[726] die Mitgliedstaaten dürfen aber keine dem AEUV widersprechenden Maßnahmen treffen oder beibehalten. *Unzulässig* ist es nach der Rechtsprechung,[727] die Übertragung von Fernsehprogrammen privater Sender über Verteilernetze davon abhängig zu machen,

- in welcher Sprache die Sendung erfolgt
- ob bestimmte Bedingungen erfüllt werden
- ob eine Genehmigung vorliegt
- ob das Sendeunternehmen über eine inländische Kapitalmehrheit verfügt.

556 Der Europäische Gerichtshof betrachtet die *Bereitstellung von Telekommunikationsnetzen (audiovisuelle Kommunikationsnetze)* als *Dienstleistung* im allgemeinen wirtschaftlichen Interesse Art. 106 Abs. 2 AEUV.[728] Beschwerden verschiedener Mitgliedstaaten gegen die Aufhebung der früheren staatlichen Telekommunikationsdienstleistungsmonopole hat der Europäische Gerichtshof stets zurückgewiesen.[729]

Im Telekommunikationssektor hat sich nach Trennung des *Endgerätebereichs* vom *Netzbereich* gezeigt, dass beide Bereiche (und nicht, wie ursprünglich gedacht, nur der Endgerätebereich) ohne Weiteres für den Wettbewerb geöffnet werden können. Inzwischen erstreckt sich die Liberalisierung auch auf alle netzgebundenen Dienstleistungen. Ein Beispiel ist der Wettbewerb für Roaming – Dienste in Mobilfunknetzen, der Endkunden den separaten Kauf von Sprach-, SMS- und Datendiensten im Ausland ermöglicht *(Liste Nr. 17).*

Darüber hinaus kann ein Abonnent von Online-Inhaltsdiensten (Musik; Spiele; Filme; Unterhaltungsprogramme), der in seinem Wohnsitzmitgliedstaat über eine entgeltliche Nutzungslizenz verfügt, auf die Online-Inhalte in gleicher Qualität ohne zusätzliche Zahlung zugreifen. Vertragliche Beschränkungen in Altverträgen sind seit dem 21.5.2018 hinfällig geworden (*Online-Inhaltsdienste-Verordnung, Nr. 16 der Liste*).

557 **(2) Kodex.** Von einem *erleichterten* und *kostengünstigen* Zugang von Unternehmen und Bürgern zu *digitalisierten Dienstleistungsangeboten* verspricht man sich starke wirtschaftliche Impulse für Wachstum, Wettbewerbsfähigkeit und Beschäftigungsmöglichkeit. Mit der zunehmenden Verschmelzung („Konvergenz“) von Telekommunikation, Medien und Informationstechnologie war es notwendig, für alle Übertragungsnetze und Übertragungsdienste einen einheitlichen Rechtsrahmen zu schaffen. Ein solcher Rechtsrahmen ist nun mit der EECC-Richtlinie („Kodex“; *Nr. 12 der Liste*) erreicht worden.

Der Kodex beschränkt sich auf die *Setzung von Rahmenbedingungen* für elektronische Kommunikationsnetze und -dienste, regelt aber nicht die Inhalte selbst. Für die Förderung der kulturellen, wissenschaftlichen oder sprachlichen Inhalte sind die Mitgliedstaaten zuständig.

---

726 EuGH, Sacchi, C-155/73, ECLI:EU:C:1974:40, 411.

727 EuGH, Kommission/Niederlande, C-353/89, ECLI:EU:C:1991:325, 4088; EuGH, Stichting Collective ua/Commissariaat voor de Media, C-288/89, ECLI:EU:C:1991:323, I-4035; EuGH, Kommission/Belgien, C-211/91, ECLI:EU:C:1992:526, I-6773.

728 EuGH, RTT/INNO, C-18/88, ECLI:EU:C:1991:474, I-5973.

729 EuGH, Belgien/Kommission, C-271/90, ECLI:EU:C:1992:440, I-5859.

Der Kodex regelt elektronische Kommunikationsnetze (einschließlich der drahtlosen Hochgeschwindigkeitsnetze 5G) und elektronische Kommunikationsdienste grundsätzlich getrennt, obwohl eine scharfe Trennung nicht möglich ist.

▶ **Beispiel:**

Ein Internetzugangsprovider (Dienstleister) bietet zugleich auf einer Plattform Inhalte an. Internetgestützte Inhalte fallen nicht unter den Kodex (Erwägungsgrund 10). ◀

(a) **Regelungsziele des Kodexes.** Die EECC-Richtlinie hat folgende *Regelungsziele (Artt. 3–9 EECC)*: 558

- Einfachere und transparentere unionsrechtliche Regelungen für die Kommunikationsmärkte und ihre technischen Konvergenz
- Förderung der Nutzung und des Zugangs zu Kommunikationsnetzen
- Beseitigung von Investitionshindernissen
- Strategische Planung und Koordinierung der Funkfrequenzpolitik
- Überleitung der sektorspezifischen Regulierungen für Unternehmen mit beträchtlicher Marktmacht („significant market power" – SMP) in das allgemeine Wettbewerbsrecht
- Gewährleistung des fairen Zugangs zur Breitbandnutzung und zu Sprachkommunikationsdiensten für Verbraucher zu einem erschwinglichen Preis
- Gewährleitung von Sicherheit und Zuverlässigkeit von Netzen und Diensten.

(b) **Vorabregulierungen des Kommunikationsmarktes.** Für die Definition des relevanten Marktes für elektronische Kommunikationsprodukte und -dienste ist die EU-Kommission zuständig (Art. 64 (1) EECC). Sie spricht nach der Konsultation der GEREK Empfehlungen über sektorspezifische Regulierungen für marktstarke Unternehmen („significant market power" – SMP) aus. Die SMP-Leitlinien sind von den Regulierungsbehörden der Mitgliedstaaten bei ihrer Marktanalyse und der Einschätzung, ob und welche Unternehmen beträchtliche Marktmacht haben, zu berücksichtigen (Art. 64 EECC). Das Marktanalyseverfahren der nationalen Regulierungsbehörden und der dafür maßgebenden Kriterien ist ebenfalls festgelegt (Art. 67 EECC). Den Unternehmen mit beträchtlicher Marktmacht können bestimmte Verpflichtungen auferlegt werden (Artt. 68; 76; 80; 83 EECC). 559

Die EU-Kommission hat in einer Empfehlung[730] diejenigen Produkt- und Dienstleistungsmärkte zusammengestellt, die für eine Vorabregulierung in Betracht kommen. Mittelfristig sollen alle noch regulierten Bereiche dem allgemeinen Wettbewerbsrecht unterstellt werden.

(c) **Frequenznutzungsrechte.** Die Mitgliedstaaten gewährleisten die Freiheit, elektronische Kommunikationsnetze und -dienste bereitzustellen. Funkfrequenzen werden international verwaltet und zur Nutzung freigegeben. Im Binnenmarkt arbeiten die Mitgliedstaaten über GEREK zusammen, um eine harmonisierte Funkfrequenzzuteilung zu erreichen (Artt. 36; 37 EECC). Funknutzungsrechte werden für einen bestimmten Zeitraum vergeben, wobei ein angemessener Zeitraum für die Amortisation der Investitionen vorzusehen ist (Art. 49 EECC). Die Erteilung von Frequenznutzungsrechten soll einen wirksamen Wettbewerb fördern (Art. 52 (1) EECC). Eine gemeinsame Nutzung von Netzbestandteilen durch Betreiber elektronischer Kommunikationsnet- 560

730 2020/2245 vom 18.12.2020, L 439 vom 29.12.2020, S. 23.

ze („Kollokation“) ist ausdrücklich zugelassen (Art. 44 EECC). Zwischen den Unternehmen können geschäftliche Zugangs- und Zusammenschaltungsregeln ausgehandelt werden (Artt. 59; 60 EECC).

Grundsätzlich sind nur „Allgemeingenehmigungen“ zulässig (Artt. 13; 15 EECC). Darunter versteht man den nationalen rechtlichen Rahmen für die staatliche Gewährleistung von Rechten für die Bereitstellung elektronischer Kommunikationsnetze und -dienste (Art. 2 Nr. 22 EECC).

▶ **Beispiele:**

Allgemeine Vorschriften über die Vergabe von Teilnehmeranschlussnummern; Bereitstellung von Informationen über den Betrieb des Netzes; Entgeltregelungen ◀

561 (d) **Nutzung von und Zugang zu Kommunikationsnetzen und Kommunikationsdiensten.** Unter „Zugang“ versteht die EECC-Richtlinie die Bereitstellung von Einrichtungen oder -dienste für ein anderes Unternehmen unter bestimmten Bedingungen zur Erbringung von elektronischen Kommunikationsdiensten, einschließlich Dienste der Informationsgesellschaft und Rundfunkinhaltsdienste (Art. 2 Nr. 27 EECC).

▶ **Beispiele:**

Zugang zu Teilnehmeranschlüssen, Gebäuden, Leitungsrohren, Masten, Mobilfunknetzen; Berechtigungssysteme für Digitalfernsehen; virtuelle Netze ◀

562 (e) **Breitbandnetze.** Die Paketvermittlung von Daten über Breitbandnetze macht es möglich, Geschäftsmodelle zu entwickeln, nach denen die Transportgeschwindigkeit der Daten im Internet von der Höhe der Zahlungen, vom Umfang des Datenverkehrs oder von den jeweils beteiligten Kommunikationspartnern abhängt. Diese Aspekte fallen nach der EECC-Richtlinie unter den Begriff „Qualität der Dienste“. Darunter versteht man die Zuverlässigkeit, Schnelligkeit und Übermittlungsqualität für die elektronische Kommunikation. Die Übermittlungsqualität der Dienste wird im Zusammenhang mit Internetzugangsdiensten (Art. 104 EECC-Richtlinie) sowie durch Anhang X der EECC-Richtlinie und in der Offenes-Internet-Verordnung (EU) 2015/2120 unter Bezugnahme auf ISO-, ITU- und ETSI-Normen geregelt.

Die Idee der sogenannten *Netzneutralität*[731], also der verschlüsselten Ende-zu-Ende-Verbindung im Interesse ungehinderter Kommunikation und Kontrollfreiheit, die erstmals in der *Erklärung der EU-Kommission zur Netzneutralität* zum politischen Ziel erhoben worden war[732], wird im Kodex nicht mehr thematisiert. Rechtlich wäre wohl eine Verankerung der Netzneutralität als „Universaldienst“ (Artt. 84 ff. EECC) in Betracht gekommen.

563 (f) **Verbraucherschutz.** Nach inzwischen fortgeschrittener Deregulierung der marktstarken öffentlichen Unternehmen hatte bereits die durch den Kodex (*Liste Nr. 12)* aufgehobene TK-Änderungsrichtlinie von 2009[733] den harmonisierten Rechtsrahmen stärker in Richtung des *Schutzes der Endnutzer* von TK-Märkten und TK-Dienstleistungen verschoben.

Die Artt. 98–114 EECC enthalten detaillierte zwingende Regelungen zum Schutz der Verbraucher (Endnutzer). Elektronisch abgeschlossene Dienstleistungsverträge mit

---

731 *Van Schewick*, Internet Architecture and Innovation, Cambridge/Mass./USA 2010.
732 In Form eines Anhangs zur inzwischen aufgehobenen TK-Änderungsrichtlinie 2009/140/EG.
733 2009/140/EG ABl. L 137 vom 18.12.2009, S. 37.

Verbrauchern müssen auf einem dauerhaften Datenträger oder bei der Anbahnung zum Download bereitgestellt werden. Informationspflichten der Internetzugangsdienste sind detailliert aufgezählt (Artt. 102; 103 EECC).

Die Vorschriften der Mitgliedstaaten über den Zugang zu oder die Nutzung von Diensten und Anwendungen über elektronische Kommunikationsnetze müssen der Europäischen Menschenrechtskonvention, der EU-Grundrechtecharta und dem Schutz der Privatsphäre sowie den besonderen Bedürfnissen behinderter Nutzer Rechnung tragen (Art. 100 EECC).

Alle Verbraucher sollen in ihrem Gebiet Zugang zu einem „verfügbaren angemessenen Breitbandinternetzugangsdienst und zu Sprachkommunikationsdiensten haben" (Art. 84 (1) EECC), um ihnen die „uneingeschränkte soziale und wirtschaftliche Teilhabe" zu ermöglichen (Art. 84 (2) EECC). Die Bereithaltung des Breitbandinternetzugangsdienstes ist „angemessen", wenn er mindestens das Mindestangebot an Diensten gemäß Anhang V der EECC-Richtlinie unterstützt. Das Mindestangebot kann notfalls behördlich erzwungen werden.

▶ **Beispiele:**

E-Mail; Suchmaschinen; Online-Nachrichten; Online-Einkäufe; Online-Banking: berufliche Vernetzung; Nutzung von Behördendiensten; Nutzung sozialer Medien; Anrufe und Videoanrufe ◀

(g) Universaldienste. Die Mitgliedstaaten sollen effektive Infrastrukturinvestitionen 564
zum Aufbau von Hochgeschwindigkeitsnetzen fördern. Die dadurch ermöglichten „Universaldienste" müssen für Endkunden mit geringem Einkommen oder mit „besonderen sozialen Bedürfnissen" „erschwinglich" sein (Art. 85 (2) EECC). Die Behörden können notfalls Unternehmen zu entsprechenden Tarifgestaltungen zwingen (Art. 85 (2) Unterabsätze 2 und 3 EECC). Zugangsdienste für Sprachkommunikation müssen technisch dafür sorgen, dass Verbraucher ihre Angaben überwachen und steuern können (Art. 88 (2) EECC). Außerdem müssen Verbraucher kostenlos die europäische Notrufnummer 112 sowie die Hotline 116111 für vermisste Kinder erreichen können. Bis zur endgültigen Klärung bei Streitigkeiten über Zahlungsrückstände dürfen Endkunden nicht von der elektronischen Kommunikation abgeschnitten werden.

(3) Technikbezogene Regelungen für elektronische Kommunikationsmärkte. (a) **Wett-** 565
bewerbsrichtlinie. Die auf Art. 106 AEUV gestützte *Wettbewerbsrichtlinie (Nr. 6 der Liste)* enthält das Verbot der Gewährung ausschließlicher oder besonderer Rechte für die Errichtung und Bereitstellung elektronischer Kommunikationsnetze oder Kommunikationsdienste. Jedes interessierte Unternehmen soll nach objektiven diskriminierungsfreien, angemessenen und nachvollziehbaren Kriterien (Art. 2 Abs. 4) Zugang zu elektronischen Kommunikationsnetzen (etwa Internet, Kabel-, Mobilfunk-, Satellitennetze) erhalten und elektronische Kommunikationsdienste erbringen können (Art. 2 Abs. 1 und 2). Die Verleihung ausschließlicher Rechte zur Nutzung von Funkfrequenzen an Hörfunk- und TV-Inhaltsanbieter sowie für Auskunftsdienste ist verboten (Artt. 4; 5). Auch die Raumsegmente für Satellitenfunknetze müssen frei zugänglich sein (Art. 7 Abs. 1). Öffentliche elektronische Kommunikationsnetzbetreiber dürfen grundsätzlich nicht parallel ein Kabelfernsehnetz betreiben (Art. 8).

„Elektronische Kommunikationsdienste" sind solche Dienste, die ganz oder überwiegend Signale über elektronische Kommunikationsnetze übertragen (Art. 1 Nr. 3 Wettbewerbsrichtlinie). Davon abzugrenzen sind „Dienste der Informationsgesellschaft", worunter jede gegen Entgelt elektronisch im Fernabsatz und auf individuellen Abruf eines Empfängers erbrachte Dienstleistung fällt (Art. 1(1)(b) Richtlinie (EU) 2015/1535).[734]

Die Wettbewerbsrichtlinie ist nicht in die Kodifizierung durch die EECC – Richtlinie 2018/1972 (Kodex; *Liste Nr. 12)* einbezogen worden. Deshalb weichen die Definitionen vom moderneren Kodex ab. Der Kodex stützt die Definitionen auf Funktionen, nicht auf technische Parameter (Erwägungsgrund 15 des Kodexes). Unter „elektronische Kommunikationsdienste" fallen nach § 2 Nr. 4–7 des Kodexes auch Internetzugangsdienste, interpersonelle Kommunikationsdienste und Signalübertragungsdienste.

566 (b) **GSM-Richtlinie.** Die *GSM-Richtlinie (Nr. 1 der Liste)* hat den europaweiten zellularen terrestrischen Mobilfunkdienst GSM[735] eingeführt. Die Nutzungsrechte für Frequenzen, die aufgrund des technischen Fortschritts frei geworden sind („digitale Dividende"), werden durch die Mitgliedstaaten öffentlich versteigert. Nach dem LTE-Mobilfunksystem ist nun das Breitband-Hochgeschwindigkeitsnetz 5G an der Reihe (5855–5925 MHz), das für das Internet of Things (IoT), das automatisierte Fahren oder für die moderne Produktion („Industrie 4.0") Voraussetzung ist. Mit 5G soll auch eine flächendeckende Breitband-Internetversorgung der Bevölkerung ermöglicht werden.

567 (c) **Roamingverordnung.** Die Kosten für ankommende Anrufe im Ausland – ebenso für das Senden und Empfangen von SMS oder für die paketvermittelte Datenkommunikation – waren für die Verbraucher sehr hoch. Um einen digitalen Binnenmarkt zu schaffen, wurden durch die *Roamingverordnung (Nr. 17 der Liste)* die Roamingaufschläge für Endkunden abgeschafft. Zugleich wurde verhindert, dass diese Maßnahmen Auswirkungen auf die TK-Preise auf den Inlandsmärkten hatte.

568 (d) **TK-Endgeräte.** Neben Art. 106 bilden Artt. 34, 37, 57 AEUV eine *weitere Grundlage für mehr Wettbewerb* im Telekommunikationsbereich. Die Fernmeldemonopole haben in der Vergangenheit auch den Telekommunikations-Endgerätebereich beherrscht und den Nutzern verwehrt, die benötigten Geräte frei nach Preis und Qualität ungeachtet der Herkunft zu beschaffen.

Die *Telekommunikationsendgeräterichtlinie* (*Nr. 7 der Liste*) sah diese Praxis als unvereinbar mit Art. 37 AEU an und schuf auf der Grundlage von Art. 106 Abs. 3 AEUV einen freien Wettbewerbsmarkt bei Telekommunikationsendgeräten. Als *Endgeräte* gelten alle Geräte, die direkt oder indirekt an das *öffentliche Telekommunikationsnetz* angeschlossen werden (einschließlich Satellitenstationen).

569 (e) **Zugangskontrolldienste.** Die *Zugangskontrolldiensterichtlinie* (*Nr. 4 der Liste*) will durch Straf- und Bußgeldvorschriften die Umgehung berechtigter technischer Sperren beim entgeltlichen Empfang von Rundfunk-, Tele- und Multimediadiensten verhindern. Die Richtlinie schafft eine Rechtsgrundlage zum Schutz gegen das Inverkehrbringen von Vorrichtungen, die einen illegalen Zugang zu Dienstleistungen ermöglichen, wodurch berechtigte Interessen von Medien-, Tele- oder Rundfunkdiensten verletzt werden, die ihre Leistungen nur gegen Bezahlung anbieten. Mit der Digitalisierung sind solche Dienste („Digital Rights Management (DRM) – Systeme") üblich gewor-

734 Die Richtlinie (EU) 2015/1535 vom 9.9.2015 ABl. L 241 vom 17.9.2015, S. 1 enthält im Anhang I eine Liste von Diensten, die nicht unter die Definition fallen, etwa die Buchung von Flugtickets.

735 ETSI-Norm EN 301 908–1 ua.

den und sollen nicht durch technische Manipulationen unterlaufen werden. Von diesen Diensten sind die in der Regel urheberrechtlich geschützten Inhalte zu unterscheiden.

(4) **Audiovisuelle Mediendienste.** Audiovisuelle Mediendienste *(Nr. 8 der Liste)* orga- 570
nisieren digitalisierte Inhalte, die über Kabel oder Satellit zu empfangen sind. Unter „audiovisuelle Mediendienste“ fallen nach der Änderungsrichtlinie Fernsehprogramme, Mediendienste auf Abruf, Video-Sharing-Plattformen, soziale Netzwerke, nutzerintegrierte Videos und/oder die kommerzielle Kommunikation (Werbung).

Anknüpfungspunkte für Rechtsvorschriften in der Union ist die *Dienstleistungsfreiheit der Programmanbieter* (Artt. 49, 55, 57 AEUV sowie die *Harmonisierung von Rechts- und Verwaltungsvorschriften* (Artt. 114, 115 AEUV).

Bei audiovisuellen Mediendiensten muss einem Nutzer erkennbar sein, wer die Verant- 571
wortung für eine Sendung trägt. Außerdem müssen die Mitgliedstaaten den Minderjährigenschutz stärken und Maßnahmen zum Schutz der Bürger vor Aufstachelung zu Hass, Gewalt und Terrorismus treffen. Die Mitgliedstaaten sollen Vorschriften schaffen, die eine wirksame elterliche Kontrolle der Sendungen ermöglichen, Barrierefreiheit schaffen, werbungsfreie Nachrichtensendungen vorsehen und die Werbung im Fernsehen begrenzen. Eine Europäische Regulierungsstelle für audiovisuelle Mediendienste (ERGA)[736] soll technisches Know-how bereitstellen und Koordinationsaufgaben übernehmen.

Nach der Richtlinie über audiovisuelle Mediendienste ist es den Mitgliedstaaten verbo- 572
ten, den Empfang von *Rundfunk- und Fernsehsendungen* aus anderen Mitgliedstaaten auf ihr Hoheitsgebiet zu beschränken.

Bei Rundfunk- und Fernsehsendungen sind *Diskriminierungen* von Sendeunternehmen aufgrund der Staatsangehörigkeit oder des Wohnsitzes des Empfängers unzulässig, soweit Differenzierungen nicht innerhalb der engen Grenzen der Artt. 51, 62 AEUV gerechtfertigt sind.[737] Als Diskriminierung aufgrund der Staatsangehörigkeit oder des Wohnsitzes ist auch die Verweigerung des Zugangs zu elektronischen Benutzeroberflächen für Kunden im Ausland anzusehen.[738] Keine Diskriminierung, sondern eine Umgehung zulässiger nationaler Regelungen mit dem Ziel, ein breites Kulturprogramm mit pluralistischer Ausrichtung zu ermöglichen, liegt vor, wenn ein inländisches Sendeunternehmen seinen Sitz ins Ausland verlegt und von dort aus überwiegend für das Inland ausstrahlt.[739] Die Rechtfertigungen für Differenzierungen nach Artt. 51, 62 AEUV beziehen sich nach der Rechtsprechung auf den Schutz des geistigen Eigentums, den Schutz der Arbeitnehmer und Verbraucher, den Schutz des kulturellen, archäologischen und historischen Erbes, nicht aber auf eine regionale Kultur- und Sprachenpolitik.[740]

Rechtlich und wirtschaftlich bedeutsam sind die Rechtsangleichungsvorschriften dieser 573
Richtlinie im Hinblick auf die Fernsehwerbung und das Teleshopping. Die öffentliche Werbung für Tabak in Presse, Rundfunk und Fernsehen[741] und für bestimmte Medika-

736 https://erga-online.eu.
737 EuGH, Elleniki Radiophonia, C-260/89, ECLI:EU:C:1991:254, 2951.
738 Art. 1 der VO (EU) 2018/302 vom 28.2.2018 ABl. L 60I vom 2.3.2018, S. 1.
739 EuGH, Veronica Omroep/Commissariaat voor de Media, C-148/91, ECLI:EU:C:1993:45, I-513.
740 EuGH, Kommission/Belgien, C-211/91, ECLI:EU:C:1992:526, I-6773.
741 Richtlinie 2003/33/EG zur Angleichung der Rechts- und Verwaltungsvorschriften der Mitgliedstaaten über Werbung und Sponsoring zugunsten von Tabakerzeugnissen, ABl. L 152 vom 20.6.2003, S. 16; dazu: EuGH, EuZW 2007, 46.

mente ist untersagt. Sendungen zu Werbezwecken müssen als solche leicht erkennbar und von anderen Sendungen abgesetzt sein. Alle 30 Minuten darf eine Sendung höchstens einmal zu Werbezwecke in nicht unzumutbarer Weise unterbrochen werden (Artt. 10 und 11). Ein Großteil der Sendungen (außer Sport-, Nachrichten und Werbesendungen) sollen „europäische Werke" darstellen, um die audiovisuelle Produktion in der Union zu fördern.

Soweit Fernseh- und Rundfunksendungen direkt eingespeist oder über Online-Dienste gesendet werden, stellen sie urheberrechtlich „öffentliche Wiedergaben" dar *(Nr. 14 der Liste)*. Hierfür gilt das Ursprungslandprinzip.

574 (5) **Technische Normung der elektronischen Kommunikation.** Die Festsetzung nationaler technischer Normen und Typen für Telekommunikationsgeräte diente lange Zeit nicht nur als ein Mittel, um die störungsfreie Kommunikation zu gewährleisten, sondern auch der Fernhaltung der Konkurrenz. In Deutschland war die Tatsache der Gerätezulassung eines Telefons früher am aufgeklebten „Posthörnchen" erkennbar. Schon durch die Telekommunikationsendgeräterichtlinie *(Nr. 7 der Liste)* entfiel für die staatlichen Monopole die Befugnis zur Festlegung der technischen Normen. Die bisher den staatlichen Unternehmen vorbehaltenen ausschließlichen Einfuhr-, Montage- und Wartungsrechte für Endgeräte entfiel, die Freiheit des Warenverkehrs (Art. 34 AEUV) wurde auf TK-Endgeräte erstreckt. Nur eine *unabhängige Stelle* darf seither technische Normen festlegen, solange einheitliche europäische Normen noch fehlen; andernfalls liegt ein Verstoß gegen Artt. 102 und 106 AEUV vor.[742]

575 Die koordinierte Einführung des diensteintegrierenden digitalen Fernmeldenetzes (ISDN) erfolgte bereits seit dem Jahre 1993 nach *europäischen technischen Normen* des Europäischen Instituts für Telekommunikationsnormen (European Telecommunications Standardisation Institute-ETSI). Technische Normen, die vom ETSI gebilligt worden sind, werden als Europäische Kommunikationsnormen (ETS) veröffentlicht[743] und müssen in die nationalen Normwerke übernommen werden.

576 Europäische technische Normen müssen in einer *globalen Informationsgesellschaft* dem Weltmarkt angepasst sein und dürfen nicht den Grundsätzen der World Trade Organisation (WTO) widersprechen. Der eingeschlagene Mittelweg besteht darin, europäische Normen auf der Grundlage von Kohärenz, Transparenz, Offenheit und Neutralität voranzutreiben sowie mit internationalen Normungsorganisationen zu kooperieren. Die EU-Kommission kann die Europäischen Normungsorganisationen CEN, CENELEC und ETSI zur Erstellung von Normen auffordern, die der einheitlichen Bereitstellung elektronischer Kommunikationsnetze und -dienste dienen (Art. 39 (1) EECC).

577 Die *Normungsverordnung (Nr. 15 der Liste)* enthält Vorschriften für die Erarbeitung europäischer technischer Normen, insbesondere für die Identifizierung referenzierbarer technischer IKT-Spezifikationen, sowie über die Zusammenarbeit nationaler, europäischer und internationaler Normungsorganisationen. Der kostenlose oder ermäßigte Zugang zum Text der Normen wird für kleinere und mittlere Unternehmen (KMU) aus Wettbewerbsgründen garantiert (Art. 6).

742 EuGH, Decoster, C-69/91, ECLI:EU:C:1993:853, I-5373 und Taillandier, C-92/91, ECLI:EU:C:1993:854, I-5398.

743 http://portal.etsi.org/directives.

Außerdem stellt die Normungsverordnung grundlegende Anforderungen für die Konformität von Funkanlagen und Endgeräten mit harmonisierten technischen Normen. Die Richtlinien 2014/30 und 2014/35 (*Nr. 9 und 10 der Liste*) enthalten Anforderungen hinsichtlich des Gesundheitsschutzes und der Sicherheit in Bezug auf die elektromagnetische Verträglichkeit von Festnetz-Endeinrichtungen, die Richtlinien 2014/53/EU *(Nr. 11 der Liste)* erweitert diese Vorschriften auf Geräte, die zum Zweck der elektronischen Kommunikation oder Ortung Funkwellen ausstrahlen oder empfangen (beispielsweise Smartphones). Ziel der Richtlinien ist es auch, die Äquivalenz von Funkschnittstellen national und international herzustellen, eine genaue Ortung durch das europäische Satellitennavigationssystem GNSS sicher zu stellen (wichtig für Notrufe)[744] und diese Funktionalität im EU-Bereich durch Anbringung des CE-Zeichens an den Geräten zu dokumentieren.

CEN, CENELEC und ETSI arbeiten einzeln oder als Information Communications Technologies Standards Board (ICTSB) mit internationalen Normungsorganisationen wie der International Organisation for Standardisation (ISO), der International Electrotechnical Commission (IEC), der International Telecommunications Union (ITU) oder dem World Wide Web Consortium (W3C) eng zusammen. Alle Mitglieder der CEN sind zugleich Mitglieder der ISO. Dadurch kommt es zu wechselseitigen Übernahmen oder Harmonisierungen von Normen, die dann entsprechend gekennzeichnet werden (zB CEN/ISO/DIN-Norm). Soweit internationale Normungsgremien bereits tätig geworden sind, treten europäische Normungsgremien allenfalls ergänzend ein. Etwa 40 % aller europäischen Normen sind direkt übernommene ISO-Normen. 578

Telekommunikationsgeräte und andere sicherheitsrelevante Produkte dürfen dann in Verkehr gebracht werden, wenn sie die vorgesehene *Zertifizierungskennzeichnung „CE“* („Conformity Europe“) tragen (*Nr. 14 der Liste*): Mit dieser Kennzeichnung wird bestätigt, dass die Geräte bei richtiger Installierung, Wartung und Benutzung in der Union die funktionalen Anforderungen einschließlich der Konformitätsbewertung in einem besonders festgelegten Verfahren (Tests; Zertifizierung; akkreditierte Organisationen) erfüllen.[745] Die CE-Kennzeichnung soll auch dazu dienen festgelegte Sicherheitsstandards zu erfüllen, Produkte aus Drittländern im Hinblick auf ihre Konformität zu überprüfen, die Lieferkette zurückverfolgen zu können, nationale Kontrollen auf der Grundlage unterschiedlicher Anforderungen zu erübrigen und damit technische Handelsschranken zu überwinden. Der Vertrieb von Produkten, die zu Recht die CE-Kennzeichnung tragen, dürfen nicht von einer vorherigen Genehmigung abhängig gemacht werden[746] und unterliegen der Marktüberwachung.[747] 579

Der „CE“-Kennzeichnung folgt die Kennnummer der Stelle, die bei der Produktionsüberwachung eingeschaltet ist, sowie ein Symbol für die Eignung des Geräts zum Anschluss an das öffentliche elektronische Kommunikationsnetz. Die CE-Kennzeichnung besteht aus den Buchstaben „CE“ mit nachstehendem Schriftbild, gefolgt von den zusätzlichen Angaben gem. Art. 11 Abs. 1: 580

744 Delegierte VO (EU) 2019/320 vom 12.12.2018 ABl. vom 25.2.2019 L 55, S. 1.

745 Auch hochriskante AI-Systeme sollen künftig der Akkreditierung und Zertifizierung unterliegen, vgl. COM (2021)206 final vom 21.4.2021, Art. 19.

746 EuGH, ATRAL SA/Etat Belge, C-14/02, ECLI:EU:C:2003:265, I-4456.

747 VO (EU) 2019/1020 vom 20.6.2019 ABl. L 169 vom 25.6.2019, S. 1; Marktüberwachungsgesetz (MüG) vom 9.6.2021 BGBl. S. 1723.

Buchstaben „CE“	Kennnummer der benannten Stelle	Symbol für die Eignung zum Anschluss an das öffentliche Telekommunikationsnetz

Neben diesen Zeichen dürfen zusätzliche Kennzeichnungen angebracht werden, wenn sie die Lesbarkeit beider Zeichen nicht beeinträchtigen (Art. 11 Abs. 2 idF der geänderten Telekommunikationsendgeräterichtlinie (*Nr. 7 der Liste*).

581 (6) **Leistungsschutz.** Die bisherigen *Leistungsschutzrechte* für geistiges Eigentum bedürfen im Multimedia-Zeitalter einer Erweiterung. Die Möglichkeit der Digitalisierung aller Werke und die leichte Veränderbarkeit geschützter Werke relativieren den Leistungsschutz für Primärwerke, provozieren zugleich aber auch die Frage nach der Möglichkeit eines Leistungsschutzes für Sekundärwerke.

▶ **Beispiel:**

U betreibt eine Datenbank, in der Gemälde gespeichert sind, die mit Texten und Tönen zu Multimediaprodukten verknüpft werden. Welche Leistungsschutzrechte bestehen? ◀

582 Nach überwiegender Meinung war zur Absicherung der Urheber keine völlige Neuformulierung der Urheberrechte erforderlich.[748] Vielmehr liegt eine die bestehenden Leistungsschutzrechte integrierende technische Lösung nahe, nämlich:

- Schaffung eines Referenzmodells für die Verteilung digitalisierter Daten
- Definition von Datenformaten
- Festlegung von Gebührenstrukturen
- Schaffung von Verfahren zur Erkennung geschützter Daten und unberechtigter Zugriffe
- Organisation von Verwaltungssystemen für elektronische Urheberrechte (Digital Rights Management).

583 Nach der EG-Richtlinie zum Schutz des Datenbankherstellers[749] hat der Organisator einer Datenbank für seine Organisationsleistung ein eigenes, von den Urheberrechten an den gespeicherten Werken unabhängiges Leistungsschutzrecht. Ferner kam es bereits im Jahre 1987 zu einem Sonderrechtsschutz an Halbleitern (Mikrochips) im Hinblick auf deren dreidimensionale Struktur.[750] Schließlich wurden die Rechte des Urhebers eines Computerprogramms sowie multimedialer Werke in Richtlinien geregelt.[751]

748 *Kaplan*, Harv. L.R. 1994, 1977.

749 96/9/EG vom 11.3.1996, ABl. L 77 vom 27.3.1996, S. 20 (vgl. oben Kapitel G VII „Gewerblicher Rechtschutz/Urheberrecht“).

750 Richtlinie 87/54/EWG über den Rechtsschutz der Topographien von Halbleitererzeugnissen, ABl. L 24 vom 27.1.1987, S. 36 (vgl. oben Kapitel G VII „Gewerblicher Rechtsschutz / Urheberrecht“).

751 Computerprogramm-Richtlinie 2009/24/EG Richtlinie 2001/29/EG und InfoSoc-Richtlinie 2001/29/EG (vgl. oben Kapitel G VII „Gewerblicher Rechtsschutz / Urheberrecht“).

dd) Leitentscheidungen. Die Entscheidungen des Europäischen Gerichtshofs und der Kommission zum IT-Kommunikationsrecht haben vier Schwerpunkte: 584

- Deregulierung öffentlicher Monopole für Telekommunikationsdienstleistungen und für Endgeräte
- Kartellrechtliche Fragen des privaten Datenverarbeitungs- und Telekommunikationsmarktes
- Medienrechtliche Fragen (Freizügigkeit; Rundfunk und Fernsehen; Werbung; Kultur- und Sprachenpolitik)
- Immaterialgüterrechte.

(1) **Deregulierung öffentlicher Monopole.** Nach Auffassung des Gerichtshofs verstie- 585
ßen staatliche Telefongesellschaften in der bisherigen Form gegen das EU-Wettbewerbsrecht und gegen den Grundsatz des freien Warenverkehrs, soweit sie das Zulassungsrecht für Telekommunikationsendgeräte wahrgenommen haben. Die Kommission durfte diesen Markt dem Wettbewerb öffnen. Aufgrund dieser Rechtsprechung kam es zu mehreren Richtlinien zur Liberalisierung des Telekommunikationsbereichs.

- RTT/INNO-Fall[752]

Die belgische Telefongesellschaft RTT hatte gegen die Einzelhandelskette INNO geklagt, die Telefone ohne die vorgeschriebene Bestätigung der Eignung der Geräte für den Netzanschluss (in Deutschland: „Posthörnchen"-Etikett) vertrieb. RTT besaß sowohl das Netzmonopol als auch das Endgeräte-Zulassungsmonopol. Der EuGH hielt das Netzmonopol als eine Dienstleistung von allgemeinem Interesse nach Art. 90 Abs. 2 EGV (jetzt Art. 110 AEUV) für zulässig. Unzulässig sei dagegen ein staatliches Monopol für die Herstellung und den Vertrieb von Telekommunikationsendgeräten. Private könnten diese Aufgabe ebenso gut erfüllen. Deshalb fiel diese Zuständigkeit von RTT unter Artt. 86 iVm 90 Abs. 1 EGV (jetzt Artt. 106 iVm 110 Abs. 1 AEUV). Die technische Normung und die Zulassung von Geräten mussten einer unabhängigen Einrichtung übertragen werden.

(2) **Kartellrechtliche Fragen des privaten Datenverarbeitungs- und Telekommunikati- 586
onsmarktes.** Die kartellrechtliche Entscheidungspraxis der EU-Kommission im Datenverarbeitungs- und Telekommunikationsbereich ist recht umfangreich. Schwerpunkte bilden die

- Zusammenschlusskontrolle[753]
- Gemeinschaftsunternehmen[754]
- Forschungs- und Entwicklungskooperationen.[755]

752 EuGH, RTT/INNO, C-18/88, ECLI:EU:C:1991:474, I-5973.
753 ABl. L 122 vom 17.5.1991, S. 48 – Alcatel/Tetra; WuW 1991, 506 – Digital/Kienzle; WuW 1992, 268 – Alcatel/AEG Kabel.
754 *Ericson/Kolbe,* WuW 1992, 549; RWE/Mannesmann WuW 1995, 74; Rheinelektra/Cofira/DEKRA WuW 1994, 328.
755 X/Open Group, ABl. L 35 vom 6.2.1987, S. 36; Alcatel/Espace/ANT ABl. L 32 vom 3.2.1990, S. 25; Olivetti/Canon ABl. C 52 vom 24.2.1988, S. 51; Digital/Olivetti, ABl. L 309 vom 2.12.1994, S. 24.

587 ■ *MSG Media Service GmbH*[756]

Als Leitfall und zugleich als Beispiel für eine umfassende Marktanalyse kann die Untersagung des Gemeinschaftsunternehmens MSG dienen, das Dienstleistungen für Pay TV Anbieter vermarkten sollte.

Die Bertelsmann AG, die Deutsche Telekom AG und die Taurus Beteiligungs GmbH (frühere Kirch-Gruppe) beabsichtigten, sich jeweils mit einem Drittel an dem Gemeinschaftsunternehmen *MSG Media Service GmbH* zu beteiligen. Das Gemeinschaftsunternehmen sollte als selbstständige wirtschaftliche Einheit die technische und administrative Abwicklung für Pay-TV und andere Kommunikationsdienste erbringen. Das Hauptinteresse richtete sich auf den Zukunftsmarkt für digitales Fernsehen. Als essentielle Voraussetzung wurde allgemein ein System der Zugangskontrolle für digitale Angebote auf Decoder-Basis angesehen.

Die Kommission definierte im Wesentlichen aus Gründen der Sprache folgende, auf Deutschland beschränkte relevante Produktmärkte:

- entgeltfinanzierte Fernseh- und Kommunikationsdienstleistungen (Pay-TV)
- administrative und technische Dienstleistungen für Anbieter solcher Dienstleistungen
- TV-Kabelnetze.

Für Pay-TV sind Geräte zum Umwandeln (Konverter) und Entschlüsseln (Decoder) von digitalen Signalen notwendig, die den Zugang eröffnen, sowie Systeme zur Verwaltung der Zugangsrechte.

588 Das wettbewerbsrechtlich Interessante an der Kommissionsentscheidung MSG Media Service ist die Feststellung, dass sich die beurteilten Märkte erst in Zukunft entwickeln werden. Es geht im Kern also um eine Prognose über die *Errichtung von Marktzutrittsschranken für künftige Märkte* durch ein Gemeinschaftsunternehmen marktstarker Anbieter.

589 Die Schwellenwerte für die Annahme der unionsweiten Bedeutung des Gemeinschaftsunternehmens im Sinne von Art. 1 der (alten) FusKVO waren weit überschritten.[757] Nach Ansicht der EU-Kommission war eine Marktabschottung und dauerhafte Alleinstellung zu erwarten. Für die Deutsche Telekom AG hätte sich eine stärker *nutzerorientierte* anstelle der jetzigen *anschlussbezogenen* Entgeltpolitik ergeben. Kirch hätte 15 000 Spielfilme und 50 000 Stunden Fernsehprogramme eingebracht, Bertelsmann 16 Mio. Kunden. Als Klein-Konkurrent war damals nur ein Anbieter fremdsprachiger Programme für den deutschsprachigen Raum vorhanden. Deshalb war nach Ansicht der Kommission eine *marktbeherrschende Stellung* im Sinne von Artt. 2 Abs. 3 FusKVO, 57 EWR-Abkommen zu erwarten.

590 (3) **Medienrecht.** Die Ausstrahlung von Rundfunk- und Fernsehprogrammen aufgrund der Verleihung ausschließlicher Rechte an private oder öffentliche Unternehmen ist als eine Form der Dienstleistung (Art. 56 AEUV) zulässig. Eine Monopolstellung darf jedoch nicht diskriminierend zum Verbot von Filmen oder Sendungen aus anderen Mitgliedstaaten missbraucht werden. Diskriminierungen können nur bei Vorliegen ausdrücklicher Rechtfertigungsgründe (Art. 62 iVm 52 AEUV) oder aufgrund von

756 WuW 1995, 331.

757 Bertelsmann erzielte im Geschäftsjahr 2002 4,4 Mrd. EUR, die Kirch-Gruppe 825,7 Mio. EUR und die Telekom 53,7 Mrd. EUR Gesamtumsatz.

Allgemeininteressen (Schutz des geistigen Eigentums; Verbraucher- und Arbeitnehmerschutz; Erhalt des kulturellen und historischen Erbes) gerechtfertigt werden. Außerdem ist der Verhältnismäßigkeitsgrundsatz zu beachten.

- *Costa/Enel-Fall*[758]

In der Costa/Enel-Entscheidung wendete der Gerichtshof erstmals die Vorschriften über die Dienstleistungsfreiheit auf eine Fernsehübertragung an, da das der Natur der Übertragung entspreche. Diese Äußerung wurde von der Wissenschaft auf das gesamte Fernmeldemonopol erstreckt. Die Alternative, Netzträgerschaft und Dienstleistungen als „Handel" (Art. 31 EG; jetzt Art. 37 AEUV) zu verwerten,[759] wird nicht erwogen. 591

- *Sacchi-Fall*[760]

Nach dieser Entscheidung fallen Fernsehsendungen als Dienstleistungsmonopole nicht unter „Handel" (Art. 31 EG; jetzt 37 AEUV). Art. 37 EGV (jetzt Art. 43 AEUV) bezieht sich nur auf Waren (Filme; Tonträger; Materialien), nicht auch auf Dienstleistungen. Dagegen sind Artt. 86 Abs. 2, 82 EG (jetzt Artt. 106 Abs. 2, 102 AEUV) anwendbar, soweit es sich um wirtschaftliche Tätigkeiten handelt. 592

- *Veronica Omroep-Fall*[761]

Veronica Omroep ist ein niederländischer Rundfunk- und Fernsehsender, der von Luxemburg aus in die Niederlande senden wollte. Die zuständige Behörde verweigerte jedoch die Genehmigung und drohte mit dem Entzug der Sendezeiten. Der Gerichtshof bestätigte seine Rechtsprechung, dass kein Mitgliedstaat verhindern könne, dass Rundfunk- und Fernsehsendungen von Nachbarstaaten aus in ihr Gebiet ausgestrahlt würden. Ein inländischer Sender, der vom Ausland aus überwiegend ins Inland ausstrahlen wolle, werde aber durch Sitzverlegung nicht zu einem ausländischen Sender. Ein solches Verhalten stelle einen Missbrauch der Marktfreiheiten und eine Umgehung des nationalen Rechts dar. Das nationale Recht könne Regeln für die pluralistische Ausrichtung der inländischen Sender aufstellen. 593

- *Mediakabel Fall*[762]

Wird ein „Pay-per-view"-Dienst nicht auf individuellen Abruf erbracht, sondern besteht er in der Sendung von für die Allgemeinheit bestimmten Fernsehprogrammen, so handelt es sich um einen Fernsehdienst. 594

- Zero-Rating-Fälle[763]

Die Nichtanrechnung des Datenverbrauchs einzelner Dienste (wie etwa Youtube) auf das Inklusivverbrauchsvolumen („zero rating") stellt eine unzulässige tarifliche Ungleichbehandlung dar, die gegen den Grundsatz der Gleichbehandlung („Netzneutralität") verstößt. 595

---

758 EuGH, Costa/E.N.E.L., C-6/64, ECLI:EU:C:1964:66, 1259.
759 Vgl. *Otto*, Entmonopolisierung der Telekommunikation, S. 33 ff.
760 EuGH, Sacchi, C-155/73, ECLI:EU:C:1974:40, 411.
761 EuGH, Veronica Omroep/Commissariaat voor de Media, C-148/91, ECLI:EU:C:1993:45, I-513, EuZW 1993, 251.
762 EuGH, Mediakabel BV/ Commissariaat voor de Media, C-89/04, ECLI:EU:C:2005:348, I-4909.
763 EuGH, Vodafone/BRD, C-854/19, ECLI:EU:C:2021:675; vzbv/Vodafone, C-5/20, ECLI:EU:C:2021:676; Telekom/BRD, C-34/20, ECLI:EU:C:2021:677.

596 (4) **Immaterialgüterrecht.** Immaterialgüterrechte im IT-Bereich (an Computerprogrammen, Geräten; Daten; Datenbanken; Verfahren) sind Bestandteil des besonderen Kapitels „Gewerblicher Rechtsschutz /Urheberrecht" in diesem Lehrbuch.

597 ee) **Bezüge zum deutschen Recht.** Der deutsche Gesetzgeber verwendet nun den Ausdruck „elektronische Kommunikation" für alle Formen der elektronischen Interaktion, wie bei der Versendung elektronischer Dokumente und Verwaltungsakte, dem Bezahlfernsehen, dem digitalen Telefonieren, der Nutzung des Internets oder des Mobilfunks. Mehrere Gesetze sind neu entstanden (TKG; TMG) oder entsprechend angepasst worden (etwa §§ 3a VwVG; 36a SGB I; 87 AO; 2b AtomG). Es ist eine klare Tendenz zu erkennen, dass sich das Recht der elektronischen Kommunikation vom Öffentlichen Recht zum Zivilrecht hin verschiebt, je mehr Elemente von Markt und Wettbewerb integriert werden.

Probleme bestehen jedoch noch in folgenden Punkten:

- Setzung von Rahmenbedingungen für die technische Infrastruktur der elektronischen Kommunikation
- Rechtsschutz für Kommunikationsinhalte
- Bekämpfung strafrechtlich relevanter Kommunikationsinhalte.

598 Durch die Postreformen[764] wurde das bisherige Monopol des Bundes für die Errichtung und den Betrieb von Fernmeldeanlagen aufgehoben[765] und der Wettbewerb auf dem deutschen und europäischen Telekommunikationsmarkt eröffnet. Insbesondere durch die Mobilfunk- und Internettelefonie ist ein starker Wettbewerbsdruck entstanden. Die Rechtsbeziehungen der Deutschen Telekom AG zu ihren Kunden sind heute privatrechtlicher Natur.

599 In der Fusionskontrollentscheidung der EG-Kommission in Sachen DGN (Deutsche Gesellschaft für Netzwerkbetriebe mbH, dem Gemeinschaftsunternehmen von Deutscher Bank, Mannesmann und RWE) wird ausgeführt, dass die geographische Ausdehnung von „Corporate Networks" lokal, national, europäisch oder global sein kann und die zunehmende Internationalisierung dafür spreche, die Kommunikationsmärkte europäisch oder global zu betrachten.[766] Bei dieser – in der Tat berechtigten – Festlegung des sachlich relevanten Marktes für die kartellrechtliche Bewertung verwundert es nicht, dass fast alle europäischen Fusionskontrollverfahren in diesem Bereich trotz erheblicher Investitionen und Umsätze aber letztlich niedriger Marktanteile keine Anhaltspunkte für Wettbewerbsbeschränkungen erbracht haben.

600 Für *Marktregulierungen* kommen Telekommunikationsmärkte in Betracht, die durch beträchtliche und anhaltende strukturell oder rechtlich bedingte Marktzutrittsschranken gekennzeichnet sind und auf denen die Anwendung des allgemeinen Wettbewerbsrechts allein nicht ausreicht, um dem betreffenden Marktversagen entgegenzuwirken (§ 10 Abs. 2 S. 1 TKG).

Sogenannte „neue Märkte" sollen nur dann einer Marktregulierung unterliegen, wenn eine Marktanalyse nach § 11 TKG ergibt, dass kein wirksamer Wettbewerb vorliegt. Wegen gezielter Regulierungsfreistellung der Deutschen Telekom AG durch

764 *Scherer*, CR 1994, 418.
765 *Bothe/Kilian*, Rechtsfragen grenzüberschreitender Datenflüsse, 1992, S. 313 ff.
766 WuW 1994, 490.

§ 9 a TKG[767] hat der Europäische Gerichtshof in einem Vertragsverletzungsverfahren festgestellt, dass die Bundesrepublik Deutschland damit gegen mehrere TK-Richtlinien verstoßen habe, weil sich aus diesen nicht ergebe, dass für neue Märkte der Grundsatz der Nichtregulierung gelte.[768]

Nach dem *Bedarfsmarktkonzept der Wettbewerbstheorie*[769] bietet der Telekommunikationssektor auf dem räumlichen Gebiet der Bundesrepublik Deutschland ein homogenes Gut. Die technische Infrastruktur – vor allem die Teilnehmeranschlussleitungen – befindet sich in der Hand des früheren Monopolisten Deutsche Telekom AG. Die Liberalisierung muss aber netzspezifische Besonderheiten beachten (Netz- und Nutzungsexternalitäten; Skalen-, Verbund- und Dichtevorteile; versunkene Kosten; vertikale Integration), um durch eine „technikneutrale Regulierung den Wettbewerb im Bereich der Telekommunikation und leistungsfähige Telekommunikationsinfrastrukturen zu fördern" (§ 1 TKG). 601

In Deutschland werden gegenwärtig die Voraussetzungen für den Aufbau eines Hochgeschwindigkeitsbreitbandnetzes (5G-Netz) geschaffen. Diese neue Mobilfunkgeneration ermöglicht die zehnfache Übertragungsrate (mehr als 10 Gigabit/sec) gegenüber dem 4G-Standard (LTE) und wird künftig in den Bereichen Verkehr, Energie, Gesundheitsdienste, Internet der Dinge, Mensch-Maschine-Kommunikation, vernetzte Fahrzeuge verwendet werden. Im Jahre 2019 wurde eine regulierte Auktion für das 5G-Mobilfunksystem (Breitband-Hochgeschwindigkeitsnetz) zwischen vier Wettbewerbern (Deutsche Telekom; Vodafone; Telefónica; Drillisch) durchgeführt. Die Erlöse von 6,6 Mrd. Euro aus den Versteigerungen der Frequenzbereiche 3,4 bis 3,8 GHz, welche Reaktionszeiten im Millisekundenbereich ermöglichen, sollen für den Netzausbau verwendet werden. In den Frequenzbereichen 3,7 bis 3,8 GHz sind auch lokale Anwendungen zugelassen, was die Abschottung von automatisierten Fabrikationen gegen Cyberattacken erleichtern könnte. 602

Soweit nicht die Übertragung von Signalen, sondern das geschäftsmäßige Erbringen von elektronischen Dienstleistungen über das Internet (etwa Teleshopping; Internetsuche; Online-Angebote) in Frage steht, handelt es sich um „*Telemediendienste*" im Sinne des Telemediengesetzes (TMG).[770] Hier stehen Informationspflichten und Haftungsfragen im Vordergrund. So muss nach § 13 Abs. 7 TMG der Diensteanbieter durch technisch-organisatorische Maßnahmen sicherstellen, dass keine unerlaubten Zugriffe auf Telemedienangebote und technische Einrichtungen (etwa Entwendung personenbezogener Daten) stattfinden. 603

Im europäischen Alleingang war in Deutschland ein Netzwerkdurchsetzungsgesetz[771] in Kraft gesetzt worden. Telemediendienste, die Internet-Plattformen betreiben, müssen rechtswidrige Inhalte vom Netz nehmen und mit vorgebrachten Beschwerden transparent umgehen. Die EU-Verordnung 2022/2065 (Digital Services Act – DSA) hat nunmehr diese Probleme europaweit harmonisiert. 604

767 Inzwischen aufgehoben.
768 EuGH, Europäische Kommission/Bundesrepublik Deutschland, C-424/07, ECLI:EU:C:2009:749, CR 2010, 24.
769 Dazu: *Dahlke/Theis*, CR 2007, 227.
770 Gesetz über die Nutzung von Telemedien vom 26.2.2007, BGBl. I S. 179.
771 Gesetz zur Verbesserung der Rechtsdurchsetzung in sozialen Netzwerken (NetzDG) vom 1.9.2017 BGBl. I S. 3352 s.

605 ff) **Bewertung.** Für Kommunikationsnetze, Kommunikationsdienste und Kommunikationsgeräte besteht heute in der Europäischen Union weitgehend Wettbewerbsfreiheit.

Die Umsetzung der EU-Richtlinien und Verordnungen für die Infrastruktur der elektronischen Kommunikation hat in Deutschland zu zahlreichen neuen Gesetzen geführt (zB TKG; TMG; EGG; SigG; SigV; BGB-InfoV; FTEG) oder zu Gesetzesänderungen (zB GG; BGB; UrhG; MarkenG; BDSG; Rundfunkstaatsvertrag). Von den umfangreichen Aufgaben der Bundesnetzagentur könnten Bereiche, in denen der Markt bereits funktioniert, künftig in die Zuständigkeit des Bundeskartellamts verlagert werden.

606 Ständige Aufmerksamkeit finden wegen der impliziten Freiheitsbeschränkungen auch die Überwachungsmaßnahmen im Bereich der elektronischen Kommunikation im Zuge der Terrorismus- und Kriminalitätsbekämpfung. In Deutschland räumen mehrere Dutzende einschränkende Vorschriften in der Strafprozessordnung und im Telekommunikationsgesetz der öffentlichen Sicherheit Vorrang vor dem Schutz der persönlichen Freiheit ein. Es bleibt eine ständige Aufgabe, ein überzeugendes Gleichgewicht zwischen den zu Grunde liegenden Werten zu finden.

607 Der Brexit hat für den europäischen Markt der elektronischen Kommunikation erhebliche Auswirkungen gehabt. Das Vereinigte Königreich ist nach seinem EU-Austritt zunächst „Drittstaat" im Sinne des Datenschutzrechts geworden, der kein angemessenes Schutzniveau mehr garantiert. Das Vereinigte Königreich betreibt zudem mit Australien, Kanada, Neuseeland und den U.S.A. („Five Eyes") das weltweite Satelliten-Abhörsystem „Echolon". Diese Staaten haben die Digitalwirtschaft aufgefordert, von sich aus Verfahren für den Zugang für Geheimdienste zu Kommunikationsnetzen einzubauen. Darüber hinaus befinden sich im Vereinigten Königreich alle Netzknoten der Seekabel, die Daten aus der Europäischen Union nach den U.S.A. transportieren. Wie die damit verbundenen Gefahren für Unionsbürger und europäische Unternehmen technisch und rechtlich reduziert werden können, ist noch immer unklar. Die EU-Kommission hat für eine Übergangszeit von vier Jahren das Vereinigten Königreichs als Drittstaat mit angemessenem Datenschutzniveau anerkannt.[772]

b) Recht der elektronischen Verträge

Spezialliteratur: *Borges,* Verträge im elektronischen Geschäftsverkehr, 2008; *Boss/Kilian (ed.),* The United Nations Convention on the Use of Electronic Communications in International Contracts: An In-Depth Guide and Analysis, 2008; *Kilian,* Elektronische Geschäftsbeziehungen und Zivilrecht, in: Weiber (Hrsg.), Handbuch Electronic Business, 2. A. 2002, 995–1014; *Kilian,* Personenbezogene Daten als schuldrechtliche Gegenleistung, in: Stiftung Datenschutz (Hrsg.), Dateneigentum und Datenhandel, 2019, 191–207; *Schwarz,* Der Vertragsabschluss durch Softwareagenten, 2001; *Taeger/Kremer*, E-Commerce und Internet, 2.A. 2021; *Wiebe*, Die elektronische Willenserklärung, 2002.

608 aa) **Bereichsdefinition.** Elektronische Verträge sind Vereinbarungen zwischen natürlichen oder juristischen Personen, die ohne körperliche Anwesenheit mithilfe technischer Mittel über digitale Kommunikationsnetze kommunizieren, um elektronische Transaktionen informationeller Güter durchzuführen (online-Durchführung) oder elektronisch die physikalische Übergabe körperlicher Güter zu initiieren (offline-Durchführung).

772 Durchführungsbeschluss (EU) 2021/1772 vom 28.6.2021 ABl. L 360 vom 11.10.2021, S. 1.

▶ Beispiele:

E-Mail-Kommunikation; Website-Angebote zum Anklicken; Vereinbarungen im Rahmen von Internet-Auktionen; Zuschlag bei öffentlichen elektronischen Ausschreibungen; Nutzung einer externen Datenbank; Lieferabruf im Rahmen von EDI; Online-Wertpapierhandel ◀

Elektronische Verträge werden meist über *elektronische Kommunikationsplattformen* 609
(B2B/B2C–Marktplätze) geschlossen. Diese Marktplätze bieten meist nicht eigene Produkte oder Dienstleistungen an, sondern vermitteln diese durch Einstellung von Informationen über Angebote, Nachfragen oder Auktionen. Kommunikationsplattformen erleichtern oder unterstützen kostensparend die Vertragsanbahnung und Vertragsabwicklung. Sie bilden geografisch nicht eingrenzbare Metamärkte, die kartellrechtlichen Schranken unterliegen. Relevant sind Gesichtspunkte wie Diskriminierungsverbot und Ausnutzung einer marktbeherrschenden Stellung, insbesondere wegen eventueller Zugangsbarrieren oder der Netzwerkeffekte.[773]

In der Europäischen Union sind mit der kommerziellen Nutzung des Internets und 610
der Bereitstellung von Funkfrequenzen elektronische Märkte entstanden. Ihre Vorteile liegen darin, dass Verträge über Waren und Dienstleistungen elektronisch grenzüberschreitend geschlossen und Dienstleistungen grenzüberschreitend elektronisch erbracht werden können. Bereits im Monti-Bericht aus dem Jahre 2010[774], in dem die Bezeichnung „digitaler Binnenmarkt" erstmals auftaucht, werden TK-Dienste, TK-Infrastrukturen, ein gesamteuropäisches Lizensierungssystem, der elektronische Handel sowie Online-Inhalte als Beispiele genannt.

Wegen der grenzüberschreitenden Effekte besitzt die Union die primäre Gesetzge- 611
bungskompetenz für elektronische Märkte.[775] Diese wird durch EU-Rahmenregelungen für die Marktstruktur sowie für das Marktverhalten der612Kommunikationsbeteiligten ausgeübt. Inhaltlich richten sich die Rahmenregelungen überwiegend nach dem Prinzip der „funktionalen Äquivalenz" zu klassischen Marktregelungen, soweit nicht wegen der Besonderheiten der elektronischen Kommunikation neue Instrumente und Verfahren geschaffen werden müssen (etwa: elektronische Signaturen; Datenschutz; Datensicherheit; europäische Clouds).

Die *zivilrechtlichen Hauptprobleme* elektronischer Verträge bestehen darin, die Ver- 612
tragspartner zuverlässig zu identifizieren, hinreichende Informationen über den Gegenstand und die Durchführung der Transaktion zu erhalten, den Vertragstypus zu ermitteln, Allgemeine Geschäftsbedingungen einzubeziehen und insgesamt das Vertrauen in die Online-Kommunikation zu gewährleisten.

Elektronische Verträge bedürfen zu ihrem Abschluss technischer und inhaltlicher Dienstleistungen. Den Zugang zu elektronischen Netzen eröffnen Zugangsdienstleister (access provider), den Zugang zu Netzinhalten die Inhaltedienstleister (content provider). Beide Dienstleistungen können auch kombiniert angeboten werden.

Die *Typisierung der elektronischen Dienstleistungsverträge* ist noch nicht abschließend 613
geklärt. Bei den Access Providern spricht vieles für Dienstverträge und weniger für

773 *Kirchner*, WuW 2001, 1030; *Bahr*, WuW 2002, 230.

774 Monti, Eine neue Strategie für den Binnenmarkt, S. 54–57 (https://www.europarl.europa.eu/meetdocs/2009_2014/documents/imco/dv/monti_report_final_10_05_2010_/monti_report_final_10_05_2010_de.pdf), aufgesucht am 22.6.2023.

775 Padoa-Schioppa, Efficiency, Stability and Equity. A Strategy for the Evolution of the Economic System of the European Community, Oxford 1987.

Miet- oder Werkverträge, weil die Verfügbarkeit der Kommunikationsnetze nicht voll beherrschbar ist. Bei Content Providern hängt die Klassifikation des Vertragstyps davon ab, ob diese Dienstleister sich überhaupt in Form eines Auskunftsvertrages schuldrechtlich verpflichten wollen. Bei kostenlosen Informationen fehlt in der Regel der Rechtsbindungswille. Anders sieht es aus, wenn mithilfe technischer Mittel (Eingabemasken) der Benutzer zu Angeboten geführt wird. Dies ist etwa beim Online-Banking üblich, wodurch ein Zahlungsdienstevertrag (§ 675 f. BGB) abgeschlossen wird.

614 Durch den Digital Services Act wurden die haftungsrechtlichen Vorschriften und Überwachungspflichten der Informationsdienstleister aus der E-Commerce-Richtlinie (§§ 12-15 E-Commerce-Richtlinie) aufgehoben (Art. 89 DSA) und funktionenbezogen (Durchleitung von Informationen; Caching; Hosting) neu geregelt.[776]

615 **bb) Regelungsgrundlagen.** Die EU-Regelungen knüpfen entweder an den Status der Beteiligten (Internetzugangsdienstleister; Nutzer; Verbraucher) oder an die Kommunikationsmittel (E-Mail; private Telefonanlagen) oder an Gegenstandsbereiche (Finanzdienstleistungen; Marketing) für die Einbeziehung an. Eine rechtliche Systematik für elektronische Verträge lässt sich auf europäischer Ebene bisher nicht erkennen. Nach den EU-Verträgen besitzt die Union auch keine generelle Gesetzgebungskompetenz für das Vertragsrecht. Dies zeigt sich deutlich an dem fehlgeschlagenen Versuch, wenigstens ein „optionales" europäisches Vertragsrecht einzuführen.[777]

Allerdings sind im Jahre 2019 gleichzeitig zwei Richtlinien in Kraft getreten, die unter Technik- und Verbraucherschutzaspekten zu einer weiteren Harmonisierung im Kernzivilrecht führen. Die Richtlinien betreffen elektronische Verträge mit[778] oder ohne[779] digitale Inhalte. Im ersten Fall geht es etwa um die Bereitstellung von Software, digitalisierten Spielen, Audio- oder Videodateien, im zweiten Fall um die elektronische Anbahnung und Abwicklung von Verträgen über physische Güter. Erstmals wird in dem Bezahlvorgang durch die Bereitstellung personenbezogener Daten eine andere Gegenleistung als Geld gesehen, was die Anerkennung eines eigentums*ähnlichen* Rechts (property rights) an marktfähigen personenbezogenen Daten impliziert.[780] Solche Verträge sind als Tauschverträge zu klassifizieren.

Die Konvention der Vereinten Nationen über den Abschluss elektronischer Verträge zwischen Unternehmen (ECC)[781] ist in Kraft getreten. Sie wurde bisher von 15 Staaten ratifiziert und von weiteren 12 Staaten (darunter China, Iran, Russland) unterzeichnet. Diese Parallelkonvention zum internationalen Wiener Kaufrecht (CISG) ist jedoch weder von der Europäischen Union noch von einem EU-Mitgliedstaat unterzeichnet worden. Als Handelsvertrag läge die Zuständigkeit dafür bei der Union.

616 **cc) Einzelregelungen.** Das EU-Recht der elektronischen Verträge betrifft hauptsächlich die Vertragsbeziehungen zwischen Unternehmen und Verbrauchern (Business to Consumer – B2C). Elektronische Vertragsbeziehungen zwischen Unternehmen (Business to Business – B2B) oder zwischen Verbrauchern (Consumer to Consumer – C2C)

776 Einzelheiten im Abschnitt Datenwirtschaftsrecht (G VIII 3 e).
777 Siehe unten Kapitel G X „Allgemeines Privatrecht".
778 Richtlinie 2019/770 vom 20.5.2019, ABl. L 136 vom 22.5.2019, S. 1.
779 Richtlinie 2019/771 vom 20.5.2019, ABl. L 136 vom 22.5.2019, S. 28.
780 Kilian, Strukturwandel der Privatheit, in: Garstka/Coy (Hrsg.), Steinmüller-Gedächtnisschrift, S. 195 (open access über *edoc.hu-berlin.de*); Kilian, Personenbezogene Daten als schuldrechtliche Gegenleistung, in: Stiftung Datenschutz (Hrsg.), Dateneigentum und Datenhandel, Berlin 2019, S. 191.
781 *Boss/Kilian (ed.)*, The United Nations Convention on the Use of Electronic Communications in International Contracts: An In-Depth Guide and Analysis, 2008.

finden auf der gleichen Verhandlungsebene statt und folgen den Prinzipien der Privatautonomie und Vertragsfreiheit. Hierfür müssen faire Wettbewerbsbedingungen auf elektronischen Plattformen herrschen.[782] Elektronische *Vertrags*beziehungen zwischen Behörden und Verbrauchern (A2C) kommen praktisch nicht vor, weil zwingendes Öffentliches Recht eingreift.

Nr.	*Richtlinie/Verordnung*	*Umsetzung*
1	Richtlinie 2000/31/EG vom 8.6.2000 über bestimmte rechtliche Aspekte der Dienste der Informationsgesellschaft, insbesondere des elektronischen Geschäftsverkehrs, im Binnenmarkt (Richtlinie über den elektronischen Geschäftsverkehr) *– E-Commerce-Richtlinie (ECR) –* *ABl. L 178 vom 17.7.2000 S. 1*	1. Gesetz zur Modernisierung des Schuldrechts vom 26.11.2001 BGBl. I S. 3138: Elektronischer Geschäftsverkehr-Gesetz (EGG) vom 14.12.2001 BGBl. I S. 3721: Telemediengesetz vom 26.2.2007 BGBl. I S. 179
2	Richtlinie 2002/65/EG vom 23.9.2002 über den Fernabsatz von Finanzdienstleistungen an Verbraucher und zur Änderung der Richtlinien 97/7/EG und 98/27/EG *– Finanzdienstleistungs-Fernabsatzrichtlinie –* *ABl. L 271 vom 9.10.2002, S. 16;*	Gesetz zur Änderung der Vorschriften über Fernabsatzverträge bei Finanzdienstleistungen vom 2.12.2004 BGBl. I S. 3102
3	Verordnung (EG) Nr. 593/2008 vom 17.6.2008 über das auf vertragliche Schuldverhältnisse anzuwendende Recht *– ROM I –* *ABl. L 177 vom 4.7.2008, S. 6*	Gesetz zur Anpassung der Vorschriften des Internationalen Privatrechts an die Verordnung EG Nr. 593/2008 vom 25.6.2009 BGBl. I S. 1574
4	Richtlinie 2011/83/EU vom 25.10.2011 über die Rechte der Verbraucher *– Verbraucherrechte-Richtlinie –* ABl. L 304 vom 22.11.2011. S. 64	Gesetz zur Umsetzung der Verbraucherrechte-Richtlinie vom 14.6.2013 BGBl. I S. 3642
5	Verordnung (EU) Nr. 1215/2012 vom 12.12.2012 über die gerichtliche Zuständigkeit, die Anerkennung und Vollstreckung von Entscheidungen in Zivil- und Handelssachen (Neufassung) *– EuGVVO/Brüssel Ia-VO –* *ABl. L 351 vom 20.12.2012, S. 1;* *zuletzt geändert durch VO (EU) Nr. 2015/281 ABl. L 54 vom 25.2.2015, S. 1*	Gesetz zur Ausführung zwischenstaatlicher Verträge und zur Durchführung von Verordnungen der Europäischen Gemeinschaft auf dem Gebiet der Anerkennung und Vollstreckung in Zivil- und Handelssachen (AVAG) vom 19.2.2001 BGBl. I 2001 S. 288
6	Verordnung (EU) 2018/302 vom 28.2.2018 über Maßnahmen gegen ungerechtfertigtes Geoblocking *– Geoblocking-Verordnung –* *ABl. L 060I vom 2.3.2018, S. 1*	4. TKG-Änderungsgesetz vom 29.11.2018 BGBl. I S. 2230

782 VO(EU) 2019/1150 zur Förderung von Transparenz für gewerbliche Nutzer von Online-Vermittlungsdiensten, ABl. L 186 vom 11.7.2019, S. 57 (dazu oben Rn. 542).

Nr.	*Richtlinie/Verordnung*	*Umsetzung*
7	Richtlinie (EU) 2019/770 vom 20.5.2019 über bestimmte vertragsrechtliche Aspekte der Bereitstellung digitaler Inhalte und digitaler Dienstleistungen *– Digitale Inhalte-Richtlinie –* *ABl. L 136 vom 22.5.2019, S. 1*	Gesetz zur Umsetzung der Richtlinie (EU) 2019/770 vom 25.6.2021 BGBl. I S. 2123
8	Richtlinie (EU) 2019/771 vom 20.5.2019 über bestimmte vertragsrechtliche Aspekte des Warenkaufs *– Digitale Warenkauf-Richtlinie –* *ABl. L 136 vom 22.5.2019, S. 28*	Gesetz zur Umsetzung der Richtlinie (EU) 2019/771 vom 25.6.2021 BGBl. I S. 2133

617 **(1) E-Commerce-Richtlinie.** Die wohl wichtigste EU-Gesetzgebung für das Vertragsrecht ist noch immer die *E-Commerce-Richtlinie* (Richtlinie über den Elektronischen Geschäftsverkehr, *Nr. 1 der Liste*). Sie betrifft hauptsächlich Unternehmen, hat aber auch Auswirkungen auf Verbraucher, weil sie die *„Dienste der Informationsgesellschaft"* zum Gegenstand ihrer Regelungen macht, um das reibungslose Funktionieren des (elektronischen) Binnenmarktes zu fördern.

„Dienste der Informationsgesellschaft" umfassen einen weiten Bereich wirtschaftlicher Tätigkeiten, die elektronisch (online) abgewickelt werden. Besonders die Tätigkeit der Access- und Content-Provider zählen zu den „Diensten der Informationsgesellschaft". Soweit Verbraucher untereinander geschäftlich elektronisch kommunizieren, etwa durch E-Mail oder private Internet-Auktionen, fallen sie als solche nicht unter die E-Commerce-Richtlinie, weil geschäftlich sich betätigende natürliche Personen nicht „Verbraucher" im Sinne der Definition der E-Commerce-Richtlinie (Art. 2 lit. e) sein können, sondern nur „Diensteanbieter" (Art. 2 lit. b) oder „Nutzer" (Art. 2 lit. d).

618 Unter die E-Commerce-Richtlinie fallen etwa („koordinierter Bereich"; Art. 2 lit. h(i)):

- Online-Angebote über Waren und Dienstleistungen
- Online-Werbung („kommerzielle Kommunikation")
- Dienste, die Instrumente für die Suche von Daten, den Zugang zu Daten oder den Abruf von Daten bereitstellen
- Die Tätigkeiten der Zugangsvermittler (access provider) und Inhaltsvermittler (content provider)
- Dienste, die das Durchleiten, das Zwischenspeichern (Caching) oder Speichern (Hosting) von Daten im Auftrag eines Nutzers betreffen
- Dienstleistungen auf individuellen Abruf (Video auf Abruf; E-Mail-Werbung auf Abruf).

619 *Nicht* unter die E-Commerce-Richtlinie fallen:

- Elektronische Kommunikation zwischen Verbrauchern
- Offline-Dienste
- Nicht-elektronischer Waren- und Dienstleistungsverkehr
- Fernsehsendungen
- Radiosendungen

- Ärztliche Konsultationen, die körperliche Untersuchungen voraussetzen
- Elektronische Finanzdienstleistungen (geregelt in Finanzdienstleistungs-Fernabsatzrichtlinie 2002/65/EG)
- E-Mail-Vertragsabschlüsse
- Gewinnspiele, Glücksspiele, Lotterien und Wetten.

Hinsichtlich der erfassten Dienste der Informationsgesellschaft werden Anforderungen an die Ausübung der Tätigkeit im Hinblick auf die Qualität oder den Inhalt des Dienstes, die Werbung sowie auf die Verantwortlichkeiten des Dienstanbieters festgelegt. 620

Die E-Commerce-Richtlinie will einen Beitrag zum *einwandfreien Funktionieren des Binnenmarktes* leisten, indem sie den freien Verkehr von Diensten der Informationsgesellschaft zwischen den Mitgliedstaaten sicherstellt (Art. 1 Abs. 1); ferner Artt. 6 und 9 der Datenschutzrichtlinie 2002/58/EG). Das nationale Privatrecht darf beim Abschluss elektronischer Verträge nicht zwischen inländischen und ausländischen Angeboten differenzieren oder diskriminierende Vertragsverletzungen ermöglichen. Das wäre ein Verstoß der EU-Mitgliedstaaten, im Binnenmarkt eine Privatrechtsordnung zu gewährleisten, in der die Marktfreiheiten gelten.

Das Regelungsverfahren der E-Commerce-Richtlinie besteht vor allem in der Angleichung innerstaatlicher Regelungen über Werbung („kommerzielle Kommunikation"), über elektronische Verträge, über die Verantwortlichkeit von Vermittlern, über Verhaltenskodizes und über außergerichtliche Streitbeilegung (Art. 1 Abs. 2).

Für die *kommerzielle Kommunikation* wird Klarheit der Erkennbarkeit als Werbung für einen identifizierbaren Anbieter vorgeschrieben (Art. 6). Es muss möglich sein, den Empfang elektronischer Post wirksam abwehren zu können (Art. 7 Abs. 2). Freiberufler dürfen ihre Dienstleistungen elektronisch anbieten (Art. 8). Der Abschluss elektronischer Verträge wird zwar nicht direkt als privatautonomer Konsensualakt geregelt, aber indirekt durch Rahmenbedingungen vorstrukturiert. So müssen die einzelnen Schritte, die zu einem elektronischen Vertrag führen, klar, verständlich und unzweideutig erläutert und alternative Kommunikationswege[783] angeboten werden. Ferner besteht die Pflicht, die technischen Mittel zur Erkennung und Korrektur von Eingabefehlern vor der elektronischen Abgabe der Bestellung darzustellen und Allgemeine Geschäftsbedingungen für den elektronischen Abruf und für die Speicherung zugänglich zu machen (Art. 10). 621

Der *Eingang einer elektronischen Bestellung* muss elektronisch bestätigt werden, für den Zugang der Bestellung und der Empfangsbestätigung wird auf die Abrufbarkeit durch den Adressaten abgestellt (Art. 11). Besondere Bedeutung für die Anerkennung elektronischer Verträge hat die Generalklausel des Art. 9 Abs. 1 erlangt, wonach elektronische Verträge weder im Abschluss noch in ihrer rechtlichen Wirksamkeit gegenüber anderen Verträgen diskriminiert werden dürfen. Lediglich für einige ausdrücklich genannte Vertragstypen (etwa Immobiliar- und Bürgschaftsverträge; familien- und erbrechtliche Verträge) können die Mitgliedstaaten die elektronische Form verbieten (Art. 9 Abs. 2). 622

Hinsichtlich der *Verantwortlichkeit der Diensteanbieter* wird zwischen der Übermittlung und Vermittlung eigener sowie fremder Informationen unterschieden. Das Gesetz 623

783 EuGH, Verbraucherzentrale Bundesverband e. V./deutsche Internetversicherung AG, C-298/07, ECLI:EU:C:2008:572, I-7841.

über digitalisierte Dienste (DSA) hat die Art. 13-15 ab 17.2.2024 aufgehoben und die Verantwortlichkeiten funktional nach Durchleitung, Caching und Hosting von Informationen modifiziert.[784] Betreiber drahtloser lokaler Netzwerke (WLAN) haften nicht für Rechtsverstöße Dritter.[785]

Schließlich müssen die Mitgliedstaaten Möglichkeiten zur außergerichtlichen *elektronischen Streitbeilegung* zulassen (Art. 17) und die Aufstellung von Verhaltenskodizes durch Handels-, Berufs- und Verbraucherverbände fördern (Art. 16). Dies ist durch die Verbraucherstreit-Beilegungsrichtlinie detailliert worden.

624 Anbieter von Online-Diensten müssen rechtswidrig gespeicherte Informationen sofort entfernen oder den Zugang zu ihnen sperren, sobald sie davon tatsächliche Kenntnis erhalten haben. Das Risikomanagement ist ebenfalls nunmehr im Gesetz über digitalisierte Dienste geregelt.[786]

625 Da elektronische Dienstleistungen problemlos grenzüberschreitend erbracht werden können, hat die Frage Bedeutung, *welches Gericht* zuständig sein soll und *welches Recht anzuwenden* ist. Die E-Commerce-Richtlinie „schafft weder zusätzliche Regeln im Bereich des internationalen Privatrechts noch befasst sie sich mit der Zuständigkeit der Gerichte" (Art. 1 Abs. 4). Allerdings legt sie für Dienstleistungen im sogenannten „koordinierten Bereich" (Art. 2 lit. h) das *„Herkunftslandprinzip"* als Kriterium für die Bestimmung des anwendbaren Rechts fest. Jeder Mitgliedsstaat hat danach dafür Sorge zu tragen, dass die Dienstleistungen eines in seinem Hoheitsgebiet niedergelassenen Dienstleisters den innerstaatlichen Vorschriften entsprechen (Art. 3 Abs. 1) und andere Mitgliedstaaten den freien Verkehr solcher Dienste nicht aus Gründen einschränken dürfen, die in den koordinierten Bereich fallen (Art. 3 Abs. 2). Damit wird das schon bisher für den Handel mit Waren und Dienstleistungen im Binnenmarkt geltende *Prinzip der gegenseitigen Anerkennung* der nach nationalem Recht eines Mitgliedstaats rechtmäßig angebotenen Waren und Dienstleistungen auf elektronische Dienstleistungen übertragen.

626 (2) **Finanzdienstleistungs-Fernabsatzrichtlinie.** Nach dem WTO/GATS-Abkommen können Mitgliedstaaten aus aufsichtsrechtlichen Gründen zum Schutz von Anlegern und Versicherungsnehmern Maßnahmen beschließen. Das EU-Recht verlangt aber, dass diese Schutzmaßnahmen „nicht über das zur Gewährleistung des Verbraucherschutzes erforderliche Maß hinausgehen".[787]

Als besondere Form des Vertragsabschlusses im Fernabsatz durch Fernkommunikationsmittel regelt die *Finanzdienstleistungs-Fernabsatzrichtlinie* (*Nr. 2 der Liste*) elektronische *Finanzdienstleistungen unter Verbraucherschutzaspekten.* Von der Richtlinie wird der jeweilige Rahmenvertrag (die „erste Vereinbarung", Art. 1 Abs. 2) erfasst, nicht die daran anschließenden Vorgänge und Transaktionen.

627 Der Bereich *„Finanzdienstleistungen"* ist weit definiert und umfasst nicht nur elektronische Geldüberweisungen, sondern jede Dienstleistung im Zusammenhang mit einer Kreditgewährung, Versicherung, Altersversorgung von Einzelpersonen, Geldanlage oder Zahlung (Art. 2 lit. b). Die Finanzdienstleistungsrichtlinie legt eine Reihe von *verbindlichen Informationen* fest, die der Anbieter einem Verbraucher aus Gründen

784 Einzelheiten unten in Rdnr. 743 f.

785 EuGH, Mc Fadden / Sony Music, C-484/14, ECLI: EU:C:2016:689.

786 Einzelheiten unten in Rdnr. 743 f.

787 Erwägungsgrund 32 der Finanzdienstleistungenrichtlinie 2002/65/EG.

der Risikobegrenzung zur Verfügung stellen muss. Neben Informationen zur Anbieterklassifikation geht es um Beschreibungen des Inhalts der Finanzdienstleistung, um Widerrufs- und Kündigungsrechte, Vertragsklauseln, Rechtsbehelfe und Auskunftspflichten.

Bemerkenswert sind zwei weitere Einzelregelungen: Nach Art. 5 Abs. 1 müssen die Allgemeinen Geschäftsbedingungen dem Verbraucher vorab „in Papierform oder auf einem anderen dauerhaften Datenträger" übermittelt werden. Erstmals wird der Ausdruck *„dauerhafter Datenträger"* definiert, und zwar als „jedes Medium, das es dem Verbraucher gestattet, an ihn persönlich gerichtete Informationen derart zu speichern, dass er sie in der Folge für die Zwecke der Information angemessene Dauer einsehen kann, und dass die unveränderte Wiedergabe der gespeicherten Information ermöglicht" (Art. 2 lit. f). Diese Voraussetzung erfüllen CD-ROM, DVD, USB-Stick oder Festplatte des Computers des Verbrauchers, wohl aber auch eine dauerhafte externe Datenbank, in der die Allgemeinen Geschäftsbedingungen gespeichert sind, die über Hyperlinks erreichbar gemacht oder zum Download bereitgestellt werden. 628

Die zweite interessante Einzelregelung betrifft die Abwehr unerwünschter Werbung für Finanzdienstleistungen: Anrufautomaten (Voice-mail-Systeme) und Telefaxwerbung bedürfen der vorherigen Einwilligung des Verbrauchers; bei allen anderen Werbeformen (zB E-Mail) haben die Mitgliedstaaten das Wahlrecht (Art. 10) eine vorherige Einwilligung des Verbrauchers zu verlangen (opt in – Prinzip) oder eine Widerspruchsregelung einzuführen („opt out-Prinzip"). Eine Modifikation zwischen opt-in und opt-out sieht bezüglich eigener Kunden Art. 13 Abs. 2 der Kommunikations-Datenschutzrichtlinie 2002/58/EG vor. 629

(3) **ROM I-Verordnung.** *Die ROM I-Verordnung* (*Nr. 3 der Liste*) ist für das *Internationale Privatrecht* der elektronischen Verträge heranzuziehen, die nach dem 17.12.2009 abgeschlossen worden sind. Elektronische Verträge werden in der Verordnung nicht ausdrücklich erwähnt. Die Verordnung enthält aber allgemeine Prinzipien für das auf internationale Verträge über Sachen und Dienstleistungen anwendbare Recht und erstreckt sich auf internationale Unternehmens- und Verbraucherverträge[788]. 630

(4) **Verbraucherrechte-Richtlinie.** Die *Verbraucherrechte-Richtlinie* (*Nr. 4 der Liste*) will im Wege der „Vollharmonisierung" die Rechte der Verbraucher beim grenzüberschreitenden elektronischen Handel erreichen, um das Potenzial für den Binnenmarkt zu stärken. Deshalb sind abweichende Regelungen der Mitgliedstaaten ausgeschlossen.[789] Auch in Geschäftsbedingungen von Anbietern darf davon nicht abgewichen werden. Die Richtlinie gilt nicht für spezielle Bereiche, wie Medizin, Gesundheitsdienstleistungen, Finanzdienstleistungen, Lebensmittel oder Glücksspiele. 631

Die Informationspflichten des Unternehmers nach der E-Commerce-Richtlinie wurden gegenüber Verbrauchern erweitert. Dies betrifft vor allem Informationen über Lieferbeschränkungen, Zahlungsarten, Funktionsweise der Bestellung, die Interoperabilität digitaler Inhalte und technische Beschränkungen (DRMS). Das Widerrufsrecht des Verbrauchers bei einem elektronisch geschlossenen Kaufvertrag beträgt 14 Tage. Elektronische Verträge fallen unter den von der Richtlinie verwendeten Begriff „Fernabsatzvertrag", weil als Fernkommunikationsmittel das Internet genutzt wird. Ein Fern-

788 Weitere Einzelheiten vgl. unten Kapitel G XI.
789 Vgl. auch unten Kapitel G X (Allgemeines Privatrecht).

absatzvertrag über „digitale Inhalte" kann Apps, Spiele, Musik, Videos und Texte umfassen (Erwägungsgrund 19), unabhängig davon, ob auf sie durch Herunterladen in Echtzeit (Streaming) oder von einem körperlichen Datenträger zugegriffen wird. Bemerkenswert ist, dass digitale Inhalte, die nicht auf einem körperlichen Trägermedium bereitgestellt werden, weder als Kaufverträge noch als Dienstleistungsverträge gelten.

632 (5) **EuGVVO (Brüssel-Ia VO).** Die VO (EU) Nr. 1215/2012 *(Nr. 5 der Liste)* über die gerichtliche Zuständigkeit und die Anerkennung und Vollstreckung von Entscheidungen in Zivil- und Handelssachen (Brüssel Ia-VO) sieht in Art. 23 Abs. 2 vor, dass *Gerichtsstandsvereinbarungen elektronisch* abgeschlossen werden können, wenn eine dauerhafte Aufzeichnung ermöglicht wird. Dies gilt auch für grenzüberschreitende elektronische Verträge mit *Verbrauchern.*

633 (6) **Geoblocking-Verordnung.** Um das Potenzial des Binnenmarktes auszuschöpfen, verbietet die Geoblocking-Verordnung *(Nr. 6 der Liste)* das Sperren oder Beschränken des Zugangs zu Internetseiten bei grenzüberschreitenden Geschäften. Dieses „Geoblocking" wird als Diskriminierung von Kunden im Ausland aufgrund der Staatsangehörigkeit, des Wohnsitzes oder der Niederlassung eingestuft.

634 (7) **Richtlinie über digitale Inhalte und digitale Dienstleistungen.** Für elektronische Verbraucherverträge nimmt die Union wegen möglicher grenzüberschreitender Effekte die Gesetzgebungskompetenz in Anspruch. Die digitale Inhalte-Richtlinie *(Nr. 7 der Liste)* und die (digitale) Warenkauf-Richtlinie *(Nr. 8 der Liste)* decken sehr viele wirtschaftliche Aktivitäten in der Informationsgesellschaft unter Verbraucherschutzgesichtspunkten ab und harmonisieren mitgliedstaatliche Vorschriften. Soweit andere unionsrechtliche Vorschriften bestehen, gehen diese aber vor.[790] Dies gilt insbesondere für das Datenschutzrecht. Die Mitgliedstaaten dürfen von den harmonisierten Vorschriften nicht abweichen. Sie können aber aufgrund des Subsidiaritätsprinzips bei Verbraucherverträgen noch eigene Regelungen über das Zustandekommen, die Gültigkeit, die Wirkungen, den Schadenersatz und die Verjährung treffen (Art. 3(6) Digitale Inhalte-Richtlinie).

Die Besonderheit dieser Richtlinie liegt in der Anerkennung eines monetären Wertes von personenbezogenen Daten als Gegenleistung für die Bereitstellung digitaler Inhalte.[791]

635 (8) **Warenkauf-Richtlinie.** Die Warenkauf-Richtlinie *(Liste Nr. 8)* ersetzte die frühere Verbrauchsgüterrichtlinie 1999/44/EG und gilt nun auch für Kaufverträge über Waren (körperliche Gegenstände) mit digitalen Elementen (Hard- und/oder Software).

▶ **Beispiele:**

Smartphone; Smart TV mit Video-Anwendungen; digitalisierte Armbanduhr ◀

Werden digitalisierte Elemente nachträglich beschafft und verwendet, findet insoweit die Richtlinie (EU) 2019/770 Anwendung.

636 Die Warenkauf-Richtlinie verwendet grundsätzlich Begriffe des CISG-Abkommens und stellt subjektive und objektive Anforderungen an die Vertragsgemäßheit (Artt. 6 und 7). Objektiv müssen die Waren für den Verwendungszweck brauchbar sein und nach Menge, Qualität, Haltbarkeit, Funktionalität, Kompatibilität und Sicherheit den

790 Erwägungsgrund 86 und Art. 3 der Richtlinie (EU) 2019/770.
791 Einzelheiten unter G VIII Rdnr. 734-736.

berechtigten Erwartungen des Käufers entsprechen (Art. 7). Eine Vertragswidrigkeit kann auch bei unsachgemäßer Montage oder Installation vorliegen (Art. 8).

Der Verkäufer haftet bis 2 Jahre nach der Lieferung (Art. 10). Dies gilt auch für Updates innerhalb der Vertragslaufzeit (Art. 10 (2)). Für die Feststellung einer Vertragswidrigkeit gilt eine Umkehr der Beweislast mit der Möglichkeit eines Gegenbeweises durch den Verkäufer (Art. 11 (1)).

Als Abhilfen bei einer Vertragswidrigkeit kommen Nachbesserung, Nachlieferung, Minderung und bei schwerwiegenden Verstößen Rücktritt vom Vertrag in Betracht. Die Ansprüche des Käufers können gegen jeden Beteiligten in der Vertragskette geltend gemacht werden. Für die Rechtsdurchsetzung sind auch Verbraucher- oder Berufsverbände zugelassen (Art. 19).

dd) Leitentscheidungen

- *Deutsche Internet Versicherung*[792] 637

Nach Art. 5 Abs. 1 Buchst. c der E-Commerce-Richtlinie muss ein Diensteanbieter den Nutzern neben seiner Adresse weitere Informationen für eine schnelle, unmittelbare und effiziente Kontaktaufnahme zur Verfügung stellen.

- *Bildträger*[793]

Nicht die Richtlinie 2000/31/EG, sondern Art. 28 EG (jetzt Art. 34 AEUV) wird herangezogen, um den Internet-Versand von Bildträgern an Jugendliche davon abhängig zu machen, ob die Bildträger geprüft worden sind und eine Altersfreigabe nach staatlichem Recht tragen.

- *Promusicae*[794]

Die Richtlinie 2000/31/EG gebietet es nicht, bei Urheberrechtsverstößen im Rahmen des Downloads geschützter Werke durch Nutzung von Filesharing-Systemen (KaZaA) im Rahmen zivilrechtlicher Verfahren die Mitteilung personenbezogener Daten vorzu sehen.

- *DocMorris I*[795]

Der Deutsche Apothekenverband wollte die Belieferung von Kunden durch Internetapotheken von DocMorris unter anderem mit dem Argument verhindern, dass die E-Commerce-Richtlinie 2000/31/EG im Erwägungsgrund 31 ausdrücklich den Gesundheitsbereich ausklammere und damit das deutsche Recht (Arzneimittelgesetz; Apothekenbetriebsordnung; Heilmittelwerbegesetz) Anwendung fänden. Der EuGH differenzierte jedoch zwischen rezeptfreien und rezeptpflichtigen Arzneimitteln, hielt in beiden Fällen ein Verbot des Bezugs für eine Verletzung der Warenverkehrsfreiheit, die allerdings nach Art. 30 EG (jetzt Art. 36 AEUV) für rezeptpflichtige Arzneimittel gerechtfertigt sei.

792 EuGH, Verbraucherzentrale Bundesverband e. V./deutsche Internetversicherung AG, C-298/07, ECLI:EU:C:2008:572, I-7841.
793 EuGH, Dynamic Medien Vertriebs GmbH/Avides Media AG, C-244/06, ECLI:EU:C:2008:85, JuS 2008, 636.
794 EuGH, Promusicae/Telefónica de España SAU, C-275/06, ECLI:EU:C:2008:54, JuRPC Web-Dok. 31/2008.
795 EuGH, Deutscher Apothekerverband e. V./DocMorris NV und Jaques Waterval, C-322/01, ECLI:EU:C:2003:664, I-14951.

- *DocMorris II*[796]

Nur ein Apotheker darf eine Apotheke betreiben, damit eine sichere und qualitativ hochwertige Versorgung der Bevölkerung mit Arzneimitteln gewährleistet ist. Die Niederlassungs- und die Dienstleistungsfreiheit stehen dem nicht entgegen.

- *DocMorris III*[797]

Die deutsche Preisbindung für verschreibungspflichtige Arzneimittel verstößt gegen die Freiheit des Warenverkehrs und behindert den Preiswettbewerb, der Patienten Vorteile bringt. Die Notwendigkeit einer Preisbindung für eine gleichmäßige Versorgung ist nicht nachgewiesen worden.

- *Wind Tre / Vodafone Italia*[798]

Stillschweigend vorinstallierte und aktivierte Mailbox-Dienste auf einer SIM-Karte sind eine unlautere Geschäftspraxis.

- *„Gefällt mir"-Button von Facebook*[799]

Die Einbindung des Buttons auf einer Anbieterwebsite und die Weiterleitung der dadurch erfassten Daten an Facebook bedarf der datenschutzrechtlichen Einwilligung des Websitenutzers.

638 ee) **Bezüge zum deutschen Recht.** Die E-Commerce-Richtlinie und die Verbraucherrechte-Richtlinie haben in Deutschland das BGB-Schuldrecht nachhaltig verändert. Durch das *Gesetz zur Modernisierung des Schuldrechts*[800] als Rahmengesetz wurden Teile der früheren Fernabsatzrichtlinie und der E-Commerce-Richtlinie (Artt. 10, 11) als §§ 312 b bis 312 e in das Bürgerliche Gesetzbuch integriert. Die *digitale Inhalte-Richtlinie* wurde durch einen neuen Abschnitt über Unternehmens- und Verbraucherverträge umgesetzt (§ 312 BGB n.F.). Die Zahlung eines Preises sowie die Bereitstellung personenbezogener Daten werden als gleichwertige Gegenleistungen behandelt (§ 312 Abs. 1 und 1 a BGB). Widerruft ein Verbraucher die weitere Verwendung seiner Daten, hat der Vertragspartner ein Kündigungsrecht, aber keinen Schadenersatzanspruch (§ 327 q Abs. 3 BGB).

Informationspflichten beim Abschluss elektronischer Verträge im Geschäftsverkehr sind heute in Art. 246 §§ 1 bis 3 sowie Art. 247 EGBGB geregelt. Bei elektronischen Verträgen sind Informationen über die Schritte zum Vertragsabschluss, die Speicherung des Vertragstextes, die Berichtigung von Eingabefehlern, die verwendeten Sprachen und über verwendete Verhaltenskodizes erforderlich. Durch das Unterlassungsklagegesetz und durch Unterstellung elektronischer Dokumente unter den Beweis durch Augenschein (§ 371 Abs. 1 S. 2 ZPO) kam der Gesetzgeber verfahrensrechtlichen Anforderungen nach. Ein elektronischer Vertrag, der mit einer qualifizierten elektronischen Signatur versehen ist, hat praktisch die gleiche Beweiskraft wie eine Papierurkunde.

639 Die von Art. 9 ECRL geforderte rechtliche Wirksamkeit elektronischer Verträge wurde durch Einführung der *„elektronischen Form"* (§ 126 a BGB) durch das Formvorschrif-

796 EuGH, Apothekerkammer des Saarlandes / Saarland und Ministerium für Justiz, Gesundheit und Soziales, C-171/07 und C-172/07, ECLI:EU:C:2009:316, NJW 2009, 2112.

797 EuGH, Deutsche Parkinson Vereinigung eV / Zentrale zur Bekämpfung unlauteren Wettbewerbs eV, C-148/15, ECLI:EU:C:2016:776.

798 EuGH, Wind Tre, C-54/17 und C-55/17, ECLI:EU:2018:710.

799 EuGH, Fashion ID, C-40/17, ECLI:EU:2019:629.

800 BGBl. I 2001, S. 3138.

tenanpassungsgesetz[801] in Verbindung mit der Neufassung des Signaturgesetzes[802] umgesetzt. Um einen elektronischen Vertrag als Ersatz für einen schriftlichen Vertrag relativ beweiskräftig abschließen zu können, müssen die Parteien danach der Erklärung ihren Namen hinzufügen und das elektronische Dokument mit einer qualifizierten Signatur nach dem Signaturgesetz versehen. Soweit keine Schriftform erforderlich ist, bedarf es zur Wirksamkeit des Vertrages keiner elektronischen Signatur, auch wenn ihre Verwendung die Authentizität und Integrität des elektronischen Dokuments erhöht hätte.

Die meisten Vorschriften der E-Commerce-Richtlinie wurden aufgrund des „*Gesetzes über rechtliche Rahmenbedingen für den elektronischen Geschäftsverkehr*" (EGG)[803] zunächst in das Teledienstegesetzes (TDG) und in das Telekommunikationsgesetzes (TKG), dann 2007 in das heutige Telemediengesetz (TMG) übernommen. Bei dem TKG steht die Transportleistung (Übertragung von Signalen), bei dem TMG der Inhalt der Informationen im Vordergrund. 640

Dabei wurden die Verantwortlichkeiten der Diensteanbieter für eigene sowie für fremde (gespeicherte, zwischengespeicherte, durchgeleitete) Informationen präzisiert, Anbieterkennzeichnungen eingeführt und das Herkunftslandprinzip mit deutschem IPR in Einklang gebracht. Außerdem besteht jetzt für Verbraucher die Möglichkeit, Schiedsvereinbarungen elektronisch abzuschließen (§ 1031 Abs. 5 S. 2 ZPO).

Das Herkunftslandprinzip der E-Commerce-Richtlinie wirkt sich in Deutschland so 641 aus, dass die *in Deutschland niedergelassenen Anbieter* elektronischer Dienstleistungen grundsätzlich dem deutschen Recht unterliegen, wenn nicht das (deutsche) IPR auf das Recht eines anderen Staates verweist (§ 3 TMG). Das fremde Recht darf jedoch dann nicht angewandt werden, wenn dadurch der freie Dienstleistungsverkehr über die Anforderungen des deutschen Rechts hinausgehend eingeschränkt würde. Aus dieser Regelungsstruktur wird ersichtlich, dass das Herkunftslandprinzip ein dem (nationalen) IPR vorgelagertes Prinzip darstellt und eine zweistufige Prüfung für die Ermittlung des anwendbaren Rechts erfolgen muss, und zwar zunächst nach dem Herkunftslandprinzip und dann nach dem IPR.

Für *Telediensteanbieter mit Niederlassung in einem anderen EU-Mitgliedstaat,* die 642 Teledienste in Deutschland anbieten, gilt nach dem Herkunftslandprinzip das Recht ihres Niederlassungsstaates. Regeln des deutschen IPR, die nur eingreifen könnten, wenn das Recht des Niederlassungsstaates auf das deutsche Recht verweisen würde, sind dann nicht anwendbar, wenn dadurch der freie Dienstleistungsverkehr über die Anforderungen des Rechts des Niederlassungsstaates hinausgehend eingeschränkt werden würde (§ 3 Abs. 2 S. 2 TMG). Für *Telediensteanbieter aus Drittstaaten* mit einer Niederlassung in der Union oder mit Geschäftstätigkeiten, die sich an EU-Bürger in der Union richten, gilt ebenfalls EU-Recht.

Der YouTube-Werbekanal ist kein audiovisueller Mediendienst. Deshalb müssen bei einer Werbung für Kraftfahrzeuge Angaben zu den CO2-Emmissionen gemacht werden.[804]

801 BGBl. I 2001, S. 1542.
802 BGBl. I 2001, S. 876.
803 BGBl. I 2001, S. 3721.
804 BGH 13.9.2018 CR 2019, 49.

643 Diensteanbieter aus einem anderen EU-Mitgliedstaat müssen trotz des *Herkunftslandprinzips* Einschränkungen des deutschen Rechts beachten, soweit nationale Vorschriften dem Schutz der öffentlichen Ordnung, der öffentlichen Sicherheit, der öffentlichen Gesundheit oder dem Verbraucher- und Anlegerschutz dienen (§ 3 Abs. 5 TMG).

Das Herkunftslandprinzip unterliegt zahlreichen *Einschränkungen*. Es gilt in Deutschland beispielsweise nicht bei Verbraucher-, Grundstücks-, Gewinnspiel-, oder Versicherungsverträgen, auch nicht für die Tätigkeit von Notaren und Rechtsanwälten (§ 3 Abs. 4 TMG). Diese Einschränkungen des Herkunftslandprinzips stehen im Einklang mit Art. 3 Abs. 4 ECRL und der allgemeinen Rechtsprechung des Europäischen Gerichtshofs zu Art. 62 AEUV.

644 Das deutsche Netzwerkdurchsetzungsgesetz[805] will Hassreden und Persönlichkeitsverletzungen im Internet bekämpfen. Es verpflichtet Betreiber sozialer Netzwerke und kommerzielle Telemediendiensteanbieter gegen rechtswidrige Inhalte unverzüglich vorzugehen und vierteljährlich Berichte zu erstatten. Das (EU)-Gesetz über digitale Dienstleistungen (DSA) hat diesen Ansatz als Harmonisierungsmaßnahme übernommen.

645 Da die meisten Informationen vor dem Abschluss eines elektronischen Vertrages gegeben werden müssen, kommt bei *Verletzung der Informationspflicht* in erster Linie ein Anspruch aus culpa in contrahendo (§§ 311 Abs. 2 Nr. 1; 241 Abs. 2; 280 Abs. 1 BGB) oder spezielleren Vorschriften (Art. 246 § 3 EGBGB) in Betracht. Die Kausalität zwischen Informationspflichtverletzung und Vertragsabschluss wird vermutet.[806] Bei Nachweis eines Schadens aufgrund der Informationspflichtverletzung entsteht ein Schadensersatzanspruch (§ 280 Abs. 1 S. 1 BGB). Außerdem hängt der Beginn der Widerrufsfrist von der Erfüllung der Informationspflichten ab (§§ 312 d Abs. 2; 312 e Abs. 3 S. 2 BGB). Schließlich kann bei einem Verstoß gegen die Informationspflichten auch im Wege einer Verbandsklage vorgegangen werden (§ 2 Abs. 1 und 2 UklaG; 1, 13 UWG).

646 ff) **Bewertung.** Der europäische Gesetzgeber hat es bisher versäumt, sich für elektronische Verträge die abgewogenen Regelungen der UN-Konvention über die Anwendung der elektronischen Kommunikation in internationalen Verträgen zum Vorbild zu nehmen.[807] Sie gilt in den Vertragsstaaten zwar nur für elektronische Verträge zwischen Unternehmen, könnte aber – wie am deutschen BGB-Leistungsstörungsrecht nach dem Muster des Internationalen Kaufrechts (CISG) zu sehen ist – auch für den Abschluss von Verbraucherverträgen Anwendung finden.

Der deutsche Gesetzgeber hat es bisher versäumt, die heterogenen EU-Regelungen im Hinblick auf elektronische Verbraucherverträge in ein *System* zu bringen. Die bewusste Sonderbehandlung elektronischer Verträge[808] in zahlreichen deutschen Gesetzen beruht auf der Grundentscheidung, die EU-Richtlinien getrennt umsetzen und möglichst wortgleich übernehmen zu wollen. In Österreich, Polen und anderen Mitgliedstaaten hat man die Regelungen beispielsweise in Verbraucherschutzgesetzbüchern eingebracht.

---

805 Vom 1.9.2017 BGBl. I S. 3352.

806 BGH, NJW 2001, 2163 (2165).

807 *Kilian*, The UN-Convention on the Use of E-Communications in International Contracts, CRi 2007, 101–106.

808 Von dieser Notwendigkeit ging der Gesetzgeber aus, vgl. BT-Drs. 14/6857 vom 31.8.2001 zu Nr. 63.

Elektronische Verträge unterscheiden sich von anderen Verträgen nicht in der Geltung des Konsensprinzips, sondern in den *Verfahren der Kommunikation, Konsensbildung und Vertragsabwicklung.* Die unpersönliche, technisch vermittelte, zeit- und raumindifferente, schnelle und überwiegend standardisierte digitalisierte Kommunikation, die zu einem elektronischen Vertrag führt, erfordert umfangreichere Informationen über den Anbieter und seine Produkte oder Dienstleistungen als der Abschluss herkömmlicher Verträge. Der Grund liegt darin, dass fehlendes personales Vertrauen durch Zusatzinformationen substituiert werden muss. Die Zusatzinformationen sollen helfen, rational zwischen Alternativen wählen zu können. Allerdings unterscheiden sich die Nutzer des Internet in ihren technischen Kenntnissen und ihrem Informationsbedarf im Umgang mit dem Medium kaum danach, ob sie als „Verbraucher" oder aber „gewerblich" oder „beruflich" tätig werden. Viele private Nutzer haben sogar einen besseren Kenntnisstand über das Internet als kleine Unternehmen. Da alle Verträge – ob mündliche, schriftliche oder elektronische – dem Prinzip von Treu und Glauben (§ 242 BGB) unterliegen, mussten die meisten der beim Abschluss elektronischer Verträge nun durch EU-Richtlinien zwingend vorgeschriebenen Informationspflichten ohnehin schon nach deutschem Recht aufgrund des Gebots der Lauterkeit und Fairness erfüllt werden, um den Vorwurf eines Verschuldens bei Vertragsschluss zu vermeiden. 647

Eine stärkere, durch Art. 9 Abs. 1 ECRL sogar geforderte Parallelisierung elektronischer und klassischer Verträge hätte *Anlass zu Präzisierungen* im Hinblick auf elektronische Verträge geben müssen: Unklarheiten bestehen etwa beim Einsatz elektronischer Agenten für die Informationssuche, bei elektronischen Verträgen zwischen Verbrauchern per E-Mail, bei Online-Auktionen zwischen Verbrauchern oder bei den technischen Standards für die Wahrung der Kommunikationssicherheit. 648

Eine interessante Entwicklung nimmt die in Art. 17 Abs. 3 ECRL vorgeschriebene Pflicht zur Förderung *außergerichtlicher Streitbeilegungsverfahren.* Innerhalb und außerhalb der Europäischen Union sind Online-Schiedsgerichte (ICANN; WIPO),[809] Institutionen zur Verleihung und den Entzug von Gütesiegeln (trusted seals),[810] Online-Dienste (Internet-Ombudsmann)[811] oder virtuelle Gerichte[812] entstanden. Mit diesen Online-Beratungen und Entscheidungen wurden bisher gute Erfahrungen gemacht, weil die Angelegenheiten schnell, kostengünstig und weitgehend formalisiert durchgeführt werden. In Deutschland sind elektronische Rechtsberatungen über Anwalts-Hotlines zulässig.[813] Die im Jahre 2013 erlassene Online-Streitbeilegungsverordnung und die Online-Streitbeilegungsrichtlinie[814] dürften diese Entwicklungen verstärken. 649

c) Recht der Datensicherheit

Spezialliteratur: *Dumortier et al.*, The Legal and Market Aspects of Electronic Signatures. Study for the European Commission 2003 (https://www.secorvo.de); *Forgó*, Grundzüge des Datensicherheitsrechts, in: Conrad/Grützmacher, Recht der Daten und Datenbanken im Unternehmen, 2014; *Pordesch*, Elektronische Geschäftsprozesse mit fortgeschrittener Signatur, 2007; *Roßnagel*,

809 http://www.icann.org; http://www.wipo.org.
810 http://www.onlineconfidence.org; Global Trustmark Alliance http://www.fedma.org; http://www.trustedshops.de.
811 http://www.ombudsmann.at.
812 Cyberjudge http://www.cyberjudge.org; Virtual Magistrats http://www.vmag.org.
813 BGH, NJW 2003, 819–822.
814 VO (EU) Nr. 524/2013 ABl. L 165 vom 18.6.2013, S. 1; Richtlinie 2013/11/EU ABl. L 165 vom 18.6.2013, S. 63 (vgl. dazu mehr unten im Kapitel G X).

Das Recht der elektronischen Signatur, NJW 2001, 1817–1826; *Roßnagel*, Die neue Signaturverordnung, BB 2002, 261–264; *Roßnagel*, Elektronische Dokumente als Beweismittel, NJW 2006, 806–808; *Schweighofer u.a. (Hrsg.)*, Cybergovernance, Tagungsband IRIS 2021, Bern 2021

650 aa) **Bereichsdefinition.** Das Recht der Informationssicherheit betrifft Rahmenregelungen, welche die Zuverlässigkeit und Vertrauenswürdigkeit informationstechnischer Kommunikationsmittel, die Authentizität und Integrität von Nachrichten oder die Identität der Kommunikationsbeteiligten sichern.

Unter „Sicherheit von Netz- und Informationssystemen" wird die Fähigkeit verstanden, „auf einem bestimmten Vertrauensniveau alle Ereignisse abzuwehren, die die Verfügbarkeit, Authentizität, Integrität, oder Vertraulichkeit gespeicherter oder übermittelter oder verarbeiteter Daten oder der Dienste, die über diese Netz- und Informationssysteme angeboten werden bzw. zugänglich sind, beeinträchtigen können".[815]

Unter „Cybersicherheit" fallen „alle Tätigkeiten, die notwendig sind, um Netz- und Informationssysteme, die Nutzer solcher Systeme und andere von Cyberdrohungen betroffene Personen zu schützen"[816].

Die technische Sicherheit ist heute ist eine Zentralfrage für Unternehmen, Behörden und Privatpersonen geworden. Urheberschaft und Inhalt einer Nachricht können durch Angriffe Dritter leicht verkürzt, verändert, ergänzt, ersetzt, umgeleitet[817] oder ausspioniert werden. Mit der Bildung von Gefährdungsklassen, der Anwendung von Verschlüsselungsverfahren und mit organisatorischen Kontrollmaßnahmen versucht man den Gefährdungen entgegenzuwirken.

bb) Regelungsgrundlagen

651

Nr.	*Richtlinie/Verordnung*	*Umsetzung*
1	VO (EU) Nr. 910/2014 vom 23.7.2014 über elektronische Identifizierung und Vertrauensdienste für elektronische Transaktionen im Binnenmarkt *– eIDAS-Verordnung –* ABl. L 257 vom 28.8.2014, S. 73	eIDAS – Durchführungsgesetz vom 18.7.2017 BGBl. I S. 2745; eID-Karte-Gesetz vom 21.6.2019 BGBl. I S. 846
2	Richtlinie 2016/1148 vom 6.7.2016 über Maßnahmen zur Gewährleistung eines hohen gemeinsamen Sicherheitsniveaus von Netz- und Informationssystemen in der Union *– NIS-1-Richtlinie –* ABl. L 194 vom 19.7.2016, S. 1 *(gilt noch bis 17.10.2024)*	BSI-KRITIS-VO vom 22.4.2016 BGBl. I S. 958; Umsetzungsgesetz vom 23.6.2017 BGBl. I S. 1885; Änderungsverordnung vom 21.6.2017 BGBl. I S. 1903

815 Artt. 6 (2), 40 (1) Richtlinie (EU) 2018/1972 - Kodex elektronische Kommunikation.
816 Art. 2 Nr. 1 VO(EU) 2019/881.
817 *Kelm*, DuD 2001, 653.

3	VO (EU) Nr. 2019/796 vom 17.5.2019 über restriktive Maßnahmen gegen Cyberangriffe, die die Union oder ihre Mitgliedstaaten bedrohen *– Cyberangriffs-Verordnung –* ABl. L 1290 vom 17.5.2019, S. 1	Zweites Gesetz zur Erhöhung der Sicherheit informationstechnischer Systeme vom 18.5.2021 BGBl. I 2021 S. 1122
4	VO (EU) Nr. 2019/881 vom 17.4.2019 über die ENISA und über die Zertifizierung der Cybersicherheit von Informations- und Kommunikationstechnik *– ENISA-Verordnung –* ABl. L 151 vom 7.6.2019, S. 1	
5	Richtlinie 2022/4555 über Maßnahmen für ein hohes gemeinsames Cybersicherheitsniveau in der Union *– NIS-2-Richtlinie –* ABl. L 333 vom 27.12.2022, S. 80	

cc) Einzelregelungen. (1) eIDAS-Verordnung. Die *eIDAS-Verordnung* (*Nr. 1* der *Liste)* hat die frühere Signaturrichtlinie 1999/93/EG aufgehoben und weiterentwickelt. Die Verordnung will das Vertrauen in die Rechtssicherheit im Online-Umfeld bei Verbrauchern, Unternehmen und Behörden stärken. Erreicht werden soll dies durch Schaffung einer „europäischen digitalen Identität" mithilfe umfassender personenbezogener Daten.[818] Ein konkreter Anwendungsfall bildet das digitale COVID-Zertifikat der Union.[819] 652

Online-Dienste erfordern eine elektronische Identifizierung und Authentifizierung durch elektronische Signaturen. Die unterschiedliche Handhabung in den EU-Mitgliedstaaten soll zunächst dadurch vereinheitlicht werden, dass die nationalen Regelungen über die Authentifizierung bei Online-Diensten gegenseitig anerkannt werden. Die Verordnung legt „technologieneutral" einige Voraussetzungen darüber fest, welche elektronische Identifizierungsmittel anerkannt werden müssen und regelt Mindestanforderungen für die Sicherheit und Haftung von Website-Authentifizierungsdiensten. Nicht betroffen von der Verordnung sind unternehmens- oder verwaltungsinterne Verfahren. Nationale Vorschriften über den Abschluss und die Gültigkeit von Verträgen bleiben unberührt. 653

„Elektronische Signaturen" sind „Daten in elektronischer Form, die anderen elektronischen Daten beigefügt oder logisch mit ihnen verbunden werden und die der Unterzeichner zum Unterzeichnen verwendet" (Art. 3 Nr. 10 eIDAS-VO). Mit der elektronischen Signatur ist es möglich, die Authentizität einer Nachricht und die Identität des Absenders nachzuweisen. 654

Elektronische Signaturen sind also keine elektronischen Unterschriften, sondern eher elektronische Siegel, die einen Text mithilfe eines kryptographischen Verfahrens so umformen, dass sie während der Übermittlung nicht unerkannt verändert und nur durch autorisierte Personen entschlüsselt werden kann. Erreicht wird dies durch ein

818 Empfehlung (EU) 2021/946 vom 3.6.2021 ABl. L 210 vom 14.6.2021, S. 51.
819 VO (EU) 2021/953 und 954 vom 14.6.2021 ABl. L 211 vom 15.6.2020, S. 1 und 24.

komplex organisiertes Verfahren, das bei dem vor allem propagierten asymmetrischen Kryptoverfahren auf der Verwendung eines privaten und öffentlichen Schlüssels zur Ver- und Entschlüsselung einer elektronischen Signatur beruht. Für den öffentlichen Schlüssel lässt sich ein Zertifikat ausstellen, mit dem dieser einer Person zugeordnet werden kann und der die Identität dieser Person bestätigt. Wird dieses Zertifikat, das bestimmte sicherheitsrelevante Bedingungen erfüllen muss, von einem Zertifizierungsdiensteanbieter ausgestellt, der seinerseits bestimmte Anforderung erfüllt, handelt es sich bei der Bescheinigung um ein sogenanntes „qualifiziertes Zertifikat", dem potenziell eine höhere Beweiskraft zukommt. Die praktische Anwendung des asymmetrischen Verschlüsselungsverfahrens setzt also eine bestimmte Sicherungsinfrastruktur voraus.

655 Die Verordnung legt einen Rechtsrahmen für elektronische Signaturen, elektronische Siegel, elektronische Zeitstempel, elektronische Dokumente, Dienste für die Zustellung elektronischer Einschreiben sowie für Zertifizierungsdienste zur Website-Authentifizierung fest (Art. 1 lit. c). Unter „elektronischer Identifizierung" wird der Prozess der Verwendung von Personenidentifizierungsdaten in elektronischer Form verstanden, die eine natürliche oder juristische Person repräsentieren (Art. 3 Ziff.1). Das technische Umfeld für vertrauenswürdige elektronische Kommunikation wird ausführlich angesprochen (41 Legaldefinitionen in Art. 3), was gewisse informationstechnische Kenntnisse voraussetzt (etwa: „elektronisches Identifizierungssystem"; „Identifizierungsmittel"; „Interoperabilität"; „Signaturerstellungseinheit").

Besonders bemerkenswert ist, dass die Nutzung von Pseudonymen bei elektronischen Transaktionen nicht untersagt werden darf (Art. 5 Abs. 2), was den Geschäftsbedingungen vieler Dienstleister widerspricht. Neu ist die Einführung einer Verschuldenshaftung für Beteiligte, die das Authentifizierungsverfahren inkorrekt anbieten oder durchführen (Artt.13 Abs. 1; 11 Abs. 3). Vertrauensdiensteanbieter müssen innerhalb von 24 Stunden Sicherheitsverletzungen der Aufsichtsbehörde melden (Art. 19 Abs. 2) und werden mindestens alle 24 Monate überprüft (Art. 20 Abs. 1).

656 Alle elektronischen Signaturen sind als Beweismittel zugelassen (Artt. 25 Abs. 1; 41 Abs. 1). Eine qualifizierte elektronische Signatur hat den Beweiswert einer handschriftlichen Unterschrift (Art. 25 Abs. 2). Für einen qualifizierten elektronischer Zeitstempel gilt die Vermutung der Richtigkeit des Datums, der Zeit und der damit verbundenen Daten (Art. 41 Abs. 2). Elektronische Siegel sollen als Nachweis dienen, dass ein elektronisches Dokument von einer juristischen Person ausgestellt wurde und dass das Dokument unversehrt ist (Art. 3 Nr. 25). Die Verordnung bestätigt die Verwendbarkeit eines elektronischen Dokuments als Beweismittel in Gerichtsverfahren, ohne allerdings eine Aussage über die Beweiskraft zu treffen (Art. 46).

657 **(2) NIS-Richtlinien 1 und 2.** Die *NIS-Richtlinien 1 und 2 (Nr. 2 und 5 der Liste)* setzen Rahmenbedingungen für die Sicherheit von Kommunikationsnetzen und Kommunikationsdiensten. Die NIS-1-Richtlinie wird am 18.10.2024 durch die NIS-2-Richtlinie ersetzt.

Die EU-Mitgliedstaaten müssen angemessene und verhältnismäßige technische und organisatorische Maßnahmen zur Beherrschung der Risiken für die Sicherheit von Netzen und Diensten ergreifen. Unter „Sicherheit von Netzen und Diensten" wird die Fähigkeit verstanden, „auf einem bestimmten Vertrauensniveau alle Angriffe abzuwehren, die die Verfügbarkeit, Authentizität, Integrität oder Vertraulichkeit dieser Netze, Dienste und Daten beeinträchtigen" (Art. 2 Nr. 21 Kodex EECC). Die Mitgliedsstaaten müssen Cybersicherheitsstrategien entwickeln, zentrale Anlaufstellen benennen und Computer-Notfallteams einrichten (Art. 1(2)(a) NIS-2-Richtlinie). Die Cybersicherheitsmaßnahmen betreffen Einrichtungen mit kritischer Infrastruktur (z.B. Energieversorgungsunternehmen) sowie mittlere und große öffentliche oder private Einrichtungen, die im Anhang der NIS-2-Richtlinie genannt sind.

(3) **Cyberangriffs-Verordnung.** *Cyberangriffe aus Drittstaaten (Nr. 3 der Liste),* die kritische Infrastrukturen (Energie; Verkehr; Bankwesen; Gesundheitswesen; Trinkwasserversorgung) bedrohen, sollen mit wirtschaftlichen Sanktionen (Beschlagnahme von Geldern; Eigentum) oder mit strafrechtlichen Maßnahmen bekämpft werden. Die Kommission hat außerdem eine Empfehlung zur Cybersicherheit in 5G-Netzen veröffentlicht.[820] 658

(4) **ENISA-Verordnung.** Eine besondere Europäische Agentur für Netz- und Informationssicherheit (European Agency for Network and Information Security – *ENISA*) (*Liste Nr. 4*) entwickelt entsprechende Anforderungen. ENISA dient als Meldestelle für Sicherheitsvorfälle, berät im Risikomanagement und erteilt Sicherheitszertifikate, die sich auf verschiedene Stufen der Vertrauenswürdigkeit informationstechnischer Systeme beziehen. 659

Zur Bekämpfung von Cybergroßangriffen auf unternehmerische und behördliche Informationssysteme, die Teil der Infrastruktur des Binnenmarktes sind, schreiben die NIS-Richtlinien die Schaffung von Computer-Notfallteams, zentralen nationalen Behörden sowie Meldepflichten vor. Die Richtlinien enthalten auch Mindestvorschriften zur Festlegung von Straftaten und Strafrahmen. Die Mitgliedsstaaten sollen Anreize für die Identifizierung und Meldung solcher Angriffe schaffen. Das rechtswidrige Abfangen von Daten und die Behinderung und Störung des Betriebs von Informationssystemen soll durch die Zusammenarbeit mit ENISA erschwert werden. Alle Netz- und Diensteanbieter müssen Sicherheitsvorfälle den zuständigen Stellen melden, die ihrerseits den Anbietern Weisungen erteilen können.

Die Union hat ferner ein Programm für eine sichere staatliche Satellitenkommunikation einschließlich der Quantenkommunikation zur Abwehr hybrider Bedrohungen für den Zeitraum 2023-2027 verabschiedet.[821] Abhörsichere Kommunikation wird es erst mit Kryptosystemen auf der Grundlage von Quantencomputer geben. Vorbereitende Forschungsarbeiten[822] und Gesetze in den USA und in der EU gehen in diese Richtung.[823]

dd) Leitentscheidungen. Entscheidungen des Europäischen Gerichtshofs zur früheren Signaturrichtlinie oder der jetzigen Signaturverordnung liegen noch nicht vor. Der Gerichtshof ging bei der Promusicae-Entscheidung[824] auf den entsprechenden Vortrag der Klägerin nicht ein. 660

ee) Bezüge zum deutschen Recht. Das deutsche eIDAS-Durchführungsgesetz von 2017 erhöht die Anforderungen an elektronische Signaturen. Soweit IT-Sicherheitsaspek- 661

820 Empfehlung (EU) 2019/534 vom 26.3.2019 ABl. vom 29.3.2019 L 88, S. 42.
821 VO (EU) 2023/588 vom 15.3.2023 ABl. L 79 vom 17.3.2023, S. 1.
822 European Quantum Flagship Project; Industriekonsortium QUTACC (u.a. BASF; BMW; Bosch; Deutsche Telekom; Infineon; Lufthansa; Münchener Rück; SAP; Siemens).
823 US Quantum Computing Cybersecurity Preparedness Act (2022); EU Chips Act (2023).
824 EuGH, Promusicae/Telefónica de España SAU, C-275/06, ECLI:EU:C:2008:54, CR 2008, 381.

te der deutschen Bundesverwaltung betroffen sind, regelt das BSI-Gesetz[825] zusätzliche Aspekte (IT-Netzsicherheit; Festlegung von Sicherheitsstandards; Aufdeckung von Schadprogrammen). Die eIDAS-Verordnung und die BSI-Praxis stimmen darin überein, das Maß an technischer Sicherheit von Risikoklassifikationen abhängig zu machen. Das BSI wirkt als nationale Aufsichtsbehörde an den deutschen und internationalen Normgremien mit. Ihm obliegt auch „die Bewertung von Algorithmen und zugehörigen Parametern."[826]

662 Interessant erscheint, dass ein qualifiziertes Zertifikat in Deutschland Angaben über die Vertretungsmacht für eine dritte Person sowie sonstige personenbezogene Angaben *(„Attributszertifikat")* bei Einwilligung der Betroffenen enthalten kann (§ 12 eIDAS-Durchführungsgesetz). Damit gewinnt die elektronische Signatur, die auf der Chipkarte gespeichert wird, über die Authentizitäts- und Identifikationsfunktion hinausgehende Bedeutung und kann etwa das Vorliegen einer Prokura oder das Handeln als Rechtsanwalt nachweisen. Die Möglichkeit eines qualifizierten Zeitstempels, der in Verbindung mit der elektronischen Signatur den Zeitpunkt der Absendung eines elektronischen Dokuments festhalten kann, ist ebenfalls vorgesehen (§ 13 Abs. 1 Nr. 2 eIDAS-Durchführungsgesetz).

663 Jeder Zertifizierungsdiensteanbieter muss nach deutschem Recht für den *Ersatz potenzieller Schäden* wegen Versagens technischer Sicherungseinrichtungen oder sonstiger Pflichtverletzungen für eine Mindestdeckungssumme in Höhe von jeweils 250 000 Euro pro haftungsauslösendes Ereignis sorgen. Ein verschuldensabhängiger Schadenersatzanspruch ist weder nach der Signaturverordnung noch nach deutschem Recht in der Höhe begrenzt.

664 Werden Zertifizierungsanbieter für ihre qualifizierten elektronischen Signaturen akkreditiert *(„akkreditierte Zertifizierungsdienstanbieter")*, erhalten sie ein Gütezeichen der Bundesnetzagentur als zuständiger Behörde (§ 9 eIDAS-Durchführungsgesetz), mit dem sie sich im Rechts- und Geschäftsverkehr auf die *nachgewiesene* Sicherheit berufen können (§ 15 Abs. 1 SigG). Wesentliche Voraussetzung für die Akkreditierung ist, dass der Zertifizierungsdienstanbieter „sichere Signaturerstellungseinheiten", also wohldefinierte Soft- und Hardwarekomponenten zur Speicherung und Anwendung des jeweiligen Signaturschlüssels einsetzt, die den Spezifikationen des Signaturgesetzes und der Signaturverordnung entsprechen.

665 ff) **Bewertung.** Elektronische Signaturen sind privaten und geschäftlichen Praxis noch wenig verbreitet. Die Hauptgründe dafür liegen in der fehlenden nationalen oder internationalen Standardisierung der technischen Hard- und Softwarekomponenten, der fehlenden anwendungsintegrierten Lesegeräte für Signaturchipkarten, der Notwendigkeit für die Kommunikationspartner, dasselbe Verschlüsselungssystem einzusetzen und das Fehlen von Erfahrungen aus einer experimentellen Großanwendung. Die Voraussetzungen für die Möglichkeit einer breiten Anwendung qualifizierter elektronischer Signaturen in der öffentlichen Verwaltung sind durch Einführung des § 3 a VwVG[827] erfolgt.

825 Gesetz über das Bundesamt für Sicherheit in der Informationstechnik (BSIG) vom 14.8.2009 BGBl. I S. 2821, zuletzt geändert durch Gesetz vom 23.6.2021 BGBl. I S. 1982.
826 Art. 2 Abs. 2 Nr. 2 Vertrauensdienstegesetz vom 18.7.2017 BGBl. I S. 2745.
827 Drittes Gesetz zur Änderung verwaltungsverfahrensrechtlicher Vorschriften vom 21.8.2002, BGBl. I S. 3322.

Die *Beweiskraft* elektronischer Signaturen hängt von der Sicherheitseignung der verwendeten Algorithmen sowie von der Sicherheitsinfrastruktur ab. Qualifizierte elektronische Signaturen haben im Rahmen des Augenscheinbeweises inzwischen praktisch denselben Beweiswert wie Urkunden bekommen (§§ 371 a; 416 a ZPO). 666

Für Unternehmen empfiehlt sich dennoch nach wie vor der Abschluss eines Rahmenvertrages, in dem sich die Partner versprechen, den Beweiswert elektronischer Dokumente, die mit einer qualifizierten elektronischen Signatur versehen sind, nicht anzugreifen. Das bindet zwar keinen Richter in einem Verfahren vor staatlichen Gerichten, jedoch einen Schiedsrichter in einem zu vereinbarenden Schiedsverfahren, für das die Anwendung der ZPO nicht verpflichtend ist.

d) Datenschutzrecht

Spezialliteratur: *Albrecht/Jotzo*, Das neue Datenschutzrecht der EU, Baden-Baden 2017; *Albrecht,* Finger weg von unseren Daten, 2014; *Ehmann/Selmayr*, Datenschutz-Grundverordnung, München 2017; *Forgó/Helfrich/Schneider*, Betrieblicher Datenschutz, 2. A. 2017; *Gola*, DS-GVO, München 2017; *Haag*, Direktmarketing mit Kundendaten aus Bonusprogrammen. Datenschutzrechtliche Einwilligung als Nutzungslizenz?, 2010; Härting/Schneider, Datenschutz in Europa: Ein Alternativentwurf für eine Datenschutz-Grundverordnung, CRi Supplement 1/2013, S. 19–38; Kilian, Personenbezogene Geschichte des Datenschutzrechts, CR 2021, 9–18; *Kilian*, Data Protection in Germany, in: Rule/Greenleaf (ed.), Global Privacy Protection, 2008, 80–106; *Kilian,* Informationelle Selbstbestimmung und Marktprozesse, in: CR 2002, 921–929; *Kilian*, Property Rights und Datenschutz. Strukturwandel der Privatheit durch elektronische Märkte, in: Kaal/Schmidt/Schwartze (Hrsg.), Festschrift zu Ehren von Christian Kirchner, 2014, S. 901–916; *Kühling/Buchner*, DS-GVO, 3. A. München 2020; *Paal/Pauly*, Datenschutz-Grundverordnung, 3. A. München 2021; *Piltz*, Soziale Netzwerke im Internet – Eine Gefahr für das Persönlichkeitsrecht?, 2013; *Scheja*, Datenschutzrechtliche Zulässigkeit einer weltweiten Kundendatenbank, 2006; *Seischab*, Wettbewerbsrechtliche und datenschutzrechtliche Grundfragen von Kundenbindungssystemen, 2009; *Taeger/Gabel (Hrsg.),* DSGVO – BDSG, 4. A. 2022; *Weber*, Datenschutz – Zum Aufstieg einer neuen Rechtsdisziplin, 2015.

aa) **Bereichsdefinition.** Das Datenschutzrecht zielt auf die Abwehr von Gefahren, die durch die Verarbeitung personenbezogener Daten derjenigen Person drohen, auf die sich die Daten (Informationen) beziehen. Anonymisierte oder pseudonymisierte Daten, die keinen Rückschluss auf eine Person ermöglichen, fallen nicht unter das Datenschutzrecht. Datenschutz bedeutet also Persönlichkeitsschutz. Zusätzlich ist ein (technischer) Schutz der Daten selbst („Datensicherung“) erforderlich, um die Integrität, Authentizität und Vertraulichkeit der Daten zu gewährleisten. 667

Die Geschichte des Datenschutzrechts begann Anfang der 70iger Jahre parallel zur Entwicklung der Datenverarbeitung.[828] Das erste Gesetz mit Datenschutzregeln entstand in Hessen (1970), das älteste nationalstaatliche Datenschutzgesetz in Schweden (1973). Heute haben über 75 Staaten Datenschutzgesetze erlassen, einige Staaten haben den Datenschutz in ihrer Verfassung verankert.

Alle Unternehmen, Behörden und sonstige Organisationen setzen Computer zur Verarbeitung personenbezogener Daten für administrative, planerische und analytische Zwecke ein. Personalinformationssysteme enthalten nicht nur die rechtlich notwendigen Mindestangaben (etwa: Name; Geburtsdatum; Geburtsort; Familienstand; Zahl 668

828 Kilian, Personenbezogene Geschichte des Datenschutzrechts, CR 2021, S. 9.

der Kinder; Religionszugehörigkeit; Schulabschluss; medizinische Eignung), sondern oft auch weitere detaillierte Personenangaben oder Personenbewertungen (Persönlichkeitsprofile). Moderne technische Datengewinnungsverfahren (Sensorik; Klicktechnik; Genanalysen; biometrische Methoden; Data Mining; Big Data-Analysen; Internet der Dinge), Speichertechniken (USB; Caches; optische Platten), Suchmaschinen (Google), Medien (Internet) und soziale Netzwerke (Facebook; YouTube) erhöhen ständig den Bestand, die Verfügbarkeit und die Verwertbarkeit personenbezogener Daten. Gleichzeitig steigt die Komplexität der Verarbeitung. Die rechtliche Festlegung der Voraussetzungen und Grenzen der Verarbeitung personenbezogener Daten steht deshalb im Mittelpunkt des Datenschutzrechts.

669 **bb) Regelungsgrundlagen.** Alle EU-Mitgliedstaaten sind der Europäischen Konvention zum Schutz der Menschenrechte und Grundfreiheiten von 1950 (Europäische Menschenrechtkonvention – EMRK) beigetreten, deren Art. 8 den Schutz des Privatlebens und der Kommunikation vorsieht. Art. 6 Abs. 1 EUV schreibt die Achtung dieser Konvention als gleichrangig mit den Verträgen und der EU-Grundrechtecharta vor. Außerdem tritt die Europäische Union selbst als Völkerrechtssubjekt der EMRK bei (Art. 6 Abs. 2 S. 1 EUV).[829] Art. 8 EMRK gehörte schon bisher zu den allgemein anerkannten Grundsätzen des Unionsrechts[830] und trug dazu bei, in der Union ein hohes Schutzniveau sicherzustellen.

670 Eine weitere Grundlage findet der Datenschutz in Europa durch das *„Übereinkommen zum Schutz des Menschen bei der automatischen Verarbeitung personenbezogener Daten"* des Europarats (Konvention Nr. 108) zum Schutz der Personen bei der automatischen Verarbeitung personenbezogener Daten. Dieses Übereinkommen enthält allgemeine Grundsätze und ist in allen EU-Mitgliedstaaten und den anderen Staaten des Europarates völkerrechtlich verbindlich. Die 2019 überarbeitete Fassung („Konvention 108+")[831] lehnt die Prinzipien stark an die der DSGVO an.

671 Die *Charta der Grundrechte* der Europäischen Union,[832] die ebenfalls gleichrangiger Bestandteil des Vertrags von Lissabon geworden ist (Art. 6 Abs. 1 S. 1 EUV), garantiert in Art. 8 das Recht jeder Person auf Schutz der sie betreffenden Daten. Sie dürfen nur nach Treu und Glauben für festgelegte Zwecke und mit Einwilligung der betroffenen Person oder auf einer sonstigen legitimen Grundlage verarbeitet werden. Das Recht auf Auskunft und Berichtigung sowie auf eine unabhängige Überwachung ist ebenfalls verankert.

672 **(1) EU-Regelungskompetenz.** Der Schutz der Persönlichkeit durch Datenschutz trat aber nach dem Inkrafttreten des Lissabon-Vertrages stärker als Ziel sowohl in Art. 16 Abs. 1 EUV als auch auf dem Hintergrund von Art. 6 Abs. 2 EUV i.V.m. Art. 8 EMRK und Art. 8 EU-Grundrechtecharta in Erscheinung. Früher wurde der Umgang mit personenbezogenen Daten fast ausschließlich im Zusammenhang mit dem Funktionieren des Binnenmarktes gesehen, um den freien Verkehr von Waren, Personen, Dienstleistungen und Kapital zu gewährleisten. Dafür war es nicht nur erforderlich, dass personenbezogene Daten von einem Mitgliedstaat in einen anderen übermittelt werden können, sondern auch, dass die Grundrechte der Personen gewahrt werden.[833]

829 Vgl. auch Protokoll Nr. 28 zum Vertrag von Lissabon.
830 EuGH, X/Kommission, C-404/92, ECLI:EU:C:1994:361, I-4780.
831 Bis Mai 2023 lagen 44 Signaturen und 23 Ratifikationen vor (https://www.coe.int, besucht am 5.5.2023).
832 ABl. C 83 vom 30.3.2010, S. 389.
833 Erwägungsgrund 3 der Richtlinie 95/46/EG.

Der Schutz personenbezogener Daten bildete in der Europäischen Union früher also eher einen Annex zur Gewährleistung der Marktfreiheiten. Da ein Rechtsgefälle in den nationalen Datenschutzvorschriften den Waren- und Dienstleitungsverkehr beeinträchtigen kann, wurde Bedarf für eine Rechtsangleichung gesehen.[834] Deshalb diente ursprünglich Art. 95 EGV (Art. 114 AEUV) als Kompetenzgrundlage zum Erlass von Datenschutzvorschriften. Den Binnenmarktbezug erkannte der Europäische Gerichtshof sogar für die (inzwischen aufgehobene[835]) Vorratsdatenspeicherungsrichtlinie an, obwohl diese inhaltlich der Kriminalitätsbekämpfung diente.[836]

(2) **Datenschutz aus ökonomischer Sicht.** Aus *ökonomischer Sicht* erfordert die Anbahnung und Abwicklung von Dienstleistungen (Finanzdienstleistungen; Suchmaschinenangebote; Teilnahme an sozialen Netzwerken) die Übermittlung personenbezogener Daten. Ohne direkte oder indirekte Übermittlung personenbezogener Daten kann beispielsweise keine Finanztransaktion stattfinden, denn irgendwann muss der Kontoinhaber identifizierbar sein. Die Übermittlung solcher personenbezogenen Daten stellt also selbst eine ökonomisch relevante Aktivität dar. Damit wird es notwendig, verschiedene ökonomische Aktivitäten zu koordinieren. Das Datenschutzrecht erschwert ohne Zweifel die Koordination, weil seine Beachtung Zusatzkosten auslöst. Datenschutzrecht wirkt Transaktionskosten erhöhend, weil die Informationskosten steigen. Andererseits können personenbezogene Daten vielfach analysiert und vermarktet werden. Dadurch ergibt sich das rechtliche Problem, wem die Daten eigentlich „gehören", wem also die Verfügungsberechtigung darüber zusteht. 673

Das dem informationellen Selbstbestimmungsrecht zugrundeliegende allgemeine Persönlichkeitsrecht lässt sich – soweit es sich um marktrelevante Vorgänge handelt – als „Institution" im ökonomischen Sinn auffassen, die besondere Verfügungsrechte verleiht (etwa Ansprüche auf Auskunft, Berichtigung, Sperrung, Löschung, Schadensersatz). Eine eingeführte und anerkannte Institution ist in ihrer Struktur bekannt und deshalb voraussehbar und kalkulierbar. Auf diese Weise wird Unsicherheit reduziert. Mit anderen Worten: Ein einheitliches klares Datenschutzrecht in Europa ist als juristisch normierte ökonomische Institution von allen Binnenmarktbeteiligten einzukalkulieren und erhöht deshalb nicht die Transaktionskosten unter den Binnenmarktbeteiligten. Sektorales (mitgliedstaatlich) unterschiedliches Datenschutzrecht dagegen führt bei rationalem Entscheidungsverhalten dazu, Transaktionen mit dem geringsten Aufwand durchzuführen, also beispielsweise in Mitgliedstaaten mit den niedrigsten Datenschutzanforderungen zu verlagern. Die Datenschutz-Grundverordnung will unterschiedliche Auslegungen und Anwendungen des Datenschutzrechts beseitigen (Erwägungsgrund 13). 674

(3) **Reformdebatte.** Viele Jahre wurde die Reform des europäischen Datenschutzrechts geplant[837]. Die Reformdebatte war sehr heterogen. Einerseits garantiert Art. 8 EU-GRC mit dem Schutz personenbezogener Daten implizit die Prinzipien der Zweckbindung, der Einwilligung der betroffenen Person oder das Erfordernis einer gesetzlichen Regelung als Voraussetzung für die Datenverarbeitung (Prinzip des Verbots mit Erlaubnisvorbehalt). Andererseits zeigt die Praxis, dass Geheimdienste, die Poli- 675

834 Erwägungsgrund 8 der Richtlinie 95/46/EG.

835 EuGH, Digital Rights Ireland, C-293/12 und C-594/12, ECLI:EU:C:2014:238.

836 EuGH, Irland/Europäisches Parlament und Rat, C-301/06, ECLI:EU:C:2009:68 = MMR 2009, 244.

837 Comparison of the text adopted by Parliament with the consolidated text of the Commission and the Council (informal; after 31st December 2014); Council of Europe, Interinstitutional File No. 2012/0011 mit Anmerkungen der Mitgliedstaaten bis 1.6.2015 zur Datenschutz-Grundverordnung.

zei, soziale Netzwerke, Suchmaschinenbetreiber und Internetdienstleister unvorstellbare Mengen personenbezogener Daten verarbeiten und die Entwicklung eines „Internet der Dinge“ oder von „big data“- Analysen die Personenbezogenheit der Daten zu einer Funktion der eingesetzten technischen Instrumente (Hardware; Software; Algorithmen) werden lässt. Die mit dem Datenschutzrecht ursprünglich verbundene Idee der grundsätzlichen Verfügungsmöglichkeit der betroffenen Person über „seine“ personenbezogenen Daten („Datensouveränität“ als datenschutzrechtliches Synonym für Vertragsautonomie) ist vor allem gegenüber den großen Netzwerkbetreibern und Diensteanbietern nur äußerst schwer durchsetzbar. Zugleich ist das Interesse an einer Vermarktung personenbezogener Daten und an der Entwicklung neuer Dienstleistungen gestiegen. Die ganze Bandbreite der unterschiedlichen Vorstellungen spiegelte sich in den 3999 schriftlichen Eingaben an das Europäischen Parlament im Rahmen der Beratungen zur Datenschutzgrundverordnung.[838]

676 (4) **System des heutigen EU-Datenschutzrechts.** Das Datenschutzrecht muss mit den technologischen Entwicklungen Schritt halten, aber auch die zu Grunde liegenden und zu schützenden Werte bewahren. Trotz erheblicher Abschwächungsversuche im Zuge der jüngsten Reform des Datenschutzrechts wurden die bisherigen Prinzipien beibehalten[839] und weiter ausdifferenziert.

Die erste Generation europäischer Datenschutzregelungen umfasste die Datenschutzrichtlinie 95/46/EG, die Telekommunikation-Datenschutzrichtlinie 2002/58/EG und deren Änderungsrichtlinie 2009/136/EG („Cookie-Richtlinie“), die Vorratsdatenspeicherungsrichtlinie 2006/24/EG sowie die Benachrichtigungspflichtenverordnung (EU) 611/2013.

Die Datenschutz-Grundverordnung (DSGVO) ersetzte ab 25.5.2018 die bisherige Datenschutzrichtlinie 95/46/EG. Die Kommunikationsdienste-Richtlinie 2002/58/EG und die Cookie-Richtlinie 2009/136/EG sollen noch der DSGVO angepasst werden.[840] Die Vorratsdatenspeicherungsrichtlinie 2006/24/EG ist durch den Europäischen Gerichtshof aufgehoben[841] und nun zum Teil durch die Strafverfolgungs-Datenschutzrichtlinie (EU) 2016/680 ersetzt worden. Neu hinzugekommen ist die Fluggast-Datenschutzrichtlinie (EU) 2016/681. Die Benachrichtigungspflichtenverordnung (EU) 611/2013 gilt unverändert fort.

Damit umfasst das gegenwärtige System des Datenschutzes auf der sekundärrechtlichen EU-Ebene zwei Verordnungen und vier Richtlinien:

838 Kilian, Personenbezogene Geschichte des Datenschutzrechts, CR 2021, 9–18.
839 Erwägungsgrund 13.
840 Vgl. Erwägungsgrund 173 der VO (EU) 2016/679.
841 EuGH, Digital Rights Ireland, C-293/12 und C-594/12, ECLI:EU:C:2014:238.

Nr.	*Rechtsgrundlage*	*Umsetzung/Rechtsangleichung*
1	Verordnung (EU) 2016/679 vom 27.4.2016 zum Schutz natürlicher Personen bei der Verarbeitung personenbezogener Daten und zum freien Datenverkehr – *Datenschutz-Grundverordnung (DSGVO)* – ABl. L 119 vom 4.5.2016, S. 1	Datenschutz- Anpassungs- und -Umsetzungsgesetz (DSAnpUG-EU) vom 30.6.2017 BGBl. I S. 2097
2	Richtlinie 2002/58/EG vom 12.7.2002 über die Verarbeitung personenbezogener Daten und den Schutz der Privatsphäre in der elektrischen Kommunikation – *Kommunikations-Datenschutzrichtlinie* – ABl. L 201 vom 31.7.2002, S. 37	Telekommunikation-Telemedien-Datenschutzgesetz (TTDSG) vom 28.6.2021 BGBl. I S. 1982
3	Änderungs-Richtlinie 2009/136/EG vom 25.11.2009 – *Cookie-Richtlinie* – ABl. L 337 vom 18.12.2009, S. 11	§ 13 Abs. 3 TKG
4	Verordnung (EU) 611/2013 vom 24.6.2013 über Maßnahmen für die Benachrichtigungen von Verletzungen des Schutzes personenbezogener Daten – *Benachrichtigungspflichtenverordnung* – ABl. L 173 vom 26.6.2013, S. 2	§ 15 a TMG
5	Richtlinie (EU) 2016/680 vom 27.4.2016 zum Schutz natürlicher Personen bei der Verarbeitung personenbezogener Daten durch die zuständigen Behörden zum Zwecke der Verhütung, Ermittlung, Aufdeckung oder Verfolgung von Straftaten oder der Strafvollstreckung – *Strafverfolgungsrichtlinie* – ABl. L 119 vom 4.5.2016, S. 89	Datenschutz- Anpassungs- und -Umsetzungsgesetz (DSAnpUG-EU) vom 30.6.2017 BGBl. I S. 2097
6	Richtlinie (EU) 2016/681 vom 27.4.2016 über die Verwendung von Fluggastdatensätzen (PNR-Daten) zur Verhütung, Aufdeckung, Ermittlung und Verfolgung von terroristischen Straftaten und schwerer Kriminalität – *PNR-Richtlinie* – ABl. L 119 vom 4.5.2016, S. 132	Fluggastdatengesetz (FlugDaG) vom 6.6.2017 BGBl. I S. 1484

cc) Einzelregelungen. (1) Datenschutz-Grundverordnung. Die wichtigsten Prinzipien und Einzelregelungen des europäischen Datenschutzrechts sind in der Datenschutz-Grundverordnung (*Nr. 1 der Liste*) verankert. Sie knüpft inhaltlich weitgehend an die bisherige Datenschutzrichtlinie an[842], klärt verschiedene Streitfragen der Vergangenheit, erweitert die Rechte der betroffenen Person, verpflichtet den für die Verarbeitung personenbezogener Daten Verantwortlichen zu zahlreichen organisatorischen Maßnahmen, ordnet für Behörden und größere Unternehmen die Bestellung eines Da- 677

842 „Die Ziele und Grundsätze der Richtlinie 95/46/EG besitzen nach wie vor Gültigkeit" (Erwägungsgrund 9 DSGVO).

tenschutzbeauftragten an, stärkt die Kontrolle über Datenverarbeitungsprozesse, regelt die Voraussetzungen für die Übermittlung personenbezogener Daten in Drittstaaten, erweitert das Sanktionensystem für Verstöße durch die Androhung hoher Bußgelder und verstärkt den Rechtsschutz.

Dieser komplexe Regelungsrahmen aus 99 Artikeln und 173 Erwägungsgründen führt dennoch nicht zu einer vollständigen Harmonisierung des Datenschutzrechts in der Europäischen Union, sondern überlässt den Mitgliedstaaten die Regelung zahlreicher Einzelfragen, beispielsweise die Frage, ob sie einen speziellen Arbeitnehmerdatenschutz einführen wollen.

678 (a) **Regelungsziele.** Die DSGVO regelt den Schutz der Persönlichkeit bei der Erhebung, Verarbeitung und Nutzung personenbezogener Daten. Alle anderen Rechtsakte der Union sollen im Hinblick auf den Datenschutz der Verordnung „angepasst und im Lichte der Verordnung angewandt werden".[843] Ein wirksamer Schutz personenbezogener Daten erfordert „die Stärkung und präzise Festlegung der Rechte der betroffenen Personen sowie eine Verschärfung der Verpflichtungen für diejenigen, die personenbezogene Daten verarbeiten und darüber entscheiden".[844] Die individuellen Rechte und Schutzmaßnahmen sollen dazu dienen, dass die individuelle Person die Kontrolle über die Verwendung seiner Daten behält.

Das Recht auf Schutz personenbezogener Daten ist allerdings kein uneingeschränktes Recht, sondern muss „im Hinblick auf seine gesellschaftliche Funktion gesehen und unter Wahrung des Verhältnismäßigkeitsprinzips gegen andere Grundrechte abgewogen werden".[845]

Nicht unter die DSGVO fallen personenbezogene Daten für familiäre oder private Zwecke, Daten zur Gefahrenabwehr für die öffentliche Sicherheit, anonymisierte oder statistische Daten sowie Daten, die nicht zu einer Identifizierung einer Person führen. Dagegen sind beispielsweise IP-Adressen, Cookie-Kennungen, Funkfrequenzkennzeichnungen, biometrische und genetische Daten als personenbezogene Daten anzusehen[846], denn sie ermöglichen eine Identifizierung.

679 (b) **Prinzipien.** Die DSGVO legt in Art. 5 zehn Grundsätze für die Verarbeitung personenbezogener Daten fest, die an anderer Stelle der Verordnung spezifiziert werden.

1. *Rechtmäßigkeit:* Damit ist gemeint, dass grundsätzlich entweder eine Rechtsvorschrift oder eine Einwilligung der betroffenen Person vorliegen muss, damit personenbezogene Daten verarbeitet werden dürfen (Art. 5 (1)(a) DSGVO).
2. *Treu und Glauben:* Es soll auf eine faire Interessenabwägung hingewirkt werden (Art. 5 (1)(a) DSGVO).
3. *Transparenz:* Der Verantwortliche für die Datenverarbeitung muss Maßnahmen treffen, um der betroffenen Person alle Informationen präzise, klar und verständlich leicht zugänglich zu machen (Artt. 5 (1)(a); 12 DSGVO).
4. *Zweckbindung:* Personenbezogene Daten dürfen nur für festgelegte, eindeutige und legitime Zwecke erhoben werden. Eine Weiterverarbeitung zu einem anderen Zweck muss mit dem ursprünglichen Zweck vereinbar sein (Art. 5 (1) (b) DSGVO).

843 Erwägungsgrund 17.
844 Erwägungsgrund 11.
845 Erwägungsgrund 4.
846 Erwägungsgründe 30, 34, 35.

5. *Datenminimierung:* Personenbezogene Daten müssen dem Zweck angemessen und erheblich sowie auf notwendige Maß beschränkt sein (Art. 5 (1)(c) DSGVO).
6. *Richtigkeit:* Personenbezogene Daten müssen sachlich richtig und auf dem neuesten Stand sein (Art. 5 (1)(d) DSGVO).
7. *Speicherbegrenzung:* Die identifizierende Speicherung personenbezogener Daten und deren Dauer muss sich nach dem Zweck richten (Art. 5 (1)(e) DSGVO).
8. *Integrität:* Dabei geht es um eine angemessene Sicherheit personenbezogener Daten und ihr technisch-organisatorischer Schutz vor Fehlgebrauch, Verlust, Zerstörung oder Schädigung (Art. 5 (1)(f) DSGVO).
9. *Vertraulichkeit:* Hiermit ist der technisch-organisatorischer Schutz vor unberechtigter Offenlegung oder Weitergabe personenbezogener Daten gemeint (Art. 5 (1)(f) DSGVO).
10. *Rechenschaftspflicht („accountability“):* Alle genannten Grundsätze müssen effektiv und transparent wahrgenommen werden (Art. 5 (2) DSGVO).

(c) **Zweckbindung.** Das Prinzip der Zweckbindung ist der wohl schwierigste Grundsatz des Datenschutzrechts. Da es keine Vorschrift darüber gibt, auf welcher Abstraktionsstufe ein Zweck definiert werden soll oder muss, deckt ein abstrakter Zweck viele konkrete Unterzwecke mit ab. Selbst wenn ein Zweck konkret definiert wird, schließt das die Verarbeitung personenbezogener Daten für damit kompatible Zwecke nicht aus. Kriterien für die Entscheidung über die Vereinbarkeit neuer Zwecke mit dem ursprünglichen Zweck enthält Art. 6 (4) DSGVO. 680

(d) **Einwilligung.** „Einwilligung“ ist „jede freiwillig für den bestimmten Fall in informierter Weise und unmissverständlich abgegebene Willensbekundung in Form einer Erklärung oder einer sonstigen eindeutigen bestätigenden Handlung“ (Art. 4 Nr. 11 DSGVO). Im nichtöffentlichen Bereich muss die betroffene Person regelmäßig in die Verarbeitung ihrer personenbezogenen Daten einwilligen. Ausnahmen bestehen etwa bei der Wahrnehmung lebenswichtiger Interessen oder bei der Durchführung eines bestehenden Vertrages (Artt. 6–9 DSGVO). Unternehmen versuchen oft, in ihren Allgemeinen Geschäftsbedingungen die Einwilligung („opt-in“) durch ein Widerrufsrecht („opt-out“) zu ersetzen. Eine gegebene Einwilligung ist widerrufbar (Art. 7 (3) S. 1 DSGVO). 681

(e) **Individualrechte.** Jede natürliche Person hat Informationsrechte (Art. 12 DSGVO), detaillierte Auskunftsrechte (Art. 15 DSGVO), das Recht auf Berichtigung (Art. 16 DSGVO), auf eingeschränkte Verarbeitung (Art. 18 DSGVO), auf Vermeidung vollautomatischer negativer Entscheidungen (Art. 22 DSGVO), auf erweiterte Löschung (Art. 17 DSGVO) sowie auf Datenübertragbarkeit (Art. 20 DSGVO). 682

(f) **Recht auf Vergessenwerden.** Die erweiterte Recht auf Datenlöschung („Recht auf Vergessenwerden“) ist durch die DSGVO neu eingeführt worden und betrifft personenbezogene Daten, deren Speicherung nicht mehr notwendig ist oder gegen deren Veröffentlichung die betroffene Person „aus vorrangigen berechtigten Gründen“ Widerspruch eingelegt hat (Art. 17 (1)(c) DSGVO). Das neue Recht soll dem Datensubjekt die digitale Kontrolle über seine Identität ermöglichen, jedoch nicht ein Recht auf ein informationelles Management über seine eigene Vergangenheit verschaffen, das im Widerspruch zu Informationsinteressen Dritter steht (Art. 17 Abs. 3 DSGVO). 683

Probleme ergeben sich bei der technischen Durchsetzung des Rechts. Präferiert wird derzeit ein Unterbinden der Indexierung des betroffenen Datenpakets.

684 (g) **Datenübertragbarkeit.** Das ebenfalls neu gewährte Recht auf Datenübertragbarkeit (Portabilität) gibt einer betroffenen Person das Recht, die sie betreffenden personenbezogenen Daten in einem maschinenlesbaren Format zurück zu erhalten und einem anderen Verantwortlichen übermitteln zu können (Art. 20 DSGVO). Durch ein solches Verfahren soll eine bessere Kontrolle über die personenbezogenen Daten und zugleich mehr Wettbewerb über datenbasierte Geschäftsmodelle erreicht werden.

685 (h) **Automatisierte Entscheidungen.** Eine Person soll nach Art. 22 keiner Entscheidung unterworfen werden, die persönliche Aspekte mithilfe eines Algorithmus auswertet und nachteilige rechtliche Wirkungen nach sich zieht. Das kann eine automatisierte Ablehnung eines Online-Kreditantrags oder einer Online-Bewerbung sein, eine Profilgenerierung, Bewertung, Analyse oder Prognose. Gesetzliche oder vertragliche Ausnahmen sind jedoch zulässig.

686 (i) **Betriebliche Datenschutzbeauftragte.** Größere Unternehmen und Behörden müssen Datenschutzbeauftragte bestellen, wie dies in Deutschland schon bisher der Fall war. Ein Datenschutzbeauftragter hat die Einhaltung der Datenschutzvorschriften zu überwachen. Er ist in Datenschutzfragen keinen Weisungen unterworfen, hat aber seinerseits auch kein Weisungsrecht gegenüber dem Management (Artt. 38; 39 DSGVO).

687 (j) **Sanktionensystem.** Die DSGVO hat das Sanktionensystem für Verstöße gegen das Datenschutzrecht erheblich verschärft. Das wird die Durchsetzbarkeit des Datenschutzrechts als zwingendes Öffentliches Recht stärken.

Verantwortliche und Auftragsdatenverarbeiter[847] haften kumulativ für Vermögensschäden und Nichtvermögensschäden, und zwar ohne Verschulden, wenn sie nicht den Gegenbeweis für die Entstehung des Schadens führen können (Art. 82 Abs. 1 bis 4 DSGVO). Es handelt sich also um eine modifizierte Gefährdungshaftung. Außerdem können die Datenschutz-Aufsichtsbehörden Geldbußen für Verstöße gegen Datenschutzvorschriften bis zur Höhe von 4 % des Jahresumsatzes eines Unternehmens, höchstens aber 20 Millionen Euro, verhängen.

Unter „Unternehmen" ist das Einzelunternehmen zu verstehen, wie es in Art. 4 Nr. 18 DSGVO definiert und von einer „Unternehmensgruppe" (Art. 4 Nr. 19 DSGVO) abgegrenzt wird. Eine Konzernhaftung kann auch nicht unter Bezugnahme auf Erwägungsgrund 150 und dessen Verweisung auf Artt. 101 und 102 AEUV angenommen werden, weil diese Vorschriften für alle marktstarken Unternehmen unabhängig von ihrer Organisationsstruktur gelten.

688 (k) **Verbindliche interne Datenschutzvorschriften.** In Ergänzung zur DSGVO, jedoch nicht abweichend von dieser, können Konzerne verbindliche interne Datenschutzvorschriften erlassen, die von den zuständigen Aufsichtsbehörden genehmigt werden müssen (Art. 47 DSGVO).

689 (l) **Datenschutzaufsichtsbehörden.** Auf der Grundlage des Schrems I-Urteils des EuGH[848] wurde die Unabhängigkeit der nationalen Datenschutzaufsichtsbehörden weiter gestärkt sowie ihre Zuständigkeiten, Befugnisse und Aufgaben präzisiert (Artt. 51–59 DSGVO). Auf EU-Ebene wurde ein Europäischer Datenschutzausschuss mit eigener Rechtspersönlichkeit geschaffen, der sich aus den Leitern der nationalen Da-

847 Für die vertragliche Risikoverteilung hat die EU-Kommission 10 Standardvertragsklauseln mit Optionen zur Auswahl erlassen, welche die Anforderungen nach Art. 28 Abs. 7 DSGVO erfüllen (Durchführungsbeschluss (EU) 2021/915 vom 4.6.2021 ABl. L 199 vom 7.6.2021, S. 18).

848 EuGH, Schrems, C-362/14, ECLI:EU:2015:650.

tenschutzaufsichtsbehörden zusammensetzt und Leitlinien, Empfehlungen sowie Verhaltensregeln auf der Grundlage der DSGVO ausarbeiten soll (Artt. 68–76 DSGVO). Alle Datenschutzbehörden sollen eng zusammenarbeiten und sich Amtshilfe leisten (Artt. 60–62 DSGVO).

(m) **Datenübermittlung an Drittstaaten.** Ein grundsätzliches Problem stellt der Export personenbezogener Daten in einen *Drittstaat* außerhalb des EU-Binnenmarktes dar. Wäre die Übermittlung und Verarbeitung personenbezogener Daten über EU-Bürger dort völlig freigestellt, könnte das europäische Datenschutzniveau durch Übermittlung und Verarbeitung von solchen Daten durch einen Verantwortlichen außerhalb des Binnenmarktes leicht unterlaufen werden. Da keine Regelungskompetenz der Europäischen Union für die Verarbeitung personenbezogener Daten von EU-Bürgern in Drittstaaten besteht, knüpft die DSGVO an den Vorgang der *Übermittlung* solcher Daten aus einem EU-Mitgliedsstaat in einen Drittstaat an. 690

Eine Übermittlung personenbezogener Daten aus einem EU-Mitgliedsstaat in einen Drittstaat ist nur zulässig, wenn in dem Drittstaat ein „angemessenes Schutzniveau" („adequate level of protection") gewährleistet ist (Art. 45 (1) DSGVO). Die Angemessenheit des Schutzniveaus wird unter Berücksichtigung „aller Umstände" in dem Drittstaat beurteilt, insbesondere danach, ob die Grundfreiheiten einer Person garantiert werden, ob rechtsstaatliche Verfahren stattfinden und ob unabhängige Aufsichtsbehörden bestehen. Die EU-Kommission hat die Vergleichbarkeit des Schutzniveaus bisher für vierzehn Staaten anerkannt.[849] 691

Besteht kein angemessenes Schutzniveau in dem Drittstaat, ist die Übermittlung nur zulässig, wenn der Verantwortliche „geeignete Garantien" vorgesehen hat und den betroffenen Personen durchsetzbare Rechte und wirksame Rechtsbehelfe zur Verfügung stehen (Art. 46 (1) DSGVO). Als geeignet gelten grundsätzlich Garantien in Form von Standarddatenschutzklauseln oder Verhaltensregeln, die von den Aufsichtsbehörden genehmigt worden sind (Art. 46 (2)(c) und (e) DSGVO). Die EU-Kommission hat im Juni 2021 insgesamt 18 modular aufgebaute Standardvertragsklauseln für den Export personenbezogener Daten in Drittstaaten erlassen. Sie „gelten als geeignete Garantien".[850] 692

Das EU-US-Datenschutzschildabkommen („Privacy Shield"-Abkommen),[851] das nach der Ungültigkeitserklärung des „Safe Harbor"- Abkommens durch den EuGH im Fall Schrems I[852] als Grundlage für die Übermittlung personenbezogener Daten aus der EU zu Unternehmen in den U.S.A. gedient hat, wurde vom EuGH ebenfalls wegen Verstoßes gegen Artt. 7, 8 und 47 der EU-Charta für ungültig erklärt.[853] Derzeit besteht große Rechtsunsicherheit. Übermittlungen personenbezogener Daten können zwischen der EU und den USA zuverlässig nur auf der Grundlage von Standardvertragsklauseln erfolgen. 693

Ob das Fluggastabkommen (Passenger Name Record Agreement – PNR) zwischen der Union und den U.S.A., wonach die europäischen Fluggesellschaften dem US – Department of Homeland Security (DHS) vor Reisebeginn 19 Kategorien von Passagierdaten

849 Andorra; Argentinien; Faröer Inseln; Guernsey; Israel; Isle of Man; Japan; Jersey; Kanada; Republik Korea; Neuseeland; Schweiz; Uruguay; Vereinigtes Königreich Großbritannien und Nordirland.
850 Durchführungsbeschlusses (EU) 2021/914 vom 4.6.2021 ABl. L 199 vom 7.6.2021, S. 31, Art. 1.
851 Durchführungsbeschluss (EU) 2016/1250 vom 12.7.2016 ABl. L 207 vom 1.8.2016, S. 1.
852 EuGH, Schrems, C-362/14, ECLI:EU:2015:650.
853 EuGH, Schrems II, C-311/18, ECLI:C:2020:559.

zur Verfügung stellen müssen,[854] den Kriterien der beiden Schrems-Entscheidungen genügt, ist noch offen.

694 Die komplexen bilateralen Regelungen zwischen der EU-Kommission und der US-Regierung zeigen die praktischen Probleme und Grenzen der Durchsetzung eines angemessenen Datenschutzniveaus deutlich auf. Es wird nicht möglich sein, für jeden Drittstaat ähnliche Lösungen zu entwickeln und durchzusetzen. Vor allem fehlt für die Datenübermittlung eine effektive direkte Kontrollmöglichkeit, an welche Computer in einem Drittstaat personenbezogene Daten übermittelt werden.

695 Bei grenzüberschreitenden Datenexporten aus einem EU-Mitgliedstaat in einen Drittstaat mit niedrigem Datenschutzniveau dürfte sich die Datenschutzgrundverordnung insgesamt eher marktorientiert als persönlichkeitsschutzorientiert auswirken. Der „Angemessenheitstest“ über das drittstaatliche Datenschutzniveau kann durchaus großzügig interpretiert werden. Allerdings müssen die Aufsichtsbehörden den Transfer verbieten, wenn Standardvertragsklauseln „nicht eingehalten werden oder nicht eingehalten werden können“.[855]

696 (n) **Folgenabschätzung und Compliance.** Art. 35 DSGVO verlangt von den Unternehmen die Einführung eines Datenschutz - Managementsystems, um eine zuverlässige Folgenabschätzung der Risiken durchführen zu können. Voraussetzung dafür ist eine intensive Dokumentation der Datenverarbeitungsabläufe, auch im Hinblick auf ihre Notwendigkeit und Verhältnismäßigkeit (Art. 35 (7)(b) DSGVO). Der Verantwortliche für die Datenverarbeitung muss Strategien festlegen sowie geeignete technische und organisatorische Maßnahmen treffen („data protection by design“), um den Prinzipien des Datenschutzrechts zu genügen. Außerdem soll er Art, Umfang und Speicherdauer der personenbezogenen Daten technisch und organisatorisch durch Voreinstellungen so sichern, dass andere nicht ohne Eingreifen des Betroffenen Zugang erhalten („data protection by default“), Art. 25 DSGVO.

697 (o) **Effektiver Rechtsschutz.** Eine betroffene Person hat die Möglichkeit zu Beschwerden und außergerichtlichen Rechtsbehelfen, was aber den Anspruch auf ein wirksames gerichtliches Verfahren nicht ausschließt (Art. 79 (1) DSGVO). Zuständig sind wahlweise die Gerichte des Wohnsitzes des Betroffenen oder die Gerichte der Niederlassung des Verantwortlichen. Für Klagen gegen Unternehmen, die keine Niederlassung in der Europäischen Union haben, sind dennoch die EU-Gerichte zuständig, wenn die Datenverarbeitung im Zusammenhang mit dem Anbieten von Waren oder Dienstleistungen in der Union steht, oder wenn in der Union das Verhalten von Unionsbürgern beobachtet wird (Art. 3 (2) (a)(b) DSGVO). Dieses „Marktortprinzip“ beschränkt die Möglichkeit von Unternehmen aus Drittstaaten, in ihren Geschäftsbedingungen irgendein gefälliges Rechtssystem zu bevorzugen („forum shopping“).

Beschwerden und Klagen können von einer betroffenen Person auch über eine gemeinnützige Organisation eingereicht werden, die im Bereich des Datenschutzes tätig ist (Art. 80 (1) DSGVO). Möglich ist auch eine Verbandsklage[856] im Datenschutzrecht.

698 (2) **Datenschutzrichtlinie über elektronische Kommunikation.** Die Kommunikations-Datenschutzrichtlinie *(Nr. 2 der Liste)* erweitert den Datenschutz auf alle öffentlich

854 Fluggastabkommen ABl. L 215 vom 11.8.2012, S. 5.
855 EuGH, Schrems II, C-311/18, ECLI:C:2020:559.
856 Richtlinie (EU)2020/1828 vom 25.11.2020 ABl. L 409 vom 4.12.2020, S. 1.

zugänglichen elektronischen Kommunikationsdienste unabhängig von der zugrundeliegenden Technologie. Die Richtlinie gilt auch für Behörden und Geheimdienste.[857]

Die Richtlinie unterscheidet zwischen „Verkehrsdaten", die zur Weiterleitung einer „Nachricht" dienen, und „Standortdaten", die den geografischen Standort eines Geräts anzeigen. „Nachrichten" sind die ausgetauschten Informationen.

Die Betreiber elektronischer Kommunikationsdienste müssen die Netzsicherheit nach dem Stand der Technik (Art. 4) und die Vertraulichkeit der Kommunikation gewährleisten (Art. 5). Das Mithören, Abhören, Speichern, Nutzen ist nur mit Einwilligung des Nutzers zulässig. Für Werbemaßnahmen bei eigenen Kunden müssen diese vorher auf Wahlmöglichkeiten hingewiesen werden (Art. 13 Abs. 2). Verkehrs- und Standortdaten dürfen nur für Abrechnungszwecke innerhalb bestimmter Fristen genutzt werden und sind anschließend zu anonymisieren oder zu löschen (Art. 6).

Eine allgemein unterscheidungslose Vorratsdatenspeicherung von Verkehrs- und Standortdaten durch öffentliche Stellen ist grundsätzlich unzulässig. Nur wenn eine ernste Bedrohung der nationalen Sicherheit besteht, dürfen zur Bekämpfung schwerer Kriminalität Verkehrs- und Standortdaten sowie IP-Adressen unter Beachtung des Verhältnismäßigkeitsgrundsatzes gespeichert werden.[858] Die Verwendung biometrischer und genetischer Daten für Zwecke der Kriminalitätsbekämpfung unterliegen strengen Voraussetzungen.[859]

Die technische Verantwortung der Kommunikationsdienstleister wird präzisiert, indem die Betriebssicherheit grundsätzlich dem Stand der Technik entsprechen muss (Art. 4 Abs. 1) und der Betreiber den Teilnehmer über technische Einzelheiten unterrichten muss (Art. 4 Abs. 2; Erwägungsgrund 20), jede Verarbeitung personenbezogener Daten auf das erforderliche Maß zu beschränken (Art. 9 Abs. 3) und die Verwendung anonymer und pseudonymer Daten zu fördern ist (Erwägungsgrund 9).

Die Individualrechte des betroffenen Datensubjekts werden dadurch gestärkt, dass grundsätzlich das *opt-in-Prinzip* (Erfordernis der Einwilligung) bei der Nutzung von Verkehrs- und Standortdaten für Vermarktungszwecke (Artt. 6 Abs. 3 und 4; 9 Abs. 1 S. 1) oder für die Direktwerbung (Art. 13 Abs. 1) gilt. Standortdaten können nach Anonymisierung auch ohne Einwilligung genutzt werden (Art. 9 Abs. 1 S. 1), was nicht überrascht, weil dann der Personenbezug fehlt. Ein modifiziertes opt-in-Prinzip besteht für Kontaktinformationen aus der elektronischen Kommunikation für eigene Produkte des Kommunikationsdienstleisters (Art. 13 Abs. 2), und zwar insoweit, als die Direktwerbung bei ausdrücklicher Nichtablehnung trotz ausdrücklicher Vorinformation möglich ist. Die Änderungsrichtlinie 2009/136/EG hat außerdem eine Verbotsmöglichkeit für unerbetene E-Mails sowie die Einwilligungsvoraussetzung für die Verwendung automatisierter Anrufmaschinen und für das Setzen von Cookies (ausgenommen „Session Cookies") eingeführt.

(3) **Cookie-Richtlinie.** *(Nr. 3 der Liste)* verlangt auch für die Verwendung von „Cookies" (kleine Programme zur Ermittlung von Aktivitäten des Nutzers von Kommunikationsdiensten) die Einwilligung (das „opt-in") des Betroffenen für die Sekundärnutzung von Verkehrs- und Standortdaten sowie der E-Mail-Adresse für Werbezwecke. Ebenso verschärft die Änderungsrichtlinie die Sicherheit der Verarbeitung personen- 699

857 EuGH, Privacy International, C-623/17, ECLI:EU:C:2020:790.
858 EuGH, BRD/Space Net und Telekom, C-93/19, ECLI:EU:C:2022:702.
859 EuGH, Strafverfahren gegen V.S., C-205/21, ECLI:EU:C:2023:49.

bezogener Daten gegen eine zufällige Abfrage, Veränderung, Weitergabe, Verlust, Löschung oder Zerstörung. Kommunikationsdienstleister haben Informations- und Hinweispflichten über die Datennutzung und Datensicherheit. Schließlich wird den Mitgliedstaaten untersagt, durch technische Merkmale und Normung den binnenmarktweiten Vertrieb und Einsatz von Kommunikationsendgeräten oder die Kontrolle der Verwendung personenbezogener Daten zu behindern. Die Mitgliedstaaten können die Weitergabe personenbezogener Verkehrsdaten zum Zweck der zivilrechtlichen Verfolgung von Urheberrechtsverstößen zulassen.[860]

700 (4) **Benachrichtigungspflichtenverordnung.** Nach dieser Verordnung (*Nr. 4 der Liste*) müssen Betreiber von Kommunikationsdiensten über alle Verletzungen des Schutzes personenbezogener Daten den national zuständigen Behörden binnen 24 Stunden berichten und bestimmte Angaben machen (Art. 2). Wenn erhebliche Interessen der individuell Betroffenen beeinträchtigt sind, was bei Zugriffen auf Standortdaten, E-Mails, Finanzdaten oder Internet-Protokolldaten zu vermuten ist (Art. 3), müssen auch diese Personen benachrichtigt werden, es sei denn, diese Verletzungen erfolgten trotz des Einsatzes zertifizierter Schutzmaßnahmen (Art. 4).

701 (5) **Strafverfolgungsrichtlinie.** Die Strafverfolgungsrichtlinie (*Nr. 5 der Liste*) will sowohl den „freien Verkehr" mit personenbezogenen Daten zwischen den zuständigen Behörden (insbesondere auch mit INTERPOL) erleichtern als auch ein „hohes Schutzniveau" für diese Daten gewährleisten. Es geht dabei um die „Verhütung, Ermittlung, Aufdeckung oder Verfolgung von Straftaten oder die Strafvollstreckung einschließlich des Schutzes vor und der Abwehr von Gefahren für die öffentliche Ordnung".[861]

Bemerkenswert ist, dass sehr detailliert Gesundheitsdaten für den Austausch vorgesehen sind, etwa genetische Daten, biologische Proben, DNS- und RNS-Analysen, klinische Behandlungen, physiologische und biologische Proben oder Befunde.[862] Die betroffenen Personen haben in beschränktem Umfang direkte oder indirekte Auskunftsrechte (Artt. 14 und 15) sowie Berichtigungs- und Löschungsansprüche (Erwägungsgrund 16). Anders als die Datenschutzgrundverordnung führt die Strafverfolgungsrichtlinie zehn Klassen von technischen Maßnahmen auf, die Risiken für diese Datensammlungen verringern sollen (Art. 29).

Die strafverfolgungsrechtlich relevanten personenbezogenen Daten dürfen auch an Drittstaaten und internationale Organisationen ohne weitere Genehmigung weitergegeben werden, wenn die EU-Kommission zuvor den Empfängern die Existenz eines angemessenen Schutzniveaus durch einen förmlichen Beschluss bestätigt hat (Art. 36) oder geeignete Garantien erlangt (Art. 37).

702 (6) **Fluggastdaten-(PNR-)Richtlinie.** Die Fluggastdaten-Richtlinie, auch PNR-(Passenger Name Records-) Richtlinie genannt (*Nr. 6 der Liste*), legt die zu erfassenden personenbezogenen Fluggastdaten und deren Verwendung fest. Zur Verhinderung und Verfolgung von terroristischen Straftaten und schwerer Kriminalität regelt die Richtlinie die Vorabübermittlung der PNR-Daten an die zuständige nationale Zentralbehörde. Ziel ist es, das Leben und die Sicherheit von Personen zu schützen und einen Rechtsrahmen für die Verarbeitung dieser Daten zu schaffen.[863] Was „terroristische

860 EuGH, LSG-Gesellschaft zur Wahrnehmung von Leistungsschutzrechten GmbH/Tele 2 Telecommunication GmbH, C-557/07, ECLI:EU:C:2009:107 = NJW 2009, 2875.
861 Erwägungsgrund 4.
862 Erwägungsgründe 23 und 24.
863 Erwägungsgrund 5.

Straftaten“ sind, wird nicht erläutert, weil dafür nationales Recht gilt. Was dagegen unter „schwere Kriminalität“ fällt, wird im Anhang II aufgelistet.

PNR-Daten müssen nach 6 Monaten „de-personalisiert“ und nach 5 Jahren gelöscht werden.

dd) Leitentscheidungen

- *Lindquist*[864] 703

Eine Handlung, die darin besteht, auf einer Internetseite auf verschiedene Personen hinzuweisen oder auf andere Weise erkundbar zu machen, stellt nach dem Unionsrecht eine automatisierte Verarbeitung personenbezogener Daten dar.

- *Rechnungshof*[865]

Die Weitergabe von Einkommensdaten über Arbeitnehmer öffentlicher Einrichtungen zum Zweck der Veröffentlichung in einem Jahresbericht kann mit dem Unionsrecht vereinbar sein. Voraussetzung ist, dass die Weitergabe im Hinblick auf das Ziel der ordnungsgemäßen Verwaltung öffentlicher Mittel notwendig und angemessen ist. Dies muss von den nationalen Gerichten geprüft werden.

- *Promusicae*[866]

Die Kommunikationsdatenschutzrichtlinie 2002/58/EG gebietet es einem Mitgliedstaat nicht, eine Regelung vorzusehen, wonach eine Verwertungsgesellschaft zum Schutz von Urheberrechten von einem Internetprovider die Herausgabe von Kommunikationsdaten verlangen kann, um Urheberrechtsverletzungen verfolgen zu können.

- *Digital Rights Ireland Ltd.*[867]

Die Vorratsdatenschutz-Richtlinie 2006/24/EG ist ungültig, weil sie unter Berücksichtigung von Artt. 7 und 8 EU-Charta gegen den Grundsatz der Verhältnismäßigkeit verstößt.

- *Biometrische Merkmale*[868]

Die Speicherung biometrischer Merkmale ist nach der VO (EU) Nr. 225/2004 nur für Ausweispapiere geregelt. Die Möglichkeit einer darüber hinaus gehenden Nutzung richtet sich nach Artt. 7 und 8 EU-Charta. Nationale Gerichte können eine gesonderte Prüfung nach der EMRK vornehmen.

- *Google/Spanien*[869]

Die Anzeige personenbezogener Informationen in einem Suchmaschinenergebnis kann von der betroffenen Person untersagt werden, wenn diese Information irrelevant geworden und ohne öffentliches Interesse ist („Recht auf Vergessenwerden“).

864 EuGH, Bodil Lindquist, C-101/01, ECLI:EU:C:2003:596, I-12992.
865 EuGH, Rechnungshof/Österreichischer Rundfunk u.a., verb. Rechtssachen C-465/00, C-138/01 und C-139/01, ECLI:EU:C:2003:294.
866 EuGH, Promusicae/Telefónica de España SAU, C-275/06, ECLI:EU:C:2008:54, CR 2008, 381.
867 EuGH, Digital Rights Ireland, C-293/12 und C-594/12, ECLI:EU:C:2014:238.
868 EuGH, Raad van State, C-446 bis C-449/12, ECLI:EU:C:2015:238, ABl. C 198 vom 15.6.2015, S. 2.
869 EuGH, Google Spain und Google, C-131/12, ECLI:EU:C:2014:317.

- *Schrems I*[870]

Das Safe-Harbor-Abkommen zwischen der EU und den U.S.A. gewährleistet kein angemessenes Datenschutzniveau und ist unwirksam.

- *Breyer / Bundesrepublik Deutschland*[871]

Eine dynamische Internetadresse ist ein personenbezogenes Datum, wenn sie zusammen mit Zusatzinformationen des Internetzugangsanbieters zur Identifizierung der Person führt.

- *Fashion ID*[872]

Ein Websitebetreiber, der den „Gefällt-mir"-Button integriert, ist gemeinsam mit Facebook „Verantwortlicher". Die Einbindung des „Gefällt mir" – Buttons auf einer Webseite, der unabhängig von seiner Betätigung zur Weiterleitung der IP-Adresse an Facebook führt, bedarf der Einwilligung der betroffenen Person.

- *Schrems II (Privacy Shield)*[873]

Die Datenübermittlung zwischen Unternehmen fällt auch dann unter die DSGVO, wenn Sicherheitsbehörden Zugriff auf die Daten haben. Das EU-USA Privacy Shield – Abkommen begründet keinen angemessenen Schutz für die Datenübermittlung in die USA.

- *Privacy International*[874]

Für staatliche Behörden und Geheimdienste gilt auch die Richtlinie 2002/58/EC. Sie dürfen von Kommunikationsdienstleistern nicht systematisch Standort- oder Verkehrsdaten verlangen.

- *Meta Platforms Ltd.*[875]

Verbraucherschutzverbände können ohne spezifisches Mandat gegen unlautere oder verbotene Geschäftsbedingungen vorgehen, wenn die Verarbeitung der Daten die Rechte identifizierbarer Personen betrifft.

- *Ui / Österreichische Post*[876]

Ein Schadenersatzanspruch nach Art. 82 DSGVO setzt einen Verstoß gegen die DSGVO, einen der betroffenen Person entstandenen Schaden und einen Kausalzusammenhang zwischen rechtwidriger Verarbeitung und einem Schaden voraus. Einen immateriellen Schaden muss die betroffene Person nachweisen. Auf den Grad der Erheblichkeit kommt es nicht an. Die Höhe des Schadenersatzanspruchs richtet sich nach innerstaatlichem Recht, soweit die unionsrechtlichen Grundsätze der Äquivalenz und der Effektivität gewahrt werden.

704 ee) **Bezüge zum deutschen Recht.** Die Bezüge zwischen dem deutschen und dem EU-Datenschutzrecht sind sehr eng, denn das ursprüngliche Bundesdatenschutzgesetz hat – neben den französischen, österreichischen und schwedischen Datenschutzgesetzen – als Grundlage für die zeitlich spätere Datenschutzrichtlinie 95/46/EG und die anschlie-

870 EuGH, Schrems, C-362/14, ECLI:EU:2015:650.
871 EuGH, Breyer, C-582/14, ECLI:EU:C:2016:779.
872 EuGH, Fashion ID, C-40/17, ECLI:EU:2019:629.
873 EuGH, Schrems II, C-311/18, ECLI:C:2020:559.
874 EuGH, Privacy International, C-623/17, ECLI:EU:C:2020:790.
875 EuGH, Meta Platforms Ltd., C-319/20, ECLI:EU:2022:322.
876 EuGH, Österreichische Post, C-300/21, ECLI:EU:C:2023:370.

ßende Datenschutzgrundverordnung gedient. Insbesondere das Zweckbindungsprinzip und die Prämisse, dass jede Form der Verarbeitung personenbezogener Daten als Eingriff in das allgemeine Persönlichkeitsrecht („informationelles Selbstbestimmungsrecht“)[877] zu werten ist und deshalb jeweils eine Rechtsgrundlage oder die Einwilligung des Betroffenen vorliegen muss, hat sich als Regelungsgrundstruktur europaweit durchgesetzt.

Andererseits waren und sind Anpassungen des deutschen Rechts an das Unionsrecht 705
erforderlich. Die Datenschutzgrundverordnung hat zu unmittelbar geltendem Recht geführt, aber auch Raum für ergänzendes mitgliedstaatliches Recht gelassen.

Während nach deutschem Recht für einen Schadensersatzanspruch im *nichtöffentlichen* Bereich (anders als im öffentlichen Bereich) *Verschulden* erforderlich war (§§ 7 Abs. 1 S. 1; 8 Abs. 1 BDSG aF), sieht die Datenschutzgrundverordnung zwingend eine *Gefährdungshaftung* (Unrechtshaftung) mit der Möglichkeit des Entlastungsbeweises (Art. 82 (2) DSGVO; jetzt § 83 BDSG 2017) vor. Darüber hinaus hat der deutsche Gesetzgeber einen Unterlassungs- und Beseitigungsanspruch gegen AGB-Klauseln eingeführt, wenn personenbezogene Daten entgegen den Datenschutzvorschriften „zu Zwecken der Werbung, der Markt- und Meinungsforschung, des Betreibens einer Auskunftei, der Erstellung von Persönlichkeits- und Nutzerprofilen, des Adressenhandels, des sonstigen Datenhandels oder zu vergleichbaren kommerziellen Zwecken erhoben, verarbeitet oder genutzt werden“ (§ 2 Nr. 11 UKlaG). Erst durch § 25 TTDSG ist die Klarstellung erfolgt, dass jede Speicherung von Cookies der vorherigen Einwilligung des Betroffenen bedarf. Das gilt auch für Zweitverwertungen, etwa durch Google Analytics.

Die Beanstandung des Europäischen Gerichtshofs bezüglich der fehlenden Unabhängigkeit der staatlichen Datenschutzbeauftragten in Deutschland im nicht-öffentlichen Bereich[878] hat erheblich zur Stärkung der deutschen Datenschutzaufsichtsbehörden beigetragen (§§ 8–16 BDSG 2017). Der in Deutschland seit Jahrzehnten umstrittene Beschäftigtendatenschutz ist aufgrund der Öffnungsklausel in der DSGVO mit einer Grundlagenvorschrift im neuen Bundesdatenschutzgesetz berücksichtigt worden (§ 26 BDSG 2017). Überschneidungen mit dem Betriebsverfassungsgesetz sind allerdings absehbar.

Lang umstritten war auch die Zulässigkeit der Videoüberwachung an öffentlichen 706
Plätzen. Auf dem Hintergrund terroristischer Anschläge hatte bereits das Videoüberwachungsverbesserungsgesetz[879] in § 6 b BDSG 2003 die gesetzliche Fiktion eingefügt, dass diese Videoüberwachung stets ein „besonderes wichtiges Interesse“ darstellt. Auch nach § 4 Abs. 1 Nr. 3 BDSG 2017 entfällt damit eine Abwägung mit den Interessen Betroffener.

Das Bundesverfassungsgericht hat im Jahre 2005 in der Entscheidung über die Mög- 707
lichkeit der Speicherung von Verbindungsdaten von Mobilfunkeinrichtungen und von Standortdaten daran festgehalten, dass die Speicherung und Auswertung einen Anfangsverdacht voraussetze.[880] Schon im obiter dictum einer Kammerentscheidung ein Jahr später rückte das Bundesverfassungsgericht von der Notwendigkeit eines

877 BVerfGE 65, 1 – Volkszählungsurteil.
878 EuGH, Kommission / Deutschland, C-518/07, ECLI:EU:C:2010:125 = NJW 2010, 1265.
879 Vom 28.4.2017 BGBl. I S. 968.
880 BVerfGE 113, 348 (365).

Anfangsverdachts ab. In dieser Entscheidung[881] ging es um die Frage, ob die Feststellung des Netzbetreibers, der Gerätenummer, der Rufnummer, des Namens und der Anschrift des Mobilgeräteinhabers eine Verletzung der Artt. 2 Abs. 1, 10 GG sowie des § 100 i StPO darstelle. Das Gericht lehnte die Ausnahme eines Eingriffes mit der datenschutzrechtlich wenig überzeugenden Argumentation ab, dass die Feststellung der genannten Daten nur „einige Sekunden" dauere und nicht der Feststellung des Inhalts der Kommunikation diene. Beim Einsatz von IMSI – Catchern „kommunizierten" ausschließlich technische Geräte untereinander. Deshalb fehle ein menschlich veranlasster Informationsaustausch, der sich auf Kommunikationsinhalte beziehe.

708 Nachdem der Europäische Gerichtshof die Vorratsdatenspeicherungsrichtlinie 2006/24/EG insgesamt für ungültig erklärt hat[882], schwelte in Deutschland der politische Konflikt über die Zukunft der anlasslosen Vorratsdatenspeicherung weiter. Die Überwachungsmöglichkeit von Geheimnisträgern (Ärzte; Rechtsanwälte; Seelsorger; Psychologen; Konfliktberater) ist durch § 29 BDSG 2017 rückgängig gemacht worden. Auch die frühere sechsmonatige anlasslose Vorratsdatenspeicherung nach dem Vorratsdatenspeicherungsgesetz, die das Bundesverfassungsgericht[883]als „gerade noch" hinnehmbar bezeichnet hatte, ist inzwischen entfallen. Die im BVerfG-Urteil ebenfalls geforderte „hinreichend anspruchsvolle und normenklare Regelungen hinsichtlich der Datensicherheit, der Datenverwendung, der Transparenz und des Rechtsschutzes" ist erst durch die §§ 20, 22 TTDSG 2021 erfüllt worden.

Das Rahmenrecht des europäischen und deutschen Datenschutzrechts sieht insgesamt wie folgt aus:

881 BVerfG, NJW 2007, 351 – IMSI-Catcher (IMSI – International Mobile Subscriber Identity).

882 EuGH, Digital Rights Ireland, C-293/12 und C-594/12, ECLI:EU:C:2014:238; EuGH, BRD/Spacenet AG und Telekom, C-753/19 und 754/19, ECLI:EU:2022:702.

883 BVerfG NJW 2010, 833 (aufgrund von 34 000 Verfassungsbeschwerden).

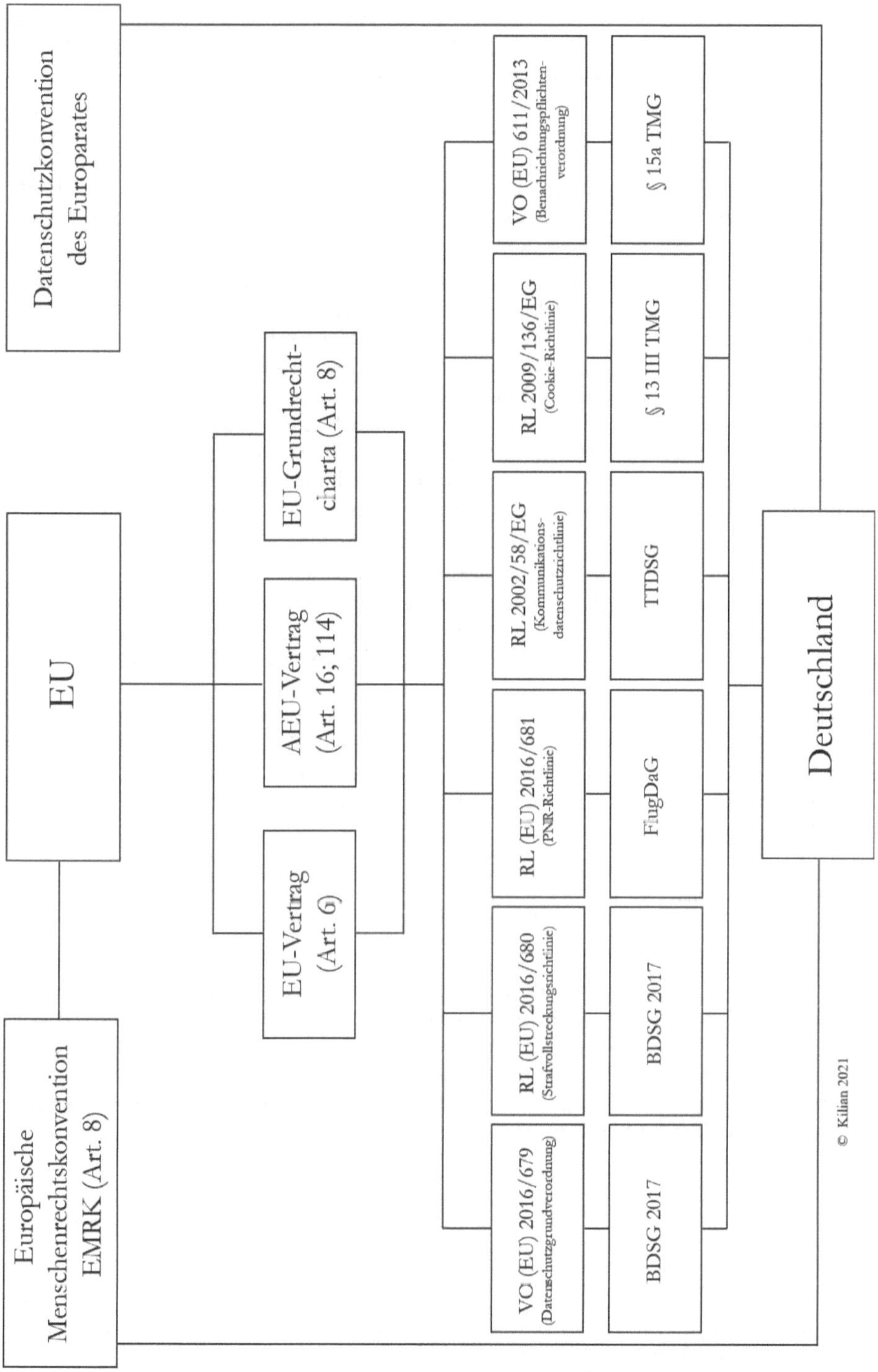
Europäische Menschenrechtskonvention EMRK (Art. 8)
EU
Datenschutzkonvention des Europarates
EU-Vertrag (Art. 6)
AEU-Vertrag (Art. 16; 114)
EU-Grundrecht-charta (Art. 8)
VO (EU) 2016/679 (Datenschutzgrundverordnung)
RL (EU) 2016/680 (Strafvollstreckungsrichtlinie)
RL (EU) 2016/681 (PNR-Richtlinie)
RL 2002/58/EG (Kommunikations-datenschutzrichtlinie)
RL 2009/136/EG (Cookie-Richtlinie)
VO (EU) 611/2013 (Benachrichtigungspflichten-verordnung)
BDSG 2017
BDSG 2017
FlugDaG
TTDSG
§ 13 III TMG
§ 15a TMG
Deutschland
© Kilian 2021

709 **ff) Bewertung.** Der Schutz der menschlichen Persönlichkeit ist nicht geringer einzustufen als der Schutz des gewerblichen oder kommerziellen Eigentums, der nach Art. 36 AEUV Ausnahmen vom freien Waren- und Dienstleistungsverkehr ermöglicht. Art. 14 (c)(ii) des internationalen WTO-GATS Abkommens räumt dem Datenschutz sogar grundsätzlich Vorrang vor der Freiheit des Dienstleistungsverkehrs ein. Art. 8 der EU-Grundrechtecharta, die mit dem EUV und AEUV rechtlich gleichrangig ist (Art. 6 Abs. 1 S. 1 EUV), erhebt den Datenschutz zu einem Grundrecht. Darüber hinaus bleibt die weite Auslegung von Art. 8 EMRK durch den Europäischen Gerichtshof für Menschenrechte vom Europäischen Gerichtshof nicht unbeachtet.

710 In Europa hat sich in fast fünfzig Jahren ein relativ homogenes Datenschutzbewusstsein gebildet, das auch die Entwicklung des weltweiten E-Commerce nachhaltig beeinflusst. Der bisherige Mangel an spektakulären Gerichtsentscheidungen zu Schadensfällen[884] ist kein Beweis dafür, dem Datenschutzrecht eine verfehlte Regelungstechnik"[885] oder Überflüssigkeit vorzuwerfen. Das Datenschutzrecht verfolgt das Ziel, den Umgang mit personenbezogenen Daten in öffentlichen Stellen und in Unternehmen im Interesse der betroffenen Personen möglichst transparent zu organisieren und unter Kontrolle zu halten. Die EU-Datenschutzgrundverordnung fasst die bisherigen Prinzipien auf dem Stand der Rechtsprechung des Europäischen Gerichtshofs zusammen und harmonisiert die wesentlichen Aspekte.

711 Das Datenschutzrecht ist freilich in einer Zeit entstanden, in der stationäre Rechenanlagen die personenbezogenen Daten verarbeiteten. Die heutigen globalen Computernetzwerke (Internet; Satellitenkommunikation; Mobilfunknetze) und zentralisierten Datenwolken (Clouds) sowie intelligente Auswertungsverfahren für Kommunikationsdaten (data mining; big data) erfordern heute Lösungen unter stärkerer Einbeziehung der Technik (Anforderungen an Hard- und Software; kryptografische Verfahren; Anonymisierung; Pseudonymisierung). Wie die technischen Vorschriften zum E-Call-System in Europa[886] zeigen, ist eine Trennung von personenbezogenen und anderen Daten grundsätzlich möglich und wird durch die Verordnung über nicht-personenbezogene Daten[887] auch gefordert.

Wegen der Komplexität der Verarbeitung personenbezogener Daten wird künftig die Wahrnehmung der Individualrechte durch unabhängige Organisationen (Datenschutzbeauftragte; Verbraucherschutzverbände; Wahrnehmungsgesellschaften) immer wichtiger werden.

712 Die Kernprämisse des europäischen Datenschutzrechts, wonach jede Form der Verarbeitung personenbezogener Daten prinzipiell einen Eingriff in die Freiheit der Person impliziert, seine Persönlichkeit frei zu entfalten, und deshalb der Eingriff entweder durch eine Rechtsvorschrift oder durch die Einwilligung der Betroffenen legitimiert werden muss, ist unverändert gültig, stößt aber in einer globalen Informationsgesellschaft aus kulturellen und anderen Gründen an ihre Grenzen.[888]

---

884 Ausnahmen: BGHZ 91, 233 – Schufa; BGH, BB 1996, 1458 – Kfz-Vertragshändler; BVerfG NJW 2007, 671 – „Zuordnungsverwirrung"; EuGH, Österreichische Post, C-300/21, ECLI:EU:C:2023:370 – Abgrenzung und Voraussetzung des Ersatzes immaterieller Schäden.

885 *Zöllner*, in: Wilhelm (Hrsg.), Information – Technik – Recht, Darmstadt 1993, S. 43.

886 Durchführungsverordnung (EU) 2017/78 vom 15.7.2016 ABl. L 12 vom 17.1.2017, S. 26.

887 Art. 2(2) der VO (EU) 2018/1807 über einen Rahmen für den freien Verkehr nicht-personenbezogener Daten vom 14.11.2018 ABl. L 303 vom 28.11.2018, S. 59.

888 Vgl. *Rossnagel/Pfitzmann/Garstka*, Modernisierung des Datenschutzrechts, Berlin 2001.

Die Durchsetzbarkeit der Prinzipien ist außerhalb des Binnenmarktes besonders wegen des völkerrechtlichen Territorialprinzips schwierig. Einen Anknüpfungspunkt bildet aber der Vorgang der Übermittlung personenbezogener Daten in Drittstaaten als eine Form der Datenverarbeitung. Die Zulässigkeit der Übermittlung kann bestimmten rechtlichen Bedingungen unterworfen werden. Die Datenschutzgrundverordnung fordert ein vergleichbares Datenschutzniveau in dem Drittstaat als Voraussetzung. Ob Drittstaaten dies tatsächlich garantieren, ist aber schwierig zu beantworten und führt zu Kompromissen, insbesondere im Verhältnis zu den U.S.A. nach den Ungültigkeitserklärungen des „Safe Harbor“ und des „Privacy Shield“-Abkommens. Interessant ist allerdings die weitgehende Übernahme von DSGVO-Prinzipien in einigen US-Bundesstaaten[889] und die grundsätzliche Implementierung des opt in – Prinzips bei der Nutzung von Apple-Geräten. 713

Nach der deutschen Verfassungsrechtsdogmatik sind personenbezogene Daten Gegenstand des informationellen Selbstbestimmungsrechts, das aus der Menschenwürde (Art. 1 Abs. 1 GG) und der freien Entfaltung der Persönlichkeit (Art. 2 Abs. 1 GG) abgeleitet wird. Die Weiterentwicklung des Datenschutzes *im öffentlichen Bereich* setzt in einem Rechtsstaat auch künftig die Schaffung von Rechtsvorschriften im Wege eines transparenten demokratischen Verfahrens voraus. Eine unabhängige institutionelle Kontrolle muss gewährleistet sein. 714

Die datenschutzrechtliche Prämisse, dass jede Form der Verarbeitung personenbezogener Daten einen Eingriff in Freiheitsrechte darstellt, ist nach wie vor tragfähig. Die Prämisse hat allerdings zu einer ausufernden Zahl von Spezialregelungen geführt, da eine Einwilligung des Betroffenen als Instrument zur Steuerung der Verarbeitung im öffentlichen Bereich wegen der überwiegenden öffentlichen Interessen als Legitimationsgrundlage regelmäßig ausscheidet.

Besonders im Zusammenhang mit der Fahndung nach Terroristen drohen bisherige Grenzen für die Sammlung und Speicherung personenbezogener Daten in der Europäischen Union und in der Welt praktisch zu verschwinden. Die Snowden-Dokumente haben darüber hinaus gezeigt, welche nahezu unbegrenzten Möglichkeiten Geheimdienste haben und nutzen, um dem Sicherheitsaspekt absoluten Vorrang vor dem Freiheitsaspekt zu sichern.

Im *nicht-öffentlichen Bereich* ist die Tragfähigkeit der Prämisse vom Eingriffscharakter der Verarbeitung personenbezogener Daten allerdings problematisch geworden. 715

In vielen Lebensbereichen hat ein Wertewandel stattgefunden, so dass öffentliche Darstellungen über früher geheim gehaltene Einzelheiten der Intimsphäre, über das Privatleben, über berufliche Tätigkeiten oder über finanzielle Verhältnisse oft nicht mehr als anstößig angesehen werden. Die Notwendigkeit, eine besondere Einwilligung zu erteilen, gilt vielen Menschen deshalb als lebensfremd. Viele jüngere Menschen geben freiwillig und bewusst personenbezogene Daten in sozialen Netzwerken über sich selbst preis. Das ist als Ausdruck der informationellen Selbstbestimmung auch fast ohne Grenzen zulässig, so lange der Staat seine Schutzpflichten erfüllt und Rahmenbedingungen setzt.

Personenbezogene Daten oft notwendige Bestandteile elektronischer Markttransaktionen oder eigenständiger marktfähiger Güter (Kreditinformationen; Gesundheitsdaten; Adressenhandel; Interessenprofile) geworden. Der Einzelne wird dadurch mit seinen 716

889 Etwa durch den California Consumer Privacy Act (CCPA), California Civil Code §§ 1798.100 – 199.

personenbezogenen Daten immer stärker zum Marktteilnehmer oder „Verbraucher". Soweit ihm die Rechtsordnung Verfügungsrechte über personenbezogene Daten als vermögenswerte Teile des Allgemeinen Persönlichkeitsrechts (§ 823 Abs. 1 BGB) oder als besonderes Persönlichkeitsrecht zuerkennt, wie dies für das Namensrecht (§§ 12 BGB; 17 ff. HGB) oder das Urheberpersönlichkeitsrecht (§§ 12 ff. UrhG) bereits der Fall ist, kann er diese Verfügungsrechte in Marktprozesse einbringen. Die Richtlinie über digitale Vertragsinhalte[890] erkennt die Möglichkeit an, personenbezogene Daten als Gegenleistung statt Geld bereit zu stellen, umgeht aber immer noch die Klärung der Frage ihres monetären Wertes.

717 Die mit dem informationellen Selbstbestimmungsrecht verbundene Verfügungsbefugnis des Einzelnen wirkt sich im Zivilrecht wegen der bloßen Drittwirkung von Grundrechten allenfalls indirekt aus. Im Zivilrecht geht es um die Autonomie, Verträge frei abschließen und inhaltlich aushandeln zu können. Autonom kann aber nur handeln, wer über Eigentum oder ein eigentumsähnliches Recht verfügt.

718 Für die Weiterentwicklung des Datenschutzrecht *im nicht-öffentlichen Bereich* sind deshalb zusätzliche rahmenrechtliche Gesetzgebungsakte erforderlich, um die grundsätzlich anerkannte Verfügungsbefugnis des Einzelnen über seine Daten mit marktadäquaten Instrumenten besser durchsetzen zu helfen. Das könnte durch Schaffung eines *marktbezogenen informationellen Persönlichkeitsrechts*[891] nach dem Muster des Urheberrechts (einschließlich seiner Einschränkungen) oder des Know-how-Schutzes erfolgen. Außerdem müssen bestehende Marktdefizite (Marktmacht; Informationsasymmetrien; mangelnde Rechtsdurchsetzungsmöglichkeiten) durch Wettbewerbsvorschriften (GWB; UWG) verringert werden. Unabhängige Organisationen nach dem Gesetz über digitale Dienste (Digital Services Act – DSA) werden durch die Schaffung von Gütesiegeln und technischen Normen und durch ein Rechtemanagement (§ 26 TTDSG) dazu beitragen, dass Individuen ihre individuellen Rechte nach der Datenschutzgrundverordnung besser ausüben können.

e) Datenwirtschaftsrecht

Spezialliteratur: *Borges*, Haftung für KI-Systeme, CR 2022, S. 553-561; *Denga*, Digitale Souveränität durch Datenprivatrecht?, GRUR 2022, 1113-1120; *Denga*, Unternehmenshaftung für KI – zur Konformitätsbewertung in Permanenz, CR 2023, S. 277-285; *Drexl*, Neue Regeln für die europäische Datenwirtschaft, NZKart 8/2017, 415; *Heinze* (Hrsg.), Daten, Plattformen und KI als Dreiklang unserer Zeit, Edewecht 2022; *Kilian*, Personenbezogene Daten als schuldrechtliche Gegenleistung, in: Stiftung Datenschutz (Hrsg.), Dateneigentum und Datenhandel, 191-207; Mühlenbeck, Anonyme und pseudonyme Daten, 2023; *Spiecker gen. Döhmann*, Technikzukünfte: Überlegungen zu Determinanten von Datenzugang und Welthandel mit Daten, in: Festschrift für Jürgen Taeger, 2020, S. 473–489; *Specht/Hennemann*, Data Governance Act: DGA, 2023; *Steinrötter*, Datenwirtschaftsrecht, in: Festschrift für Jürgen Taeger, 2020, S. 491–510; *Steinrötter* (Hrsg.), Europäische Plattformregulierung, 2023.

719 **aa) Bereichsdefinition.** Das Datenwirtschaftsrecht regelt die Verfügungsrechte über Daten/Informationen, die Zugangsrecht zu Daten, die Haftung für falsche Daten sowie die Organisations- und Sorgfaltspflichten der Anbieter digitalisierter Dienstleistungen.

890 Richtlinie (EU) 2019/770 vom 20.5.2019 ABl. L vom 22.5.2019, S. 1.
891 Kilian, Festschrift für Christian Kirchner 2014, 901–916.

Die Termini „Daten“ und „Informationen“ werden im juristischen Kontext überwiegend synonym verwendet, obwohl aus der Sicht der Informatik signifikante Unterschiede bestehen[892] und die Konzeptualisierung des Datenwirtschaftsrechts Rückgriffe auf informationstechnische und ökonomische und Zusammenhänge erfordert. Auf EU-Ebene sind bisher Einzelaspekte, wie der Schutz personenbezogener Daten, Daten als Gegenleistung für digitale Güter, die vertrags- oder kartellrechtliche Kontrolle des Missbrauchs von Daten, der Zugang zu öffentlichen Daten oder die Sicherheit von Daten geregelt. Vorschriften über einen besseren Zugang zu nicht-personenbezogenen Daten („Data Act“) sowie eine rechtliche Kontrolle gefährlicher Algorithmen und der Künstlichen Intelligenz („Richtlinie über KI-Haftung“) sind in Vorbereitung.

720 Daten (Informationen) sind ökonomisch wertvolle Güter mit besonderen Eigenschaften. Sie sind aus ökonomischer Sicht nicht exklusiv, können also grundsätzlich von vielen gleichzeitig genutzt werden. Sie sind außerdem wertbeständig, weil sie sich durch Gebrauch nicht abnutzen. Relevant ist ferner die ökonomische Unterscheidung zwischen öffentlichen Gütern, die allgemein zugängliche Daten (wie staatliche Statistiken) umfassen, und privaten Gütern, wie Daten, an denen private Nutzungsrechte (etwa Urheberrechte) bestehen können. Für viele Daten (etwa: prozessproduzierte Daten; Kommunikationsdaten zwischen Maschinen; Industriedaten; Sensordaten) steht die rechtliche Einordnung noch aus. Aus rechtlicher Sicht geht es im Datenwirtschaftsrecht um Fragen der Entstehung, Speicherung, Verarbeitung, Haftung, Anonymisierung, Pseudonymisierung, Zuverlässigkeit, Transparenz, Kontrolle, Optimierung, Verfügungsbefugnis, Nutzung, Sicherheit, Interoperabilität, Portabilität oder Löschung ökonomisch wertvoller Daten.

721 Mit der Kommerzialisierung des Internets seit den 90er-Jahren des letzten Jahrhunderts sind auch personenbezogene Daten marktfähig geworden und haben Geldwert[893] erlangt. Die Gewinne der weltgrößten IT-Unternehmen mit ihren Suchmaschinen und sozialen Netzwerken beruhen auf der Sammlung und der Sekundärverwertung personenbezogener Daten zu Zwecken der Profilbildung, des Adressenhandels und der Werbung. Der Geldwert personenbezogener Daten lässt sich aus den Sekundärmarktgewinnen ermitteln. Er sollte primär dem Verfügungsberechtigten über die Daten zustehen, um über die Steuerungsfunktion des Geldwerts die Kontrollhoheit des Verfügungsberechtigten zu stärken.

722 Die datenwirtschaftsrechtlichen EU-Regelungen bauen auf der grundsätzlichen Unterscheidung zwischen personenbezogenen und nicht-personenbezogenen Daten auf. An dieser Differenzierung wird sich in absehbarer Zeit nichts ändern, weil der EuGH den Datenschutz in ständiger Rechtsprechung in der Charta der Grundrechte verankert. Während die Verfügung über und der Umgang mit personenbezogenen Daten durch zwingendes öffentliches Recht (Art. 8 GrCH; DSGVO) geregelt sind, unterliegen nicht-personenbezogene Daten entweder einem speziellen Immaterialgüterschutz (Urheberrecht; Patentrecht; Markenrecht; Know-how-Schutz) oder keinem besonderen Immaterialgüterschutz (Industriedaten; Maschinendaten; Sensordaten; Daten im Kfz-

892 Siehe die technische Norm ISO/IEC 2382:2015:2121272.

893 Vgl. Richtlinie (EU) 2019/770 vom 20.5.2019 über bestimmte vertragsrechtliche Aspekte der Bereitstellung digitaler Inhalte und digitaler Dienstleistungen, ABl. L136 vom 22.5.2019, S. 1; *Kilian*, Personenbezogene Daten als schuldrechtliche Gegenleistung, S. 219 ff; BGHZ 226, S. 67, Rdnr. 60: „Dass Daten einen bedeutenden ökonomischen Wert haben, ist allgemein anerkannt“. – Kalkulationskriterien für den monetären Wert personenbezogener Daten enthält z.B. der California Consumer Privacy Act (Cal. Code Regs. Tit.11 § 999.337).

Ereignisspeicher[894]). Da die Datennutzung heute hauptsächlich über Online- Plattformen erfolgt, führt die Trennung zwischen den verschiedenen Datenkategorien in der Praxis zu Schwierigkeiten und wird deshalb teilweise als Hindernis für die optimale Nutzung von Daten angesehen.

723 Für „big data"- Auswertungen und der KI-Nutzung von Daten wird oft ein freier Zugang und eine freie Nutzung möglichst aller Daten gefordert[895], also ökonomisch gesehen eine Klassifikation der Daten als öffentliche Güter.

Es muss aber rechtlich zwingend zwischen der Nutzungsmöglichkeit personenbezogener und nicht-personenbezogener Daten unterschieden werden. Die datenschutzrechtlichen Bedingungen für die Nutzung personenbezogener Daten beruhen in Marktkontexten auf eigentumsähnlichen Verfügungsrechten der primär betroffenen Personen. Die privilegierte Behandlung personenbezogener Daten fußt auf unseren kulturellen europäischen Werten, die es zu wahren gilt. Das erkennt auch die Daten-Rahmenverordnung (EU) 2018/1807[896] an. Die E-Call-Durchführungsverordnung[897] zeigt beispielhaft, wie die rechtliche Unterscheidung zwischen personenbezogenen und nicht-personenbezogenen Daten in der Praxis technisch umgesetzt werden kann. Das „On Board Fuel Consumption Monitoring" (OBFCM)[898] für EU-Neufahrzeuge zeigt, wie Verbrauchs- und Geschwindigkeitsdaten als Konstruktionselemente von Hard- und Software ausgelesen und überwacht werden können und dürfen.

Hinsichtlich der Teilmenge der nicht-personenbezogenen Daten ist zwischen immaterialgüterrechtlich geschützten und ungeschützten Daten zu unterscheiden. Für die Nutzung immaterialgüterrechtlich ungeschützter Daten sieht der Data Act vor, lediglich an den Besitz anzuknüpfen, ohne zugleich auch den Rechtsgrund dafür einzubeziehen. Ein solches Vorgehen vernachlässigt ökonomische Allokationsinteressen und reduziert schnell die Betrachtung des Nutzungsrechts auf das kartellrechtliche Problem des Zugangs zu diesen Daten bei Plattformen marktstarker Unternehmen.[899]

724 Mit ChatGPT- 4 (*Chat Generative Pre-trained Transformer-4*) und DALL-E2 sind seit Ende 2022 mächtige, von dem Unternehmen *Open AI* entwickelte Sprach- und Bilderkennungsprogramme entwickelt worden. Sie können gewünschte Inhalte generieren, wie Texte, Fotos, Grafiken, Bilder, Videos oder Codes, und zwar mit Hilfe der natürlichen Sprache oder vorhandener Bilder unter Verwendung von Wahrscheinlichkeitsberechnungen für die Verkettung von Zeichen („token"), die Daten repräsentieren. Für diese Sprach- und Bildverarbeitung verwenden diese Programme extrem lernfähige Algorithmen mit mehreren hundert Milliarden Variablen, die mit unfassbar großen Datensätzen im zweistelligen Terabyte-Bereich trainiert werden. Da die maschineninternen Lernprozesse nicht nur auf rekursiven Funktionen beruhen, sondern sich auf hierarchisch organisierende neuronale Netze mit zufälligen Entwicklungsschritten stützen, sind die Ergebnisse selbst für Programmierer nicht mehr exakt nachvollziehbar oder von Menschen vollständig kontrollierbar. Sprachliche Ergebnisse können gleichzeitig sprachlich richtig und plausibel, aber dennoch inhaltlich falsch sein.

894 UN-Regelung Nr. 160 ABl. EU L 265 vom 26.7.2021, S. 3.
895 VO (EU) 2018/1807 über einen Rahmen für den freien Verkehr nicht-personenbezogener Daten vom 14.11.2018 ABl. L 303 vom 28.11.2018, S. 59.
896 ABl. 2018 L 303 vom 28.11.2018, S. 59.
897 Durchführungsverordnung (EU) 2017/78 vom 15.7.2016 ABl. L 12 vom 17.1.2017, S. 26.
898 VO (EU) 2018/1832 vom 5.11.2018 ABl. L 301 vom 27.11.2018, S. 1, Anhang X.
899 *Drexl*, Neue Regeln für die Europäische Datenwirtschaft? NZKart 8/2017, 415.

Die Implikationen der Nutzung generativen KI-Systemen sind in vielen Bereichen noch nicht absehbar. Die Qualität der Ergebnisse hängt von der Qualität der verwendeten Datenbasis ab. Ohne Zweifel werden viele neue Geschäftsmodelle im Umgang mit generierten Inhalten entstehen. Im juristischen Bereich wird die Routinisierung von Abläufen unterstützt werden, was vor allem Legal Tech-Verfahren stärken wird. Die richterliche Entscheidungsfindung dürfte wegen der Intransparenz der Funktionsweise der generativen KI und wegen der Vielfalt der erzielbaren Ergebnisse dagegen kaum berührt werden.[900]

Zur Wahrung genereller verfassungsrechtlicher und kultureller Werte beim Einsatz generativer KI ist eine europäische KI-Verordnung in Vorbereitung.[901] Die Nutzung hochriskanter AI-Systeme soll künftig der Akkreditierung und der Marktüberwachung unterliegen, AI-Systeme zur physischen oder psychischen Manipulation von Personen sollen verboten werden.[902] 725

Zahlreiche neue Rechtsfragen als Folge des Einsatzes generativer KI-Systemen sind bereits erkennbar. Notwendig erscheint eine Differenzierung nach Risikoklassen, eine Metakontrolle von Algorithmen, die Herstellung von Transparenz oder Regelungen zum Immaterialgüterschutz. Denkbare Regulierungsansätze könnten „Wasserzeichen" oder „Hash-Werte" für die Ein- und Ausgabe von Daten sein, um die Herkunft nachweisen zu können, neue Gefährdungshaftungstatbestände auf verschiedenen Ebenen, Versicherungslösungen und dynamische Verweisungen auf zu entwickelnde technische Standards für Konformitätsbewertungen. Technische Standards über die Kontrolle und Qualität von Datensammlungen, über die Risiken, das Risikomanagement, die Transparenz oder die Informationen an die Nutzer sind in der Union in Vorbereitung.

bb) Regelungsgrundlagen. Die EU-Kommission treibt die Errichtung eines „digitalen Binnenmarktes" oder eines „datensouveränen Binnenmarktes" voran. Die Formulierung „digitaler Binnenmarkt" kam zuerst im sogenannten „Monti-Bericht"[903] vor und wird seit einer Mitteilung der EU-Kommission aus dem Jahr 2015[904] von ihr als neues strategisches Konzept verfolgt.[905] Dazu sollen interoperabile Plattformen, europäische Cloud-Lösungen, die Klärung von Datennutzungsrechten sowie Standardisierungen beitragen. Erhebliche Fördermittel stehen beispielsweise für das Großprojekt Gaia-X bereit, das als Standard für ein offenes, transparentes, sicheres europäisches Internet-Ökosystem für die Cloud-Infrastruktur unter Berücksichtigung von Kompatibilität und Datenschutz dienen soll.[906] Die Verfügungsmacht über und die Nutzung von wirtschaftlich wertvollen Daten wird die Digitalisierung der industriellen Produktion und Dienstleistungen („Industrie 4.0") prägen. Absehbar sind digitalisierte Lieferketten 726

900 So schon *Kilian*, Juristische Entscheidung und elektronische Datenverarbeitung Methodenorientierte Vorstudie, Frankfurt a.M. 1973.

901 https://www.europarl.europa.eu/news/de/press-room/20230505IPR84904/ki-gesetz-ein-schritt-naher-an-ersten-regeln-fur-kunstliche-intelligenz (abgerufen 22.6.2023).

902 COM(2021)206 final vom 21.4.2021, Artt. 5, 6 und 19.

903 *Monti*, Eine neue Strategie für den Binnenmarkt im Dienste der Wirtschaft und Gesellschaft Europas, 2010. (https://www.europarl.europa.eu/meetdocs/2009_2014/documents/imco/dv/monti_report_final_10_05_2010_/monti_report_final_10_05_2010_de.pdf), S. 9, 39, 54.

904 Mitteilung der Kommission COM/2015/0192 final vom 6.5.2015; Mitteilung der Kommission vom 19.2.2020 COM (2020) 67 final: „Gestaltung der digitalen Zukunft Europas".

905 Beschluss {EU} 2022/2482 vom 14.12.2022 über die Aufstellung des Politikprogramms 2030 für die digitale Dekade, ABl. L 323 vom 19.12.2022, S. 4.

906 https://gaia-x.eu (besucht am 20.4.2023).

sowie Fertigungslinien mit Datenflüssen zwischen Maschinen und Robotern („Manufactoring-X“).

727 Besonders ein Gesetzespaket aus dem Jahr 2022 (DMA; DSA; DGA) versucht Rahmenbedingungen für den „digitalen Binnenmarkt“ zu schaffen. Es sollen europäische Datenräume für spezifische (etwa medizinische) Anwendungszwecke entstehen, die datengetriebene kostenreduzierende Öko-Systeme auf fairer vertraglicher Basis ermöglichen. Die neuen EU-Regelungen zum Datenwirtschaftsrecht wollen tendenziell den Zugang zu allen Datenkategorien erleichtern. Die Nutzung hochriskanter AI-Systeme soll künftig einer Akkreditierung und einer Marktüberwachung unterliegen. AI-Systeme zur physischen oder psychischen Manipulation von Personen sollen verboten werden.[907]

cc) Einzelregelungen

728

1	DVO (EU) 2015/2120 vom 25.11.2015 über Maßnahmen zum Zugang zum offenen Internet *– Offenes Internet-Verordnung –* *ABl. L 310 vom 26.11.2015, S. 1*	3. TKG-Änderungsgesetz vom 27.6.2017 BGBl. I S. 1963; 6. TK-Änderungsgesetz vom 6.2.2020 BGBl. I S. 146
2	Verordnung (EU) 2017/1128 vom 14.6.2017 zur grenzüberschreitenden Portabilität von Online-Inhaltsdiensten im Binnenmarkt *– Online-Inhaltsdienste-Verordnung –* *ABl. L 168 vom 30.6.2017, S. 1*	
3	Verordnung (EU) 2018/1724 vom 2.10.2018 über die Einrichtung eines einheitlichen digitalen Zugangstors zu Informationen, Verfahren, Hilfs- und Problemlösungsdiensten *– Zugangstor-Verordnung –* *ABl. L 295 vom 21.11.2018, S. 1*	
4	Verordnung (EU) 2018/1807 vom 14.11.2018 über einen Rahmen für den freien Verkehr nicht-personenbezogener Daten in der Europäischen Union *– Daten-Rahmenverordnung –* *ABl. L 303 vom 28.11.2018, S. 59*	
5	Verordnung (EU) 2018/1971 vom 11.12.2018 zur Einrichtung des Gremiums europäischer Regulierungsstellen für elektronische Kommunikation *– GEREK-Verordnung –* *ABl. L 321 vom 17.12.2018, S. 1*	

907 COM(2021)206 final vom 21.4.2021, Artt. 5, 6 und 19.

6	Richtlinie (EU) 2019/770 vom 20.5.2019 über bestimmte vertragsrechtliche Aspekte der Bereitstellung digitaler Inhalte und digitaler Dienstleistungen *– Digitale Inhalte-Richtlinie –* *ABl. L 136 vom 22.5.2019, S. 1*	Gesetz zur Umsetzung der Richtlinie vom 25.6.2021 BGBl. I S. 2123
7	Richtlinie (EU) 2019/1024 vom 20.6.2019 über offene Daten und die Weiterverwendung von Informationen des öffentlichen Sektors *– Open Data – Richtlinie –* *ABl. L 172 vom 26.6.2019, S. 56* Durchführungsverordnung (EU) 2023/138 vom 21.12.2022 *ABl. L 19 vom 20.1.2023, S. 43*	Gesetz zur Nutzung von Daten des öffentlichen Sektors vom 16.7.2021 BGBl. I S. 2941
8	Verordnung (EU) 2019/1150 vom 20.6.2019 zur Förderung von Fairness und Transparenz für gewerbliche Nutzer von Online-Vermittlungsdiensten *– Platform-to-Business VO (P2B-VO) –* *ABl. L 186 vom 11.7.2019, S. 57*	
9	Verordnung (EU) 2021/784 vom 29.4.2021 zur Bekämpfung der Verbreitung terroristischer Online-Inhalte *– Hosting Dienste-Verordnung –* *ABl. L 172 vom 17.5.2021, S. 79*	
10	Verordnung (EU) 2022/868 vom 30.5.2022 über europäische Daten-Governance *– Daten-Governance-Rechtsakt (DGA) –* *ABl. L 152 vom 3.6.2022, S. 1*	
11	Verordnung (EU) 2022/1925 vom 14.9.2022 über bestreitbare und faire Märkte im digitalen Sektor *– Gesetz über digitale Märkte (DMA) –* *ABl. L 265 vom 12.10.2022, S. 1*	
12	Verordnung 2022/2065 vom 19.10. 2022 über einen Binnenmarkt für digitale Dienste *– Gesetz über digitale Dienste (DSA) –* *ABl. L 277 vom 27.10.2022, S. 1*	

(1) Offenes Internet-VO. Die Verordnung zum *offenen Internet (Nr. 1 der Liste)* stellt 729
Regeln zur Wahrung der gleichberechtigten und nichtdiskriminierenden Behandlung des Datenverkehrs im Internet zum Schutz der Endnutzer, Zugangsdienste und Inhaltsanbieter auf. Endnutzer sollen überall in der Lage sein, Informationen und Inhalte abzurufen, zu verbreiten oder zu nutzen (Art. 3(1)).

(2) Online-Inhaltsdienste-VO. Sie *(Nr. 2 der Liste)* garantiert Verbrauchern den Zu- 730
griff auf Online-Inhaltsdienste (wie Musik; Sportereignisse; Filme; Spiele) unabhängig

von seinem Aufenthaltsort im Binnenmarkt. Hindernisse aus Gründen des Urheberrechts oder verwandter Schutzrechte sollen gebührenfrei durch eine grenzüberschreitende Portabilität der Inhaltsdienste ermöglicht werden.

731 (3) **Zugangstor-VO.** Diese Verordnung *(Nr. 3 der Liste)* soll Unternehmen, aber vor allem Bürgern, einen leichteren Zugang zu europäischen Portalen, Webseiten, Netzen, Diensten und Systemen ermöglichen. Das „Zugangstor" dient als gemeinsame Nutzerschnittstelle und Link-Ablage sowie als Suchmaschine für Hilfsdienste.

732 (4) **Daten-Rahmen-VO.** Diese VO *(Nr. 4 der Liste)* bezieht sich auf nicht-personenbezogene digitalisierte Daten. Solche Daten (Industriedaten; Maschinendaten; Sensordaten; prozessproduzierte Daten) werden immer wichtiger für innovative Produktions- und Dienstleistungsverfahren. Soweit diese Daten nicht immaterialgüterrechtlich geschützt sind, können sie in großem Umfang gesammelt („big data"), analysiert und mit KI-Methoden zielgerichtet ausgewertet werden. Die VO regelt den freien Verkehr im Binnenmarkt und verbietet Datenlokalisierungsauflagen (Art. 4(1)). Sind personenbezogene und nicht-personenbezogene Daten untrennbar verbunden, hat die Anwendung der DSGVO Vorrang (Art. 2(2)).

733 (5) **GEREK-VO.** Durch diese Verordnung *(Nr. 5 der Liste)* wurde das Gremium Europäischer Regulierungsstellen für Elektronische Kommunikation (GEREK) als Juristische Person geschaffen. Das Gremium setzt sich aus je einem Mitglied aus jedem Mitgliedstaat zusammen und hat Regelungs- und Beratungskompetenzen für den einheitlichen Rechtsrahmen der elektronischen Kommunikation.

734 (6) **Digitale Inhalte-RL.** Die *Digitale Inhalte-Richtlinie (Nr. 6 der Liste)* regelt Vertragsbeziehungen im Hinblick auf Daten, die in digitaler Form für Verbraucher bereitgestellt werden. Als „digitale Inhalte" gelten (weitergehend als nach der Verbraucherrechte-Richtlinie) alle Daten, die in digitaler Form erstellt und bereitgestellt werden (Art. 2 Nr. 2).

▶ **Beispiele:**

Video- und Audiodateien; 3D-Druck-Dateien; digitale Spiele; digitale Bücher; Online-Mitteilungsdienste; Web-basierte E-Mail-Dienste; Computerprogramme ◀

„Digitale Dienstleistungen" sind entweder Dienstleistungen, die dem Verbraucher die Erstellung, Verarbeitung oder Speicherung von Daten in digitaler Form oder den Zugang zu solchen Daten ermöglichen (Art. 2 (2)(a)), oder Dienstleistungen, die eine gemeinsamen Nutzung digitaler Daten oder die Interaktionen ermöglichen.

▶ **Beispiele:**

Internet-Plattformen; Sharing-Systeme; SaaS; soziale Netzwerke; Streaming, Cloud-Computing. ◀

Eingeschränkt soll die Richtlinie auch für DVDs, CDs, USB-Sticks oder Speichermedien gelten, wenn diese Datenträger ausschließlich der Übermittlung digitaler Inhalte dienen (Art. 3 Nr. 3).

Unklar ist, ob Informationen unter die Richtlinie fallen, die durch Funkchips in Kleidungsstücken („Wearables") oder durch internetverknüpfte Gegenstände („Internet of Things" – IoT) erzeugt, zur Verfügung gestellt oder abgerufen werden.[908]

908 Stellungnahme des Europäischen Wirtschafts- und Sozialausschusses, ABl. C 264/57 vom 20.7.2016, unter 4.3.2.3. Nr. 6.

Ausdrücklich von der Richtlinie nicht erfasst werden digitalisierte Glücksspiele mit geldwertem Einsatz, Open-Source Software sowie anderweitig geregelte elektronische Kommunikations-, Gesundheits-, freiberufliche- und Finanzdienstleistungen (Art. 3 Nr. 5).

Digitale Inhalte und digitale Dienstleistungen werden in der Praxis heute oft nicht mit Geld, sondern mit der Bereitstellung personenbezogener Daten „bezahlt". In der Sekundärverwertung dieser Daten für Werbezwecke steckt ihr Marktwert. Dieser lässt sich monetär kalkulieren.[909] 735

Die Richtlinie versucht dem Dilemma, personenbezogene Daten funktional wie Geld behandeln, aber nicht als Ware anerkennen zu müssen, dadurch auszuweichen, dass sie zwar die Möglichkeit anerkennt, personenbezogene Daten statt Geld als Gegenleistung geben zu können (Art. 3 (1) Unterabsatz 1), aber für das Verfahren durchgehend auf den Vorrang der Datenschutzgrundverordnung verweist. Das führt konsequenter Weise dazu, dass die Gegenleistung vom Vorliegen einer datenschutzrechtlich wirksamen Einwilligung in die Bereitstellung dieser Daten für definierte Zwecke abhängt.[910] Schon bei „geringfügigen" Vertragswidrigkeiten kann der Verbraucher den Vertrag beenden und ebenso wie bei einer Wandlung des Vertrages diese Daten löschen lassen (Art. 16 (2) der Richtlinie (EU) 2019/770 iVm Art. 17 DSGVO).

Problematisch erscheint, dass „Metadaten" (IP-Adresse; Browseraktivitäten) von der Richtlinie entgegen der Rechtsprechung nicht als „personenbezogene Daten" klassifiziert werden, die als Gegenleistung bereitgestellt werden können[911], obwohl auch sie werthaltig sind. Von der geplanten Neufassung der „Cookie"-Richtlinie wird es abhängen, ob Verbraucher oder Unternehmen die Kontrolle über diese Metadaten besitzen.

Die Digitale Inhalte-Richtlinie enthält einige Modifikationen zum Gewährleistungsrecht. Funktionalität, Zugänglichkeit, Sicherheit und Kontinuität müssen der Werbung oder den normalen Erwartungen entsprechen. Die Richtlinie legt objektive und subjektive Anforderungen an die Vertragsmäßigkeit fest (Artt. 7 und 8). Werden Mängel nicht in angemessenem Zeitraum behoben (etwa: kein Updating während der Vertragslaufzeit), kann eine Preisminderung oder die Rückerstattung des Preises (Löschung der Daten) verlangt werden. Der Vertragspartner des Verbrauchers und alle in der Lieferkette haften ohne Verschulden (Art. 11) für Vertragswidrigkeiten und tragen die Beweislast für die ordnungsgemäße Vertragserfüllung (Art. 12). 736

(7) **Open Data-RL.** Diese Richtlinie *(Nr. 7 der Liste)* will die Nutzung von Daten der öffentlichen Verwaltung und Unternehmen der öffentlichen Hand für Dienststellen untereinander, für Bürger, Unternehmen und für die Forschung fördern. Deshalb soll das Potenzial an öffentlichen Daten und Dokumenten (etwa aus den Bereichen Umwelt, Mobilität, Geografie, Bildung) grundsätzlich kostenlos für beliebige Verwendungszwecke zugänglich gemacht oder lizensiert werden. Die Informationen sollen möglichst „in einem offenen, maschinenlesbaren Format und zusammen mit den Metadaten „in höchstmöglicher Präzision und Granularität" zur Verfügung gestellt werden (Erwägungsgrund 34). Bei der Verwendung der Informationen sind der Schutz personenbezogener Daten und das Recht des geistigen Eigentums zu beachten (Artt. 1(2)(c); 52; 737

909 *Kilian*, Personenbezogene Daten als schuldrechtliche Gegenleistung, in: Stiftung Datenschutz (Hrsg.), Dateneigentum und Datenhandel, Berlin 2019, S. 191 (S. 195 ff. mit Nachweisen).

910 Erwägungsgründe 38 und 48.

911 Erwägungsgrund 25 einerseits; andererseits EuGH, Breyer, C-582/14, ECLI:EU:C:2016:779.

54). Die Durchführungsverordnung 2023/138 legt für zahlreiche hochwertige öffentliche Datensätze technische Modalitäten für die Bereitstellung und Weiterverwendung unter Creative-Commons-Lizenzen (CC 4.0) fest.

738 (8) **P2B-VO.** Die *Plattform-to-Business-Verordnung (Nr. 8 der Liste)* soll Fairness und Transparenz für gewerbliche Nutzer von Online-Vermittlungsdiensten fördern und das Machgefälle zwischen Unternehmen und Plattformen ausgleichen helfen. Zu diesem Zweck macht die Verordnung Vorgaben für AGB-Gestaltungen, verbietet unlautere Rankings für Waren und Dienstleistungen durch Online-Vermittlungsportale und schreibt bei schädlichen Geschäftspraktiken Abhilfemöglichkeiten vor.

739 (9) **Hostingdienste-VO.** Ziel dieser Verordnung (*Nr. 9 der Liste*) ist es, die Nutzung von *Hostingdiensten für terroristische Zwecke* zu verhindern und das Vertrauen der Nutzer in das Online-Umfeld zu stärken (Erwägungsgrund 1). „Terroristische Inhalte" werden durch bestimmte Straftaten bezeichnet (Art. 2 Nr. 7). Die Behörden können Entfernungsanordnungen erlassen und die Hostinganbieter zu Transparenz im Umgang mit solchen Inhalten verpflichten. Die Behörden können Entfernungsanordnungen erlassen und die Hostinganbieter zu Transparenz im Umgang mit solchen Inhalten verpflichten.

740 (10) **DGA.** Der *Daten-Governance- Rechtsakt*[912] *(Nr. 10 der Liste)* will die Bedingungen für die gemeinsame Datennutzung im Binnenmarkt verbessern und dazu einen harmonisierten Rahmen für den Datenaustausch schaffen. Ziel ist es, einen grenzüberschreitenden digitalen Binnenmarkt und eine auf den Menschen ausgerichtete vertrauenswürdige und sichere Datengesellschaft und Datenwirtschaft zu ermöglichen (Erwägungsgrund 3).

Innerhalb dieses allgemeinen Rahmens sollen künftig besondere Regelungen für spezielle „Datenräume" (etwa für Gesundheits-Daten; Kfz-Daten; Kulturerbe-Daten) entstehen. Bestimmte andere Datenräume (etwa öffentliche Sicherheit; nationale Sicherheit; öffentliche Ausschreibungen) werden dagegen nicht erfasst.

Für Daten im Besitz öffentlicher Stellen und für die Erbringung von Datenvermittlungsdiensten, die private und freiwillig bereitgestellte Daten verwalten, schafft der DGA horizontal harmonisierte Regelungen. Datenvermittlungsdienste sollen „Geschäftsbeziehungen" zwischen Dateninhabern und Datennutzern herstellen. Sie können eine Vielzahl von Dienstleistungen erbringen (etwa: Speicherung; Pflege; Konvertierung; Anonymisierung; Pseudonymisierung, Art. 12 e) und Plattformen errichten.

Personenbezogene Daten können freiwillig entgeltlich oder unentgeltlich für Datenvermittlungsdienste, die als Zugangsgestatter[913] oder „Personal Information Management Systems" (PIMS) fungieren, nach individuellen Präferenzen bereitgestellt werden (Art. 2 Nr. 10). Damit wird implizit auch das materielle Verfügungsrecht („property right") ursprünglich Berechtigter an marktfähigen personenbezogenen Daten anerkannt[914]. Die Datenvermittlungsdienste haben eine ähnliche Funktion wie Verwertungsgesellschaften für Urheberrechte. Ihre Bereitstellung von Daten lässt sich als „Li-

912 Offizielle deutsche Übersetzung der englischen Formulierung „Data Governance Act"; Französisch: „Réglement sur la gouvernance des données".

913 „data holder"; „Dateninhaber"; „détenteur de données"; „titolare dei dati"; „posidacz danych" (Art. 2 Nr. 8).

914 So schon *Kilian*, Property Rights und Datenschutz, Gedächtnisschrift für Christian Kirchner, Tübingen 2014, S. 901; vgl. auch Art. 3 Abs. 1 Digitale Inhalte-Richtlinie 2019/770.

zenz“ deuten. Diese kann jederzeit unbeschränkt widerrufen werden (Art. 7 Abs. 3 DSGVO).

Der DGA will insbesondere den „Datenaltruismus“ fördern. Darunter versteht der DGA die kostenlose Bereitstellung personenbezogener Daten im allgemeinen Interesse (Art. 2 Nr. 16), worunter etwa Klimawandel, Gesundheitsversorgung, wissenschaftliche Forschung oder die Verbesserung der Mobilität fallen. Solche Daten sollen durch „datenaltruistische Organisationen“ verwaltet werden. Das sind juristische Personen ohne Erwerbszweck, die starken Transparenzanforderungen und staatlicher Kontrolle unterliegen. Sie sollen die Freigabe personenbezogener Daten überwachen, für ein angemessenes Sicherheitsniveau sorgen und die Zweckbindung kontrollieren (Art. 20; 21).

Der DGA lässt die DSGVO als vorrangige Regelung unberührt, und zwar einschließlich der Fälle, in denen „personenbezogene und nicht personenbezogene Daten in einem Datensatz untrennbar miteinander verbunden sind“ (Erwägungsgrund 4). Das hat erhebliche Auswirkungen für big data – Verarbeitungen.

Insgesamt will der DGA Anreize schaffen für die kostenlose Bereitstellung personenbezogener Daten. Transparente Verwertungsverfahren bei Datenvermittlungsdiensten und datenaltruistischen Organisationen sollen die Verfügbarkeit von Daten und deren Nutzung erhöhen.

(11) DMA. Das *Gesetz über digitale Märkte (Nr. 11 der Liste)* betrifft digitale Dienste 741
und Online-Plattformen, Internet-Suchmaschinen und soziale Netzwerke. Insbesondere „zentrale Plattformdienste“ (wie Online-Vermittlungsdienste, Suchmaschinen, Webbrowser, Betriebssysteme, Cloud-Dienste; Art. 2 Nr. 2) haben sich mit Ihren Dienstleistungen zum Teil zu „Torwächter“ entwickelt und verhindern oder erschweren einen fairen Wettbewerb. Für „Torwächter“ gelten deshalb restriktive Vorschriften, die oben[915] im Rahmen des Kartellrechts erörtert werden.

(12) DSA. Das *Gesetz über digitale Dienste (Digital Services Act-DSA, Nr. 12 der* 742
Liste) modernisiert das tradierte nationale Recht im Hinblick auf Online-Plattformen, Internet-Suchmaschinen, soziale Netzwerke sowie andere digitale Medien („Dienste der Informationsgesellschaft“) durch präzisere inhaltliche und verfahrensrechtliche Vorschriften. Die neuen Vorschriften gelten nicht für kleinere Unternehmen (Art. 29).

Die bisher weitgehenden Freistellungen der Dienstleister von der Verantwortung für gespeicherte rechtswidrige Inhalte nach der E-Commerce-Richtlinie (Art. 12-15) wurden aufgehoben (Art. 89 (1)). Anbieter digitaler Dienste müssen nun rechtswidrige Inhalte sperren, Melde- und Abhilfeverfahren einführen, Mitteilungs-, Transparenz- und Sorgfaltspflichten erfüllen und Maßnahmen zur Risikoverminderung ergreifen. Dadurch soll „ein sicheres, vorhersehbares und vertrauenswürdiges Online-Umfeld“ geschaffen werden, in dem die Akteure ihre Grundrechte ausüben können (Erwägungsgrund 3; Art. 1 (1)). „Dark patterns“ und „nudging“ sind praktisch verboten.

Online-Suchmaschinen werden ausdrücklich als neutrale „Vermittlungsdienste“ (Art. 3 lit. g DSA) und nicht als „Hosting-Dienste“ angesehen, genießen aber nur dann die Haftungsprivilegierung wie Hostingdienste, wenn sie freiwillig Maßnahmen zur Erlangung, Feststellung und Entfernung rechtswidriger Inhalte treffen (Artt. 7; 8 DSA)

915 Kapitel G I Rdnr. 105-108.

Rechtswidrige Inhalte und Informationen, die von Nutzern hochgeladen worden sind, müssen die Dienstleister „moderieren“ (Art. 3 lit.t). Darunter fällt die Feststellung, Erkennung und Bekämpfung rechtswidriger Inhalte sowie Maßnahmen in Bezug auf Verfügbarkeit, Anzeige, Zugänglichkeit, Herabstufung, Sperrung, Entfernung oder Kontoschließung. Das erfordert ein aufwendiges internes Beschwerdemanagementsystem (Art. 16 DSA).

743 Bei reiner *„Durchleitung“* von Nutzerinformationen entfällt die Haftung für rechtswidrige Inhalte grundsätzlich; die Mitgliedsstaaten können aber Maßnahmen zur Verhinderung rechtswidriger Inhalte verlangen (Art. 4). Beim *„Caching“* haftet der Diensteanbieter für die Zwischenspeicherung und Weiterübermittlung nur dann nicht, wenn er von rechtswidrigen Inhalten tatsächliche Kenntnis erlangt hat und diese Inhalte zügig sperrt oder entfernt (Art. 5).

744 Umfangreiche Vorschriften betreffen das *„Hosting“*. Beim *„Hosting“* haften Online-Plattformen, die Verbrauchern den Abschluss von Fernabsatz-Verträgen ermöglichen, für die dargestellten Informationen, wenn das Produkt oder die Dienstleistung von der Plattform selbst oder von einem dort registrierten Nutzer bereitgestellt wird (Art. 6 Abs. 3). Anbieter von Hosting-Diensten trifft keine allgemeine Überwachungs- und Nachforschungspflicht zur Aufspürung rechtswidriger Inhalte übermittelter Daten oder gespeicherter Informationen (Art. 8). Sie müssen aber Meldeverfahren für rechtswidrige Inhalte einrichten (Art. 16), bei Nutzungseinschränkungen klar und spezifisch die Tatsachen und Umstände der vorgenommenen Nutzungsbeschränkungen mitteilen (Art. 17) und das Beschwerdeverfahren regeln (Artt. 12-14). Auch die Art der Zusammenarbeit mit Behörden und vertrauensvollen Hinweisgebern ist geregelt (Artt. 9-11). Die AGB von Vermittlungsdiensteanbietern müssen Angaben zu allen Verfahren und Maßnahmen enthalten, die zur Moderation der Informationsinhalte eingesetzt werden. Dazu gehören auch Angaben über die die algorithmische Entscheidungsfindung und der menschlichen Überprüfung (Art. 14(1) Satz 2).

745 Online-Plattformen haben zusätzliche Pflichten zu erfüllen: Erstellung von Transparenzberichten (Art. 24), Kennzeichnung der Werbung (Art. 25), Angabe der Parameter der Empfehlungssysteme in den AGB (Art. 27), Minderjährigenschutz (Art. 28) oder die Benachrichtigung der Verbraucher über rechtswidrige Produkte oder Dienstleistungen (Art. 32).

Für sehr große („systemrelevante“) Online-Plattformen und Online-Suchmaschinen sieht ein eigener Abschnitt (Art. 33-43) zahlreiche weitere zusätzliche Verpflichtungen in Bezug auf den Umgang mit systemischen Risiken vor. Das betrifft beispielsweise die Gestaltung der algorithmischen Systeme, das Monitoring, die Durchführung von Audits oder Transparenz-, Reaktions- und Anpassungspflichten. Diese IT-Großunternehmen müssen sich jährlich einer unabhängigen Prüfung ihres Risikomanagements unterwerfen (Art. 37), externe staatliche Überprüfungen dulden (Art. 40) und eine besondere Compliance-Abteilung aufbauen (Art. 41).

Die Erfüllung vieler Sorgfaltspflichten soll durch freiwillige Verhaltenskodizes und technische Normen unterstützt werden (Artt. 44-47).

746 Der DSA enthält ausführliche Vorschriften über die Zusammenarbeit mit den Behörden bei der Bekämpfung rechtswidriger Inhalte (Artt. 9-11) sowie mit vertrauenswürdigen Hinweisgebern (Art. 22) und über die Organisation und Beschwerdemechanismus für Nutzer der Dienste (Artt. 12-14).

Die Aufsicht über die größten Anbieter digitalisierter Dienstleistungen liegt bei der EU-Kommission. Man wird abwarten müssen, welche Maßnahmen die neue Kontrollbehörde treffen wird, um die Meinungs- und Medienfreiheit zu sichern, um die in Deutschland bewährte „Staatsferne" im Medienrecht zu garantieren und wie der EuGH die gerichtliche Kontrolle ausübt. Ein möglicher Testfall könnte das „shadow banning" werden, bei dem Kommunikationsinhalte im Internet aus unterschiedlichen Gründen automatisiert abgeblockt werden, ohne dass die Nutzer das bemerken.

Die Sanktionen bei Zuwiderhandlungen gegen den DSA sind heftig. Es drohen Geldbußen bis 6% des weltweiten Jahresumsatzes (Art. 52 Abs. 3 S. 1) und Zwangsgeld bis 5% des weltweiten durchschnittlichen Tagesumsatzes (Art. 52 Abs. 4).

dd) Leitentscheidungen

- *SA / Unilever AG*[916] 747

Bei B2B-Verträgen reicht die bloße Möglichkeit, vor Abschluss eines Vertrages die AGB per Hyperlink speichern und ausdrucken zu können, um Formerfordernissen zu genügen. Ein „Zugang" oder eine Aufforderung zum Akzeptieren der AGB durch Anklicken ist nicht erforderlich.

- *Polen / EU-Parlament und Rat*[917]

Betreiber von Plattformdiensten müssen vorab für ein Gleichgewicht zwischen den Interessen der Anbieter, Nutzer und Rechtsinhaber sorgen.

- *TU, RE / Google*[918]

Suchmaschinenbetreiber müssen Links zu Informationen auslisten, wenn der Antragsteller die Unrichtigkeit der Informationen nachweist.

ee) Bezüge zum deutschen Recht. Das deutsche Recht hatte in einigen Bereichen die neuen EU-Regelungen vorweggenommen: Hassreden im Internet waren bereits seit dem Netzwerkdurchsetzungsgesetz[919] verboten. Nutzerrechte wurden gegenüber sozialen Netzwerken durch AGB-Gestaltungsvorschriften[920] sowie nachträgliche Unterrichtungs- und Beschwerdemöglichkeiten gestärkt.[921] Der Machtmissbrauch marktstarker IT Unternehmen wurde durch die neuen Machtmissbrauchstatbestände in § 19 a Abs. 2 Nr. 4-7 GWB (Nutzung von und Umgang mit Daten) sowie § 20 Abs. 1 a GWB (Abhängigkeit vom Zugang zu Daten) bekämpft. 748

Die Umsetzung der Richtlinie für digitale Inhalte hatte einen umfangreichen Block neuer vertragsrechtlicher Regelungen zur Folge (§§ 327 a-u BGB). Weitere harmonisierende EU-Vorschriften des Jahres 2023 zum Datenwirtschaftsrecht werden weitere Präzisierungen im deutschen Recht erfordern.

ff) Bewertung. Im Datenwirtschaftsrecht stehen Privatautonomie und Regulierung in einem Spannungsverhältnis. Änderungen im Immaterialgüterrecht an Daten sind bisher kaum erfolgt, aber der Druck für eine multifunktionale Verwendung geschützter Daten wurde merklich erhöht. Pflichten zur Weitergabe immaterialgüterrechtlich nicht 749

---

916 EuGH, Tilman, C-358/21, ECLI:EU:C:2022:923, Ziff. 53.
917 EuGH, Polen/EU-Parlament und Rat, C-401/19, ECLI:EU:C:2022:297.
918 EuGH, Google, C-460/20, ECLI:EU:C:2022:962.
919 Vom 1.9.2017 BGBl. I S. 3352.
920 Posts bei Facebook sind vielfach auch anonym zulässig (BGH vom 27.1.2022 NJW 2022, 1314).
921 BGH Urt. vom 29.7.2021 Az. III ZR 179/20 NJW 2021, 3179.

geschützter Daten können Innovationen fördern, aber auch behindern, weil dem Inhaber von Know-how die damit verbundenen Wettbewerbsvorteile verloren gehen. Die Weitergabe rechtlich geschützter nicht personenbezogener Daten kann nur in Ausnahmefällen erzwungen werden (Zwangslizenz). Es wird technisch und rechtlich nicht einfach sein, die „richtigen" Daten innerhalb einer konkreten Datenpyramide für eine Weitergabe zu identifizieren.

4. Leitentscheidungen

750 Zum Informations- und Kommunikationstechnologierecht liegt inzwischen eine hohe Zahl an EuGH-Entscheidungen zum Wettbewerbsrecht, zum Telekommunikationsrecht, zum Recht der elektronischen Geschäftsbeziehungen, zum Immaterialgüterrecht und zum Datenschutzrecht vor. Viele juristische Probleme in diesen Bereichen werden außerhalb der Europäischen Union und außerhalb staatlicher Gerichte geklärt. So hat die ICANN[922] 38.349 Uniform Domain Name Resolutions außergerichtlich durchgeführt und die World Intellectual Property Organization (WIPO) rund 17.000 Verfahren.[923]

5. Bezüge zum deutschen Recht

751 Die Bezüge zwischen europarechtlichen Vorgaben und deutschem Informationstechnologierecht sind ambivalent. Während im Datenschutzrecht, im Recht der elektronischen Signatur und im Wettbewerbsrecht die EU-Regelungen stark auf den deutschen aufbauen, sind unionsrechtliche Einflüsse im Bereich des Kommunikationsrechts und der elektronischen Verbraucherverträge auf das deutsche Recht spürbar und im Rahmenrecht für die elektronische Kommunikation sogar dominant. Deutsche Gerichte besitzen die internationale Zuständigkeit für Klagen über Persönlichkeitsverletzungen im Internet, wenn der als rechtsverletzend geltend gemachte Inhalt einen deutlichen Bezug zum Inland aufweist. Dies ist nach den Interessen der Beteiligten und der Wahrscheinlichkeit der überwiegenden Kenntnisnahme im Inland zu beurteilen.[924]

Bei der Reform des Europäischen Datenschutzrechts hat Deutschland im Rahmen der Vorarbeiten zur Datenschutz-Grundverordnung überraschend, aber vergeblich in Richtung einer Verwässerung der Datenschutzprinzipien gedrängt.[925] Die Datenschutzgrundverordnung findet als Regelungsmuster zunehmend Akzeptanz in Drittstaaten. Selbst die führenden US-amerikanische IT-Unternehmen haben inzwischen ihre Geschäftsmodelle und AGB angesichts der hohen EU-Bußgelder bei Verstößen angepasst.

Datenschutz wird vom BVerfG aus dem „informationellen Selbstbestimmungsrecht" abgeleitet, das gegenüber dem Staat auf Artt. 1 und 2 GG und im Privatrecht auf dem allgemeinen Persönlichkeitsrecht (§ 823 Abs. 1 BGB) gestützt wird. Für das „Recht auf Vergessen" beruft sich das BVerfG nicht in erster Linie auf Art. 17 DSGVO oder Art. 8 EU-Grundrechtecharta, sondern primär auf deutsche Grundrechte, die „im Lichte der Charta" und deren Auslegung durch den EuGH auszulegen sind.[926]

922 UDRP Status Report of 3 March 2022 (https://itp.cdn.icann.org), besucht am 5.5.2023.
923 www.wipo.int (besucht am 5.5.2023).
924 BGH vom 2.3.2010, VI ZR 23/09.
925 Vgl. Bemerkungen des Berichterstatters im Europäischen Parlament: *Albrecht*, Finger weg von unseren Daten, 2014, sowie die Hinweise (Fußnoten) auf die deutsche Position in: Council of Europe, Interinstitutional File 2012/0011 (1.6.2015).
926 BVerfG 6.11.2019 – 1 BvR 16/13 und 276/17- Recht auf Vergessen I und II.

6. Bewertung

Europaweit sind für viele Anwendungsbereiche der Informationstechnologie die Voraussetzungen für einen Wettbewerb im Binnenmarkt geschaffen worden. Offene rechtliche IT-Probleme betreffen vor allem Grundlagenfragen der Nutzungsrechte an Daten, die technische Trennung personenbezogener von nicht-personenbezogenen Daten[927] sowie ethische Fragen[928] der Künstlichen Intelligenz im Zusammenhang mit Robotern, Industrie 4.0, dem Internet of Things, autonomen Autos und generativer Künstlicher Intelligenz. 752

Ungelöst sind die rechtlichen Grenzen des „social scoring“, der automatischen Ermittlung und die Nutzung von Wahrscheinlichkeitswerten über künftiges Verhalten von Personen anhand ihrer vergangenen und gegenwärtigen Aktivitäten. Die rechtliche Kontrolle von Algorithmen wird nicht nur hier zum Thema.

Lange Zeit konnten Internet-Dienstleistungsunternehmen (insbesondere Suchmaschinen- und Plattformbetreiber) davon ausgehen, dass sie keine Verantwortlichkeit treffe. Das wird nun anhand der erbrachten Leistung differenzierter gesehen. Allmählich setzt sich auch die Erkenntnis durch, dass die Gestaltung von Verarbeitungsalgorithmen Steuerungsmöglichkeiten im Hinblick auf Informationen, Meinungen, Werbung oder soziales und politisches Verhalten eröffnen. Missbräuchen sollte durch wettbewerbs-, datenschutz-, haftungs- und strafrechtliche Rahmenbedingungen entgegengewirkt werden.

7. Wiederholungsfragen

1. Welche Bereiche umfasst das Europäische Informations- und Kommunikationstechnologierecht? 753
2. Nennen Sie einige Regelungsgrundlagen des Europäischen Informations- und Kommunikationstechnologierechts.
3. Was versteht man unter „Liberalisierung“ der Telekommunikation?
4. Was versteht man unter „Netzneutralität“?
5. Was erfasst das Rahmenrecht der elektronischen Kommunikation? Welche Leitentscheidungen sind Ihnen hierzu bekannt?
6. Worin unterscheidet sich ein elektronischer Vertrag von einem schriftlichen Vertrag?
7. Was regelt das Datenschutzrecht?
8. Nennen Sie einige Prinzipien der Datenschutzgrundverordnung.
9. Wo finden sich im deutschen Recht Bezüge zum Europäischen Informations- und Kommunikationstechnologierecht?
10. Haben personenbezogene Daten einen monetären Wert?
11. Unter welchen Bedingungen lassen sich personenbezogene Daten und nicht- personenbezogene Daten gemeinsam nutzen?

927 Richtlinie (EU) 2019/1024 vom 20.6.2019 über offene Daten und die Weiterverwendung von Informationen des öffentlichen Sektors, ABl. L 172 vom 26.6.2019, S. 56.

928 Ethics Guidelines for Trustworthy AI (https://digital-strategy.ec.europa.eu/en/library/ethics-guidelines-trustworthy-ai).

IX. Allgemeines Privatrecht

Spezialliteratur: *Antoniolli/Fiorentini*, A Factual Assessment of the Draft Common Frame of Reference, 2010; *v. Bar/Clive (ed.)*, Principles, Definitions and Model Rules of European Private Law. Draft Common Frame of Reference, 2010; *v. Bar/Zimmermann*, Grundregeln des Vertragsrecht, Teile I und II, 2002; *Basedow* (Hrsg.), Europäische Vertragsrechtsvereinheitlichung und deutsches Recht, 2000, 445–492; *Blaurock*, Lex mercatoria und Common Frame of Reference, ZEuP 1/2007; *Coing*, Europäisches Privatrecht, Bd. 1 (1985), Bd. 2 (1989); *Drobnig*, Ein Vertragsrecht für Europa, Festschrift Steindorff, 1990, 1141–1154; *Eger/Schäfer*, Ökonomische Analyse der europäischen Zivilrechtsentwicklung, 2007; *Fleischer*, Informationsasymmetrie und Vertragsrecht, 2001; *Fleischer*, Vertragsschlussbezogene Informationspflichten im Gemeinschaftsprivatrecht, in: ZEuP 2000, 772–798; *Grundmann*, Europäisches Schuldvertragsrecht, 1999; *Grundmann*, Verbraucherrecht, Unternehmensrecht, Privatrecht – warum sind sich UN-Kaufrecht und EU-Kaufrechts-Richtlinie so ähnlich? AcP 202 (2002), 40–71; *Hallstein*, Angleichung des Privat- und Prozessrechts in der Europäischen Wirtschaftsgemeinschaft, in: RabelsZ 1964, 211–231; *Heinze*, Schadenersatz im Unionsprivatrecht, 2013; *Jansen*, Binnenmarkt, Privatrecht und europäische Identität. Eine historische und methodische Bestandsaufnahme, 2004; *Junker*, Die ROM II-Verordnung: Neue Internationales Deliktsrecht, in: NJW 2007, 3675–3682; *Kilian*, Äußeres und inneres System in einem noch fragmentarischen Europäischen Schuldvertragsrecht?, in: *Grundmann* (Hrsg.), Systembildung und Systemlücken in Kerngebieten des Europäischen Privatrechts, Tübingen 2000, 427–441; *Kohler/Puffer-Mariette*, EuGH und Privatrecht. Ein Rückblick nach 60 Jahren, in: ZEuP 2014, 696–739; *Koch*, Private International Law: A „Soft" Alternative to the Harmonization of Private Law, European Review of Private Law Vol. 3 (1995), 329–342; *Kötz/Flessner*, Europäisches Vertragsrecht Bd. I, 1996; *Kohler/Seyr/Maderbacher*, Unionsrecht und Privatrecht, ZEuP 2017, 431–470; *Lando*, Principles of European Contract Law, in: American Journal of Comparative Law Vol. 40 (1992), S. 573–585; *Lando/Beale* (ed.), Principles of European Contract Law, Part I & II (revised), 2000; *Langenbucher (Hrsg.)*, Europäisches Privat- und Wirtschaftsrecht, 5.A. 2022; *Metzger*, Extra legem, intra ius: Allgemeine Rechtsgrundsätze im Europäischen Privatrecht, 2009; *Müller-Graff* (Hrsg.), Gemeinsames Privatrecht in der Europäischen Gemeinschaft, 2. Auflage, 1999; *Riesenhuber*, Europäisches Vertragsrecht, 2. A. 2013; *Schulze/Zoll*, Europäisches Vertragsrecht, 3. A. 2020; *Spindler*, Herkunftslandprinzip, RabelsZ Bd. 66 (2002), 633–709; *Staudenmayer*, Die Mitteilung der Kommission zum Europäischen Vertragsrecht, EuZW 2001, 485–489; *Steindorff*, EG-Vertrag und Privatrecht, Baden-Baden 1996; *Zimmermann*, Europa und das Römische Recht, AcP 202 (2002), S. 243–316; *Zimmermann*, Das römisch-kanonische ius commune als Grundlage europäischer Rechtseinheit, JZ 1992, 8–20; *Zimmermann*, European Contract Law: General Report, in: EuZW 2007, 455–469.

1. Bereichsdefinition

754 Viele Teilgebiete des Europäischen Wirtschaftsrechts sind als Ausprägungen des ungeschriebenen Allgemeinen (europäischen) Privatrechts aufzufassen. Das *Allgemeine Privatrecht* bildet die *Grundlage des Handelns der Privatrechtssubjekte* im *Binnenmarkt.* Ein europaweit funktionierendes Vertragsrecht wird vom AEUV grundsätzlich vorausgesetzt. Der grenzüberschreitende Aspekt des europäischen Binnenmarktes, etwa bei Verträgen von EU-Bürgern mit ausländischen IT-Unternehmen, erfordert jedoch unter bestimmten Gesichtspunkten Harmonisierungen.[929] Bei Harmonisierungen im Privatrecht bleiben die grundlegenden Institutionen – Privatautonomie und Vertragsfreiheit – als Elemente der wirtschaftlichen Freiheit (Marktfreiheiten des AEUV) im Kern unangetastet. Harmonisierende Regelungen mit dem Ziel, schwächere Marktbeteiligte

929 a. A. *Hommelhoff*, AcP 192 (1992), 71 (105).

zu schützen, schränken aufgrund des zwingenden Charakters dieser Regulierungen notwendig die wirtschaftlichen Freiheiten der Marktgegenseite ein.

2. Regelungsgrundlagen

Eine ausdrückliche Kompetenz zur Schaffung eines *Allgemeinen* Europäischen Privatrechts lässt sich dem AEUV nicht entnehmen. Ansatzpunkte für Regelungen bilden deshalb nur das Gebot zur *Verwirklichung des Binnenmarktes* (Art. 26 AEUV), die daraus funktional abgeleiteten *Harmonisierungen*, der *Schutz von Leben und Gesundheit* beim grenzüberschreitenden Warenverkehr (Artt. 34, 36 AEUV), *Verbraucherschutzinteressen* (Artt. 12, 101 Abs. 3 und 169 AEUV), die *justizielle Zusammenarbeit in Zivilsachen* (Art. 81 AEUV) sowie *internationale Verträge* zwischen EU-Mitgliedstaaten. 755

Als Einfallstor für die Schaffung eines Allgemeinen Europäischen Zivilrechts könnte sich neben der Harmonisierung binnenmarktrelevanten Rechts die *justizielle Zusammenarbeit in Zivilsachen* (Art. 81 AEUV) erweisen. Es geht hierbei nicht nur um das Kollisions-, Beweis- und Prozessrecht oder um die Anerkennung und Vollstreckung gerichtlicher und außergerichtlicher Entscheidungen, sondern auch um die grenzüberschreitenden Aspekte des Familienrechts (Art. 81 Abs. 3 AEUV) sowie – wenn auch dort nicht ausdrücklich erwähnt – um das Sachen- und Erbrecht. 756

Der EuGH hat etwa entschieden, dass ein Deutscher, der an seine in Österreich lebende geschiedene Frau *Unterhalt* bezahlt, keinen Anspruch auf die steuerliche Absetzbarkeit der Unterhaltszahlungen in Deutschland hat. Eine unzulässige Diskriminierung liege nicht etwa deshalb vor, weil Unterhaltszahlungen für einen in Deutschland lebenden Unterhaltsberechtigten steuerlich absetzbar seien, in Österreich aber generell nicht.[930] 757

Im *Erbrecht* kann es aufgrund doppelter Staatsangehörigkeit, unterschiedlicher Wohnsitze oder im Ausland liegenden Vermögens trotz des Kollisionsrechts zu widersprüchlichen Entscheidungen nationaler Gerichte kommen: So sind in Frankreich, Italien, Portugal und Spanien Ehegattentestamente unwirksam; in Frankreich wird ein Erbvertrag nicht anerkannt; in Italien ist ein Pflichtteilsverzicht nichtig. Angesichts der Tatsache, dass innerhalb der Europäischen Union jährlich 450 000 internationale Erbrechtsfälle mit einem Vermögen von etwa 120 Mrd. Euro anfallen, ist eine „Verordnung über die Zuständigkeit, das anzuwendende Recht und die Vollstreckung von Entscheidungen und die öffentlichen Urkunden in Erbsachen sowie zur Einführung eines Europäischen Nachlasszeugnisses“ in Kraft getreten.[931]

Das *allgemeine* (Europäische) Privatrecht weitgehend als *„Marktprivatrecht“*[932] auf die instrumentelle Setzung von *Rahmenbedingungen zur Reduktion von Marktdefiziten* im grenzüberschreitenden Verkehr unter den Aspekten 758

- Ungleichgewichtslagen zwischen Marktbeteiligten/Verbraucherschutzrecht
- Risikoverteilungen
- Haftungsgrundsätze
- Nichtdiskriminierung
- Durchsetzung von Rechtsansprüchen.

930 EuGH, Egon Schempp/Finanzamt München V, C-403/03, ECLI:EU:C:2005:446, I-6435.
931 VO (EU) Nr. 650/2012 vom 4.7.2012 ABl. L 201 vom 27.7.2012, S. 107.
932 *Müller-Graff*, Gemeinsames Privatrecht, S. 276 f.

Nach der Umwandlung des ROM-Übereinkommens von 1980 in eine EU-Verordnung („*ROM I-Verordnung*") ist das darin enthaltene Prinzip der Vertragsfreiheit zwingendes Unionsrecht geworden und wird über das internationale Privatrecht hinaus Auswirkungen auf das System des Vertragsrechts haben.

759 Schon seit dem Jahr 1989[933] wird vom Europäischen Parlament eine *Kodifizierung des Allgemeinen Privatrechts* in einem *europäischen Zivilgesetzbuch* gefordert. Angesichts der steigenden Zahl vertragsrechtlich relevanter EU-Richtlinien, die zu einem europäisches Sonderprivatrecht für Verbraucher, Arbeitnehmer, Handelsvertreter und für den elektronischen Geschäftsverkehr geführt haben, gewann die Idee vorübergehend an Bedeutung. Die zahlreichen Richtlinien im Sonderprivatrecht enthalten bisher allerdings nur Bruchstücke eines allgemeinen Vertrags- und Deliktsrechts. Ein äußeres oder inneres Gesamtsystem lässt sich daraus bisher noch nicht ableiten.[934]

760 Einen offiziellen Schub in Richtung eines europäischen Zivilgesetzbuchs und gegen einen „Wettbewerb der Rechtsordnungen"[935] hatte vorübergehend die Mitteilung der EU-Kommission zum Europäischen Vertragsrecht ausgelöst.[936]

Die Mitteilung erwog weitgehende Optionen, die im Jahre 2003 in einen Aktionsplan mündete,[937] der einen *Allgemeinen Referenzrahmen (Common Frame of Reference; „CFR")* vorsah, der für die Reform des erreichten Rechtszustandes („aquis") sowie für die Entwicklung neuer Vorschriften dienen sollte. Nach einer weiteren Mitteilung[938] sollte der allgemeine Referenzrahmen der Verbesserung des aquis communautaire dienen und zugleich ein „optimales Instrument" für das Allgemeine Bürgerliche Recht[939] darstellen. Mit der Ausarbeitung des allgemeinen Referenzrahmens „CFR" beauftragte die EU-Kommission eine Studiengruppe, deren Zusammensetzung auf deutscher Seite wenig transparent, ja monopolisierend, verlief.[940]

761 Zahlreiche Wissenschaftlergruppen loteten die Möglichkeiten und Grenzen eines Europäischen Privatrechts aus.[941] Zimmermann stellte als einer der Wortführer fest: „Von vielen verschiedenen Ansatzpunkten aus und auf vielen ganz unterschiedlichen Wegen entstehen vor unseren Augen ein Europäisches Privatrecht und eine europäische Privatrechtswissenschaft".[942] Diese Erwartungen eines Kenners langfristiger Entwicklungen haben sich aber nicht erfüllt.

762 Schon der potenzielle Gegenstandsbereich eines *allgemeinen Teils* eines Europäischen Privatrechts ist umstritten. Die Meinungen reichen von Empfehlungen für europäische Allgemeine Geschäftsbedingungen über eine Sammlung allgemeiner Prinzipien im Vertrags- und Deliktsrecht,[943] der Harmonisierung des Schuldvertragsrechts[944] oder des

933 Entschließung des Europäischen Parlaments vom 26.6.1989 ABl. C 158/400.
934 Vgl. *Kilian*, Äußeres und inneres System, in: *Grundmann* (Hrsg.), Systembildung und Systemlücken in Kerngebieten des Europäischen Privatrechts, S. 427 ff.
935 Gegen letzteres: *Lando*, RIW 2003, 1 (2).
936 ABl. C 255 vom 13.9.2001, S. 1. Dazu: *Staudenmayer*, EuZW 2001, 485; *Leible*, EWS 2001, 471; *v. Bar*, ZEuP 2001, 799; *Grundmann/Stuyck* (eds.), An Academic Green Paper on European Contract Law, 2002.
937 KOM (2003) endg. ABl. C 63/1.
938 KOM (2004) 651 endg. vom 11.10.2004 (nicht im Amtsblatt veröffentlicht).
939 Die Kommission vermeidet diesen Ausdruck ebenso wie die Präzisierung der angestrebten Reichweite.
940 Eigene Erfahrung des Verf. wie auch anderer, z. B. *Grundmann*, ERCL Vol. 1 (2005), 184 (210).
941 Nachweise bei *Zimmermann*, AcP 202 (2002), S. 243 (247 FN 19).
942 *Zimmermann*, AcP 202 (2002), 243 (247).
943 *Kötz/Flessner*, Europäisches Vertragsrecht, Bd. I 1996; *Lando/Beale* (eds.), Principles of European Contract Law, Part I & II (revised), 2000; *v. Bar*, Gemeineuropäisches Deliktsrecht I (1996) und II (1999).
944 *Grundmann*, Europäisches Schuldvertragsrecht, 1999.

Verbraucherschutzrechts,[945] der Verabschiedung von Modellvorschriften bis zum Erlass eines einheitlichen Zivilgesetzbuchs (mit oder ohne Aspekte des Sachen-, Familien- oder Erbrechts).[946]

763 Die Vorschläge der verschiedenen privaten oder halboffiziellen Wissenschaftlergruppen beziehen sich vornehmlich auf das *Vertragsrecht*. Zu nennen sind die Arbeiten der Lando-Kommission,[947] von Kötz/Flessner[948] und von v. Bar.[949] Die von ihnen dargestellten Prinzipien umfassen grundsätzliche Rechtskategorien, wie Abschluss, Gültigkeit, Inhalt, Durchführung, Bruch des Vertrages oder das Problem der Vollmacht. Weitere Vorschläge betreffen Prinzipien, wie Mehrheit von Vertragspartnern, Anerkennung von Ansprüchen, Geschäftsbedingungen oder das Institut der Verjährung. Bei diesen Vorarbeiten handelt es sich noch nicht um ein wissenschaftliches Regelsystem, sondern um vorbereitende rechtsvergleichende Analysen und Kommentierungen historisch bereits bekannter Prinzipien.

764 Die sogenannte Pavia-Gruppe[950] hat sich das Ziel gesetzt, einen europäischen Vertragsrechtskodex zu entwickeln. Eine Study Group on an European Civil Code hat einen Entwurf zum Schuld- und Sachenrecht vorgelegt.[951] UNIDROIT[952] erarbeitet seit dem Jahr 1994 Grundregeln für internationale Handelsverträge.

Grundmann[953] vertritt die Meinung, dass bis auf die Verbraucherkreditrichtlinie die übrigen Verbraucherschutzrichtlinien kein Sonderprivatrecht darstellten, sondern dass wegen der Übernahme von Regelungen aus dem UN-Kaufrecht (CISG) oder wegen der Anerkennung des Grundsatzes der Privatautonomie identische Lösungen für Verbraucher- und (grenzüberschreitende) Unternehmensverträge entstanden seien. Von einem einheitlichen grenzüberschreitenden Marktrecht für Verbraucher und Unternehmen lässt sich aber wohl kaum sprechen, denn viele Verbraucherschutzrichtlinien enthalten wegen der Ungleichgewichtslagen zwingendes Recht, was für Verträge zwischen Unternehmen gerade nicht gilt.

765 Im Jahr 2008 hatten die „Study Group on a European Civil Code" und die „Research Group on Existing EC Private Law" („Acquis Group") den Entwurf eines allgemeinen Referenzrahmens *(„Draft of a Common Frame of Reference", DCFR)* vorgelegt.[954] Er enthält in sieben Büchern gegliedert, die wiederum in Kapiteln und Ziffern unterteilt sind, Prinzipien, Definitionen, Modellvorschriften und Kommentierungen. Die

945 *Reich/Micklitz*, 4. A. 2003, S. 36–48.

946 Entschließung des Europäisches Parlaments vom 26.6.1989 ABl. C 158 vom 26.6.1989, S. 400; Entschließung vom 6.5.1994 ABl. C 205 vom 25.7.1994, S. 519; Entschließung zur Annäherung des Zivil- und Handelsrechts der Mitgliedstaaten vom 15.11.2001 KOM (201) ABl. C 140 E vom 13.6.2002, S. 538; Stellungnahme des Europäischen Wirtschafts- und Sozialausschusses vom 17.7.2002, ABl. C 241 vom 7.10.2002, S. 1.

947 *Lando/Beale* (eds.), Principles of European Contract Law, Parts I & II, (revised) 2000.

948 Europäisches Vertragsrecht, Bd. I, Tübingen 1996.

949 *V. Bar*, Gemeineuropäisches Deliktsrecht I (1996) und II (1999); vgl. auch das Grünbuch der EU-Kommission vom 1.7.2010 mit 7 Optionen (http://ec.europa.eu/justice__home/news).

950 *Gandolfi*, Per un codice europeo di contratti, 1991; *Zimmermann*, AcP 202 (2002), 243.

951 JZ 2001, 1097 ff.; *Gandolfi*, ZEuP 2002, 1.

952 Principles of International Commercial Contracts 1994, abgedruckt in: ZEuP 1997, 890 und bei *Basedow*, Europäische Rechtsvereinheitlichung, 251–281.

953 AöR 202 (2002), 40 (59 f.).

954 *V. Bar/Clive/Schulte-Nölke (ed.)*, Principles, Definitions and Mode/Rules of European Private Law. Draft Common Frame of Reference (DCFR), 2008.–Vgl. Auch den Zweiten Fortschrittsbericht der EU-Kommission KOM (2007) 447 endg. vom 25.7.2007, ABl. C 191 vom 17.8.2007.

Autoren stellen fest, dass die verschiedenen Rechtssysteme nur in wenigen Fällen zu unterschiedlichen Lösungen führen.[955]

766 Der *Schwerpunkt des Entwurfes eines gemeinsamen Referenzrahmens* liegt im Vertragsrecht, während das Familien- und Erbrecht ganz und das Sachenrecht teilweise ausgeklammert worden sind. Nicht behandelt werden das Handels-, Gesellschafts- und Arbeitsrecht sowie das Verfahrensrecht.[956] Soweit der *„aquis communautaire“* betroffen ist, übernimmt der Entwurf manche Formulierungen aus EU-Richtlinien im Wortlaut oder versucht generalisierend zu integrieren.[957]

Ignoriert werden in dem Entwurf die Auswirkungen der Digitalisierung auf das Zivilrecht. Nicht einmal im Grundlagenabschnitt über den Abschluss von Verträgen werden digitalisierte Verträge erwähnt,[958] obwohl „relevante internationale Instrumente“, die nach den Vorgaben der EU-Kommission zu berücksichtigen gewesen wären, in Form der UN-Konvention über die Verwendung elektronischer Mitteilungen bei internationalen Verträgen[959] bereits vorlagen.

767 Der Vorschlag der EU-Kommission, wenigstens eine Verordnung über ein „optionales europäisches Kaufrecht“[960] zu erlassen, liegt auf Eis. Gegenwind kommt aus etlichen Mitgliedstaaten, die das Subsidiaritätsprinzip als verletzt ansehen oder andere Prioritäten (etwa ein Privatrecht der Informationsgesellschaft) haben.

3. Einzelregelungen

a) Harmonisierungen

768 Als Gegenstand von *Harmonisierungsvorhaben* wurden in der Mitteilung der Kommission vom 12.2.2003[961] unter anderem folgende Beispiele genannt:

- unterschiedliche Regelungen des Widerrufsrechts und der Informationspflichten in Verbraucherschutzrichtlinien
- fehlende Definitionen für elementare vertragsrechtliche Kategorien, wie „Vertrag“, „Ausgleich“, „Schaden“ im Unionsrecht
- Nebeneinander von zwingendem und dispositivem Recht
- unterschiedliche nationale Haftungsregeln, Haftungsbeschränkungen, Rügepflichten und Gewährleistungsfristen
- unterschiedliche nationale Vorschriften über den Eigentumsübergang, den Eigentumsvorbehalt sowie über Sicherheiten an beweglichen Sachen und für Finanzdienstleistungen.

Zahlreiche Harmonisierungen sind inzwischen erfolgt. Von dem Vorhaben, die Entwicklung allgemeiner Geschäftsbedingungen („Standardvertragsklauseln“) auf europäischer Ebene zu fördern, ist die EU-Kommission allerdings abgerückt.

955 DCFR, Introduction Ziff. 7, S. 6.
956 DCFR, I-1:101 Abs. 2 (S. 101).
957 Etwa das Grünbuch der EU-Kommission zur Überprüfung des Besitzstandes im Verbraucherrecht, COM (2006) 744 endg. vom 8.2.2007, http://ec.europa-eu/consumers.
958 DCFR, II-4:205–208; 210.
959 U.N.-Document A/RES/60/21, 9. December 2005, Annex. Vgl. Kilian/Boss (ed.), UN-Convention on the Use of Electronic Communications in International Contracts, 2008.
960 KOM (2011) 635 endg.
961 Mitteilung der Kommission vom 12.2.2003 KOM (2003) endgültig, Nr. 56, ABl. C vom 15.3.2003, S. 1–44.

769 Sämtliche Harmonisierungen des materiellen Binnenmarktprivatrechts implizieren *Eingriffe in die Privatautonomie,* da sie einzelne Marktbürger gegenüber der vermuteten Macht von Unternehmen schützen sollen. Dies gilt für Verbraucher ebenso wie für Arbeitnehmer[962] oder Handelsvertreter.[963]

b) Verbraucherschutzrecht

770 Als Bestandteil des Vertragsrechts hat das *Verbraucherschutzrecht* eine besondere Bedeutung im Unionsrecht erlangt. Die Verwirklichung eines „hohen Verbraucherschutzniveaus" (Artt. 38 EU-Charta; 114 Abs. 3; 12 und 169 AEUV) als Zielvorgabe lieferte die Grundlage für zahlreiche Verordnungen und Richtlinien.

Ziel der unmittelbaren Verbraucherschutzrichtlinien sowie der zahlreichen sie ergänzenden Regelungen für besondere Teilbereiche (Preis- und Produktkennzeichnung; Produktsicherheit; Gesundheitsschutz; elektronische Verträge; Datenschutz; Zugang zum Recht) liegt in der Verwirklichung folgender Prinzipien:

- Ausgleich der vermuteten Marktunterlegenheit der Verbraucher
- Gerechte Risikoverteilung und Haftung
- Ausgleich von Informationsasymmetrien
- Stärkung der Produktsicherheit
- Verbesserung des Gesundheitsschutzes
- Effektiver Rechtsschutz.

„Verbraucher" ist jede natürliche Person, soweit sie Verträge abschließt, „die außerhalb ihrer gewerblichen, handwerklichen oder beruflichen Tätigkeit liegen."[964] Von den Fähigkeiten her erwartet der Europäische Gerichtshof den „normal informierten und angemessen aufmerksamen und verständigen Durchschnittsverbraucher".[965] Ein „Verbraucher" kann in anderen Fällen „Unternehmer" sein.[966]

962 Siehe oben den Abschnitt „Arbeitsrecht".
963 Siehe oben den Abschnitt „Handelsrecht".
964 Art. 2 Abs. 1 der Richtlinie 211/83/EU vom 25.10.2011 ABl. L 304 vom 22.11.2011, S. 64.
965 EuGH, De Landtsheer Emmanuel Sa/Comité Interprofessionnel du Vin de Champagne und Veuve Clicquot Pousardin SA, C-381/05, ECLI:EU:C:2007:230, I-3152.
966 EuGH, Milivojevic, C-630/17, ECLI:EU:C:2019:123.

771 Rechtsakte

Nr.	*Gegenstand*	*Umsetzung*
1	Richtlinie 85/374/EWG vom 25.7.1985 zur Angleichung der Rechts- und Verwaltungsvorschriften der Mitgliedstaaten über die Haftung für fehlerhafte Produkte *ABl. L 210 vom 7.8.1985, S. 29* zuletzt geändert durch Richtlinie 1999/34/EG vom 10.5.1999 *– Produkthaftungsrichtlinie –* *ABl. L 141 vom 4.6.1999 S. 20*	Produkthaftungsgesetz BGBl. I 1989 S. 2198 Gesetz zur Änderung produkthaftungsrechtlicher Vorschriften BGBl. I 2000 S. 1478
2	Richtlinie 90/314/EWG vom 13.6.1990 über Pauschalreisen *– Pauschalreisen-Richtlinie –* *ABl. L 158 vom 25.6.1990, S. 59*	Durchführungsgesetz, BGBl. I 1994 S. 1322 (§§ 651 a bis 651 m BGB)
3	Richtlinie 93/13/EG vom 5.4.1993 über missbräuchliche Klauseln in Verbraucherverträgen *– Missbrauchsklauseln-Richtlinie –* *ABl. L 95 vom 21.4.1993, S. 29* zuletzt geändert durch Richtlinie 2019/2161 vom 27.11.2019 ABl. L 328 vom 18.12.2019, S. 7	Gesetz zur Umsetzung der Verbraucherrechterichtlinie vom 20.9.2013 BGBl. I S. 3642; Gesetz vom 10.8.2021 BGBl. I S. 3483
4	Richtlinie 98/6/EG vom 16.2.1998 über den Schutz der Verbraucher bei der Angabe der Preise der ihnen angebotenen Erzeugnisse *– Preisangabenrichtlinie –* *ABl. L 80 vom 18.3.1998, S. 27* zuletzt geändert durch Richtlinie 2019/2161 vom 27.11.2019 ABl. L 328 vom 18.12.2019, S. 7	Preisangabenverordnung (PAngV); zuletzt geändert durch die Dienstleistungs-Informationspflichten-Verordnung (DLInfV) vom 12.3.2010 BGBl. I S. 266
5	Richtlinie 2000/31/EG vom 8.6.2000 über bestimmte rechtliche Aspekte der Dienste der Informationsgesellschaft, insbesondere des elektronischen Geschäftsverkehrs, im Binnenmarkt *– E-Commerce-Richtlinie –* *ABl. L 178 vom 17.7.2000, S. 1*	§§ 312 b bis 312 e BGB; § 3 VO über Informationspflichten nach Bürgerlichem Recht; § 2 Abs. 2 Nr. 2 UKlaG; Art. 241 EGBGB § 126 a BGB i. V. m. SigG §§ 371 Abs. 1 S. 2; 1031 Abs. 5 ZPO Änderung vieler Vorschriften des TDG Gesetz zur Aufhebung des Rabattgesetzes und zur Anpassung anderer Rechtsvorschriften vom 23.7.2001 BGBl. I S. 1663 Gesetz zur Aufhebung der Zugabenverordnung und zur Anpassung weiterer Rechtsvorschriften vom 23.7.2001, BGBl. I S. 1661; Telemediengesetz (TMG) vom 26.2.2007 BGBl. I S. 179

Nr.	*Gegenstand*	*Umsetzung*
6	Richtlinie 2002/65/EG vom 22.9.2002 über den Fernabsatz von Finanzdienstleistungen an Verbraucher und zur Änderung der Richtlinie 90/619/EWG und der Richtlinien 97/7/EG und 98/27/EG – *Finanzdienstleistungs-Fernabsatzrichtlinie* – *ABl. L 271 vom 9.10.2002, S. 16* Zuletzt geändert durch Richtlinie 2007/64/EG vom 13.9.2007, *ABl. L 319 vom 5.12.2007, S. 1*	Gesetz zur Änderung der Vorschriften über Fernabsatzverträge bei Finanzdienstleistungen vom 2.4.2004 BGBl. I S. 3102
7	Richtlinie 2005/29/EG vom 11.5.2005 über unlautere Geschäftspraktiken im binnenmarktinternen Geschäftsverkehr zwischen Unternehmen und Verbrauchern – *Unlautere Geschäftspraktiken-Richtlinie* – *ABl. L 149 vom 11.6.2005, S. 22* zuletzt geändert durch Richtlinie 2019/2161 vom 27.11.2019 ABl. L 328 vom 18.12.2019, S. 7	Neufassung UWG vom 3.3.2010 BGBl. I S. 254
8	Richtlinie 2006/123/EG vom 12.12.2006 über Dienstleistungen im Binnenmarkt – *Dienstleistungsrichtlinie* – *ABl. L 376 vom 27.12.2006, S. 36*	Dienstleistungs-Informationspflichten-Verordnung (DL-InfV) vom 12.3.2010 BGBl. I S. 266
9	Richtlinie 2008/48/EG über Verbraucherkreditverträge vom 23.4.2008 – *Verbraucherkreditvertrags-Richtlinie* – *ABl. L 133 vom 22.5.2008, S. 66*	Gesetz zur Umsetzung der Verbraucherkreditrichtlinie, des zivilrechtlichen Teils der Zahlungsrichtlinie sowie zur Neuordnung der Vorschriften über das Widerrufs- und Rückgaberecht vom 29.7.2009 BGBl. I S. 2355; Art. 1 des Gesetzes zur Anpassung der Finanzdienstleistungsrichtlinie an die EuGH-Rechtsprechung vom 9.6.2021 BGBl. S. 1666
10	Richtlinie 2008/122/EG vom 14.1.2009 über den Schutz der Verbraucher im Hinblick auf bestimmte Aspekte von Teilnutzungsverträgen, Verträge über langfristige Urlaubsprodukte sowie Wiederverkaufs- und Tauschverträge – *Timesharing-Richtlinie* – *ABl. L 33 vom 3.2.2009, S. 10*	Umsetzung der Vorgängerrichtlinie 94/47/EWG durch: Teilzeit-Wohnrechtegesetz (TzWrG) BGBl. I 1996, S. 2154 und Schuldrechtsmodernisierungsgesetz (§§ 481–487 BGB)

Nr.	*Gegenstand*	*Umsetzung*
11	Verordnung (EU) Nr. 1169/2011 vom 25.10.2011 betreffend die Information der Verbraucher über Lebensmittel *– Lebensmittel-Informationsverordnung –* *ABl. L 304 vom 22.11.2011, S. 18*	Vorläufige Lebensmittelinformations-Ergänzungsverordnung (VorlLMIEV) vom 28.11.2014 BGBl. I S. 1994
12	Richtlinie 2011/83/EU vom 25.10.2011 über die Rechte der Verbraucher *– Verbraucherrechte-Richtlinie –* *ABl. L 304 vom 22.11.2011, S. 64* zuletzt geändert durch Richtlinie (EU) 2019/2161 vom 27.11.2019 ABl. L 328 vom 18.12.2019, S. 7	Gesetz zur Umsetzung der Verbraucherrechterichtlinie vom 14.6.2013 BGBl. 2013 I, 3642 (u. a. §§ 246 a; 312 f; 312 g II; 356 BGB)
13	Verordnung (EU) Nr. 524/2013 vom 21.5.2013 über die Online-Streitbeilegung in Verbraucherangelegenheiten *– ODR-Verordnung –* *ABl. L 165 vom 18.6.2013, S. 1* Einzelheiten in Kap. G X	Verbraucherstreitbeilegungsgesetz (VSBG) vom 19.2.2016 BGBl. I S. 254
14	Richtlinie 2013/11/EU vom 21.5.2013 über die alternative Beilegung verbraucherrechtlicher Streitigkeiten *– ADR-Richtlinie –* *ABl. L 165 vom 18.6.2003, S. 63* Einzelheiten in Kap. G X	Verbraucherstreitbeilegungsgesetz (VSBG) vom 19.2.2016 BGBl. I S. 254
15	Richtlinie 2014/17/EU vom 4.2.2014 über Wohnimmobilienkreditverträge für Verbraucher *– Wohnimmobilienkredit-Richtlinie –* *ABl. L 60 vom 28.2.2014, S. 34*; zuletzt geändert durch Verordnung (EU) 2016/1011, *ABl. L 171 vom 29.6.2016, S. 1*	Gesetz zur Umsetzung der Wohnimmobilienkreditrichtlinie vom 11.3.2016
16	Verordnung (EU) Nr. 2018/302 vom 28.2.2018 über Maßnahmen gegen ungerechtfertigtes Geoblocking *– Geoblocking-Verordnung –* *ABL. L 60 I vom 2.3.2018, S. 1* Einzelheiten Kap. G VIII	4. TKG-Änderungsgesetz vom 29.11.2018 BGBl. I S. 2230 BGBl. I S. 396

Nr.	Gegenstand	Umsetzung
17	Richtlinie (EU) 2019/770 vom 20.5.2019 über bestimmte Aspekte der Bereitstellung digitaler Inhalte und digitaler Dienstleistungen *– Digitale Inhalte-Richtlinie –* *ABl. L 136 vom 22.5.2019, S. 1* Einzelheiten Kap. G VIII	Gesetz zur Umsetzung der Richtlinie über bestimmte Aspekte der Bereitstellung digitaler Inhalte und digitaler Dienstleistungen vom 25.6.2021 BGBl. I S. 2133
18	Richtlinie (EU) 2019/771 vom 20.5.2019 über bestimmte vertragliche Aspekte des Warenkaufs *–Warenkauf-Richtlinie –* *ABl.L 136 vom 22.5.2019, S. 28* Einzelheiten Kap. G VIII	Gesetz zur Regelung des Verkaufs von Sachen mit digitalen Elementen und anderen Aspekten des Kaufvertrags vom 25.6.2021 BGBl. S. 2123
19	Richtlinie (EU)2020/1828 vom 25.11.2020 über Verbandsklagen zum Schutz der Kollektivinteressen der Verbraucher *– Verbandsklage-Richtlinie –* *ABl. L 409 vom 4.12.2020, S. 1* Einzelheiten in Kap. G X	Verbandsklagerichtlinienumsetzungsgesetz (VRUG) vom 7.7.2023 (Der Gesetzestext war bis zum 28.7.2023 noch nicht im BGBl. I veröffentlicht. Das VRUG hat Änderungen in 20 deutschen Gesetzen zur Folge)
20	Verordnung (EU) 2023/977 vom 10.5.2023 über die allgemeine Produktsicherheit *-Produktsicherheitsverordnung-* *ABl. L 135 vom 23.5.2023, S. 1*	

aa) Produkthaftungsrichtlinie. Ziel der *Produkthaftungsrichtlinie* (*Nr. 1 der Liste*) ist ein *Mindestschutz des geschädigten Verbrauchers gegenüber fehlerhaften Produkten*, die das Leben oder die Gesundheit beeinträchtigen können. Die Richtlinie greift ein, wenn ein fehlerhaftes Produkt in Verkehr gebracht worden ist. Als „Produkte" haben auch Computerprogramme zu gelten, die bei Prozesssteuerungsverfahren besonders gefahrträchtig sind.[967] Ein „Fehler" kann auch in einem Serienfehler vorliegen, so dass die Kosten des Austauschs aller Herzschrittmacher einer fehlerhaften Serie vom Hersteller zu tragen sind.[968] Ein Hersteller (Art. 3) muss ebenso haften wie ein Importeur, auch wenn der Fehler im vorgelagerten Herstellungs- oder im Vertriebsbereich eingetreten ist. Der Schadensausgleich der gesamtschuldnerisch verantwortlichen „Hersteller" richtet sich nach nationalem Recht (Artt. 5; 8). Die Haftung ist verschuldensunabhängig. Ein Schmerzensgeldanspruch ist nicht zwingend vorgeschrieben. 772

Die Richtlinie enthält mehrere Regelungsoptionen für die Umsetzung, von der die meisten Mitgliedstaaten (Deutschland eingeschlossen) keinen Gebrauch gemacht haben:

967 *Taeger*, Außervertragliche Haftung für fehlerhafte Computerprogramme 1995, S. 40 ff., 113 ff.
968 EuGH, Boston Scientific Medizintechnik GmbH/AOK Sachsen-Anhalt, C-503/13, ECLI:EU:C:2015:148.

- Einbeziehung der landwirtschaftlichen Urproduktion
- Einbeziehung der Haftung für Entwicklungsrisiken
- Regelung des Nichtvermögensschadens
- Festlegung von Haftungshöchstgrenzen.

Die Produkthaftungsrichtlinie wurde in allen Mitgliedstaaten mit Ausnahme Belgiens und Frankreichs im Rahmen des Deliktsrechts umgesetzt.

773 **bb) Produktsicherheitsverordnung.** Die *Produktsicherheitsverordnung (Nr. 20 der Liste)* passt das Produktsicherheitsrecht insbesondere der IT-Entwicklung an und bietet Verbrauchern einen besseren Schutz bei Rückrufen von gefährlichen Produkten, wenn Sonderregelungen (etwa im Lebensmittelrecht) nicht eingreifen. „Wirtschaftsakteure" dürfen nur sichere Produkte in Verkehr bringen oder auf dem Markt bereitstellen (Art. 5). Als „sicher" gelten Produkte, die im Einklang stehen mit europäischen technischen Normen (Konformität). Die Normen sollen alle relevanten Aspekte des Produkts sowie des speziellen Adressatenkreises umfassen.

Der Pflichtenkatalog ist für Hersteller (Art. 9), Einführer (Art. 11), Händler einschließlich Dienstleister (Art. 12) gestaffelt. Besondere Pflichten bestehen für Anbieter von Online-Marktplätzen (Art. 22). Für die Haftung wird auf nationales Recht verwiesen (Art. 43).

Die EU-Kommission richtet ein „Schnellwarnsystem Safety Gate" für die Meldung von Produkten ein, die ein Risiko für die Gesundheit und Sicherheit von Verbrauchern darstellen (Artt. 25; 26). Verbraucher sollen sich über ein „Safety-Business-Gateway" informieren können (Art. 27).

Den Marktüberwachungsbehörden wird eine starke Stellung eingeräumt (Art. 23). Verbandsklagen sind zulässig (Art. 39).

774 **cc) Pauschalreise-Richtlinie.** Die *Pauschalreisenrichtlinie (Nr. 2 der Liste)* erfasst *Dienstleistungen im Reiseverkehr mit Verbrauchern* (Beförderung; Unterbringung; Verpflegung; sonstiges), von denen mindestens zwei Leistungen pauschal angeboten werden, und die länger als 24 Stunden dauern. In erster Linie werden Informationspflichten im Prospektangebot geregelt. Preisänderungen sind zeitlich beschränkt zulässig und müssen sich auf wenige Fälle beschränken (Wechselkurs; Treibstoffkosten; öffentliche Abgaben).

Am wichtigsten sind die Haftungsregeln (Art. 5). Der Reiseveranstalter haftet für Mängel der Reiseleitung nach dem Grundsatz des vermuteten Verschuldens. Bei Fehlverhalten des Reisenden, höherer Gewalt und unvorhersehbarem Verschulden Dritter entfällt die Haftung; die Beweislast trägt der Veranstalter. Haftungseinschränkungen sind innerhalb bestimmter Grenzen erlaubt, Haftungsausschlüsse verboten. Bei Zahlungsunfähigkeit und Konkurs des Veranstalters muss die Rückreise und die Rückerstattung gezahlter Beträge gesichert sein.

775 **dd) Missbrauchsklauseln-Richtlinie.** Nach Art. 3 Abs. 1 der *Richtlinie über missbräuchliche Klauseln (Nr. 3 der Liste)* gilt eine Vertragsklausel als missbräuchlich, „wenn sie entgegen dem Gebot von Treu und Glauben (good faith) zum Nachteil des Verbrauchers ein erhebliches und ungerechtfertigtes *Missverhältnis der vertraglichen Rechte und Pflichten der Vertragspartner* verursacht". Ökonomisch bedeutet „good faith" die Pflicht, alle vertraglichen Risiken zu akzeptieren, deren Verwirklichung

man verhindern oder durch Versicherungen abdecken kann, und zwar zu niedrigeren Kosten, als die andere Partei es kann.[969] Als weitere Grundsätze enthält die Richtlinie

- das Transparenzgebot (Art. 5 S. 1)
- die Unklarheitenregel (Art. 5 S. 2)
- das Teilnichtigkeitsprinzip (Art. 6 Abs. 1).

Voraussetzung für eine Missbrauchskontrolle ist – anders als nach deutschem Recht – nicht das Vorliegen eines vorformulierten Standardvertrags. Auch einzelne bei ungleichem Kräfteverhältnis ausgehandelte Vertragsklauseln und nicht nur Nebenabreden fallen unter die Richtlinie.

ee) Preisangabe-Richtlinie. Die *Preisangabe-Richtlinie* (*Nr. 4 der Liste*) zwingt Händler 776 zu korrekten Preisangaben.

ff) E-Commerce-Richtlinie. Die *E-Commerce-Richtlinie* (*Nr. 5 der Liste*) enthält auch 777 verbraucherfreundliche Regelungen und richtet sich nicht nur an Unternehmen.[970]

gg) Finanzdienstleistungs-Fernabsatzrichtlinie. Die *Finanzdienstleistungs-Richtlinie* 778 (*Nr. 6 der Liste*) erstreckt die meisten Regelungen der Fernabsatzrichtlinie auf Finanzdienstleistungen.[971]

hh) Unlautere Geschäftspraktiken-Richtlinie. Die *Richtlinie über unlautere Geschäfts-* 779 *praktiken (Nr. 7 der Liste)* will unlautere Marketingmaßnahmen bekämpfen, die das Vertrauen der Verbraucher in den Binnenmarkt untergraben. Um mehr Rechtssicherheit zu schaffen, verbietet die Richtlinie irreführende oder aggressive Geschäftspraktiken, die den beruflichen Sorgfaltspflichten widersprechen und die das wirtschaftliche Verhalten der Verbraucher beeinflussen. Der Anhang zur Richtlinie enthält eine verbindliche Liste verbotener unlauterer Praktiken.

ii) Dienstleistungsrichtlinie. Die *Dienstleistungsrichtlinie* (*Nr. 8 der Liste*) betrifft alle 780 Empfänger von Dienstleistungen, also auch Verbraucher. Sie können damit rechnen, dass ihnen die notwendigen Informationen unzweideutig und vorab zur Verfügung gestellt werden, soweit diese mit dem Abschluss, dem Preis der Qualität oder der Durchführung eines Dienstleistungsvertrages erforderlich sind.

jj) Verbraucherkreditvertrags-Richtlinie. Der Marktbürger soll Waren und Dienstleis- 781 tungen im gesamten Binnenmarkt erhalten können und am Ort der Transaktion auch die notwendigen Finanzierungsinstrumente vorfinden. Ziel der Verbraucherkredit-Richtlinie (*Nr. 9 der Liste*) ist die *Formulierung von Anforderungen für Kreditinformationen.* Unter Verbraucherkredit fallen nicht nur Abzahlungsgeschäfte, sondern alle Kredite zwischen 200 und 30 000 Euro. Wichtigste Vorschrift ist die Anordnung der Schriftform für Verbraucherkreditverträge sowie die Angabe des effektiven Jahreszinses (Art. 4).

kk) Timesharing-Richtlinie. Ziel der *Timesharing-Richtlinie* (*Nr. 10 der Liste*) ist der 782 *Schutz des Erwerbers beim Erwerb von Teilnutzungsrechten* an einem Grundstück. Solche Rechte werden zunehmend an Wohnanlagen für Touristen, an Hotels oder Ferienhäusern begründet. Die Richtlinie regelt bestimmte Aspekte des Vertragsabschlusses (Informationen über Vertragsinhalte), Mindestverpflichtungen des Verkäufers, die Abfassung des Vertrags in der Sprache des Heimat- oder Wohnsitzstaates des Erwerbers

969 *Kötz*, IPR-Symposium Europäisches Hochschulinstitut Florenz, September 1994.
970 Einzelheiten vgl. oben im Abschnitt G VIII (Informationstechnologierecht/Elektronische Verträge).
971 Einzelheiten vgl. oben im Abschnitt G VIII (Informationstechnologierecht/Elektronische Verträge).

sowie die entschädigungsfreie Auflösung des Kreditvertrags für den Teileigentumserwerb bei Rücktritt vom Kaufvertrag.

783 **ll) Lebensmittel-Informationsverordnung.** Die *Lebensmittel-Informationsverordnung (Nr. 11 der Liste)* aktualisiert zahlreiche ältere Regelungen über Qualitätsangaben bei Lebensmitteln. Sie enthält neben allgemeinen Grundsätzen Verzeichnisse über verpflichtende Angaben (wie Ursprungsland; Mindestinhalte; Nährwert; Zusatzstoffe, insbesondere allergene- und Nanostoffe; Etikettierung; Lesbarkeit) sowie freiwillige Angaben (etwa über die Eignung für Vegetarier oder Veganer).

784 **mm) Verbraucherrechte-Richtlinie.** Die *Verbraucherrechte- Richtlinie (Nr. 12 der Liste)* strebt eine „Vollharmonisierung" des Verbraucherschutzes im Fernabsatzhandel (vor allem im elektronischen Handel) auf hohem Schutzniveau an. Die frühere Haustürwiderrufsrichtlinie 85/577/EWG sowie die Fernabsatzrichtlinie 97/7/EG wurden aufgehoben.

Dem „voll harmonisierten" Verbraucherschutzrecht liegt die unausgesprochene Prämisse zugrunde, dass sich ein Verbraucher in einer schwächeren wirtschaftlichen Verhandlungsposition befindet, weil er – insbesondere bei elektronischen Transaktionen – über weniger Informationen verfügt als die Gegenseite. Diese „asymmetrische Informationsverteilung" soll durch die obligatorische Bereitstellung zusätzlicher Informationen durch den Anbieter und die Einräumung unabdingbarer Rechte an den Verbraucher ausgeglichen werden.

Die Verbraucherrechte-Richtlinie verpflichtet Händler deshalb unter anderem bei Fernabsatz- und elektronischen Verträgen (ausgenommen etwa Glücksspiele und Finanzdienstleistungen) Informationen über die Identität des Unternehmens, die Erreichbarkeit, Zahlungsweise, Kosten, Lieferbeschränkungen, den Liefertermin und das grundsätzliche 14-tägige Widerrufsrecht zu geben. Bei elektronischen Verträgen muss auf der Schaltfläche die Funktion „zahlungspflichtig bestellen" klar gekennzeichnet sein („Button-Lösung"). Da national abweichende Verbraucherschutzregelungen aufgrund der „Vollharmonisierung" unzulässig sind, wird künftig mehr Transparenz im europaweiten Handel erwartet.

Durch die Änderungsrichtlinie 2019/2161 sind Fachausdrücke wie „digitale Dienstleistung" oder „digitaler Markt" für mehrere frühere Richtlinien einheitlich definiert worden. Vor allem aber hat diese Änderungsrichtlinie ein Bußgeld für Verstöße gegen Verbraucherrechtsvorschriften eingeführt, das bis zu 4 % des Jahresumsatzes des Unternehmens reichen kann.

785 **nn) Wohnimmobilienkredit-Richtlinie.** Die *Wohnimmobilienkredit-Richtlinie (Nr. 15 der Liste)* soll einen europaweiten Hypothekarkreditmarkt und zugleich den Verbraucherschutz fördern. Die Vermittlung vertrauenswürdiger Informationen steht im Mittelpunkt. Daneben werden Regeln aufgestellt über: Kenntnisse des Dienstleistungspersonals und Kreditvermittlern; Kreditwürdigkeitsprüfungen; vorzeitige Rückzahlungen; Koppelungsgeschäfte.

786 **oo) Warenkauf-Richtlinie.** Die *Warenkauf-Richtlinie (Nr. 18 der Liste)* ersetzt und erweitert die frühere Verbrauchsgüterkauf-Richtlinie und bezieht Waren mit digitalen Elementen ein.[972] Die Richtlinie übernimmt einige Regelungen des UN-Kaufrechts für

972 Einzelheiten insoweit siehe Kap. G VIII.

Unternehmen (CISG) auf Verbrauchergeschäfte. Auf diese Weise sind indirekt nahezu identische Lösungen für Verbraucherverträge entstanden.[973]

Die Vertragsgemäßheit der Leistungen wird nicht durch die Richtlinie festgelegt, sondern hängt vom Inhalt des Vertrages ab. Die Ausübung der Privatautonomie bildet die Quelle der Beurteilung. Abstrakt festgelegt wird aber der Leistungsumfang: Zu den versprochenen Leistungen gehören auch alle durch Marketing (Werbung; Etikettierung; Marke; Websitehinweise) vor Vertragsschluss gemachten öffentlichen Äußerungen des Verkäufers (Art. 6), es sei denn, der Käufer hätte die Vertragswidrigkeit erkennen können (Art. 7 Abs. 5). Der Verstoß gegen Nebenpflichten des Verkäufers wird wie fehlende Vertragsmäßigkeit behandelt (Art. 8). Die Verpflichtung zur „Reparatur" und zum „Ersatz" eines schadhaften Gebrauchsguts (Art. 10 und 13) wurde zusammengezogen. Über die Vorschriften des UN-Kaufrechts hinausgehend regeln Artt. 10, 11, 17 und 18 der Richtlinie Rückgriffsmodalitäten und nicht gesondert vergütete unselbstständige Garantien.

4. Leitentscheidungen

Viele Entscheidungen des Europäischen Gerichtshofs, insbesondere zur Auslegung der 787
Artt. 34, 56 ff., 12 und 169 AEUV) haben sowohl zu einem „Super-IPR"[974] als auch zur Vereinheitlichung des Verbraucherschutzrechts beigetragen. Ob man in einigen Bereichen sogar von einer „Vollharmonisierung" durch Richtlinien sprechen kann, sei dahingestellt.

- *Koestler-Fall*[975]

Nationale Privatrechtsnormen können an den Marktfreiheiten des EUV/AEUV gemessen werden; das gilt auch für den Differenzeinwand [§§ 762, 764 BGB].

- *Hutton-Fall*[976]

„Verbraucher" iSd EuGVÜ ist nur der nicht berufs- oder gewerbebezogen handelnde private Endverbraucher.

- *Piageme-Fall*[977]

Angaben auf Lebensmitteletiketten müssen für den Verbraucher leicht verständlich abgefasst sein (etwa Piktogramm). Eine bestimmte Sprache darf allerdings nicht gefordert werden.

- *Océano-Fall*[978]

Die Missbrauchsklausel-Richtlinie ist dahin auszulegen, dass nationale Gerichte (anders als in Deutschland üblich) Klauseln in Verbraucherverträgen *von Amts wegen* auch dann zu prüfen haben, wenn der Missbrauch einer Klausel vom Verbraucher nicht geltend gemacht wurde.

---

973 *Grundmann*, AcP 202 (2002), 40 (41 f.).
974 *Tilmann*, in: Festschrift Helmrich, S. 437 (440).
975 EuGH, Société générale de banque alsacienne/Koestler, C-15/78, ECLI:EU:C:1978:184, 1972.
976 EuGH, Shearson Lehman Hutton/TVB, C-89/91, ECLI:EU:C:1993:15, I-181.
977 EuGH, Piagmene/Peeters NV, C-85/94, ECLI:EU:C:1995:312, I-2969.
978 EuGH, Océano Grupo Editorial und Salvat Editores, C-240/98, ECLI:EU:C:2000:346, I-4963 = NJW 2000, 2571.

- *Quelle-Fall*[979]

Die Nutzung eines vertragswidrigen Verbrauchsguts ist nach der Verbrauchsgüterrichtlinie unentgeltlich. Es besteht kein Wertersatzanspruch bis zum Austausch durch ein neues Verbrauchsgut.

- *Boston Scientific-Fall*[980]

Medizingerätehersteller für Herzschrittmacher unterliegen gegenüber Patienten besonders hohen Sicherheitsanforderungen. Hat eines dieser Produkte ein Fehler, spricht die Vermutung für die Fehlerhaftigkeit aller Produkte.

- *Lexitor*[981]

Das Recht des Verbrauchers auf Ermäßigung der Gesamtkosten eines Kredits bei vorzeitiger Kreditrückzahlung umfasst sämtliche Kosten.

- *JC*[982]

Für die Berechnung von Widerrufsfristen eines Verbrauchervertrages sind klare und prägnante Angaben in den AGB erforderlich.

5. Bezüge zum deutschen Recht

788 Schon mit dem 2002 in Kraft getretenen Schuldrechtsmodernisierungsgesetz wurde der erhebliche Einfluss des europäischen Verbraucherschutzrechts auf das äußere und innere System des deutschen Schuldvertragsrechts sichtbar. Erfolgte die Umsetzung von Verbraucherschutzrichtlinien ursprünglich überwiegend in Spezialgesetzen (Produkthaftungsgesetz; Haustür-Widerrufsgesetz; Fernabsatzgesetz; Teilzeit-Wohnrechtsgesetz; Verbraucherkreditgesetz) und nur ausnahmsweise im Bürgerlichen Gesetzbuch (§§ 12; 611 a; 651 a bis 651 m BGB), wird seither nach dem Vorbild des niederländischen Zivilgesetzbuchs (aber anders als beispielsweise im österreichischen oder polnischen Recht) eine wenig systematische Integration der meisten sondergesetzlichen Verbraucherschutzvorschriften (etwa §§ 327a-o) einschließlich des materiellen Teils des früheren AGB-Gesetzes in den Kodex des BGB vollzogen. Zu bedauern ist, dass keine überzeugende Verzahnung des Rechts der elektronischen Verträge mit dem generellen Vertragsrecht stattgefunden hat.

789 Die Integration des Verbraucherschutzrechts in das Bürgerliche Gesetzbuch verstärkt die Wirkung der bindenden Auslegung von Richtlinienvorschriften durch den Europäischen Gerichtshof auf die in das deutsche Recht umgesetzten Vorschriften.[983] Die EuGH-Interpretationen wirken sich erheblich auf die Auslegungskontexte und auf die Rechtsfindungsmethoden in Deutschland aus. Insbesondere macht sich der hohe Rang der Erwägungsgründe bemerkbar, die jeder EU-Richtlinie vorangestellt sind.

979 EuGH, Quelle AG/Bundesverband der Verbraucherzentralen und Verbraucherverbände, C-404/06, ECLI:EU:C:2008:231, I-2713.

980 EuGH, Boston Scientific Medizintechnik/AOK Sachsen-Anhalt und Betriebskrankenkasse RWE, C-503/13, ECLI:EU:C:2015:148.

981 EuGH, Lexitor, C-383/18, ECLI:EU:C:2019:702.

982 EuGH, Kreissparkasse Saarlouis, C-66/19, ECLI:EU:C:2020:242.

983 Vgl. etwa die Rechtswidrigkeit des § 355 Abs. 3 BGB a. F. aufgrund von EuGH vom 13.12.2001, Rs. C-317/99, Slg. 2001, I-9863 oder die notwendig gewordene Reformulierung des § 611 a BGB sowie die vermutete Rechtswidrigkeit (vgl. *Mülbert*, ZHR 159 (1995), S. 30) des § 239 Abs. 1 BGB.

Drei generelle Beobachtungen sind festzuhalten: 790

- Die klassische deutsche *Verschuldenshaftung* befindet sich auf dem Rückzug. EU-Regelungen in sicherheitsrelevanten Bereichen (Produkthaftung; Arbeitssicherheit) haben die *Gefährdungshaftung* als „zweite gleichwertige Säule des deutschen Haftungsrechts“[984] verstärkt.
- *Ohne Änderungen des Gesetzestextes* haben sich Korrekturen der deutschen Rechtsprechung aufgrund der *zunehmenden* EU-Orientierung (etwa: Auslegung von Generalklauseln; Kündigungsschutzrecht) ergeben. Umgekehrt geraten deutsche Rechtsinstitute, wie die culpa in contrahendo, bei grenzüberschreitenden Transaktionen in die Kontrolltätigkeit des Europäischen Gerichtshofs.[985]
- Die Kategorie des *Verbrauchers* als eines Privatrechtssubjekts, der als Marktbürger Waren und Dienstleistungen außerhalb einer beruflichen oder gewerblichen Tätigkeit nachfragt und dabei als wirtschaftlich schwächerer Teil vor Übervorteilung geschützt werden soll, hat sich europaweit durchgesetzt. Die deutsche Privatrechtsdogmatik musste sich durch Einführung zwingenden Rechts entsprechend anpassen.
- Eine „Vollharmonisierung“ des Verbraucherschutzrechts hat sich bisher als undurchführbar erwiesen und bleibt auf bestimmte Aspekte beschränkt.

Die *Produkthaftungsrichtlinie* hat über das deutsche *Produkthaftungsgesetz* zu einer 791 *Mehrspurigkeit* der privatrechtlichen Haftung für fehlerhafte Produkte geführt. Das Produkthaftungsgesetz gilt neben den Gewährleistungsansprüchen des Käufers/Bestellers nach §§ 459, 463, 633 ff. BGB[986] und neben den Ansprüchen aus Delikt. Das Gefährdungshaftungsprinzip des Produkthaftungsgesetzes tritt neben das Verschuldungsprinzip und das Beweislastumkehrprinzip im Deliktsrecht. Sehr fraglich ist, ob man bei Transaktionen innerhalb des Binnenmarktes überhaupt noch von „Importeur“ oder „Exporteur“ sprechen kann, da mit dem Wegfall der Binnengrenzen auch die rollengebundenen Pflichten (Produktbeobachtungspflicht des Importeurs) entfallen sind.[987]

Die deutsche Umsetzung der *Pauschalreiserichtlinie* hat zur Änderung der §§ 651 a 792 bis 651 e unter Einfügung des neuen § 651 k geführt. Da die Richtlinie nur Mindestpflichten festlegt, gelten die strengeren deutschen Vorschriften fort. Unter „Reiseveranstaltung“ nach deutschem Recht fallen auch Einzelleistungen einer Urlaubsreise sowie Angebote von Gelegenheitsveranstaltern (Vereinen; Kirchen; Schulen). Die Umsetzung der Richtlinie in deutsches Recht hat die Stellung des Reisenden durch die *Insolvenzversicherungspflicht* des Reiseveranstalters, das Preiserhöhungsverbot bei kurzfristigen Reisebuchungen und das Rücktrittsrecht des Reisenden bei Preiserhöhungen von mehr als 5 % bei sonstigen Reisen verbessert. Auch ist nunmehr der Vertragseintritt eines Dritten als Ersatzreisenden zulässig (§ 651 b BGB).

Als teilweise „revolutionär“[988] werden im deutschen Recht die Auswirkungen der 793 *Missbrauchsklauseln-Richtlinie* aufgrund ihres unterschiedlichen Anwendungsbereichs, der unterschiedlichen Anknüpfungskriterien und des unterschiedlichen Überprüfungsverfahrens eingeschätzt.

---

984 *V. Bar*, in: Festschrift Lange 1992, S. 373; vgl. auch *Oertel*, Objektive Haftung in Europa, 2010.
985 EuGH, CMC Motorradcenter GmbH, C-93/92, ECLI:EU:C:1993:838, I-5018 = JZ 1994, 623.
986 BGH, BB 1992, 517.
987 *Brüggemeier*, JZ 1994, 578 (579); a. A. BGH, JZ 1994, 574 (576).
988 *Schmidt-Salzer*, BB 1995, 1493 (1497).

	EU-Richtlinie	*AGB-Recht (305 ff. BGB)*
Anwendungsbereich	Verträge zwischen Gewerbetreibenden und Verbrauchern	Verträge zwischen Nichtkaufleuten (aber: § 307 BGB)
Kontrollkriterium	Missbrauch (Art. 3 Abs. 1)	Unangemessenheit (§ 307 BGB)

794 Das deutsche AGB-Recht wird in seinem *sachlichen Anwendungsbereich* erweitert und findet auch auf die einmalige Verwendung vorformulierter missbräuchlicher Klauseln Anwendung. Die nach der Richtlinie gebotene einzelvertragliche Kontrolle der Begleitumstände des Vertragsabschlusses ergänzt die bisher generalisierende Betrachtung von Vertragsklauseln. So ist ein absolutes Koppelungsverbot von Gewinnspielen mit dem Kauf von Waren mit der Missbrauchsklauseln-Richtlinie unvereinbar, weil diese Richtlinie eine „vollständige Harmonisierung" enthält und einen weiterreichenden nationalen Verbraucherschutz ausschließt.[989] Gewerbetreibende (einschließlich der Freiberufler) können gegenüber Verbrauchern die deliktische Haftung selbst für leichte Fahrlässigkeit nicht mehr ausschließen.[990] Globalhaftungsklauseln bei Privatbürgschaften sind nur noch zulässig, wenn Höhe und Dauer der Bürgenverpflichtung erkennbar sind.[991]

6. Bewertung

795 Der Prozess der Bildung eines Europäischen Privatrechts verläuft bisher unkoordiniert und wird nach dem jetzigen Erkenntnisstand nicht zu einem europäischen, die zahlreichen EU-Richtlinien einschließenden Privatrechtskodex führen. Die Gründe dafür liegen in der vorherrschenden nationalen Orientierung der Zivilrechtler, dem eher topischen Charakter der EU-Richtlinien sowie dem Fehlen einer allgemeinen Gesetzgebungskompetenz der Union. Zwar beruht das Privatrecht in allen EU-Mitgliedstaaten (außer in Irland) letztlich auf dem Römischen Recht. Diese Anteile lassen sich aber in den heutigen Rechtsordnungen aufgrund zahlreicher Anpassungsprozesse über die Jahrhunderte nur noch ausnahmsweise erkennen.

796 Aus rechtstheoretischer Sicht stand bisher die *Ermittlung allgemeiner Prinzipien* im *Vertragsrecht* im Vordergrund. Das Wettbewerbs- und Unternehmensrecht oder das Recht der elektronischen Kommunikation erscheinen deshalb als zivilrechtliche Sondermaterien. Vorschläge für eine anspruchsvollere theoretische Fundierung und Modernisierung der privatrechtlichen Prinzipien jenseits ihrer empirisch-rechtsvergleichenden Registrierung (etwa für den E-Commerce-Bereich) scheiterten nicht zuletzt an der einseitigen Zusammensetzung der von der EU-Kommission ausschließlich geförderten „Study Group on European Contract Law".[992]

797 Die Gesetzgebungskompetenz der Union im Privatrecht ist lückenhaft. Weder als Annexkompetenz zu den Marktfreiheiten noch auf der Grundlage des Art. 81 AEUV noch aus einer Verallgemeinerung der punktuellen Vorschriften des europäischen Sonderprivatrechts (Verbraucher; Handelsvertreter; E-Commerce) lässt sich ein *Gesamtsystem* des europäischen Vertrags-, Delikts-, Sachen-, Familien- und Erbrechts aufbauen. Die

---

989 EuGH, Zentrale zur Bekämpfung unlauteren Wettbewerbs/Plus Warenhandelsgesellschaft, C-304/08, ECLI:EU:C:2010:12 = NJW 2010, 1867.

990 *Schiemann*, in: Schnyder u. a., S. 131 (132).

991 *Reich*, NJW 1995, 1857.

992 Vgl. *Grundmann*, European Review of Contract Law Vol. 1 (2005), 184 (196 f., 210).

Klassifikation der bestehenden Richtlinien in der Mitteilung der EU-Kommission als Module eines zivilrechtlichen Gesamtsystems erscheint lückenhaft, intransparent und widersprüchlich.[993] So beschreibt die EU-Kommission für den „aquis communautaire" im Privatrecht und als Grundlage für künftige Optionen zur Vereinheitlichung auf Unionsebene neben dem Vertragsrecht unter anderem auch das Wertpapierrecht, das Versicherungsrecht oder das Recht der öffentlichen Ausschreibungen. Am ehesten sind einheitliche privatrechtliche EU-Rahmenregelungen im Bereich der digitalisierten Kommunikation zu erwarten.

Die bisherigen Richtlinien schaffen selbst in ihren engen Bereichen noch kein einheit- 798
liches Sachrecht. Die Vereinheitlichung des Allgemeinen Privatrechts in den Kernbereichen ist aber schwieriger als in den Spezialbereichen. Ein allgemeines privatrechtliches „Römisches Europarecht" ist „eine Utopie, wenn nicht gar abwegig".[994]

Allenfalls werden einige Prinzipien sichtbar, etwa:

- Ausbau der Gefährdungshaftung
- Durchsetzbarkeit und Abwicklung von Ansprüchen aus grenzüberschreitenden Vermögensverhältnissen
- Vermeidung ungerechter Risikoverschiebungen
- Verringerung von Gefahren durch Setzung von Produkt- und Qualitätsstandards
- Schutz von Vertrauen
- Rechtssicherheit.

Das *Verbraucherschutzrecht* hat sich über das reine Binnenmarktharmonisierungskon- 799
zept hinaus zu einem autonomen *Marktbürgerrecht* entwickelt.[995] Der Schutzgedanke führt zu zwingenden Vorschriften im europäischen Privatrecht, die manchmal den Blick für die grundlegenden Prinzipien „Vertragsfreiheit" und „Wettbewerb" verschleiern. Das UN-Kaufrecht (CISG) hat zur Harmonisierung von B2B- und B2C-Kaufverträgen in der Union beigetragen.

wiederholte Aufforderungen des Europäischen Parlaments, ein einheitliches europäi- 800
sches Zivilgesetzbuch zu schaffen, waren bisher erfolglos. Jedoch wird der Ausbau digitaler Märkte und Dienstleistungen wegen deren grenzüberschreitender Natur am ehesten zur Entstehung eines Binnenmarkt-Privatrechts beitragen. Hierfür müssen bewährte juristische Prinzipien (wie Autonomie; Vertragsfreiheit; Vertrauen; Sicherheit; Identität; Qualität; Haftung) unter Berücksichtigung des technischen Umfeldes neu definiert und instrumentalisiert werden.

7. Wiederholungsfragen

1. Welche Bereiche umfasst das harmonisierte Europäische Privatrecht? 801
2. Welche Regelungsgrundlagen können zur Schaffung eines harmonisierten Europäischen Privatrechts herangezogen werden?
3. Was regelt die Verbraucherrechte-Richtlinie?
4. Welche Besonderheiten regelt das Verbraucherschutzrecht im Hinblick auf elektronische Verträge?

993 Vgl. *Reich*, in: Grundmann/Stuyck, S. 284.
994 *Simon*, Rechtshistorisches Journal 1993, S. 315 ff.
995 Ähnlich: *Reich*, ZEuP 1994, 381 (386).

5. Welche Leitentscheidungen zum harmonisierten Europäischen Privatrecht kennen Sie?
6. Wo finden sich wichtige Umsetzungen von EU-Privatrecht im nationalen Recht?

X. Zivilverfahrensrecht und Europäisches Kollisionsrecht

Spezialliteratur: *Adolphsen*, Europäisches Zivilverfahrensrecht, 3.A. 2022; *Bernitt*, Die Anknüpfung von Vorfragen im europäischen Kollisionsrecht, 2010; *Bork*, Einführung in das Insolvenzrecht, 10. Aufl. 2021; *Brödermann*, Paradigmenwechsel im Internationalen Privatrecht, in: NJW 2010, S. 807–813; *Brömmelmeyer*, Die EU-Sammelklage, 2013; *Chaprehari/Saam/Wendt*, Kollektiver Rechtsschutz in der Europäischen Union, 2023; *Ebers*, Rechte, Rechtsbehelfe und Sanktionen im Unionsprivatrecht, 2016; *Geimer*, Internationales Zivilprozessrecht, 8. A. 2020; *Geimer/Schütze*, Europäisches Zivilverfahrensrecht, 4. Aufl. 2020; *Gottschalk/Breßler*, Missbrauchskontrolle von Gerichtsstandsvereinbarungen im europäischen Zivilprozessrecht, in: ZEuP 1/2007, 56–80; *Hallstein*, Angleichung des Privat- und Prozessrechts in der Europäischen Wirtschaftsgemeinschaft, in: RabelsZ 1964, 211–231; *Heinze*, Zivilprozessrecht unter europäischem Einfluss, in: JZ 2011, 709–716; *Hess/ Pfeiffer/ Schlosser*, Brussels I-Regulation (EC) No. 44/2001, 2. Aufl. 2008; *Junker*, Die ROM II-Verordnung: Neues Internationales Deliktrecht auf europäischer Grundlage, NJW 2007, 3675–3682; *Kieninger/Remien* (Hrsg.), Europäische Kollisionsrechtsvereinheitlichung, Baden-Baden 2012; *Koch*, Grenzüberschreitender einstweiliger Rechtsschutz, in: Heldrich/Toshiynki (Hrsg.), Herausforderungen des internationalen Zivilverfahrensrechts, Tübingen 1994, 85–102; *Kohler*, Die Formung europäischen Kollisionsrechts durch den Gerichtshof der Europäischen Gemeinschaften; in: Reichelt/Gerte (Hrsg.), Europäisches Kollisionsrecht: Die Konventionen von Brüssel, Lugano und Rom; ausländische Erfahrungen und österreichische Perspektiven, 1993, 129–160; *Kropholler/von Hein*, Europäisches Zivilprozessrecht, 10. Aufl. 2023; *Leible/Ohly (ed.)*, Intellectual Property and Private International Law, 2009; *Magnus/Mankowski*, Brüssels I Regulation, 2007; *Mayer/Lindemann/Haibach*, Small Claims Verordnung, 2009; *Reichelt*, Europäisches Kollisionsrecht, Die Konventionen von Brüssel, Lugano und Rom, 1993; *Ringwald*, Europäischer Vollstreckungstitel nach der EuVTVO und Rechtsbehelfe des Schuldners, Baden-Baden 2010; *Roth*, Angleichung des IPR durch sekundäres Gemeinschaftsrecht, in: IPRax 1994, 165–174; *Rentsch*, Das Vereinigte Königreich als „Drittstaat" im Sinne der ROM-I-VO, EuZW 2017, 981; *Schack*, Internationales Zivilverfahrensrecht, 8. Aufl. 2021; *Schlosser/Hess*, EU-Zivilprozessrecht, 5. A. 2021; *Sepperer*, Der Einwand entgegenstehender Rechtskraft in den Mitgliedstaaten der EuGVVO, 2010; *Thiele*, Europäisches Prozessrecht, 2. Aufl. 2014; *Wernicke/Hoppe*, Die neue EuGVVO – Auswirkungen auf die internationale Zuständigkeit bei Internet-Verträgen, in: MMR 2002, 643–648; *Wolf/Lange*, Das Europäische System des einstweiligen Rechtsschutzes – doch kein System? In: RIW 2003, 55–63.

1. Bereichsdefinition

802 Das Europäische Zivilverfahrensrecht betrifft das Europäische Kollisionsrecht, Vorschriften über die grenzüberschreitende Einleitung und Abwicklung von Zivilverfahren einschließlich Insolvenzverfahren sowie die Anerkennung und Vollstreckung von Entscheidungen in Zivil- und Handelssachen.

2. Regelungsgrundlagen

803 Die früheren bilateralen Abkommen zwischen den Mitgliedstaaten über die gegenseitige Anerkennung und Vollstreckung richterlicher Entscheidungen und Schiedssprüche wurden im Jahre 1973 durch das Übereinkommen über die gerichtliche Zuständigkeit und die Vollstreckung gerichtlicher Entscheidungen in Zivil- und Handelssachen

(EuGVÜ)[996] ersetzt. Ihm ist auch die Union beigetreten.[997] Im Jahre 1988 wurde mit den Staaten des Europäischen Wirtschaftsraums das Parallelabkommen von Lugano geschlossen.[998] Nach dem BREXIT hat das Vereinigte Königreich einen Antrag auf Aufnahme in das Luganer Abkommen gestellt. Die EU Kommission hat empfohlen, den Antrag abzulehnen.

Durch den Vertrag von Lissabon wurden die bisher in den Art. 61 lit. c und 65 EG enthaltenen Bestimmungen zur Zusammenarbeit in Zivilsachen ausgebaut. Nach Art. 81 AEUV geht es nicht mehr nur um das „reibungslose Funktionieren des Binnenmarktes" (so früher Art. 65 S. 1 EG), sondern es reicht ein „grenzüberschreitender Bezug" (Art. 81 Abs. 1 S. 1 AEUV) aus, um die justizielle Zusammenarbeit auf dem Grundsatz der gegenseitigen Anerkennung von gerichtlichen und außergerichtlichen Entscheidungen voranzutreiben. 804

Als zusätzliche Aufgaben in Zivilsachen sind auf Unionsebene hinzugekommen:

- die Angleichung von Rechtsvorschriften der Mitgliedstaaten (Art. 81 Abs. 1 S. 2 AEUV)
- die Sicherstellung des effektiven Zugangs zum Recht (Art. 81 Abs. 2 lit. e AEUV)
- die Entwicklung von alternativen Methoden zur Streitbeilegung (Art. 81 Abs. 2 lit. g AEUV)
- Aspekte des Familienrechts mit grenzüberschreitendem Bezug (Art. 81 Abs. 3 Unterabs. 1 S. 1 AEUV).

Auch Maßnahmen zur Förderung der Vereinbarkeit von Kollisionsnormen und Vorschriften zur Vermeidung von Kompetenzkonflikten sind nunmehr zulässig (Art. 81 Abs. 2 lit. c AEUV).

Die Union hat durch mehrere Verordnungen von diesen Kompetenzen Gebrauch gemacht und strebt gegenwärtig Erweiterungen im internationalen Erbrecht[999] an.

3. Einzelregelungen

Am 1.7.2023 waren folgende wirtschaftsrechtlich relevanten EG-Verordnungen und Richtlinien in Kraft, die überwiegend auf Art. 67, 81 AEUV gestützt wurden. 805

996 ABl. L 299 vom 31.12.1972, S. 32.

997 Beschluss (EU) 2022/1206 vom 12.7.2022 ABL. L 14.7.2022, S. 1 (mit Übersetzungen des EuGVÜ in alle EU-Amtssprachen).

998 Luganer Übereinkommen über die gerichtliche Zuständigkeit und die Vollstreckung gerichtlicher Entscheidungen in Zivil- und Handelssachen vom 16.9.1988 ABl. L 319 vom 25.11.1988, S. 9. Es gilt im Verhältnis der EU-Mitgliedstaaten zur Schweiz, zu Island und Norwegen.

999 KOM (2009)154 vom 14.10.2009.

Nr.	*Verordnung/Richtlinie*	*Umsetzung/Durchführung*
1	Verordnung (EG) Nr. 1206/2001 vom 28.5.2001 über die Zusammenarbeit zwischen Gerichten der Mitgliedstaaten auf dem Gebiet der Beweisaufnahme in Zivil- und Handelssachen vom 28.5.2001 *– EuBVO –* *ABl. Nr. L 174 vom 27.6.2001, S. 1*	EG-Beweisaufnahmedurchführungsgesetz vom 4.11.2003 BGBl. I S. 2166
2	Richtlinie 2003/8/EG vom 27.1.2003 zur Verbesserung des Zugangs zum Recht bei Streitsachen mit grenzüberschreitendem Bezug durch Festlegung gemeinsamer Mindestvorschriften für Prozesskostenhilfe in derartigen Streitsachen vom 27.1.2003 *– Prozesskostenhilfe-Richtlinie –* *ABl. Nr. L 26 vom 31.1.2003, S. 4*	EG-Prozesskostenhilfegesetz vom 15.12.2004 BGBl. I S. 3392
3	Verordnung (EG) Nr. 805/2004 zur Einführung eines Europäischen Vollstreckungstitels für unbestrittene Forderungen *– Vollstreckungstitelverordnung (EuVTVO) –* *ABl. L 143 vom 30.4.2004, S. 15*	EG-Vollstreckungstiteldurchführungsgesetz vom 18.8.2005 BGBl. I S. 2477
4	Verordnung (EG) Nr. 1896/2006 vom 12.12.2006 zur Einführung eines europäischen Mahnverfahrens *– EuMVVO –* *ABl. L 399 vom 31.12.2006, S. 1* geändert durch Delegierte VO (EU) 2017/1260 vom 19.6.2017 ABl. L 182 vom 13.7.2017, S. 20	Gesetz zur Verbesserung der grenzüberschreitenden Forderungsdurchsetzung und Zustellung vom 30.10 2008 BGBl. I S. 2122
5	Verordnung (EG) Nr. 861/2007 vom 11.7.2007 zur Einführung eines europäischen Verfahrens für geringfügige Forderungen *– EuVgerFVO –* *ABl. L 199 vom 31.7.2007, S. 1* zuletzt geändert durch Delegierte VO (EU) 2017/1259 vom 19.6.2017 ABl. L 182 vom 13.7.2017, S. 1	Gesetzes zur Verbesserung der grenzüberschreitenden Forderungsdurchsetzung und Zustellung vom 30.10.2008 BGBl. I S. 2122
6	Verordnung (EG) Nr. 864/2007 vom 11.7.2007 über das auf außervertragliche Schuldverhältnisse anzuwendende Recht *– ROM II-Verordnung –* *ABl. L 199 vom 31.7.2007, S. 40*	Gesetz zur Anpassung der Vorschriften des Internationalen Privatrechts an die Verordnung 864/2007 vom 10.10.2008 BGBl. I 2401

Nr.	*Verordnung/Richtlinie*	*Umsetzung/Durchführung*
7	Verordnung (EG) Nr. 593/2008 vom 17.7.2008 über das auf vertragliche Schuldverhältnisse anzuwendende Recht *– ROM I-VO –* *ABl. L 177 vom 4.7.2008, S. 6*	Gesetz zur Anpassung des Internationalen Privatrechts an die Verordnung (EG) Nr. 593/2008 vom 25.6.2009 BGBl. I S. 1574
8	Verordnung (EU) Nr. 650/2012 vom 4.7.2012 über die Einführung eines Europäischen Nachlasszeugnisses *– EuErb-VO –* *ABl. L 201 vom 27.7.2012, S. 107*	Gesetz zum Internationalen Erbrecht und zur Änderung von Vorschriften zum Erbschein sowie zur Änderung sonstiger Vorschriften vom 29.6.2015 BGBl. I S. 1042
9	VO (EU) Nr. 1215/2012 vom 12.12.2012 über die gerichtliche Zuständigkeit und die Anerkennung und Vollstreckung von Entscheidungen in Zivil- und Handelssachen *– EuGVVO (auch „Brüssel-Ia-VO" oder „Lugano-II-Übereinkommen" genannt) –* *ABl. L 351 vom 20.12.2012, S. 1 (Neufassung);* zuletzt geändert durch VO (EU) Nr. 2015/281 zur Ersetzung der Anlagen I und II der EuGVVO *ABl. L 54 vom 25.2.2015, S. 1*	Gesetz zur Ausführung zwischenstaatlicher Verträge und zur Durchführung von Verordnungen der Europäischen Gemeinschaft auf dem Gebiet der Anerkennung und Vollstreckung in Zivil- und Handelssachen (AVAG) vom 19.2.2001 BGBl. I S. 288
10	VO (EU) Nr. 424/2013 vom 21.5.2013 über die Online-Streitbeilegung in Verbraucherangelegenheiten *– OS-Verordnung –* ABl. L 165 vom 18.6.2013, S. 1	Verbraucherstreitbeilegungsgesetz (VSBG) vom 19.2.2016 BGBl. I S. 254; 1039
11	Richtlinie 2013/11/EU vom 21.5.2013 über die alternative Streitbeilegung in Verbraucherangelegenheiten *– AS-Richtlinie –* ABl. L 165 vom 18.6.2013, S. 63	Verbraucherstreitbeilegungsgesetz (VSBG) vom 19.2.2016 BGBl.I S. 254; 1039
12	VO (EU) Nr. 655/2014 vom 15.5.2014 zur Einführung eines Verfahrens für einen Europäischen Beschluss zur vorläufigen Kontenpfändung im Hinblick auf die Erleichterung der grenzüberschreitenden Eintreibung von Forderungen in Zivil- und Handelssachen *– Kontenpfändungsverordnung –* *ABl. L 189 vom 27.6.2014, S. 59*	Durchführungsgesetz (EuKoPfVODG) vom 21.11.2016 BGBl. I S. 2591

Nr.	*Verordnung/Richtlinie*	*Umsetzung/Durchführung*
13	Verordnung (EU) Nr. 2015/848 vom 20.5.2015 über Insolvenzverfahren *– Insolvenzverfahren-Verordnung – (EUInsVO) –* *ABl. L 141 vom 5.6.2015, S. 19* Zuletzt geändert durch VO (EU) 2021/2260 vom 15.12.2021 *ABl. vom 20.12.2021, S. 4*	Durchführungsgesetz zur EuInsVO vom 5.6.2017, S. 1476
14	Verordnung (EU) 2020/1784 über die Zustellung gerichtlicher und außergerichtlicher Schriftstücke in Zivil- und Handelssachen in den Mitgliedstaaten vom 25.11.2020 *– Zustellungsverordnung –* *ABl. L 405 vom 2.12.2020* *(Neufassung der VO (EG) Nr. 1393/2007)*	EG-Zustellungsdurchführungsgesetz (ZustDG) vom 9.7.2001 BGBl. I S. 1536; Gesetz zur Verbesserung der grenzüberschreitenden Forderungsdurchsetzung vom 30.10.2008 BGBl. I S. 2122; vgl. ergänzend: Gesetz zur Änderung von Vorschriften im Bereich des Internationalen Privat- und Zivilverfahrensrechts vom 11.6.2017, S. 1607
15	Richtlinie (EU) 2020/1828 über Verbandsklagen zum Schutz von Kollektivinteressen der Verbraucher und zur Aufhebung der Richtlinie 2009/22/EG vom 25.11.2020 *– Verbandsklage-Richtlinie –* *ABl. L 409 vom 4.12.2020, S. 1*	Verbandsklagenrichtlinienumsetzungsgesetz (VRUG) vom 7.7.2023 (das VRUG wurde bis zum 28.7.2023 noch nicht im BGBl. I veröffentlicht)
16	Verordnung (EU) 2022/850 über ein EDV-System für den grenzüberschreitenden elektronischen Datenaustausch im Bereich der justiziellen Zusammenarbeit in Zivil- und Strafsachen (e-CODEX-System) vom 30.5.2022 *– e-CODEX-Verordnung –* *ABl. L 150 vom 1.6.2022, S. 1*	

a) Beweisaufnahmeverordnung (EuBVO)

806 Mit der Verordnung über die Zusammenarbeit zwischen den Gerichten der Mitgliedstaaten auf dem Gebiet der *Beweisaufnahme in Zivil- und Handelssachen* (*Nr. 1 der Liste*) soll die Beweisaufnahme in grenzüberschreitenden Streitfällen im Interesse des Binnenmarktes vereinfacht und beschleunigt werden. Zu diesem Zweck wird in jedem Mitgliedstaat eine Zentralstelle benannt, die ausländischen Gerichten („ersuchenden Gerichten“) Auskunft über das zuständige Gericht erteilt oder das Ersuchen direkt weiterleitet (Art. 3). Das Ersuchen muss mithilfe eines vorgeschriebenen Formblatts erfolgen, das Einzelheiten über den zu erhebenden Beweis enthält (Art. 4) und in der Amtssprache des ersuchten Mitgliedstaates abgefasst sein muss. Das ersuchte Gericht erledigt die Beweisaufnahme innerhalb von 90 Tagen (Art. 10 Abs. 1). Ob die Parteien, deren Vertreter oder Beauftragte des ersuchenden Gerichts bei der Beweisaufnahme anwesend sein können oder müssen, richtet sich nach dem Recht des Mitgliedstaates des *ersuchenden Gerichts* (Art. 11 Abs. 1; 12 Abs. 1).

Das ersuchte Gericht kann – außer bei unmittelbaren Beweisaufnahmen (Art. 17 Abs. 2) – geeignete Zwangsmaßnahmen nach dem Recht des Mitgliedstaates des ersuchten Gerichts anwenden (Art. 13). Die Beweisaufnahme erfolgt kostenlos (Art. 18 Abs. 1). Die Beweisaufnahmeverordnung geht bilateralen und multilateralen Übereinkünften der Mitgliedstaaten im Gegenstandsbereich der Verordnung vor (Art. 21 Abs. 1).

b) Prozesskostenhilfe-Richtlinie

Die Richtlinie 2002/8/EG über *Prozesskostenhilfe* (*Nr. 2 der Liste*) hat das Ziel, im 807
Bereich der justiziellen Zusammenarbeit in Zivilsachen mit grenzüberschreitendem Bezug, die für das reibungslose Funktionieren des Binnenmarktes erforderlich ist, einen Mindeststandard zur Gewährleistung eines angemessenen Niveaus der Prozesskostenhilfe zu gewährleisten. Auch Personen, die nicht über ausreichende Mittel verfügen, soll der Zugang zu den Gerichten unabhängig von ihrem Wohnsitz für zivil- und handelsrechtliche Streitsachen mit grenzüberschreitendem Bezug garantiert werden.

Eine grenzüberschreitende Streitigkeit im Sinne dieser Richtlinie liegt vor, wenn die 808
Prozesskostenhilfe beantragende Partei ihren Wohnsitz in einem anderen Mitgliedstaat als dem Mitgliedstaat des Gerichtsstands oder dem Vollstreckungsmitgliedstaat hat. Die Gewährung der Prozesskostenhilfe setzt eine Beurteilung des Einkommens, des Vermögens, der familiären Situation sowie der wirtschaftlichen Ressourcen vom Antragssteller abhängiger Personen voraus (Art. 5 Abs. 2). Die Schwellenwerte für Prozesskostenhilfe werden von den Mitgliedstaaten festgelegt (Art. 5 Abs. 3). Die Prozesskostenhilfe umfasst sowohl alle unmittelbaren mit dem grenzüberschreitenden Charakter der Streitsache verbundenen Kosten, also Dolmetscherleistungen, Übersetzungen und Reisekosten, als auch die vom Mitgliedstaat des Wohnsitzes zu übernehmenden Kosten der Unterstützung durch einen Rechtsanwalt, die Durchführung außergerichtlicher Verfahren sowie die Vollstreckung öffentlicher Urkunden (Art. 7; 8; 10; 11).

c) Vollstreckungstitel-VO (EuVTVO)

Unbestrittene titulierte Forderungen, wie Unterhaltstitel, Versäumnis- und Anerken- 809
nungsurteile, Prozessvergleiche, öffentliche Urkunden konnen seit Oktober 2005 in einem anderen EU-Mitgliedstaat (Ausnahme: Dänemark) ohne weitere Vollstreckbarkeitserklärung im Vollstreckungsmitgliedstaat (Exequaturverfahren der Brüssel I-VO) vollstreckt werden (*Nr. 3 der Liste*). Die Bestätigung als europäischer Vollstreckungstitel aufgrund EU-einheitlicher Formblätter erfolgt in Deutschland durch die Stellen, denen auch die Erledigung vollstreckbarer Ausfertigung des unbestrittenen Titels obliegt. Das EG-Vollstreckungstitel-Durchführungsgesetz hat den überflüssigen § 791 ZPO aufgehoben und Ergänzungen und Klarstellungen in zahlreichen Vorschriften eingefügt (etwa in §§ 215, 276, 338, 499, 767, 790, 1082, 1084–1086 ZPO).

d) Europäisches Mahnverfahren (EuMVVO)

Für die Wirtschaftsbeteiligten ist eine rasche und effiziente Bestreitung ausstehender 810
Forderungen außerhalb eines Rechtsstreits von großer Bedeutung. Ein Zahlungsverzug kann die Existenz kleiner und mittlerer Unternehmen bedrohen. Das *europäische Mahnverfahren* (*Nr. 4 der Liste*), das fakultativ zu nationalem Recht in Anspruch genommen werden kann, schafft die Möglichkeit, grenzüberschreitende Verfahren in

Zivil- und Handelssachen im Zusammenhang mit unbestrittenen Geldforderungen aufgrund von europäischen Zahlungsbefehlen durchzuführen. Die Verordnung schafft Mindestvorschriften zur Erteilung der Abwicklung.

Ob ein deutsches Gericht für einen Mahnbescheid zuständig ist, richtet sich nach internationalem Zivilprozessrecht oder einer vereinbarten Schiedsklausel. Der Schuldner muss die Kosten des Mahnverfahrens (einschließlich der Übersetzungs- und zustellungskosten) zunächst vorschießen.

e) VO über ein europäisches Verfahren für geringfügige Forderungen (EuVgerFVO)

811 Die Verordnung (*Nr. 5 der Liste*) führt ein *Klageformblatt für Bagatellverfahren* mit einem Streitwert bis 2000,00 Euro (ohne Zinsen, Kosten und Auslagen) ein, das beim zuständigen Gericht mit oder ohne Beweisstücke auch per Fax oder E-Mail eingereicht werden kann. Ein Anwaltszwang besteht nicht. Durch das Verfahren sollen Verfahrenskosten gesenkt und Streitigkeiten schneller und einfacher beigelegt werden. Jede Partei muss für die sprachliche Verständlichkeit sorgen und notfalls die Übersetzung eines Schriftstücks vorlegen.

f) ROM II-Verordnung

812 Durch die *Verordnung über das auf außervertragliche Schuldverhältnisse anzuwendende Recht* (*Nr. 6 der Liste*) wird ein großer Teil des internationalen Deliktsrechts vereinheitlicht. Die Verordnung hat ebenso wie die ROM I-VO in den Beziehungen zwischen den Mitgliedstaaten Vorrang vor bilateralen oder multilateralen Übereinkommen zwischen Mitgliedstaaten, nicht jedoch Vorrang vor deren Übereinkommen mit Drittstaaten (Art. 28 VO (EG) Nr. 864/2007).

813 „*Außervertragliche Schuldverhältnisse*“ ist als autonomer Begriff zu verstehen (Erwägungsgrund 11). Erfasst werden die Anknüpfungen für Schäden aus unerlaubter Handlung, ungerechtfertigter Bereicherung, Geschäftsführung ohne Auftrag, Verschulden bei Vertragsverhandlungen (Art. 2) sowie aus Produkthaftung, unlauterem Wettbewerb, Umweltschädigung, Immaterialgüterverletzung und Arbeitskampfmaßnahmen (Art. 5–9). Nicht anwendbar ist die Verordnung auf Steuer-, Zoll-, Wechsel- und Schecksachen, Gesellschaften, Treuhandverhältnisse und unter anderem auch nicht auf Verletzungen der Privatsphäre oder von Persönlichkeitsrechten (Art. 1 Abs. 2).

814 Als *allgemeine Kollisionsnorm* für außervertragliche Schuldverhältnisse aus unerlaubter Handlung wird das Recht des Staates vorgesehen, in dem der Schaden eintritt (Art. 4 Abs. 1). Haben Schädiger und Geschädigter ihren gewöhnlichen Aufenthalt in demselben Staat, so unterliegt die unerlaubte Handlung dem Recht dieses Staates (Art. 4 Abs. 2). Aus besonderen Umständen, etwa einem bereits bestehenden Vertrag, kann sich allerdings auch eine engere Verbindung zum Recht eines anderen Staates ergeben, dessen Recht dann anzuwenden ist (Art. 4 Abs. 3). Modifikationen der allgemeinen Kollisionsnormen ergeben sich für die einzelnen Deliktstypen (Art. 5 Abs. 3).

Die allgemeine Vorbehaltsklausel (ordre public) bleibt unangetastet (Erwägungsgrund 32). Ebenso wird das Herkunftslandprinzip nach der E-Commerce-Richtlinie 2000/31/EG nicht berührt (Erwägungsgrund 35). Das Herkunftslandprinzip wird ausdrücklich erwähnt, obwohl es rechtlich keine Kollisionsnormen darstellt, aber sich faktisch so auswirkt.

Die ROM II-Verordnung beansprucht einen *umfassenden Geltungsbereich für das jeweils anzuwendende Recht.* Es ist maßgebend für den Grund und den Umfang der Haftung, die Bestimmung der Ersatzpflichtigen und Ersatzberechtigten, die Bemessung des Schadens, die Übertragbarkeit des Anspruchs, die prozessualen Folgen (Art. 15) sowie für den gesetzlichen Forderungsübergang (Art. 16). 815

g) ROM I-Verordnung

Die am 7.7.2008 in Kraft getretene *ROM I-Verordnung (Nr. 7 der Liste)* übernimmt weitgehend das auf vertragliche Schuldverhältnisse anwendbare Kollisionsrecht des Übereinkommens von Rom als Unionsrecht. 816

Ziel des Übereinkommens, das in allen EU-Mitgliedstaaten außer in Dänemark gilt, ist die *Vereinheitlichung des Kollisionsrechts,* das auf solche vertraglichen Schuldverhältnisse Anwendung finden soll, die Sachverhalte mit Bezügen zu anderen Staaten betreffen. Die Umwandlung *des Rom-Übereinkommens (EuGVVÜ)*[1000] in eine EG-Verordnung *(„Rom I-Verordnung")* erhebt das Übereinkommen in den Rang unmittelbar geltenden Unionsrechts.

Wenn die schuldrechtlichen Beziehungen von Personen in zwei Staaten Anknüpfungspunkte für die Anwendung des Rechts jedes dieser Staaten ergeben, muss die Frage gelöst werden, welches Recht anwendbar ist. Dafür sind Metakriterien erforderlich. Diese Metakriterien finden sich zunächst im Internationalen Privatrecht des jeweiligen Forumstaates, also des Staates, in dem eine gerichtliche Entscheidung begehrt wird.

▶ **Beispiel:**

Unternehmen U mit Sitz in Staat S schließt mit dem Unternehmer V mit Sitz im Staat T einen Werkvertrag über die Errichtung einer Fabrikhalle in S ab. Im Vertrag fehlt die Festlegung des anwendbaren Rechts. Muss U in S oder in T etwaige Werkmängelansprüche geltend machen? ◀

Hätte eines der beteiligten Unternehmen seinen Sitz in Deutschland und würde in Deutschland geklagt, müsste nach den Vorschriften der Art. 3 ff. EGBGB entschieden werden, welche Rechtsordnung Anwendung findet. Nach deutschem Internationalem Privatrecht wird auf das *Territorialprinzip* (Staatsangehörigkeit; Ort der Leistung oder des Erfolges; Wohnsitz), das *Personalitätsprinzip* oder das *Wirkungsprinzip* abgestellt. Art. 3 EGBGB legt aber auch fest, dass völkerrechtliche Vereinbarungen und die ROM I-VO dem deutschen Internationalen Privatrecht vorgehen. An Stelle der außer Kraft getretenen früheren deutschen Regelungen (Art. 27–37 EGBGB) ist damit die ROM I-VO anzuwenden. 817

Oberster Grundsatz der ROM I-VO ist die Berücksichtigung der *freien Rechtswahl* der Vertragsparteien (Art. 3). Fehlt eine Festlegung durch die Vertragsparteien, gelangt das Recht des Staates zur Anwendung, mit dem der Vertrag die engsten Verbindungen aufweist, wo sich der Sitz der juristischen Person befindet oder wo die charakteristische Leistung zu erbringen ist (Art. 4). Für Beförderungs-, Verbraucher-, Versicherungs- und Individualarbeitsverträge gelten besondere Bestimmungen (Art. 5–8). 818

Soweit zwingende Vorschriften des nationalen Rechts bestehen, können *Sonderanknüpfungen* eingreifen (Art. 9), die dem an sich nicht anwendbaren Recht eines Staates 819

1000 KOM (2005) 650 endg.

extraterritoriale Wirkung verschaffen. Dies kann auch bei wirtschaftlich relevanten Vereinbarungen der Fall sein.

▶ **Beispiel:**

Im zuletzt genannten Beispielsfall hat V die charakteristische Leistung (Bau der Fabrikhalle) zu erbringen. Da V seinen Sitz in T hat, gelangt das Recht dieses Staates zur Anwendung, es sei denn, dass zwingendes Recht des Staates S entgegensteht und das angerufene Gericht des Staates T dies aufgrund von Art. 9 EuGVVO berücksichtigt (Ermessensentscheidung). ◀

h) Europäische Erbrechts-Verordnung

820 Die *Verordnung über die Einführung eines Europäischen Nachlasszeugnisses (Nr. 8 der Liste)* sieht einen optionalen Europäischen Erbschein vor, der die Abwicklung grenzüberschreitender Erbfälle erleichtern soll. Ohne ein weiteres Verfahren wird bei Verwendung des vorgeschriebenen Formulars die Geltung des Inhalts auf die anderen Mitgliedstaaten erstreckt. Damit wird eine lästige Nachlassspaltung auch für Unternehmen vermieden, soweit deren Vermögen erbrechtlich relevant ist. Steuerrechtliche Fragen bleiben ausgeklammert. Die Verordnung regelt die Voraussetzungen, die Zuständigkeit, das anzuwendende Recht sowie die Anerkennung und Vollstreckung von erbrechtlichen Entscheidungen und öffentlichen Urkunden.

i) EuGVVO

821 Die neugefasste *EuGVVO (Nr. 9 der Liste)* hat die „Brüssel I"-Verordnung aufgehoben und gilt seit Januar 2015 für alle EU-Mitgliedstaaten, für Dänemark allerdings nur indirekt[1001]. Im Rechtsverkehr der EU-Mitgliedstaaten mit den EFTA-Staaten Island, Norwegen und der Schweiz bleibt es bei der Geltung des Lugano-Übereinkommens (LuGÜ)[1002]. Über den Antrag des Vereinigten Königreichs, nach dem BREXIT dem Luganer Abkommen beizutreten, hat die EU noch nicht entschieden. Im Jahre 2014 ist die Europäische Union dem Haager Übereinkommen über internationale Gerichtsstandsvereinbarungen von 2005 beigetreten[1003]. Damit können Entscheidungen eines vereinbarten Gerichts in Zivil- und Handelssachen nicht nur dann in der Union anerkannt und vollstreckt werden, wenn die Parteien in EU-Mitgliedstaaten ihren Geschäftssitz haben, sondern in Drittstaaten des Übereinkommens. Es besteht insoweit seit 2015 eine gewisse Kohärenz zwischen Binnenmarktrecht und Haager Übereinkommen.

822 Die EuGVVO regelt für Zivil- und Handelssachen einschließlich des Arbeits-, Immaterialgüter- und Versicherungsbereichs die örtliche und internationale gerichtliche Zuständigkeit sowie die Anerkennung und Vollstreckung von Entscheidungen und Urkunden aus anderen Mitgliedstaaten. Nicht erfasst von der EuGVVO sind Insolvenzen, Vergleiche, erbrechtliche Entscheidungen sowie Schiedssprüche. Auch das Haager Übereinkommen gilt nicht für Schiedssprüche. Für die Anerkennung und Vollstreckung ausländischer Schiedssprüche hat das Übereinkommen von New York[1004] Vorrang.

1001 ABl. L 79 vom 21.3.2013, S. 4.

1002 ABl. L 339 vom 21.12.2007, S. 3 (in Kraft seit 1.1.2010).

1003 Beschluss des Rates vom 4.12.2014 ABl. L 353 vom 10.12.2014, S. 5 (Text des Übereinkommens im Anhang).

1004 www.uncitral.org.

Unter „Entscheidungen“ (Art. 2 lit. a) versteht die EuGVVO alle vollstreckbaren Rechtsakte (Urteile; Beschlüsse; Vergleiche; vollstreckbare Zahlungsbefehle; Kostenfestsetzungsbeschlüsse; öffentliche Urkunden) eines Gerichts im Binnenmarkt. Solche Entscheidungen müssen in einem anderen Mitgliedstaat anerkannt und vollstreckt werden, ohne dass es hierfür eines besonderen Verfahrens bedarf (Art. 36 Abs. 1; 39; 58 Abs. 1; 61). Auch dürfen im Vollstreckungsstaat aufgrund der Ausländereigenschaft oder wegen Fehlens des inländischen Wohnsitzes keine Sicherheitsleistungen, Unterlagen oder Gebühren gefordert werden (Art. 58, 59 AEUV). 823

Für zivil- und handelsrechtlichen Klagen erklärt die EuGVVO unabhängig von der Staatsangehörigkeit das Gericht des Ortes für zuständig, an dem die Verpflichtung zu erfüllen ist, also in der Regel der Ort der Lieferung der Ware oder der Erbringung der Dienstleistung (Art. 7 Nr. 1), bei unerlaubten Handlungen der Deliktsort (Art. 7 Nr. 3), bei Streitigkeiten aus dem Betrieb einer Niederlassung, Zweigniederlassung oder Agentur an dem Ort, wo sich diese befindet (Art. 7 Nr. 5).

Besondere Vorschriften bestehen für Versicherungssachen, Verbrauchersachen und Individualarbeitsverträge (Art. 10–16; 17–19; 18–21). Die Klage eines Verbrauchers gegen den Vertragspartner ist stets am Wohnort des Verbrauchers möglich (Art. 18 Abs. 1). Ein Verbraucher kann nur vor den Gerichten seines Wohnsitzstaates verklagt werden (Art. 18 Abs. 2). 824

Die EuGVVO ist auch auf elektronische Verträge mit Verbrauchern anwendbar. Gerichtsstandsvereinbarungen können elektronisch abgeschlossen werden, wenn eine dauerhafte Aufzeichnung ermöglicht wird (Art. 25 Abs. 2). Unklar ist, wo sich das *forum delicti* nach Art. 7 Nr. 2 EuGVVO bei elektronischen Verträgen befindet. Dienstleister können ihren Geschäftsort leicht verlegen, was den Dienstleistungsempfängern die Verfolgung ihrer Rechte erschwert. In Betracht kommt als Deliktsort der Ort, wo die Aktivität entfaltet wird, oder der Ort, wo der Schaden eintritt[1005]. 825

Die meisten Vorabentscheidungsverfahren des Europäischen Gerichtshofs zur EuGVVO betreffen die internationale Zuständigkeit für den Gerichtsstand am Erfüllungsort für Kauf- und Dienstleistungsverträge.[1006]

Entscheidungen eines Gerichts (etwa Urteile; Beschlüsse; Zahlungsbefehle; Vollstreckungsbefehle; Kostenfestsetzungsbeschlüsse), gerichtliche Vergleiche und öffentliche Urkunden müssen in einem anderen Mitgliedstaat anerkannt und für vollstreckbar erklärt werden, ohne dass es hierfür eines besonderen Verfahrens bedarf (Art. 36 Abs. 1). Auch dürfen im Vollstreckungsstaat aufgrund der Ausländereigenschaft oder wegen Fehlens des inländischen Wohnsitzes keine Sicherheitsleistungen, Unterlagen oder Gebühren gefordert werden (Art. 56). 826

Die meisten Vorabentscheidungsverfahren zur EuGVVO betreffen die internationale Zuständigkeit für den Gerichtsstand am Erfüllungsort für Kauf- und Dienstleistungsverträge.[1007]

1005 Metzger, in: Leible/Ohly, S. 251 ff.
1006 Mankowski, CR 2010, 137.
1007 Mankowski, CR 2010, 137.

j) Online-Streitbeilegungsverordnung (ODR) und Alternative-Streitbeilegungsrichtlinie (ADR)

827 Gemäß der *Online-Streitbeilegungs–Verordnung (Nr. 10 der Liste)* richtet die EU-Kommission eine OS-Plattform ein, die eine unabhängige, transparente, effektive und schnelle außergerichtliche Online-Streitbeilegung (online dispute resolution – ODR) bei Streitigkeiten zwischen Verbrauchern und Unternehmen in der Union ermöglichen. Das Verfahren wird in der Verordnung geregelt. Es schließt gerichtliche Verfahren nicht aus.

Einzelheiten über eine Online-Streitbeilegung enthält die gleichzeitig erlassene ADR-Richtlinie *(Liste Nr. 11)*. Die ADR (alternative dispute resolution)-Richtlinie enthält Rahmenvorschriften für die Beilegung von inländischen und grenzüberschreitenden Streitigkeiten aus Kauf- und Dienstleistungsverträgen zwischen Unternehmen und Verbrauchern (B2C) sowie über die Organisation der Schlichtungsstellen.

k) Kontenpfändungs-Verordnung

828 Als Alternative zu nationalen Pfändungsverfahren kann nach der *Kontenpfändungsverordnung* (*Nr. 12 der Liste*) seit 2017 auch ein „europäischer Beschluss" bei dem für die Hauptsache zuständigen Gericht in fast allen grenzüberschreitenden Zivil- und Handelssachen beantragt werden. Ausgenommen sind im Wesentlichen Familien- und Erbsachen sowie bereits eingeleitete Pfändungs- und Insolvenzverfahren. Wenn ein vollstreckbarer Titel vorliegt, kann das angerufene Gericht bei der jeweils zuständigen Auskunftsbehörde des anderen Staates die IBAN und BIC des Schuldners ermitteln, ohne jedoch Einzelheiten an den Gläubiger weitergeben zu dürfen.

Ein europäischer Beschluss bedarf keiner Vollstreckbarkeitserklärung (Art. 22). Erstaunlich ist, dass die Kommunikation der öffentlichen Stellen in Schriftform und über Formblätter erfolgt, nicht elektronisch (Art. 29). Der europäische Beschluss hat denselben Rang wie ein nationaler Beschluss.

l) Insolvenzverfahrensverordnung

829 Die *Insolvenzverfahrensverordnung* (*Nr. 13 der Liste*)[1008], die in Deutschland das Vergleichs-, Gesamtvollstreckungs- und Insolvenzverfahren betrifft, soll die nachteiligen grenzüberschreitenden Auswirkungen der Insolvenz eines Unternehmens oder einer Privatperson im Interesse eines ordnungsgemäßen Funktionierens des Binnenmarktes durch Harmonisierung reduzieren. Damit soll vor allem verhindert werden, dass Vermögensgegenstände oder Rechtsstreitigkeiten von einem in einen anderen Mitgliedstaat verlagert werden, um eine verbesserte Rechtstellung zu erreichen („forum shopping").

Die Verordnung schafft einheitliche Kollisionsnormen und *ersetzt* damit das *Internationale Privatrecht* der einzelnen Mitgliedstaaten für den Fall der Insolvenz. Grundsätzlich findet sowohl für die verfahrensrechtlichen und die materiellen Wirkungen des Insolvenzverfahrens für das Haupt- und die Partikularverfahren das Recht des Staates der Verfahrenseröffnung Anwendung (lex concursus).

1008 Die InsVO gilt nicht in Dänemark, vgl. Erwägungsgrund 33.

m) Zustellungsverordnung

Die *Verordnung über die Zustellung gerichtlicher und außergerichtlicher Schriftstücke in Zivil- und Handelssachen* (*Nr. 14 der Liste*) bezweckt, den Zustellungsverkehr für das reibungslose Funktionieren des Binnenmarktes zu verbessern und zu beschleunigen. 830

Die Verordnung, die im Verhältnis zu Dänemark aufgrund eines besonderen Abkommens[1009] geringfügig modifiziert gilt, knüpft an das EuGVÜ (jetzt die EuGVVO) an und betrifft gerichtliche wie außergerichtliche Schriftstücke, die von einem in einen anderen Mitgliedstaat zu übermitteln sind (Art. 1). Jedem zu versendendem Schriftstück muss ein Antrag beigefügt werden, der als Formblatt (Anhang zu der VO) dem Dokument in der Sprache des Empfangsmitgliedstaates beigefügt werden muss (Art. 4 Abs. 3). Alle Dokumente bedürfen weder einer Beglaubigung noch einer anderen gleichwertigen Formalität (Art. 4 Abs. 4). Die Empfangsstelle hat dem Absender eine förmliche, ebenfalls vorgeschriebene Empfangsbestätigung zu übersenden (Art. 6) und das Schriftstück dem Empfänger zuzustellen (Art. 7). Die Zustellung erfolgt kostenlos (Art. 11) und muss förmlich mit Datum von der zuständigen Stelle des Übermittlungsmitgliedstaates bestätigt werden (Art. 9; 10). In Ausnahmefällen bestehen andere Übermittlungsformen (konsularische; diplomatische; postalische; unmittelbare; Art. 12–15). Die Verordnung hat in ihrem Anwendungsbereich Vorrang vor bilateralen oder multilateralen Übereinkünften der Mitgliedstaaten (Art. 20 Abs. 1).

n) Verbandsklage-Richtlinie

Die *Verbandsklage-Richtlinie (Liste Nr. 15)* hat die frühere Unterlassungsklage-Richtlinie 2009/22 ersetzt und stärkt die Kollektivinteressen von Verbrauchern durch die Möglichkeit, Verbände mit der effektiven Rechtsdurchsetzung beauftragen zu können. 831

Die Verbandsklage-Richtlinie will Verstöße abstellen, die das Kollektivinteresse der Verbraucher beeinträchtigen. Das ist beeinträchtigt, wenn ein genereller Verstoß gegen eine der sechsundsechzig im Anhang der Unterlassungsklagerichtlinie genannten Sachverhalte vorliegt. Wenn das der Fall ist, können „qualifizierte Einrichtungen", die nach dem Recht des Mitgliedstaates, in dem der Verstoß seinen Ursprung hat oder sich auswirkt, Kollektivinteressen vertreten (in Deutschland sind das die Verbraucherverbände), Unterlassungsklagen erheben und Eilverfahren durchführen (Art. 1–3). Die Kommission führt ein Verzeichnis aller qualifizierten Einrichtungen und veröffentlicht die aktualisierte Liste alle sechs Monate im Amtsblatt (Art. 4).

Der Anwendungsbereich umfasst auch Finanz- und Wertpapierdienstleistungen sowie den Datenschutz. Verbandsklagen beschränken sich nicht mehr nur auf Unterlassungsentscheidungen, sondern erstrecken sich auch auf kollektive Vergleiche und Abhilfeentscheidungen, wie Schadenersatz, Reparatur, Ersatzleistung, Preisminderung oder Vertragsauflösung.

o) e-CODEX-System

Die *e-CODEX-Verordnung (Nr. 16 der Liste)* betrifft den Rechtsrahmen für den grenzüberschreitenden elektronischen Austausch fallbezogener Daten in Zivil-, Handels- und Strafsachen. 832

1009 ABl. L 19 vom 21.1.2021, S. 1.

4. Leitentscheidungen

833 Der EuGH ist für die Auslegung aller Gesetzgebungsakte der Union im Rahmen der justiziellen Zusammenarbeit zuständig. Das galt früher auch schon für das Europäische Gerichtsstands- und Vollstreckungsübereinkommen.[1010]

Nimmt man die Zahl der Besprechungen als Indiz für die Bedeutung, dann ragen folgende Entscheidungen hervor:

- *Mund & Fester/Hatrex*[1011]

Nach § 917 Abs. 2 ZPO a. F. konnte ein dinglicher Arrest – anders als im Inland – im Ausland ohne Weiteres vollstreckt werden, während für die Vollstreckung des Arrests im Inland erforderlich war, dass ohne dessen Verhängung die Vollstreckung des Urteils vereitelt oder wesentlich erschwert werden würde. In dieser Regelung sah der EuGH eine indirekte Diskriminierung aufgrund der Staatsangehörigkeit nach Art. 7; 220 EWGV und dem EuGVÜ, da die große Mehrzahl der Vollstreckungen im Ausland nichtdeutsche natürliche oder juristische Personen betreffe.

- *Van Uden/KG in Firma Deco-Line*[1012]

In dieser Entscheidung ging es um die *Festlegung des für den einstweiligen Rechtsschutz zuständigen Gerichts.* Grundsätzlich ist das Gericht zuständig, das auch in der Hauptsache zu entscheiden hat. Da Art. 24 EuGVÜ/Art. 31 EuGVO allerdings eine Zuständigkeit der nationalen Gerichte nach ihrer Prozessordnung nicht ausschließen, und eventuell die Vorschriften für die Festlegung des Gerichts der Hauptentscheidung umgangen werden können, sind nationale Gerichte nur dann zuständig, wenn die Rückzahlung des im Eilverfahren zugesprochenen Betrags für den Fall einer anderweitigen Entscheidung in der Hauptsache (nach den nationalen Vorschriften) gesichert ist, und die beantragte Maßnahme nur bestimmte Vermögensgegenstände des Antragsgegners betrifft, die sich im örtlichen Zuständigkeitsbereich des angerufenen Gerichts befinden oder befinden müssten.

- *Krombach/Bamberski*[1013]

Bei dieser Entscheidung ging es um die Auslegung des generellen Vorbehalts in Art. 27 Nr. 1 EuGVÜ aufgrund der „öffentlichen Ordnung des Vollstreckungsstaates" (ordre public). Im Interesse eines „eigenständigen und geschlossenen Rechtssystems", das von den Rechtsordnungen der Vertragsstaaten unabhängig ist, kann ordre public „nur in Ausnahmefällen eine Rolle spielen". Im konkreten Fall wurde aber eine Berufung auf den ordre public zugelassen, weil das Gericht des Vollstreckungsstaates berücksichtigen durfte, dass ein wegen einer vorsätzlich begangenen Straftat Angeklagter nicht das Recht hatte, sich verteidigen zu lassen, ohne persönlich zu erscheinen.

1010 Protokoll betreffend die Auslegung des EuGVÜ vom 3.6.1971 ABl. 1975 Nr. L 204, S. 28. *Schlosser*, EU-Zivilprozessrecht, S. 647–657, weist bis zum Jahre 2001 insgesamt 113 Entscheidungen nach.

1011 EuGH, Mund & Fester/Hatrex Internationaal Transport, C-398/92, ECLI:EU:C:1994:52, I-474.

1012 EuGH, Van Uden Maritime/Kommanditgesellschaft in Firma Deco-Line ua, C-391/95, ECLI:EU:C:1998:543, I-7122.

1013 EuGH, Krombach, C-7/98, ECLI:EU:C:2000:164, I-1956.

■ *Verein für Konsumenteninformation/Karl Heinz Henkel*[1014]

Eine vorliegende Unterlassungsklage eines Verbraucherschutzvereins auf Untersagung der Verwendung missbräuchlicher Klauseln ist auch bei grenzüberschreitenden Auslagerungen nach dem EuGVÜ möglich.

■ *Roda Golf & Beach Resort SL*[1015]

Die Zustellung einer notariellen Urkunde außerhalb des gerichtlichen Verfahrens fällt in den Anwendungsbereich der EU-Zustellungsverordnung 1348/2000.

■ *Lombard*[1016]

Geltung der lex fori oder der lex causa bei einer internationalen Gerichtsstandsvereinbarung.

■ *Pammer/Schlüter*[1017]

Aufzählung von Kriterien, die darüber entscheiden, ob eine Webseite auf den Wohnsitzstaat eines Verbrauchers „ausgerichtet" (Art. 15 (1)(c)) ist.

■ *eDate Advertising/X*[1018]

Für Schadenersatzklagen wegen persönlichkeitsverletzender Internetveröffentlichungen sind sowohl die Gerichte des Mitgliedstaates zuständig, wo der Verletzende niedergelassen ist oder seinen Interessenmittelpunkt hat, als auch die Gerichte des Mitgliedstaates, wo der Internetinhalt zugänglich war.

■ *flyLAL (Lithuanian Airlines)*[1019]

Gründe für die Versagung der Anerkennung einer Entscheidung in Zivil- und Handelssachen; Berechnungsmodalitäten und schwerwiegende wirtschaftliche Folgen berechtigen nicht zu einer Berufung auf den ordre public.

■ *Granarolo*[1020]

Der plötzliche Abbruch einer langjährigen Geschäftsbeziehung ist keine unerlaubte Handlung, wenn zumindest stillschweigend vertragliche Beziehungen bestehen.

■ *Chudaz*[1021]

Ein europäischer Vollstreckungstitel deckt nicht die Verfahrenskosten.

■ *Wiemer & Trachte GmbH*[1022]

Die internationale Zuständigkeit für Insolvenzverfahren liegt bei dem Gericht des Mitgliedstaates, in dem das Insolvenzverfahren eröffnet worden ist.

1014 EuGH, Henkel, C-167/00, ECLI:EU:C:2002:555, I-8126.
1015 EuGH, Roda Golf & Beach Resort, C-14/08, ECLI:EU:C:2009:395.
1016 EuGH, Erste Group Bank ua/Kommission, C-125/07, ECLI:EU:C:2009:576.
1017 EuGH, Pammer und Hotel Alpenhof, C-585/08, ECLI:EU:C:2010:740.
1018 EuGH, eDate Advertising ua, C-509/09 und C-161/10, ECLI:EU:C:2011:685.
1019 EuGH, flyLAL-Lithuanian Airlines, C-302/13, ECLI:EU:C:2014:2319.
1020 EuGH, Granarolo, C-196/15, ECLI:EU:C:2016:559.
1021 EuGH, Chudas, C-66/17, ECLI:EU:C:2017:972.
1022 EuGH, Wiemer & Trachte, C-296/17, ECLI:EU:2018:902.

- *Verein für Konsumenteninformation / VW*[1023]

Der Ort der Verwirklichung des Schadenserfolges für ein rechtswidrig mit manipulierter Software ausgestattetes Fahrzeug liegt nach Art. 7 Nr. 2 der VO (EU) Nr. 1215/2012 in dem Mitgliedstaat, in dem das Auto erworben worden ist.

- *Tibor-Trans*[1024]

Der Ort, an dem das schädigende Ereignis i. S. der VO 1215/2012 eintritt, ist bei einer Klage auf Schadenersatz für die Folgen eines Preiskartells der Ort, an dem die Preise des Marktes verfälscht wurden.

- *Tilman SA/Unilever AG*[1025]

Eine in den AGB enthaltene Gerichtsstandsvereinbarung ist nach Art. 23 Abs. 1 Buchst. a und Abs. 2 des Lugano-II-Abkommens wirksam vereinbart, wenn über einen Hyperlink ein elektronischer Zugriff auf die entsprechende Webseite möglich ist. Ein bestätigendes Anklicken ist nicht erforderlich.

5. Bezüge zum deutschen Recht

834 Zur Durchführung der direkt anwendbaren EU-Verordnungen außerhalb des Internationalen Privatrechts wurde das 11. Buch der Zivilprozessordnung über die justizielle Zusammenarbeit in der Europäischen Union (§§ 1067- 1109) geschaffen. Es handelt sich im Wesentlichen um Anpassungen an das deutsche Zivilprozessrecht sowie um Durchführungs- und Ausführungsvorschriften zur Festlegung der zuständigen Stellen. Einige Verordnungen zogen Änderungen bestehender Bundesgesetze (etwa GVG; ArbGG; BGB; RPflG; GKG; UKlaG) nach sich. Die EU-Verordnungen zum Kollisionsrecht wurden im EGBGB berücksichtigt.

In das deutsche Recht wurde die Verbandsklage-Richtlinie durch das Verbandsklagenrichtlinienumsetzungsgesetz (VRUG) umgesetzt.

In mehreren Fällen hat der Europäische Gerichtshof nicht nur nach dem AEUV[1026], sondern auch nach dem sekundären Unionsrecht bedeutsame Auslegungen mit Konsequenzen für das deutsche Zivilprozessrecht vorgenommen.

Für Klagen von deutschen Erben gegen Facebook auf Zugang zum digitalen Nachlass ist die internationale Zuständigkeit eines deutschen Gerichts nach der Brüssel- Ia-Verordnung gegeben.[1027]

6. Bewertung

835 Die Intensivierung und Ausdehnung der Binnenmarktbeziehungen im Waren- und Dienstleistungsverkehr ziehen zwangsläufig grenzüberschreitende Streitigkeiten nach sich. Deshalb sowohl die Angleichung des Kollisionsrechts als auch eine zügige Harmonisierung des Zivilverfahrens- und Vollstreckungsrechts auf der Grundlage des Art. 81 AEUV notwendig. Dies erleichtert vor allem die Durchsetzung von Interessen kleiner und mittlerer Unternehmen sowie der Verbraucher.

1023 EuGH, Verein für Konsumenteninformation, C-343/19, ECLI:EU:C:2020:534.
1024 EuGH, Tibor-Trans, C-451/18, ECLI:EU:C:2019:635.
1025 EuGH, Tilman, C-358/21, ECLI:EU:C:2022:923.
1026 Dazu: Schlosser, EU-Zivilprozessrecht, S. 21 f.
1027 BGH NJW 2018, 3178.

836 Nachdem die EU mit Blick auf Verbraucherstreitigkeiten zunächst vor allem auf Elemente der alternativen Streitbeilegung gesetzt hat, haben Ereignisse wie das sog. „Diesel-Gate" die rechtspolitische Diskussion über Instrumente des kollektiven Rechtsschutzes wieder entfacht. Mit der in der Verbandsklage-Richtlinie geregelten Abhilfeklage hat der Gesetzgeber auf europäischer Ebene ein im Grundsatz wirkungsvolles Instrument zur Durchsetzung von kollektiven Verbraucherrechten geschaffen. Ob dieses Instrument tatsächlich eine effizientere Durchsetzung von Verbraucherinteressen innerhalb der EU ermöglicht, hängt jedoch auch von der Umsetzung der Richtlinienvorgaben in den Mitgliedstaaten ab.

7. Wiederholungsfragen

837

1. Welche Bereiche umfasst das Europäische Zivilverfahrensrecht?
2. Welche Regelungsgrundlagen kennen Sie?
3. Was regelt die EuGVVO?
4. Was regelt die ROM I-Verordnung?
5. Was regelt die ROM II-Verordnung?
6. Welche Instrumente der alternativen Streitbeilegung und des kollektiven Rechtsschutzes hat die EU eingeführt?
7. Welche weiteren Einzelregelungen des Europäischen Zivilverfahrensrechts kennen Sie?
8. Welche Leitentscheidungen zum Europäischen Zivilverfahrensrecht kennen Sie?

§ 8 Rechtsdurchsetzung und Verfahren

Spezialliteratur: *Geimer*, Internationales Zivilprozessrecht, 9. A. 2023; *Hess*, Europäisches Zivilprozessrecht, 2.A. 2020; *Jarass*, Die Bedeutung der Unionsgrundrechte unter Privaten, ZEuP 2017, 310; *Kropholler/von Hein*, Europäisches Zivilprozessrecht, 10. A. 2023; *Leible/Terhechte (Hrsg.)*, Enzyklopädie Europarecht – Europäisches Rechtsschutz- und Verfahrensrecht, 2. A. 2020; *Lenaerts*, Procedural Law in the European Union, 1999; *Nagel/Gottwald*, Internationales Zivilprozessrecht, 8.A. 2020; *Rengeling/Middeke/Gellermann*, Handbuch des Rechtsschutzes in der Europäischen Union, 3. Aufl. 2014; *Schack*, Internationales Zivilverfahrensrecht, 8.A. 2021; *Schlosser/Hess*, EU-Zivilprozessrecht, 5. Aufl. 2021; *Schroeder*, Das Gemeinschaftsrechtssystem, 2002.

I. Sachverhalte mit Binnenmarktbezug

1 Im Europäischen Wirtschaftsrecht sind drei für die Art der Rechtsdurchsetzung und das Verfahren grundsätzliche Entscheidungssituationen zu unterscheiden:

- Inlandssachverhalte ohne Binnenmarktbezug
- Inlandssachverhalte mit Binnenmarktbezug
- Binnenmarktsachverhalte.

1. Inlandssachverhalte ohne Binnenmarktbezug

2 *Reine Inlandssachverhalte* weisen keine binnenmarktrechtlichen Überlagerungen auf.

▶ **Beispiel:**

Kauf eines inländischen Autos durch einen Inländer im Inland.

Das inländische Kaufvertrags- und Verfahrensrecht findet Anwendung, soweit keine wirksame abweichende Gerichtsstandsvereinbarung besteht. Anpassungen des Inlandrechts für Individualsachverhalte an das Unionsrecht ändern nichts an dem Rechtscharakter des Inlandrechts oder am Verfahren der Rechtsdurchsetzung. ◀

2. Inlandssachverhalte mit Binnenmarktbezug

3 Sie zeichnen sich dadurch aus, dass bei der Anwendung des Inlandsrechts auch Binnenmarktrecht berücksichtigt werden muss.

▶ **Beispiel:**

Kauf eines inländischen Autos durch einen ausländischen Unionsbürger im Inland.

Inländisches Kaufvertrags- und Verfahrensrecht wird durch Binnenmarktrecht (etwa: EU-Umsatzsteuerrecht) ergänzt. ◀

3. Binnenmarktsachverhalte

4 Im Falle von Binnenmarktsachverhalten liegen Anknüpfungspunkte im Kollisionsrecht unter vorrangiger Berücksichtigung des Unionsrechts.

▶ **Beispiel:**

Kauf eines inländischen Autos durch einen Inländer im Ausland.

Es können nationales oder internationales (CISG-) Kaufrecht, primäres (Art. 34 AEUV) und sekundäres Binnenmarktrecht (Gruppenfreistellungsverordnung für den Kfz-Vertrieb) und internationales Verfahrensrecht (ROM I-VO) zur Anwendung kommen. ◀

Parallel zum traditionellen Kollisionsrecht entwickelt sich als Konsequenz der Globalisierung zunehmend auch grenzüberschreitendes Recht. Das ist besonders bei der Finanzmarktregulierung zu beobachten, aber auch im Datenschutzrecht („Übermittlung") oder im IT-Recht („Marktortprinzip").

Die Wahrung der Rechte der Marktbeteiligten im Binnenmarkt ist zwischen dem Europäischen Gerichtshof und den nationalen Gerichten lückenlos aufgeteilt. Bei allen grenzüberschreitenden Sachverhalten muss Binnenmarktrecht berücksichtigt werden. Die Überprüfung der Vereinbarkeit von nationalem Recht mit Binnenmarktrecht in der Auslegung des Europäischen Gerichtshofs[1] muss von Amts wegen erfolgen und kann nicht durch nationale Vorschriften beschränkt werden.[2] 5

II. Individualrechtsschutz

Bei Sachverhalten mit Binnenmarktbezug stehen den Marktbeteiligten (Mitgliedstaaten; Unternehmen; Individuen) unterschiedliche Rechtsdurchsetzungsmöglichkeiten zur Verfügung. 6

1. Mitgliedstaaten

Die *Mitgliedstaaten* besitzen privilegierte Klagebefugnisse. Ohne Nachweis eines Rechtsschutzinteresses oder einer individuellen Betroffenheit können sie nach einem Vorverfahren (Artt. 259 Abs. 2, 265 Abs. 1 AEUV) bei vermuteten Rechtsverletzungen sowohl gegeneinander als auch gegen Unionsorgane den Europäischen Gerichtshof anrufen (Artt. 259, 263 Abs. 2, 265 Abs. 1 AEUV). Diese *verfassungsrechtlichen Streitigkeiten* bleiben nachfolgend außer Betracht.[3] 7

2. Privatrechtssubjekte

Privatrechtssubjekte (Unternehmen; Individuen; Verbände) sind nur klagebefugt, wenn sie *unmittelbar* und *individuell* in ihren persönlichen Interessen *betroffen* sind (Art. 263 Abs. 4 AEUV). Diese auf das französische Recht zurückgehende Formulierung deckt sich weitgehend mit der *Theorie des subjektiven Rechts* nach deutschem Recht. Die Zahl der subjektiven Rechte natürlicher und juristischer Personen, die der AEUV nach der bisherigen Interpretation des Europäischen Gerichtshofs einräumt,[4] ist kaum noch überschaubar. Subjektive Rechte aufgrund *Unionsrecht* können aber auch außerhalb des AEUV durch die GrCH, durch internationale EU-Abkommen sowie durch Verordnungen, Richtlinien und Entscheidungen der Europäischen Union erwachsen. 8

1 BGH, NJW 1994, 1651 (1652 f.) – Pronuptia II.
2 EuGH, Peterbroeck/Belgien, C-312/93, ECLI:EU:C:1995:437.
3 Vgl. dazu: *Schweitzer/Hummer,* Europarecht, S. 139.
4 Vgl. *Schroeder,* Das Gemeinschaftsrechtssystem, S. 460 ff. m. w.N.

So räumt die Richtlinie über Unterlassungsklagen zum Schutz von Verbraucherinteressen[5] „qualifizierten Einrichtungen", also auch Verbraucherverbänden nach deutschem Recht[6], eine Klagebefugnis zum Schutz von Kollektivinteressen der Verbraucher ein.

3. EU-Abkommen

9 Unternehmen und Individuen können aus einigen von der Union abgeschlossenen Abkommen mit Drittstaaten subjektive Rechte ableiten, um entgegenstehende nationale Bestimmungen anzugreifen.

▶ **Beispiel:**

Das Vierte AKP-EG-Abkommen, das die Bananeneinfuhr aus dem Karibik- und Pazifikraum regelt, verleiht dem Einzelnen solche Rechte.[7] ◀

Gleiches müsste für die Verletzung des WTO-GATT-Abkommens von 1994 gelten, da es im Gegensatz zu GATT 1947 völkerrechtlich verbindliche Regelungen enthält.[8]

4. Verordnungen

10 Gegen Verordnungen, die eine Person unmittelbar und individuell betreffen und keine Durchführungsmaßnahmen nach sich ziehen, sieht Art. 263 Abs. 4 AEUV selbst eine Klagemöglichkeit vor. Eine unmittelbare und individuelle Betroffenheit fehlt, wenn die Verordnung abstrakt formuliert und an einen unbestimmten Personenkreis gerichtet ist, auch wenn sie objektiv auf bestimmte Personen Anwendung findet.[9] Soweit Privatrechtssubjekte weder unmittelbar noch individuell betroffen sind, besteht die Möglichkeit, im Rahmen einer *inzidenten Normenkontrolle* (Art. 277 AEUV) die Verletzung wesentlicher Formvorschriften, die Verletzung des AEUV, die Verletzung einer bei seiner Durchführung anzuwendenden Rechtsnorm oder einen Ermessensmissbrauch zu rügen (Artt. 263 Abs. 2 i. V. m. 277 AEUV).

5. Richtlinien

11 In Art. 263 Abs. 4 AEUV sind Richtlinien nicht als Hoheitsakte erwähnt, die ein Privatrechtssubjekt unmittelbar und individuell betreffen können. Der Grund liegt darin, dass nach Art. 288 Abs. 3 AEUV eine Richtlinie an Mitgliedstaaten gerichtet ist und erst in nationales Recht umgesetzt werden muss. Deshalb sind Klagen von Privatrechtssubjekten gegen eine Richtlinie regelmäßig unzulässig.[10]

Allerdings besteht eine deutliche Tendenz des Gerichtshofs der Europäischen Union, den Rechtsschutz von Privatrechtssubjekten aufgrund von Richtlinien durch eine vertikale und eine horizontale Drittwirkung zu verstärken.

12 Unter *vertikaler Drittwirkung* versteht man die Einräumung von *Rechten der Privatrechtssubjekte gegen den Staat* aufgrund einer Richtlinie.

---

5 ABl. Nr. L 166 vom 11.6.1998, S. 51.
6 BGH NJW 2009, 3371; dazu *Koch*, ZZP 2014, 493 (498).
7 EuGH, Amministrazione delle finanze dello Stato/Chiquita Italia SpA, C-469/93, ECLI:EU:C:1995:435 = EuZW 1996, 118.
8 Vgl. auch EuGH, FEDIOL III, C-70/87, ECLI:EU:C:1989:254.
9 EuGH, Abertal I, C-213/91, ECLI:EU:C:1993:238 und EuGH, Abertal II, C-264/91, ECLI:EU:C:1993:240.
10 EuGH, Flughafen Gibraltar, C-298/89, ECLI:EU:C:1993:267.

▶ **Beispiel:**

Pflicht zur Anerkennung bestimmter Diplome. ◀

Liegt die vertikale Drittwirkung einer Richtlinie vor, dann kann sich der Staat nicht darauf berufen, er habe die Richtlinie noch nicht umgesetzt.

Bei der *horizontalen Drittwirkung* einer Richtlinie geht es um die Frage, ob und in wieweit noch nicht umgesetzte Richtlinien *Ansprüche von Privatrechtssubjekten untereinander* begründen können.

▶ **Beispiel:**

Pflicht zur Einhaltung bestimmter Publizitätsvorschriften. ◀

In der Francovich I-Entscheidung[11] hat der EuGH die subjektiven Rechte Privater richterrechtlich dadurch gestärkt, dass solche Rechte sich auch als Reflex ausdrücklich vorgehender Pflichten des Mitgliedstaates ergeben können.[12] Enthält eine Richtlinie subjektive Rechte einzelner, deren Inhalt aufgrund der Richtlinie bestimmbar ist, und verursacht die Nichtumsetzung der Richtlinie einen Schaden, dann muss der Staat nach der jeweiligen nationalen Rechtsordnung dafür haften. Ferner muss ein nationales Gericht das vor einer Richtlinie erlassene nationale Recht im Hinblick auf Wortlaut und Zweck der nicht umgesetzten Richtlinie auslegen.[13] 13

Zu Rechtsstreitigkeiten zwischen Privaten hat der EuGH entschieden, dass eine Richtlinie nicht selbst Verpflichtungen für einen Einzelnen begründen kann. Es ist daher nicht möglich, dass Private unter Berufung auf eine Richtlinie Pflichten der gegnerischen Streitpartei herleiten.[14]

6. Beschlüsse

Beschlüsse der Organe der Europäischen Union sind in allen ihren Teilen verbindlich. Sind sie an bestimmte Adressaten gerichtet, so sind sie nur für diese verbindlich (Art. 288 Abs. 2 Unterabs. 1 AEUV). Im Gegensatz zu normativen Regelungen (Verordnungen; Richtlinien) enthält ein Beschluss keine generelle Regelung, sondern eine Einzelfallregelung auf der Grundlage normativer Regelungen. Beschlüsse sind vergleichbar mit den im deutschen Recht vorgesehenen Verwaltungsakten (§ 35 VwVfG). Hauptanwendungsfeld für Beschlüsse bilden die Wettbewerbssachen (kartellverfahrensrechtliche Streitigkeiten). 14

III. Zentraler und dezentraler Individualrechtsschutz

Der AEUV stellt natürlichen und juristischen Personen ein sehr komplexes gerichtliches Rechtsschutzsystem zur Verfügung, das auf zwei Rechtsdurchsetzungsebenen existiert und insgesamt zu einem effektiven gerichtlichen Rechtsschutz führt: Die *zentrale Rechtsschutzebene* wird durch den EuGH und das Gericht EuG gebildet, die *dezentrale Rechtsschutzebene* durch die nationalen Gerichte. 15

11 EuGH, Francovich u. Bonifaci/Italien, C-6/90 und C-9/90, ECLI:EU:C:1991:428.
12 *Jarass*, ZEuP 2017, 310, 314.
13 EuGH, Faccini Dori/Recreb Srl., C-91/92, ECLI:EU:C:1994:292.
14 EuGH, Kücükdeveci/Swedex GmbH & Co. KG., C-555/07, ECLI:EU:C:2010:21; EuGH, Portgás/Ministério da Agricultura, do Mar, do Ambiente e do Ordenamento do Território, C-425/12, ECLI:EU:C:2013:829; EuGH, Industri/Sucession Karsten Eigil Rasmussen, C-441/14, ECLI:EU:C:2016:278.

16 Der *zentrale Individualrechtsschutz* betrifft die im AEUV geregelten Klagearten, die von natürlichen und juristischen Personen gegen Handlungen und Unterlassungen der Unionsorgane *vor dem EuGH* verwendet werden können. Im Vordergrund stehen Nichtigkeitsklagen gegen Entscheidungen der Europäischen Kommission in Wettbewerbs- und Außenhandelssachen. An Bedeutung gewinnen aber in jüngerer Zeit auch die von Privatrechtssubjekten gegen Rechtsakte und Handlungen von Organen der Europäischen Union gerichtete Klagen, die sie unmittelbar und individuell betreffen (Art. 263 Abs. 4 AEUV).[15] Vom Gerichtshof der Europäischen Union abgelehnt werden dagegen direkte Klagen von Privatrechtssubjekten auf zentraler Ebene gegen *Richtlinien.*[16]

17 Der *dezentrale Individualrechtsschutz* umfasst die Möglichkeiten von natürlichen und juristischen Personen, *vor innerstaatlichen Gerichten* nationale Rechtsakte, die durch Umsetzung von Rechtsakten der Europäischen Union entstanden sind, mit Klagen nach innerstaatlichem Recht anzugreifen. Ferner können Privatrechtssubjekte subjektive Rechte, die ihnen nach primärem oder sekundärem Unionsrecht zustehen, vor nationalen Gerichten geltend machen. Dazu gehören nicht nur subjektive Rechte aufgrund von Richtlinien, sondern auch die unmittelbar anwendbaren Marktfreiheiten des AEUV sowie wohl auch die subjektiven Rechte nach der EU-Grundrechtecharta.[17] Dezentraler Rechtsschutz muss sowohl gegen umgesetzte, gar nicht umgesetzte oder verspätet umgesetzte Richtlinien als auch gegen erlassene, zeitlich aber noch nicht umsetzungsbedürftige Richtlinien gewährt werden.

IV. Klagearten nach dem AEUV

18 Im *zentralen Individualschutz* stehen bestimmte Klagearten zur Verfügung, von denen die Nichtigkeitsklage, die Untätigkeitsklage sowie das Vorabentscheidungsverfahren die wichtigsten darstellen.

1. Nichtigkeitsklage (Artt. 263 Abs. 2 und 4, 264 AEUV)

19 Jede natürliche oder juristische Person kann bei Verletzung subjektiver Rechte durch Unionsorgane einschließlich des Europäischen Parlaments (Art. 263 Abs. 1 und 4 AEUV) aufgrund von an sie gerichteten oder sie unmittelbar und individuell betreffenden Handlungen sowie gegen Rechtsakte mit Verordnungscharakter, die sie unmittelbar betreffen und keine Durchführungsmaßnahmen nach sich ziehen, *Nichtigkeitsklage* vor dem EuGH erheben.

Die *Nichtigkeitsklage* ist eine *Gestaltungsklage*, die den rechtswidrigen Unionsakt von Anfang an (ex tunc) und mit Wirkung für alle (erga omnes) beseitigt. Nationale Verwaltungsakte, die Unionsakte nur vollziehen, können nur vor den nationalen Gerichten angegriffen werden.

2. Untätigkeitsklage (Art. 265 AEUV)

20 Unterlässt ein Organ der Europäischen Union rechtswidrig eine gebotene Handlung, so können die Mitgliedstaaten (Art. 265 Abs. 1 AEUV) sowie Privatrechtssubjekte

15 Vgl. EuGH, Extramet, C-358/89, ECLI:EU:C:1991:214; EuGH, Codorniu, C-309/89, ECLI:EU:C:1994:197; EuG, Industries des poudres spheriques, T-2/95, ECLI:EU:T:1998:242.

16 EuG, Salamander AG, T-172 und T-175–177/98, ECLI:EU:T:2000:168.

17 Vgl. aber EuGH, Akerberg Fransson, C-617/10, ECLI:EU:C:2013:105.

(Art. 265 Abs. 2 AEUV) – diese nach Durchführung eines Vorverfahrens (Art. 265 Abs. 1 Unterabs. 1 AEUV) – *Klage auf Feststellung der Rechtswidrigkeit der Unterlassung* erheben. Eine Verpflichtungsklage auf Vornahme der Handlung ist nicht zulässig. Die Vornahmeverpflichtung ergibt sich vielmehr als Folge eines Urteils, das die Rechtswidrigkeit feststellt (Art. 266 AEUV).

Die Untätigkeitsklage seitens eines Privatrechtssubjekts setzt in analoger Anwendung des Art. 263 Abs. 4 AEUV voraus, dass der begehrte Rechtsakt die natürliche oder juristische Person unmittelbar und individuell trifft. Eine Popularklage soll durch Art. 265 AEUV nicht ermöglicht werden.

3. Schadensersatzklage (Artt. 268 i. V. m. 340 Abs. 2 und 3 AEUV)

Schadensersatzansprüche aus Amtspflichtverletzungen können auf Vertrag beruhen: 21

▶ **Beispiel:**

Schaden aufgrund verspäteter Zahlung von Personalkosten aus einem EU-Forschungsprojekt ◀

oder auf Delikt:

▶ **Beispiel:**

Schaden aufgrund einer für nichtig erklärten Entscheidung der Europäischen Kommission. ◀

Kläger in einem Schadensersatzprozess können alle natürlichen und juristischen Personen in den Mitgliedstaaten sein, soweit ihnen nach nationalem Recht eine Prozessfähigkeit zukommt. Dies gilt auch für gewerkschaftlich organisierte Berufsverbände.[18]

a) Amtshaftung aus Vertrag

Nach Art. 340 Abs. 1 AEUV bestimmt sich die vertragliche Haftung der Europäischen Union nach dem Recht, das auf den betreffenden Vertrag der Union anzuwenden ist. Die Feststellung des anwendbaren nationalen Rechts richtet sich nach den Regeln des Internationalen Privatrechts. Handelt es sich um einen zivilrechtlichen Vertrag, ist in Deutschland das anzuwendende Recht nach Artt. 27, 28 EGBGB zu ermitteln. Zur Entscheidung sind mangels ausdrücklicher Zuständigkeit nach dem AEUV nach Art. 274 AEUV die jeweiligen einzelstaatlichen Gerichte zuständig. Es ist streitig, ob die Qualifikation eines Vertrags als „öffentlich-rechtlich" oder „privatrechtlich" nach Unionsrecht oder nach nationalem Recht erfolgen muss. Lediglich dann, wenn aufgrund einer Schiedsklausel die Zuständigkeit des Europäischen Gerichtshofs vereinbart worden ist, hat dieser die Entscheidungskompetenz (Art. 272 AEUV), und zwar unabhängig von der Qualifikation des Vertrags als öffentlich-rechtlich oder privatrechtlich. 22

b) Amtshaftung aus Delikt

Zur Entscheidung über deliktische Ansprüche gegen die Union oder ihre Bediensteten ist der Europäische Gerichtshof zuständig (Artt. 268 i. V. m. 340 Abs. 2 und 3 AEUV). Die Voraussetzungen eines solchen Anspruchs sind im AEUV nicht festgelegt, sondern 23

18 EuGH, Allgemeine Gewerkschaft/Kommission, C-18/74, ECLI:EU:C:1974:96.

richten sich nach den gemeinsamen allgemeinen Rechtsgrundsätzen der Mitgliedstaaten.

Der EuGH hat die Voraussetzungen wie folgt präzisiert:[19]

- Vorliegen einer rechtswidrigen Handlung eines Unionsorgans
- Eintritt eines tatsächlichen Schadens
- Kausalzusammenhang zwischen Handlung und Schaden
- Verschulden.

24 Ein Verschulden als Anspruchsvoraussetzung für den Amtshaftungsanspruch wird vom EuGH seit dem Jahre 1993 gefordert und hat damit die frühere Gefährdungshaftung ersetzt.[20] Der Schadensersatz kann in Naturalrestitution oder in einer Geldentschädigung (einschließlich der Zinsen) bestehen.

4. Vorabentscheidungsverfahren (Art. 267 AEUV)

25 Das Vorabentscheidungsverfahren ist ein *prozessuales Zwischenverfahren*, das dem EuGH das Auslegungsmonopol für alle Fragen des Unionsrechts sichert. Es ist ganz ähnlich wie das Verfahren nach Art. 100 Abs. 1 GG ausgestaltet.

26 Nach Art. 267 Abs. 1 lit. a und b AEUV entscheidet der EuGH im Wege der Vorabentscheidung über die Auslegung der Verträge und über die Gültigkeit und die Auslegung der Handlungen der Organe, Einrichtungen oder sonstigen Stellen der Union. Privatrechtssubjekte können auf zwei Wegen ein Vorabentscheidungsverfahren auslösen:

- Behauptung der Rechtswidrigkeit eines nationalen Verwaltungsakts, weil die zugrunde liegende unionsrechtliche Regelung ungültig sei
- Behauptung der Unvereinbarkeit bestimmter staatlicher Vorschriften mit vorrangigem Unionsrecht.

27 Hält ein nationales Gericht die Vorfrage für entscheidungsrelevant und ergibt sich die Vorfrage nicht klar und eindeutig[21] aus dem Unionsrecht in der Auslegung des EuGH, dann kann es diesem die Vorfrage vorlegen. Letztinstanzliche nationale Gerichte müssen in solchen Fällen vorlegen (Art. 267 Abs. 3 AEUV), weil andernfalls durch rechtskräftige Urteile Divergenzen zwischen nationalen Gerichten und dem EuGH auftreten könnten (obligatorische Vorlage).

---

19 EuGH, Holtz & Willemsen/Rat und Kommission, C-153/73, ECLI:EU:C:1974:70; EuG, Lefebvre/Kommission, T-571/93, ECLI:EU:T:1995:163 = EuZW 1996, 121.

20 EuGH, Kommission/Peine Salzgitter, C-220/91, ECLI:EU:C:1993:192.

21 EuGH, CILFIT/Ministero della Sanità, C-283/81, ECLI:EU:C:1982:335.

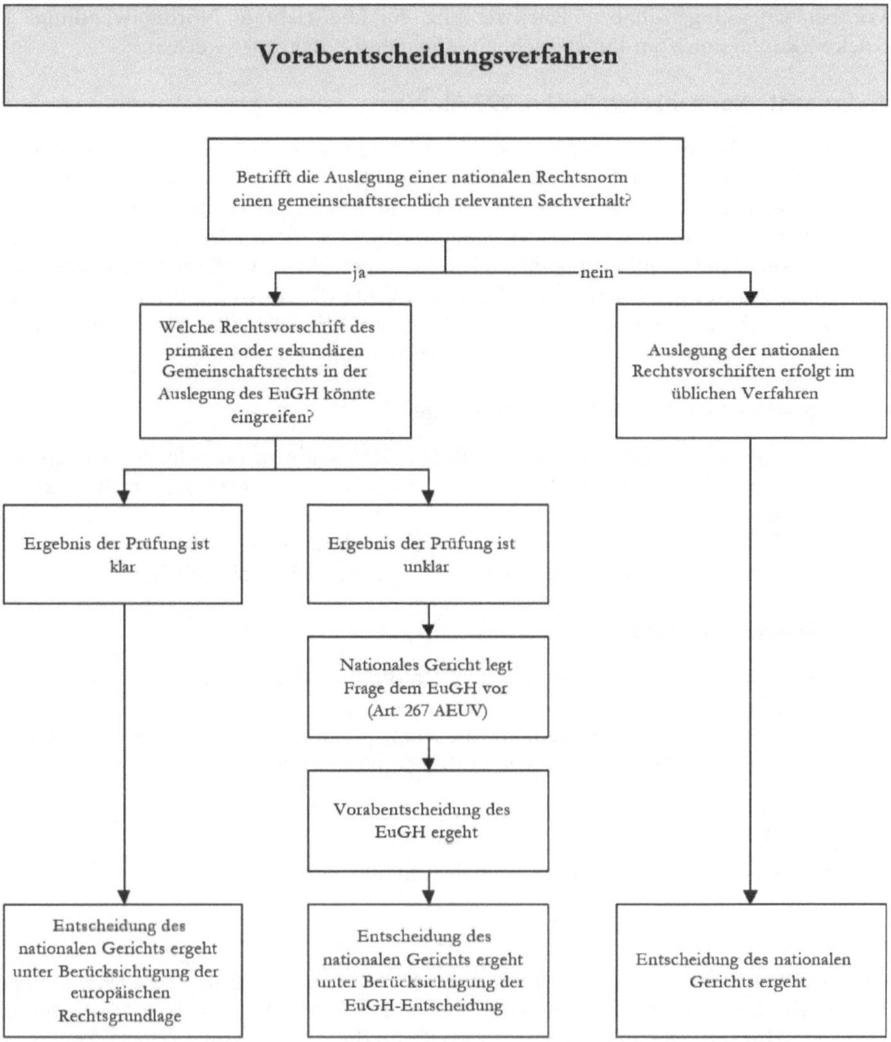

© Kilian 2021

Ungeklärt ist, wer bei gemischten völkerrechtlichen Verträgen die höchste Auslegungskompetenz besitzt. 28

▶ **Beispiel:**

Das WTO-Abkommen wurde sowohl von den Mitgliedstaaten als auch von der Union unterzeichnet. ◀

Vorabentscheidungen haben Rückwirkung für die richtige Normanwendung. Die Rückwirkung kann vom Europäischen Gerichtshof beschränkt werden.[22]

5. Inzidente Normenkontrolle (Art. 277 AEUV)

29 Die inzidente Normenkontrolle nach Art. 277 AEUV ist keine Klageart, sondern ein Zwischenverfahren im Rahmen der Nichtigkeitsklage oder des Vorabentscheidungsverfahrens vor dem EuGH. Der Kläger kann in einem Rechtsstreit, bei dem die Rechtmäßigkeit eines von einem Organ oder einer sonstigen Stelle der Europäischen Union erlassenen Rechtsaktes mit allgemeiner Geltung angefochten wird, die Unanwendbarkeit dieses Rechtsaktes geltend machen. Da Art. 277 AEUV unstreitig Privatrechtssubjekte erfasst, besteht auf diesem indirekten Weg eine Möglichkeit zur Überprüfung von Rechtsakten mit allgemeiner Geltung auf Veranlassung Einzelner.

6. Klagearten nach den Verfahrensordnungen

30 Weitere Klagearten prozessualen Charakters (Drittwiderspruchsklage; Auslegungsurteilsverfahren; Wiederaufnahmeverfahren) enthalten die Verfahrensordnungen des EuGH[23] und des EuG.[24] Die Verfahrensordnungen regeln auch die sachliche Zuständigkeit zwischen den beiden Gerichten. Praktische Anweisungen für die Parteien in den Rechtssachen vor dem Gerichtshof wurden im Jahr 2020 veröffentlicht.[25]

V. Verfahrensgrundsätze

31 Vor dem Gerichtshof der Europäischen Union und der Europäischen Kommission gelten die *allgemeinen Verfahrensgrundsätze* des „fair trial". Sie sind in den genannten Verfahrensordnungen beider Gerichte niedergelegt und in der EuGH-Rechtsprechung entwickelt worden. Diese Grundsätze umfassen unter anderem:

- Anspruch auf rechtliches Gehör
- Anspruch auf korrekte Sachverhaltsfeststellung
- Beachtung des Grundsatzes der Verhältnismäßigkeit
- Willkürfreiheit
- Rechtssicherheit.

32 Am detailliertesten ist das Verfahren in *EG-Kartellverwaltungsverfahren* geregelt. Rechtsgrundlagen bilden die auf Artt. 102 und 103 AEUV gestützten Verordnungen. Die mit Abstand wichtigste ist die Kartellverfahrensverordnung.[26] Sie verleiht der Europäischen Kommission weitgehende Ermittlungs-, Verfolgungs-, Entscheidungs- und Sanktionsrechte.[27]

33 Die weit überwiegende Zahl von Kartellverfahren wird informell durch vertragsähnliche Absprachen oder Verzicht auf Widerspruch erledigt. Die Kartellverfahrensverord-

---

22 EuGH, Barber/Guardian, C-262/88, ECLI:EU:C:1990:209.

23 Verfahrensordnung des Gerichtshofs vom 4.3.2015 ABl. L 105 vom 23.4.2015, S. 1; zuletzt geändert am 30.11.2022 ABl. L 44 vom 14.2.2023, S. 8.

24 Verfahrensordnung des Gerichts Erster Instanz der Europäischen Gemeinschaften vom 2.5.1991. ABl. L 136 vom 30.5.1991, S. 1; zuletzt geändert durch ABl. L 173 vom 26.6.2013, S. 66.

25 ABl. L 42 I vom 14.2.2020, S. 1.

26 VO (EG) 1/2003, ABl. L 1 vom 4.1.2003, S. 1; zuletzt geändert durch Anh. I ÄndVO (EG) 487/2009 vom 25.5.2009, ABl. Nr. L 148 S. 1.

27 Vgl. *Klees*, Europäisches Kartellverfahrensrecht, 2005.

nung verlagert allerdings die Prüfung, ob eine (abgestimmte) Verhaltensweise gegen Artt. 101 oder 102 AEUV verstößt, weitestgehend auf die beteiligten Unternehmen.

VI. Schiedsklauseln und Schiedsverträge

In der Wirtschaftspraxis sind Schiedsverträge und Schiedsklauseln verbreitet. Nach Artt. 272 bis 274 AEUV besteht eine primäre Zuständigkeit des EuGH, soweit die Europäische Union selbst Vertragspartner eines öffentlich-rechtlichen oder privatrechtlichen Vertrages ist oder wenn eine Streitigkeit aus einer Schiedsvereinbarung zwischen Mitgliedstaaten vorliegt. Private Schiedsgerichte sind nicht nach Art. 267 AEUV an den EuGH vorlageberechtigt.[28] 34

VII. Zwangsmaßnahmen und Vollstreckung

Zwangsmaßnahmen von Organen der Europäischen Union in den Mitgliedstaaten kollidieren grundsätzlich mit dem Anspruch der Mitgliedstaaten auf territoriale Souveränität. Deshalb sind für Zwangsbefugnisse der Organe spezielle Vorschriften erforderlich. 35

Besonderheiten gelten zunächst für die *Ermittlungs- und Verfolgungstätigkeiten der Europäischen Kommission* als Unionskartellbehörde in Wettbewerbssachen. Nach Art. 337 AEUV i. V. m. Artt. 11–14 der Kartellverfahrensverordnung[29] kann die Europäische Kommission direkt oder indirekt mithilfe von Geldbußen, Durchsuchungen von Geschäftsräumen, Zwangsgeldern, Auskunfts- und Nachprüfungsansprüchen von Amts wegen zur Sachverhaltsermittlung vorgehen. Die Unternehmen sind zur Duldung und Mitwirkung verpflichtet.[30]

Entscheidungen der Europäischen Kommission und des Rates sowie Urteile des Gerichtshofs der Europäischen Union, die Zahlungen auferlegen, sind vollstreckbare Titel (Artt. 280; 299 AEUV), soweit sie sich nicht gegen Mitgliedstaaten richten. Einer Vollstreckbarkeit gegenüber Mitgliedstaaten steht deren Souveränität entgegen. 36

Faktisch erfolgt die Zwangsvollstreckung nicht durch Organe der Europäischen Union, sondern in Amtshilfe durch Organe der Mitgliedstaaten, in denen die Zwangsvollstreckung stattfindet (Art. 299 Abs. 2 S. 1 AEUV). Für die Zwangsvollstreckung gelten die Zivilprozessvorschriften des jeweiligen Mitgliedstaates. Eine Aussetzung der Zwangsvollstreckung kann nur der EuGH anordnen (Art. 299 Abs. 4 S. 1 AEUV).

VIII. Wiederholungsfragen 37

1. Welche Rechtsdurchsetzungsmöglichkeiten stehen den Marktbeteiligten (Mitgliedstaaten; Unternehmen; Individuen) bei Sachverhalten mit Binnenmarktbezug zur Verfügung?
2. Was ist unter zentralem und dezentralem Individualrechtsschutz zu verstehen?
3. Welche Klagearten nach dem AEUV kennen Sie?
4. Warum ist das Vorabentscheidungsverfahren nach Art. 267 AEUV besonders wichtig?

---

28 EuGH, Nordsee GmbH/Mond, C-102/81, ECLI:EU:C:1982:107.
29 VO (EG) Nr. 1/2003 vom 16.12.2002, ABl. L 1 vom 4.1.2003, S. 1.
30 EuGH, Hoechst AG/Kommission, C-46/87 und C-227/88, ECLI:EU:C:1989:337; EuG, Cimenteries/Kommission, T-10 bis 12 und 15/92, ECLI:EU:T:1992:123.

5. Was ist unter den allgemeinen Verfahrensgrundsätzen des „fair trial" zu verstehen?
6. Was ist in Bezug auf Zwangsmaßnahmen von Unionsorganen zu beachten?

Stichwortverzeichnis

Die Angaben verweisen auf die Paragrafen des Buches (**fette Zahlen**) sowie die Randnummern innerhalb der einzelnen Paragrafen (magere Zahlen).
Beispiel: § 9 Rn. 10 = **9** 10